biblioteca américa latina:
actualidad y perspectivas

COORDINADA POR
PABLO GONZÁLEZ CASANOVA

PALABRAS PRELIMINARES

La BIBLIOTECA AMÉRICA LATINA: ACTUALIDAD Y PERSPECTIVAS *resume todo un proceso de trabajo realizado en forma coordinada por investigadores de aproximadamente treinta países de Sur y Centroamérica, el Caribe y México. Este proyecto continental y sus respectivos programas regionales se organizó en el marco del proyecto "Perspectivas de América Latina" de la Universidad de las Naciones Unidas* (UNU).

Los lectores de esta colección, interesados en los esfuerzos que la UNU *hace para organizar a los investigadores de las regiones del Tercer Mundo, comprenderán su importancia en el estudio de las diversas realidades regionales, a partir de prioridades, marcos teóricos y metodológicos propios a cada una de estas regiones.*

En estrecha relación con proyectos hermanos de Asia, África y el mundo árabe, el proyecto "Perspectivas del desarrollo humano y social de América Latina", apunta al análisis científico de la crisis mundial contemporánea, vista desde el Tercer Mundo, dicho de otro modo, desde la óptica de la periferia del sistema mundial, en vez de hacerlo con la de las regiones centrales, como usualmente ocurre.

El proyecto convoca a investigadores que representan las varias escuelas de pensamiento propias de la región. Se trata de científicos sociales en plena conciencia de la necesidad de superar las teorías de tipo eurocéntrico y las metodologías desarrolladas en el Norte, las cuales·frecuentemente son demasiado simplistas para lograr captar la complejidad del proceso de transformación social que tiene lugar en el Tercer Mundo.

Comparada con otras regiones, América Latina es un continente donde los paradigmas europeos y norteamericanos pueden ser eficazmente reconsiderados. Entre otras razones basta mencionar que los científicos sociales latino-

americanos no sólo poseen un dominio preciso de las teorías y metodologías europeas y norteamericanas, sino también han estado expuestos a distintos proyectos regionales e internacionales que aplicaron mecánicamente los marcos conceptuales diseñados en otras latitudes, extrañas a las complejas realidades continentales. Como consecuencia de esto, no es sorprendente que exista un intento sistemático por parte de un gran número de investigadores latinoamericanos para reconsiderar los distintos conceptos y metodologías establecidas, pero impropias. Esta colección es un ejemplo, en el que estudios empíricos, de caso, de realidades, acompañados por un análisis profundo de las estructuras subyacentes, proporcionan los medios para ir más allá de la superficialidad de la investigación positivista inspirada en teorías y modelos ajenos.

Es dentro de esta búsqueda de lo pertinente, y de la creatividad científica, que la presente colección trata de hacer un aporte sustantivo. A través de la lectura de esta colección, los lectores son invitados a participar intelectualmente en el proceso de reflexión colectiva y de investigación organizado por el proyecto de la UNU, *"Perspectivas del desarrollo humano y social de América Latina". Se les invita a prolongar y extender los esfuerzos de quienes han contribuido, en distintas obras, a observar y reflexionar sobre la crisis mundial contemporánea desde los lugares mismos donde ésta se manifiesta con mayor dramatismo, es decir, desde la propia realidad del Tercer Mundo.*

KINHIDE MUSHAKOJI

Vicerrector
Universidad de las Naciones Unidas

PRÓLOGO

La BIBLIOTECA AMÉRICA LATINA: ACTUALIDAD Y PERSPECTIVAS *publica las obras del más amplio y complejo proyecto que en materia de ciencias sociales se haya llevado a cabo en América Latina. Este proyecto, auspiciado por la Universidad de las Naciones Unidas y por la Universidad Nacional Autónoma de México a través de su Instituto de Investigaciones Sociales y de su Centro de Investigaciones Interdisciplinarias en Humanidades, forma parte de un proyecto global sobre las perspectivas del tercer mundo, y cuenta con la cooperación de instituciones y organizaciones regionales como la Facultad Latinoamericana de Ciencias Sociales (FLACSO), el Consejo Latinoamericano de Ciencias Sociales (CLACSO) y la Asociación Latinoamericana de Sociología (ALAS), así como de otras universidades y centros de educación superior de la región, tanto nacionales como provinciales.*

Desde el punto de vista de la investigación, la Biblioteca publicará estudios acerca del estado actual de América Latina y sobre sus perspectivas y tendencias.

La publicación de una biblioteca sobre la actualidad de América Latina, es particularmente significativa en momentos de crisis como los que ahora vivimos. Las dificultades se plantean no sólo como un problema de conocimiento-ignorancia o de verdad-error. Constituyen para nuestras sociedades un problema de triunfo o derrota. La viabilidad del triunfo y la posibilidad de alcanzar objetivos concretos dependen del conocimiento de las tendencias y las estructuras. Los estudios y conocimientos sobre las alternativas más o menos viables, posibles o probables y sobre los medios disponibles que tienen nuestras sociedades para alcanzar objetivos concretos revisten por ello gran importancia. Aumentar el conocimiento al respecto significa contribuir a la conciencia científica, técnica y política de nuestros países, y es esto lo que se propone la BIBLIOTECA AMÉRICA LATINA: ACTUALIDAD Y PERSPECTIVAS.

La Biblioteca considera las distintas problemáticas o aspectos del complejo fenómeno. Los principales temas corresponden al análisis de:

1] El conocimiento actual sobre la crisis y el futuro de América Latina

Que analiza la forma en que la crisis está afectando al Estado y a la sociedad civil latinoamericana. Comprende no sólo las interpretaciones y políticas vigentes, sino las alternativas de la sociedad civil frente a la política y las prácticas actuales del Estado ante la crisis, analizando las principales propuestas empresariales, obreras, de partidos políticos y de movimientos sociales.

2] Los estados-nación en América Latina: sus tendencias históricas recientes y sus perspectivas futuras

Que estudia la evolución de los estados-nación en los últimos años y analiza no sólo la teoría sino la práctica de la teoría de la democracia, del Estado y de la Revolución. La reestructuración del Estado y la sociedad civil y de sus mutuas relaciones es objeto particular de estudio.

3] Los sistemas y partidos políticos en América Latina

Que contiene estudios sobre las formaciones políticas existentes en los países latinoamericanos y sobre los principales sistemas de partidos. Busca dar a conocer el alcance y la influencia que puedan tener los partidos en el futuro inmediato del proceso político y social latinoamericano.

4] Los movimientos populares en América Latina

Que contiene estudios sobre la sociedad civil latinoamericana en su relación con el Estado. Considera sobre todo a los movimientos populares más significativos, en especial aquellos que representan a contingentes de dimensión nacional. Se incluyen estudios sobre cuatro grandes áreas: México, América Central, el Caribe y América del Sur.

5] La historia y la política

Que considera la evolución de la filosofía de la historia, de las utopías, de los planes y programas políticos, de las constituciones en su carácter programático, de los modelos de desarrollo, de los planes y programas técnicos, de las reivindicaciones populares, de la interpretación de coyunturas y tendencias. Incluye la problemática que corresponde a la vinculación del análisis utópico y el histórico, del histórico y el político.

En un futuro cercano la BIBLIOTECA AMÉRICA LATINA: ACTUALIDAD Y PERSPECTIVAS *se propone incluir temas como la cultura del poder y de la política, los fenómenos de democracia emergente, y los procesos políticos y los principales conflictos y luchas.*

Los autores que colaboran en esta vasta obra se cuentan entre los más distinguidos de la región. En la coordinación de sus esfuerzos han trabajado Daniel Camacho

y Rafael Menjívar, coordinadores de los estudios de Centroamérica, Gérard Pierre-Charles, coordinador de los estudios del Caribe, Fernando Calderón, coordinador de los estudios de América del Sur, y muchos coordinadores más a nivel nacional y provincial, así como otros que a nivel continental han organizado seminarios y grupos de trabajo como José Luis Reyna, Lorenzo Meyer, Pedro Vusković, Hugo Zemelman, Eduardo Ruiz. Su esfuerzo ha sido posible gracias al apoyo y la libertad académica de la Universidad de las Naciones Unidas, y de las universidades y centros de cultura superior de la región. Obra de la exclusiva responsabilidad de sus autores es también expresión del alto nivel alcanzado por las ciencias sociales en esta parte del mundo.

PABLO GONZÁLEZ CASANOVA

CULTURA Y POLÍTICA EN AMÉRICA LATINA

coordinado por
HUGO ZEMELMAN

siglo veintiuno editores
editorial de la universidad de las naciones unidas

siglo veintiuno editores, s.a. de c.v.
CERRO DEL AGUA 248, DELEGACIÓN COYOACÁN, 04310 MÉXICO, D.F.

siglo veintiuno de españa editores, s.a.
CALLE PLAZA 5, 28043 MADRID, ESPAÑA

siglo veintiuno argentina editores

siglo veintiuno editores de colombia, s.a.
CALLE 55 NUM. 16-44, BOGOTÁ, D.E., COLOMBIA

**editorial de la universidad
de las naciones unidas**
TOHO SEIMEI BUILDING, 15-1, SHIBUYA 2-CHOME
SHIBUYA-KU, TOKIO 150, JAPÓN

la preparación de este libro fue posible
gracias a la inapreciable ayuda de la
universidad nacional autónoma de méxico

portada de maría luisa martínez passarge

primera edición, 1990
© universidad de las naciones unidas 1990
en coedición con
siglo veintiuno editores, s.a. de c.v.
isbn 968-23-1656-1

ÍNDICE

PREFACIO

Una primera clasificación de los textos que integran este libro es la que podría hacerse de acuerdo con los ejes temáticos escogidos por los autores. En un primer caso, se optó por el análisis de la cultura propiamente dicha, a partir de la cual se intenta recuperar las demás instancias de lo social. Esto ocurre con las investigaciones sobre Uruguay, Costa Rica, República Dominicana, Brasil, México, Bolivia, Ecuador, Argentina, Perú y Chile. En un segundo caso, también se privilegia el análisis de la cultura, pero esta vez en el contexto de una formación económico-social determinada, la cual permaneció en todo momento como la instancia privilegiada del estudio. Tal sucede con las ponencias sobre Paraguay, Honduras y, en menor medida, Guatemala y Colombia. En todas ellas la cultura aparece como si fuera un reflejo del proceso socioeconómico.

Por algún motivo, los trabajos del primer grupo, que enfocan prioritariamente a la cultura como objeto de investigación, la toman en un sentido amplio, intentando ver más allá de lo político (ponencias sobre República Dominicana, Brasil, Ecuador) hasta lo cotidiano, se diría (Chile, Uruguay, Argentina). Los del segundo grupo, que privilegian el estudio de la formación económico social, se unen en algunos del primero para centrar sus reflexiones en la cultura política, específicamente los análisis sobre Paraguay, Honduras, Guatemala, México, Bolivia, Colombia (que explora también la esfera de la cotidianeidad), Perú y Costa Rica.

Otra clasificación posible es la que puede establecerse entre los textos que revelan problemáticas determinadas (Perú, Ecuador, México, Bolivia), incluso dentro de un marco histórico, pero que sirve sólo para ubicar esos grandes problemas que siempre quedan en primer plano (Chile, Brasil, Argentina, Uruguay, Colombia); y por otra parte, aquellos en donde el desarrollo histórico-genético ocupa un lugar muy destacado (ponencias sobre Paraguay, República Dominicana, Honduras, Guatemala y Costa Rica en su menor medida). Hay más todavía. Las investigaciones que relevan ciertas problemáticas, pueden subclasificarse como sigue: las que fijan su atención en problemas étnicos: Ecuador y Guatemala: aquellas en las que el discurso político de quienes ocupan la dirigencia del Estado, o su producción ideológica, son el foco de atención: Bolivia, México (en este último caso, se trata del análisis preferente de las instituciones que conforman el "sistema político mexicano"). Las que están muy influidas por la subcultura de los militares, que aparece enfrentada a la de los "civiles", como es el caso de las ponencias sobre Argentina, Chile, Perú, Uruguay, cual si fuese un trauma que pesase sobre esos países. Sin olvidar la ponencia sobre Brasil, en donde el golpe militar y la subsecuente dictadura se introducen al final del trabajo, como un factor demoledoramente desorganizador del movimiento cultural que venía madurando dentro de la sociedad civil.

Véanse ahora los trabajos que presentaron un enfoque histórico-genético. Tres se remontan hasta el siglo pasado: Costa Rica, República Dominicana, Paraguay. La ponencia sobre Brasil no se incluyó en este grupo, aunque en su segunda parte, mira no únicamente hasta el siglo anterior sino hasta la colonia. En tanto que el periodo de los setenta es el escenario temporal de los estudios sobre Guatemala, Honduras y Ecuador, los ochenta en los casos de Perú y Uruguay y las dos últimas décadas se contemplan en los casos de Chile, México, Bolivia, Colombia, Argentina. Es claro que en el caso de México esto no está explícito, como sí aparece en los de Chile y Argentina.

Por último, varias investigaciones histórico-genéticas adoptan una perspectiva de clase: Costa Rica, Paraguay y otras que no pueden considerarse como ''históricas''; de manera menos marcada, Guatemala, en la que, como se indicó, lo étnico aparece en primer plano.

Finalmente se ha optado por una clasificación por zonas, que se inicia con el texto sobre Brasil, el cual aporta un marco de referencia general a los otros trabajos; se continúa con el Cono Sur, pasando a la zona andina y se concluye con las investigaciones sobre el Caribe, Centroamérica y México.

Tal vez el aspecto más llamativo de los trabajos, ya vistos en conjunto, es que la década actual parece ser de transición, de definiciones o más bien de indefiniciones, como de expectativa hacia algo nuevo que está surgiendo, pero que aún no es conocido suficientemente. Los autores que extienden el análisis hasta esta década casi invariablemente constatan cambios con respecto de la anterior, la cual parece haber sido caracterizada por rupturas, como si a consecuencia de las cuales también en el campo de la cultura se transitase por un camino sin retorno posible.

Por ejemplo, en Costa Rica se agota el sistema social, político y económico, y las mediaciones democrático-representativas entran en crisis, así como los mitos en que se sustentaba la cultura política; en Bolivia se asiste (siempre en los ochenta) también a la crisis de ''una forma de hacer política'' y a una profunda movilización social que incorpora a grupos antes marginados de ese quehacer, como las mujeres; en Guatemala se produce una contraofensiva del Estado, expresada en una represión masiva contra campesinos indígenas; en Ecuador la década se inicia con la guerra contra Perú, que revive antiguos traumas. En México, el tiempo de las incertidumbres en materia de cultura política tarda, pero llega finalmente en las postrimerías de los ochenta y es tan irreversible como el proceso de cambios que por otras vías se produce en Centroamérica. Sin embargo, tal vez ninguna tentativa de ''refundación'' cultural es tan dramática, y hasta exitosa como productora de mutaciones en ese campo, como las de Argentina, Chile y Uruguay, países en que los ochenta no pueden entenderse sin una comprensión de lo que implicaron las dictaduras de la década anterior. Una conclusión común de los autores de esos textos parece ser el hecho de que es imposible retrotraerse a los tiempos de la normalidad democrática, como si las dictaduras hubiesen sido ''regímenes de excepción'' en las que la creación cultural ha sido profundamente afectada.

En Paraguay, ese país donde nada importante parecía pasar, el fin de siglo ilustra claramente el inicio de una nueva etapa, donde lo único que se sabe a ciencia cierta es que la incertidumbre respecto del futuro, verdadero hilo conductor de las ponencias anteriores, encierra un fuerte potencial de creación y transformación en que lo nuevo apenas despunta.

De las investigaciones se desprende, pues, que en la región hay una especie de ajuste de cuentas con la herencia cultural anterior, al que todos arriban por caminos distintos.

HUGO ZEMELMAN

INTRODUCCIÓN

Cada vez en más países de Latinoamérica se observa la incorporación de nuevos ámbitos de la política diferentes al espacio de lo nacional, por lo general identificado con la esfera estatal. Es el caso de los tiempos de la cotidianeidad que hasta hoy no habían sido susceptibles de entenderse como el ámbito de lo público, en donde la expresión política tradicional se materializa a través de partidos, sindicatos, vida parlamentaria. Surgen nuevas formas de vida pública que reclaman distintas manifestaciones como son los movimientos de pobladores, ecologistas, de mujeres; en general es en los ámbitos de lo regional y lo local en donde los movimientos sociales parecen darse hoy una identidad, donde la identidad colectiva se convierte en posibilidad de una memoria de las luchas y de las experiencias que ellas dejan como poderosos aglutinantes de la colectividad.[1]

La aparición de nuevos elementos, movimientos y formas de expresión de la sociedad, cuya cabal comprensión rebasa los límites del análisis político tradicional, obliga al desarrollo y a la búsqueda de nuevos enfoques, al planteamiento de nuevos temas y problemas, para poder captar en toda su riqueza y complejidad a las sociedades latinoamericanas de hoy.

Es en las dimensiones microsociales en donde las sociedades se matizan, en donde es posible aprehender aquellos elementos que las conforman y las dotan de un sentido peculiar, que las singularizan y distinguen. Recuperar estos elementos significa recuperar la cultura, que es conciencia y voluntad, síntesis y expresión de una memoria, creación de presente y proyección hacia el futuro. Por ello la relación cultura y política se constituye en un elemento fundamental para la comprensión de los procesos sociales y políticos que viven hoy nuestros países.

La Universidad de las Naciones Unidas en colaboración con el Centro de Investigaciones Interdisciplinarias en Humanidades de la UNAM han compilado una serie de monografías nacionales sobre la cultura y el poder en 20 países de América Latina.* El propósito de esta antología no es el de llevar a cabo una teorización sobre la cultura y el poder, sino relevar problemas que surgen a partir de las reflexiones y el análisis de las realidades distintas de cada uno de nuestros países, planteando en su conjunto una visión más amplia y enriquecedora de las sociedades latinoamericanas de hoy.

Si la realidad sociohistórica no se agota en ninguna regularidad, porque es una construcción de los actores sociales que mueven a la historia, según las coyunturas en las que se condensan sus opciones, la historia debe comprenderse como una consecuencia de coyunturas en las que cristalizan las opciones de los diferentes sujetos, cuyos esfuerzos por conferirle una dirección a través de sus prácticas, dan lugar a las es-

---

[1] Véase el trabajo de M. Barbero y M. Garrido en este volumen.

* Para esta publicación se han seleccionado únicamente 15 de estos trabajos.

pecificaciones que experimenta el desarrollo universal del género humano. El poder es la expresión de la realidad en su mismo ejercicio y se ejerce en ámbitos de experiencia definidos por los hábitos culturales, pero posibles de transformarse en contenido de diferentes proyectos de sociedad.

En esta dirección se aprecia una insuficiencia en el análisis social por su tendencia a lo general y a los ideologuemas, y en consecuencia, hacia un reduccionismo de lo complejo y específico. Muchas veces los estudios no pasan de constituir ilustraciones de esquemas interpretativos de carácter global. Por eso el empleo del método histórico-genético equivale al reduccionismo a un universal (sin el enriquecimiento de sus singularidades) en donde se pierde el análisis de cómo la interrelación entre sociedades diferentes influye sobre sus características, lo que se traduce en interpretaciones en las que está ausente la historia concreta.

La gravedad de lo anterior reside en la desvinculación de la producción del conocimiento de los procesos sociales, en forma tal que deja de ser un conocimiento apto para formular estrategias destinadas a la transformación de la sociedad según determinadas opciones. La complejidad de la realidad consiste precisamente en que los procesos históricos son el producto de la confrontación entre fuerzas con posibilidades múltiples de desarrollo.

Desde esta perspectiva es importante comprender a la cultura dentro del marco definido por la capacidad de los diferentes sujetos sociales para elaborar, impulsar y sostener proyectos de sociedad.

Colocados en esta posición se dificulta enormemente hablar de progreso, debiendo cuidarnos de aquellos razonamientos que aprisionan al pensamiento con un fuerte sesgo fatalista, en esquemas del tipo de "una evolución sociocultural entendida como secuencia genética de etapas" o de "formaciones económico-sociales".[2] La dificultad estriba en que en estos esquemas no se incorpora el planteamiento de que la realidad histórico-social se construye a través de proyectos, los cuales suponen opciones ideológicas y culturales. En efecto, estamos constantemente presenciando una tendencia al bloqueo de alternativas que se expresa en un estrechamiento del horizonte histórico a lo ya establecido de acuerdo con los intereses políticos e ideológicos dominantes.

El reto actual está definido por el esfuerzo de desmitificar el concepto de desarrollo. Un primer paso en este sentido es la contribución de los estudios comparados. La mejor ilustración la proporciona Levy-Strauss cuando demuele "la pretensión occidental de ser la culminación de la historia y haber avanzado más en el aprovechamiento de la naturaleza, la racionalidad y el pensamiento científico",[3] refutando la idea de que la evolución humana constituye "un movimiento lineal y progresivo". Estamos obligados a abrirnos hacia nuevas formas de racionalidad para romper el bloqueo histórico que se nos impone.

En este sentido el poder es cultura y forjador de aperturas o bien de cierres culturales, por lo tanto, es urgente denunciar la arbitrariedad que subyace a determinadas

---

[2] D. Ribeiro, *Las Américas y la civilización: proceso de formación y causas del desarrollo desigual de los pueblos*, México, Extemporáneos, 1979, p. 16.

[3] *Ibid.*, p. 32.

formas de organización social —en el sentido de que constituyen opciones entre otras posibles— lo que supone la crítica a ese conjunto de "esquemas básicos de percepción, comprensión y acción" que hemos asumido como evidentes y únicos por haberse convertido en hábitos.[4]

De lo anterior resulta que la relación entre poder y cultura asume el carácter de tema central, porque refleja la dialéctica que se establece entre la determinación histórica de los sujetos y las posibilidades de construcción histórica que sean viables, permitiendo de esta manera vislumbrar cuáles son las opciones de desenvolvimiento que cabe esperar a partir de la ruptura del bloqueo que se impone en los países latinoamericanos.

En este marco se plantea llegar a madurar una conciencia sobre el momento histórico que se vive, y por ello la necesidad de enfrentar algunos temas fundamentales. Entre éstos cabe mencionar el imperativo histórico por rescatar a la dimensión de la identidad, como apoyo a proyectos de autodeterminación nacionales. Con este objetivo es posible erigir en instrumentos de construcción a toda una vasta gama de elementos culturales tales como "la lengua, la religión, el color de la piel, los hábitos alimenticios y la vestimenta", ya que la dinámica de los movimientos sociales implica una serie de dinamismos y de manipulaciones simbólicas.[5]

El análisis de los sujetos realizado desde la óptica de la cultura, exige profundizar en las dimensiones internas de su proceso constitutivo, antes que privilegiar las determinaciones histórico-generales que representan al sistema capitalista. Se trata de comprender al sistema en su condición de proyecto, en proceso de constante progreso y retroceso, según la dinámica que determinen las fuerzas que conforman en sus relaciones la dirección del proceso, en el esfuerzo por autoafirmarse o transformarse.

Lo dicho obliga a estar atentos a la creación de cultura como producto de la permanente constitución de nuevas fuerzas, o la transformación de aquellas que vienen del pasado. En este fluir entre nacimientos y muertes de actores sociales debemos encontrar el fundamento social y cultural en que apoyar la idea de un proyecto de nación, esto es, en la memoria de los sujetos protagonistas de su historia.

Desde esta perspectiva se ha pretendido examinar cómo se rescatan en el análisis social una serie de interrogantes relativos a la dialéctica entre el horizonte histórico y la construcción de la historia. Éste es el propósito de la antología que sobre poder y cultura presentamos.

Cabe señalar que los temas centrales que se abarcan, no obstante la variedad de enfoques y matices socioculturales, coinciden con los grandes temas que se derivan de concebir a la cultura como horizonte y construcción. Es así como se puede constatar la presencia del problema de las voluntades sociales y la curiosa existencia de éstas sin acompañarse siempre de proyectos. En este plano es posible formular interrogantes acerca del carácter de la cultura popular, la cual a pesar de no ser necesariamente sub-

---

[4] José Luis Najenson, "Cultura, ideología y nación en América Latina", *Revista Mexicana de Sociología*, México, IIS-UNAM, año XLII, vol. LXIII, núm. 2, abril-junio de 1981, p. 136.

[5] Eunice Durham, "Cultura e ideología", en *La teoría y el análisis de la cultura*, México, COMECSO-SEP, 1987, p. 152.

versiva, es un fundamento indispensable para encontrar la identidad en valores, en los que se apoya cualquier estrategia de desarrollo autodeterminada, si es que no queremos que "se nos pidan cuentas de haber empobrecido a nuestros países al privilegiar a una cultura dominante central".[6] Más aún cuando cualquier proceso de liberación nacional requiere estar precedido de un renacimiento cultural del pueblo dominado. En este sentido es que comprendemos a lo político de la existencia social como siendo equivalente a la conciencia de la propia historicidad, en oposición al actual concepto de lo político operativo, que representa la construcción práctica en que se concretiza esa historicidad, que a su vez se traduce en la conciencia de constituir sujetos sociales.

Por eso el problema de los sujetos sociales emergentes debe entenderse en relación con la capacidad que tengan para impulsar contra-lógicas a la lógica dominante, tanto del capital financiero internacional, como la lógica interna del poder que legitima las desigualdades. Surgen preguntas como "¿Cuál será la duración y la eficacia macrosocial de estas tendencias? ¿Pueden estas acciones poco institucionalizadas, minoritarias, a veces de corta repercusión, construir alternativas políticas globales? ¿Lograrán disputar los sentidos y los hábitos hegemónicos de la cultura?"[7]

A este respecto se pueden diferenciar tipos de sujetos según la naturaleza del futuro que pretendan construir. Así, cuando el futuro se reduce a una concepción ideológica, los sujetos relevantes son las clases y las fuerzas sociales (según el nivel de abstracción en que se piense). En cambio, si la concepción que se tiene del futuro es parte de una cosmovisión, los sujetos serán sociedades enteras, o bien masas (pueblos, naciones). Lo anterior alude a que los diferentes sujetos apuntan a distintas escalas de tiempo y de espacio donde despliegan sus prácticas y relaciones, y por consiguiente, los proyectos que luchan por imponer.

No obstante, pese a sus limitaciones, estos movimientos sociales constituyen hoy uno de los mayores recursos utópicos en una sociedad caracterizada por el cierre y el bloqueo de sus alternativas y en donde "los desafíos inciertos[. . .] son el estímulo más consistente para renovar a la cultura y a la política".[8]

Lo anterior obliga a tener que rechazar la identidad entre "lo nacional" y "la homogeneización" impuesta por el orden estatal. Los sujetos no sólo deben rechazarla, sino también ser capaces de expresar la fuerza de lo diverso que se contiene en la sociedad. Ello significa que la construcción histórica de la sociedad debe apoyarse en la posibilidad de una multiplicidad de proyectos, pero con una direccionalidad utópica que sea convergente. Pluralidad que no puede reducirse a un nuevo juego político de representaciones políticas, sino que tiene que consistir en el respeto a las potencialidades que se contienen en los fragmentos dispersos de lo social.

Empero, la significación de estos movimientos dependerá de su capacidad para impulsar un nuevo tipo de orden político, ya que de lo contrario se limitarán a desarrollarse en los intersticios del orden dominante. Su inercia es la de circunscribirse a sus

---

[6] Julio Ortega, "Cultura nacional y revolución", *Cambio*, núm. 7, México, Extemporáneos, abril-junio de 197, p. 46.

[7] Véase el trabajo de Néstor García Clanclini en este volumen, p. 66.

[8] *Ibidem.*, p. 23.

demandas inmediatas, desconociendo muchas veces la importancia de la lucha del Estado por imponerse. Por ello se debe procurar ampliar el horizonte histórico de estos movimientos en forma de que se vea fortalecida la viabilidad de sus aspiraciones, a través de la posibilidad de articularse con otros sujetos y de este modo, conformar una voluntad de poder nacional.

Para ello hay que combatir el menosprecio por el poder. Es imperativo desarrollar la necesidad de poder para tener poder, tener poder para ejercerlo, y ejercerlo para romper con el bloqueo de alternativas. De ahí que el problema de los sujetos sociales deba plantearse en el contexto de sociedades cuyo desenvolvimiento tiende a caracterizarse por la gradual imposición de una cultura nacional-estatal, que será más profunda a medida que sea mayor la transnacionalización de las economías y se acentúe el carácter dual de los países, en cuanto a la creación de un segmento de población incorporado al desarrollo y otro, la gran mayoría, en condiciones de marginación.

La potenciación de lo fragmentario plantea exigencias sobre el lenguaje político para que pueda legitimar a las diversas audiencias clasistas y culturales . . . en cuanto se vea a sí mismo, en tanto concreción de ideología que cumple la función de dirigir; como el mediador unificador de todas ellas. Es necesario enriquecer los contenidos del lenguaje político con la práctica y la utopía, no siempre viable, de los sujetos sociales ubicados en distintos espacios. De esta manera se podrán conformar proyectos viables para no quedarse en el puro respeto a la diversidad sin la eficacia política que todo proyecto exige, y que en última instancia, no haga más que legitimar el orden político dominante.

El problema de fondo que se plantea es que concebida toda sociedad como proyecto tenga que basar su recuperación de la tradición histórica, no como circunscrita a los límites definidos por los mecanismos que operan a escala "nacional", sino que ahonde en la recuperación de los múltiples espacios que configuran a la formación social y de esta manera poder "recuperar ese rico tejido social y cultural, sistemáticamente ignorado, negado y agredido. Lo que representa también un avance sustancial hacia una vida democrática, ya que permite la participación real de los individuos en los asuntos del interés colectivo".[9]

En otras palabras, se trata de resolver el vínculo entre cultura y poder fuera del ámbito del Estado. Cualquier estrategia futura de desarrollo necesariamente tiene que reflejar esta compleja dinámica entre cultura y poder, aunque en un contexto definido por la incorporación al campo de las decisiones políticas, de las opciones planteadas por la diversidad de los sujetos sociales.

Pero hablar de constitución de sujetos sociales nos remite al problema de las opciones: ¿Cuáles son éstas?, ¿están prefiguradas claramente en algún **sujeto**?, ¿éstos son o contienen la posibilidad de conformar una fuerza a nivel de la sociedad nacional, o más bien son expresión fragmentaria y coyuntural de la sociedad civil sin proyección en la estructura de poder?[10] Se puede constatar que hay una tendencia a elegir como

[9] G. Bonfil, "La querella por la cultura", Nexos, 100, México, abril de 1986.

[10] Podremos encontrar interesantes sugerencias al respecto en el trabajo de M. Barbero y M. Garrido en este volumen.

opción al pasado, lo que es indicativo de la incapacidad para visualizar, aunque sea en el plano de la esperanza, un futuro diferente que rompa con la subalternidad dominante.

¿Cómo romper con el bloqueo histórico que no permite ver otras alternativas hacia una sociedad más ecuánime y democrática que esta que se impone con todo el dramatismo de su dualidad? En relación con este dilema es muy significativo recuperar la importancia de la dimensión del futuro o de la utopía. El panorama no parece ser muy claro. Se observan situaciones en donde la utopía deseada presenta un retorno hacia el pasado,[11] o bien casos más extremos en donde es posible apreciar la presencia de utopías que no cristalizan en proyectos capaces de conferirle un contenido en función de un grupo social que lo protagonice, o también cuando la utopía descansa en un rescate de los valores propios de la cultura subalterna, pero en donde no está clara su viabilidad como proyecto nacional.[12]

Los problemas anteriores no serían más que la curiosidad del especialista si no formaran parte de la actual coyuntura de América Latina, en cuanto a poder determinar la viabilidad de contratendencias a las que se impone la lógica del poder por la fuerza de la transnacionalización de la economía, con el riesgo ya perceptible de una inminente destrucción de la sociedad nacional. La desestructuración de ésta significa consolidar una estructura de desigualdades a escala de la economía mundial, situación que es todavía más grave cuando estas fuerzas sociales dominantes son proclives a aceptar una condición de subalternidad con respecto a las fuerzas económicas y políticas internacionales, como forma de asegurar su misma reproducción, lo que se asegura a través del control del aparato del Estado.

Por lo expresado anteriormente, es que se presenta una posibilidad de reacción por parte de quienes se resistan a esa tendencia a la marginalidad interna e internacional, al oponerse a la lógica del orden político que impone el Estado, a través de una estrategia de contrapoder basada en la dinámica de la sociedad civil. Pero ello supone saber y poder actuar en los microespacios que permitan rescatar nuevos espacios políticos, que ya no sean identificados con el orden estatal como el único posible de darse según la ideología dominante.

Esta posibilidad supone resolver la articulación de la dinámica propia de la sociedad local con la de la sociedad nacional, o en otras palabras, el romper con la restricción del espacio político a los límites del orden estatal, lo que supone crear una cultura de poder contrapuesta a la cultura del poder identificada con el poder estatal. Todo orden político es cultura, por lo tanto toda transformación de ese orden exige de una nueva cultura. Si esto no tiene lugar, el proyecto de alternativa no puede prosperar.[13]

En el marco de esta discusión, no puede quedar fuera del texto el problema de la

---

[11] Como es posible observar en el caso de Uruguay (véase al respecto el trabajo de Fernando Butazzoni en este volumen, pp. 73 ss.).

[12] Como lo muestra la situación de Guatemala en los años sesenta (véase el trabajo de Arturo Arias en este volumen, p. 287).

[13] Una ilustración inmejorable de este caso, se presenta en el trabajo de José Joaquín Brunner en este volumen, p. 89.

democracia, sus posibilidades y límites. ¿Es la democracia un proyecto o el espacio de una pluralidad de proyectos? Éste es un dilema que está en plena actualidad, para poder anticipar si la búsqueda de alternativas económicas y sociales, con base en contratendencias que puedan protagonizar los sujetos emergentes o por los que viniendo desde antes se hayan transformado, encuentren su cauce viable por medios democráticos; o bien que esta posibilidad de autodeterminación nacional si es históricamente viable, no pueda llegar a materializarse con respeto a la libertad de las personas. El dilema fundamental se plantea entre la pérdida de la autodeterminación nacional o la conservación de ésta, con o sin democracia.

El análisis que se presenta en esta antología está enriquecido por la variedad de experiencias, tradiciones históricas, culturales y visiones de futuro, que en su diversidad nos permiten ampliar nuestra perspectiva para la comprensión de la cultura como la creación de sujetos capaces de romper con el bloqueo de los horizontes históricos que hoy trata de imponerse en América Latina.

HUGO ZEMELMAN

CULTURA Y ENAJENACIÓN

DARCY RIBEIRO

> Las ideas de las clases dominantes son las ideas dominantes de cada época. . .
> La existencia de ideas revolucionarias en una época determinada supone ya la existencia de una clase revolucionaria. (K. MARX.)

Cultura es la herencia social de una comunidad humana, representada por el acervo compartido de modos estandarizados de adaptación a la naturaleza, para proveerse de subsistencia, de normas e instituciones reguladoras de las relaciones sociales y de los sistemas de conocimiento, de valores y de creencias con los que sus miembros explican su experiencia, expresan su creatividad artística y se motivan para la acción. Así concebida, la cultura es un orden particular de fenómenos caracterizados por ser una réplica conceptual de la realidad, simbólicamente trasmisible de generación a generación, bajo la forma de una tradición que provee modos de existencia, formas de organización y medios de expresión a una comunidad humana.

Los hombres se humanizan mediante la integración en esos conjuntos de tradiciones, al mismo tiempo que se incorporan a determinada entidad étnica aprendiendo su lengua, capacitándose para hacer las cosas de acuerdo con las técnicas que ella domina, comportándose según las normas que la misma consagra y, finalmente, viviendo conforme a sus usos y costumbres. Por lo mismo, cada cultura es percibida por sus portadores como el modo natural y necesario de ser hombres frente a los miembros de su propio grupo y frente a otros grupos humanos.

En este sentido, cualquier sociedad posee una cultura, desde las de nivel tribal hasta las sociedades nacionales modernas. En el primer caso, su cultura estará constituida por un acervo sencillo, cuyos elementos esenciales pueden ser aprehendidos y descritos con facilidad. En el caso de las sociedades nacionales modernas, será un vasto patrimonio complejo y diversificado, según los grupos de convivencia en que se divida la sociedad, tales como las áreas *ecológico-culturales* a las que se adapte y las subculturas correspondientes a estratos sociales diferenciados de la población, como las clases sociales. Otras líneas de variación son las esferas culturales diferenciadas como la *cultura vulgar o popular*, trasmitida oralmente, y la *cultura erudita* de los letrados.

En ciertas condiciones catastróficas —como las derrotas bélicas, las hecatombes o las conquistas— las formas de expresión de la cultura pueden ser reducidas a límites mínimos. Esas vicisitudes a veces traumatizan tan profundamente a una cultura, que la condenan a desaparecer. Sin embargo, cada hombre es siempre y esencialmente un ser cultural, portador de la tradición que lo humanizó; su cultura sólo desaparecerá con él en caso de verse imposibilitado de trasmitirla socialmente a sus descendientes.

De cualquier forma, la cultura de una sociedad es el conjunto integrado de esas tradiciones diferenciadas a través de las cuales sus diversos componentes contribuyen para la satisfacción de sus condiciones de existencia. Así definida, la cultura —a pesar de su calidad de símil conceptual— es un conjunto de hechos directamente perceptibles o inferibles mediante el estudio de los productos materiales de la acción humana conformados de acuerdo con pautas estandarizadas; mediante la observación de las formas de conducta recurrentes, vividas conforme a normas prescritas, y mediante el análisis de las manifestaciones de valores, creencias y explicaciones trasmitidos a través de sistemas simbólicos de comunicación.

El arqueólogo que reconstituye una cultura prehistórica sólo cuenta, prácticamente, con la primera forma de manifestación de la cultura: la "material". El historiador, sólo con la última, registrada en documentos, mientras que el etnólogo que estudia una tribu indígena cuenta con las tres. En los dos primeros casos, el estudioso enfoca una cultura que no existe más, ya que desapareció la sociedad que la detentaba. En el último caso, observa una cultura existente como entidad viva en cierto momento de un *continuum* que la vincula al pasado del propio grupo y al de innumerables otros grupos de los que recibió influencias todavía perceptibles. Pero se configura, en aquel momento, como el resultado residual de un proceso de formación que permanece vivo y actuante porque, de alguna manera, satisface las condiciones necesarias para la existencia de aquel grupo humano tal como es. Lo cual significa que actúan sobre la cultura factores de persistencia y de alteración de su contenido que a cada momento se equilibran con respuestas colectivas a los requisitos de su sobrevivencia y de la reproducción de su modo de vida a través de las generaciones.

Uno de los factores fundamentales del cambio cultural es la creatividad, a través de inventos y descubrimientos. Otros factores de cambio son la difusión a través de los contactos entre los pueblos y la innovación a través de los movimientos sociales revolucionarios que intentan ejercer la creatividad en el pleno institucional. La difusión cultural provoca efectos que varían enormemente, según que los contactos se establezcan entre grupos del mismo grado de desarrollo o entre grupos separados por grandes diferencias en su evolución, y según se den espontáneamente o bajo condiciones de compulsión y dominación.

En el primer caso —contacto espontáneo entre grupos culturalmente homogéneos— los respectivos patrimonios se ofrecen a cada grupo para que escoja los elementos del acervo ajeno que desea adoptar. Y la adopción de nuevos rasgos se hace habitualmente con la capacidad de producir por sí mismo esos nuevos elementos, sin establecer relaciones de dependencia. En el segundo caso, aunque el grupo más desarrollado tenga más que ofrecer, no existe para el grupo atrasado la posibilidad de escoger lo que desea adoptar y, menos todavía, las condiciones de producir por sí mismo lo que adopte. De este modo, el contacto conduce fatalmente al establecimiento de relaciones de dependencia. Ejemplo del primer caso son las relaciones intertribales en que la cerámica, por ejemplo, se difundió de un pueblo a otro. Ejemplo del segundo, las relaciones entre indios y blancos, a través de las cuales se difundirían los instrumentos de metal o las relaciones culturales bajo condiciones de dominación colonial.

En la cultura así definida podemos distinguir, tal como se ha señalado, tres órdenes de componentes fundamentales: el *sistema adaptativo*, que es el conjunto de formas de acción sobre la naturaleza para la producción de las condiciones materiales de existencia de las sociedades. El *sistema asociativo*, que es el conjunto de modos de organización de las relaciones interpersonales para efectos de la reproducción biológica, de la producción y de la distribución de bienes y de la regulación de la convivencia social. Y el *sistema ideológico*, que comprende las ideas y los sentimientos generados en el esfuerzo por comprender y por justificar o cuestionar el orden social.

Este tercer contenido de la cultura es el que nos interesa especialmente aquí. Es el que corresponde, estrictamente, a una réplica conceptual de la realidad tal como es percibida por una sociedad humana. Sus contenidos fundamentales son el lenguaje, el saber, la mitología, la religión y la magia, las artes, los cuerpos de valores éticos y la integración de todos ellos en un *ethos* que constituye la concepción de cada pueblo sobre sí mismo frente a los demás. En este sentido, el sistema ideológico es una expresión de toda la cultura, en la medida en que cada contenido de ésta encuentra ahí su reflejo bajo la forma de referencias, de explicaciones y de motivaciones. Esta representación tiene como atributos fundamentales su ambigüedad y su carácter de entidad determinada.

El sistema ideológico es intrísecamente ambiguo porque por igual puede reflejar objetivamente la realidad y explicar realistamente la experiencia, que deformarlas. En verdad, tiende a mistificarlas: en el propio lenguaje se encuentra ya esta ambigüedad, inherente a su doble capacidad de operar como modo de expresión simbólica de percepciones objetivas, y también como fabulación, dado el uso del lenguaje para tejer enredos. Por eso el sistema ideológico, en su conjunto, puede ser visto como una recreación simbólica del mundo, apegada a la realidad en la medida en que está permanentemente referida a la *praxis*, pero siempre sujeta a la enajenación, ya sea por la incapacidad de comprender la experiencia vivida, ya por el ejercicio de la versatilidad tan característicamente humana para desdoblar las ideas y para crear fantasías verosímiles.

El sistema ideológico está intrínsecamente determinado por su carácter de reflejo conceptual de la práctica adaptativa y asociativa. Y está determinado por ellas, puesto que debe reproducir necesariamente cada alteración que se procese en esas esferas. Pero también es capaz, en ciertas circunstancias, de influir sobre ellas, tanto acelerando como retardando los movimientos de transformación de la vida social, mediante la formulación de metas compartidas y la ecuación de problemas.

Aunque conceptualmente distinguibles, no se puede hablar del sistema ideológico sin referirse a los demás sistemas, ya que ellos son inseparables en el mundo de las cosas en cuanto contrapartes de una totalidad. La interdependencia de sus partes se revela de múltiples formas, principalmente por la existencia de relaciones necesarias entre unas y otras, tanto de *correspondencia*, como la mentalidad del campesino y sus modos de vida, cuanto de *impregnación*, como la temática del arte de los pueblos que viven de la caza. Estas relaciones no son mecánicas, sin embargo, puesto que admiten ciertas *discrepancias*, tales como la difusión de una religión ordinaria de una sociedad pastoril entre pueblos que tienen modos de vida diversos; o *desfasamientos*, como ser la persistencia de actitudes coloniales en un pueblo que se ha vuelto políticamente autónomo; enajenaciones que llegan a ser flagrantes en el caso de las sociedades dependientes que adoptan como visión de sí mismas la ideología de sus dominadores, rompiendo toda correspondencia entre su ser y su conciencia.

La posibilidad de que se configuren tales discrepancias, desfasamientos, enajenaciones y contradicciones nos permite hablar de culturas más o menos *integradas*, según el grado de congruencia interna de sus componentes; y de culturas *auténticas*, porque su contenido corresponde a los intereses del desarrollo autónomo de las sociedades que las detentan. Y, por oposición, autoriza a hablar también de culturas *espurias*, cuando ellas integran, en sus interpretaciones compartidas, elementos de justificación del dominio exógeno o de deformación de su propia imagen. E incluso, de situaciones de *marginalidad cultural* cuando los modos de participación en la cultura de ciertos estamentos de la sociedad son tan diferentes y contrapuestos con respecto a los del grupo dominante, que su conciencia social es altamente diferenciada y su propio modo de ser se vuelve objeto de discriminación por parte de los demás, ocasionando tensiones y frustraciones.

En las sociedades nacionales originadas en asentamientos correspondientes a las configuraciones que hemos denominado *Pueblos Nuevos*, la cultura se plasma como una creación necesariamente espuria ya que nace condicionada por la dominación colonial. Tal dominación, además de imposibilitar a la mayoría de la población el crear y expresar una cultura original, la fuerza a adoptar ideas, valores y costumbres extrañas. La forma más drástica de esta vicisitud es el proceso de *desculturación*, ejemplificable por el caso de los esclavos desprendidos de sus matrices para ir a servir a amos extranjeros en tierras lejanas, donde eran reunidos con otros esclavos que también les eran extraños, y sometidos todos a una serie de compulsiones destinadas a desenraizarlos de sus tradiciones originales. La desculturación tiene como elementos básicos su carácter compulsorio expresado en el esfuerzo por inviabilizar la expresión de la cultura propia y por imposibilitar su transmisión; y su carácter de procedimiento deliberado de incorporación de personas ya integradas en otra tradición en un nuevo cuerpo de significados comunes, tendiente a cristalizarse como una nueva cultura.

El negro y el indio sometidos a este proceso eran, primero "deshumanizados" al ser tratados como cosas o animales mientras permanecían "bozales" y, después, "rehumanizados" al convertirse en "ladinos" gracias al aprendizaje de la lengua del señor, a la incorporación compulsoria al nuevo régimen de trabajo y la adaptación a la nueva dieta, que terminarían por integrarlos a la nueva sociedad y por aculturarlos.

Así definida, la desculturación es, en verdad, una primera etapa de un proceso más general, el de *aculturación*, que opera tanto por el desarraigo como por la creatividad cultural, a través de los cuales las etnias se conforman y se transfiguran. Esta transfiguración se vuelve imperativa para las poblaciones desculturadas, dada la necesidad de plasmar nuevos conjuntos de significaciones comunes y compartidas para viabilizar la convivencia humana y la participación en la vida social. Por esta razón encontramos casi siempre, en las situaciones típicas de aculturación, culturas en cristalización representadas por protocélulas en las cuales se funden contenidos de tradiciones culturales en confrontación y se crean nuevos elementos culturales. En una segunda instancia, estas protocélulas culturales pasan a actuar como núcleos de aculturación, ya bajo la forma de etnias embrionarias que eventualmente podrán madurar poco a poco, hasta alcanzar la condición de etnias nacionales.

Cuando las etnias nacionales surgen como consecuencia de la expansión de los pueblos culturalmente más avanzados (o al menos más eficaces, ya que consiguen imponer su dominio), el patrimonio de éstos tiende a predominar en la cultura naciente, sobre todo en la cultura de los estratos dominantes. En este sentido, las etnias embrionarias surgen con culturas no integradas y espurias, al estar formadas por contenidos distintos y contrapuestos: los de los sectores privilegiados completamente aculturados y el de las capas marginalizadas que retienen parte del patrimonio original, o cuya posición social sólo permite o sólo exige aquellos grados limitados de participación en las pautas de la cultura dominante que las vuelvan más eficientes en su función de fuerza de trabajo.

Sólo mediante un esfuerzo persistentemente conducido contra todas las formas de compulsión y enajenación, las sociedades nacientes pueden autoafirmarse como una nueva entidad étnica. Ésta madura a medida que su cultura se libera de la carga de prenociones y preconceptos destinados a mantenerla resignada a su destino de núcleo subalterno de una macroetnia en expansión; y a medida que toda la población se incorpora al mismo núcleo de significados culturales, proporcionando integración a la sociedad nacional y homogeneidad y autenticidad a la cultura.

CREATIVIDAD CULTURAL

El estudio de los modos y circunstancias en que se ejerce la creatividad cultural exige un examen crítico previo de algunos conceptos, especialmente de las nociones de relativismo cultural y de autenticidad cultural, tal como son habitualmente utilizados por los antropólogos.

En su acepción corriente, el concepto de relativismo cultural se refiere a la idea de que las culturas, siendo entes individuales y únicos, están imbuidas de cualidades singulares que las vuelven no susceptibles de comparación valorativa. Contraponer una cultura tribal a otra o a una civilización, o comparar dos civilizaciones entre sí, sería lo mismo que contraponer valorativamente un conejo y una gallina, o ambos a un rinoceronte. Ninguno de ellos sería mejor o peor que el otro, no siendo pertinente en este caso ningún juicio de valor.

El razonamiento es sutil ya que destaca cualidades reales de las construcciones culturales, y es generoso porque enaltece las culturas más simples en relación con las más complejas. Y también porque, al etnocentrismo arraigado en toda sociedad humana, opone una comprensión solidaria y niveladora. Pero es, lamentablemente, un razonamiento cuestionable porque la conclusión que se extrae de él es la de que las culturas no son superiores ni inferiores, sino diferentes. La verdad es que esto no les impide ser, de acuerdo con criterios objetivos, más o menos desarrolladas y corresponder a estadios más avanzados o menos avanzados de la evolución sociocultural.

Los argumentos utilizados para sostener la tesis del relativismo cultural se basan en la imposibilidad de hacer comparaciones valorativas entre diferentes rituales religiosos, gustos culinarios, estilos artísticos, normas de conducta, etc. Sin embargo, los antropólogos ponen tanto empeño en demostrar la imposibilidad de juzgar valorativamente estos componentes de la cultura, que se olvidan de que esto es perfectamente posible en relación con la eficacia económica de las técnicas productivas, por ejemplo. Olvidan, por igual, los vínculos complejos pero innegables entre los niveles de desarrollo tecnológico-productivo, las formas de organización social y los grados de racionalidad de la visión del mundo.

Esta combinación delicada de observaciones sutiles, de apreciaciones generosas y de puntos ciegos convierte a la noción de relativismo cultural en una forma de inducir a actitudes conformistas. En efecto, la defensa del derecho inalienable de las sociedades más simples a mantener sus culturas define, a través de esta ideología, en una apreciación refinada de lo arcaico y una postura nostálgica de defensa de los valores humanos que sólo florecen en las sociedades dependientes y atrasadas.

Lo mismo ocurre con algunas nociones vinculadas a la de relativismo cultural, tal como el concepto de singularidad u originalidad de las culturas y civilizaciones. En muchos textos, él asume implícita y explícitamente la forma de dos discriminaciones valorativas. Primero, la tendencia a atribuir a ciertas sociedades y culturas cualidades dinámicas perentorias que las volverían más capaces de un progreso continuo, y a otras, cualidades opuestas de apatía y desinterés material que las llevarían al atraso resignado. Segundo, la propensión a impregnar a ciertas instancias de la evolución humana de atributos ideológicos supuestamente inherentes a ciertos pueblos o civilizaciones; más concretamente, a la llamada civilización europea, occidental y cristiana.

El primer orden de discriminación no toma en cuenta el hecho de que los europeos que protagonizaron los últimos procesos civilizatorios fueron, a lo largo de milenios, pueblos que no sobresalieron particularmente por su creatividad cultural. Y que, al contrario, en muchos pueblos hoy sumergidos en la dependencia y el subdesarrollo florecieron en el pasado altas civilizaciones autónomas. El segundo orden de discriminación lleva a la ingenuidad de tratar ciertos elementos de la tecnología moderna como si fuesen logros intrínsecamente europeos. Dentro de esta perspectiva, las máquinas a vapor o los motores a explosión corresponderían más a hazañas espectaculares del hombre blanco que a instancias necesarias de la evolución humana que, si no hubiesen ocurrido allí, habrían surgido en alguna otra parte. En virtud de ello, en muchos textos, el vapor, el carbón y la gasolina aparecen tan impregnados de europeidad que pasan a ser vistos como seres occidentales y hasta cristianos.

Una actitud más crítica con respecto a estas cuestiones llevaría a la consideración de que el desarrollo cultural no es tan relativo ni imposible de comparación como se hace creer. Al contrario, a lo largo de toda la historia humana encontramos las sociedades concretas enmarcadas en determinadas formaciones económico-sociales, es decir, en ciertas etapas de una progresión evolutiva. Tales formaciones son comparables entre sí, pudiendo ser objetivamente clasificadas como equivalentes, superiores o inferiores. O sea, comparables por lo menos con respecto a las cualidades de eficacia de su modo de adaptación a la naturaleza para proveerse de subsistencia; a la amplitud de las relaciones de reciprocidad dentro de las estructuras sociales en que se integran sus respectivas poblaciones, y al grado de racionalidad de sus interpretaciones simbólicas del mundo.

Además de explicativa, esta interpretación es también más dinámica porque admite que la posición en que se encuentra una sociedad no corresponde a sus cualidades innatas o a cualidades inmutables de su cultura, sino, en gran medida, a circunstancias posibles de transformación. Modificadas éstas, cualquier sociedad puede experimentar grandes momentos de progreso si logra incorporar a su cultura elementos de un acervo tecnológico-productivo que, antes que representar rasgos de una cultura determinada, forma parte, hoy en día, del patrimonio del conocimiento humano.

Dentro de esta visión, sería en sus modos de existencia y en las coyunturas en que un pueblo se relaciona con los demás y experimenta la influencia de los procesos civilizatorios actuantes donde deberíamos buscar explicaciones para su nivel de desarrollo, y no en supuestas cualidades de su cultura.

Sin embargo, es necesario guardar de la noción de relativismo cultural su posición crítica con respecto a las formas actuales de civilización. De hecho, nada más absurdo que tomarlas como formas acabadas o terminales del desarrollo humano, o como situaciones deseables por sí mismas, mejores por ser más modernas o avanzadas. No son formas acabadas porque representan momentos de un larguísimo proceso de auto-transfiguración del hombre y de la cultura que continuará operando en el tiempo. No son intrínsecamente deseables porque representan vicisitudes de un proceso más o menos espontáneo, antes que realizaciones de metas racionalmente propuestas.

El proceso civilizatorio es en esencia un movimiento continuo de enajenación y desenajenación en el que el hombre paga un precio elevado por sus conquistas, pero avanza irreductiblemente, proponiéndose nuevas metas que, a su vez, vienen a ser enajenantes o desenajenantes. De hecho, cualquier civilización está imbuida de residuos del pasado y de formas larvarias de nuevas construcciones culturales aún no maduradas, pudiendo ser unas y otras desilusionantes o alentadoras con respecto a los ideales humanos. Incluso considerando que éstos sean indefinibles, como es habitual, en virtud de su carácter transitorio, en muchos casos pueden ser evaluados, por lo menos en forma negativa. Esto es, lo abstractamente ideal para los seres humanos no puede ser programado, pero se pueden diagnosticar los modos de hacer, de interactuar y de sentir francamente inhumanos o antihumanos y afirmar que ninguna civilización estuvo libre de ellos. Esto nos motiva a juzgar críticamente la calidad de la vida que cada sociedad concreta puede proporcionar a sus miembros en términos de satisfacción de las necesidades humanas, dando al concepto de necesidad su más amplia acepción.

En la búsqueda de una concepción crítica de la cultura se impone una tarea más, cual es la de dilucidar la noción de integración y de autenticidad de las construcciones culturales. No hay cómo negar que las culturas tienen una cierta capacidad de integración o de organización interna, alcanzada a través de la continua interacción entre sus componentes, lo que confiere al conjunto cierta funcionalidad. Es innegable también que las construcciones culturales presentan cierto grado de autenticidad y de armonía. Vale decir que, más allá de la correspondencia funcional entre sus partes, el todo exhibe características fisonómicas que distinguen a una cultura de otra, y rasgos estilísticos que se imprimen tanto en las personalidades como en sus creaciones, volviéndolas únicas e inconfundibles.

No obstante, con frecuencia se generalizan estas apreciaciones, inspiradas en ciertas cualidades de las culturas tribales autóctonas, o de algunos componentes de las civilizaciones "clásicas", como si se pudiera afirmar que todas las culturas —incluso las más complejas— son totalidades eminentemente integradas, genuinas y auténticas. Aquí nos encontramos con una impregnación de preconceptos sutiles, filtrados a través de la noción de relativismo cultural, según los cuales cada cultura sería un ente singular, en el que se cristaliza la vivencia de un pueblo, siendo por esto sus partes dignas de acatamiento en cuanto creaciones genuinas. En verdad, esta posición escamotea el hecho de que cada cultura es producto de vicisitudes que necesariamente la deforman, operando como obstáculos a su plena creatividad, a su desarrollo autónomo y a la plena realización de sus potencialidades con miras a proporcionar modos de existencia dignos de ser vividos.

Es de suponer que un pueblo, manteniéndose en condiciones de aislamiento, tendría mayores posibilidades de elaborar sistemas culturales integrados. Sin embargo, aun en estas condiciones pueden producirse construcciones culturales con características negativas. Es sabido, por otro lado, que cuando una cultura se desarrolla en condiciones de opresión interna o externa, tiende a generar características contradictorias, muchas de ellas negativas. Como la mayor parte de las sociedades rara vez experimentan condiciones de aislamiento y de igualdad que defendiesen la autenticidad estricta de su cultura, sino que casi siempre se vieron obligadas a crear y recrear sus culturas en situaciones de interacción con otras sociedades y de antagonismo entre sus propios cuerpos constitutivos, debemos admitir que en cualquier cultura se pueden encontrar tanto elementos afirmativos de su autenticidad y creatividad, como elementos dañinos y restrictivos del desarrollo autónomo de la sociedad e incluso de la formación de sus miembros como personalidades equilibradas.

Ciertas coyunturas socioeconómicas representan situaciones tan extremas de limitación de la creatividad cultural que la sociedad sometida a ellas se transfigura deformadamente, orientándose en direcciones opuestas a las de su afirmación y sobrevivencia. En tales condiciones, frecuentemente desaparecen las propias sociedades, no por el exterminio físico de sus miembros, sino por el sometimiento a la opresión de un grupo extranjero que, mirándolas como enemigas, puede ejercer sobre ellas un despotismo todavía más fanático que el posible dentro de una sociedad homogénea. Éste fue el caso de los procesos de desculturación ya referidos, en que una población o una parte de ella fue subyugada y utilizada por otra como simple recurso energético de su sistema productivo. Desprendida de su contexto, esa población se desculturiza como condición previa a su integración en una nueva construcción cultural. En esta primera instancia, el resultado de la confluencia con una sociedad dominante es la erradicación de la cultura original y, más tarde, la creación de una construcción cultural nueva e inauténtica: una cultura colonial espuria.

Para los pueblos involucrados en las grandes corrientes civilizatorias —como es el caso más frecuente— la creatividad cultural se ejerce bajo esas presiones internas y externas de carácter deformador. De ello resultan culturas necesariamente imbuidas de contenidos espurios generados, no en el esfuerzo de expresarse y crecer, sino en el de sobrevivir en las condiciones más adversas. Consideraciones que nos llevan a admitir que las construcciones culturales deben ser examinadas valorativamente, en términos de su papel como instrumentos de afirmación de la creatividad y del desarrollo autónomo de un pueblo o, por el contrario, como obstáculos disuasivos de cualquier esfuerzo renovador. Y a admitir, además, la posibilidad de restauración de la autenticidad cultural mediante la erradicación de sus contenidos espurios a través de procesos autoconstructivos que serían revoluciones culturales.

Es probable que la restauración cultural constituya un proceso natural mediante el cual las sociedades buscan escapar al deterioro. Sin embargo, en este como en muchos otros casos, los procesos naturales necesitan a veces ser estimulados e impulsados por la intervención racional, a fin de alcanzar objetivos definidos como deseables. El requisito indispensable para esta renovación es precisamente admitir que la cultura contiene tanto elementos auténticos como espurios; que en su desarrollo espontáneo genera unos y otros, con el agravante de que, al enfrentar condiciones adversas, genera más componentes espurios que genuinos. Las condiciones generales adversas a las que nos referimos son, por un lado, el modo de interacción de las sociedades, según que ocurra de forma igualitaria, con recíproco provecho, o bien sometiendo a una de ellas a la expoliación. Y, por otro lado, la interacción entre los estratos sociales, que puede ser de reciprocidad, propiciando el desarrollo global de la sociedad dentro de una determinada civilización, o, por el contrario, de expoliación y, como tal, capaz de impedir el desarrollo armónico y una prosperidad generalizable a toda la población.

La cultura refleja la experiencia previa de la sociedad y refleja, igualmente, sus características estructurales. Así, la estratificación de clases, la condición de dependencia, la heterogeneidad del desarrollo social o regional aparecen en el marco de la cultura como variantes diferenciadas de ésta. Sólo en el caso de una sociedad idealmente homogénea y, por lo mismo, simple y rudimentaria, la cultura puede configurarse como una entidad coherente y uniforme. En todos los demás casos —y sobre todo en el de las civilizaciones— las culturas son siempre entidades complejas, diferenciadas y dinamizadas por intensos procesos de traumatización.

Ejemplifica estos efectos el proceso de estratificación social que, al surgir, produjo la bipartición de la cultura en un componente erudito, que es de dominio de los letrados, y un componente vulgar, de dominio popular. A las condiciones de dependencia, colonial o neocolonial, corresponden enajenaciones culturales que justificando la dominación ayudan a perpetuarla. Muchos de los elementos que en los centros metropolitanos son factores de autoafirmación y autenticidad, operan como obstáculos en el otro polo. A las heterogeneidades sociales o regionales corresponden desajustes que se expresan a través de condiciones de arcaísmo o modernidad de ciertas regiones o estratos sociales, o bien como una situación de desarraigo de las élites y de marginalidad del pueblo.

Sin embargo, la bipartición de la cultura en una esfera erudita y otra vulgar no impide que, en condiciones ideales de autonomía, los contenidos eruditos en que se plasman el saber y las artes constituyan creaciones genuinas. Son mucho menores las posibilidades de que lo mismo ocurra en condiciones de dependencia cultural.

En la esfera vulgar, la creatividad también se ejerce con las mismas vicisitudes. Desaparecidas, por inviables, las viejas formas sencillas más auténticas de autoexpresión, las nuevas se desarrollan bajo condiciones tan adversas que no ofrecen al trabajador o al artesano oportunidades de afirmar su individualidad.

LA CULTURA BRASILEÑA

Los conceptos previamente discutidos de cultura, aculturación, desculturación, marginalidad, relativismo cultural, desfasamiento y enajenación cultural, así como las nociones de cultura auténtica y cultura espuria, son instrumentos de trabajo indispensables para la comprensión del proceso a través del cual la sociedad y la cultura brasileñas se han venido plasmando. Al estudiar este proceso se observa como las matrices culturales indígena, africana y europea entraron en conjunción en Brasil, primero para configurar, mediante la interacción de sus elementos, algunas células culturales nuevas en relación con aquellas matrices originales y, después, para fundirlas en una protoetnia con la cual toda la población se iría identificando. Este nuevo tejido cultural crece por la multiplicación de aquellas células y se diferencia por efecto de la adaptación a ambientes ecológicos contrastantes, por la especialización en diferentes actividades productivas, por la agregación de elementos nuevos debidos a su propia creatividad o adoptados de otros contextos culturales, y por la incorporación de nuevos contingentes humanos que le dan ciertos coloridos singulares.

Estas múltiples fuerzas diversificadoras habrían producido un archipiélago cultural en el caso de que fuerzas homogeneizadoras opuestas no actuasen integrando, en cada momento, las variaciones dentro de un modelo básico compartido. Operan como homogeneizadoras fundamentalmente las instituciones socioculturales europeas que, organizando a la sociedad naciente como una dependencia colonial, la conformaron dentro de los modelos culturales lusitanos. La sociedad y la cultura brasileñas nacen, así, como un fruto ultramarino de una tradición cultural románica, muchas veces transfigurada y que aquí se transfiguraría una vez más para dar lugar a una nueva etnia nacional. Ésta surge, por lo tanto, como producto de una civilización agraria, urbana y mercantil que, aun en sus primeros núcleos todavía larvarios, era ya una formación evolutiva más alta que las etnias tribales indígenas y africanas.

Ese carácter de filial lejana y subalterna de un núcleo metropolitano, autoconstruida por su pueblo pero conformada por una voluntad externa para servir a los designios de ésta, es el que confiere individualidad y viabilidad a la sociedad naciente, permitiéndole crecer a través de múltiples implantaciones dispersas, pero unificadas mediante un proceso de dominación continuado a lo largo de siglos. En este proceso la unidad se afirma siempre, aunque lo haga al paso de las contingencias de tres órdenes de diferenciación. Las *temporales*, correspondientes a sus sucesivas configuraciones históricas (colonial, neocolonial, nacional) y a los esfuerzos correlativos de integración en los procesos civilizatorios que las afectan (agrario-mercantil y urbano-industrial). Las *sociales*, como subculturas correspondientes, por un lado, al perfil rural-urbano que asumían y, por otro, a la estratificación de clases (señorial, servil, popular). Las *regionales*, concernientes a las diferencias de adaptación ecológica que se plasmaron como distintas áreas culturales.

Estos factores de diferenciación no sólo confieren coloraciones variadas al panorama cultural brasileño, sino que también generan asincronías y situaciones de marginalidad y de dependencia sociocultural. En el primer caso, se trata de efectos diferenciales de los procesos de cambio sobre los diversos sectores, en virtud de los cuales algunos de ellos se modernizan y otros se vuelven arcaicos. En el segundo caso, tenemos las oposiciones entre los diversos estratos de la sociedad nacional que, a pesar de experimentar un intenso calentamiento en el plano racial y una uniformización en el plano cultural, se cristalizan como una rígida estratificación sociorracial de castas, cuyos estamentos se ven mutuamente como entidades distintas y se hostilizan recíprocamente, creando un ambiente marcado por fuertes tensiones. En el tercer caso, tenemos las diferencias de desarrollo regional que, activando sucesivamente diferentes áreas como núcleos polarizadores de la vida económica, provocan graves efectos de colonización interna.

A lo largo de sus casi cinco siglos de historia, la cultura brasileña presenta las mayores variaciones dentro de estas líneas. En verdad, lo que se tiene de constante es, principalmente, su carácter espurio, su condición desfasada y las consecuentes vicisitudes de una cultura enajenada y enajenante de sus propios portadores. Tales vicisitudes, operando como factores concomitantes, condenaron a la convivencia y a la autoexpresión de la mayoría de la población a ejercerse en las condiciones más adversas. Éstas ya, eran manifiestas en las protocélulas originales de la etnia brasileña en la que el *mameluco* (mestizo de blanco con india), identificándose con el padre, se convierte en castigador del grupo al que pertenece la madre. Pero, a pesar de esa adhesión, nunca llega a ser reconocido por los portugueses como un igual, soportando toda la carga del preconcepto derivado de la apreciación señorial de la comunidad nativa como inferior.

Al mismo tipo de marginalidad fueron condenados, más tarde, los mulatos que también viven el "drama de ser dos", buscando desesperadamente mimetizar la apariencia de blancos para enfatizar su supuesta superioridad con relación al negro. Pese a esto, también ellos ven recaer sobre sí el peso del preconcepto contra la matriz negra, en la proporción de las marcas visibles de las que son portadores. Siglos después, en tiempos de la Independencia, habiendo ya desaparecido el indio de las áreas de antigua ocupación, muchos mulatos se disfrazaron de mestizos, adoptando sonoros nombres indígenas, componiendo y leyendo novelas y poemas exaltadores de las cualidades del indígena, para de ese modo alejar de sí cualquier sospecha de negritud. Aún hoy, una serie de características de la personalidad del mulato reflejan esta enajenación.

El carácter espurio de la cultura brasileña deriva, como vimos, de la propia naturaleza exógena y mercantil de la empresa que le dio origen como formación colonial esclavista, organizada para abastecer el mercado europeo de ciertos productos. En estas condiciones, Brasil nace y crece como un proletariado externo de las sociedades europeas, destinado a contribuir para la satisfacción de las condiciones de sobrevivencia, de *confort* y de riqueza de aquellas sociedades y no de sí mismo. En consecuencia, la clase dominante brasileña es llamada a ejercer desde el inicio el papel de una capa gerencial de intereses extranjeros, más atenta hacia las exigencias de éstos que con respecto a las condiciones de existencia de la población nacional. No constituía, por ello, un estrato señorial y erudito de una sociedad autónoma, sino una representación local, enajenada, de otra sociedad cuya cultura buscaba mimetizar. Su función principal era inducir a la población a cumplir con los requisitos de una empresa productora de bienes tropicales o de metales preciosos y generadora de lucros exportables.

En el ejercicio de esta función aquella clase desempeña un papel gerencial en el plano económico-productivo, ordenador en el plano político-social, renovador en lo tecnológico-científico y adoctrinador en lo ideológico. En este sentido, promovió o incentivó sucesivas innovaciones de los modos de producción inspirada en las revoluciones tecnológicas ocurridas fuera, y simultáneamente modernizó las formas de gobierno y de gestión, unas y otras copiadas o inspiradas en modelos desarrollados en alguna de las metrópolis. Al compás de aquella modernización en el campo tecnológico-productivo y en las instituciones sociales, también se redefinían los contenidos culturales del nivel ideológico y de lo artístico. Estas últimas renovaciones, casi siempre a un ritmo más intenso en la esfera erudita de la cultura que en la cultura vulgar, la cual sólo podía seguir los nuevos estilos con grandes desajustes. En consecuencia, el pueblo rara vez pudo entender el lenguaje de los artistas e intelectuales que eran, supuestamente, la expresión de su modo de ser, de sentir y de pensar.

En estas circunstancias, principalmente en las capas subalternas y como cultura vulgar, se ejerce una creatividad destinada a atender los requisitos necesarios para la sobrevivencia material (a través de la creación o reelaboración de técnicas adaptativas); para la convivencia humana (a través de la creación de múltiples formas de asociación que rebasaban las regulaciones destinadas a organizar el trabajo productivo); y para la atención de necesidades espirituales (mediante la creación de cultos sincréticos, la fijación de mitos y leyendas con los que se explicaba la naturaleza y la sociedad, y a través de la creatividad artística). Fue por medio de esta cultura vulgar —plena de elementos indígenas y africanos— que el pueblo brasileño edificó, con los ladrillos y cimientos de que se disponía, la cultura nacional en lo que ella tenía de asentado en la tierra y de significativo para toda la población.

La clase dominante blanca o blanca-por-autodefinición, dentro de una población mayoritariamente mestiza, tenía como preocupación principal, en el plano racial, destacar su blancura y, en el plano cultural, su europeidad, aspirando, por lo tanto, a ser lusitana, luego inglesa o francesa, tal como ahora sólo quiere ser norteamericana. Y conseguía simular, razonablemente, esta identificación en los modos de vestir, de comer, de habitar, de educarse, de rezar, de casarse, de morir, etc. Sólo la acción diferenciadora de los factores ecológicos o del contexto humano en que vivía la convertían, muy a su pesar, en irremediablemente brasileña en estas mismas cosas.

La limitación de lo extranjero que era inevitable no sería un mal en sí, incluso porque los transplantes culturales vienen asociados, frecuentemente, a factores de progreso. El mal radicaba y todavía radica en el rechazo de todo lo que era nacional y principalmente popular, como si fuera malo por estar impregnado de la subalternidad de la tierra tropical y de la inferioridad de los pueblos de color. Generaciones de brasileños fueron enajenadas por esta inautenticidad esencial de su postura, que los volvía infelices por ser como eran y los avergonzaba de los ancestros que tuvieron. En tales circunstancias, la enajenación pasó a ser la condición misma de esta clase dominante, inconforme con su mundo atrasado, que sólo mediocremente conseguía imitar lo extranjero, y ciega para con los valores de su tierra y de su gente. Lo más grave es que esta enajenación, al volver a la clase dominante incapaz de ver y comprender la sociedad en que vivía, también volvía a su componente erudito incapaz de proponer un proyecto nacional de desarrollo autónomo.

La creatividad intelectual y artística de las capas ricas se ejerció, fundamentalmente, como transplante de ideas y valores ajenos. Pese a ello, a veces exhibía rasgos de originalidad, en la medida en que se impregnaba, contra su voluntad, de contenidos locales. Éste fue el caso del florecimiento cultural de algunas áreas, donde la prosperidad de la empresa colonial generaba excedentes para gastos superfluos. Surgen allí expresiones exógenas de la creatividad europea implantada en la colonia, tales como los núcleos urbanos de la civilización del azúcar de Bahía y de Recife y de la civilización del oro en Minas Gerais. Sus expresiones más altas son una arquitectura, una escultura, una pintura, una literatura y una música de nivel más elevado que el de las ciudades portuguesas de su tiempo. Se manifiestan principalmente en templos y actos de culto en los que la capa dominante lucía su grandeza terrenal y agradecía por ella, y el pueblo se consolaba de su penuria, preparándose para una vida eterna en un paraíso en el cual, por ser todo etéreo, probablemente no habría lugar para diferencias tan brutales entre señores y esclavos, ricos y pobres. El principal núcleo erudito de esta civilización era el clero, en cuanto sector letrado de la tierra, cultor de las letras y protector de las artes. En los periodos de prosperidad él devenía, efectivamente, heredero del patrimonio artístico de su tiempo, que se expresaba, como era inevitable, según las pautas de la civilización europea. En las épocas de crisis, producía cantidades de padres iracundos que eran encarcelados, desterrados, ahorcados y hasta descuartizados por decenas.

La contraparte de esta esfera erudita y señorial de la cultura nacional naciente era la cultura espiritual de carácter vulgar de las poblaciones pobres. A pesar de su creatividad mayor, estaba también imbuida de contenidos ajenos abrevados, primero, en fuentes no europeas, pero luego enriquecida y estructurada por la absorción e interpretación de distintas contribuciones europeas. Ella configuraba una visión del mundo real y del de ultratumba con una explicación fundada principalmente en las concepciones religiosas católico-cristianas, e impregnada de elementos tomados de otras matrices. Se plasmó así una cultura común, relativamente homogénea, formada en el plano erudito por los clérigos y por los artistas a ellos asociados, y en el plano vulgar por las creencias y ritos populares de diversos orígenes que se organizaban y expresaban en un calendario común de trabajo y de esparcimiento, de fiestas religiosas de la vida de cada individuo. Era una cultura ingenua, puesto que consagradora de un orden social como sagrado; y espuria, ya que estaba destinada a mistificar la explotación clasista y colonial. Era, sin embargo, una cultura integrada en la medida en que unificaba a casi toda la población en el culto a los mismos sistemas y valores y la conjuntaba en múltiples formas compartidas de conducta. Siempre hubo también una contracultura popular rebelde, sobre todo la de los negros alzados, que se expresaba en formas insurrectas de conducta, ya sea en los cultos africanos mantenidos en secreto, ya en la incitación a la rebeldía contra la esclavitud.

Luego de décadas de rebeliones populares que siguieron a la independencia, desaparece aquella élite clerical para dar lugar, primero, a la cohorte de licenciados-letrados de mentalidad reaccionaria, más tarde, a nuevos impugnadores elitistas lectores de Rousseau y, ulteriormente, de Comte, Spencer y Lamarck. Desaparecen también los artistas creadores del pasado y los nuevos jamás alcanzarán los antiguos niveles artísticos ya que se perdió la congruencia de la cultura erudita, que expresaba en los templos la exhibición de la riqueza y del refinamiento de los estratos dominantes, pero acogiendo en ellos la religiosidad popular.

Es ahora el tiempo de las casas burguesas, del frac y el sombrero de copa, de la importación de bagatelas y prostitutas francesas y de todo género de manufacturas industriales inglesas. La intelectualidad ''patricia'' es ya laica y se inspira principalmente en el positivismo, convertido también en culto y aprendido en el catecismo de la masonería, como principal forma de crítica señorial del orden vigente. El nuevo clero, además de menos influyente, se oponía al catolicismo festivo del pueblo, empeñado en encuadrarlo en la ortodoxia romana. Surgen, no obstante, nuevos intérpretes letrados de la realidad nacional que se esfuerzan por comprenderla mejor. Son los ensayistas iracundos, los letrados comprometidos con los movimientos abolicionista y republicano, y los primeros escritores que explotan la relativa autonomía de los intelectuales en el sentido de expresar sus propias experiencias vividas y de contribuir a una comprensión más realista y satisfactoria de la realidad.

Al desmoronarse la cultura erudita que en ciertos sectores se hiciera heredera del patrimonio europeo, comienza a desmoronarse también la cultura vulgar, cristalizada principalmente en el folclor bebido de viejas fuentes ibéricas, de tradiciones indígenas y africanas, así como de creencias y ritos católicos que regulaban toda la vida social. La primera se degrada, perdiendo los más altos niveles de expresión que alcanzara en el plano artístico, para convertirse en un *pastiche* de francesismos, britanismos y yanquismos. La última también se diluye, primero en las ciudades y en las áreas por ellas influidas, donde el antiguo calendario festivo de inspiración religiosa, las danzas dramáticas, los cancioneros populares, son sustituidos por nuevas danzas, cantos y diversiones de carácter profano. Con la radiodifusión, estos nuevos estilos se tornarían cada vez más ''modernos'' e invadirían también las áreas rurales, hibridizando y después tornando obsoletas las islas de arcaísmo en las que sobrevivían las formas coloniales de creatividad popular.

Como se ve, sólo es posible hablar de cultura brasileña en el sentido de una entidad compleja y fluida que no corresponde a una forma dada, sino a una tendencia en busca de una autenticidad jamás lograda. Aunque se puede decir que la cultura de cualquier civilización del pasado o del presente es también esta búsqueda de autenticidad, la reconstitución de los modos por los cuales ella es buscada y de las vicisitudes en que incurrimos al buscarla son indispensables para comprender nuestra creatividad cultural.

A lo largo de la mayor parte de nuestra historia colonial no encontramos en el Brasil una capa erudita que sea la expresión de la creatividad cultural de su pueblo. Encontramos una élite transplantada que aquí realiza por mimetismo gestos culturales de otro contexto. Estos gestos, además de incomprensibles para el grueso de la población —como ocurre por lo demás con casi toda creación erudita— eran insatisfactorios incluso para las élites eruditas nativas que sufren el desgarramiento de su doble ser: el de agentes locales de una cultura centrada en otra parte y a cuya creatividad aspiran a contribuir, y el de miembros de una sociedad subalterna cuyo modo de ser los mortifica.

Esta inautenticidad responde, en el plano cultural, a un factor causal y a una carencia. Su causa fundamental es la condición exógena de las clases dominantes de carácter consular que aquí se establecen y actúan en consonancia con los factores causales del atraso, especialmente el despojo y la superexplotación clasista. La carencia se deriva de la circunstancia de ejercer la creatividad en un universo cultural informe, no por haber perdido su capacidad de expresarse debido a la erradicación de la capa erudita, como sucedió con los *Pueblos-Testimonio*, sino por no haberla tenido jamás. Con el pasar de los siglos y a costa de ingentes esfuerzos de autoconstrucción van surgiendo una nueva sociedad y una nueva cultura, diferentes y hasta opuestas a la metropolitana, pero configuradas según pautas extraídas de aquélla. Su creatividad cultural sólo puede expresarse a través de una singularidad en la configuración de las mismas formas. Éstas, después de la Independencia, ya no obedecen a los cánones del pasado, pero continúan atadas a los estilos de la civilización dentro de la cual el retoño se esfuerza por expresarse. Tratándose ahora de una civilización urbano-industrial, otros serán los centros metropolitanos que fijarán y exportarán los modelos culturales que cultivaremos, sin la menor posibilidad de influir sobre sus matrices dada nuestra situación de dependencia y de atraso en el plano económico y social.

Sólo en las últimas décadas, al haber alcanzado por fin cierta magnitud como sociedad nacional y cierto grado de autonomía cultural, los brasileños comenzamos a crear nuestra propia visión del mundo y a ejercer una creatividad cultural auténtica. Y lo hacemos en la medida en que nos reconocemos como singulares dentro del conjunto de sociedades que integramos; en que comprendemos y apreciamos nuestras vivencias que nos hacen diferentes, y en que, expresando nuestra forma de ser, conseguimos imbuir un contenido particular a nuestras creaciones. Sin embargo, ellas sólo serán gestos de creatividad genuina si constituyen contribuciones nuestras a las creaciones de la civilización a que pertenecemos, tan significativas para nosotros mismos como para los otros pueblos en ella inmersos. Es por todo esto por lo que, a nuestro parecer, Ouro Preto en el siglo XVIII y Brasilia en el XX, como conjuntos urbanístico-arquitectónicos representan tal vez los primeros actos maduros de creatividad de los brasileños en el plano de la cultura erudita. Y los representan no porque sean típicas, sino porque son expresiones iguales o mejores que cualesquiera otras de los ideales estéticos de la civilización a la que pertenecen.

DESFASAMIENTO Y ENAJENACIÓN

En el estudio de las etapas de la evolución sociocultural procuramos demostrar que cada una de las formaciones sociales que se configuraron en Brasil eran coetáneas de las formaciones centrales. En efecto, tanto la formación colonial esclavista como la neocolonial capitalista dependiente eran contrapartes de formaciones globales cuyo componente dominante estaba en la metrópoli portuguesa y luego en los centros capitalistas industriales. Consideramos, sin embargo, que la evolución, siempre que se procesa por la vía de la actualización histórica, trae consigo ciertos efectos de atraso y arcaísmo que de algún modo distancian a los componentes del centro de los de la periferia a través de desfasamientos sociales y culturales.

De este modo se observa en el desarrollo brasileño una serie de desfasamientos culturales bajo la forma de vicisitudes provenientes del propio proceso de actualización histórica a través del cual la sociedad nacional se constituye, integrándose en la economía mundial primero como una formación colonial y, después, neocolonial.

En el primero de estos pasos, Brasil surge como un espacio en el que se implantaban técnicas productivas avanzadas, tendientes al aumento de la producción exportable, pero sólo dentro de estos límites. No obstante, ciertos componentes esenciales de este sistema productivo permanecerán siempre fuera del país, tales como la organización financiera y comercial, el control de la red de transportes marítimos, la manufactura de bienes más elaborados de uso y de producción. A lo que se añade el hecho de que ciertos avances tecnológicos ya incorporados a la agricultura y al pastoreo en Portugal (como el arado de los campos y la colocación en establos de los animales) fueron abandonados en Brasil para dar lugar a técnicas más adaptadas a las condiciones ecológicas o por ser innecesarios, ya que la provisión de subsistencias se hacía a base de las técnicas heredadas de los indios.

En el segundo paso, correspondiente a la nueva actualización histórica que conduciría al Brasil a la condición de área neocolonial de explotación de las potencias industriales, la cultura nacional experimentó innovaciones sustanciales, tanto en el plano tecnológico como en el institucional y el ideológico. Todas ellas, empero, de carácter meramente modernizador y, por eso mismo, parcial y deformante, porque agregaban al sistema económico cierta eficacia, mas no permitían la superación de su carácter subalterno y expoliador. En estas circunstancias se modifican los modos de producción por la absorción de productos acabados de la civilización industrial (motores y máquinas), permitiendo una mejor integración del Brasil en la economía mundial como productor de bienes tropicales e importador de artículos industriales. Más tarde, con la conversión del país en área de implantación de empresas internacionales, tecnológicamente avanzadas y comandadas por sus matrices, éstas pasan a operar como un mecanismo básico de recolonización. Pero jamás se alcanza el nivel mínimo de dominio de la tecnología industrial y de autonomía empresarial que permitiese asegurar las condiciones para llevar adelante un proceso de desarrollo autosustentado, capaz de elevar el país, algún día, a la condición de componente autónomo de la nueva civilización.

Ciertos aspectos del desfasamiento cultural de Brasil tienen, sin embargo, otras raíces, ya que provienen del propio atraso cultural de la metrópoli colonizadora. Ésta, al no haber logrado estructurarse como una formación capitalista madura, ni integrarse a la civilización industrial, fue cayendo en situaciones de dependencia con respecto a Inglaterra y sumiéndose en la pobreza hasta convertirse, ella misma, en un área neocolonial. Una de las consecuencias de este atraso es el hecho de que Portugal no haya emprendido la alfabetización de su propia población, como ocurrió en todas las naciones que se industrializaron, y únicamente en éstas. Apenas contó Portugal con una estrecha capa de letrados, en su inmensa mayoría mediocres y oscurantistas, de extracción eclesiástica o formados en universidades obsoletas.

El Brasil, como colonia sometida al más estricto monopolio, creció aislado del mundo, conviviendo apenas con aquel Portugal pobre y retrógrado. Tan retrógrado que prohibía expresamente la importación y venta de libros y castigaba severamente la instalación de cualquier tipografía. Tan oscurantista que no permitió la creación de un sistema popular de enseñanza en Brasil y, menos todavía, de escuelas superiores, cuando ya España mantenía cerca de dos docenas de universidades en sus colonias. Así, Brasil emerge a la Independencia sin ninguna universidad, con su población analfabeta y sus clases dominantes iletradas. Frente a los 150 000 graduados de las universidades hispanoamericanas durante el periodo colonial, Brasil contó con cerca de 2 500 graduados en Coimbra. Al momento de la Independencia, el país debía tener apenas unos pocos cientos de patricios nativos con formación universitaria, a los cuales habría que sumar algunos miles de letrados expulsados de Portugal con la Corte. Esos pocos doctores graduados en Coimbra y estos cortesanos que se quedaron en el país son quienes intentaron institucionalizarlo como una nación autónoma, crear su sistema de enseñanza primaria, media y superior y promover la creatividad cultural erudita.

Para evaluar la profundidad de las carencias de la instrucción pública bastan tres ejemplos. En 1800, la Cámara Municipal de Tamanduá, en Minas Gerais, es reprendida mediante una Advertencia Real por el crimen de haber instituido una escuela de primeras letras. En 1820, la Cámara Municipal de Itapetininga, ilustre municipio paulista, pide autorización para crear una escuela primaria, no para alfabetizar al pueblo, como podría suponerse, sino para enseñar rudimentos de lectura a algunos hijos de las mejores familias, a fin de permitirles el ejercicio de las funciones de concejales municipales (Oracy Nogueira, 1962:448). El tercer ejemplo está dado por el hecho de que la mayor empresa educacional del Imperio brasileño consistió en la edificación de enormes instituciones para la reeducación de ciegos y sordomudos. En un país atrasado como el Brasil de entonces, lo que aparecía a la conciencia señorial como un problema no era el analfabetismo generalizado, sino las carencias más capaces de suscitar la caridad imperial. Esta actitud contrasta flagrantemente con la preocupación por la educación popular entonces prevaleciente en Argentina, Uruguay y Chile.

A este desfasamiento cultural, con dichas consecuencias particulares, se sumaron efectos globales de perpetuación de la estructura social arcaica, de congelamiento de la misma y de enajenación cultural, como obstáculos capitales para la superación del atraso. En efecto, una sociedad que no incorpora el saber y las innovaciones tecnológicas de su tiempo, no llega a experimentar las transformaciones estructurales correspondientes, permaneciendo arcaica en amplias esferas y reflejamente modernizada en otras. Y, debido a esto, queda traumatizada por la interacción conflictiva entre los contenidos asincrónicos de la cultura y de la sociedad.

La enajenación cultural consiste, en esencia, en la introyección espontánea o inducida en un pueblo de la conciencia y de la ideología de otro, correspondiente a una realidad que le es extraña y a intereses opuestos a los suyos. Vale decir, en la adopción de esquemas conceptuales que escamotean la percepción de la realidad social en favor de los que de ella se benefician. O, también, en la creación autónoma de representaciones consoladoras o justificadoras del atraso, que desvían la atención de sus causas reales y destacan tan sólo sus causas supuestas.

Corresponden a la primera categoría de enajenación muchas de las concepciones oriundas de todas las matrices de la cultura brasileña, sobre todo las de las poblaciones subyugadas cuyos cuerpos de creencias arcaicas, incapaces de explicar objetivamente la nueva realidad, han operado como mistificaciones que contribuyen a perpetuar la dependencia. Sobresalen, sin embargo, por sus efectos enajenantes, los contenidos originarios de la matriz dominante. Ésta, al lado de las técnicas productivas, de los procedimientos empresariales y de las formas de distribución de la población para fines de trabajo, introdujo todo un cuerpo de doctrinas religiosas y laicas dignificadoras del hombre blanco y mistificadoras de la dominación colonial, presentada como un encargo divino de los pueblos más adelantados en relación con los más atrasados.

Corresponden a la segunda categoría de enajenación los esfuerzos autóctonos de las élites eruditas para crear representaciones fantasiosas que buscaban explicar el atraso colonial como una fatalidad ineluctable, derivada del clima impropio o de la inferioridad de las razas, difundiendo actitudes de resignación ante el atraso. Las representaciones concernientes a la "raza" impregnaron a toda la población. Incluso fueron elevadas a la condición de teoría explicativa del atraso, que se aprovechaba de una inferioridad histórica, efectiva, de los indios y negros avasallados, para convertirla en prueba de ineptitud congénita para el progreso. Estas apreciaciones sobre la "raza" no sólo permiten que el blanco más humilde se sienta superior a cualquier negro, mulato o mestizo, sino que también llevan a éstos a reconocer su propia inferioridad como innata e ineluctable.

Tales estereotipos raciales, al difundirse en una sociedad mayoritariamente constituida por "gente de color", representan obviamente una enorme carga de amargura. Aceptadas como verdades indiscutibles, sacramentadas con el poderío del consenso, esas representaciones, por atenuadas que estuviesen, no hacían más que consolidarse. Es el caso del "blanqueamiento social" de todo negro o mulato que ha tenido éxito; de las formas señoriales de trato afectuoso con las mucamas o con el negro que permanecía humilde y trabajador; de las alabanzas a la negra y a la mulata como hembras. Tanto en sus formas más brutales de trato del negro de plantación como animal tosco y bozal, cuanto en las más atenuadas, aquellas representaciones ejercen la función de mantener la estructura de poder. Unas y otras crean barreras que impiden la unificación de las capas subalternas contra las dominantes, aislando a los brasileños claros de los oscuros y volviendo su concientización extremadamente difícil; ostaculizando el ascenso social de las personas que muestran señales raciales más nítidas de su ascendencia negra, pero admitiendo algunos casos de excepción, para hacer creer que la posición superior de toda la clase dominante deriva de cualidades innatas que sólo rara vez aparecen en personas descendientes de negros o indios.

Pertenece igualmente al capítulo de las enajenaciones la mentalidad arcaica de las masas marginales cuya visión del mundo y de la sociedad se nutre principalmente de

fuentes religiosas, como los cultos afrobrasileños, el catolicismo rural de carácter mesiánico y las sectas protestantes de inspiración resurreccionista. Aunque este tipo de
conciencia no impida sino, por el contrario, hasta impulse rebeliones populares (como
las insurrecciones de Canudos y del Contestado), lo que ella produce, habitualmente,
son los casos fatales de penitencias purificadoras y otras acciones fanáticas que la prensa reporta cada año. Tales manifestaciones son expresión de la desesperación de las
masas despojadas, sometidas a toda clase de vejámenes y, encima de todo, enajenadas
en su visión del mundo. En estas condiciones se vuelve inevitable que sus formas de
revuelta contra el orden vigente asuman los rasgos más embrionarios: individualmen-
te, con el bandidismo; en grupo, con el culto fanático; comunitariamente, con los levantamientos mesiánicos.

A los efectos de enajenación derivados de la sobrevivencia de los contenidos arcaicos
en la cultura se suman, para las parcelas citadinas de estas masas marginales, las vicisitudes de una nueva desculturización a la que están sometidas en el curso del proceso
de urbanización. En el primer impulso de desculturización, los contingentes africanos
e indígenas fueron desenraizados de sus tradiciones y aculturados en la protocélula
étnica brasileña, como un paso en su incorporación a la fuerza de trabajo. Ahora, en
el curso del segundo impulso, activado por el proceso de urbanización, al perder su
cultura rural arcaica sin ser incorporados a la sociedad urbana moderna y a sus nuevos
significados, experimentan una marginalización social y económica que pasa a ser
también cultural.

Creciendo más intensamente que la capacidad del sistema ocupacional para absor-
berlas, y urbanizándose caóticamente, estas masas se ven inmersas en una "cultura
de la pobreza" en que su sencillo patrimonio cultural se degrada todavía más. En los
conglomerados en que se amontonan, junto a los pueblos, ciudades y metrópolis,
aprenden a hacer casas con restos inservibles; a cocinar y a comer en "vajilla" de latas
y a rehacer su visión tradicional del mundo, su mitología y su folclor a base de las in-
formaciones contradictorias de los programas populacheros transmitidos por la radio
y la televisión. Así, pierden las técnicas de adaptación ecológica con que antes
construían sus casas, fabricaban su cerámica o tejían sus esteras y cestas que, aunque
más sencillas que las de los indígenas que les enseñaron a hacerlas, eran superiores
a las que ahora poseen.

Al mismo tiempo, se degradan sus sistemas de valores, sus formas arcaicas de danza
y de música y sus explicaciones del mundo fundadas en la tradición. Este deterioro
de un patrimonio cultural de por sí parco o paupérrimo, cuya expresión se vuelve inviable en las ciudades, hace que esta masa descienda algunos grados más en dirección
de la tabla rasa cultural que caracteriza a los *Pueblos Nuevos*. Sólo queda la esperanza
de que, a partir de este piso inferior —como gente desvinculada de cualquier tradición
que la ate al pasado y le haga respetar lo que fuese—, no le reste más opción que la
de caminar hacia el futuro. Obviamente, este futuro no puede consistir en otra cosa
que en integrarse a la civilización moderna, cuyo acceso le está vedado por el orden
social vigente que la condena a la marginalidad.

La incapacidad del sistema para garantizarles cualquier participación en las formas
modernas de existencia compele a estas masas marginalizadas a reinventar la vida ur-

bana a partir de su miseria y su ignorancia, creando modos de ser y de sobrevivir que aparecen como aberrantes a los ojos de los privilegiados. Es así como sus soluciones originales y eficaces en el campo de la vivienda, la asistencia médica, la educación, etc., son vistas como si fuesen problemas: *favelas* que hay que erradicar, curanderos que prohibir, vulgaridad que vencer. Nadie ofrece, sin embargo, soluciones alternativas de nivel más alto, que sean viables para sustituir, para millones de marginados, sus soluciones arquitectónicas, médicas, culturales y económicas. Nada mejor que este fracaso del saber académico en proveer de soluciones adecuadas a los problemas populares, para demostrar la incapacidad del sistema para crear formas de participación en la riqueza, en el poder y en la cultura.

CONCIENCIA Y REVOLUCIÓN

La conciencia nacional, elaborada en el nivel erudito y bajo el condicionamiento de la enajenación cultural, tiende a asumir la forma de una mentalidad retrógrada, de carácter ingenuo y caracterizada por una serie de carencias. Es ingenua en el sentido de que no llega a constituirse como una visión impugnadora del orden vigente que sea al mismo tiempo realista, motivadora y operativa. A pesar de estar ligada a la realidad circundante, con la que se identifica profundamente, no llega a ser una conciencia rebelde de esta realidad.

En efecto, desde las primeras crónicas que describen el Brasil del siglo del descubrimiento, se traza una línea continua de compromiso con el terruño natal y sus supuestas cualidades que continúa ininterrumpida hasta hoy (Afranio Coutinho, 1968). La debilidad no reside, por lo tanto, en la falta de una identificación que siempre existió y hasta se exacerbó con los nativismos de toda índole. Esta identificación de carácter étnico provenía de la participación en la comunidad local que se homogeneizaba culturalmente, la cual, siendo ya brasileña, volvía a sus miembros —a veces a pesar de ellos— irremediablemente brasileños y, como tales, contrapuestos a todos los no brasileños.

Su debilidad provenía de la incapacidad de alinear las rebeldías de los sectores letrados —que no conseguían formular un proyecto nacional alternativo al vigente— con las insurgencias populares, únicas capaces de convulsionar la sociedad hasta tornar inevitable una reordenación social revolucionaria. La propia situación de clase de los dos componentes activos —vanguardias y pueblo— contraponía sus respectivos proyectos de reordenamiento social, haciendo que fuesen formulados y ejecutados por separado, con la sola admisión de afinidades circunstanciales.

Además de ingenua, la conciencia social presenta una serie de carencias provenientes de debilidades de la propia matriz cultural europea de la que se nutría, la cual no contaba con ninguna teoría de reordenamiento social que permitiese la percepción de la realidad local como problema y posibilitase la previsión de los caminos de ruptura del orden social y su reconstrucción sobre nuevas bases. En este caso, las carencias derivan, por un lado, de la precariedad de los instrumentos conceptuales de elaboración de la conciencia nacional originarios de los centros de civilización occidental, los cuales, si poco aportaban a la comprensión de su propia sociedad, menos aún contribuían al entendimiento del contexto extraeuropeo. Derivan, por otro lado, de las dificultades de viabilizar la revolución social en estos contextos, lo que vuelve mucho más difícil formular y llevar a cabo un proyecto intencional de reedificación social, apto para superar la formación colonial —y después neocolonial— y plasmar un nuevo tipo de sociedad.

La primera teoría operativa de reconstrucción racional de las estructuras sociales —el materialismo histórico—, al ser relativamente reciente y corresponder a una exploración de la conciencia posible de las sociedades capitalistas maduras, requiere toda una reelaboración conceptual a la luz de la evolución histórica americana, para que sea aplicable a una sociedad tan peculiar como la brasileña. Tarea, por lo demás, incumplida hasta ahora. La alternativa a esta reelaboración habría consistido en generar localmente una conciencia crítica por el mismo camino de Marx. Vale decir, elaborar en el plano erudito la conciencia posible de las clases oprimidas a fin de activarlas para una revolución sustitutiva de la revolución burguesa que aquí era inviable.

Todo lo cual significa que no cabía esperar de los intelectuales brasileños —sobre todo de los de un pasado remoto— la capacidad de formular proyectos propios de reordenamiento social, entonces inviables. Pero significa también que permanece abierto el desafío de comprender las razones por las cuales aquella intelectualidad, en muchos casos apasionadamente nativista, rara vez exploró los límites de su conciencia posible. La verdad es que podrían, incluso entonces, haber alcanzado el umbral de la conciencia crítica entendido como percepción de la realidad como problema y la predisposición para transformarla.

Sólo en casos excepcionales se alcanzó efectivamente esa conciencia crítica encarnada por revolucionarios y por intelectuales iracundos. De un modo general, la intelectualidad, actuando en connivencia con los intereses de un orden inigualitario y del mantenimiento de la dependencia, y teniendo como matriz inspiradora la erudición europea, no produjo más que una conciencia ingenua, enajenada y enajenante. Sus creaciones no son discursos propios sobre la realidad circundante, elaborados a medida que ésta va siendo percibida y expresada en sus variaciones. Su discurso típico es una reelaboración, con materiales ejemplificativos locales, de significaciones ajenas logradas en otras partes y concernientes a otros contextos.

Aún así, en el plano literario, poco a poco van iluminándose expresiones de conciencia auténtica a medida que se asciende del arcadismo al romanticismo y al modernismo. Como era inevitable, permanecen fieles a los cánones de la civilización europea pero, al proporcionar nuevos estilos de comunicación y un mayor contenido social, permiten expresar los sentimientos del autor y, a través de él, el sentir común. Por esta vía el pueblo se encuentra y se afirma en la medida en que, en el plano erudito, se formulan y difunden acervos de visiones que, al tornarse insoportables, ganan repercusión. Ellas vienen a dar significado y voz a concepciones compartidas, confiriendo existencia cultural y sentido simbólico a actores y factores reales, antes apenas intuidos. A través de esas creaciones se manifiestan, catárticamente, sentimientos reprimidos, tensiones y esperanzas; se difunden imágenes intensificadoras de la solidaridad y adquieren corporeidad, por encima de las tensiones que desgarran a la sociedad, las representaciones cada vez más inclusivas de la nación como pueblo y de lo popular como nacional.

Las primeras manifestaciones vigorosas de estas creaciones culturales inclusivas surgen con la poesía. Pero luego son superadas por las artes narrativas, sobre todo por la novela, que de manera más completa y dramática retrata la experiencia comunitaria, logrando un alto grado de comunicabilidad y, muchas veces, también de agudeza. En efecto, la ficción literaria, al recrear libre y episódicamente la realidad, sin más pretensión que la verosimilitud, frecuentemente refleja mejor lo existente que los intentos de captarlo científicamente. Tal vez por esto, las teorizaciones clásicas de la literatura brasileña (Sílvio Romero, José Veríssimo) tenga más valor sociológico que toda la producción pretendidamente sociológica.

De hecho, los esfuerzos pioneros de elaboración de una conciencia nacional no superaron la condición de efectos de la modernización refleja inspirados en la literatura paracientífica europea referente a los trópicos y a los pueblos de color, que fue desarrollada como una justificación erudita del atraso y de la pobreza nacional y, de este modo, convertida en una fuente más de enajenación. Una de las modalidades de esta conciencia ingenua era la oscilación entre un pesimismo amargo, que sólo veía defectos en el Brasil (Paulo Prado) y un ufanismo bobo, que en todo descubría encantos irresistibles. Otra modalidad consistía en la mentalidad retórica de los licenciados liberales que prestaban una atención superficial a la realidad circundante para, a propósito de ella, construir una erudición grandilocuente. Los propios pioneros de la denuncia del viejo orden oligárquico-patriarcal, al carecer de la necesaria visión revolucionaria que la realidad requería, eran incapaces de captar los problemas nacionales y buscarles soluciones (Joaquim Nabuco, Alberto Torres).

El nivel de conciencia de los más lúcidos de aquellos primeros estudiosos brasileños no excedía el de la explicación del atraso como efecto del primitivismo de las poblaciones aborígenes y africanas, del clima tropical, impropio para el trabajo y el progreso, de la inferioridad atávica de los negros, mulatos y mestizos (Oliveira Vianna), responsables, a su juicio, de la pereza, la lujuria y las enfermedades que afectaban a los brasileños más humildes (Paulo Prado). Más tarde surgieron intelectuales que conferían parte de las responsabilidades del atraso a los ancestros lusitanos y a la religión católica (Tobias Barreto, Manuel Bonfim). Como se ve, en todos los casos el factor causal o determinante era siempre una fatalidad ineluctable.

Excepto algunos casos de anticipación de una conciencia crítica (Sílvio Romero, Euclides de Cunha), puede decirse que hasta la segunda mitad del siglo XX los esfuerzos de autoconocimiento de la realidad brasileña se reducían a esos trasplantes enajenantes. Viendo siempre en las deficiencias de la tierra y en los defectos del pueblo las causas del atraso, estos estudiosos no tenían ojos para mirar los factores reales que estaban delante de ellos. No veían, por ejemplo, el papel de la expoliación colonial y de la explotación patronal como factores causales de la perpetuación de la miseria y de la ignorancia popular. Al atribuir al europeo o al norteamericano una cultura superior y una misión civilizadora, no percibían el carácter complementario del avance metropolitano y el atraso colonial o neocolonial que, al convertir al país en una economía subalterna y a su pueblo en un proletariado externo, lo condenaba a perpetuarse en el atraso y la pobreza.

Los ensayos de interpretación de Brasil escritos desde esta posición sirven hoy principalmente para documentarnos sobre el sentimiento de inferioridad que amargaba a sus autores, igual que a toda la clase dominante brasileña. En esencia, eran esfuerzos como los de Oliveira Vianna para ocultar sus orígenes humildes. O intentos como el de Paulo Prado de proyectar, sobre quienes trabajaban de sol a sol, la ociosidad de su propia clase. O bien tentativas como las indianistas de exaltar supuestos ancestros aborígenes llenos de nobleza cuando el indio mismo, el de carne y hueso, era exterminado sin la menor protesta. O esfuerzos como el de José de Alencar por conmover a una sociedad esclavista con dramones llenos de piedad por un negro víctima de la injusticia, pero escritos de tal manera que dejaban en claro que su autor pensaba que era prematuro abolir la esclavitud, pese a ser Brasil la última nación esclavista del mundo.

Gilberto Freire es, en nuestros días, la más elocuente expresión de esta conciencia culpable orientada a idealizar a la familia patriarcal y las relaciones interraciales con el fin de ocultar sus lealtades clasistas para con la oligarquía patriarcal, lo cual, ampliado mundialmente, alcanza extremos de reaccionarismo con la defensa del colonialismo portugués en África.

Algunos intelectuales iracundos, aunque claudicantes debido a sus fuentes europeas de inspiración, alcanzaron cierta capacidad de percibir la realidad de su país, de indignarse con ella y de denunciarla tanto a través de ensayos (Tobias Barreto, Euclides da Cunha, Sílvio Romero, Manuel Bonfim), como a través de obras literarias (Manuel Ântonio de Almeida, Lima Barreto, Alcântara Machado), de panfletos y propaganda periodística (Cipriano Barata, Hipólito José de Costa).

Sin embargo, las primeras contribuciones efectivas para la formulación de una conciencia crítica no surgieron de escritores sino de militantes vinculados al proceso político. Al proponerse proyectos de liberación del yugo colonial y de reordenación de la sociedad bajo la dirección de una clase dirigente nativa, estos militantes revelaban una postura atenta tanto al papel determinante de la explotación portuguesa en la perpetuación del atraso, como al papel agresivo de la compresión ejercida por el patronato parasitario de comerciantes y traficantes de esclavos constituido casi exclusivamente por lusitanos. Las proclamas políticas reconstituidas en los procesos seguidos contra los Inconfidentes de Minas y de Bahía y las obras de unos pocos intelectuales que fueron también militantes revolucionarios —como Abreu e Lima y Frei Caneca— son ejemplos de anticipación de la conciencia crítica (véase Verimeh Chacon, 1965) tornada posible gracias al ejercicio de la creatividad cultural dentro de procesos revolucionarios.

Después de la crisis de la Independencia, la campaña por la abolición de la esclavitud (de Joaquim Nabuco a Castro Alves) fue el primer movimiento de carácter popular movilizado por la intelectualidad brasileña. Como tal, alentó a decenas de poetas, novelistas y ensayistas, dándoles, además de la oportunidad de lucir su talento, la de actuar como agentes de politización predispuestos a trabajar por la transformación estructural de la sociedad.

Los movimientos insurgentes campesinos, al no contar con el apoyo de los letrados, no produjeron una literatura libertaria propia que llegase a tener influencia. A partir del despertar crítico de sus cronistas generaron, sin embargo, una tradición radical que, al tratar de entender los fenómenos sociales de que se da testimonio, abrió el camino a la crítica del orden vigente (Euclides da Cunha) y a la búsqueda de modelos de reordenamiento social.

Posteriormente surgen formas más auténticas y vigorosas de ruptura con la conciencia ingenua por parte de los literatos, con la publicación de novelas regionales que alcanzan, en ciertos casos, dimensiones de denuncia candente del orden social como injusto y obsoleto, con gran repercusión entre el público lector. No rebasan, sin embargo, el ámbito de la expresión literaria de la realidad como inhumana e indignante.

Sólo muy recientemente comenzará a madurar una intelectualidad capaz de desmontar la trama ideológica justificadora de la colonización y de la explotación clasista en las que Brasil estuvo y está todavía inmerso, y de crear una conciencia nacional más realista y motivadora. Con base en esta concepción nueva se han dado varios saltos en el sentido de la desalienación cultural. El preconcepto racial pasa a ser denunciado y percibido como una técnica de dominación de clase (Arthur Ramos, s/f; L. A. Costa Pinto, 1953; Oracy Nogueira, 1955; Florestan Fernandes, 1964). Se evidencia la propia adaptación, bien lograda, de los brasileños al clima tropical (F. M. Salzano y Freire Maia, 1967). Se alcanza objetividad para enjuiciar la colonización portuguesa con relación a las probables alternativas (Gilberto Freyre, 1951 y 1959). Se comienza a reconocer la importancia de la contribución del negro en la construcción de Brasil (Arthur Ramos, 1943/1947; Edison Carneiro, 1964) y del mestizo y del indio en su adaptación ecológica (E. Galvão, 1960; Egon Schaden, 1964). Se pasa a apreciar la metamorfosis que el catolicismo salvacionista ibérico experimentó en Brasil, cristalizándose en una religiosidad popular nada ortodoxa (Thales de Azevedo, 1956), y se destaca su menor intolerancia con relación a las sectas protestantes (Procópio F. Camargo, 1971). Se elucida el papel de cómplice del viejo patriciado político con los factores causales del atraso (Azevedo Amaral, 1938; Raymundo Faoro, 1958). Se enfatiza el carácter de protesta social del bandolerismo del *sertão* (Rui Facó, 1936). Se denuncia la naturaleza enajenada y enajenante de las ciencias sociales en su forma académica (Guerreiro Ramos, 1958). Se pone al descubierto el despotismo del orden latifundista que sometía al pueblo a la penuria y al hambre (Josué de Castro, 1946; A. Passos Guimarães, 1964). Se comprueba el carácter autoperpetuante del subdesarrollo brasileño (Celso Furtado, 1959) y se pone al desnudo el papel de la expoliación extranjera (Aristides Moura, 1959) en su mantenimiento. Se reconoce el atraso en la educación popular como un mecanismo de dominación clasista (Anísio Teixeira, 1957).

En la medida en que se plasma esta conciencia crítica va volviéndose posible elaborar un proyecto nacional de desarrollo autónomo, a la luz del cual comienzan a resaltar, como antecedentes, las luchas del pasado cuyo sentido fue mistificado por el historicismo oficial. Es así como el revisionismo histórico revela el sentido revolucionario de las rebeliones negras en el periodo colonial (Décio Freitas, Ms.), y pone al descubierto la naturaleza sediciosa de las insurrecciones campesinas de carácter mesiánico, que deflagraron en extensas regiones del país como luchas por la reordenación de la sociedad, después de la Independencia (Maria Isaura Pereira de Queiroz, 1965).

Dentro de esta nueva visión también se recupera el sentido revolucionario de los programas de los movimientos urbanos de emancipación nacional dirigidos por letrados, como la Inconfidencia Mineira (Fritz Sales, 1965); se revela el carácter cruento y el espíritu de las revoluciones nordestinas (Alípio Bandeira, 1926; M. Bonfim, 1931; José Honorio Rodrigues, 1965; Carlos Guilherme Mota, 1972), así como el sentido de luchas por el reordenamiento social que tuvieron las grandes insurrecciones populares como la Cabanagem (C. A. Moreira Neto, 1971), la Balaiada (Astolfo Serra, 1946) y la Praieira (Amaro Quintas, 1967). Estas luchas pasan a ser vistas como expresión de una conciencia nacional, virtualmente insurgente, que se ha vuelto posible gracias a la eclosión de la revolución industrial que, al desplazar a las potencias ibéricas hacia una situación de dependencia, propició la reapertura del debate sobre el orden social (Caio Prado Júnior, 1964).

El complemento de estas conquistas en la lucha por la construcción de una conciencia crítica en el campo de la creatividad literaria y científica debería ser una ensayística instrumentada para el estudio prospectivo de la revolución necesaria, como tarea crucial de la inteligencia brasileña. Ésta, sin embargo, no llega a formularse.[*] En verdad, fue impedida hasta hace poco por tres barreras. Primero, el adoctrinamiento sociologístico de intelectuales entrenados para la investigación científica que se perdieron en tareas irrelevantes y en ilustraciones —con datos locales— de temas de moda en las revistas internacionales. En lugar de proseguir en la línea de los pensadores iracundos de la generación pasada, ignoraron sus contribuciones, adoptando una temática y una metodología inadecuadas para la explicación científica de la realidad brasileña y disuasiva de cualquier acción política, como si la transformación de la sociedad no fuera su problema. Segundo, el adoctrinamiento marxista dogmatizado que despreciaba tanto los esfuerzos anteriores de conocimiento de la realidad brasileña como la investigación sistemática, sustituyéndoles con una prédica sectaria plagada de consignas seudorrevolucionarias. Tercero, el carácter fascista del primer movimiento intelectual brasileño de orientación nacionalista —el integralismo— que, al producir formulaciones antimperialistas (sobre todo antibritánicas), alcanzó cierta repercusión, principalmente entre las fuerzas armadas, pero encerrando a muchos intelectuales y militares en los muros de un pensamiento reaccionario que nada tenía para ofrecer a Brasil.

En efecto, la vertiente socialista que venía del siglo pasado (Edgar Rodrigues, 1969 y 1972; Vamireh Chacon, 1965; Moniz Bandeira y otros, 1967) y que se expresó a través de décadas (1890-1920) en luchas sociales obreras conducidas por los anarcosindicalistas, crece pero no madura con el surgimiento (1922) y posterior eclosión masiva del movimiento comunista, después de 1945. Las vicisitudes nacionales e internacionales que el mismo experimentara, atrasaron más que estimularon la aplicación fecunda del marxismo en la formulación de una teoría de la revolución brasileña. Sin embargo, hay que señalar que a pesar de su debilidad teórica y de su carácter de

---

[*] Excepto tal vez el ensayo político heterodoxo de Marcos Peri (1962), el estudio crítico de Caio Prado Júnior (1964) sobre la reforma agraria, y la múltiple literatura de panfletos en las que las izquierdas discuten sus divergencias políticas.

transplante de tesis eurocéntricas —sin la capacidad de redefinirlas a la luz de la realidad brasileña—, el movimiento comunista representó un papel importante en la elevación del nivel de comprensión de los problemas brasileños y de la formulación de consignas, muchas de las cuales se convirtieron en bases programáticas de importantes movimientos reformistas.

En los primeros años de la década de los sesenta comenzó a surgir una izquierda nacional que venía madurando gracias a tres factores de concientización. Primero, la crítica al estalinismo que, al romper la ortodoxia comunista, liberó a la mayoría de sus afiliados y simpatizantes intelectuales para una acción política autónoma. Segundo, la renovación del pensamiento católico que también liberó para la acción revolucionaria a amplias parcelas de la intelectualidad. Tercero, la victoria de la Revolución cubana que, al demostrar la posibilidad de emprender una revolución socialista a partir de formaciones neocoloniales, evidenció el carácter conciliatorio de los partidos comunistas ortodoxos que no se proponían la toma del poder sino la participación en él para mejorarlo.

Estos factores, actuando en una coyuntura política reformista, generaron una creatividad cultural sin paralelo en la historia brasileña, al mismo tiempo que daban lugar a una dinamización sin precedentes de los estudios de los temas y problemas nacionales. Surgieron, entonces, múltiples movimientos culturales de vanguardia que, en un esfuerzo por definir sus líneas ideológicas, produjeron un pensamiento crítico original, predispuesto a la acción en el plano político y cultural. Sin embargo, su duración efímera los convirtió en promesas de lo que habría sido un florecimiento cultural brasileño que por primera vez unía en el pensamiento y en la acción a los intelectuales más creativos y a las masas analfabetas. Paulo Freire en la educación popular, Maria Yedda Leite Linhares en la radiodifusión, Glauber Rocha en el nuevo cine, el grupo Opinião y Augusto Boal en el teatro, los grupos de la "bossa-nova" en la música popular, el Movimiento de Cultura Popular, la editorial Civilização Brasileira y la Universidad de Brasilia dan una muestra de lo que habría sido esa explosión de creatividad si ella no hubiese sido estrangulada en sus primeras pulsaciones.

Después del golpe militar de 1964, la creatividad cultural intenta primero sobrevivir desesperadamente a través de afirmaciones voluntaristas; luego cae drásticamente. Al mismo tiempo, se produce una diáspora sólo comparable a la española, que dispersa por América Latina y por el mundo a miles de científicos, pensadores, artistas y políticos, precisamente cuando estaban madurando para actuar como multiplicadores de una conciencia crítica finalmente alcanzada. Dentro del país sólo reacciona la ultraizquierda que, condenada a la lucha armada como única forma posible de oposición al régimen, se radicaliza y se aísla aún más de la masa de la población, desgastándose en actos heroicos de impugnación, pero desprovistos de alcance político y movilizador. De ese modo, el pensamiento original y la creatividad cultural y artística, expulsados del Brasil y dentro de él amordazados y sometidos a las amenazas más atroces, pasan a expresarse en la clandestinidad y en el exilio en un debate sobre el papel de las vanguardias y sobre los prerrequisitos necesarios para activar a los distintos estratos populares para la revolución necesaria. En ese debate, tanto se cuestionan los esquemas conceptuales marxistas, en su forma dogmatizada, como se vuelve a Marx como fuente para el análisis de la realidad social. Es de desear que en este esfuerzo, a pesar de las condiciones adversas, se alcance la necesaria comprensión teórica de la naturaleza de la revolución brasileña y de las tareas históricas que ella impone a las nuevas vanguardias intelectuales y artísticas.

Resumiendo nuestra discusión, debemos señalar que la crisis fundamental por la que atraviesa hoy la cultura brasileña reside en el paso de una conciencia ingenua —correspondiente a la percepción de las condiciones reales como naturales, sagradas e inevitables— a una conciencia crítica, reflejo de la comprensión de la realidad como problema y como siendo susceptible de un cambio intencional (Vieira Pinto, 1960). La conciencia ingenua trata a la realidad como resultado de la interacción de fuerzas superiores a la capacidad humana de intervención. La conciencia crítica explora las contradicciones entre las representaciones estereotipadas de la realidad y la realidad misma, ampliando la conciencia necesaria hasta los límites de la conciencia posible para percibir la temporalidad de las instituciones y la posibilidad de intervención racional en su reordenamiento.

Las dos modalidades de conciencia se encuentran en todos los estratos sociales. En el plano de la cultura vulgar, de tradición oral, la conciencia ingenua puede ser ejemplificada con la mentalidad correspondiente a la actitud conformista de resignación con su destino por parte de los estratos subalternos y oprimidos. En este mismo plano puede surgir, sin embargo, una conciencia crítica cuando esos estratos llegan a percibir la realidad como injusta y se rebelan contra ella. Es cierto que su conciencia posible es de naturaleza arcaica porque se expresa generalmente en forma de insurgencias mesiánicas o de rebeldías catárticas. Pero no deja de ser de naturaleza crítica en tanto que percepción de la realidad como inicua y susceptible de cambio.

En las capas privilegiadas difícilmente se desarrolla la conciencia crítica. La forma más aproximada a ella emerge cuando una parcela de la clase dominante se siente coartada en su enriquecimiento o en el acceso al poder por el orden vigente. Tal fue el caso de las élites políticas brasileñas comprometidas con los movimientos emancipadores, abolicionista y republicano. Sin embargo, al no haber dado los primeros pasos en el sentido de forjar una conciencia crítica, aquellas élites desembocaron en la enajenación debido al carácter justificativo de su ideología y a lo artificial de ésta, como transplante de ideales formulados en otros contextos y sólo apreciados por sus contenidos formales.

Incluso los estratos eruditos de las capas dominantes difícilmente escapan a la contingencia de la conciencia ingenua. Es el caso, por ejemplo, de los intelectuales pesimistas y amargados con la realidad, concebida como el resultado de factores incontrolables que los convierte en portavoces de concepciones racistas y de ''darwinismo'' social. Sus propios privilegios de ilustración los hace culturalmente ambiguos, con obras que reflejan menos la observación directa del modo de ser de su sociedad que las visiones ajenas sobre la misma. En nuestros días, la expresión más típica de la conciencia ingenua, en el plano erudito, está dada por los cuadros oficiales de la sociología, la economía y la antropología académicas. Ya no recurren a los determinismos climáticos o raciales, demasiado desacreditados, pero sí a procedimientos más sutiles como la concepción de que el orden existente, generado por la interacción espontánea de fuerzas sociales, sólo es suceptible de cambios lentos y graduales. Este artificio convierte conceptualmente al orden social en un sistema natural, con lo que se pretende demostrar la inocuidad de los esfuerzos tendientes a provocar cambios rápidos y profundos.

Sólo en el plano erudito se puede, sin embargo, formular explícitamente una conciencia crítica mediante la exploración exhaustiva y sistemática de los umbrales de la conciencia posible en cada coyuntura histórica. La conciencia crítica brasileña está encarnada, en la actualidad, por los intelectuales que, percibiendo el carácter circunstancial y erradicable del atraso, indagan las causas reales del subdesarrollo, formulando estrategias revolucionarias y prefigurando el modelo de sociedad que conviene a Brasil.

Empero, al contrario de la conciencia crítica de las capas subalternas y oprimidas, que encuentra en su experiencia existencial los medios de controlar su propia enajenación, la conciencia crítica de la intelectualidad más avanzada está siempre expuesta a enajenarse. Es así como las insurrecciones populares fundadas en una mentalidad arcaica, a pesar de rebelarse contra el orden vigente en nombre de valores sagrados, amenazaban concretamente las estructuras de poder, sin equivocarse en cuanto a sus enemigos ni en lo que se refiere al imperativo de crear un orden social nuevo. La conciencia crítica en el plano intelectual, al carecer de amarras con la realidad palpable lleva con frecuencia a actitudes de pura desesperación. Es el caso de los intelectuales *damnés*, en lucha contra todo lo que sea símbolo del orden tradicional; el de los ultrarradicales que se realiza a través de polémicas o desvaríos voluntaristas, o el de los escépticos y arribistas que se sumen en el cinismo y la frivolidad.

Un alto nivel de conciencia crítica, en el plano intelectual, sólo puede alcanzarse mediante una combinación del esfuerzo teórico con una militancia revolucionaria que permita establecer vínculos entre la conciencia crítica, aunque sea arcaica, de las clases subalternas, y la formulación científica de los caminos de la revolución. Sólo a través de esta confluencia las tensiones conducentes a la rebelión popular se sumarán a los esfuerzos de elaboración de la conciencia posible en el plano intelectual, desafiando al intelectual y proporcionando instrumentos al pueblo para la revolución necesaria.

Planteada como tarea histórica para el pueblo brasileño, la revolución necesaria sitúase, en el plano ideológico, como un desafío de madurar una conciencia crítica capacitada para comprender la coyuntura en que tal revolución se desencadenará; para formular un proyecto nacional realista y motivador de un desarrollo pleno, autónomo y autosustentado, y apta además para encontrar la estrategia que permita movilizar a las fuerzas populares para enfrentar la conjura de los intereses minoritarios que mantienen a la nación atada al subdesarrollo. Esta conciencia crítica revolucionaria que jamás podría surgir como un mero producto de la creatividad intelectual, está surgiendo forzada por la presente coyuntura que al acallar todo pensamiento libre por considerarlo subversivo y reprimir cualquier manifestación revolucionaria, la va tornando necesaria, haciéndola posible. La mejor demostración de este hecho es la difusión, en los últimos años, de una postura crítica virtualmente revolucionaria, en amplios sectores antes hostiles a cualquier cambio. A pesar de las prodigiosas máquinas de adoctrinamiento, de soborno y de represión ideológica montadas para erradicar todo cuestionamiento y cualquier impugnación; a pesar del dominio extranjero, de la prensa, de la radio, del cinema y de la televisión, utilizados intensivamente para imponer al Brasil una nueva incorporación histórica; a pesar, también, de la copiosa producción paracientífica de las instituciones oficiales de investigación. A pesar de todos estos obstáculos y gracias a ellos, la conciencia nueva se afirma y se generaliza, ganando a la juventud y a diversos sectores antes inmunes a cualquier innovación, para posturas intrínsecamente revolucionarias que al identificar a la sociedad como injusta, violenta y retrógrada, desacralizan el orden establecido y reivindican la revolución como la única actitud moralmente defendible.

Así van movilizándose las fuerzas que mañana derrocarán el viejo orden sociopolítico para rehacer la sociedad desde sus bases. Y, al mismo tiempo, rehacer la propia cultura nacional como una creación auténtica, volcada hacia el futuro y capacitada para integrar a Brasil en la civilización emergente, como una sociedad solidaria.

BIBLIOGRAFÍA

Abreu e Lima, José Ignácio (1855), *O socialismo*, Recife, Brasil.
_____ (1882), *Compêndio de historia do Brasil*, Río de Janeiro, Brasil.
Amaral, Azevedo (1938), *O Estado autoritário e a realidade nacional*, Río de Janeiro, Brasil.
Azevedo, Thales de (1956), *O catolicismo no Brasil, um campo para a pesquisa social*, Río de Janeiro, Brasil.
Bandeira, Alípio (1926), *A cruz indígena*, Porto Alegre, Brasil.
Barata, Cipriano José (1831), *Desengano ao público ou exposição de motivos da minha arbitrária prisão na provincia da Bahia*, Río de Janeiro, Brasil.
Barreto, Tobias (1926), *Obras completas de Tobias Barreto*, 10 vols., Sergipe, Brasil.
Bomfim, Manuel (1931), *O Brasil na história*, Río de Janeiro, Brasil.
Camargo, Cândido Procópio F. de (1971), *Igreja e desenvolvimento*, San Paulo, Brasil.
Caneca, Frei Joaquim do Amor Divino (1875-1876), *Obras políticas e literárias*, 2 vols., Recife, Brasil.
Carneiro, Édison (1964), *Candomblés da Bahia*, Río de Janeiro, Brasil.
Castro, Josué de (1946), *Geografía da fome*, Río de Janeiro, Brasil.
Costa e Pinto, L.A. (1953), *O negro no Rio de Janeiro*, Río de Janeiro, Brasil.
Coutinho, Afrânio (1968), *A tradição afortunada (O espíritu de nacionalidade na crítica brasileira)*, Río de Janeiro, Brasil.
Cunha, Euclides da (1911), *Os sertões*, Río de Janeiro, Brasil.
_____ (1926), *A margem da história*, 4a. ed., Porto, Brasil.
_____ (1923), *Contrastes e confrontos*, 6a. ed., Porto, Brasil.
_____ (1948), *Campanha de Canudos. Diário da Expedição*, Río de Janeiro, Brasil.
Chacon, Warireh (1965), *História das idéas socialistas no Brasil*, Río de Janeiro, Brasil.
Facó, Rui (1936), *Cangaceiros e fanáticos*, Río de Janeiro, Brasil.
Faoro, Raymundo (1958), *Os donos do poder. Formação do patronato político brasileiro*, Porto Alegre, Brasil.
Fernandes, Florestan (1964), *A integração do negro-asociedade de classes*, San Paulo, Brasil.
Freitas, Decio (inédito), *A guerra dos palmares*. Ms.
Freyre, Gilberto (1951), *Sobrados e mucambos*, Río de Janeiro, Brasil.
_____ (1959), *Ordem y progresso*, 2 vols., Río de Janeiro, Brasil.

Furtado, Celso (1959), *Formação econômica do Brasil*, Río de Janeiro, Brasil.

Galvão, Eduardo (1960), "Áreas culturais indígenas do Brasil: 1900-1959", *Boletim do Museu Paraense Emílio Goeldi*, núm. 8, N.S., Belém, Pará, Brasil.

Guerreiro Ramos, Alberto (1958), *A reducão sociológica*, Río de Janeiro, Brasil.

Guimarães, Alberto Passos (1964), *Quatro séculos'de latifúndios*, San Paulo, Brasil.

Machado, Antônio de Alcântara (1930), *Vida e morte do bandeirante*, San Paulo, Brasil.

_____ (1944), *Brás, Bexiga e Barra Funda*, San Paulo, Brasil.

Moniz Bandeira, Clovis Melo y A.T. Andrade (1967), *O ano vermelho A revolução russa e seus reflexos no Brasil*, Río de Janeiro, Brasil.

Moreira Neto, Carlos de Araujo (1971), *A política indigenista brasileira durante o século XIX*, Río Claro, Brasil (tesis de doctorado mimeografiada).

Moura, Aristóteles (1959), *Capitais estranjeiros no Brasil*, San Paulo, Brasil.

Mota, Carlos Guilherme (1972), *Nordeste-1817*, San Paulo.

Nabuco, Joaquim (1936), *Um estadista do império*, 2 vols., San Paulo, Brasil.

_____ (1963), *Minha formação*, Brasilia, Brasil.

Nogueira, Oracy (1955), "Preconceito racial de marca e preconceito racial de origem", *Anais XXXI Congresso Internacional de Americanistas*, vol. 1, San Paulo, Brasil.

_____ (1962), *Familia e comunidade. Um estudo sociológico de Itapetininga*, San Paulo, Brasil.

Peri, Marcos (1962), *Perspectiva da revolução brasileira*, s./l.

Prado Junior, Caio (1964a), *Evolución política del Brasil y otros ensayos*, Montevideo, Uruguay.

_____ (1964b), "Marcha de questão agrária no Brasil", *Revista Braliense* núm. 51, San Paulo, Brasil.

Prado, Paulo (1928), *Retrato do Brasil*, San Paulo, Brasil.

Queiroz, Maria Isaura Pereira de (1965), *O messianismo no Brasil*, San Paulo, Brasil.

Quintas, Amaro (1967), *O sentido social da revolução praieira*, Río de Janeiro, Brasil.

Ramos, Arthur (1943-1947), "Introdução à antropología brasileira" I, "As culturas não-européias", II, "As culturas européias e os contatos raciais e culturais", Río de Janeiro, Brasil.

_____ (s/d), *Guerra e relações da raça*, Río de Janeiro, Brasil.

Rodrigues, Edgar (1969), *Socialismo e Sindicalismo no Brasil, 1675-1913*, Río de Janeiro, Brasil.

_____ (1972), *Nacionalismo & cultura social*, 1913-1922, Río de Janeiro, Brasil.

Rodrigues, José Honorio (1965), *Conciliação a reforma no Brasil*, Río de Janeiro, Brasil.

Romero, Sílvio (1953), *Historia de literatura brasileira*, 5 vols., Río de Janeiro, Brasil.

_____ (1954), *Folclore brasileiro* (3 vols.), Río de Janeiro, Brasil.

Salzano, F.M. y N. Freire-Maia (1967), *Populações brasileiras. Aspectos demográficos, genéticos e antropológicos*, San Paulo, Brasil.

Schaden, Egon (1964), *Aculturação indígena. Ensaio sobre factores e tendencias da mudança cultural de tribos índias em contacto com o mundo dos brancos*, San Paulo, Brasil.

Serra, Astolfo (1946), *A balaiada*, Río de Janeiro, Brasil.

Teixeira, Anísio (1957), *Educação nao é privilégio*, Río de Janeiro, Brasil.

Torres, Alberto (1938), *O problema nacional brasileiro*, San Paulo, Brasil.

Veríssimo, José (1954), *História da literatura brasileira*, 3a. ed., Río de Janeiro, Brasil.

Vianna, F.J. Oliveira (1932), "Formation étnique du Brésil colonial", *Revue d'histoire des colonies*, núm. 5, pp. 433-450.

_____ (1933), *Populações meridionais do Brasil*, 3a. ed., San Paulo, Brasil.

_____ (1934), *Raça e assimilação*, San Paulo, Brasil.

_____ (1956), *Evolução do povo brasileiro*, Río de Janeiro, Brasil.

Vieira Pinto, Álvaro (1960), *Consciência e realidade nacional*, Río de Janeiro, Brasil.

LA DINÁMICA DEL ESTANCAMIENTO:*
CULTURA MILITAR Y PODER CIVIL EN LA ARGENTINA

NÉSTOR GARCÍA CANCLINI

La tendencia habitual es la inversa de la que indica este título. Se parte del creciente e inmodificable poder militar que obstaculiza el desarrollo democrático y se discute qué debiera cambiar en la cultura política de los civiles para superar las fracturas crónicas que han vuelto ingobernable la sociedad argentina. Aquí enfrentaremos este mismo problema, pero desde el ángulo opuesto: cómo debiera cambiar la cultura política de los militares para que los civiles puedan controlar democráticamente el desarrollo del país. El propósito global, sin embargo, es interrogarnos sobre las transformaciones generales de las relaciones entre cultura y política necesarias para remontar la crisis y la decadencia de la sociedad argentina.

MITO Y RITO EN SEMANA SANTA

Hay, por lo menos, dos formas de estancamiento histórico. Una es la de los países amarrados a un mito fundador —de revolución, de independencia— que por eso no logran despegar hacia un futuro renovado. La Argentina parece más bien enredada, desde hace medio siglo, en la búsqueda fallida de un mito de refundación.

No hablamos de mito en el sentido iluminista o positivista, como ilusión o engaño, sino a la manera de la antropología contemporánea (Lévi-Strauss o Leach), como elaboración simbólica donde se sintetizan las contradicciones de la sociedad y se intenta resolverlas. Toda nación se funda sobre mitos que ofrecen una resolución, en parte real, en parte imaginaria, del drama social. La historia argentina se fue estructurando en torno de varias contradicciones: entre unitarios y federales, radicales y conservadores, peronistas y antiperonistas. La última oposición, la que predomina desde hace veinte años y se puso en escena dramáticamente en la Semana Santa en abril de 1987, es la que enfrenta a civiles y militares.

Partiremos de lo que sucedió en esos días porque allí se condensó la crisis actual del país, la dificultad de reducir esta última contradicción y sintetizarla en un nuevo orden que abarque ambos términos. Las fuerzas armadas, que fracasaron en el intento de subordinar la sociedad al disciplinamiento militar durante la última dictadura, se

---

* Esta expresión fue propuesta por Milcíades Peña en un lejano artículo de la revista *Fichas*, cuya referencia exacta no conservo. Que unos 25 años después siga sirviendo para caracterizar la situación argentina parece una prueba más de lo que esa fórmula dice.

[53]

niegan a sujetarse al orden civil. Después de secuestrar, desaparecer, torturar, violar y asesinar a decenas de miles de ciudadanos, pretenden tener una justicia y una legalidad paralelas, separadas, del resto del país. Los intentos de simular autojuzgamientos en un consejo militar, que absolvía a todos o difería ilimitadamente los procesos, fueron el primer recurso. El más reciente fue la ley de "obediencia debida", por la cual los oficiales intermedios que cometieron delitos graves ensañándose con los presos políticos, sus familiares y cualquier persona que imaginaban "subversiva", tienen una prerrogativa inexistente para los que carecemos de uniforme: eximirse de toda responsabilidad por haber cumplido órdenes de superiores. Para exigir que esta impunidad se extendiera hasta los generales, convertida en amnistía, y el gobierno reconociese públicamente los "méritos" de las fuerzas armadas al derrotar a la guerrilla, se sublevaron en Semana Santa los regimientos de Córdoba y Campo de Mayo.

El poder civil, o sea el gobierno más los partidos de oposición, sindicatos y grupos empresariales, convoca entonces al pueblo a reunirse en los dos mayores espacios rituales de la capital —la Plaza del Congreso y la Plaza de Mayo— a fin de renovar el pacto fundador de la sociedad. Sus llamados a defender la democracia invocan las síntesis míticas precedentes: el "espíritu sanmartiniano" del Libertador, el abrazo entre los dos líderes que representaban la última gran oposición (Perón y Balbín), etc. Un sector numeroso de la población acude: de 300 000 a 500 000 personas ocupan las plazas desde el jueves de Semana Santa, cuando estalla la crisis, hasta el domingo. En el interior del país se producen reuniones semejantes en las plazas centrales de las grandes ciudades.

Sin embargo, la ceremonialidad colectiva se muestra ineficaz. Los militares rebeldes siguen atrincherados en sus cuarteles, y el presidente no consigue que ninguno de los regimientos aparentemente leales al poder civil reprima a los sublevados. En el momento más áspero, el héroe —Alfonsín— anuncia a la multitud que va a ir solo hasta el laberinto a luchar con el monstruo. Pide al pueblo que permanezca en la plaza en "vigilia" (la ritualidad cívica superpone su lenguaje con el de Semana Santa).

El héroe va con los sacerdotes —políticos, sindicalistas y empresarios— hasta el umbral del laberinto, pero los sacerdotes quedan afuera. El héroe entra solo, combate con el monstruo, y regresa, acompañado de los sacerdotes, para compartir ceremonialmente el triunfo con los creyentes. Éste es, al menos, el relato que los medios masivos sugieren durante la espera. Al volver, el héroe comienza diciendo "felices pascuas", luego anuncia la victoria sobre el mal, y en seguida advierte que ese mal no es enteramente condenable —nombra a los sublevados como "héroes de las Malvinas"—, insinuando que puede ser recuperado como parte de la sociedad.

No se utilizó en esos días exactamente este lenguaje que ahora usamos para proponer la interpretación mítica, pero legitima nuestra lectura la obliteración del discurso sociopolítico durante la crisis y su remplazo por otros mitificantes. No se hablaba de clases sociales, ni de empresarios y trabajadores, o cuando se los nombraba era para marcar que trascendían sus divisiones en defensa de la democracia. Los líderes políticos de la oposición, por primera vez en la historia argentina, ante la inminencia de un golpe de Estado no fueron a negociar con los militares; se manifestaron solidarios con el gobierno en tanto representante del régimen democrático. Los caudillos más opositores o preocupados por mantener una imagen de recambio, expresaban sobriamente que no era momento de recordar sus diferencias con el gobierno. Esta neutralización de las fracturas sociales fue facilitada por el carácter "familiar" de la multitud en las plazas: la convocatoria y la salida a la calle se realizaron, más que sobre la base de la pertenencia a organizaciones políticas y gremiales, en pequeños conjuntos dispersos, como una "sumatoria de grupos familiares".[1]

Esta composición y estructura del acto ritual volvía más verosímil el lenguaje mítico. Como suele ocurrir en las sociedades modernas, varias cadenas mitológicas se condensaron en una sola secuencia compleja: los discursos del gobierno, de los líderes políticos y de los medios masivos enlazaban las sucesivas refundaciones de la nación, de la cristiandad (alusiones a Semana Santa) y de la familia. En las palabras "triunfales" del fin del domingo, al volver de Campo de Mayo, Alfonsín dijo a la multitud: "vuelvan a sus casas a besar a sus hijos, a celebrar las Pascuas en paz de la Argentina".

Pero en las sociedades modernas, secularizadas, la participación no consiste sólo en compartir ceremonialmente la lucha simbólica entre el bien y el mal. La consigna central de defender la democracia, que agrupa al pueblo y lo cohesiona, alude a una forma de participación más igualitaria y crítica. Al final de los acontecimientos, el pueblo se pregunta qué sucedió en el laberinto: ¿fue un triunfo, una negociación? ¿Cuál es el contenido y cuáles son las consecuencias del nuevo pacto? ¿Es cumplible el pacto, es realizable la democracia? Entre la escena de la movilización y la escena de la negociación queda una grieta que la participación crítica percibe y varios periodistas recogieron. Uno de los relatos de ese domingo de Semana Santa, concluye así: "En la parada del colectivo, ante tanta emoción de quienes retornaban a sus hogares, una pregunta de un peronista con escudo en el pecho y todo, abrió una gran interrogante: '¿No te parece —le dijo a su esposa— que en el discurso de Alfonsín faltó algo? Me quedó la sensación de haber visto sólo una parte de la película'."[2]

•

LA REMODELACIÓN CULTURAL DE LOS MILITARES

Los hechos posteriores fueron dando respuestas. Lo primero que nos llamó la atención a muchos fue la contradicción entre la *grandeza* de los propósitos y del estilo gubernamental (convocar masivamente a las plazas, la lectura del Prefacio de la Constitución en el discurso de Alfonsín) y el *regateo* cotidiano con los militares, que en verdad se había iniciado varios meses antes. Después de ese hecho inaugural en América Latina que fue someter a juicio a militares porque habían atropellado los derechos humanos, esa singular experiencia política y pedagógica a la que hay que atribuir, en parte, las movilizaciones masivas de Semana Santa, vimos que los juicios eran limitados a través de la ley de punto final, luego la de obediencia debida y una sucesión de negociaciones

[1] María del Carmen Feijóo, "Argentina —unidos uno a uno", *Nueva Sociedad*, 90, julio-agosto de 1987.
[2] "Un epílogo impactante". *Clarín*, 20 de abril de 1987, p. 9.

en las que el gobierno adaptaba semanalmente su posición a las presiones de las fuerzas armadas.

Llamamos pedagógicos a los juicios porque, junto con el libro y el programa de TV que difundieron las investigaciones de la Comisión Nacional sobre la Desaparición de Personas, clausuraron la mezcla de desinformación, interiorización del terror y simulación social que permitió a amplios sectores decir que "no sabían lo que pasaba" cuando los militares arrasaron la vida pública. Si bien los efectos más conocidos de la dictadura impuesta desde marzo de 1976 a diciembre de 1983 fueron el cese de todas las formas de representación (partidos, sindicatos, movimientos estudiantiles), el encarcelamiento, muerte o exilio de dirigentes y militantes políticos, toda la sociedad sufrió una violenta reorganización. Pero como parte de ese reordenamiento consistía en cambiar la estructura de la comunicación social, eliminando la información y el análisis de los conflictos, sustituyendo en todas las instituciones la participación por un régimen autoritario, la gravedad y generalización de los cambios quedaron semiocultos para muchos grupos.

Al comienzo de la dictadura, los militares dijeron que se proponían realizar "un cambio de mentalidad" de los argentinos, una "reculturización" global de la sociedad. Se cambió el sistema de interpelaciones ideológicas a través de las cuales la mayoría se había acostumbrado a identificarse y reconocerse. La historia política del país nos había habituado a constituirnos como individuos y como grupos en torno de los discursos que nos convocaban como "ciudadanos" o "compañeros"; en el último decenio, mientras que ese lenguaje era suprimido, el discurso mercantil nos interpelaba como "consumidores", "ahorristas" e "inversores". La represión, además de anular los mecanismos de agrupamiento, movilización y cooperación colectiva, redujo la participación a la inserción particular de cada individuo en los beneficios del consumo y de la especulación financiera.[3]

Este cambio en los discursos fue sostenido por una monetarización, privatización y transnacionalización de las relaciones sociales. Fue un proceso semejante al que el neoconservadurismo impulsó en los demás países latinoamericanos, pero en la Argentina —como en Chile y Uruguay— se aplicó en forma más radical en la medida en que el autoritarismo militar borró toda oposición. No se trató apenas del uso del "brazo militar" por parte de la burguesía para controlar el descontento, sino de una reorganización a largo plazo de los vínculos entre poder civil y poder militar para instaurar un orden social diferente.

Si bien en el último medio siglo las fuerzas armadas argentinas dieron dos o tres golpes de Estado en cada década (sólo dos presidentes elegidos por voto, Justo y Perón, terminaron su periodo de gobierno en los últimos 58 años), esas intervenciones no implicaban una transformación global de la sociedad.

Desde el golpe brasileño de 1964 y en la Argentina a partir del de 1966, la toma militar del poder trasciende las funciones de arbitraje o reordenamiento en coyunturas

---

[3] Entre los estudios de este proceso, mencionamos el de Óscar Landi, "Cultura y política en la transición democrática", en O. Oszlak y otros, *Proceso, crisis y transición democrática/1*, Buenos Aires, CEDAL, 1984, pp. 110-111.

críticas para buscar una reorganización integral de toda la vida pública. Aunque su soporte ideológico viene siendo la doctrina de la seguridad nacional, podríamos decir que la reconceptualización del papel militar tiene un sentido casi gramsciano: entienden que para reestructurar el sistema, no basta ocupar el palacio de gobierno, es preciso clausurar la autonomía y el juego plural en las escuelas y las editoriales, la prensa y la TV, transformar todas las instancias de elaboración ideológica y mediación política.

La "Revolución Argentina" (1966-1973) establece un nuevo lugar de las fuerzas militares en el conjunto de la vida social, que se profundiza en el llamado "Proceso de Reorganización Nacional" (1976-1983). Este reordenamiento tiene dos núcleos: uno económico, de orientación monetarista, que consiste en modificar el modelo de acumulación, eliminar las áreas ineficientes del capital (las estatales y las privadas más débiles) y buscar una recuperación de la tasa de ganancia mediante la concentración monopólica de la producción y su adecuación al capital financiero transnacional. Para ello se reestructuran los procesos de trabajo, se prescinde de personal, se suprimen conquistas laborales, especialmente el valor de los salarios en relación con el costo de vida. Se trata, en suma, de reinsertar al país en la economía mundial con la intención (ilusoria) de aprovechar las ventajas comparativas en una nueva etapa del intercambio capitalista.

El otro núcleo de la reorganización se halla en la cultura y la cultura política. La reducción del gasto público en servicios sociales incluye el empobrecimiento del presupuesto educativo y cultural. El espacio abandonado por la desinversión estatal es ocupado por las iniciativas culturales de empresas privadas, que convierten la producción y el consumo de cultura en operaciones de mercado. Un síntoma del alcance que tiene esta sustitución del Estado por la iniciativa privada se encuentra en la cantidad de empresas industriales y comerciales convertidas en mecenas de actividades artísticas, culturales y hasta políticas de todo tipo. (La reorganización empresarial y mercadotécnica del espacio político, que implica fuertes compromisos de los partidos con quienes financian sus campañas electorales y el remplazo de la participación militante por la publicidad, requeriría un estudio separado, que ayudaría a entender las nuevas condiciones de la acción y la eficacia políticas.)

En noviembre de 1984 se creó en Buenos Aires el Consejo Empresarial para las Artes, una entidad formada principalmente por transnacionales —American Express, Diners, Ford y varios laboratorios medicinales e industrias tabacaleras—, con el propósito de ampliar y organizar la participación empresarial en el desarrollo de la cultura. Dan como antecedente la fundación promovida por la familia Rockefeller, se jactan de ser el primer organismo de este tipo en América Latina, y sus tareas iniciales fueron instituir un premio anual al patrocinio empresarial de las artes y un proyecto de desgravación impositiva.[4] Mediante la acción mecenal de esas empresas, en las que los militares tienen altos intereses y a veces forman parte de directorios, se reorienta la producción artística y cultural, que estaba "demasiado politizada", hacia la competencia individual y la recreación consumible en la esfera privada. Se desvincula a las prácticas culturales de la cultura política, entendida como espacio de lucha social, y

[4] "Empresas convertidas en mecenas culturales", *Clarín*, 12 de noviembre de 1984, p. 42.

se las reinserta en un mercado simbólico donde los criterios de selección y consagración, el reconocimiento estético y económico, se articulan con las variaciones internacionales del prestigio cultural más que con necesidades del propio país.

En todo este proceso, los militares han jugado un papel protagónico. De árbitros coyunturales o restauradores del orden social en momentos de crisis, pasan a desempeñar una función mesiánica, basada en "un alto grado de conciencia corporativa, de identidad diferenciada, que expresa su alienación con respecto al resto de la sociedad", como anota Carlos J. Moneta, uno de los pocos que examina la autocaracterización con que fundamentan su nuevo papel.[5]

Nos parece básico entender la inserción novedosa de los militares en estas dos áreas de control social —la económica y la político-cultural— para ver más allá de su función de disciplinadores de la vida pública, medir el alcance de su concepción jerárquica del orden civil y su aplicación indiferente a las movilizaciones masivas o populares en defensa de la democracia, como se comprobó en Semana Santa. Sin tomar en cuenta esta nueva realidad, esta redefinición de la cultura política desde la cultura militar, no se resolverá el divorcio de las fuerzas armadas de la sociedad civil ni podrán contrarrestarse las fuertes dependencias que ésta tiene del poder militar.

¿LA DEMOCRACIA ES UN NUEVO PUNTO DE PARTIDA?

La situación ha cambiado, en algunos puntos, desde la vuelta a la democracia. Ante todo, la persecución, la cárcel y el asesinato dejaron de ser las respuestas del Estado a la protesta y la disidencia. En los tres años de este último gobierno civil hubo varios centenares de episodios de violencia política, que expresan la persistencia de facciones paramilitares y parapoliciales, así como las dificultades de muchos grupos para dirimir sus enfrentamientos a través de mediaciones pacíficas. Pero el terror dejó de ser el condicionamiento principal de la cultura cotidiana, lo que determinaba la manera de hablar, de relacionarse con los otros, de relacionarse con la vida y con la muerte: cuando las organizaciones de derechos humanos cantaban "se va a acabar, se va a acabar esa costumbre de matar", señalaban hasta qué punto el terror, las desapariciones, los homicidios anónimos llegaron a convertirse en una costumbre, un modo diario de "hacer política".

Al restablecerse el régimen democrático, la libertad informativa y expresiva, se produjo una reactivación de los organismos políticos y sindicales, las universidades y los medios masivos. En todos estos espacios se están dando polémicas originales sobre su función social y sobre la reconstrucción democrática. Mensajes proscriptos durante la dictadura, debates internacionales (las crisis del marxismo, del capitalismo contemporáneo, de la modernidad) ingresan ahora a una reflexión plural. También se realizan nuevas experiencias de difusión cultural en radios y cine, teatro y conciertos en barrios

[5] Carlos J. Moneta, "Fuerzas armadas y gobierno constitucional después de Malvinas: hacia una nueva relación civil-militar", en C. J. Moneta y otros, *La reforma militar*, Buenos Aires, Legasa, 1985.

populares, pese al desmantelamiento de la infraestructura institucional, la escasez de presupuesto y la inercia de quienes se mantienen en el clima de censura y autocensura, en los hábitos autoritarios.

La inercia y la resistencia a cualquier cambio se observan, sobre todo en las instituciones tradicionales, desde los partidos y sindicatos hasta el aparato escolar y administrativo. La tendencia prevaleciente es restablecer el orden y el estilo de trabajo previo a la dictadura. Salvo unos pocos cambios, como la mayor solidaridad democrática entre las fuerzas políticas, comprobada en Semana Santa, modernizaciones postergadísimas como la aprobación legal del divorcio, los organismos tradicionales presentan una imagen mediocre, burocratizada, envejecida. Algunas propuestas innovadoras del presidente Alfonsín, por ejemplo la creación del cargo de primer ministro y el traslado de la capital a Viedma, son actos de corto alcance en tanto no aparecen incluidos en planes de reforma del Estado o de desarrollo nacional.[6] La falta de proyectos globales colabora para que esas iniciativas sueltas queden sin debate ni elaboración por parte de actores políticos seniles, con 50 o 60 años de actuación rutinaria, como son casi todos los máximos dirigentes de los partidos.

En este contexto, la consolidación democrática —que encuentra, como es evidente, débil sostén en los organismos de representación popular— queda desgarrada entre las corporaciones que defienden sectariamente sus intereses (militares, iglesia, empresarios, sindicatos) y los nuevos movimientos sociales. Sin duda, la mayor innovación en la escena política de las últimas décadas es el desarrollo de estos movimientos: nuevas demandas, no atendidas por los organismos tradicionales, agrupan a los que luchan por los derechos humanos, por las necesidades barriales y juveniles. Lo más original de la actual vida democrática proviene principalmente de estos nuevos movimientos, pero a la vez su acción, que como luego veremos excede la problemática del poder, no va dirigida a afianzar el sistema político democrático sino a renovar la calidad y el sentido de la vida social.

Entre tanto, lo que más conspira contra la continuidad democrática y contra la constitución de la democracia como punto de partida de una nueva cultura política, es lo que el régimen actual no pudo cambiar: la retracción y las desigualdades económicas, por un lado, y por otro, la renovada intervención de los militares en los asuntos públicos.

El actual gobierno no modificó casi ninguna de las pautas estructurales de la economía fijadas por la dictadura. El peso de la deuda externa se duplicó respecto al valor de las exportaciones al pasar la deuda de 46 903 millones de dólares en 1984 a los 54 mil millones que totalizará a fin de 1987, lo cual coloca a la Argentina en el segundo puesto del continente en esta desfavorable relación, luego de Nicaragua. En los últimos tres años, el saldo casi completo del comercio exterior argentino se transfirió a la banca acreedora para cubrir pagos de intereses por 12 mil millones de dólares. Como contrapartida, la tasa de inversión en 1985-1986 fue de 11.15% sobre el produc-

---

[6] El Plan Austral, que fue la reforma de apariencia más estructural, se frustró antes de cumplir un año, porque no logró contener la inflación durante un periodo suficiente para trasladar el dinero de la especulación financiera a inversiones productivas.

to bruto interno, o sea la más baja registrada en el país en todo el siglo XX.

Estos hechos, junto a la caída del precio de los granos en el mercado internacional (principal fuente de divisas) y el significativo aumento de las importaciones, impidieron corregir las políticas de retracción productiva, deterioro real de los salarios y de los servicios públicos —desde la salud a la educación— originados por el gobierno militar.[7] En varias ramas de la producción, la recesión y el desempleo se agravaron.

Así como el producto bruto se halla en cifras aproximadas a las de 1970, para el desarrollo cultural y científico este estancamiento significa que es imposible rehacer las bibliotecas, los laboratorios, y mucho menos los anacrónicos edificios, incapaces de contener el enorme crecimiento del ingreso a la educación superior que posibilitó la democratización. Si bien en el sector humanístico y en las ciencias sociales algunas universidades y esfuerzos privados están logrando actualizar la información y repulsar investigaciones sobre los problemas básicos de la sociedad, en general las carencias tienden a acentuar la dependencia económica, tecnológica y cultural, y por lo tanto reducir las condiciones para desplegar proyectos propios de transformación.

Otros efectos que muestran la prolongación del reordenamiento militar y neoconservador se aprecian en las relaciones sociales y la cultura política. Un hecho destacable es la reducción de las expectativas de cambio político y socioeconómico en la mayor parte de la población. Producto de múltiples causas, sobresalen entre ellas el deseo de no regresar a la excesiva tensión social vivida en años recientes y la conciencia de los límites que coloca la crisis económica internacional. Pero un factor de gran peso es la aceptación del papel "inevitable" de los militares y la descalificación violenta con que éstos siguen amenazando a los movimientos progresistas. El general Caridi, actual jefe del ejército, dijo que el pueblo "debe aprender de lo que hicimos en Semana Santa" y que él, personalmente, está siempre dispuesto a luchar para que el marxismo no vuelva.

La acción protagónica de los militares en las últimas décadas, especialmente en los periodos en que dispusieron del aparato educativo y comunicacional del Estado, fortaleció y expandió concepciones reaccionarias premodernas, que antes, desde fines del siglo XIX, tenían un eco minoritario en el país. La derecha católica, predominante en la Iglesia argentina, que es junto con la doctrina de la seguridad nacional la principal fuente ideológica en la formación militar, logró enorme repercusión y control social en la última dictadura gracias al espacio que le otorgaron los militares a cambio de la complicidad eclesiástica con el terror.[8]

---

[7] "El débito externo agobia la economía argentina", *La Jornada*, 28 de julio de 1987.

[8] Estamos hablando de la posición mayoritaria de la Iglesia católica. Si bien el Episcopado argentino condenó los métodos represivos, calificándolos de "pecado", y en las listas de desaparecidos y asesinados figuran sacerdotes, monjas, seminaristas y hasta obispos (los mons. Angelelli y Ponce de León), víctimas de ataques por su compromiso social, hay demasiadas evidencias de la colaboración prestada por la jerarquía a los represores. La Comisión Nacional sobre la Desaparición de Personas recibió centenares de testimonios en los que se menciona a "miembros del clero que cometieron o avalaron con su presencia, con su silencio y hasta con palabras justificatorias estos mismos hechos que habían sido condenados por el Episcopado" (*Nunca más, Informe de la Comisión Nacional sobre la Desaparición de Personas*, Buenos Aires, Eudeba, 1984, 3a. ed., p. 9). Nunca la jerarquía sancionó esas colaboraciones ni las reprobó públicamente.

Por eso, contrariamente al liberalismo que siempre caracterizó al partido radical que ahora gobierna, aún se advierte en la educación y las comunicaciones masivas una fuerte presencia de posiciones integristas, un moralismo medievalizante, el rechazo de la democracia desde prejuicios aristocráticos y, en sus versiones extremas, antisemitismo e interpretaciones fascistas de la historia mundial. Los militares han sido los principales difusores de la doctrina según la cual el conflicto clave de hoy es entre Este y Oeste, la mayor amenaza para América Latina es "la Rusia comunista y atea", y la raíz de los males contemporáneos es la pérdida del orden jerárquico que existía en el mundo antes de esa herejía llamada Revolución francesa.

La "militarización" de la sociedad argentina no consiste sólo en el avance uniformado sobre áreas tradicionalmente manejadas por el poder civil (siderurgia, petroquímica, parte de la planificación económica y del control de la información y las comunicaciones), sino también en haber logrado permear a sectores numerosos de la población con su ideología reaccionaria y haber obtenido consenso para las acciones perversamente mesiánicas con que pretendieron defender lo que ellos decidieron que es "nuestro estilo de vida".

El informe de la Comisión Nacional sobre Desaparición de Personas da elementos para ver que aunque los militares tuvieron el papel central en el "cambio de mentalidad", vastos sectores civiles contribuyeron a la represión con delaciones, corrupción y argumentos para justificar las desapariciones. "Por algo será; se murmuraba en voz baja" cuando alguien era secuestrado por las fuerzas armadas.[9] Por eso, el problema de la transformación de la cultura militar va junto con el del cambio de la cultura "militarizada" de gran parte de la población civil.

Algunos piensan que esta descripción tiene mayor validez hasta la derrota en las Malvinas (1982). La frustración de esa guerra, así como la revelación del inepto y corrupto desempeño militar, desacreditaron parcialmente a las fuerzas armadas como depositarios sagrados de los valores nacionales. Los juicios por la "guerra sucia", ya dijimos, también contribuyeron al desenmascaramiento. La indignada respuesta del medio millón de personas reunidas en las plazas para repudiar la sublevación de Semana Santa indica que fracciones numerosas rechazan el regreso de los militares al gobierno.

No obstante, hay que preguntarse cuál es el alcance real de esas movilizaciones antimilitares. En primer lugar, comparemos ese medio millón de manifestantes con la asistencia a los actos de clausura de la campaña electoral en 1983, en Buenos Aires: un millón de personas en el acto peronista y 800 000 en el radical.

En segundo término, quienes salieron a las plazas fueron predominantemente sectores medios; las organizaciones sindicales no convocaron, y hubo poca presencia de obreros, villeros y otras capas populares. Por último, hay que ver por qué se manifestaron: aunque hubo consignas referidas expresamente a las violaciones de derechos humanos, que eran el núcleo de la insubordinación militar, la mayoría fue a defender la democracia y oponerse genéricamente a la vuelta de los militares. En este sentido, hay dos comparaciones inquietantes: una es la relación entre el medio millón movilizado por la amenaza de resurgimiento militar y los 5 a 10 000 participantes en las mar-

---

[9] *Nunca más*, cit., p. 9.

chas de las organizaciones de derechos humanos contra las leyes de "punto final" y "obediencia debida". La otra comparación es la de esas de 5 o 10 000 personas con los 4 800 que suscribieron una declaración de "reconocimiento y solidaridad" al ex dictador Videla por su papel en la "guerra antisubversiva", en desafío a la decisión judicial que lo condenó a prisión perpetua por homicidios y torturas a cientos de ciudadanos. Hay que decir que la publicación de este texto fue prohibida por un juez considerándola "apología del delito", a pedido de la Unión de Trabajadores de Prensa, el Sindicato Gráfico Argentino y el Sindicato de Vendedores de Diarios y Revistas, cuya rapidez en impugnar la declaración promilitar demuestra los buenos reflejos de algunos gremios.

¿DEMOCRATIZACIÓN DE LOS MILITARES?

La catastrófica derrota en las Malvinas, y, en menor medida, el fracaso económico y político de la dictadura reconocido por grupos militares, han generado también dentro de las fuerzas armadas revisiones y autocríticas. La exigencia civil de reestructurarlas, intensa en los primeros tramos de la restauración democrática y reactivada luego de los acontecimientos de abril de este año, encontró receptividad a comienzos de 1984 en sectores militares conscientes de cómo la desvirtuación de sus funciones perjudicaba al futuro de las fuerzas armadas y de toda la sociedad.

Actualmente, varios líderes políticos y buena parte de la población argentina están convencidos de que el gobierno y el parlamento —incluida, por lo tanto, la oposición— desperdiciaron la fuerza que el poder civil tuvo inmediatamente después de las elecciones de 1983, y la debilidad de las fuerzas armadas en ese momento, para efectuar una reforma militar. Aunque los acontecimientos de Semana Santa y los meses posteriores revelan cambios en las relaciones de fuerza, muy desfavorables para los civiles, parece que esa reforma sigue siendo decisiva para afianzar la democratización.

Las concesiones progresivas al poder militar han desencantado las pretensiones de refundación democrática y su puesta en escena ritual durante Semana Santa. Si las movilizaciones de abril se mostraron finalmente ineficaces, si el gobierno ha perdido credibilidad política y el agravamiento de la recesión económica disminuye su capacidad de convocatoria, no parece posible contener el avance erosionador de los militares con los dos recursos manejados hasta ahora: negociaciones en la cúpula y movilizaciones masivas de emergencia cuando la crisis se agudiza.

Aunque la reforma militar sea tardía y de dudosa realización, es indispensable para reasegurar el proceso democrático. Varios analistas[10] señalan que los cambios no deben limitarse a los más evidentes: democratizar los contenidos de la enseñanza militar, sustituyendo la doctrina de la seguridad nacional por una concepción de la soberanía y la defensa de los objetivos nacionales como responsabilidad diseñada por el poder

---

[10] Seguimos en este punto los diagnósticos y propuestas de Carlos J. Moneta, cit., y Alain Rouquié, *El estado militar en América Latina*, México, Siglo XXI. 1984.

civil, compartida con el conjunto de la sociedad y en función de los intereses mayoritarios. Esta transformación ideológica, para ser eficaz, debe acompañarse con acciones en los campos que han motivado el acrecentamiento del poder militar y la autojustificación de su injerencia en el ámbito civil.

Es necesario incorporar al pensamiento militar, tanto en la formación profesional como mediante otras acciones, una visión más compleja, menos maniquea, de la política internacional, para que las fuerzas armadas redefinan su labor de acuerdo con la actual estructura multideterminada de los conflictos. La alineación antiargentina de Estados Unidos y la Comunidad Económica Europea en la guerra de las Malvinas, por ejemplo, podría llevar a los militares a comprender que el sistema internacional de alianzas se organiza con más variables que la de Este-Oeste a la que ellos lo reducen. En esta perspectiva sería posible entender que la vulnerabilidad geopolítica y estratégica del país se vincula, más que con fantasmales enemigos internos, con la deuda externa, la dependencia científica y tecnológica, y otras relaciones desiguales que traban el desarrollo nacional. Tal reorientación en el diagnóstico permitiría que la reducción del poder "policial" de los militares no se convirtiera en simple retorno a los cuarteles —lo cual podría reproducir ilimitadamente su divorcio de la sociedad civil—, sino que los integrara en tareas de desarrollo económico y defensa permanente, no bélica, de los intereses sociales de las mayorías.

Coincidentemente, debieran acentuarse algunas medidas tomadas por el Congreso y el Poder Ejecutivo a partir de 1984: disminuir el número de jóvenes que realizan el servicio militar, llegando a eliminar su carácter obligatorio; reducir aún más la cantidad y el tamaño de las unidades militares, trasladándolas de las grandes ciudades a los sitios en que cumplirían sus nuevas funciones técnicas, científicas, de defensa del territorio y desarrollo de la producción. Además, es urgente desmantelar los sistemas de información que siguen posibilitando a las fuerzas armadas ejercer funciones de control social y represión (ahora paramilitar), así como las alianzas que acentúan su carácter corporativo y las enfrentan a la sociedad civil.

Un capítulo arduo es el de la participación de los militares en el poder económico: este gobierno inició en su comienzo investigaciones para establecer la intervención de ellos en la formación "ilegítima" de la deuda externa, pero todo se paralizó y nada indica que las fuerzas armadas hayan dejado de participar en las negociaciones poco transparentes de venta de armas e importación de muchos productos que ayudan a la recesión interna.

En la medida en que se cumpla esta reorganización militar podrá lograrse que la otra parte del problema —la desmilitarización práctica e ideológica de la sociedad civil— desemboque en una integración democrática de civiles y fuerzas armadas en tareas conjuntas. La feroz represión de la última dictadura, las heridas que siguen abiertas por los retrocesos en materia de derechos humanos y la imagen de un ejército aterrorizador e indiferente al juego democrático, reavivada por los enfrentamientos de este año, hacen hoy inverosímil cualquier intento de superación de las escisiones entre civiles y militares.

En otros países en donde se reubicó a las fuerzas armadas como parte funcional del sistema democrático (México y Venezuela, por ejemplo), la interacción de los uniformados con intelectuales, políticos, tecnólogos, diversos sectores civiles con los que comparten la construcción de obras de infraestructura, hospitales, escuelas rurales, vías de comunicación, ha sido fecunda para corregir las tendencias sectarias de los militares y modernizar y pluralizar su pensamiento. En la Argentina, las fracturas son tan hondas que estos modelos suenan impracticables, hasta ingenuos, para gran parte de la población. Pero no vemos cómo podría garantizarse la continuidad democrática, eliminando la amenaza reiterada del golpe, si no se trabaja en esta dirección.

SÍSIFO EN EL SIGLO XXI

En los últimos cinco años, desde que se insinuó el final de la dictadura, algunos de los principales sociólogos que habían estudiado los conflictos sociales de la Argentina comenzaron a modificar sus análisis con el fin de fundamentar un nuevo pacto o concertación nacional. Para superar la fragilidad de las instituciones democráticas y el hábito de concebir la competencia política como aniquilación del adversario, proponen desarrollar un régimen de concertación entre Estado y fuerzas sociales. Se trataría de que cada actor renuncie a sentirse "Sujeto privilegiado" de la acción política, se "autolimite" y acepte participar en un marco global compartido.[11]

Estos análisis, que son en sí mismos un avance del pensamiento crítico en el país, están contribuyendo a ubicar la necesidad del pacto social en una visión compleja de los conflictos, más allá de las exigencias pragmáticas de la lucha política. Pero vemos dos dificultades en el modo de plantearlo de la mayoría de los políticos y científicos sociales. La primera es que se refieren a la concertación entre clases, partidos, sindicatos y Estado, sin elaborarla en relación con el sujeto más autosuficiente, menos dispuesto a autolimitarse: las fuerzas armadas. La otra es que esta formulación racionalista del pacto suena demasiado "laica", así sola, en una sociedad donde la sectarización de las intervenciones políticas y económicas deriva parcialmente de su largo estancamiento. Uno se pregunta si la sensación de decadencia generalizada por el péndulo incesante entre gobiernos militares y civiles, el deterioro del salario y del producto bruto, de las instituciones y la vida cotidiana, no requiere una utopía para que la sociedad se movilice y cambie sus hábitos canibalísticos.

Alfonsín pareció entender este desafío mejor que la mayoría de los políticos e intelectuales. Es raro leer hoy en la Argentina opiniones como la del novelista y crítico Ricardo Piglia, para quien la cultura del país sufre un "exceso de realidad". "El realismo político se ha convertido en la moda de esta temporada. Los intelectuales tienden a hablar como si fueran ministros: vigilan sus palabras porque se ilusionan con su eficacia. Limitarse a aceptar los hechos consumados no garantiza la eficacia. ¿Desde

---

[11] Cf. de Emilio de Ipola y Juan Carlos Portantiero, "Crisis social y pacto democrático", *Punto de vista*, 21 de agosto de 1984; de Liliana de Riz, Marcelo Cavarozzi y Jorge Feldman, "El contexto y los dilemas de la concertación en la Argentina actual", en Mario dos Santos (comp.), *Concertación político-social y democratización*, Buenos Aires, CLACSO, 1987.

cuándo debemos pensar dentro de los márgenes de lo que los políticos consideran posible y 'real'?"[12]

Pero el gobierno de Alfonsín, que tal vez siga siendo la opción menos agitada que la Argentina puede darse en esta etapa, no ha encontrado cómo pasar de los gestos refundadores y utópicos —recitar el preámbulo de la Constitución, trasladar la capital a una nueva frontera geopolítica, ir al laberinto a luchar con el monstruo— a los *actos* que efectivamente modifiquen la estructura de los conflictos irresueltos. Esos gestos no encuentran actores políticos, y menos aún condiciones económicas, compatibles con la grandeza que pretenden. El gesto sin soporte social, como el rito sin mito, están obligados a repetir el vacío que la refundación aspira a llenar: queriendo ser la inauguración de un futuro, son la representación trágica de un destino.

Los acontecimientos de Semana Santa volvieron a exhibir el carácter débil y atomizado del espectro político. Pese a la solidaridad en defensa de la democracia, en cuanto pasó la emergencia todos retornaron a sus particulares y conocidas posiciones, sin que se intenten nuevas alternativas globales y comunes para un sistema socioeconómico exhausto. El gobierno y la oposición carecen de propuestas integrales para una reorganización profunda y realizable de las fuerzas armadas, y también sobre la deuda externa, la recesión industrial y cualquiera de las grandes frustraciones nacionales. Ésta es una de las causas de que mientras terminamos este artículo, a un mes de las elecciones para gobernadores, diputados y senadores, las encuestas preelectorales vuelvan a registrar, como en la votación anterior, de un 50 a 60% de ciudadanos indecisos sobre por quién van a votar.

Las precarias esperanzas de que la Argentina termine este siglo con un gobierno civil, y por tanto habiendo replanteado las contradicciones en torno de la cuestión militar, se centran, más que en los poco representativos y anacrónicos aparatos de todos los partidos (incluidos los de izquierda), en algunos agrupamientos jóvenes que discuten la esclerosis de las prácticas y las concepciones políticas, y en movimientos sociales extrapartidarios.

¿Hay algo que unifique a las nuevas tendencias? No es fácil saberlo, porque emergen con un formato que no corresponde a las estructuras convencionales de expresión, aun cuando ocurren dentro de ellas. Se manifiestan a través de temas que no son los abarcados por los programas de los partidos políticos, y que cruzan en diagonal el sistema de diferenciación que ellos instauraron. A propósito de algunos debates recientes en la Argentina —derechos humanos, divorcio y patria potestad de los padres y madres sobre los hijos, el diferendo con Chile por el canal de Beagle—, Landi observa que esas temáticas son transpartidarias, se deciden "en espacios y mediante razonamientos y saberes no estrictamente partidarios": tienen que ver, más que con el orden político, con la paz, la conciencia personal y las libertades básicas de los individuos.[13] La desarticulación de las matrices doctrinarias formadas en etapas anteriores de la lucha política genera otros agrupamientos y diferenciaciones que llevan, por ejemplo,

---

[12] "Entrevista con Ricardo Piglia. Política y ficción: un entrevero argentino", *Unidos*, año IV, núm. 10, junio de 1986, p. 301.

[13] Óscar Landi, *La trama cultural de la política*, 1987 (mimeografiado).

a que las posiciones de los jóvenes militantes peronistas y radicales se parezcan más entre sí que con las de los mayores de sus propios partidos.[14]

Pero la reelaboración más prometedora de la cultura política tal vez se encuentra en movimientos extrapartidarios: defensores de los derechos humanos, estudiantes y profesores que buscan renovar las universidades, organizaciones vecinales, villeras y otras de base, los grupos de intelectuales reunidos en algunas revistas, *La Ciudad Futura, Punto de Vista, Unidos* y algunos movimientos de democratización sindical donde se vienen dando debates agudos sobre las relaciones entre cultura, política y desarrollo social.

Una característica de casi todos estos movimientos es la reformulación de las relaciones entre lo público y lo privado. Quizá las organizaciones que luchan por los derechos humanos sean el ejemplo más radical: "El contraste entre una madre o un familiar preguntando por la suerte de su hijo o hermano y el clamor internacional por los derechos humanos en la Argentina es enorme. No hay nada más privado que la experiencia de ser madre, nada más público que el papa hablando desde los balcones del Vaticano sobre el mismo tema o las representaciones en cortes de justicia internacionales. Lo público y lo privado se confunden —o se funden— en el límite de la vida."[15]

Otro rasgo saliente es el cuestionamiento de las prácticas sociales desde una perspectiva ética. De distintas maneras, en los movimientos por los derechos humanos exigiendo que la acción política tome en cuenta los valores fundamentales, en los juveniles y feministas buscando formas no opresivas de moralidad, hallamos articulaciones nuevas entre las reglas políticas y el sentido básico de la vida cotidiana. Esta re-visión de lo político va unida a una reconsideración de la subjetividad de los actores y de los significados últimos del combate por el poder.

Cuando tienen un carácter explícitamente político, estos movimientos desafían las tendencias cerradas y autojustificatorias de ciertas luchas sociales burocratizadas. En otros casos, su crítica al autoritarismo y los intentos de renovar la sociabilidad, sin plantearse objetivos políticos deliberados, están haciendo presente otras dimensiones de la vida y la organización social oscurecidas en un país que ha sobrestimado la lucha por el poder hasta arruinar las formas más elementales de sociabilidad y sobrevivencia: es lo que se escucha frecuentemente en las canciones de "rock", en las obras de teatro "abierto" o alternativo, es el incipiente movimiento ecologista.

Queda por saber cuál será la duración y la eficacia macrosocial de estas tendencias. ¿Pueden estas acciones poco institucionalizadas, minoritarias, a veces de corta repercusión, construir alternativas políticas globales? ¿Lograrán disputar los sentidos y los hábitos hegemónicos a la cultura militar y a sus ramificados ecos en la sociedad civil? Es dudoso, al menos mientras mantengan el alcance y la adhesión demostrados hasta ahora. Pero quizá la fuerza vivificadora de estos movimientos sea, pese a sus limitacio-

---

[14] Véase la investigación de Vicente Palermo basada en encuestas a dirigentes políticos peronistas y radicales de la ciudad de Buenos Aires: "Militando después del 'Proceso': partidos populares y cultura política", *Unidos*, núm. 9, abril de 1986.

[15] Elizabeth Jelin, "Otros silencios, otras voces: el tiempo de la democratización en la Argentina", en Fernando Calderón G., *Los movimientos sociales ante la crisis*, Buenos Aires, Universidad de las Naciones Unidas (CLACSO), Instituto de Investigaciones Sociales de la UNAM, 1986, pp. 25-26.

nes, la mayor fuente utópica en una sociedad cansada. Aun para algunos comprometidos en el cambio de las instituciones añejas, los desafíos inciertos de estas nuevas fuerzas sociales son el estímulo más consistente para renovar la cultura y la política. Para ascender al siglo XXI sin esta oscilación maniaca entre lo civil y lo militar, sin esta sensación desencantada de estar empujando una inmensa roca que en cualquier momento volverá a desmoronarse amenazadoramente.

UNA VISIÓN CULTURAL DEL URUGUAY DE LOS OCHENTA

FERNANDO BUTAZZONI

En agosto de 1969, a raíz de la muerte del ilustre pensador Emilio Frugoni, el profesor Arturo Ardao señalaba que "Es todo un Uruguay el que muere con él",[1] indicando con ello, por encima de posibles inexactitudes cronológicas, la profundidad de una crisis que por primera vez en la vida del país, comenzaba a mostrar evidentes síntomas de irreversibilidad.

En efecto, el periodo inaugurado en 1968[2] presentaba un conjunto de elementos hasta ese momento inéditos en la realidad nacional, los cuales interactuaron en los años inmediatamente posteriores como factores de la crisis, hasta desembocar en el golpe de Estado de junio de 1973. Tras una oscura dictadura que usurpó durante doce años el poder político, el país retomó la senda democrática en marzo de 1985, comenzando así un proceso de redemocratización que, lejos de culminar o consolidarse, aún se halla a mitad de camino. Intentar un análisis del presente uruguayo es pues, en primera instancia, ubicar y nombrar problemas y situaciones que surgidos en un pasado históricamente cercano, afectan y abarcan al conjunto del Uruguay de hoy.

Más allá de las recurrencias a problemas y diagnósticos económicos, históricos y políticos, el análisis desde un ángulo de mira más amplio nos ofrece la posibilidad de encontrar una lectura cultural para la situación actual de nuestro país. Esta lectura no implica necesariamente un reduccionismo, sino por el contrario una posibilidad de detectar vínculos poco estudiados y de extraer, del estudio de esos vínculos, algunas conclusiones. La política y sus ejecutores, la relación de ellos con el poder, las relaciones entre el poder y la sociedad en su conjunto, las elaboraciones y respuestas que surgen a partir de dichas relaciones, todos estos elementos van produciendo un entramado de vastas connotaciones que es de carácter cultural, en tanto que es un producto que da identidad y distingue a quienes lo elaboran.[3] Efectuar la lectura de dicho entramado será pues una manera de descifrar algunos códigos identificatorios de los uruguayos y de la sociedad uruguaya de hoy y sobre todo será también una posibilidad

---

[1] Arturo Ardao, "Despedida a Emilio Frugoni", en *Etapas de la inteligencia uruguaya*, Montevideo, Universidad de la República, 1971, p. 418.

[2] La muerte del presidente electo, Óscar Diego Gestido, propició en noviembre de 1967 el ascenso a la primera magistratura de su compañero de fórmula, Jorge Pacheco Areco, quien, a poco de instalado en la presidencia, decretó las Medidas Prontas de Seguridad (mecanismo excepcional que otorga facultades extraordinarias al Poder Ejecutivo), clausuró órganos de prensa y decretó la ilegalización de partidos políticos de izquierda.

[3] Entre otros, véase Néstor García Canclini: "Las políticas culturales y América Latina", en *Chasqui*, núm. 7, Quito, 1983.

de pensar en función de la evolución de esos códigos, o dicho de otra forma, de entender la cultura como futuro de la nación.

SÍMBOLOS Y VALORES. LA CRISIS

La tradición fue durante muchos años un elemento estructuralmente constitutivo del discurso político de la clase dominante. La tradición se proyectaba en nivel simbólico en el mensaje ideológico como un verdadero sistema de valores que articulaba las distintas instancias identificatorias en nivel cultural. Estas instancias tendían los puentes del uruguayo (sin distinciones de clase, interés ni filiación política o ideológica) con determinados hitos (y mitos) ubicados casi siempre en el pasado: desde la figura de José Artigas hasta el supuesto "constitucionalismo" de las fuerzas armadas, pasando por imágenes tan dispares y vagas como José Batlle y Ordóñez, los campeones olímpicos de futbol, la hospitalidad para con los refugiados políticos de otros países,[4] etc. El bipartidismo político fue proyectado también como símbolo de esa tradición y las diferentes variantes en la cúpula gubernamental del país no implicaron, en ningún caso, una alteración de este férreo sistema de alternancias en el ejercicio del poder político.

También el concepto "Paz" fue otro importante elemento dentro de estas instancias identificatorias. En este caso, el discurso dominante indicaba que los uruguayos debían estar orgullosos de una sociedad que desde comienzos de siglo no veía alterada en lo esencial su paz interna, y mucho menos se veía involucrada en conflictos con otras naciones. El concepto "Paz" como bien supremo a conservar, se interrelacionaba de manera más estrecha con el de "Estabilidad", de modo que entre ambos se legitimaban: en Uruguay había paz porque había estabilidad; la existencia de dicha estabilidad era también una consecuencia de la paz.

Más allá de las intenciones primeras de la conocida imagen del Uruguay como "Suiza de América", lo cierto es que para el común de los uruguayos el lema fue una especie de tarjeta postal del país. Pero una tarjeta postal que en lugar de un paisaje geográfico mostraba un convincente paisaje social. Así, la paz inalterable de los Alpes suizos podía muy bien homologarse a la estabilidad del sistema político uruguayo. Y acaso también la blancura impoluta de la nieve alpina era una apropiada metáfora para la limpieza de nuestro sistema financiero.

Debe señalarse que el procesamiento ideológico de este conjunto de "valores tradicionales" se basaba en una realidad económica que permitió durante décadas una indiscutible estabilidad social. Ésta, a su vez, era uno de los pilares fundamentales de la solidez política de un sistema que tuvo en el "bipartidismo" su más acabada expresión. Ese conjunto de "tradiciones" legitimaban el poder político, puesto que él era el

---

[4] Con una referencia a la "tradicional" hospitalidad uruguaya para con los refugiados políticos, culminaba Wilson Ferreira Aldunate su conocida carta al general Videla, motivada por el secuestro y asesinato de Zelmar Michelini y Héctor Gutiérrez Ruiz, en Buenos Aires (*El exilio y la lucha*, recopilación de textos de W.F.A., Montevideo, Ed. de la Banda Oriental, 1986).

guardián natural de un modo de vida que aun en los momentos en que las instituciones republicanas colapsaron, fue invariablemente calificado, y no por casualidad, como "tradicional".[5] Sin embargo, el propio discurso ideológico de la clase dominante atrapado en la poca flexibilidad que otorga el carácter conservador y tradicionalista del mismo, fue generando contradicciones insalvables al no poder articularse de manera armónica con una realidad que de forma implacable, empezaba a cuestionar cada uno de los símbolos: la figura de Artigas comenzó a adquirir otro relieve que en mucho distaba del modelo "oficial", en tanto era objeto de estudios, análisis y difusión, es decir en la medida en que había un proceso de apropiación del discurso artiguista por parte de sectores no dominantes; el batllismo iba dejando principios "tradicionales" por el camino en aras del mantenimiento del poder político; la realidad económica, cada vez más vinculada con la crisis general del sistema capitalista (y sus ecos latino-americanos y fondomonetaristas), impedía el mantenimiento de la tan preciada estabilidad; el autoritarismo emergía con un discurso propio y autónomo que se convertía en una opción de *orden* frente al *caos*; el bipartidismo comenzaba a agrietarse ante el empuje de ideas unitarias en el seno de la izquierda. Y todo esto, dato fundamental, enmarcado en un cuadro social que con el surgimiento y auge de la guerrilla urbana, puso en jaque no sólo a las fuerzas destinadas a combatirla, sino al propio poder político.[6]

Puede decirse, pues, que la crisis de la sociedad uruguaya en el periodo de 1968-1973 fue también una crisis identificatoria de las pautas propiciadas por la clase dominante y sus productores en nivel ideológico. Tal vez en lo simbólico no haya ejemplo más nítido en todo el continente latinoamericano que el accionar del Movimiento de Liberación Nacional "Tupamaros".[7]

Este sistema era también en lo profundo un sistema de valores, por lo que la crisis cuestionó en sus mismas raíces los valores que supuestamente sostenían a la sociedad uruguaya. El Estado ya no cumplía su papel benefactor y protector, de modo que no era dable esperar el amparo estatal ante la crisis que afectaba la imagen del propio Estado.

Es en el marco de esta crisis global que aparece el cuestionamiento de la democracia, símbolo que había sido elaborado y manejado durante décadas como estructura identificatoria suprema. La aguda crisis también afectó a este estandarte tutelar, lo cuestionó incluso teóricamente y terminó por devorárselo: en junio de 1973, bajo el pretexto de amparar el "estilo tradicional de vida", las fuerzas armadas sepultaron

[5] Véase *Testimonio de una nación agredida* (compilación de comunicaciones de las fuerzas conjuntas en su lucha contra la subversión), publicado en Montevideo, en 1974, por las fuerzas armadas.

[6] A raíz del secuestro del asesor policial norteamericano Dan A. Mitrione, en agosto de 1970, circularon en Uruguay insistentes rumores acerca de la renuncia del presidente Pacheco Areco. La crisis quedó resuelta en esos días debido a un operativo policial en el que fue detenida toda la Dirección Nacional de los "Tupamaros", organización responsable del secuestro. Mitrione fue muerto por sus captores.

[7] Sobre este tema, véase Luis Camnitzer, "Ponencia ante el Primer Encuentro de Intelectuales por la Soberanía de los Pueblos de Nuestra América", presentada en La Habana, septiembre de 1981; también Francisco Panizza, "Códigos y signos de la épica tupamara", en *Cuadernos del CLAEH*, núm. 36, Montevideo, 1985.

este elemento identificatorio por excelencia. La democracia representativa había dejado de existir. La gran crisis era a esas alturas una realidad incuestionable.

EL PERIODO MILITAR

La dictadura militar uruguaya fue la expresión, en nivel nacional, de un proceso que abarcó a otros países de América Latina, en el que confluyeron factores económicos, políticos y sociales.[8] En Uruguay, el discurso militar aparece, en sus encarnaciones golpistas, trascendiendo siempre las nociones habituales del país como organización social para llegar a "la nación", entidad ahistórica, intemporal, suprema, más allá de las instituciones, de la sociedad civil y de las estructuras organizativas. Para "salvar la nación" (y no para salvar la sociedad, o el Estado, o el pueblo), es que se presentan las fuerzas armadas en la escena política.

Resulta importante observar cómo, colocada en la necesidad de destruir la estructura ideológica del Estado de derecho (por las razones que anotábamos en el párrafo anterior), la acción del poder militar estuvo destinada al ataque sistemático a todas las fuentes posibles de elaboración ideológica: la guerrilla fue diezmada militarmente, la izquierda legal perseguida y desarticulada, los partidos burgueses debieron replegarse a la espera de vientos menos desfavorables, los centros habituales de elaboración intelectual (como la Universidad de la República) fueron desmantelados o reconvertidos, cuando ello fue posible, en meros fenómenos epigonales del nuevo Estado, las individualidades fueron censuradas, muchos creadores debieron marchar al exilio o fueron encarcelados.[9]

Esta necesidad de desmantelamiento de los productores ideológicos marchó pareja con el virtual arrasamiento de las instituciones civiles como tales: desde los ministerios hasta las asociaciones industriales, pasando por clubes deportivos, centros religiosos de reflexión y entidades meramente recreativas, en todos los niveles (nacional, regional y aun zonal o barrial) se produjo una ocupación militar de puestos clave. En el periodo que va de 1975 en adelante fueron muchos los oficiales de las fuerzas armadas que ocuparon cargos relevantes en las directivas de casi todas las asociaciones nacionales.

Se estaba produciendo una "mecánica de la apropiación", mediante la cual el poder militar accedería, supuestamente, al efectivo control de la sociedad. Los dirigentes

[8] Véase F. Calderón Gutiérrez, *Movimientos sociales en el Uruguay de hoy*, Montevideo, Ed. de la Banda Oriental, 1986, pp. 7-8; también, para una visión latinoamericana del problema, J. Durán Matos y José L. Baumgartner, *América Latina: liberación nacional*, Montevideo, Ed. de la Banda Oriental, 1986.

[9] Entre otros episodios ilustrativos vale mencionar aquel que determinó la clausura definitiva del semanario *Marcha* y el encarcelamiento de varios redactores y de su director, Carlos Quijano: un cuento premiado en el concurso anual de narrativa del semanario (por un jurado integrado, entre otros, por Juan Carlos Onetti y Jorge Rufinelli) fue considerado lesivo por el nuevo régimen, que encontró allí un pretexto para hacer desaparecer esta publicación, sin duda una de las más prestigiosas en todo el ámbito latinoamericano (Véase Hugo Alfaro, *Navegar es necesario*, Montevideo, Ed. de la Banda Oriental, 1984).

del "Proceso de Reconstrucción Nacional" comprendieron que el verdadero poder también estaba en la base social, y ante la imposibilidad (que más adelante se revelaría como absoluta) de conquistar esa base, o una porción mínimamente significativa de ella, parecía claro que la única opción era el control.

En cuanto a la producción ideológica extramilitar (la cual fue casi siempre antimilitar) este desmantelamiento fue consecuencia directa también de esa mecánica de la apropiación. Debido a su ilegitimidad, el nuevo poder necesitaba eliminar todo cuestionamiento, no solamente el político inmediato (como podían plantearlo los partidos y dirigentes políticos) sino en nivel de la producción de culturas. Cabe señalar que este desmantelamiento fue en lo coyuntural bastante efectivo, y perjudicó por igual a sectores diversos de la cultura artística, la comunicación, la investigación científica, etc., con un espectro ideológico y político igualmente variado.

En este punto podemos preguntarnos si, buscando la legitimidad, el propio poder militar generó alguna producción en este sentido, es decir si fue capaz de elaborar algo que por lo menos se pareciera a un proyecto que trascendiera los meros marcos propagandísticos de la "lucha contra la subversión", etc. Respecto a la "obra" de la dictadura, está claro que "[. . .] transformó al supuestamente civilizado Uruguay en un régimen de opresión similar —sino peor— a aquellos que la saña imperialista de las primeras décadas del siglo, había conformado como 'republiquetas bananeras'. Hizo comprender a cada uruguayo en qué continente y bajo qué amos estaba viviendo".[10] Ahora bien, este proceso transformador no se vio sustentado, sin embargo, por ningún proyecto coherente que le facilitara al régimen, cuando menos, la más imperiosa de sus tareas: la de ganar un espacio social desde el cual lanzarse a la conquista de la legitimación de sí mismo. Ni en el plano ideológico ni en el estrictamente cultural o político, logró la dictadura articular una imagen del "Proceso" que tuviera visos de aceptabilidad. El plebiscito de 1980, que fue la primera derrota real del régimen de facto, significó en los hechos una confirmación de esta carencia múltiple, y permitió asentar cauces de expresión cada vez más amplios a las corrientes democratizadoras, con las cuales las fuerzas armadas debieron negociar una salida decorosa o, para emplear términos del propio "Proceso", una retirada ordenada a los cuarteles.[11]

Si en el periodo inmediato anterior al golpe de Estado, la sociedad uruguaya vivió la gran crisis de los valores, durante la dictadura hubo una fuerte tendencia a rescatarlos. Y fue a partir de la recomposición paulatina del panorama político (en una etapa que abarcó, *grosso modo*, los años 1983 y 1984) en que otra vez aparecieron los productores tradicionales de ideología. Muchos con el viejo discurso del Uruguay batllista liberal, otros con un pretendido remozamiento en los planteos que en los hechos no iba más allá de un simple *aggiornamiento* lingüístico, algunos, sobre todo en la izquierda, con una notoria incapacidad para reformular sus viejos planteos, pero todos sin excep-

---

[10] Véase Alfredo Errandonea (h), *Uruguay, subordinación y dependencia*, Montevideo, Ed. Librosur, 1985, p. 113.

[11] Los partidos políticos participantes en esa negociación fueron el Colorado, el Frente Amplio y la Unión Cívica, más algún otro grupo de escasa o nula significación. El Partido Nacional no participó en las negociaciones.

ción, dispuestos a actuar en la nueva etapa que el país se aprestaba a vivir luego de las elecciones de noviembre de 1984.

CONCERTACIÓN Y RESTAURACIÓN

Existen por lo menos dos niveles de lectura general para analizar el periodo iniciado en 1984 con la llamada "Concertación Nacional Programática" (CONAPRO), el cual en cierto sentido aún se prolonga hasta hoy. En primera instancia, la "Concertación" fue un instrumento que se dieron las fuerzas democratizadoras (partidos políticos, organizaciones gremiales y sindicales, movimientos sociales, etc.) para buscar soluciones a los problemas que el conjunto de la sociedad enfrentaría desde el mismo momento en que las autoridades electas asumieran sus cargos, en marzo de 1985. El índice de temas manejados por la mesa de la CONAPRO es ilustrativo: deuda externa, amnistía a los presos políticos, política agropecuaria, reactivación industrial, refinanciación de la deuda interna, legislación sobre derechos humanos, relaciones internacionales, política de vivienda, etcétera.

Es importante apuntar que la CONAPRO, como órgano de coordinación política y social, fue una experiencia completamente nueva en el país. Por lo menos desde el punto de vista formal, por primera vez se reunían para buscar acuerdos (o cuando menos para discutir ideas) sectores y partidos representativos de diversos estratos sociales, clases e intereses políticos, filiación ideológica, etc.[12] Este hecho "novedoso" en Uruguay podía suponer una capacidad de imaginación por parte de los actores sociales, que repercutiera de manera favorable en la instrumentación de la salida democrática. Era, en este primer nivel de lectura, una solución original, pensada en función del futuro, con factores (como la participación de los sindicatos y los gremios estudiantiles en las discusiones) que podía incluso augurar la instrumentación de nuevas "reglas del juego" en el periodo siguiente.

Es cierto que la propia "Concertación" fue una postura coyuntural que abrió el juego más allá de las habituales fronteras de la política y puso sobre la mesa de negociaciones una visión globalizadora de la problemática nacional. Pero, un análisis más profundo de las conductas concertantes, de algunas soluciones a las que arribó la propia CONAPRO, y del lenguaje empleado, permite (o admite) una segunda lectura más profunda pero menos optimista, la cual adquiere un valor cultural explicativo en el nivel de toda la sociedad.

Uno de los elementos más sobresalientes de muchas de las resoluciones adoptadas por la CONAPRO (con el consenso de sus participantes), es el *carácter restaurador* de las mismas. Son resoluciones, en muchos casos puestas en práctica luego por el nuevo gobierno o implementadas como leyes por el Poder Legislativo, que han sido pensadas como mecanismos de retorno a la situación previa a 1973. En ese sentido, la Ley de reposición de destituidos ofrece un buen ejemplo: si bien se trató de un acto de elemen-

---

[12] Véase, entre otros, *7 enfoques sobre la concertación*, Montevideo, CIESU, 1984.

tal justicia (reponer a aquellos funcionarios despedidos por causales políticas o ideológicas durante la dictadura), la implementación de dicha reposición se efectuó como si el país, el organismo en cuestión y aun el funcionario repuesto, no hubiesen sufrido cambio alguno durante doce años de régimen militar.[13]

Este carácter restaurador permeó la propia filosofía concertante, se trasmitió por múltiples vías discursivas a la población (convertida nuevamente en "opinión pública") y hoy es una herencia que todo Uruguay tiene frente a sí. Cada planteo o paso dado en una dirección diferente a esa restauración es visto, en sentido general, como un posible factor de desestabilización" del precario equilibrio institucional. Este "complejo de desestabilización" afecta a elementos tan dispares del ser nacional como el futbol,[14] la música popular, el discurso político, la creación artística,[15] etcétera.

Podemos preguntar qué tipo de rescate pretende el conjunto de la sociedad uruguaya con este proceso de retorno hacia el pasado. Algunos observadores[16] señalan que lo que se busca es simplemente una vuelta a la situación previa al golpe de Estado. Pero todos los actores de la "Concertación" saben que en los años previos a la dictadura fue que se gestó el "Proceso" militar. Por lo tanto, todos saben también que un hipotético regreso al pasado no podría efectuarse hacia "cualquier punto" de ese pasado, sino necesariamente hacia un lugar en el tiempo que permitiera "corregir" las desviaciones que propiciaron el quiebre institucional. Este análisis es de tipo mecanicista y aislacionista, y no tiene para nada en cuenta el marco histórico regional y mundial en el cual se desarrolló el proceso de pérdida de la democracia en Uruguay. Es aquí que aparece otro factor importante en esa segunda lectura de la CONAPRO de que hablábamos anteriormente: la falta de articulación y actualización de la misma con respecto al continente y al devenir histórico mundial. Sólo así puede explicarse el arraigo de la tendencia restauradora, y la falta de empuje y peso real de otras alternativas.

Estos factores, en especial la tendencia restauradora, están presentes en el Uruguay actual, y repercuten de manera más o menos significativa no sólo en los planteos políticos de los partidos, sino también en los movimientos sociales surgidos como opciones alternativas frente al autoritarismo militar, en la producción ideológica en general, la cultura artística, los fenómenos vinculados con la comunicación de masas, en fin, en toda la vida del país. Y a no dudarlo, esta tendencia también compromete el futuro

---

[13] Urs Müller Plantenberg, entrevista en *Brecha*, Montevideo, 19 de septiembre de 1986, p. 13.

[14] Véase Eduardo Galeano, "El miedo no paga", en *Brecha*, 20 de junio de 1986, p. 7.

[15] Un ejemplo ilustrativo de este problema en el nivel de la producción artística: en agosto de 1986 la Intendencia de Montevideo (gobierno municipal) "censuró" y prohibió, en su ámbito, la muestra gráfica del joven dibujante Óscar Larroca, la cual fue calificada por fuentes oficiales como "de subido tono erótico". Entre quienes se mostraron de acuerdo con esta virtual prohibición se encontraban dirigentes políticos de los tres partidos políticos mayoritarios (Colorado, Nacional y Frente Amplio). En contra se manifestaron, entre otros, el senador Jorge Batlle, del partido de gobierno, y el señor Rodney Arismendy, secretario general del Partido Comunista Uruguayo. Uno de los argumentos mayoritarios en favor de la censura a los dibujos de Larroca fue "a los uruguayos no les agrada la pornografía", "nunca nos gustó (la pornografía)", etc. Mención aparte merece la siguiente frase del escritor Carlos Maggi: "Los uruguayos piensan que una mujer desnuda es más peligrosa que una ametralladora. Yo creo que se equivocan". Tomado de *9a. Feria Internacional del Libro*, Montevideo, Ed. Cámara Uruguaya del Libro, 1986, p. 16.

[16] Véase Urs Müller Plantenberg, *op. cit.*

de Uruguay, pues ella genera y generará falsas posibilidades, opciones de cara a un pasado que ya no existe más.

La izquierda mayoritaria agrupada en el Frente Amplio ha debido acomodar su discurso político a esta situación. La natural vocación para el cambio, presente en el Frente Amplio desde su propia constitución y su programa de gobierno, aparece entonces en un juego de tensiones con las reiteradas profesiones de fe "democrática", a las que ha debido acudir por boca de algunos de sus principales dirigentes, y que son en realidad profesiones de fe republicanas. Como veremos en seguida, esta confusión entre el sujeto y el predicado no es meramente gramatical, y sus consecuencias tienen otros alcances, otras significaciones.

La lucha por el gobierno, por los escaños parlamentarios, en fin, por el caudal electoral, ha llevado a una importante franja de la izquierda a atemperar su discurso político, y en cierta medida a sacrificar la vocación de cambio por la vocación de gobierno. Desde el punto de vista político puede verse esta postura como una simple táctica desarrollada en función de la correlación de fuerzas. Sin embargo, no son pocos los sectores que desde posiciones teóricas independientes han señalado el problema estratégico que presupone esta actitud para una fuerza esencialmente transformadora. Lo que sí aparece ya como consecuencia de esta situación es la cada vez menor capacidad de movilización que tiene el Frente Amplio en nivel de sus bases, así como la pérdida de algunos perfiles identificatorios muy claros hasta marzo de 1985. A más largo plazo, se plantea como "peligro" la posibilidad de que el Frente Amplio se convierta progresivamente en un nuevo partido tradicional, es decir en una nueva variante del bipartidismo, transformado así en "tripartidismo".

En este sentido, es interesante observar cuáles son las consignas principales, con las que cada agrupación política ha enfrentado esta nueva etapa. El partido de gobierno (Colorado), apoyado entre otros factores en el surgimiento en su seno de un sector joven y con un discurso moderadamente progresista (el cual también se ha diluido en el transcurso del último año), levanta la bandera de la *modernización*, la cual es habitualmente homologada a los objetivos de "eficiencia económica", "rentabilidad en la gestión pública" y, en último término, a la privatización de numerosos sectores hasta ahora en manos estatales, en lo que parece ser una definitiva revisión del postulado tradicional del batllismo estatizador.

El Partido Nacional, principal fuerza opositora en los comicios de 1984, mantiene su actitud de "centro natural" con una fuerte inclinación a sostener el tradicional carácter caudillista del partido, en la figura de Wilson Ferreira Aldunate, un dirigente con innegable carisma. Desde el punto de vista de sus objetivos principales, éstos parecen no estar demasiado definidos. Prueba de ello es entre otros elementos la carencia de una consigna identificatoria del partido en su conjunto.

En el otro extremo de la cuerda política parlamentaria aparece el Frente Amplio, cuya consigna principal es actualmente "El Frente será gobierno", la que expresa con extremada precisión los grandes objetivos y los alcances últimos de la actual gestión de la izquierda mayoritaria. Es de hacer notar, por otra parte, que las consignas revolucionarias y antimperialistas están notoriamente ausentes del discurso político de la izquierda, aun de la más radical. Como consecuencia de esto, se ha producido un importante descenso en la participación popular en actividades vinculadas con la solidaridad internacional.[17]

Lo que puede extraerse como provisoria conclusión, es que en esta etapa de la vida política, a amplios sectores de la población les resulta en extremo difícil efectuar un proceso identificatorio claro de las distintas opciones, es decir que surge un problema de "lectura" de la coyuntura política mucho más agudo que en el periodo dictatorial. Para el caso de la izquierda, se podría incluso señalar, sin pretender profundizar en este aspecto, en el carácter polisémico de su discurso.

Estos elementos cumplirán previsiblemente un papel determinante en las luchas políticas futuras y en la forma de vinculación de los actores sociales a dichas luchas. Es posible suponer, por otra parte, que si la izquierda mayoritaria comprende las limitaciones que hoy enfrenta, haga esfuerzos para recrear imaginativamente su propio perfil.[18]

Lo que resulta claro es que de una situación en la cual existía una clara participación popular en la lucha contra el poder militar, se ha pasado progresivamente a un desplazamiento del protagonismo, el cual ha sido asumido en esta etapa por los partidos políticos.

PROYECTOS Y REALIZACIONES

Luego de este somero planteo de la postura de cada uno de los principales protagonistas en el nivel político, podemos intentar analizar qué proyectos se han generado para el país del futuro, o por lo menos qué tendencias despuntan como más factibles de desarrollarse. El análisis de estas tendencias será un complemento para la lectura de las consignas identificatorias en el nivel político.

En primer lugar, es importante señalar que la CONAPRO en sí misma no representó ningún proyecto identificable, sino más bien un conjunto de ideas y planes, muchos de ellos meramente "transicionales" y en ciertos casos incompatibles entre sí. En este sentido, es notoria la diferencia entre la visión de la concertación como proceso que por ejemplo tuvo la Cámara de Industrias de Uruguay (por declaraciones de su presidente y vocero, José Villar), y el movimiento sindical (declaraciones de diversos dirigentes: José D'Elía, Richard Read y otros).[19]

En esta última etapa, desde marzo de 1985, el partido de gobierno aparece, con su bandera modernizadora, como el adalid de la actualización del Estado uruguayo, y su efectiva incorporación tanto en el nivel regional como en el mundial. En ese sentido, los más relevantes ideólogos del Partido Colorado (entre ellos el propio presidente de la República) se han preocupado por activar las relaciones internacionales, y por efec-

---

[17] Véase Urs Müller Plantenberg, op. cit.

[18] Diferentes hechos pueden inducir a pensar en esta posibilidad. Entre otros, la transformación del Movimiento por el Gobierno del Pueblo, integrante del Frente Amplio, en partido político, luego de un congreso efectuado en 1986 en Montevideo.

[19] Véase Juan Rial, "Estado, partidos políticos y concertación social en el Uruguay de la transición", en 7 enfoques sobre la concertación, cit., pp. 133 y ss.

tuar con los logros obtenidos en ese terreno una fuerte campaña propagandística, tendiente a mostrar cómo el Uruguay "recupera su lugar en el concierto de la comunidad internacional".[20]

La imagen del Uruguay "moderno", que en el plano internacional ha llevado a la conducción política del país a asumir reales posiciones de independencia y aun de roce con Estados Unidos (por temas tales como Centroamérica y la cuestión de las Malvinas), ofrece hoy una contracara en el aspecto interno. Modernizar implica, para el partido Colorado, como ya señalábamos anteriormente, un conjunto de medidas en las cuales es posible reconocer rasgos de variada filiación política e ideológica, desde el impulso a las negociaciones obrero-patronales y un discurso de tipo socialdemócrata respecto al tema sindical (reconocimiento del "importante" papel de los sindicatos en la vida nacional, abundantes referencias a los modelos sueco, español, etc.), hasta una marcada tendencia neoliberal en materia económica, característica negada de forma sistemática por las autoridades ministeriales, pero señalada por destacados economistas, como el contador Danilo Astori,[21] el propio rector de la Universidad de la República, Samuel Lichsztenstejn, etcétera.

Esta variedad de políticas, o cuando menos de discursos políticos, y sobre todo la tendencia privatizadora del sector público, tienen como objetivo primordial administrar la aguda crisis económica y garantizar la gobernabilidad del país. Estos dos objetivos, absolutamente prioritarios para el Partido Colorado y para el gobierno, han llevado en la práctica a anular cualquier proyecto de mayor alcance. Acosado incesantemente por los factores de la crisis (deuda externa, desmantelamiento del aparato productivo, desempleo creciente, intangibilidad del poder militar) no ha habido desde tiendas coloradas·ningún intento serio de articular un proyecto de mediano o largo plazo. Las políticas específicas de administrar la crisis y asegurar la gobernabilidad, en buena medida comprometen y hasta niegan (implícita en el lema modernizador está la negación) los objetivos históricos del batllismo. Por otra parte, tampoco se ha respetado en lo esencial el Programa de Principios del Partido Colorado, que establecía, entre otras cosas, la necesidad de una "búsqueda de consenso" y subrayaba el papel del Estado como instrumentador de políticas.[22]

Es previsible que reinstalado el viejo esquema político en el país, la tendencia del partido de gobierno sea, a medida que el tiempo avanza hacia una nueva elección, elaborar un proyecto dirigido a triunfar en los próximos comicios. Condición *sine qua non* de dicho proyecto: la realización de dichas elecciones. O sea que también debe apuntarse la necesidad imperiosa de evitar roces y confrontaciones con las fuerzas armadas.[23]

[20] Declaraciones a la prensa del presidente Julio M. Sanguinetti, octubre de 1985, n/p.

[21] Véase Danilo Astori: "¿Qué hay detrás de las cifras?", en *Brecha*, 22 de noviembre de 1985, p. 3; "Un déficit a la derecha", en *Brecha*, 29 de noviembre de 1985, p. 3; "El país que grita", en *Brecha*, 13 de diciembre de 1985, p. 3; "Los 50 que faltan", en *Brecha*, 20 de diciembre de 1985, p. 3.

[22] Véase "Programa de principios y carta orgánica del Partido Colorado", Montevideo, Ed. El Día, 1984.

[23] En este sentido, el "Proyecto de amnistía para funcionarios militares y policiales", elaborado por el Partido Colorado y remitido al Parlamento (el cual lo rechazó), es un paso destinado a ganar la voluntad política de las fuerzas armadas.

En cuanto al Partido Nacional, también en él se observa una fuerte "interpretación nostálgica del pasado", según la acertada definición de Rial.[24] En una "Declaración de Principios", fechada en 1983, se señalaba que "[el Partido Nacional] retoma el camino iniciado en sus gobiernos anteriores de instaurar una política social con un claro sentido de solidaridad humana. Para ello promoverá instrumentos de redistribución de riquezas, acorde con el potencial productivo nacional, y procurará para todos los orientales la igualdad de derechos y obligaciones".[25]

Más allá de algunas notorias coincidencias con el Partido Colorado (sobre todo en su continua referencia al carácter de "partido de gobierno"), la propuesta programática del Partido Nacional no ha podido articularse ni siquiera en el discurso parlamentario: algunos (pocos) proyectos de ley, como el de una "Corporación para el desarrollo", han quedado empantanados en la ciénega legislativa.

El Frente Amplio, por su parte, nació en 1971 con un programa[26] que en lo esencial sigue siendo el mismo en 1986: los grandes temas nacionales como la reforma agraria, la nacionalización de la banca, la política industrial, la independencia de las relaciones internacionales, etc., ya fueron planteados en aquel documento. En la actualidad, la tendencia predominante entre los sectores frentistas es la que anotábamos más arriba: obtener mayores cuotas de poder político para iniciar desde allí el proceso de transformaciones sociales.

En esta postura, cabe señalar una influencia de las nuevas corrientes de la izquierda, en particular las europeas, con un discurso que en lo esencial busca armonizar las propuestas de cambios con el Estado democrático-burgués. Esto ya se expresaba, en cierto sentido, en el caudal electoral interno del Frente Amplio en las elecciones de 1984: mientras los sectores marxistas obtenían un 29.4% de los votos del Frente Amplio, el "Movimiento por el Gobierno del Pueblo", cuya identidad ideológica cabalga entre un socialismo "pluralista y uruguayo" y una fuerte postura socialdemócrata, recibía un 39.2% de los sufragios frentistas. Por otra parte, en el seno del propio Frente han existido y existen corrientes de opinión, mayoritarias en este momento, dispuestas a evitar una "radicalización" de la imagen de la coalición. No de otro modo puede interpretarse, por ejemplo, la negativa a incorporar orgánicamente al Frente Amplio al Movimiento de Liberación Nacional ("Tupamaros"), organización ahora legal y con influencia en el nivel de la base social que aunque incipiente no puede despreciarse.

Todos estos factores han llevado a una real "ambigüedad" en las definiciones partidarias, fenómeno este que ya estaba presente en los meses previos a la contienda electoral del 84.[27]

Otro elemento importante a tener en cuenta en lo referente a proyectos históricos, es la virtual inexistencia de opciones alternativas que sí se han hecho presentes en otros países de la región, como movimientos ecologistas, feministas, etc. Esta inexistencia, aunque puede en parte explicarse por factores históricos concretos, también debe verse

---

[24] Juan Rial, op. cit., p. 151.
[25] Véase "Declaración de principios del Partido Nacional", Montevideo, 1984.
[26] "Programa del Frente Amplio", Montevideo, 1971.
[27] Juan Rial, op. cit., p. 152.

como un sesgo autoritario en la sociedad uruguaya posdictadura, aspecto sobre el cual volveremos más adelante.

Estos verdaderos "juegos de espejos" en el nivel político se reflejan culturalmente, en un sentido amplio, en la vida del país, pero hasta ahora no han sido, sin embargo, estímulos suficientes para la concreción de un debate en el nivel nacional sobre el país mismo, sino más bien factores de fragmentación y dispersión de las fuerzas políticas, los movimientos sociales, las tendencias artísticas, etcétera.

ALTERNATIVAS DE LA CULTURA

Una de las dificultades con las que ha tropezado la idea de un "gran debate" en el nivel nacional, ha sido precisamente la tendencia restauradora, la cual opera por imposición de patrones (culturales) y de moldes discursivos pregolpistas y por lo tanto supuestamente convalidados en su esencia democrática.

No obstante ello, hubo algunos intentos en el correr de 1986, entre los que vale destacar el "Coloquio sobre la cultura uruguaya", organizado por la Cinemateca Uruguaya, institución no oficial de importante trayectoria antes y durante la dictadura, ejemplo este que merece algunas reflexiones.

Este coloquio, que pretendió ser un foco irradiador de "preguntas e inquietudes, de planteos más que de posibles soluciones";[28] padeció en líneas generales de los mismos males que hoy afectan al conjunto de la producción intelectual uruguaya. Más allá de que entre los invitados a los debates, figuraban importantes personalidades vinculadas de una u otra forma con la cultura artística, lo cierto es que (de acuerdo con la opinión mayoritaria de los participantes),[29] el Coloquio fracasó debido a la abulia, a la falta de interés de los propios invitados y a la muy escasa repercusión pública de los debates.

Un dato interesante puede señalarse con respecto al Coloquio en sí: de casi cuarenta intervenciones programadas, sólo tres asumieron la forma de ponencias escritas (es decir, previamente elaboradas). El resto, o sea más del 90%, fueron improvisadas por los panelistas de acuerdo con un régimen de "agenda abierta".[30] Pese a las limitaciones antes señaladas, el "Coloquio sobre la cultura uruguaya" fue una oportunidad (la primera en toda la historia contemporánea de Uruguay) de debatir de manera organizada y orgánica, en torno a una mesa, algunos aspectos de la cultura artística en general y su vinculación con otros aspectos del quehacer nacional tales como la educación, el papel de los medios de comunicación masivos, la política del Estado con respecto a la cultura artística, etcétera.

[28] Manuel Martínez Carril: "Palabras inaugurales" del Coloquio sobre la cultura uruguaya, septiembre de 1986, n/p.

[29] Opiniones recogidas por el autor de este trabajo, n/p.

[30] Este régimen llevó la discusión hacia temas como la estética marxista, el teatro y su función social, el papel de la crítica en la cultura uruguaya actual, la enseñanza musical, la relación entre los creadores culturales del exilio y del "insilio", etcétera.

Cabe apuntar que la tendencia abrumadoramente mayoritaria entre los participantes en el Coloquio, fue la de instrumentar mecanismos de estímulo y ayuda por parte del Estado a la producción artística y literaria. Sólo algunas personalidades aisladas, como el musicólogo Coriún Aharonián, mantuvieron una postura más radical en cuanto a señalar el papel del Estado en su conjunto y las dificultades y trampas de dicha instrumentación.

Con respecto a la cultura artística, en ese mismo Coloquio señalábamos que existe en el Uruguay posdictadura, una cultura de la obediencia, la cual tiene, en sus crisis de mala conciencia, afanes de extensión cultural que siempre están marcados por un carácter integrador y conquistador. Cuando los "activistas" de la cultura de la obediencia se proponen llevar "La Cultura" o "El Arte" a los sectores económicamente postergados y socialmente marginados, lo que están proponiéndose en el fondo es integrar a dichos sectores al redil de las buenas costumbres (culturales).[31]

Ahora bien, podemos interrogarnos: ¿cómo se resiste a ese afán integracionista y, en último caso, conquistador? Durante los años de dictadura, el enfrentamiento se daba en términos mucho menos matizados, por lo cual las posibilidades de elección por parte del conjunto de la población eran más claras y menos numerosas. Así, florecieron, adquirieron categorías artísticas y fueron sólidamente respaldadas, expresiones culturales que durante décadas habían sido relegadas a zonas de consumo y acción infracultural, como las expresiones del carnaval, las murgas, ciertos aspectos del folclor negro, el teatro abierto, etcétera.

Recuperada la democracia, en muchos casos ha habido una clara desorientación y una disminución cuantitativa en la creatividad de dichos activistas culturales, lo cual expresa un fenómeno depresivo que afecta a la identidad de los sectores en cuestión: las murgas,[32] por ejemplo, que durante los años de gobierno militar habían convertido los "tablados" carnavalescos en reales espacios de libertad (libertad que se manifestaba en el lenguaje, en la capacidad crítica y autocrítica de los murguistas, en la imaginación de los vestuarios elegidos, en la relación con el público, en el continuo entrelineado para burlar la censura), en los dos últimos años han visto decaer su vinculación con ese público, producto sin duda de la desorientación temática y formal producida como consecuencia de las nuevas condiciones políticas: ya no resulta tan fácil ni tan filoso desde el punto de vista crítico, apuntar las baterías del sarcasmo murguístico contra "el gobierno" (elemento por demás tradicional en estas agrupaciones carnavalescas). Y esto se produce porque los viejos símbolos (sobre todo la recién recuperada democracia, en su contenido simbólico) se imponen en la dialéctica de la relación artista (murga)-espectador (público del "tablado"), provocando un sentimiento *mutuo* de respeto (o por lo menos de tregua) con respecto a ellos.

Las murgas, en los últimos años de dictadura, habían sido verdaderas generadoras de espacios de participación popular. Ahora, en las nuevas condiciones, no han sido capaces de generar otros espacios de participación de las instancias sociales, lo cual cu-

---

[31] Ponencia presentada por el autor de este trabajo en el referido Coloquio, y publicada en *Brecha*, 19 de septiembre de 1986, con el título "Entre la subversión y la obediencia", p. 29.

[32] Sobre el tema, véase *La murga*, Montevideo, Ed. de la Banda Oriental, 1984.

riosamente, no ha provocado una despolitización del hecho cultural, sino más bien un distanciamiento entre los protagonistas del hecho cultural y su público.

Si nos hemos extendido sobre este aspecto tan particular y circunscrito al ámbito uruguayo, es porque él refleja con cierta claridad algunos problemas que enfrenta en su creación la cultura artística toda. Procesos similares han vivido (aún viven) el canto popular, el teatro uruguayo (cuya tradicional "calidad" ha sido cuestionada en estos dos últimos años por diversos críticos teatrales) y la literatura. En cuanto a otras manifestaciones, como las artesanías populares, su grado de incidencia en el medio ha sido desde siempre muy escaso, y en la actualidad esa situación no ha variado en lo esencial.

Es evidente, por otra parte, que las condiciones económicas aparecen con patética crudeza en la actividad cultural artística: los cines uruguayos han generado una capacidad de "butacas vacías" que amenaza con provocar a corto plazo el cierre de numerosas salas, mientras se asiste a una progresiva reconversión de muchas salas en locales de exhibición de cine pornográfico, importado fundamentalmente desde Brasil. Las ediciones de autores nacionales difícilmente sobrepasan tirajes de 500 a 600 ejemplares, y son unánimes los clamores por una "Ley del Libro" que estimule la producción editorial nacional. En cuanto a los creadores, el pluriempleo, la incomunicación con el resto del acontecer cultural mundial (incluso el latinoamericano), la falta de estímulos sociales, son elementos que arrastran en sí mismos una carga de esterilidad y frustración que sólo con el tiempo se podrá evaluar.

Parece claro, y en ello hay casi una absoluta unanimidad en los medios vinculados al tema, que la creación cultural artística en el Uruguay está atravesando por una profunda crisis. En este punto tal vez resulte pertinente revincular la palabra *crisis* con la palabra *valores*, tal como lo hicimos al comienzo de este trabajo: la crisis de la creación cultural artística uruguaya también está marcada por la carencia de *nuevos* valores y de sus estructuras simbólicas correspondientes, o por lo menos de símbolos y valores no recuperados por una historia demasiado reciente como para ser olvidada. En el caso de la literatura, por ejemplo, las más importantes figuras contemporáneas de nuestras letras no han aportado nada sustancial en lo que tiene que ver con la forma de ver a Uruguay y a los uruguayos de esta década. El alud de literatura testimonial, previsible consecuencia de doce años de prohibiciones y represión dejó como saldo tres o cuatro *best-sellers* y algunas pocas ideas. La profusión de trabajos ensayísticos, revistas de sociología y afines, y otras publicaciones destinadas a la difusión de teorizaciones sobre la realidad nacional, no han operado sobre los productores intelectuales sino en forma muy específica y limitada, y tal vez el resultado más positivo en el mediano y largo plazo sea, en este terreno, la creación de varios centros de investigación, algunos de ellos multidisciplinarios, los que deberán generar propuestas valiosas en los próximos años.

También es verdad, en líneas generales, que ha sido en el nivel cultural donde se han verificado con mayor nitidez los vínculos entre los diferentes sectores sociales activos: movimientos cooperativos, grupos teatrales, ferias de artesanos, grupos de trabajo barrial, organizaciones de mujeres, talleres de canto popular, movimientos juveniles y sindicales, agremiaciones de pequeños productores rurales, cine-clubes, etc. La sola mención de estos sectores y grupos humanos interrelacionados puede dar una idea de la complejidad del entramado cultural (y social) a que hacíamos referencia en otra parte de este trabajo. Es en esa complejidad, en las influencias mutuas y múltiples, en las respuestas generadas a partir de esas influencias, en los diferentes niveles de permeabilidad que cada sector muestra, es ahí donde radica la riqueza principal del acontecer cultural uruguayo de hoy, y es ahí también donde pueden ubicarse los gérmenes de movimientos y actitudes sociales que generen nuevas propuestas, marcadas por la solidaridad y el espíritu comunitario.

CUATRO PERSPECTIVAS

La primera tiene que ver con los productores tradicionales de símbolos: fuerza restauradora por excelencia, su labor de futuro estará en lo inmediato marcada por la necesidad de replantear la validez de los valores que históricamente han proyectado dichos símbolos. En un país acosado por una deuda externa asfixiante, con un claro estancamiento del sector productivo, y con una prolongación de políticas económicas pautadas por los consejos del Fondo Monetario Internacional, esta validez ha de ser cuestionada más cada día por la realidad socioeconómica. Por otra parte, es difícil predecir hasta dónde avanzarán estos sectores en la conquista de nuevos espacios de producción intelectual (o en la eventual recuperación de otros perdidos, como la Universidad de la República). Lo que está claro es que la lucha ideológica asumirá niveles aún más nítidos en el futuro inmediato, que esto repercutirá en el cuerpo social en su conjunto, y que será un factor a tener en cuenta a la hora de medir los alcances de la actual estabilidad política del sistema republicano.[33]

La segunda perspectiva está relacionada con el procesamiento que en el nivel cultural profundo, haga el conjunto de la sociedad uruguaya del periodo militar. Los doce años de dictadura dejaron como latencias el sesgo autoritario en el comportamiento social de los uruguayos, el cual ha incidido en las relaciones sociales globalmente y en la evolución de determinados fenómenos. Un modo de expresarse de este remanente autoritario es, por ejemplo, en el restringido o nulo lugar que ocupan en la vida social ciertos fenómenos marginalizados de la cultura nacional: el interior del país, como entidad indefinida y extraña a la sociedad "montevideana", sigue postergado, relegado y, en muchos casos, exluido[34] de forma tajante de lo que se ha dado en llamar la "vida nacional"; en otro terreno, las organizaciones feministas no han logrado escapar al "encuadre político" en el seno de los partidos, denunciando con ese hecho una debilidad de vínculos con la vida social no partidista; otro ejemplo: las posibles reformulaciones de la homosexualidad, que en algún momento se atisbó como consecuencia de la rede-

---

[33] Prueba de ello es que a poco de un año de "restaurada" plenamente la Constitución de 1967, ya algunos sectores han planteado la necesidad de abocarse a una reforma constitucional de importancia y, eventualmente, a la redacción de una nueva Constitución.

[34] Véase Mario D. Aparín, "Reflexiones sobre una generación desgeneracionada", en *La Hora* (sup. Espectáculos), Montevideo, 1 de noviembre de 1986, pp. 8-9.

mocratización, no han encontrado en el cuerpo social sino ecos aislados y aun actitudes de rechazo violento.[35]

Pero sin duda que lo más importante, en el nivel de procesamiento del periodo 1973-1984, ha de ser la revisión de lo actuado por los detentadores del poder. Cuestiones tan graves y traumáticas como la violación de los derechos humanos, dentro y fuera de fronteras, deberán seguir generando una cultura que tiene en la memoria colectiva su única alternativa valedera. Superar los traumas de la dictadura significará sobre todo superar la posibilidad de que la dictadura se reinstale en el poder político. En ese sentido, dos son las tendencias más visibles en el Uruguay de 1986: por una parte, la de quienes proponen y exigen el conocimiento de todo lo ocurrido durante el periodo militar, el procesamiento de responsabilidades, la actuación de la justicia y la difusión de las conclusiones a que se llegue. Por otro lado, la tendencia manifestada por ciertos sectores políticos, empresariales, etc., cuya consigna es "Mirar hacia el futuro", sin hurgar en un pasado que supuestamente será intolerable no sólo para los acusados sino también para los acusadores.

Un punto muy importante a destacar es que no han surgido en ningún caso cuestionamientos de fondo a las fuerzas armadas como institución del Estado. Esto tal vez se deba al hecho de que no ha habido, salvo excepciones, análisis de fondo acerca de las condiciones que generaron y propiciaron que un cuerpo militar supuestamente educado en principios de civilidad y abstinencia política se convirtiera en un ejército de ocupación y tortura.

La tercera perspectiva puede plantearse como la lucha entre la cultura de la restauración y la del cambio, o como lo llamamos en otro momento, entre "la subversión y la obediencia". El Uruguay que continúa mirando hacia un idílico (e irreal) pasado de vacas gordas y democracia colegiada es, por su propia esencia, un generador de patrones culturales ya caducos: desde la poesía "de salón" hasta la discriminación sexual, pasando por las propuestas universitarias restauradoras, la proclamación de la enseñanza como código humanístico por excelencia, etc. Esta propuesta cultural siempre se relaciona con el poder, opera en función de él y busca legitimarlo, autolegitimándose subsidiariamente. Por otro lado, tenemos una cultura que apela a la subversión de los patrones eurocentristas y norteamericanizadores, que propugna una postura colectiva ante el consumo cultural y, sobre todo, ante la producción cultural y artística, y que no admite el complejo de desestabilización que se le quiere endilgar. Esta tendencia, muy minoritaria ciertamente, no busca la desestabilización de ningún gobierno (cualquiera que sea su filiación política) sino que apunta a un cambio más central (y temido): un cambio en el sistema.

Por último, *una perspectiva global* nos indica que cualquier proyecto vinculado a Uruguay como futuro, deberá atender en primera instancia a los desafíos arriba anotados. Ni desde el poder ni desde el llano, ni en los fenómenos culturales integrados o alternativos, puede procesarse un proyecto de país que cargue con lastres tan pesados como los que aquí anotamos. Esta "visión cultural del Uruguay de los ochenta" permite au-

[35] Véase Miguel A. Campodónico, "Homosexualidad en el Uruguay", en *Aquí*, Montevideo, 8 de julio de 1986, páginas centrales.

gurar en un futuro más o menos inmediato una agudización de las tensiones en el nivel
de toda la sociedad, y una nueva espiral en el desarrollo de los enfrentamientos entre
las fuerzas de la restauración y las del cambio, entre la civilidad y el autoritarismo,
entre el individualismo alentado por la dictadura y el espíritu comunitario generado
por la resistencia. Obvio resulta señalar que el entramado cultural de nuestro país es
mucho más rico y complejo de lo que estas notas reflejan. Acaso ellas sirvan para detectar y estudiar algunos nudos de esa trama, en la cual estamos nosotros, los uruguayos todos.

BIBLIOGRAFÍA

Arturo Ardao, *Etapas de la inteligencia uruguaya*, Montevideo, Universidad de la República, 1971.
Mario Benedetti, *La cultura entre dos fuegos*, Montevideo, Universidad de la República, 1986.
Rosa Alonso Eloy y Carlos Demasi, *Uruguay 1958-1968. Crisis y estancamiento*, Montevideo, Ed.
    de la Banda Oriental, 1986.
Luis Costa Bonino, *Crisis de los partidos tradicionales y movimiento revolucionario en el Uruguay*, Monte-
    video, Ed. de la Banda Oriental, 1985.
Carlos H. Filgueira (comp.), *Movimientos sociales en el Uruguay de hoy*, Montevideo, CLACSO/
    CIESU/Ed. de la Banda Oriental, 1985.
H. Karner *et al.*, *Democratización y nuevos aportes políticos*, Montevideo, CLAEH, 1983.
Óscar Maggiolo, *Política de desarrollo científico y tecnológico de América Latina*, Montevideo, Facultad
    de Humanidades y Ciencias, 1986.
Blanca Paris de Oddone, Samuel Lichtensztejn *et al.*, *Universidad, transición-transformación* (tomos
    I y II), Montevideo, CLAEH, 1984.
Marcelo Pereira, *1980-1984: Operación Sanguinetti*, Montevideo, Ed. del CUI, 1985.
Carina Perelli y Juan Rial, *De mitos y memorias políticas*, Montevideo, Ed. de la Banda Oriental,
    1986.
Diego Piñeiro, *Formas de resistencia de la agricultura familiar*, Montevideo, CIESU/Ed. de la Banda
    Oriental, 1985.
Juan Rial *et al.*, *7 enfoques sobre la concertación*, Montevideo, CIESU, 1984.

CHILE: ENTRE LA CULTURA AUTORITARIA Y LA CULTURA DEMOCRÁTICA

JOSÉ JOAQUÍN BRUNNER

PROBLEMAS DE INTERPRETACIÓN

¿Qué significado tuvo para la sociedad chilena el golpe militar del año 1973? Esta pregunta cruza, como una herida, la conciencia nacional. Intentar responderla nos coloca por eso mismo, de inmediato, en un campo de debates. Nos encierra en una pugna de relatos donde todo se confunde: la ética, la interpretación de nuestro pasado, nuestras biografías personales, las opciones políticas, los proyectos para mañana, las tácticas del presente.

Sea como fuere que nos desplacemos en este espacio donde todo discurso ha perdido inocencia, esto al menos parece evidente: que el golpe militar del año 1973 introduce una discontinuidad en el tiempo histórico de Chile como nación, marcando de paso el desgarramiento de varias generaciones político-intelectuales.

Pues el golpe militar debe ser entendido, antes que todo, como reacción, como defensa, como contrarrevolución. De allí seguramente que en los primeros años, generalizando indebidamente, algunos hablaran de *fascismo*: forma típica y violenta, por tanto, de reacción capitalista. Pero, ¿bastaba acaso con esta designación? ¿Era exacta siquiera? ¿O era ella, más bien, una manera de escamotear la realidad, de glosarla apenas con un término que por implicación semántica la tenía toda entera de negatividad?

Los análisis posteriores, efectivamente, vinieron a mostrar que la reacción ocurrida el año 1973 comprendía una variedad de elementos e inauguraba un proyecto que iba más allá de la exclusiva defensa de los intereses amenazados de la burguesía. De partida, porque esa reacción incluía a un variado conglomerado político-social, en el cual confluían asimétricamente los grandes, medianos y pequeños empresarios: grupos importantes de los sectores profesionales y técnicos, una variada representación de las mujeres del país, jóvenes e, incluso, elementos cuantitativamente significativos de las capas populares, especialmente de las ciudades.

Estas fuerzas sociales encuentran expresión política en la derecha pero, además, en el principal partido del centro, la democracia cristiana, cuya penetración electoral en sectores populares y de clase media era incuestionable. Se extiende asimismo hacia las más importantes instituciones del sistema, incluyendo a sectores de la Iglesia católica, a las fuerzas armadas, al Parlamento, al Poder Judicial, a sectores influyentes de los medios de comunicación, a las universidades y las escuelas, etcétera.

El golpe militar viene a ser así la culminación armada de una insurrección civil que, incluso por sí sola, tenía la capacidad de producir importantes fenómenos de ingobernabilidad en la sociedad. Pero que seguramente no podía triunfar con el mero apoyo interno, incluso contando con el refuerzo de las iniciativas de desestabilización política impulsadas por el gobierno de Estados Unidos.

Entonces, frente a esta reacción compleja y variada, capaz de desenvolverse posteriormente en un proyecto de *refundación* de la sociedad, ¿no estamos acaso en la necesidad de pensar en términos también complejos? ¿No es evidente, por ejemplo, que se trataba en este caso de algo más que de una contrarrevolución burguesa? ¿No estaba en juego, en el fondo, la íntegra orientación de la sociedad, su modelo de desarrollo, sus formas de integración social, su participación en el sistema internacional, en fin, su forma-de-ser-nación y, por ende, de organizarse y expresarse culturalmente? Para averiguarlo necesitamos, primero que todo, volver al origen de este proceso de reacción.

LA TRANSFORMACIÓN DEL PODER Y LA LUCHA EN LA CULTURA

La experiencia de la Unidad Popular, entendida correctamente, supuso la puesta en marcha de un proceso de vastos alcances en la sociedad chilena, los que fueron proyectados ideológicamente por los propios propulsores de ese cambio como el comienzo de un tránsito hacia el socialismo. Pronto pudo descubrirse el significado político-cultural de esta empresa que se quería, explícitamente, revolucionaria.

En efecto, más allá de los cambios en la propiedad de los bienes de producción y de la activa función redistributiva que asume el Estado, las transformaciones anunciadas y puestas en práctica más o menos desordenadamente implicaban una erosión continua de todas las relaciones de poder que articulan la identidad cotidiana de las clases, los grupos, las instituciones y los individuos y por lo tanto, simultáneamente, de la comprensión que la sociedad tiene sobre sí misma. Son pues las bases morales, normativas y cognitivas que aseguran la integración de una sociedad y regulan sus conflictos distributivos las que se ponen en cuestión cuando se interviene masivamente sobre las relaciones de poder largamente establecidas en las rutinas cotidianas, en el sentido común, en las prácticas microsociales, en las ideologías locales que ellas secretan, en el lenguaje de las diferencias sociales, en los consensos implícitos que clasifican el mundo y lo ordenan de arriba a abajo.

Los procesos de transformación revolucionaria, incluso cuando se emprenden en el marco de instituciones y procedimientos democráticos como fue el caso de Chile, tienen precisamente esa característica, sin la cual no existirían. Que liberan en la sociedad, por encadenamiento de acciones, por un cambio brusco en la percepción de las posibilidades, por un aparente ensancharse en corto tiempo de todas las oportunidades, por contagio comunicativo, energías hasta entonces sólidamente encauzadas y controladas por las relaciones de poder que expresadas en la vida cotidiana, constituyen el entramado más fino y sensible del orden social.

Digámoslo así: es el orden cotidiano establecido el que más rápidamente se desintegra cuando se desencadena en una sociedad un proceso cuya experiencia más radical es la promesa y el vislumbre de un mundo nuevo. Pues en esas circunstancias las viejas seguridades del poder, la riqueza y el estatus, las seguridades de la distancia moral entre los individuos, de su ubicación consagrada en un orden y de su identidad fundada en ese orden de desigualdades y distinciones, se vienen abajo provocando un difundido sentimiento de "todo es posible".

Lo que en términos psicosociales puede expresarse como el derrumbe de un mundo de seguridades (operando indistintamente para abrir un horizonte de posibilidades o un abismo de temores) equivale en términos político-culturales a la desintegración de una *hegemonía*. ¿Pues qué expresa mejor a la hegemonía en una sociedad que la existencia de un cierto sentido de la normalidad, un equilibrio en las desigualdades, una aceptación mutua de seguridades asimétricas y la difusión de un sentido común que clasifica, ordena, restringe y cierra las posibilidades, asegurando que la vida cotidiana puede funcionar más o menos apaciblemente a pesar de todo? Por lo tanto a pesar de la pobreza masiva, de la ignorancia, de la injusticia, del resentimiento, de la agresividad social contenida en todas esas situaciones, pero casi jamás expresadas violentamente mediante irrupciones brutales sino de manera regulada, censurada, autocontrolada, "civilizada" por ende.

La hegemonía es una gran máquina productora y reproductora del orden en medio de sociedades que existen y funcionan sobre la base de una radical desigualdad en la distribución de los recursos de poder y que aspiran a limitar la guerra de muchos contra unos pocos mediante el expediente de la *autoridad*: autoridad de la religión, de las costumbres, de la moral, de la buena educación, de los conocimientos examinados, de la distinción, de la apelación al sentido común, de las explicaciones; de la socialización en breve que gradualmente va internalizando en cada cual el necesario control sobre su universo de posibilidades.

Postulamos que la experiencia del gobierno de la Unidad Popular introdujo en la sociedad chilena no un mero cambio de personal político, ni siquiera un cambio sólo de su modelo de desarrollo y de las bases de poder que lo acompañan, sino que cuestionó los fundamentos de un orden hegemónico alterando con ello, bruscamente, la percepción de las posibilidades, la constante más fuerte del *imaginario social*. De pronto, entonces, como dijimos antes, "todo fue posible"; que las masas ocuparan las calles de la ciudad como espacio propio; que las viejas formas de cortesía y respeto se vinieran al suelo; que los caballeros de la sociedad fueran sometidos a escarnio; que la noción de la propiedad perdiera su aura; que los jóvenes más pobres imaginaran un futuro radicalmente distinto; que la educación sirviera para moldear un "hombre nuevo" y así por delante, sin freno ni medida.

¿Resultó esto nada más que de los excesos del gobierno, de la sobreactuación de los partidos de izquierda, el radicalismo ideológico, la demagogia, la feria de promesas, la pérdida repentina del principio de realidad? ¿O fue por el contrario el resultado de los temores inducidos por la propaganda reaccionaria, una exageración táctica de los afectados, el aprovechamiento ilícito de las potenciales amenazas para sacarlas de órbita y sembrar así el terror? De seguro que todos esos elementos contribuyeron a dinamizar la situación pero, en el fondo, ella representó para la propia sociedad algo más importante y decisivo: la explosión de ese imaginario de posibilidades que al perder su anclaje en las prácticas, convenciones y ritos de la vida cotidiana liberó de golpe deseos largamente reprimidos, temores ocultos, resentimientos, una agresividad social antes difusa y esa sensación desquiciadora que lo posible había escapado de control.

LAS DIMENSIONES CULTURALES DEL GOLPE MILITAR

¿Hablamos con seriedad al implicar en una misma frase dos términos aparentemente antagónicos o, incluso, excluyentes como son "cultura" y "golpe militar"? ¿O sea, símbolo y violencia; comunicación y represión; espíritu y fuerza?

Partamos por aclarar que la propia noción de cultura, si ha de tener algún valor sociológico, es justamente porque la cultura se construye en *tensión* con el fondo social del que emerge: por lo tanto, como esfera de sublimación, de aprendizaje colectivo, de superación de lo real-dado. En este sentido es que la cultura, según lo expresa Marcuse, puede definirse como un proceso de *humanización*, esfuerzo colectivo por proteger la vida humana, apaciguar la lucha por la existencia manteniéndola dentro de límites gobernables, estabilizar una organización productiva de la sociedad, desarrollar las facultades intelectuales del hombre y por reducir y sublimar las agresiones, la violencia y la miseria.[1] ¿Más qué relación mantiene entonces la cultura con las posibilidades contenidas en su propio reverso, es decir, con la guerra, con la destrucción, con la explotación y la mentira, con la represión y la tortura, con la agresión y la lucha, con el poder y la crueldad?

No tendría sentido que abordáramos este problema crucial de la historia de la cultura en abstracto, sobre todo cuando tenemos que dar cuenta, para poder existir como nación, de nuestra propia historia y del golpe militar del año 1973.

Por lo pronto, es siempre en un orden social específico, con su propia identidad nacional y de época, que se plantea la cuestión de la cultura como tensión, también específica, entre sus valores, sus creencias, sus ideales y juicios de posibilidad por un lado, y sus bases "exteriores" en un universo de relaciones de poder, de recursos organizacionales, de apropiación de medios y de distribución de oportunidades de vida, por el otro. La construcción de una *hegemonía históricamente específica* viene a ser este cuadro conceptual, el manejo, la ordenación, la consagración social y la legitimación de esa tensión bajo una modalidad que la vuelve tolerable. Y no sólo eso: que la vuelve *normal*, además, en la vida cotidiana de los hombres y las mujeres, de los grupos y clases sociales y de las instituciones que conforman una sociedad determinada.

En este sentido, el golpe militar chileno del año 1973 se presenta como una reacción defensiva, socialmente compleja, de un cierto *orden hegemónico* amenazado por la experiencia revolucionaria desencadenada por la Unidad Popular. Un orden donde, sucinta y esquemáticamente, la cultura encauzaba el imaginario social de posibilidades dentro de un marco de regulación provisto convergentemente por la legalidad, la acción

---

[1] Véase Herbert Marcuse, *Ensayos sobre política y cultura,* Barcelona, Ediciones Ariel, 1970.

benefactora del Estado y la enseñanza escolarizada. La ley, el Estado y la escuela conformaban así la tríada sobre la cual se levantaba un orden político pero, además, un orden social y un orden cultural. Configuraban un universo donde la esfera pública servía para negociar demandas a través de mecanismos políticos; donde el formalismo de la ley proporcionaba legitimidad a las desigualdades, y donde la adquisición de un capital escolar certificado era reconocido como el medio más apropiado para regular la movilidad de los individuos y grupos sociales. De ahí, del juego de esos factores, de sus interacciones cambiantes a lo largo del tiempo, fue surgiendo un modelo cultural que moldeaba el *horizonte de las posibilidades* de acuerdo con oportunidades creadas por el Estado dentro de los límites impuestos por la formación escolar y el respeto a la ley.

En breve emergió una cultura hegemonizada crecientemente por las relaciones estatales donde primaban los valores burocráticos y la creencia en el poder de las formas; donde el individuo ajustaba sus expectativas de posibilidad a las oportunidades realmente existentes que eran negociadas políticamente, y donde la educación operaba como trasmutador de las desigualdades en diferencias meritocráticas. Cotidianamente, la hegemonía de este orden se manifestaría por la difusión de un *sentido común de las proporciones de lo posible*, acompañado por un agudo sentimiento del ridículo que sanciona cualquier desborde, cualquier exageración, cualquier salirse de la fila, cualquiera aspiración desmedida.

Cultura, por tanto, relativamente escéptica, poco espectacular, sin colores fuertes, sin tonos bruscos, de distancias convencionales mantenidas, poco agresiva, controlada desde dentro por la vergüenza más que por la culpa o los sueños. Cultura del superego (Estado, ley, escuela); del autocontrol; de manifestaciones ordenadas con melodías melancólicas; cultura patriarcal y reprimida, que elogia a la autoridad y mide sus efectos por los beneficios que distribuye. Cultura, en fin, típica de sectores medios en una sociedad donde los valores oligárquicos continúan operando como referencia y límite y donde la cultura de los sectores populares es apreciada, exclusivamente, como folclor, como expresión subalterna y fragmentaria de un mundo que es preciso superar.

La experiencia de la Unidad Popular se apoyó en esta cultura pero para cambiarla. Fue la experiencia, por eso, de una revolución legalista, preocupada de las convenciones, fascinada por los aparatos de Estado y persuadida de que la educación podía dar lugar, en el tiempo, al nuevo hombre socialista. No el fusil; los votos. No los profetas; los abogados. No la fuerza; el discurso. En contraparte, ella fue atacada por su esmero legal (que eso era querer encontrarle "resquicios" a la ley para facilitar la acción revolucionaria del Estado); por su "iluminismo" educativo (que eso era imaginar que la revolución podía educar en las escuelas al hombre nuevo), y por su confianza estatalista (que eso era suponer que el Estado podía servir a cualquier propósito, incluso para transformarse radicalmente a sí mismo).

Pero, además, la Unidad Popular quiso cambiar esta cultura. Darle a la ley un contenido instrumental para el cambio social; apoyar el Estado en nuevas formas de poder popular; reestructurar la escuela para que ella sirviera a la calificación técnica del trabajo. Intentó pues redefinir su tensión con el orden de la sociedad mediante el expediente de hacerla consciente de sus límites, de mostrarle sus contradicciones, de cuestionar sus supuestos de desigualdad, de volverla sensible a la "tolerancia represiva" que ejercía sobre la construcción del imaginario social de lo posible. En breve, se abocó a exigirle a la cultura un compromiso distinto, una militancia descubierta, unas tomas de posiciones que manifestaran que ella comenzaba a desplazarse desde el eje hegemónico vigente hacia uno que a penas comenzaba a perfilarse.

El golpe militar, en cuanto expresión de esa reacción defensiva compleja de la que hemos hablado, incluyó por lo tanto entre sus objetivos la pretensión de frenar ese *desplazamiento hegemónico* que la Unidad Popular había comenzado a producir, aun cuando para hacerlo se apoyara en la propia cultura que buscaba transformar. Al proceder así, sin embargo, las fuerzas armadas y los sectores civiles que acceden con ellas al gobierno debieron en el mismo acto intervenir ese orden cultural que la propia Unidad Popular había usado y que, por su dinámica interna, le había facilitado desafiar sus articulaciones fundamentales con la sociedad. Es decir, el golpe militar se ve abocado no sólo a extirpar tendencias que la Unidad Popular hubiera venido a "sobreponer" al orden cultural hegemónico preexistente, sino que debe hacerse cargo del hecho de que fue ese mismo orden el que había facilitado el triunfo y la acción transformadora de la Unidad Popular. Su objetivo no es, por lo tanto, meramente *restaurador*. Es, por el contrario, refundador. Se dirige simultáneamente contra la cultura democrática desbordada durante el periodo de la Unidad Popular y contra la propia cultura democrática que había dado lugar a ese desborde. Sobre todo, buscará redefinir los controles individuales y sociales sobre el *imaginario de lo posible* que, como vimos, habían experimentado una radical descomposición, liberándose así energías sociales y culturales que empezaban a transformar el cotidiano con sus rutinas, sus convenciones, sus hábitos de poder, sus prácticas de deferencia y respeto, de autoridad y obediencia.

El golpe militar tiene, en suma, una nítida dimensión cultural que se expresaría, inicialmente, como un esfuerzo por erradicar las tendencias al descontrol y al desorden cotidianos que había generado la experiencia de la revolución al redefinir bruscamente los límites imaginarios de lo posible. Frente al *desborde de las expectativas de posibilidad* que había introducido la Unidad Popular, el cual presionaba efectivamente sobre la provisión de oportunidades de una-vida-otra en favor de los sectores populares, transformándolos otra vez en "clases amenazantes", el gobierno surgido del golpe (y el propio golpe militar) significaban, de momento, congelar la disputa por la hegemonía y crear un monopolio absoluto sobre la definición de las posibilidades en favor del nuevo poder.

He aquí la funcionalidad del terror, de la suspensión de cualquier libertad, del control total impuesto sobre el espacio territorial y el tiempo de la población que siguen al golpe: se trata, en efecto, de crear una ruptura no sólo política sino cultural. Mostrar, simbólicamente sobre todo —y los símbolos exigen ritos, a veces violentos, y sacrificios, incluso humanos— que el orden ha vuelto por sus fueros. El orden total: de autoridad, jerarquía, lenguaje, limpieza, expurgación, censura, persecución, castigo.

Siendo la experiencia del orden, como se sabe, tan central a la cultura,[2] asociada como está a las seguridades básicas del individuo y a sus concepciones de pureza y po-

---

[2] Véase Mary Douglas, *Purity and danger*, Londres Routlegde & Kegan Paul, 1966.

lución, de clasificación e identidad, de pecado y perdón, de culpa y vergüenza, de dominio y producción, de lo permitido y el tabú, el golpe se presenta a sí mismo como un gran acto ordenador. Es purificación de la sociedad; remoción del mal; extirpación del cáncer que corroía al cuerpo social; castigo del pecado peor, el del desborde; regreso del padre, la ley y el superego; recuperación del alma nacional, de la identidad de la patria; restitución de los tabúes; fin del incesto; es decir, imaginar que todo era posible.

Acto violento, el golpe usa así el orden contra la cultura: cubre de cal los cadáveres; los lanza al agua; hace desaparecer físicamente a los agentes del mal; limpia las murallas pintarrajeadas; impone horarios y zonas de tránsito vedado; vacía las calles de ruidos y presencias; vigila desde el aire la noche; infunde temor; marca los cuerpos; destierra, encarcela. Pasa juicio a la sociedad desbordada.

La cultura del golpe escenifica, en breve, un *final*: es la cancelación de la fiesta política, aquella en que muchos pudieron por unas horas (tres años) participar, imaginando otras vidas, otra identidad, posibilidades antes insospechadas, nuevas formas de compartir, lenguajes emancipados de sus rutinas. Soñar, pues, con una sociedad distinta, con otra cultura y consigo mismos abandonando al fin la posición que hasta entonces habían tenido que ocupar en esa sociedad y esa cultura.

La pregunta que se sigue entonces es ésta: ¿fue la intervención militar sólo eso, cancelación de un tiempo, cierre de un espacio, brusca contracción del imaginario de lo posible y nada más? ¿O existía en ese acto el germen de un proceso, la clave de un proyecto a desarrollarse más adelante?

PROPUESTA DE UN NUEVO MODELO CULTURAL

Lo que en un comienzo fue principalmente reacción defensiva, contrarrevolución destinada a reimponer el orden violentamente, se convirtió en los años siguientes en un proyecto de *refundación* del orden sobre la base de nuevos *dispositivos hegemónicos*. Por lo tanto, en una empresa decididamente revolucionaria que a lo largo de una década ha intentado modificar los parámetros de funcionamiento de nuestra economía capitalista;[3] cambiar las bases de organización del Estado;[4] redefinir las relaciones de poder en la ciudad[5] y en el campo;[6] modificar el acceso de la población a los bienes públicos[7] y, en general, remodelar las bases de la nación. Los efectos de esta acción no han sido irrelevantes: se ha modificado profundamente la estructura de las clases sociales;[8]

---

[3] Véase Pilar Vergara, *Auge y caída del neoliberalismo en Chile*, Santiago de Chile, FLACSO, 1985.

[4] Véase Pilar Vergara, "Autoritarismo y cambios estructurales en Chile", Santiago de Chile, FLACSO, Documento de trabajo 132, 1981.

[5] Véase Jorge Chateau y Hernán Pozo, "Los pobladores en el área metropolitana: situación y características", Santiago de Chile, CIEPLAN, Notas técnicas 71, 1985.

[6] Véase José Bengoa, *El campesinado chileno después de la reforma agraria*, Santiago de Chile, SUR, 1983.

[7] Véase varios autores, *Chile 1973-1982*, Santiago de Chile, FLACSO, 1983.

[8] Véase Javier Martínez y Eugenio Tironi, *Las clases sociales en Chile*, Santiago de Chile, SUR, 1985.

la economía del país ha experimentado una drástica reconversión "hacia fuera"[9] al mismo tiempo que los efectos de modernización logrados se combinan con una extensión de la cesantía y la pobreza;[10] se han generado nuevas élites de poder y un sistema político excluyente que recurre sistemáticamente a la represión.[11]

En medio de esta masiva reorientación y reorganización de la sociedad, ha ido afirmándose un *modelo cultural* que sustituye la vieja tríada del Estado, la ley y la escuela por una nueva combinación de dispositivos hegemónicos, cuya función principal es modificar las expectativas de lo posible, reconducir las prácticas sociales de acuerdo con las nuevas relaciones de poder existentes y asegurar un orden fundado en controles eficaces para introducir el conformismo de la población.

Por lo pronto, el papel ocupado por la política en el antiguo régimen democrático —esto es, el de una esfera asimétrica de negociación y compromisos entre todos los sectores incorporados al alcance de la acción estatal— ha sido sustituido por el papel que desempeña el *mercado* como mecanismo de creación, distribución y regulación del acceso a oportunidades de consumo material y simbólico. Se ha desplazado así el conflicto central de la sociedad en torno a la apropiación de oportunidades desde la esfera pública, comunicativa, "caliente" de la política hacia la esfera privada, no-comunicativa y "fría" del mercado. Lo que antes aparecía como una pugna entre organizaciones colectivas, cada una de las cuales debía movilizar sus intereses bajo la forma de una argumentación ideológica, se ha convertido ahora en una expresión de demandas individuales que pesan de acuerdo con su poder de intercambio.

La satisfacción de aspiraciones, que en el plano político es siempre dirigida hacia otros, en el mercado es autoadministrada de acuerdo con el poder individual de compra. Lo que en un extremo se recompensa son las capacidades de movilizar recursos organizacionales y de expresarlos comunicativamente; lo que se recompensa en el otro son las capacidades de acumular y su expresión instrumental en la esfera del mercado.

El mercado, igual que la política, son efectivamente formas de comunidad y de coordinación de las interacciones sociales.[12] Suponen, cada uno, comportamientos orientados de manera diferente, sistemas de gratificación distintos y la adquisición de valores y controles diversos. Cada uno de estos dos dispositivos, según la posición que ocupen en la sociedad, y los modos específicos de su combinación, producen "estilos" distintos de sociedad y no meramente modelos de desarrollo diversos. En breve, alimentan un género de orden, una cultura diversa.

[9] Véase Alejandro Foxley, *Experimentos neoliberales en América Latina*, Santiago de Chile, Estudios Colección CIEPLAN, 7, 1982.

[10] Véase Jorge Rodríguez, "Magnitud de la pobreza, distribución del ingreso e impacto del gasto social en Chile", Santiago de Chile, ILADES, 1985. Además, Mariana Schkolnik, *Sobrevivir en la población*, Santiago de Chile, PET, 1986.

[11] Véase Carlos Huneeus, "La política de la apertura y sus implicaciones para la inauguración de la democracia en Chile", *Revista de Ciencia Política*, vol. 7, núm. 2, 1985. Del mismo autor, "La inauguración de la democracia en Chile: ¿reforma en el procedimiento y ruptura en el contenido democrático?, *Revista de Ciencia Política*, vol. 8, núm. 1, 1986.

[12] Véase Charles Lindblom, *Politics and markets*, Nueva York, Basic Books, 1977.

El mercado, como ya lo analizaba Weber,[13] crea un tipo de orden donde las expectativas de posibilidad están controladas racionalmente, esto es, por "intereses racionales de fin"; las posibilidades deben calcularse continuamente de acuerdo con las oportunidades de intercambio realmente existentes para el individuo. Así, puede decirse que el mercado disciplina el imaginario de lo posible; en él todo tiene previsto su lugar, sobre todo el acceso diferencial a las diferentes oportunidades disponibles. En este sentido el mercado es esencialmente antiutópico. Todo lo que representa bajo la forma de un espectáculo no sólo se inscribe en un orden de signos jerárquicamente estructurados sino que, además, las oportunidades de obtener cualquier satisfacción se hallan preordenadas por la distribución social de los medios de pago, que en última instancia determina las preferencias y los deseos del individuo. El mercado, en breve, sólo repara en los valores de cambio y subordina lo demás al cálculo de un dios.

Pero no sólo el mercado ha operado como dispositivo de orden en la nueva organización cultural impulsada por el régimen militar chileno. Además, desmpeñan un papel central el dispositivo represivo y el dispositivo de transmisión de "ideologías livianas".

La *represión*, entendida como una red de tecnologías de control social que emplean grados variables de coacción y violencia, tiene por función producir de manera continua el *disciplinamiento* de la población, garantizando su conformidad al orden emergente y su adaptación a él. Pone en juego, por lo tanto, exclusiones, estigmatizaciones, obligaciones y, en general, una forma de organización de los comportamientos que se funda en el reconocimiento de límites infranqueables. De este modo, lo que se busca con las disciplinas no son adhesiones, motivaciones, compromisos activos, sino meramente un "conformismo pasivo"; una adaptación eficaz, por lo tanto, a las exigencias de funcionamiento del orden.

El verdadero vaciamiento simbólico-expresivo de la sociedad que producen la operación combinada del mercado y de la represión, dispositivos ambos que operan con un bajo umbral comunicativo, pues no requieren (e incluso excluyen) la elaboración intersubjetiva de proyectos colectivos y de reciprocidades organizadas, es llenado en el nuevo orden por la difusión de *ideologías livianas*, especialmente a través de la televisión.

En efecto, el gran medio de articulación de la esfera privada con la esfera pública, de elaboración por lo tanto de esa tensión específica entre orden social y cultura, viene a ser ahora el de la industria cultural, particularmente la televisión, que actúa en un universo previamente estructurado por el mercado y la represión. Así como la escuela socializaba antes los motivos y las competencias que permitían ingresar desigualmente al juego político, ahora la televisión asume la función de escenificar a la sociedad y al poder, de mostrar al mercado en funcionamiento y de mantener la atención pública focalizada en torno a los límites de lo permitido.

Se trata de "ideologías livianas" no sólo por su volatilidad y por su estructura semántica simplificada para hacer posible su reproducción industrial, sino sobre todo por su modo de operación en la sociedad. De hecho, su pretensión no es elaborar inte-

---

[13] Véase Max Weber, *Economía y sociedad*, México, Fondo de Cultura Económica, 1964, vol. I, VI.

lectualmente los intereses comunicativos contrapuestos existentes en la sociedad sino, por el contrario, reducir la comunicación social a un universo sublimado, relajante y arquetípico, dentro del cual la sociedad se representa continua y fragmentadamente como espectáculo, enajenada de sus capacidades para intervenir sobre sí misma y transformarse.

No son pues las posibilidades de la cultura las que aparecen en estas ideologías sino las *fantasías* individuales ordenadas según patrones de consumo segmentado por sectores sociales, grupos de edad y sexo, niveles educacionales, etc. La esfera pública de la política deviene así esfera de *los públicos* reducidos a su privacidad, a su domesticidad, asimilados por esta nueva configuración hegemónica en que se combinan variablemente los efectos del mercado, de la represión y del consumo de "ideologías" no antagónicas.

LAS CONTRADICCIONES CULTURALES DEL AUTORITARISMO

Cualquier orden que se imponga o resulte en una sociedad, y cualesquiera que sean los dispositivos de hegemonía que se empleen para mantenerlo, está sujeto a desajustes, resistencias, desviaciones y, por ende, al desarrollo de tendencias y movimientos contrahegemónicos o meramente de cambio cultural. Incluso más: todo orden que ha llegado a encarnarse en la cultura, por lo tanto que se ha convertido en rutinas y ha "normalizado" una forma de organización social de la vida cotidiana, está incluso él mismo sujeto a las dinámicas de cambio que resultan de su propia tensión inherente entre una distribución determinada de los recursos materiales y simbólicos y los valores, creencias, relatos e ideales que se afirman como la expresión mejor, más avanzada, humanamente más plena en la esfera de la cultura superior. Dicho de otro modo, toda cultura reproduce, aun en situaciones de intensa socialización en una ideología total, sus propios elementos de tensión entre los ideales que contiene potencialmente y las realidades que subyacen a la organización de la sociedad. Toda cultura es, en el límite, portadora de sus propios elementos de negación, crítica y contradicción.

En cuanto al *orden autoritario* que se describió en la sección anterior, dos son los factores principales que explican sus contradicciones y sus tendencias de cambio en el presente. Por un lado, *internamente*, sus propias limitaciones para difundirse como un orden capaz de organizar cotidianamente el funcionamiento de la sociedad; esto es, para dar lugar a una cultura en el sentido completo de la palabra. Por otro lado, *externamente*, los desafíos y contradicciones que le presenta el desarrollo de movimientos y tendencias contrahegemónicos, que se apoyan en una tradición cultural preexistente, que asumen una memoria colectiva transmitida bajo la forma específica de lealtades institucionales y que "interrumpen" con éxito variable la eficacia de funcionamiento de los dispositivos autoritarios de producción y reproducción del orden.

Partamos por el aspecto interno del problema planteado. La cultura del autoritarismo, es verdad, no presenta grandes tensiones aparentes entre su esfera ideal, sublimada, de valores e imaginario de lo posible y aquellos mecanismos que la sustentan en la vida práctica. Pero este hecho que aparentemente constituye una ventaja, pues reduce sus factores interiores de contradicción, sin embargo opera a la vez como una debilidad, como un específico déficit de esta forma cultural específica.

El orden autoritario, en efecto, no aparece como capaz de asegurar por sí mismo un proceso de *humanización*, una superación constante de las necesidades de sentido (*meaning*) que continuamente vuelven a aparecer en la sociedad. El intento de producir los sentidos capaces de crear un mundo-de-vida por el lado del mercado, excluyendo la política y reduciendo por lo tanto los umbrales de comunicación de la sociedad, no logra cumplir su cometido en la misma medida en que la operación del mercado es incapaz de producir esos sentidos, puesto que su funcionamiento los excluye radicalmente.

El mercado, en efecto, no tiene capacidad de producir consensos normativos, no genera identidades sociales (sólo estilos de vida), no admite lazos personalizados o de confraternidad, erosiona los sentimientos de solidaridad y repudia todo comportamiento que no se rige por el cálculo. Pero además, específicamente, el mercado en las condiciones de la economía chilena no es siquiera capaz de regular la lucha por la apropiación de oportunidades, en la medida en que sus condiciones de integración son demasiado inequitativas, lo que le resta legitimidad como mecanismo y eficacia como sustituto de la política. En estas circunstancias, este doble déficit del mercado —déficit de sentidos necesarios para la configuración de mundos-de-vida satisfactorios y déficit de legitimación en su operación como distribuidor de oportunidades— sólo logra ser profundizado por la operación de los otros dos dispositivos de hegemonía del orden autoritario.

La represión produce *disciplinas* pero no sentidos; induce mediante estímulos y castigos comportamientos determinados, pero no socializa una cultura ni internaliza motivaciones de adhesión a ese orden. La difusión de "ideologías livianas", por fin, genera una esfera privada regulada por gratificaciones simbólicas de corto efecto, sin provocar un conformismo activo, identidades sociales relativamente sólidas y agrupamientos colectivos estables.

En suma, el orden autoritario genera una cultura incompleta, insuficiente para organizar el cotidiano de la sociedad, sin un sentido común propio, sin socializaciones más o menos duraderas, expuesto por lo mismo a desvanecerse (como orden históricamente específico) tan pronto desaparezcan las condiciones políticas que lo hicieron posible y que le permiten mantenerse.

De hecho, es sobre este terreno que se desarrollan asimismo las tendencias y movimientos contrahegemónicos en el seno del orden autoritario, amenazándolo continuamente e interrumpiendo sus mecanismos de estabilización hegemónica.

Por lo pronto, todos esos movimientos y tendencias comparten un principio común, ya sea que tengan lugar en la práctica de los comportamientos cotidianos, en la vida pública, en la elaboración intelectual, en las vivencias de la religión o en las manifestaciones del arte: desafían al orden autoritario en su incapacidad de proveer sentidos suficientes para la construcción de mundos-de-vida aceptados como satisfactorios por la *tradición cultural* de la propia sociedad. La experiencia simbólica de la democracia es así convertida en el eje central de una memoria colectiva que se resiste a desaparecer y desde la cual se enfrenta al orden autoritario como radicalmente desprovisto de legitimidad. No sólo se erosionan por esta vía las bases morales e intelectuales del régimen político existente, sino que se produce en cambio, una interrupción de ese orden en cuanto a su eficacia para encarnarse como organización del cotidiano social. Esta última se doblega si las circunstancias así lo imponen, sobre todo por el uso de la represión, pero permanece en permanente contradicción con ese orden y, por lo mismo, abierta a las solicitaciones y estímulos de las dinámicas contrarias a él.

En seguida, todas estas manifestaciones y tendencias contrahegemónicas tienen un contenido, abierto o velado, de reinstalación de la *política* en medio de la sociedad. Suponen, por lo tanto, una lenta y progresiva rearticulación comunicativa de la sociedad al margen, contra o aun dentro del mercado, haciendo más visible sus déficit e interrumpiendo la eficacia de su operación como regulador de la lucha por la apropiación de oportunidades. En parte, esto significa que la política mantiene abierto el horizonte de las posibilidades, trabajando sobre el imaginario social y sustrayéndolo de los límites que busca imponerle el orden autoritario. Significa, además, que la política es empleada para interrumpir la operación de los dispositivos hegemónicos del autoritarismo, sobre todo mediante el expediente de aumentar los umbrales comunicativos de la sociedad lo que torna posible, entonces, cuestionar el disciplinamiento, reelaborar ideologías de mayor alcance y efecto y mostrar las reducidas capacidades integrativas del mercado.

Los valores y las tradiciones de la política, así como la memoria democrática de la nación, no son sin embargo elementos puramente simbólicos que necesiten ser recreados para su uso por un ejercicio puramente comunicativo. Se hallan incorporados al desarrollo de algunas *instituciones fundamentales* de la sociedad, mediante las cuales se reproducen y mantienen disponibles para su asimilación, por esos movimientos y tendencias contrahegemónicos. Principalmente los partidos políticos, la Iglesia católica, ciertas organizaciones sindicales y juveniles e instituciones culturales e intelectuales han desempeñado esa función de "preservadores" y "transportadores" de las creencias, ideales y lealtades que constituyen el trasfondo moral y cognitivo que hace posible la legitimidad de la política y la valoración de la democracia.

Hoy en día, a lo largo y ancho de la sociedad chilena, se observa el desarrollo de esas tendencias y movimientos que cuestionan el orden autoritario, impiden su configuración como cotidianeidad social y dibujan en el horizonte una constelación de posibilidades que pueden ser convertidas en oportunidades de acción contrarias al régimen. Incluso, podría pensarse que en la sociedad han llegado a desarrollarse dos *regímenes comunicativos* organizados diversamente, cada uno con sus propios dispositivos hegemónicos que ahora se encuentran en decisiva pugna. Si el orden autoritario no puede lograr en estas condiciones organizarse a sí mismo bajo la forma de una cultura completa, orientando a la sociedad en sus interacciones cotidianas y permitiendo una redefinición de mundos-de-vida conforme a las exigencias de ese orden, tampoco el orden democrático puede emerger como cultura mientras no existan las condiciones que aseguren una transición hacia la democracia como régimen político.

Temporalmente, por lo tanto, lo que existe es una situación de doble y antagónica conformación cultural, donde los principales dispositivos de articulación hegemónica de cada una de esas conformaciones se oponen, pero a la vez se entrecruzan y entremezclan, dando lugar progresivamente a un universo cultural conflictivo, compuesto por sectores mal soldados entre sí, lleno de tensiones, que mantiene una separación de todos los elementos según su afiliación a una u otra de esas conformaciones sin poder evitar, con todo, que ellos se entreveren en la práctica cotidiana de la sociedad.

Los resultados de esta situación son conocidos: percepción generalizada de una sociedad que en diversos planos se mueve aun entre polos irreconciliables; existencia de una cultura política de confusas orientaciones, donde conviven, una al lado de la otra, incrustaciones democráticas y autoritarias, de valoración y rechazo de la política y los partidos, de viejas y nuevas lealtades ideológicas; ausencia de un proyecto nacional combinado con imágenes de disolución, de anomia, de resistencia al futuro; desconfianza ampliamente difundida de las instituciones, con la excepción de la Iglesia católica; un extendido sentimiento de que el poder sólo puede tener eficacia cuando se expresa como fuerza y, por lo tanto, la progresiva pérdida de la noción de autoridad legítimamente fundada.

CONCLUSIÓN

En fin, la experiencia de la cultura —como poder y como política, esto es, como determinación del orden posible— se ubica hoy centralmente en la sociedad chilena como la experiencia de la *oportunidad democrática*. ¿Podría esto llegar a significar mañana que la propia experiencia del autoritarismo desapareciera, reducida a un mero paréntesis de la historia nacional? Nos parece evidente que no será así. Pues entre tanto la sociedad chilena ha cambiado radicalmente y un periodo completo, el de su desarrollo democrático hasta 1973, ha quedado cancelado introduciéndose una ruptura, una discontinuidad irrecuperable. La fuerza, incluso la presencia de ese pasado democrático, opera sólo como un principio de negación frente al orden autoritario y, mañana, quizás como una reserva simbólica pero que sólo a través de su superación podría enriquecerse. En cambio, su reasunción acrítica, o sea el mero intento de prolongarlo, llevaría probablemente a que se desvaneciera como humo en el viento. Pues el hecho de que el orden autoritario no haya podido, ni pueda seguramente, convertirse en la forma de organización de la cultura cotidiana de un país, como parece mostrarlo la experiencia chilena, no significa sin embargo que su transcurso por la historia no deje tras de sí huella alguna, a no ser por las secuelas de la represión.

La verdad es que junto con cambiar las bases de organización de la sociedad pone de igual modo sobre nuevas determinaciones la tensión inherente a toda cultura: entre sus ideales y valores declarados o compartidos y las condiciones materiales de organización de las oportunidades de vida; entre la vivencia poderosa del deseo y la experiencia rutinaria de los medios disponibles; entre el imaginario de lo posible y la normalidad de las restricciones reales, incluso si aquélla no es impuesta represivamente sino internalizada como aceptación o sublimación.

En ese plano interior de la cultura, donde finalmente se juega la comprensión que una sociedad llega a tener de sí misma, de su identidad, sus límites y sus oportunidades de transformación, es seguro que la experiencia de estos años de autoritarismo habrá imprimido una profunda huella, cambiando percepciones, modificando expectativas, determinando imágenes de la historia, creando cadenas de aprendizaje y redefiniendo los posicionamientos frente al futuro.

BIBLIOGRAFÍA

Brunner, José Joaquín, *La cultura autoritaria en Chile,* Santiago de Chile, FLACSO, 1982.
_____ *Entrevistas, discursos, identidades,* Santiago de Chile, FLACSO, 1984.
_____ "Políticas culturales de oposición en Chile", Santiago de Chile, FLACSO, Material de discusión, 78, 1985.
Cánovas, Rodrigo, *Lihn, Zurita, ICTUS, Radrigán: Literatura chilena y experiencia autoritaria,* Santiago de Chile, FLACSO, 1986.
CENECA, Serie de documentos de trabajo. Santiago de Chile, 1980 a 1986.
Richard, Nelly, *Margins and institutions*, 21 Art & Text, Melbourne, 1986.
Valenzuela, Eduardo, *La rebelión de los jóvenes, Santiago de Chile,* SUR, 1981.

NOTAS SOBRE CULTURA POLÍTICA Y DISCURSOS SOCIALES EN COLOMBIA

J. MARTÍN-BARBERO
MARGARITA GARRIDO

En este texto el análisis atraviesa un relato, es un texto que narra pero articulando al hilo de los hechos la trama de los discursos en que se dice y desdice, se hace y deshace el poder, en que se ejerce la resistencia y se produce la impugnación. Pero lo que este texto recoge son sólo algunas señas, algunos indicadores de las dinámicas y los bloqueos y en cuya selección nos ayudaron más que los libros un grupo de personas a las que entrevistamos para hacernos a una imagen lo menos dispersa aunque plural. A todos ellos nuestro agradecimiento.

UN PASADO PRESENTE

El Frente Nacional bipartidista que ha regido la vida política de Colombia durante los años sesenta y setenta constituyó sin duda una experiencia política original, en la que puede verse condensado todo lo estable y todo lo vulnerable de la democracia colombiana, el alcance de los partidos y los límites de la política fuera de ellos, lo permanente del deseo de orden y lo endémico de la violencia. El acuerdo de compartir la responsabilidad y los beneficios del poder entre los dos partidos tradicionales, turnándose la presidencia de la República, fue propuesto como el único modo de poner fin a la más larga de las guerras civiles, llamada "Violencia", y para restablecer "las buenas costumbres políticas", es decir el Estado liberal.

El gobierno de López Pumarejo había tratado de dar, en los años treinta, cierto juego político a las nuevas fuerzas sociales —obreros, campesinos, empleados— que comenzaban a presionar demandas económicas y políticas reprimidas durante la hegemonía conservadora. Pero los grupos de poder económico con entronque en ambos partidos se atemorizaron frente al intento de ampliación del espacio democrático. No creían posible el ejercicio equilibrado del Estado y de un partido entre sus intereses y los de los grupos subalternos. Temiendo por la prevalencia de sus intereses, organizados como estaban corporativamente, detendrían la llamada "revolución en marcha".

El proceso modernizador del Estado y de las relaciones sociales quedó trunco. Jorge Eliecer Gaitán acaudillará una nueva fuerza popular y claramente antihegemónica que intenta convertir al partido liberal en el partido del "país nacional" contra el "país político", en el del pueblo contra las oligarquías. Pero el 9 de abril de 1948 Gaitán es asesinado y una explosión social urbana sin precedentes ataca todas las instituciones que simbolizan el poder. En los años siguientes se desata una guerra civil, más rural que urbana, en la que fracciones de la clase dominante ejercen una dirección a través de los partidos y las fuerzas del orden, pero en la que es el pueblo y principalmente el campesinado quien realiza la conducción militar.[1] Elementos de lucha entre partidos y de lucha de clases se combinan con factores familiares, locales y regionales formando un intrincado tejido de lealtades, con expresiones anárquicas y una alta capacidad desestabilizadora de toda la sociedad. Mirado desde arriba y desde afuera pareció como un desbordamiento de lo bárbaro que venía a poner en peligro "la delgada corteza de nuestra civilización".[2]

La Violencia hace parte del pasado presente. "La experiencia histórica de la Violencia y la imagen del 9 de abril, que adquirió proporciones de mito, constituyeron a partir de entonces uno de los elementos esenciales de la visión política de las clases dominantes. Por eso no es de extrañar que el programa del Frente Nacional pusiera todo su acento en los elementos de restauración del orden liberal y dejara en la penumbra toda perspectiva de cambio democrático del país, en primer término de la ampliación de la participación en el poder político a grupos tradicionalmente excluidos.[3] Cerrar filas por el orden fue uno de los reflejos de clase que produjo esa crisis, pues como dijera un presidente del Frente Nacional, "hoy somos aliados porque todo estaba en peligro".

En 1957 el Frente Nacional es aprobado por un plebiscito que recibió el 95.53% de votos positivos y sólo un 27.3% de abstención, puede entonces decirse que respondía a un anhelo nacional de paz y de moderación. Las corrientes subterráneas que se habían desbordado iban a poder ser reconducidas. Y en el discurso, la Violencia quedará como el nombre alusivo de la vergüenza de un país cuya impronta había sido la de la civilidad. Consecuentemente se planteará un programa encaminado a reducir las situaciones sociales más conflictivas por medio de una combinación de planes de desarrollo y de seguridad nacional. Es en torno a esos dos objetivos que se articula, en los años que siguen, el discurso del poder.

EL PAÍS DEL ORDEN Y DEL GRADUALISMO

La retórica de la moderación y del civilismo, apoyadas sobre un texto técnico, configuran la base del *distanciado lenguaje* de los gobiernos del Frente Nacional. Porque la realidad sociopolítica del país era otra, pero el discurso del poder se esforzará por crear en los colombianos la conciencia de que la difícil empresa que es el país sólo podrá superar sus problemas mediante una gerencia que los enfrente lenta y gradualmente. La intervención del Estado estará dirigida entonces a garantizar las libertades econó-

---

[1] G. Sánchez, "Los estudios sobre la Violencia: balance y perspectivas", en *Pasado y presente de la Violencia en Colombia*, pp. 12-13.

[2] M. Palacios, *La delgada corteza de nuestra civilización*, Bogotá, 1986.

[3] J. O. Melo, "El Frente Nacional y la democracia", en *Sobre historia y política*, p. 215.

micas —de acuerdo con planes que con escasas variaciones responden a un modelo de desarrollo— y a controlar las libertades políticas, sobre todo cuando implican participación popular. Siguiendo las orientaciones del Plan Currie (Operación Colombia 1961 y 1972) se buscará aumentar la tasa del crecimiento económico y reducir las tasas del crecimiento demográfico y del desempleo. Y como la transformación capitalista del latifundio induce la emigración del campo hacia las ciudades se buscará en la industria de la construcción la forma de "absorber" a los campesinos que emigran e irlos convirtiendo en asalariados que acrecienten la demanda y adopten los patrones urbanos.

Pero hasta en el discurso oficial la realidad del país hizo fisuras. El acuerdo entre las fracciones de la clase dominante no era completo. Y uno de los presidentes del Frente Nacional, Lleras Restrepo, expresará la tendencia reformista con una propuesta de desarrollo más democrática, de corte cepalino, con la que se pretende hacer de Colombia un país de medianos propietarios. Pero cuando el gobierno de Lleras Restrepo intenta organizar a los usuarios campesinos (ANUC), de la misma manera que López había organizado a los sindicatos en los años treinta, reapareció el miedo de los sectores dominantes a la pérdida de sus privilegios, y a la apertura del espacio democrático a otras fuerzas sociales. Queda entonces dominando ese espacio un *discurso desarrollista* poblado de "índices per cápita", "cuellos de botella" —falta de capitales, de divisas, de educación— y "círculos viciosos" —los ricos se hacen más ricos y los pobres tienen más hijos. En un lenguaje de economía apolítica, elaborado por pequeños grupos de hombres sobresalientes con asesoría de algunos extranjeros, el país es pensado y dicho desde un texto técnico, limpio, en el que no existen las clases sociales ni los partidos políticos, ni grupos de presión, y en el que consecuentemente ni los conflictos ni los intereses creados entran a contaminar el modelo.[4]

Mientras tanto, la situación en el campo se va tornando cada día más conflictiva. A principios de los setenta las invasiones de tierra, conformando los miedos, sirven para justificar la reversión de los planes, los "correctivos" a la reforma agraria y el cierre de filas del bloque en el poder. En adelante se preferirá el fomento a la colonización de nuevas áreas y las inversiones en infraestructura de servicios, riego y transporte abandonando las parcelaciones de tierras.

En otros campos se dan desplazamientos semejantes. El movimiento obrero será conducido al abandono del recurso a las huelgas, que son calificadas de "traumáticas a la economía", por la apelación a tribunales de arbitramento estatal entre patronos y obreros evitando así la confrontación y la politización de los conflictos. El tratamiento a los movimientos estudiantiles oscilará entre concesiones al cogobierno de las universidades y su acuartelamiento. Las demandas urbanas serán canalizadas por la vía de la distribución clientelista de los bienes públicos. Vías todas ellas que funcionan, pero precariamente. Su estrechez hace que necesidades sociales aparezcan como *políticas* por el hecho de dar ocasión a movilizaciones democráticas que son sentidas por el poder como amenazantes. El estado de sitio, al que se había recurrido antes sólo de manera esporádica y para áreas específicas, adquiere un carácter preventivo que al

[4] B. García, *Anticurrie: crítica a las teorías del desarrollo capitalista en Colombia*, Bogotá, 1973.

convertirse en condición de gobernabilidad, marca y determina el clima político general del Frente Nacional.

La información que desde arriba cubre las luchas sociales es reducida a "perturbado el orden público" y "restablecido el orden público" que con cambios de fechas y lugares, impide a la opinión pública distinguir los conflictos, que al ser de ese modo homogeneizados quedan en buena parte desvirtuados. Se trata en verdad de una desinformación que unida a la presencia súbita del ejército o a su desaparición, contribuye a crear una permanente zozobra y un desconcierto enorme entre los ciudadanos. Por su parte, la prensa nacional, mayoritariamente liberal, sostuvo el tono de la moderación y el gradualismo. Desde su tribuna capitalista predicó un perfil ciudadano de democracia formal, a la vez que creó un espacio para la opinión pública, de la que resultaba fuertemente rectora. Inclinando el fiel de la balanza unas veces a la crítica y otras al respaldo del Ejecutivo o del Legislativo, colaboró sin duda a mantener un cierto nivel de confianza en las instituciones democráticas, de las que ella aparecía como parte decisiva.

Fue mediante esa combinación, *estrecha y extraña fórmula de democracia de alternación y paridad*, y del ensanche de los medios de fuerza y vigilancia del Estado, como el Frente Nacional conjuró las dos "grandes amenazas": el desbordamiento popular y la dictadura militar. Aunque precariamente "las buenas costumbres políticas" fueron restablecidas: los ciudadanos votaron, por miedo al desorden o por clientelismo, y se logró así ahuyentar las soluciones militares de diversos cuños que proliferaron en esos años en América Latina. ¿A qué costo político, con qué incidencias sobre la cultura política popular y sobre la vida democrática? La apatía fue la nota dominante, el síntoma de una desmoralización profunda de las clases populares, que nos habla más de una frustración repetida de esperanzas que de un proceso de secularización de la política. En Colombia la moral y la política siguen de la mano. Los altares republicanos que en el siglo XIX juntaban santos y "revoltosos" continúan existiendo en la mente de las gentes y aun en las representaciones heroicas de los jóvenes. El gobierno esgrime su discurso moral contra la violencia, lo bárbaro, lo subversivo. Desde abajo en cambio la desmoralización se vuelve inmediatismo. Mientras llega el día de la redención nos queda el clientelismo: votos por favores para beneficiar a patronos y clientes. Si hay lealtades viejas, familiares, barriales o de pueblos, ellas no obedecen, o al menos muy vagamente, a principios y representaciones formales de lo político. Con el clientelismo la desmoralización y la apatía se vuelven ingrediente de la cultura política popular que sobrevive recostada en la cultura visible, formal y consagrada de los partidos. Ni el juego inmediatista de beneficios y necesidades cómplices, ni la apatía generalizada llegan a ser conmovidos por el discurso moral que se alza contra ellos, pues responden a una lógica cultural y a ellos subyace una moralidad desencontrada con la del capital y sus formas de poder.

De todas formas en la vida política del país se producen significativos desplazamientos que no son auténticamente realineamientos del poder sino formas diversas de enfrentarlo: desde los desplazamientos en la Iglesia a los que se producen en la guerrilla.

El compromiso de la Iglesia colombiana con la política conservadora viene de lejos. En el siglo XIX la oposición beligerante de la Iglesia católica a las ideas liberales llegará hasta prohibir la lectura de la prensa liberal, y durante el periodo de la Violencia la Iglesia no ocultará su apoyo al partido que "lucha en defensa de los principios cristianos". Pero con el establecimiento del Frente Nacional la Iglesia se ve obligada a readecuar su posición a las nuevas circunstancias políticas del "entendimiento". Y será justamente, y paradójicamente, el momento en que la Iglesia busca colocarse en la posición de animadora del consenso nacional cuando la división estalle en su interior. De esa escisión —entre una Iglesia mayoritaria del lado ahora no de un partido sino de "los de arriba", y una Iglesia en pequeña porción pero significativa, comprometida sinceramente con "los de abajo"— surgirán dos imágenes que la sintetizan: Radio Sutatenza y Camilo Torres.

La primera, imagen pionera en América Latina de la modernización "tecnológica" de un discurso religioso al servicio de la llamada "acción cultural popular", en verdad al servicio de una educación de los campesinos para un desarrollo que no toque ni las estructuras de propiedad que los empobrecen más cada día, ni las estructuras de poder que los someten. Mezclado al mensaje de la difusión de innovaciones, de la renovación de las técnicas agrícolas, el discurso religioso operará legitimando la desarticulación cultural del mundo campesino y la interiorización de aquellos patrones de conducta que requiere la modernización desarrollista del campo. La segunda será la imagen de la utopía cristiana más radical: el Evangelio no sólo como reclamo subjetivo de una generosidad hasta la muerte sino como exigencia de una profunda transformación de la sociedad; el cura Camilo perdiendo el miedo al marxismo y rescatando para el pueblo —contra todo el anticomunismo acumulado— su aporte para el análisis histórico de las estructuras de opresión, iniciando también pioneramente esa nueva forma de presencia cristiana que serán las comunidades de base, asumiendo el *peso* de un discurso religioso que durante siglos impregnó de sumisión y de silencio la cultura política del pueblo y transformándolo en palabra de liberación.

En el terreno de los partidos de oposición, la ANAPO desde fines de los sesenta había intentado recomponer una alianza popular liberal conservadora alrededor de la figura del depuesto y condenado general Rojas Pinilla, pero los caminos constitucionales al poder le fueron cerrados y el movimiento se desintegró. Por su parte, los partidos de izquierda se fragmentan sectariamente antes de haber producido al menos un lenguaje en el que se sintieran representados e interpelados los sectores populares. Encerrados en un purismo que les ahorra tener que vérselas con la complejidad social y cultural del país y les libra de la contaminación que acarrea el uso de los medios masivos, no llegarán a tener ni el 5% de la votación nacional en ninguna de las elecciones en que participa. Sus caracterizaciones de la sociedad colombiana se originan más en modelos teóricos y políticos exteriores que en el estudio de los procesos y las experiencias vividas por el país. Lo que conducirá a una estéril división que los fragmenta interiormente y los aísla de las luchas populares. Frente a la desbandada que produce esa situación —desbandada hacia la apatía o hacia la guerrilla— el movimiento "Firmes" logrará aglutinar, aunque por poco tiempo, a gentes decepcionadas de los partidos y otros sectores intelectuales bajo un programa ampliamente democrático.

Desde mediados de los años sesenta hacen su irrupción los movimientos guerrilleros, Ejército de Liberación Nacional (ELN), y Ejército Popular de Liberación (EPL), que junto con las Fuerzas Armadas Revolucionarias de Colombia (FARC) convierten en bandera de sus programas de lucha la conquista de la tierra para las masas campesinas, ganándose en ciertas regiones su apoyo y buscando movilizarlas. La lucha social de los campesinos, expresada hasta entonces en reivindicaciones parciales a través de negociaciones diversas con los partidos tradicionales, con los gamonales y los bandoleros, pasa a ser parte sustancial del programa de viejas y nuevas guerrillas. En conjunto se puede afirmar, sin embargo, que la "guerrilla más vieja de América Latina" se ha mantenido atrincherada en un vanguardismo militarista de modo que aunque ha logrado conectarse, no sin fuertes conflictos, con el campesinado pobre de áreas marginadas, continuará incomunicada con los sectores populares urbanos y hasta con los partidos de los que se nutrió en sus orígenes. Sólo el M-19 presentará rasgos que configuran la búsqueda de un nuevo discurso guerrillero. Con un especial sentido para el uso de los medios masivos y los gestos espectaculares el M-19 logró producir una nueva imagen en la que lo festivo, lo heroico y lo místico del pueblo colombiano son asumidos explícitamente para movilizar el nacionalismo popular. Se produce así una disminución de la distancia entre la guerrilla y los sectores populares, en especial los juveniles, y una conexión tácita con lo que la apatía y la indolencia política escondían de potencialidad revolucionaria. Pero acontecimientos posteriores revelarán la ambigüedad de aquella imagen y la obstinada persistencia en la guerrilla de un militarismo al parecer insuperable.

Los dos gobiernos en que se lleva a cabo el "desmonte" del Frente Nacional no produjeron la inflexión que se esperaba. El modelo no cambia. Con su plan "para cerrar la brecha" López Michelsen liberaliza los sectores financieros a costa de los industriales fiel a un nuevo desarrollismo según el cual la concentración de capitales estimularía la inversión y de ese crecimiento se beneficiaría "el cincuenta por ciento más pobre de la población". La democracia no tiene más cambios que su ampliación por el voto a los 18 años. Los movimientos obreros, estudiantiles y campesinos, que para ese entonces habían logrado algunas conexiones horizontales, son tratados con la misma combinación de concesiones y restricciones. El discurso oficial se hace más "social", pero por debajo la situación no cambia, y el estado de sitio, que el mismo López denunciara diez años antes, seguirá vigente con cortos intervalos hasta el final de su mandato.

El gobierno de Turbay Ayala inunda al país de optimismo económico: se hacen grandes inversiones, con financiamiento externo, para modernizar la infraestructura de servicios y la explotación de recursos naturales. Pero ese "desarrollo a debe" se verá atravesado y sostenido por una creciente represión que llegará al límite de las restricciones a las libertades políticas. El Estatuto de seguridad, una especie de estado de sitio permanente, es aprobado con el salvamento de voto de varios magistrados de la Suprema Corte de Justicia, lo que indica que en las instancias mismas del Estado se sintió que el estrechamiento de la democracia había llegado demasiado lejos.

La más descarnada definición de la precaria democracia colombiana fue propuesta por el ex presidente liberal Darío Echandia: "un orangután con sacoleva". Un periodista ha sintetizado así el discurso de que está hecho cada uno de los componentes: la impecabilidad del sacoleva estaría dicha en "todas las frases sonoras que han arru-

arrullado nuestra infancia empezando por esa que campea noblemente en el escudo de la patria: Libertad y Orden. Colombia, país de leyes. El Estado de derecho. La potencia moral. La austeridad republicana. La prensa libre pero responsable. La independencia de los poderes públicos. Los partidos políticos más antiguos de América. La tradición civilista del ejército. Colombia, tierra estéril para las dictaduras. La Atenas sudamericana. La patria por encima de los partidos''. La brutalidad del orangután estaría dicha en ''Estado de sitio. El que escruta elige. El fraude engendra la violencia. Violencia. Abstención. Emergencia económica. Toque de queda. Clientelismo. Militarización. Pupitrazo. Participación equitativa y adecuada. Artículo 121. Estatuto de seguridad. Compra de votos. Militarización. Ilegalización de las huelgas. Torturas. Desapariciones. Consejos de guerra''.[5] La vieja fórmula de que la restricción de la democracia es la única forma de salvarla ha entrado definitivamente en crisis. Los síntomas más claros se hallan en el nivel altísimo que alcanza la abstención y en la generalizada sensación de que la política se le ha escapado a los partidos tradicionales y se ejerce realmente en otros terrenos.

ESTE PAÍS NO VOLVERÁ A SER EL MISMO

Como iban las cosas era difícil que pudieran seguir. Pero el rumbo que toma Colombia con el gobierno de Belisario Betancur sorprendió tanto al país político como al país nacional. El desfase entre el crecimiento cuantitativo y cualitativo de los movimientos sociales y la *carencia de modos de representación política para las nuevas fuerzas* se estaba haciendo insostenible. Aunque no hubiera sido más que por eso, por haber captado y proyectado sobre la vida nacional el significado político de las luchas sociales, desde la guerrilla a los movimientos indígenas, la frase que titula esta parte y con la que López Michelsen definió el gobierno de Betancur, tiene garantizado su contenido de verdad.

La primera sorpresa fue que lo que para no pocos iba a ser una mera estratagema para acabar con la guerrilla se convirtiera rápidamente en un fenómeno político y social de tal magnitud que en menos de dos años había desordenado, estallado no sólo el entendimiento entre liberales y conservadores sino el sentido mismo de la política nacional. En un país agobiado por los problemas económicos Betancur le trazó a su gobierno la meta de la paz, esto es un propósito eminentemente político. Y a partir de ese momento el país asistirá a una larga serie de gestos que van en la misma dirección: la afiliación de Colombia a los no alineados, la puesta en marcha del grupo de Contadora, el distanciamiento de los dictados de la política norteamericana.

Los problemas nacionales comienzan a ser pensados y dichos desde la política oficial en un discurso nuevo. De contenido y de forma. Porque habla de otras cosas —de la guerrilla como interlocutor político, de la nación como sujeto capaz de resolver sus conflictos— *en un lenguaje otro*: el del común, el coloquial, aquel en el que el tono paternalista no anula sino convive con una fuerte apelación a la inteligencia y al coraje po-

[5] A. Caballero, en *Hacia dónde va la democracia en Colombia*, pp. 71-72.

pular. Quedaba atrás una larga secuencia de lenguajes distanciados, en los que una mezcla de tecnocracia y de arrogancia hacía del discurso oficial una palabra dirigida a reafirmar el derecho de hablar desde el poder más que a comunicar o hacer comprender. Quedaba atrás un discurso que incluso en sus momentos más "políticos", de convocatoria nacional, demarcaba, dividía, excluía. El discurso del presidente Betancur, desde su forma vital, desordenada, buscaba aunar, poner a dialogar los pedazos dispersos de un país fragmentado, acostumbrado a la intolerancia. Tanto que las concesiones indispensables para hacer posible el "diálogo nacional", la negociación, "fueron consideradas excesivas por los adversarios clásicos: excesivas las concesiones al movimiento guerrillero, pero según los guerrilleros excesivas las concesiones a los terratenientes del Cauca, a los grupos represivos o a los grupos privilegiados".[6]

La mejor cifra de lo que en el discurso que pugnaba por abrirse camino había de nuevo, del desencuentro que buscaba superar, se halla en los opuestos sentidos de que se cargaron la palabra paz y el dispositivo más visible para su logro, las comisiones. En el discurso de Betancur *la paz nombraba lo más nuevo, otra política:* la *apertura* de un espacio político en el que se desdibujaban hasta borrarse las diferencias entre liberalismo y conservatismo, en el que la solución a los problemas del país dejaban de tener como eje a los partidos tradicionales.

Pero con la paz algunos grupos sociales nombraban —lo dijeron en documentos escritos— lo más viejo: el anticomunismo visceral apenas arropado ahora en la retórica de un lenguaje administrativo que habla del país como de "una empresa en quiebra". Y con las comisiones de paz sucedió algo parecido. Miradas desde el proyecto gubernamental la multiplicidad de gentes que integraron la "comisión de paz", así como la multiplicidad de comisiones en que aquélla se desdobló posteriormente para vigilar lo pactado y atender a las regiones o zonas afectadas por el conflicto, apuntaban a hacer de ellas en algún sentido *un lugar de representación*, de interpelación y otorgamiento de ciudadanía a la heterogénea y desordenada realidad social y política del país. Miradas desde la perspectiva de la eficacia técnica el sentido de aquella complejidad y aquella heterogeneidad se perdía, desaparecía y no quedaba sino la imagen de la dispersión, la confusión y la inmanejabilidad.

El desencuentro sin embargo se hizo visible también en el interior mismo del proyecto de paz. La ampliación del espacio político comenzó a significar en el discurso que se pronunciaba desde arriba la búsqueda de una *modernización del Estado* que le dotara de una mayor capacidad de respuesta a los problemas sociales, mientras que en el discurso que venía de abajo, de los movimientos populares —paros cívicos, organizaciones barriales— la ampliación de ese espacio buscaba extender los derechos y diversificar las *formas de participación efectiva* de las clases populares en las decisiones políticas y las opciones económicas. Fuera de su expresión en el espacio de la opinión pública la participación política de los nuevos actores sociales siguió siendo de hecho escamoteada. La movilización de esas fuerzas que, ante el bloqueo sufrido por las iniciativas gubernamentales hubiera sido una dinámica consecuente con lo que se buscaba representar en las comisiones de paz, no se produjo. Y entonces, paradójicamente,

---

[6] E. Zuleta, "La paz: algo más que un buen deseo", en *La Cábala*, núm. 8, p. 2.

el relativo fortalecimiento de la sociedad civil que se había logrado desembocó, al final del periodo presidencial de Betancur, en una reconducción de la política hacia el espacio restringido del Congreso —para salvar algunas de las reformas— elección popular de alcaldes, descentralización fiscal, reforma electoral— y en el reflotamiento, por la ruptura de la tregua y la toma guerrillera del Palacio de Justicia, de la beligerancia militar. El *desordenamiento* con que se había buscado construir un nuevo orden político venía a convertirse, a confundirse con el temido desorden y a exigir la vuelta al viejo orden.

El cambio de "estilo" traído por el cambio de gobierno en 1986 apuntará así fundamentalmente a reordenar la política, a reinstitucionalizarla. La crisis de legitimidad,[7] a la que respondía el proyecto de Betancur, habría sido conjurada por el resultado electoral —la más alta votación y una victoria liberal por más de un millón de votos— lo que le permite al gobierno de Virgilio Barco plantear como prioridad la reforma de la administración y la reconducción al espacio de la ley de todo aquello que aún no ha sido civilizado. Más que con la reforma del Estado —que sin embargo no puede dejar de reformarse pues un centralismo arcaico impide toda eficacia administrativa— la paz tendrá que ver ahora con la "pobreza absoluta" y la recuperación de la seguridad ciudadana.

El discurso oficial toca así las dos fibras más sensibles de la experiencia nacional: la de un país en el que crece mes a mes el desempleo en las ciudades mientras que se pauperiza aceleradamente el campo, y la de una violencia cruzada de muy distintos signos asolando ya no ciertas regiones "montañosas" y marginadas como hace unos años sino la vida urbana toda, la vida cotidiana de la mayoría de la gente: la violencia del narcotráfico que ajusta cuentas o cobra denuncias a jueces y periodistas, la del terrorismo guerrillero que incendia autobuses llenos de gente, la de la delincuencia común en aumento, la de las bandas paramilitares, y la de no se sabe quién asesina dirigentes sindicales, parlamentarios y concejales de la Unión Patriótica. Hasta Cali, la ciudad más nocturna y rumbera ha debido renunciar a la noche, restringir sus goces, el miedo se ha metido hasta en la fiesta.

La paz se sigue buscando aunque por caminos más estrechos: mientras que la Comisión de Verificación ha sido eliminada y sustituida por un Consejero presidencial —un superministro— para la "reconciliación, rehabilitación y normalización" del proceso de paz, en las zonas de conflicto las negociaciones se hacen cada vez más difíciles, pues las actitudes y acciones tanto de la guerrilla como del ejército, no han dejado de ser hostiles. Los acuerdos de La Uribe, que debían regir las diferentes etapas para el logro de la paz, marcaron el proceso de una profunda ambigüedad ya que los compromisos entre ambas partes, entre gobierno y alzados en armas —reformas radicales por desmovilización— fueron confusos, llenos de vacíos e imprecisiones sobre cómo y cuándo se darían los pasos. Además las garantías para aquellos que se reincorporaran a la vida civil no han sido eficaces como lo demuestran los 300 militantes de la Unión Patriótica asesinados. Esta organización, impulsada por el Partido Comunista,

---

[7] Véase a ese propósito, A. Camacho y A. Guzmán: "Política y violencia en la coyuntura colombiana actual", en *La Colombia de hoy*, pp. 79-101.

ha sido lugar de confluencia de ex guerrilleros y algunos sectores democráticos de izquierda y sostiene una ambigua relación con las FARC que en los últimos meses vive una fuerte erosión de la tregua pactada con el gobierno. En contraste con las FARC, los otros frentes guerrilleros que no pactaron la tregua o la rompieron tempranamente, como el ELN y el EPL, han formado junto con el M-19 una "coordinadora nacional guerrillera" que plantea una lucha frontal al Estado al establecer un cierto control sobre algunas zonas rurales, erigiéndose en amenaza de poder mediante la complicidad campesina, el miedo, la negociación privada por extorsión.

La política parece renovarse, pero los cauces siguen siendo los viejos. El gobierno liberal ha avanzado en el desmonte del bipartidismo frentenacionalista y plantea un gobierno de partido desde un partido de gobierno. La reinstitucionalización de la política es expresada así en un "modelo-teoría": el binomio gobierno/oposición, modelo que en la práctica no sólo resulta estrecho para la diversidad de fuerzas políticas actuantes sino que ha conducido al partido conservador a una posición eminentemente equívoca: más que en alternativa política su oposición se convierte en ajuste de cuentas por las derrotas burocráticas y obstaculización permanente de las reformas que se proponen.

El Nuevo Liberalismo, disidencia del partido liberal, plantea por su parte una salida suprapartidista que, aunque en forma nebulosa, cuestiona también la propuesta oficial de un gobierno de partido como fórmula viable para hacer frente a la emergencia social y política que vive el país. Todo ello mientras "la subversión política de la guerrilla y la subversión moral del narcotráfico"[8] vienen a extender y reforzar la vieja cultura de la violencia. La guerrilla, con excepción de las FARC, desde su automarginación del debate político y su exacerbación terrorista, y el narcotráfico desde su provocación a las "fuerzas morales" y la exigencia de control policial que sus actividades conllevan, conducen a una creciente militarización de la vida cotidiana tornando aun más precaria la democracia. Hay sin embargo, en las últimas reformas, como la elección popular de alcaldes y la descentralización fiscal y administrativa, la posibilidad de revitalizar la autonomía local abriendo el espacio político a la participación popular. Siempre que esas reformas permitan "no sólo construir los espacios para el consenso democrático sino igualmente los espacios institucionales para la disensión y el conflicto".[9]

MOVIMIENTOS POPULARES: UNA NUEVA IDENTIDAD

Entre 1971 y 1981, según estudios del CINEP,[10] se cuentan 138 paros cívicos locales y

---

[8] López Michelsen, "La oposición real son la guerrilla y el narcotráfico", en *El Tiempo*, 14 de febrero de 1987, p. ID.

[9] E. Pizarro Leongómez, "Reforma política o catástrofe", en *Lecturas dominicales*, 8 de febrero de 1987, p. 10.

[10] CINEP, *El movimiento popular en Colombia*, Bogotá, 1985.

regionales y solamente entre 1982 y 1984 se presentaron más de 78 paros cívicos regionales y 152 municipales. Replicados duramente desde el poder —que sin embargo debió responder siempre en alguna medida a sus demandas— y criticados desde la izquierda por su pragmatismo inmediatista y su fragmentariedad espasmódica —aunque debiendo reconocer su capacidad de convocatoria y su grado de eficacia en términos sociales— los movimientos cívicos son en Colombia la forma alternativa que han encontrado las luchas populares, alternativa frente al poder y los *impases* de las izquierdas.

En septiembre de 1977 tuvo lugar el primer paro cívico nacional. Se trató de un movimiento que desbordó tanto las previsiones como las explicaciones usuales. Cierto que había razones sociales y motivos políticos para una protesta nacional, pero es que hubo algo más, algo que vino a aglutinar nuevas fuerzas y que hizo de ese paro un movimiento *popular* más que obrero y ello aunque había sido convocado por las cuatro centrales sindicales. Ese algo fue la decepción popular después de las expectativas despertadas por la llegada al gobierno de López Michelsen y el nuevo lugar de la explosión política, los barrios populares. En ese paro se hicieron así presentes dos rasgos configuradores de los nuevos movimientos: los cambios en la composición social de las clases trabajadoras —con la consiguiente adecuación del movimiento popular a "las condiciones de su diversificación social y de su fragmentación técnica y organizaiva",[11] y la politización de los temas y el lenguaje del desarrollo, esto es el del mejoramiento del nivel de vida de la población mediante la extensión de los servicios básicos a todas las regiones y a todas las clases.

Otro distintivo de los nuevos movimientos será la *cuestión regional*. En el documento que recoge las conclusiones del Primer Congreso Nacional de Movimientos Cívicos, celebrado en octubre de ·1984, hay una explícita puesta en relación de las condiciones reales de lucha de masas con la respuesta a las características de cada región del país. Lo que no significa el desconocimiento del necesario contexto nacional, sino la afirmación de una *indispensable autonomía*: "cada región, cada localidad mantendrán autonomía para adelantar procesos de organización, de análisis y lucha ajustadas a sus propias condiciones. Solamente la existencia de organizaciones cívicas regionales vertebra un proceso nacional", afirma el documento mencionado.

Lo esbozado por los movimientos cívicos apunta a una transformación profunda en la concepción política de lo regional, de *lo regional como hecho político*. Si durante los años del Frente Nacional el equilibrio entre regiones se expresaba sólo en el reparto de la cuota burocrática central (ministerios, institutos descentralizados) en combinación con el juego entre los dos partidos, hoy las regiones se están convirtiendo en los principales interlocutores —puesto que eslabones débiles del control estatal— del gobierno, en una lucha ya no entre los dos partidos sino entre las vías formales de participación y las formas alternativas de expresión y protesta que se organizan desde abajo.

La política escapa al Parlamento y al estrecho marco ofrecido por el esquema gobierno/oposición acuñado por el presidente Barco, y aparece cada día con más fuerza en la confrontación que desde las regiones se le hace al poder central, y en las formas como ese poder —Comisión de Rehabilitación, por ejemplo— negocia con las organi-

[11] M. Medina. *La protesta urbana en Colombia en el siglo veinte.* p. 143.

zaciones regionales. La cuestión regional no es, pues, un problema de coyuntura política ya que de una forma u otra esa cuestión se halla vinculada a la *crisis de lo nacional*, crisis operante y aplazada en Colombia como en buena parte de América Latina, desde el tiempo en que las naciones se hicieron "a costa" de las regiones, esto es no haciendo converger las diferencias sino subordinándolas, poniéndolas al servicio de un Estado que más que integrar ha sabido centralizar.

¿Qué ha llegado a ser lo nacional en cuanto estructura de representación y participación en las decisiones? Ahí apunta sin duda la dimensión política de que se carga hoy la cuestión de las culturas regionales: ya no podemos pensar la *diferencia* sin pensar la *desigualdad*. De manera que hablar de identidad regional implica hablar no sólo de costumbres y dialectos, de ritmos y artesanías sino también de marginación social, de expoliación económica y de exclusión en las decisiones políticas. Pues una región está hecha tanto de *expresiones* culturales como de *situaciones* sociales a través de las cuales se hace visible el "desarrollo desigual" de que está hecho el país. La región resultará además expresión de una particular desigualdad: aquella que afecta a las etnias y culturas que como los indígenas y los negros, y otros también, son objeto de peculiares procesos de desconocimiento y desvalorización. Nos referimos a identidades socioculturales no reconocidas pero utilizadas ideológica y políticamente para descargar sobre ellas el resentimiento nacional, para echarles la culpa del atraso y ejercer sobre ellas un racismo que la retórica populista no alcanza a disfrazar del todo.

Asociada a lo regional se halla en Colombia la emergencia de los *movimientos indígenas*. La crisis general de la región sudoccidental del país los colocó en el primer plano de la escena nacional. En 1971, con el CRIC, los indígenas se ponen de pie y proclaman ser dueños de América. Desde el gobierno seguirán no obstante siendo pensados como *campesinos*-indígenas y organizados consecuentemente en una de las secretarías de la Asociación Nacional de Usuarios Campesinos (ANUC). Es solamente en la celebración del 12 de octubre de 1980, en un gran cabildo al que asiste el presidente Betancur, cuando la especificidad de su lucha y de su utopía es proclamada abiertamente: "No somos una raza, somos un pueblo." Reivindican así su territorialidad ancestral, aquella en la que la tierra no es sólo un medio económico sino un espacio de vida y de historia, de lo sagrado y lo simbólico, de la existencia como pueblos con especifidad política y cultural. Una larga lucha ha debido transcurrir para que gobierno e izquierdas lleguen a reconocerlos así. Y será sólo en los años ochenta cuando los planes de reforma agraria abandonen la idea de organizar a los indígenas en empresas cooperativas y reconozcan la peculiar relación de la comunidad indígena con la tierra legitimando viejos resguardos y creando nuevos. Al mismo tiempo que se avanza en la lucha contra los hacendados y colonos que querían sacarlos de la tierra se inicia un proceso de recuperación de sus lenguas, de reconocimiento de sus autoridades y de la variedad de sus pueblos. Un cambio profundo se hace presente en el discurso hegemónico que ya no habla de integración sino de *relación*, y en el discurso indígena en el que empiezan a nombrarse a sí mismos sin vergüenza como indios.[12]

Es en el ámbito de lo regional y lo local donde los movimientos sociales parecen dar-

---

[12] Gobernadores indígenas, *Cómo recuperamos nuestro camino de lucha* (mimeografiado), 1981.

se hoy una identidad, donde la identidad colectiva se convierte en posibilidad de una memoria de las luchas y de las "experiencias" que ellas dejan, en poderoso aglutinante de la colectividad, es ahí donde tocamos la dimensión que hace de los movimientos cívicos el lugar de emergencia de una sensibilidad política nueva de la que participan también los movimientos de los barrios populares urbanos.

Un punto de arranque, prefigurador del sentido político que contienen las luchas barriales, lo constituye a comienzos de los setenta el rechazo al proyecto de construcción de la Avenida de los Cerros, una avenida que debía cruzar Bogotá de norte a sur atravesando y dislocando una amplia zona de barrios populares ubicados en la falda del cerro. Por primera vez una reivindicación barrial daba lugar a un movimiento masivo y coordinado, y una asociación de barrios se convertía en interlocutora de la administración municipal de una gran ciudad. Lo que no dejó de plantear agudas contradicciones en el interior de una izquierda en la que la significación política del *movimiento* desbordaba tanto sus reivindicaciones explícitas como el direccionismo que venía de las ideologías de partido.

Acostumbrada a un monopolio de la política en los sectores populares, sostenida sobre una concepción de la política *separada* de la vida cotidiana, y dedicada exclusivamente a la lucha por la toma del Estado, la mayoría de las gentes de izquierda desconfiará de movimientos que, como los barriales, integran a su lucha por los servicios de agua o de energía eléctrica, de vivienda o transporte, solidaridades que vienen de su mundo —familiares, vecinales, étnicas, religiosas— y que desembocan en la construcción de una nueva identidad cultural. De una cultura popular urbana que tiene al barrio como espacio de despliegue: lugar de aglutinación de creencias y comportamientos, modo de resentir los problemas colectivos, ámbito de una "cultura cívica"[13] que incluye particulares formas de lealtad a los líderes, de respeto a la autoridad y de desconfianza hacia los de afuera.

Una cultura moldeada, fuertemente marcada por las mujeres, ya que en muchos casos ellas *hacen* el barrio, con sus manos y con sus sentimientos, con su peculiar forma de *sentirlo* propio: "para las mujeres el barrio es el macro-universo que ellas rara vez dejan. Hacedoras y testigos privilegiados de su construcción y su adelanto las mujeres saben todo de él, conocen la historia de cada una de las calles. De toda la ciudad el barrio es el lugar que ellas sienten como propio e integran —a diferencia de la visión más pragmática del hombre— las vidas de la gente a ese paisaje urbano que la ha, de alguna manera, moldeado".[14] En los relatos de las mujeres que cuentan su papel en la vida del barrio se ve emerger una experiencia nueva: la percepción de dimensiones inéditas de la opresión, una interpelación a lo político desde lo cotidiano y una interpelación no reductora sino enriquecedora de la trama social y la vida afectiva.

Miradas desde esos movimientos barriales adquieren una significación nada anacrónica y tampoco meramente folclórica algunas formas de conservación de su memoria y su "moral". Como la pervivencia de un sentido para la *fiesta* que, de la celebración familiar a la verbena del barrio, integra sabores culturales a saberes de clase,

---

[13] J. Vargas Lesmes, *Acción social y política en los barrios populares*, p. 29.
[14] S. Muñoz, *El sistema de comunicación cotidiano de la mujer pobre*, p. 118.

transacciones con la industria cultural y afirmaciones étnicas.[15] O sea, otra vivencia del trabajo que subyace en la llamada "economía informal", la que para los economistas es sólo un efecto del subdesarrollo, pero que sin embargo deja entrever todo lo que en las clases populares queda aún de rechazo a una organización del trabajo incompatible con un cierto "modo de vida" y su percepción del tiempo y un sentido de libertad muy ligados a formas peculiares de solidaridad.[16] El sentido como es vivida esa *otra economía* nos habla de que no todo destiempo en relación con la modernidad capitalista es pura anacronía, puede ser el "residuo" no integrado de una aún vigente utopía. Incluso el *chisme*, ese modo de comunicación que es en muchos casos vehículo de verdadera contrainformación, demuestra la vigencia de una cultura oral hecha de comunicación interpersonal y multifuncional, sólo posible en la complicidad que aporta el interlocutor y la creatividad que alienta.[17]

Prácticas esas que hablan de cómo en los movimientos populares lo político desborda la política o al menos ensancha de tal modo su esfera que la vuelve irreconocible para los "especialistas". La inserción de la lucha en los ámbitos de la vida cotidiana no es camuflaje táctico ni ingenuidad política sino la apertura a una socialidad nueva, más ancha y menos dividida. Es lo que afirman los mestizajes que hoy nutren la cultura urbana. Así los nuevos *graffitis* en los que la "pintada" popular sale de la clandestinidad de los sanitarios y extiende su iconografía obscena y blasfematoria por los muros de las calles en los que se encuentra con un *graffiti* universitario que empieza a escapar a la estrechez formal de la escritura, al simplismo panfletario y a ganar la polisemia de la imagen. Diversos modos de rebeldía social se encuentran, comunican, y mestizando política y poética "tatúan la protesta —como expresivamente dice A. Silva— en la piel de la ciudad".[18]

Una ciudad que empieza a ser reconocida desde los movimientos populares tanto en lo que ella impone, controla, reprime, como en lo que esa represión implica de politización de la vida cotidiana y de revalorización entonces de lo cultural, del espesor cultural de la política. "Estamos frente al planteamiento de un nuevo contexto cultural en el cual a las reivindicaciones por la satisfacción de las necesidades físicas inmediatas se articula el componente cultural, estético, ambiental y cualitativo de todas y cada una de las eventuales soluciones, pero no como un agregado sino en la configuración de un paradigma cuya base fundamental es la construcción de una ciudad por y para el ciudadano".[19]

Acosados por una buena carga de ambigüedad política los *movimientos feministas* en Colombia señalan sin embargo desde mediados de los setenta el lugar de emergencia de un nuevo sujeto social. Precedidos por la Unión de Ciudadanas de Colombia que desde los años cincuenta venía trabajando por incorporar a la mujer a la participación en la vida pública, surgen en Bogotá, Medellín y Cali los primeros grupos del llamado

[15] Una "lectura" así de las prácticas populares: A. Ulloa, *La salsa en Cali: entre lo popular y lo masivo de la cultura urbana*, Cali, p. 86.
[16] E. Vásquez, *Racionalidad y posibilidades del sector informal*, Cali, 1983.
[17] P. Riaño, *Prácticas culturales y culturas populares*, p. 32ss.
[18] A. Silva, *La perspectiva estética como estrategia comunicativa en ciudades colombianas*, Bogotá, 1985.
[19] F. Viviescas, "Identidad municipal y cultura urbana", en *Revista Foro*, núm. 1, p. 43.

"nuevo feminismo". A través de investigaciones, de servicios en salud y asesoría sexual, de foros y congresos regionales y nacionales, las feministas buscan elaborar una autonomía ideológica construyendo un discurso específico. Clave en esa búsqueda serán revistas como *Cuéntame tu Vida* en Cali, *Brujas* en Medellín, y el trabajo teórico e histórico llevado a cabo en *Hojas Universitarias* de la Universidad Central de Bogotá, los films producidos por el colectivo *Cine-Mujer* e instituciones como Casa de la Mujer o el CAMI.

Conectando con transformaciones sociales de fondo la lucha del movimiento feminista hallará reconocimiento en el plano jurídico —ley 81 del año 1980 que elimina todas las formas de discriminación contra la mujer, ley 29 del año 1982 aboliendo las diferencias herenciales contra los hijos "naturales"—, en la apertura de la administración pública a la presencia de la mujer en puestos altamente decisorios, en la creación de secretarias femeninas en las centrales sindicales. Aunque la colombiana resulta siendo aun una sociedad profundamente machista —como se muestra desde los contenidos de los textos educativos hasta las imágenes de la mujer en las telenovelas y en la publicidad—, y por más minoritarios que aún sean los grupos feministas, ellos significan la apertura de un nuevo espacio de conflicto y de replanteamiento del sentido mismo de la política. Pues en su negación, en su rechazo a dejarse disolver en las reivindicaciones sociales y políticas de los partidos tradicionales de derecha y de izquierda las feministas colombianas empiezan a conectarse con el cuestionamiento que viene de la acción de las mujeres en los barrios populares.

MEDIADORES CULTURALES: DE LA GRAMÁTICA AL DESENCANTO

Los cambios en la cultura, incluida la cultura política, pasan hoy de modo decisivo por el espacio de la información masiva, y no sólo como su contenido, pues ahí toman forma nuevas sensibilidades. En los últimos años el discurso de la información en Colombia está mostrando cambios que más que a las transformaciones tecnológicas remiten a mutaciones en la sensibilidad política —en los modos de sentir la política, esto es de reconocerse o no en ella y de desplazarla— de las nuevas generaciones.

Dos muestras. Una, la experiencia de la revista *Alternativa*. Para una izquierda que en Colombia no había salido de unos artesanales periódicos de-para-militantes o afiliados al partido o sindicato, *Alternativa* —que llegó en poco tiempo a tener una tirada de cuarenta mil ejemplares— era el primer periódico de masas. Lo que llevó a que el desencuentro entre lenguajes —entre los que escriben y los que leen, de lo que se quiere hablar y de lo que se puede decir, entre lucha política y vida cotidiana— se hiciera por primera vez visible, se expresara fuera de la conciencia y las contradicciones internas de los grupos, y se tornara texto esquizoide entre una escritura mayoritariamente racionalista, seria, pudibunda y unas imágenes y formas que pugnaban por hablar otro idioma más expresivo, menos casto, más emocional. La importancia política del lenguaje, del qué y el cómo decir, se hizo patente en la pelea entre el modo de relación de la revista con las "bases" y en el valor que muy pronto comenzó a cobrar el experimento periodístico en sí mismo.

Toda una concepción purista e instrumental de la política y del lenguaje hizo ahí crisis: "Vivíamos obsesionados por la política-política y entendimos que ésta se encuentra en realidad en el deporte, en el humor y en la simple cotidianeidad, y que una revista que pretenda llegarle a la gente tendría que abrirse a todos esos temas profanos para la izquierda."[20] Aunque al desaparecer la revista la conclusión generalizada fue que a la izquierda le había quedado grande ese proyecto informativo, lo cierto es que a través del camino abierto por *Alternativa* el discurso de la izquierda se vio expuesto a un tipo de contradicciones que, al romper su "gramática", lo desencantaron de no pocas ilusiones ideologistas, como aquella creencia tan acendrada en la transparencia de los discursos verdaderos.

La segunda muestra se sitúa al otro lado: en los avatares de un noticiero perteneciente a una programadora privada de televisión.[21] Pero también en este caso alguien se atrevió a *mover* el lenguaje. Buscando sin duda una mayor audiencia —y por lo tanto un mejor negocio—, pero armado de una sensibilidad que lo conectaba con ese "otro país" que o no sabe o no puede leer, J. G. Ríos, director del noticiero de las 7, relajó el serio y acartonado formato de los noticieros de televisión hasta límites intolerables para los anunciadores, la mayoría de los periodistas y los críticos. Hizo llegar diariamente la cámara a los múltiples rostros del submundo de la miseria urbana trayendo casi siempre imágenes demasiado "crudas", dejó salir en la pantalla extrañas angulaciones que encuadraban a la vez lo que decía la gente y lo que hacía la policía, sacó la presentación del noticiero una vez por semana fuera del estudio y lo ubicó en la sala de una familia obrera o de clase media. Y a todo ese "populismo" le añadió una vestimenta de "mal gusto" y una irritante complicidad gestual con otros integrantes del noticiero y con los televidentes. A la sagrada crítica de mezclarle opinión a la información se le añadió otra condenatoria acusación: la de poner la información en discurso melodramático. La unanimidad del rechazo por parte de los serios y cultos hizo de pronto visible todo lo que, impura y torpemente a ratos, de popular pasaba por ese discurso visual del mal gusto y el melodrama, toda la carga política que contenía más que el contenido en sí mismo la sensibilidad otra de que se alimentaba ese noticiero. También en este caso el experimento debió acabarse pronto dejando la sensación de que lo que ahí buscaba su discurso le quedó grande al periodismo televisivo. Pero también ahí se sacaron a flote algunas predicciones que han impedido en adelante neutralizar la polisemia de la imagen que el país se hace de sí mismo cotidianamente en la televisión.

Entre la información y la literatura hay trayectos que convergen. En el país obsesionado por la gramática, en el que la corrección del lenguaje fue condición de ascenso social, las escrituras se plebeyizan. Primero fue el teatro: ahí el lenguaje comenzó a infectarse de realidad. Desde mediados de los años sesenta el TEC, La Candelaria, el Teatro Popular, La Mama, el Teatro Libre infectan el teatro de política. Siguiendo a Brecht los teatreros abandonan *su* escena y se ponen a la búsqueda de nuevos públi-

---

[20] E. Santos, "Cinco años sin alternativa, en Magazin dominical, núm. 11, p. 9.

[21] H. Martínez, "La información y la opinión", en *Juicio a la televisión colombiana*, pp. 49-60.

cos, de públicos populares. Apropiándose de mitos indígenas, nutriéndose de raíces folclóricas, mestizando elementos de la colonia, el teatro colombiano des-vela el hoy haciendo historia, reescribiéndola. Y a la tentación del panfleto —que no faltó— le ha ido oponiendo el empeño por "voltear el argumento histórico nuestro hacia el presente para que la obra teatral logre traspasar la barrera de la pura información y se establezca en los terrenos propiamente artísticos" (S. García). Lo que implicó cambiar las condiciones y las formas mismas de hacer teatro: la "creación colectiva", apunta ahí, a "revolucionar la percepción que el público tiene del teatro, porque cuando se revoluciona la percepción del teatro se está revolucionando la percepción del mundo" (E. Buenaventura).

De ese modo, la búsqueda de nuevos públicos, desde *A la diestra de Dios Padre* y *Soldados* hasta *Guadalupe años sin cuenta* y *Corre, corre Carigueta* se convierte en búsqueda de identidad, pero una identidad cuya verdad no se halla atrás, en un mitificado pasado sino en "la lucha por apropiarnos de la invención".

Primero fue el teatro y luego los poetas y los narradores. Los de "la generación del estado de sitio", esos que empezaron a publicar a comienzos de los setenta y han hecho del desencanto y la desafección una estrategia no de huida de la política sino de lucha contra su asfixia, y de la indignación, una forma de indagación a la vez de la vida y del lenguaje. Para decir el deterioro de las esperanzas y el agotamiento de las fórmulas que han dejado "treinta años de decirnos mentiras", pero también para decir el descubrimiento de nuevos modos de comunicar la literatura con la vida. En el campo y en la ciudad, en la capital y en la provincia. Especialmente en la ciudad, porque desde los años de la Violencia el peso del país se desplazó del campo a la ciudad y se cargó desmesuradamente sobre Bogotá, Medellín, Cali, Barranquilla. De manera que la novela y la crónica urbana habla en Colombia —desde *Viva la música* de A. Caicedo a *Sin remedio* de A. Caballero y los relatos de H. Valverde, D. Ruiz Gómez, Burgos Cantor, A. Alape, J. José Hoyos, L. Fayad— no de una moda o de un movimiento literario sino de un movimiento de la realidad. Hace años que García Márquez rompió la gramática para decir la utopía liberando la magia secreta de lo oral. Hoy los narradores colombianos escriben su activa resistencia política desde la desencantada oralidad de la ciudad.

BIBLIOGRAFÍA

Behar, O., *Las guerras de la paz*, Bogotá, Planeta, 1985.
Camacho, A. (comp.), *La Colombia de hoy*, Bogotá, CIDSE/CEREC, 1986.
Fals Borda, O., *Retorno a la tierra - Historia doble de la Costa 4*, Bogotá, Carlos Valencia ed., 1986.
Medina, M. *La protesta urbana en Colombia*, Bogotá, Aurora, 1984.
González C. y otros, *El movimiento popular en Colombia*, Bogotá, CINEP, 1985.
Sánchez, G. y R. Peñaranda (comps.), *Pasado y presente de la violencia en Colombia*, Bogotá, 1986.
Gallón, G., *Quince años de estado de sitio en Colombia*, Bogotá, 1979.
Revista Foro, "El municipio y la democracia en Colombia", Bogotá, 1986.
Silva, A., *Una ciudad imaginada*, Bogotá, Universidad Nacional, 1986.

ECUADOR: EL DILEMA DE LA IDENTIDAD NACIONAL

ERIKA SILVA CH.

Quiénes somos y adónde vamos. . . A lo largo de décadas este interrogante ha obsesionado a los ecuatorianos ante la realidad de un país marcadamente regionalizado, entre la espada y la pared de la dependencia, con un flanco territorial por el sur crónicamente vulnerable y con un peso del corte étnico-cultural decisivo en su estructuración histórica.[1] En el pasado la clase dominante elaboró su "visión teórica" del país, construyó los mitos fundadores de la "ecuatorianidad", convirtió a sus héroes en los héroes nacionales, a sus gestas en las gestas de "la" historia y dio su respuesta proclamando la idea de una nación cohesionada, compacta, más bien cosa congelada. A esta monolítica visión se oponían otras interpretaciones, otros sentires sobre el país. En contrapunto, allá por los años treinta los escritores del movimiento cultural terrigenista desnudaban en cada una de sus creaciones la realidad de un país invertebrado. Y años después, en la década de los sesenta, Jorge Enrique Adoum traduciría esa interrogante permanente de la sociedad en un bellísimo poema con olor a barro, rabia y soledad:

> Preguntan de dónde soy,
> Y no sé qué responder.
> De tanto no tener nada,
> No tengo de dónde ser.

He ahí, en cambio, estéticamente expuesto, el dilema de la identidad de los ecuatorianos.

Al llegar los años setenta, años de intenso desarrollo capitalista y modernización del Estado, acelerados por el auge petrolero, parecía que por fin se había logrado la tan ansiada unidad nacional. Los mitos a partir de los cuales las clases dominantes intentaron construir la ecuatorianidad se percibían enraizados en la conciencia y sentimientos de las masas. Sin embargo, dos importantes acontecimientos desvanecieron aquellas certezas relegándoles al terreno de las conjeturas. Me refiero, en primer lugar, al enfrentamiento bélico entre las fuerzas armadas ecuatorianas y peruanas en enero de

---

[1] El Ecuador está constituido por cuatro regiones: Sierra, Costa, Amazonia y región insular (Islas Galápagos). La pugna regional es histórica, pero tiene características y alineamientos diferentes en el siglo XIX y en el siglo XX. En el siglo XX se define la pugna entre Sierra y Costa comandada por las clases dominantes regionales de la Costa Sur (Guayas) y de la Sierra Centro Norte (Quito). En cuanto al problema territorial Ecuador ha tenido conflictos limítrofes con Colombia, pero fundamentalmente con Perú. Para un conocimiento del proceso económico, político y social visto desde la perspectiva que han adoptado históricamente las formas de la cuestión nacional en los siglos XIX y XX, véase el reciente libro de Rafael Quintero y Erika Silva, *Ecuador: Estado, clase y nación. Siglo XIX y Siglo XX*, Quito, FLACSO, 1988.

[2] El enfrentamiento bélico entre Ecuador y Perú en 1981 constituye uno más de una cadena de conflictos territoriales desde el siglo XIX. Los principales se suscitaron en los siguientes años: 1829, 1859, 1910,

1981 que nos mostró la vigencia de la secular vulnerabilidad territorial del país.[2]

Y en segundo lugar, el surgimiento, durante la década pasada, de un movimiento social inédito, cuyos protagonistas —hasta hace poco deshauciados de toda potencialidad histórica— eran los propios indios ecuatorianos. Su sola presencia organizada y digna sometía a juicio el eterno dilema de la identidad nacional. Ambos acontecimientos históricos, aparentemente desligados, estaban íntimamente entrelazados a las dos grandes matrices que habían alimentado los mitos de la nacionalidad cuidadosamente elaborados por las clases dominantes por más de un siglo: la territorialidad y la etnicidad.[3]

Propongo que son dos los grandes mitos originarios que constituyen el fundamento sobre el cual las clases dominantes han intentado construir la "ecuatorianidad", o lo que también podría llamarse la "ideología ecuatoriana" o la identidad nacional.[4] El primero, cuya matriz es la territorialidad es el "Mito del Señorío sobre el Suelo". Éste nos dice que Ecuador es un país inmensamente rico, privilegiado por la naturaleza, pero de geografía indómita, feraz, difícil de vencer. Más que la riqueza del país, este mito enfatiza los insalvables obstáculos de la naturaleza andina. Así, según él, el hombre originario de los Andes no pudo vencer la "loca geografía"[5] cosa que sí lo hizo en cambio el conquistador español[6] desde su asiento de Quito, convertida en eje de sus expediciones y mitificada desde entonces como "hontanar de vida",[7] entidad centrífuga[8] y "corazón de la Patria".[9] La hazaña de la conquista es pues, según este

[2] 1941 —el más desastroso para Ecuador pues perdió cerca de la mitad de su territorio actual y su acceso directo al río Amazonas— y en 1981. Véase al respecto el libro de Manuel Medina Castro, *La responsabilidad del gobierno norteamericano en el proceso de la mutilación territorial del Ecuador*, Guayaquil, Departamento de Publicaciones de la Universidad de Guayaquil, 1980.

[3] El vocablo "mito" lo empleamos en la acepción laxa que Emilio de Ipola y Liliana de Riz le dan en su trabajo "Un juego de 'Cartas Políticas'. Intelectuales y discurso autoritario en la Argentina actual", en Daniel Camacho *et al.*, *América Latina: ideología y cultura*, San José, Costa Rica, FLACSO, 1982, p. 111.

[4] De Ipola y Riz utilizan más bien la noción de "ideología argentina" en su artículo citado.

[5] Así caracterizada por Miguel Ángel Cevallos Hidrovo en "La naturaleza del poder nacional", en *Patria Siempre*, mayo de 1977, p. 5.

[6] Dice Gabriel Cevallos García: "Quito, a partir de 1534, fue el centro geográfico desde donde se hizo la unificación del territorio ecuatoriano, unificación frustrada por las poderosas invasiones de Túpac Yupanqui y de Huaynacápac, repuesta fugazmente casi un siglo después por la reconquista de Atahualpa, vuelta a eclipsarse con la llegada de Francisco Pizarro y, por fin, reiniciada de manera definitiva, para durar y constituir la base física de nuestra actual posición histórica y política, a partir del año señalado y por obra de Benalcázar y de sus cooperadores. "Véase *Visión teórica del Ecuador*", Puebla, Biblioteca Ecuatoriana Mínima, Editorial J.M. Cajica, 1960, p. 218.

[7] El mismo Cevallos García nos dice: "Al fundarse San Francisco y al establecerse los españoles con ánimo definitivo y pacificador, las cosas tornaron a principiar, pero con un tono tan distinto, que parecían absolutamente originales. Una nueva fuente del acontecer histórico volvió a abrirse entonces, y de su hondura manaba tanta energía, que cuantos ansiaban obrar podían hacerlo en la anchura de las potencias personales. Quito cambió de función histórica: de meta que había sido hasta esos años, se transformó en *hontanar, en venero, en comando de la vida y de la Historia nacional*." Véase p. 227 (cursivas del autor).

[8] "El Ecuador pertenece a aquel número de entidades nacionales configuradas desde un centro de radiación, *entidad que de algún modo podría calificarse de centrífuga*, pues fue haciéndose, no por ensanchamientos naturales parejos o disparejos, sino en virtud de una complicada y normal integración, presidida por una idea central que, si no la hallamos expresada en las actas capitulares, la sentimos alentar detrás de ellas, sosteniéndolas y dirigiéndolas." *Ibid.*, p. 218 (cursivas del autor).

[9] En su libro *Escorzos de historia patria*, Quito, Ediciones Quitumbe, 1978, Jorge Salvador Lara se refiere

mito, dominio de una geografía rebelde y reinicio de un proceso de integración territorial interrumpido por el Incario, hazaña que, sin embargo, no busca apoderarse y explotar la tan proclamada riqueza del país, sino simplemente recobrar el señorío sobre el suelo.

El segundo es el "Mito de la Raza Vencida", cuya matriz es la etnicidad. Según éste, los indios ecuatorianos constituyen una "raza vencida" por una triple conquista cuya herencia perdura hasta el presente: la conquista de la geografía cuyo poderío los tornó introvertidos, apáticos, aislados y melancólicos; la conquista inca que los anuló y abatió definitivamente, dejándonos un legado que se ha cernido amenazante a lo largo de siglos hasta la actualidad —el expansionismo peruano—, y la conquista española que al derrotarlos trajo como parabién el resurgimiento de la nacionalidad al ser la comadrona de un producto nuevo: el mestizo, visualizado como único producto genuino de la tierra americana. La triple conquista simboliza al mismo tiempo la trilogía religiosa vida (preincario), muerte (Incario) y resurrección, esta última encarnada en la fuerza de la colonización. El mestizaje, hijo del "Mito de la Raza Vencida" y fruto de la resurrección que trajo consigo la conquista, es visto como punto de partida de la historia, como potencialidad de grandes realizaciones, como esencia de la ecuatorianidad.[10]

Tres constantes se aprecian en estos mitos: una cruda desvalorización del mundo indígena a pesar de los hipócritas ensalzamientos del mismo que, como veremos, tienen una lógica insospechada; una negación radical del Incario; y una adherencia incondicional a la civilización grecolatina y "occidental" representada por la conquista española, al mismo tiempo ensalzada como vía de resurrección nacional. En tal sentido, estos dos mitos sobre los que la clase dominante ha querido forjar una identidad, que a lo largo de la historia han exhibido diversas variantes y cuya combinación ha sido también variable, entrañan un profundo divorcio del mundo andino como región nuclear de América Latina, como pueblo con determinadas características étnicas y culturales, provocando un desarraigo por negación de lo indio, al mismo tiempo que una adscripción a una antigüedad grecolatina, y a un mundo "occidental y cristiano".

Estos mitos perciben lo mestizo, por ejemplo, como un proceso en el cual la asimilación a la cultura occidental por parte de las culturas y pueblos indígenas es íntegra y absoluta. De allí proviene la noción de "blanqueamiento" a la que Norman E. Whitten hace referencia: no es el blanco el que se "aindia" sino el indio el que se "blanquea" étnica y culturalmente.[11] En los años setenta, años en los que esta ideología

a Quito como "[. . .] la hermana mayor, 'nido de cóndor real', corazón de la Patria [. . .]". Véase p. 265. En la misma tónica véase su libro *La patria heroica*, Quito, Editorial Fray Jodoco Ricke, 1961.

[10] Una clara ilustración de esta ideología puede verse en la obra de Cevallos García y Salvador Lara citadas. También en el artículo de Cevallos Hidrovo citado; en la obra literaria de Juan León Mera, particularmente su novela *Cumandá*, en la obra de Remigio Crespo Toral, Gonzalo Zaldumbide, etc. En la época contemporánea siguen vigentes estos mitos. Véase al respecto el artículo de Hernán Crespo Toral "El país y su identidad cultural", en *Revista Cultura*, Quito, Banco Central del Ecuador, 1984, núm. 18b, pp. 489-500.

[11] Norman E. Whitten, Jr., "Etnocidio ecuatoriano y etnogénesis indígena: resurgencia amazónica ante la colonización andina", en Marcelo Naranjo *et al.*, *Temas sobre la continuidad y adaptación cultural ecuatoriana*, Quito, Ediciones de la Universidad Católica, 1984, 2a. ed., p. 177.

del mestizaje de corte racista-elitista se había institucionalizado en la sociedad y en el Estado, el entonces dictador Guillermo Rodríguez Lara, al mismo tiempo que apelaba al "ancestro indígena de todos los ecuatorianos" decía: "No hay más problema en relación con los indígenas. . . todos nosotros *pasamos a ser blancos* cuando aceptamos las metas de la cultura nacional."[12]

Según los forjadores de tales mitos, la integración territorial y la difusión del "blanqueamiento" étnico y cultural de la población, ambas comprendidas como el triunfo del conquistador sobre la geografía y la historia andinas, dieron como resultado una compacta unidad nacional sobre la que, sin embargo, no se tiene conciencia. Gabriel Cevallos García dice:

Poco hemos meditado los ecuatorianos en esta profunda unidad que somos; por eso será que nos perdemos o tratamos inútilmente de perdernos en afanes divisionistas o excluyentes: el partido político, sobre el Estado; la región, sobre el país; el individuo, sobre la colectividad. Mas sin determinismo de ningún género y bien considerado el asunto, somos una grande y compacta unidad.[13]

Pero la dependencia, la regionalización, el profundo corte étnico-cultural y la vulnerabilidad territorial del país —formas de la cuestión nacional que gravitan con fuerza hasta la actualidad— han cuestionado históricamente esas premisas sentadas por la clase dominante ecuatoriana, actualmente asimiladas *tout court* por las fuerzas armadas, y su moderna doctrina de la seguridad nacional.

La crisis nacional de 1941, por ejemplo, derrumbó el "Mito del Señorío sobre el Suelo" consolidado con el triunfo de las fuerzas quiteñas sobre el ejército peruano en el Portete de Tarqui en 1829. La enorme mutilación territorial sancionada por el Protocolo de Río de Janeiro dejó sin piso a los ecuatorianos y puso en crisis la identidad iberoamericana fraguada por los ideólogos de un nacionalismo "huairapamushca".[14] ¿Dónde estaba la herencia intrépida, la capacidad de integración territorial, la fuerza centrífuga del conquistador? ¿Dónde estaban aquellas excelsas cualidades que, según el mito, habíamos heredado? ¿Dónde quedaba el dominio de la geografía y la historia características de los temerarios antepasados españoles, cuyo legado debíamos haber asimilado con largueza los sucesores de su cultura y de sus tradiciones? ¿Dónde se habían escondido los herederos de los vencedores del "expansionismo cuzqueño"? Al mito se lo había llevado el viento.

Pero las mismas elaboraciones eurocentristas proporcionaron la respuesta a un pueblo que seguía escamoteando el sonido de sus voces terrígenas: el mito contaba que en el pasado los indios no pudieron vencer la geografía siendo aplastados por ella. Mirándose en un espejo distorsionado del pasado, los ecuatorianos de 1941 se vieron a sí mismos esperpénticos, incapaces de dominar la "loca geografía" y mantener el señorío sobre el suelo alcanzado por el conquistador. Al igual que los indios, "raza

---

[12] Este testimonio se encuentra en *ibid.*, p. 167 (cursivas del autor).
[13] Cevallos García, *op. cit.*, p. 223.
[14] En quichua significa "hijo del viento".

vencida" por una triple conquista, los ecuatorianos nos miramos como un pueblo vencido, como un pueblo de perdedores. Hondo habían calado las construcciones ideológicas de las clases dominantes a lo largo de siglos. En 1981 Pedro Saad Herrería diría:

Jaime Roldós siente a su generación como un marco de referencia. Sabe que sería una exageración decir que somos hijos del Protocolo de Río, pero sabe también que somos sus herederos. Sin beneficio de inventario. Quienes han pagado sus deudas [. . .] Que hasta 1942 tuvimos una literatura floreciente. Una pintura que buscaba la tierra. Un deporte digno[. . .] Que desde 1942 somos un país, una generación, que ha vivido con el estigma de algo peor que la derrota. Con la marca de la fuga frente al enemigo. Con las cicatrices indelebles que deja la cobardía. Que desde entonces somos un país perdedor. Tan perdedor que, cuando perdemos 1 a 0, casi creemos que lo hemos hecho bien. Que casi no perdimos. Que empatamos.[15]

Esta sensación de pérdida, de derrota, no era sólo producto de la mutilación territorial. En realidad, en el control del territorio, se jugaba algo más profundo: la suerte de una identidad ficticia construida sobre una falsa premisa, la de ser "nación mestiza", "blanqueada", hegemonizada por las características y cualidades de Occidente. La incapacidad de dominar la geografía nos ponía de cara a una realidad —siempre según los mitos elaborados— más india que "blanqueada", nos mostraba más como vencidos que como conquistadores. Es entonces cuando el "Mito de la Raza Vencida", despojado de sus ramales: el "blanqueamiento" de impronta española y la "resurrección" nacional viabilizada por la conquista y el propio mestizaje, adquiere supremacía en el balance simbólico dominante agudizando el conflicto de identidad en un pueblo que se veía indio, pero que al mismo tiempo negaba lo indio pues había crecido persuadido por el "Mito de la Raza Vencida". Este conflicto se tradujo en un acentuado racismo y en una acendrada negación de las raíces, fenómeno ampliamente difundido en el nivel estatal y social. En un artículo escrito en 1968 Joseph B. Casagrande decía que

[. . .] el racismo en el Ecuador está institucionalizado a un grado tal que chocaría aun a los negros norteamericanos. El indígena está constante e ineludiblemente forzado a encarar el hecho de llevar su estigma étnico y adaptarse al estado denigrante de su propia persona. En el Ecuador [. . .] los indígenas y los no-indígenas han aprendido bien a desempeñar casi inconscientemente sus respectivos papeles de sumisión y dominio.[16]

Pero el conflicto territorial de Ecuador no era con cualquier país. Era un conflicto de larga duración con un país andino que simbolizaba nada menos que el poder del Incario, poder que en el pasado hegemonizó sobre señoríos étnicos y cacicazgos asentados en los Andes septentrionales dejando una huella profunda sobre su cultura. La negación del Incario, presente en los dos mitos propuestos, adquiere fuerza inusitada con el desenlace de la guerra de 1941. Así, desde el punto de vista de las clases dominantes

---

[15] Pedro Saad Herrería, "Encuentros y lecciones", en "¡Viva la patria!", Quito, Editorial El Conejo, 1981, pp. 89-90.
[16] Joseph B. Casagrande, "Estrategias para sobrevivir: los indígenas de la Sierra", en Naranjo et al., cit., p. 5.

y su cúpula militar, en el 41 fuimos víctimas del "expansionismo peruano" como en el pasado lo fueron también los pueblos indios del "expansionismo cuzqueño". Pero, cabe aquí preguntarse, ¿cómo identificar al Ecuador del siglo xx con los pueblos indios de hace siglos si toda la elaboración simbólica dominante los ha negado y excluido permanentemente?

Aquí el pensamiento de la clase dominante se vuelve brumoso y contradictorio. Éste es el momento que reivindica el mundo indio en el legendario reino de Quito del padre Juan de Velasco, a pesar de que ha concebido a los indios como seres incapaces, apáticos, melancólicos e impotentes frente a la naturaleza; es el momento que proclama —desde una perspectiva elitista— la existencia de una nobleza quiteña pareja a la nobleza inca. La apelación al pasado indio es hecha pues, exclusivamente para fundamentar una unidad nacional y territorial existente antes de la invasión inca, sólo comprensible desde la perspectiva del presente: la amenaza territorial por parte del Perú. El siguiente discurso es revelador de este pensamiento.

En rigor no podemos enorgullecernos de una procedencia bien definida. Nuestra extracción nacional casi es de prestado o surge del entusiasmo optimista [. . .] Admitiendo que existió el Reino de los Caras, la consecuencia es ésta: tenemos una maternidad y una paternidad conocidas y propias en la formulación de nuestra nacionalidad: Si rechazamos el Reino de Quito de Juan de Velasco, estamos admitiendo que solamente cuando la invasión cuzqueña se asienta sobre nuestra tierra y formula la totalitaria política del Estado del Tahuantinsuyo, surgimos como nación [. . .] como sostiene el Perú.[17]

La guerra de 1941 y sus desastrosos resultados para un país que a lo largo de su vida republicana había sido testigo del mutilamiento permanente de su territorio, implicó para la conciencia y sentimiento de la gran masa de ecuatorianos la mutilación de parte de sí mismos. En el lenguaje esta mutilación se expresó en una autopercepción como seres tullidos, baldados, incompletos.[18] Ante esta realidad, la intelectualidad orgánica del Estado se vio obligada a tentar nuevas elaboraciones ideológicas y simbólicas que proporcionaran al ecuatoriano un nuevo sentido de sí mismo y de su país.

Así por ejemplo, como respuesta inmediata, Benjamín Carrión elaboró la tesis de la "nación pequeña" según la cual no importaba la pequeñez territorial del país pues "[. . .] como lo han demostrado Israel y Grecia, naciones muy pequeñas en territorio y en potencia económica pueden pesar mucho más que otras en la historia por su aporte cultural".[19] Destino que Carrión lo reservaba también para Ecuador y hacia el cual orientó tenazmente su pensamiento y práctica política.

Derrumbado el "Mito del Señorío sobre el Suelo" lo que interesaba entonces era fortalecer la idea de la "nación mestiza" subyacente en la tesis de la "nación pequeña" de Carrión. Si falló la capacidad de integración territorial esta vez no debía fallar

---

[17] Recordemos sólo el dicho popular "Amarillo, azul y rojo: la bandera del patojo" que se difundió a raíz de la derrota del 41.

[18] Véase Hernán Rodríguez Castelo, *Benjamín Carrión el hombre y el escritor*, Quito, Politecnia, 1979, p. 26.

[19] Benjamín Carrión, "Guillermo Bossano interroga a la patria", en Guillermo Bossano, *Vicisitudes de la nacionalidad ecuatoriana*, Quito, Ediciones CCE, 1975, p. 12.

la capacidad estatal de integración cultural. Según esta tesis el país debe constituir unidad en la cultura y ésta es también, para este importante autor, mestiza de impronta occidental. Pero si la idea de la "nación mestiza" se sustentaba en el "Mito de la Raza Vencida", el fortalecimiento de ella acarreaba el fortalecimiento de aquel mito. A pesar de que Carrión tentó nuevas elaboraciones en las que buscaba recuperar la "tradición raíz sin la cual ningún pueblo de la tierra[. . .] ha iniciado su historia",[20] tradición raíz que residía en el pasado indígena, su nueva elaboración no buscaba sino una nueva reconciliación con la conquista. La frase final de su obra *Atahuallpa* es elocuente de ello.

Hoy es la hora de construcción en Indohispania. Todas las voces —*que se expresan indeclinablemente en español*— afirman su anhelo de vivir en justicia y en igualdad sociales. Desde el México eterno de Zapata, pasando por el Perú de Mariátegui, hasta el sur fecundo de afirmación y anhelos. *Atahuallpa no dice en estas páginas su odio hacia Pizarro. Cuatro siglos ya. Atahuallpa y Pizarro esperan —y harán llegar— la hora de la tierra y de la justicia.*[21]

Con lo cual se afirmaba la idea del mestizaje de impronta occidental, dejándose en pie los mitos de la ecuatorianidad sustentados en una matriz ideológica de corte colonial. Es decir, tanto el cuestionamiento de sí misma que vivió la sociedad ecuatoriana en la década de los cuarenta como sociedad "blanqueada", heredera de las gracias y cualidades de los conquistadores, así como la salida a ese desconcierto propuesta por Carrión con su tesis de la "nación pequeña", siguen la vía de afirmación del "Mito de la Raza Vencida", con la que se perpetuaba el divorcio del Estado y la sociedad frente a las masas indígenas.

Por otro lado, la tendencia a identificar al "expansionismo peruano" con el "expansionismo cuzqueño" del pasado se acentúa. El Incario sigue siendo visto, en la trilogía vida-muerte-resurrección, como la muerte, es decir, como el fin del yo colectivo, y el expansionismo militar peruano como su prolongación, lo que torna imperiosa la necesidad de encontrar la fuente de la identidad colectiva en hechos no contaminados por él.[22] Esta tendencia se vuelve tanto más pronunciada cuanto en el nivel del Estado peruano y su alta cúpula militar se exhibe la misma tendencia a fundamentar en el pasado la acción política presente. En efecto, el militarismo expansionista del Perú contemporáneo está fuertemente imbuido por la idea de "[. . .] devolver al Perú el papel central del Incario y la Colonia", de mantener en el mundo andino "[. . .] su gravitación central, que por razones históricas y causalidad geográfica le corresponden

---

[20] Benjamín Carrión, *Atahuallpa*, Quito, El Conejo, 1986, p. 169 (cursivas del autor). Este punto de vista de Carrión se hace particularmente ostensible en su crítica a lo que él denomina "particularismo indigenista" de José Carlos Mariátegui. Véase Benjamín Carrión, "José Carlos Mariátegui", en María Wiesse, *José Carlos Mariátegui*, Amauta, Lima, 1978, 6a. ed.

[21] Véase por ejemplo el libro de Bossano citado y la obra de los esposos Costales Samaniego. También el libro de Julio H. Santamaría cuyo título es una clara expresión de esa corriente: *La gigantesca personalidad de Atahualpa y sus generales. La agresión del imperialismo peruano al Ecuador en 1941*, Quito, Ed. Ind. Graf CYMA, 1970.

[22] Edgardo Mercado Jarrín, *El conflicto con Ecuador*, Lima, Ediciones Rikchay, 1981, p. 101.

[. . .]"[23] Frente a este militarismo expansionista peruano que también apela al pasado inca y virreinal como argumento histórico de su política actual, las clases dominantes y el Estado ecuatorianos han levantado la tesis del Ecuador como país "pacífico", como una "isla de paz". Con ello oponen al "ancestral expansionismo peruano", el "ancestral pacifismo" del Ecuador, todo lo cual nos muestra que el añejo enfrentamiento entre los estados ecuatoriano y peruano no hace sino profundizar el secular divorcio del mundo andino.

Así con los nudos no resueltos de su constitución nacional, arribaba el país a la década de los setenta, década en la cual los gobiernos militares instalados por la fuerza plantearon a la sociedad la urgencia de la modernización e integración de un país atrasado y fragmentado, interpretando de esa manera la demanda existente desde diversos sectores sociales. Progreso e integración fueron de la mano de un nuevo discurso político que por primera vez hacía explícito desde el poder la idea del mestizaje como idea de unidad nacional.

En la proclama del 16 de febrero, el general Guillermo Rodríguez Lara, al asumir la jefatura del Estado se identificaba como "[. . .] miembro de la clase media por cuyas venas bulle sangre indómita producto de la fusión de nuestra raza india y la hispana", y al igual que los militares "julianos" 47 años atrás, interpelaba "[. . .] al indio, cuya redención espera todavía una acción más positiva y enérgica [. . .]"[24] La dictadura "nacionalista y revolucionaria" impuesta en 1972 inauguró un nuevo discurso sustentado en la ideología del mestizaje, discurso del que años después serían sus continuadores los presidentes constitucionales Jaime Roldós (1979-1981) y Osvaldo Hurtado (1981-1984). Por ello coincidimos con Whitten cuando afirma que "en los años setenta la ideología del mestizaje domina la ideología pública del nacionalismo ecuatoriano [. . .]",[25] ideología que, como el mismo Whitten lo precisa, sigue girando en torno a la pobre noción de "blanqueamiento".

Ahora bien, la política de integración del país llevada a cabo por parte de los regímenes militares se tradujo en un impulso al desarrollo capitalista, amplió el mercado interior subordinando a la gran masa de la población a la lógica del capital; se plasmó en la construcción de carreteras, represas, puentes, caminos vecinales, refinerías, etc.; en la ampliación de la soberanía del Estado sobre el conjunto del territorio y la población; en el desarrollo de políticas culturales y educativas, etc. La misma modernización y la necesidad de pensar el desarrollo coadyuvó a que el Estado burgués impulsara el desarrollo del pensamiento social y la configuración de un perfil hegemónico en su gestión, le condujo a desarrollar una política de cooptación de importantes capas de intelectuales, gran parte de los cuales se anudaron, a partir de aquella década, en torno al Estado.[26] Además, a fines de los años setenta, el Estado amplió la ciudadanía a los

[23] Véase la revista del ejército ecuatoriano. *Baluarte*, núm. 10, febrero de 1972, pp. 6-7.

[24] Whitten, *op. cit.*, p. 175.

[25] Véase al respecto mi trabajo "*Lo nacional popular y lo nacional estatal*", presentado al V Encuentro de Historia y Realidad Económica y Social del Ecuador, Cuenca, noviembre de 1986.

[26] Véase al respecto la obra de John Murra, *Formaciones económicas y políticas del mundo andino*, Lima, IEP, 1975; Frank Salomon, *Los señores étnicos de Quito en la época de los Incas*, Colección Pendonerso núm. 10, IOA, Otavalo, 1980; Juan M. Ossio A., *Ideología mesiánica del mundo andino*, Edición de Ignacio Prado Pastor, Li-

analfabetos con lo cual, casi a fines del siglo XX, recién se bautizaba como Estado burgués moderno.

Pero los límites del precario desarrollo capitalista, dada la dependencia imperialista y las contradicciones que ello generaba en términos de integración nacional, abrieron el horizonte popular hacia nuevas direcciones contrarias a las trazadas por el Estado y las clases dominantes. Así por ejemplo, si bien el desarrollo capitalista subordinó a la población al capital, no la homogeneizó étnica y culturalmente, es decir, no logró la "integración del indio" a la llamada "cultura nacional". Por el contrario, la liberación de las ataduras serviles, la eliminación de la tutela civil y religiosa y la conquista de derechos civiles y políticos con la ampliación de la ciudadanía, posibilitaron que la centenaria acumulación histórica de los indígenas se tradujera en respuestas inéditas desde la sociedad dadas por los mismos indios; la ampliación de la soberanía del Estado sobre el territorio y la población —fundamentalmente en la región amazónica— desató contradicciones entre los grupos indígenas y las políticas estatales que fomentaban el ingreso de transnacionales y colonos; el desarrollo de una política cultural, cuyo eje era la ideología del mestizaje, chocaba con el desarrollo de una autoconciencia étnica y cultural en el interior de los pueblos indios. Por otro lado, el desarrollo de las ciencias sociales nos mostraba un mundo andino tremendamente complejo y rico, cuyas fronteras fluidas desafiaban la rigidez de las fronteras estatales; un mundo peculiar, poseedor de una cosmovisión propia, de una milenaria sabiduría frente a la naturaleza; de una enorme capacidad de resistencia y lucha; de un denso pensamiento mítico y simbólico. En suma, nos mostraba una milenaria antigüedad cuyo vigor cuestionaba las premisas ideológicas contenidas en los mitos de la ecuatorianidad elaborados por las clases dominantes.[27]

En la década de los sesenta, el país asiste a la emergencia de un movimiento social inédito: el movimiento indígena. Al afirmar esto no estoy haciendo tabla rasa de la presencia político-social de los indios a lo largo de la colonia y república manifiesta a través de múltiples formas. No. Simplemente estoy marcando un hecho esencial: *el punto de ruptura y desafío de la definición dominante de etnicidad en la sociedad ecuatoriana* protagonizado por los propios indios. Si en el pasado la clase dominante construyó los mitos de la "ecuatorianidad" desde una visión excluyente y eurocentrista de la etnicidad y la territorialidad, actualmente el surgimiento de un movimiento indígena que se apropia de su etnicidad desarrolla un discurso político e ideológico con base en ella y replantea la territorialidad, constituye un fenómeno que cuestiona profundamente el orden simbólico e ideológico dominante de herencia colonial. Este hecho social y político tiene hondas repercusiones no sólo respecto a los indios sino respecto a toda una sociedad que creció y se desarrolló negando al indio como fundamento de su nacionalidad.

Es por ello por lo que el movimiento indígena de los años setenta es inédito, pues

ma, 1973, segunda edición; Nathan Wachtel, *Sociedad e ideología*, Lima, IEP, 1973; María Rostworowski de Díez Canseco, *Estructuras andinas del poder*, Lima, IEP, 1983; Galo Ramón, *La resistencia andina. Cayambe 1500-1800*, Quito CAAP, 1987, entre otras importantes obras que nos ilustran al respecto.

[27] Blanca Muratorio (a), "Imágenes de 'los indios' en Sudamérica: antiguas tradiciones y nuevas ideologías", en *Etnicidad, evangelización y protesta en el Ecuador. Una perspectiva antropológica*, Quito, Ediciones CIESE, 1982, p. 17.

a través de su organización y práctica reformula la etnicidad "[. . .] como una ideología de oposición que representa una crítica a los sistemas de dominación pasados y presentes [. . .]"[28] por lo que, al decir de Blanca Muratorio, las formas de conciencia actual de los indios pueden ser vistas como las "nuevas visiones de los vencidos" pues "por primera vez los indios están hablando con su propia voz".[29] Su palabra y obra ha puesto en jaque el mito sobre el cual la clase dominante quiso contruir la ecuatorianidad: el "Mito de la Raza Vencida", único mito sobreviviente a la crisis de 1941.

La idea según la cual los indios no pudieron vencer la "loca geografía" tornándose apáticos, melancólicos, aislados e introvertidos, ha sido desvirtuada por la etnohistoria y antropología modernas que han estudiado cuidadosamente las prácticas productivas del hombre andino. Las formas particulares de producción basadas en la microverticalidad y el control de varios pisos ecológicos; el desarrollo de redes de intercambio peculiares para la provisión de productos exóticos y necesarios; la tecnología andina adaptable a la geografía, y un sinnúmero de características productivas nos muestran, a diferencia de lo sostenido por los mitos hispanizantes, un enorme conocimiento y dominio de la geografía que es lo que hizo posible, entre otras cosas, la resistencia indígena a la colonización. Dominio y conocimiento que, a pesar de los cambios sucedidos en el tiempo, han conservado sus virtualidades.

Esta particular forma de relacionarse con la naturaleza determinó el desarrollo de una cosmovisión caracterizada básicamente por una noción diferente de espacio y tiempo; por esquemas de comunicación distintos y formas diferentes de relacionarse socialmente;[30] cosmovisión que al ser juzgada a partir de códigos culturales occiden-

---

[28] *Ibidem.*

[29] Para una comprensión de las concepciones diferentes del espacio-tiempo en la cosmovisión indígena, véase la obra citada de N. Wachtel. Refiriéndose al tiempo, Ruth Moya distingue distintas nociones de tiempo en la cosmovisión indígena: el "tiempo denso" al que ya hemos hecho referencia, el "tiempo mítico" en el cual "se constituyen los signos y símbolos que explican el origen sagrado, los fundamentos etiológicos del hombre, la naturaleza y el cosmos [. . .]"; el "tiempo del ciclo vital humano", el "tiempo ritual y festivo" y el tiempo de lo cotidiano. Las nociones de espacio y tiempo están íntimamente relacionadas: "no se puede hablar del uno sin el otro". Véase Ruth Moya, "Nacionalidad, cultura e historia", ponencia presentada a las VIII Jornadas Culturales de Mayo, Consejo Provincial de Pichincha, Quito, 1986, pp. 13-14. La misma autora, en el mismo trabajo señala la existencia de "esquemas de comunicación" distintos. Así dice: "En la cultura quichua por ejemplo se practica la comunicación-debate-consenso, mientras que la mestiza [. . .] busca argumentar y convencer antes que permear el mensaje. En el nivel gramatical en quichua hay distinciones entre lo inclusivo y lo exclusivo (que excluye), lo conocido por experiencia y lo conocido por relato, inferencia, etc. [. . .] (*Ibid.*, p. 14). Por su parte, Galo Ramón en su obra citada, nos plantea la existencia de diversas formas de relacionarse socialmente. Según este autor la familia andina no se identifica con la unidad doméstica sino con grupos de afinidad o parentesco ampliado unidos por lazos de consanguinidad, matrimonio o afinidad natural. Ésta tendría dos objetivos: *a*) establecer vínculos de reciprocidad para acceder a bienes, servicios y conocimientos en un medio ecológico restrictivo que demanda de trabajo cooperativo y un intercambio regular, como estrategias de sobrevivencia, y *b*) busca apropiarse de un espacio productivo microvertical. El parentesco es una función ligada a la reproducción social, pero se sustenta en relaciones sociales que crean una forma de poder interno y externo: crean un espacio político origen del poder. Véase *op. cit.*, pp. 276-280.

[30] Moya, *op. cit.*, pp. 13-14.

tales y eurocéntricos ha sido y es distorsionada, subvalorada y discriminada. Al distinguir las diversas nociones de tiempo en la cosmovisión indígena, Ruth Moya señala, por ejemplo, que la incomprensión del *tiempo denso*,

tiempo que da cuenta de los procesos de largo alcance, muy vinculados a los ciclos vitales de la vida natural antes que la coyuntura o los procesos de corta dirección [. . .] es lo que causa mayor conflicto y es atribuido a desgano, impavidez, cuando no a irresponsabilidad del "otro", en este caso los indios [. . .].[31]

Las características de melancólico, apático, introvertido, aislado, vago, endilgadas como "naturales" al indio y presentes en el "Mito de la Raza Vencida", responden a la misma distorsión de la cosmovisión andina realizada por quienes intentaron justificar la brutal coacción extraeconómica ejercida durante siglos hacia las masas indias.

Ahora bien, a pesar del dominio colonial, el indio buscó la manera de no perder su control de un determinado territorio. Ésta fue precisamente una de las formas que adoptó la resistencia indígena al hecho colonial. Al estudiar la resistencia en la zona de Cayambe, Galo Ramón nos indica, por ejemplo, que en el siglo XVII, al producirse la brusca desestructuración de las economías étnicas norteñas por la consolidación hacendaria

los indígenas buscaron mantener un territorio étnico distinto al español, construyendo y controlando al efecto, la zona de producción de páramo que pasa a ser cultivada intensivamente, mientras el valle es tomado por los españoles.[32]

Esta respuesta, según el mismo autor, no fue exclusiva de los indios de Cayambe. Al contrario, la idea de un *territorio étnico distinto* fue una propuesta *panandina* desarrollada en la reunión de Mama en 1562.

cuando se reunieron diversos caciques del Perú actual, que plantearon la entrega del espacio andino a los señores étnicos, prometiendo al Rey de España que pagarían un servicio más copioso, que el que recibían de los encomenderos [. . .].[33]

Vemos aquí que la noción de territorialidad en los indígenas estuvo y está —como veremos— íntimamente ligada a la de etnicidad.

La tierra [nos dice Galo Ramón] aparece persistentemente como un espacio de identidad étnica, de modo que buscar la oportunidad para regresar a sus tierras [. . .] constituye una deliberada acción por recuperar un principio de identidad.[34]

Nótese que también para las clases dominantes la territorialidad y la etnicidad consti-

[31] Ramón, *op. cit.*, p. 157.
[32] *Ibidem.*
[33] *Ibid.*, pp. 272-273.
[34] Véase al respecto la obra citada de María Rostworowski de Díez Canseco, Parte 6, "La diarquía entre los incas", pp. 130-179.

tuyeron las fuentes recurrentes en sus elaboraciones sobre la ecuatorianidad. Y ello era lógico. En una sociedad marcada por un profundo corte étnico-cultural, el dominio sobre el territorio posibilitaba la imposición de una cultura y, por ende, el control e imposición de una noción de etnicidad. Pero, a diferencia de las clases dominantes, para quienes la noción de territorialidad está íntimamente vinculada a la conquista y divorciada del mundo andino como región nuclear, en el caso de los indios, esta noción se inscribe en una respuesta general —panandina— de las masas indígenas frente al hecho colonial que rebasa las rígidas fronteras territoriales impuestas por la conquista y plantea la unidad de la región nuclear.

La segunda idea-fuerza sobre la que se construyó el "Mito de la Raza Vencida": la de que los indios de los Andes septentrionales fueron anulados y abatidos definitivamente por el "expansionismo cuzqueño" o el "imperialismo" inca —idea que como vimos trata de fundamentar históricamente el conflicto entre los estados ecuatoriano y peruano— es cuestionada también con el desarrollo del pensamiento andino y el surgimiento del movimiento indígena. Así por ejemplo, desde el movimiento indio, el proceso de expansión del Tahuantinsuyo es comprendido como un proceso históricamente determinado, sin asimilarlo o identificarlo con las disputas y contingencias del presente. Y si bien se sabe que hubo una tenaz resistencia a la incaización por parte de algunas confederaciones norteñas, sin embargo, también se conoce que los incas no arrasaron con los señoríos étnicos y cacicazgos —como sí lo hicieron los conquistadores españoles— sino que más bien respetaron sus modalidades culturales y organizativas.

Por otro lado, las pugnas en el interior del Tahuantinsuyo, vistas desde la perspectiva metropolitanista como una "pugna entre Huascar y Atahualpa", pugna entre dos "monarcas" que se prolonga en el tiempo encarnándose en la pugna Perú-Ecuador, son comprendidas actualmente a partir de las propias concepciones del poder político en el mundo andino. Según los especialistas en la materia, éstas se basaban antes que en una monarquía, en un esquema dual o "diarquía", por lo que toda pretensión de homologarlas en el tiempo cae por su propio peso.[35] Además, según afirma Udo Oberem, la etnia de los cañaris asentada en las actuales provincias ecuatorianas de Cañar y Azuay se puso "del lado de la élite tradicional del Cuzco y de su representante Huascar". Más aún, las lealtades eran cruzadas pues como lo dice Pease "algunos lugares de la Costa Norte del Perú actual [. . .] [y de] la Costa Central, especialmente Chincha, se declarará por Atahualpa [. . .].[36]

Pero si en el pensamiento de la clase dominante el Incario simbolizaba la muerte, la interrupción de la integración territorial y nacional, para los indios ya en el siglo XVII el retorno al Incario significaba la resurrección y la vida. Hay evidencias de que el mito de Inkarrí, aquella "idea del regreso a un mundo justo y ordenado que pusiera fin al cataclismo, al desorden y a la muerte que significó la conquista española

---

[35] Udo Oberem, "Los cañaris y la conquista española. Otro capítulo de las relaciones interétnicas en el siglo XVI", *Cultura*, núm. 7, vol. III, 1980, p. 39.

[36] Ramón, *op. cit.*, p. 260. El mismo autor nos dice: "El mito de Inkarrí, producto de una serie de encuentros de pensamientos milenaristas, cristianos y andinos, había reconstruido el pasado andino, transformándolo en alternativa para el presente, creando una utopía posible, fundiendo las vertientes populares andinas, con las tradiciones de la aristocracia descendiente de los Incas." *Ibid.*, pp. 260-261.

[. . .]",[37] tuvo presencia en los Andes septentrionales en la época colonial. Galo Ramón nos indica, por ejemplo, que en el momento de expansión de la hacienda y la crisis de las economías étnicas, un descendiente de Atahualpa, don Alonso Arenas y Florencia Inca fue nombrado por la Corona como corregidor de Ibarra. Este personaje sincrético, hijo de incas y españoles, constituyó para los caciques e indios de entonces la "encarnación de la utopía posible". Su llegada, anunciada por cartas dos años antes, fue todo un acontecimiento que movilizó con gran entusiasmo y expectativa a los indígenas de la sierra norte, sobre todo a los de la antigua confederación Cayambe-Otavalo-Carangue. El entusiasmo, sin embargo, rebasó los límites de la antigua confederación.

Los indios [apunta Ramón] comienzan a encontrar un punto de identidad que va más allá de las fronteras de la antigua Confederación, amenazando con envolver a Quito, Latacunga, Ambato, en fin, toda la Sierra-Centro Norte. El proyecto es cortado con premura por los españoles[. . .] [y el] Corregidor inca es conducido preso por sublevación por la vía de Guayaquil a Callao, fuertemente escoltado por guardias a su paso por Latacunga, Riobamba y Chimbo.[38]

El estudio de Segundo Moreno, por su parte, hace referencia a la sublevación de la Villa de Riobamba en 1764 en la que también estuvo presente la utopía de retorno al Incario. Allí

[. . .] los cabecillas riobambeños pretendían aniquilar a la población blanca, para apoderarse de la Villa y formar un estado autónomo, a cuya cabeza estarían dos reyes o "incas". La organización política propuesta en ambos casos responde a la organización de señoríos étnicos anteriores a la Conquista; en Riobamba aún aparece el modelo andino de autoridad dual sobre dos secciones o mitades correspondientes a las"sayas" [. . .].[39]

Además de estar presentes los esquemas de poder político andinos, es de notar que también en este caso el pasado inca no aparece en la memoria indígena como un pasado de sometimiento sino de libertad, potenciándose en aquel momento histórico como vía de renacimiento, de vuelta a un orden justo, de recuperación de la identidad. En ese sentido, cuando el cabecilla propone un gobierno de "incas" está recurriendo a la utopía como símbolo movilizador y unificador de la masa indígena. Moreno afirma en esa línea que

(l)os elementos escogidos que se pretenden revitalizar llegan a ser verdaderos símbolos de la existencia del grupo social como unidad: en este sentido deben interpretarse las elecciones de "ingas" o de "pallas" y aun las aclamaciones a "Guaminga"y "Don Juan".[40]

[37] *Ibid.*, p. 264.
[38] Segundo Moreno, "Las sublevaciones indígenas en la Real Audiencia de Quito, desde comienzos del siglo XVIII hasta finales de la Colonia, *Estudios Americanistas de Bonn*, 1976, pp. 417-418.
[39] *Ibid.*, p. 419.
[40] Nina Pacari, "Las culturas nacionales en el estado multinacional ecuatoriano", en revista *Cultura*, Quito, Banco Central del Ecuador, 1984, núm. 18a. pp. 114, 116 y 117 (cursivas del autor).

En ambos casos quiero resaltar que, en contraste con los mitos forjados por las clases dominantes, basados en la negación del Incario, la utopía de retorno al Incario propugnada por caciques y cabecillas indios en la colonia buscaba la recuperación de una unidad perdida bajo la conquista: la unidad del mundo andino. Por ello el Tahuantinsuyo es afirmado y no negado.

El movimiento indígena emergente en la actualidad ha continuado con esta línea de afirmación del Tahuantinsuyo, de apropiación de su historia. ¿Qué utopías se hallan detrás de esta evocación? No lo sabemos. Sin embargo, como testimonio de esta afirmación panandina cabe citar *in extenso* el pensamiento de una intelectual orgánica del movimiento indígena:

Antes de que nuestros vientos, nuestras montañas, nuestros bosques escucharan las voces de los españoles, los primeros gritos de los invasores de Occidente; antes de que nuestra Allpa-Mama sintiera el tosco paso de los invasores; antes de que Inti Taita, Pacha Mama, Pachacamac, indignados miraran la falsedad de los hijos de Occidente, nuestras lágrimas, esencia de nuestras vidas, de nuestro pueblo, nuestra cultura, como granitos de maíz crecieron en las entrañas de nuestra Allpa Mama [. . .] Inti Taita, Pacha Mama, Pachacamac, cuidaron de nosotros. Así fuimos creciendo y como en las plantas crecieron muchas ramas, muchas flores, muchos frutos; esas ramas, esas flores, esos frutos *brotaron de un tronco común, de un tallo común: del RUNA SAPI CAUSAI.* Entonces su voz, su volcán, su aurora fluiría como agua de quebrada, como serpiente, como amaru, como cuichi, como manantial. Los tiempos pasaron, muchas lunas, muchos soles se prendieron y se apagaron. *Así fue creciendo el RUNA SHIMI de los QUICHUA RUNAS de los cuatro Suyos* [. . .] *Nuestro Arte, nuestra ciencia, nuestra sabiduría* son las ramas, las flores, los frutos, que aún anidan en el pensamiento de nuestros Yayas. Pese a la barbarie de Occidente y ahora el neocolonialismo, del imperialismo, no han logrado destruirnos definitivamente. No lograrán destruirnos porque somos fruto de una cultura milenaria, porque antes que vuestros ancestros estuvieron nuestros Yayas, nuestros Jatucus, nuestros Taytas, nuestras Mamas. Estuvimos primeros. ¡Estuvimos siempre! [. . .] No debemos olvidarnos que la iglesia asumió el papel destructor de nuestra cultura, porque en su actitud ciega y desenfrenada, destruyeron los PUCARAS (templos en donde se guardaban a nuestros WACAS), quemaron las momias *de nuestros APUS INCAS, quemcron los QUIPUS* que encerraban conocimientos científicos, astronómicos, históricos, económicos. En nombre de Dios, con la cruz, la espada y la biblia en las manos, acusándolos de paganos e idólatras, perseguían y mataban a *nuestros HUILCA HUMAS, a nuestros AMAUTAS, a nuestros QUIPUS RUNAS* (hombres sabios), porque ellos representaban el cuerpo filosófico y las superestructuras estatales de *nuestro Pueblo.*[41]

La tercera idea-fuerza del "Mito de la Raza Vencida", la de la derrota, aniquilamiento y extinción de los indios con la conquista a partir de la cual nace la nacionalidad, es frontalmente desvirtuada por el surgimiento y desarrollo del movimiento indígena. El "Mito de la Raza Vencida" cede paso así a la idea de la *resistencia andina* que a lo largo de la historia adoptó las más diversas formas en toda la región andina. Su vigorosa presencia en la escena política contemporánea ha sido comprendida por un autor como un *resurgimiento de la etnia* fundado en un proyecto de larga duración cuya sobrevivencia y maduración desafió la brutal explotación de la que fueron objeto

---

[41] Ramón, *op. cit.*, p. 6.

los indios en el interior del sistema hacendario.[42]

Las diversas modalidades organizativas que adoptan hoy importantes segmentos de la población indígena ecuatoriana,[43] calculada para 1978 en 2 562 000 personas equivalentes al 33.9% de la población total deben ser comprendidas, pues, como parte de un proceso de resistencia a su desaparición como pueblos, resistencia que, de ninguna manera nos muestra a una "raza vencida" sino a un pueblo astuto, combativo, perspicaz y decidido. Como dice Ramón [. . .] esa sociedad "pasiva, abstracta, vencida y fragmentada" creó elaboradas formas de oposición, una diversidad de proyectos para buscar una identidad que resolviera su fragmentación y enfrentara la opresión [. . .][44]

La capacidad india de constituir territorios étnicos distintos al del español en la zona de páramo, al verse amenazada por la expansión del sistema de hacienda; su reagrupamiento —ya inserta en la hacienda— a través del parentesco; la conservación, adaptación y sincretismo de instituciones y concepciones andinas para mantener la cultura y la identidad; el desarrollo de nuevas formas de poder étnico cuando sobrevino la crisis de autoridad de ayllus y cacicazgos; las rebeliones, sublevaciones y levantamientos que estallan persistentemente a lo largo de siglos;[45] los litigios comunales y laborales, así como la constitución de sindicatos y cooperativas en lucha por la tierra a partir de los años veinte de este siglo; para finalmente arribar, en la década de los sesenta hasta el momento actual, a la formación de federaciones, asociaciones, confederaciones, etc., que aglutinan a indios amazónicos, serranos y costeños, autodefinidos como *nacionalidades*,[46] nos muestran la vitalidad y vigor de pueblos y culturas indios, reducidos ayer al despojo de "objetos de la historia".[47] Su "integración a la

---

[42] *Grosso modo* las siguientes organizaciones indígenas existen hoy en el país: Federación Ecuatoriana de Indios (1926), Federación Shuar (1964), FEPOCAM (1968), ECUARUNARI (1972), Federación de Organizaciones Indígenas del Napo (FOIN) (1973), Unión de Nativos de la Amazonia Ecuatoriana (UNAE), Organización de Pueblos Indígenas de Pastaza (OPIP), Jatum Comuna Aguarico, Confederación de Nacionalidades Indígenas de la Amazonia Ecuatoriana (CONFENIAE), CONACNIE (Consejo Nacional de Coordinación de las Nacionalidades Indígenas del Ecuador) que luego dio paso a la Confederación de Nacionalidades Indígenas del Ecuador (CONAIE), Federación Ecuatoriana de Indígenas Evangélicos, todas estas últimas formadas en la década de los setenta, y en los ochenta. Están además la CEDOC, FENOC, ACAL, ACAE que también aglutinan a campesinos indígenas, pero cuyas demandas son más de índole clasista que etnicista. Véase Alicia Ibarra, *Los indígenas y el Estado en el Ecuador: la práctica neoindigenista*, tesis de licenciatura, Quito, Escuela de Sociología, UCE, 1986, pp. 100-113.

[43] *Ibid.*, p. 4. No tenemos en el país una cifra exacta de la población indígena. Las organizaciones indígenas por su parte también sostienen que abarcan una población de dos millones y medio de personas.

[44] Ramón, *op. cit.* p. 260.

[45] Estas "estrategias" de resistencia son planteadas por Galo Ramón, *op. cit.*, pp. 157-161. Sobre las sublevaciones puede verse también la obra de Segundo Moreno ya citada y también Oswaldo Albornoz, *Las luchas indígenas en el Ecuador*, Guayaquil, Editorial Claridad, 1961.

[46] Según el Centro de Investigaciones para la Educación Indígena (CIEI) los grupos indígenas de la Sierra (todos pertenecientes a la nacionalidad quichua) serían: Natabuela, Otavalo, Angochahua, Cayambe, Zámbiza, Píntag, Huihua, Zumbahua, Macac, Salasaca, Chibuleo, Quisapincha, Colta, Cacha, Guaranda, Simiatug, Cañar, Cuenca, Shiña y Saraguro. En la Amazonia las nacionalidades serían: Shuar, Achuar, Cofanes, Sionas, Secoyas, Huaoranis y Quichuas amazónicos. En la Costa: Tsáchila, Chachis y Coayquer. Véase "La cuestión indígena en el Ecuador, en *Cuadernos de Nueva*, Quito, núm. 7, junio de 1983, pp. 24-25.

[47] Agustín Cueva dice en su libro *Entre la ira y la esperanza*, Ediciones Solitierra, Quito, 1976, lo siguien-

nación ecuatoriana" cuya "compacta unidad" y plena constitución había sido proclamada por la ideología oficial desde el siglo XIX, ha sido desmentida por la irrupción organizada de los indios, cuya derrota y aniquilamiento había sido la premisa básica a partir de la cual se había elaborado la ideología de la ecuatorianidad.

No ignoramos que el movimiento indígena ecuatoriano se inserta en una tendencia continental de organización de los pueblos indios y socialización de sus demandas políticas como demandas específicas y diferentes de la llamada sociedad "blanco-mestiza" o "nacional". Pero el surgimiento del mismo sólo fue posible cuando en el país se habían desarrollado las condiciones objetivas para ello: eliminación de relaciones precapitalistas, impulso al desarrollo del capitalismo en el campo y modernización del Estado, hechos que cobran particular vigor en la década de los setenta. Todos estos factores impactaron de múltiples maneras. Así por ejemplo, el desarrollo del capitalismo en el agro, al diferenciar al campesinado posibilitó el surgimiento —si bien en grado mínimo— de capas acomodadas de campesinos e incluso de una naciente burguesía indígena, constituida a partir de la producción y comercialización de productos artesanales y manufacturados;[48] proletarizó y semiproletarizó al indígena, al mismo tiempo que lo puso en contacto con las formas de lucha de los obreros urbanos arrancándole de su pequeño mundo parcelario. Por otro lado, el proceso de renovación de la Iglesia, obediente también a determinaciones internas e internacionales, abrió grandes zonas, antes de su dominio absoluto, a nuevas influencias religiosas. Es decir, el proceso de desarrollo del mercado interior produjo ciertamente una mayor integración de la población. A finales de la década ya no sería común encontrar a indios que no tenían noción alguna, o la tenían muy difusa, de su adscripción nacional, como aquel que encontró Albert B. Franklin en sus viajes por Ecuador allá por los años cuarenta.[49]

Pero este proceso de integración del indio a la sociedad no ha implicado la erradicación de sus antiguas superestructuras ni el desmayo en su lucha por reapropiarse de su etnicidad, por lo que esta integración es sumamente relativa. Al contrario, hay evidencias de que la lucha de los indios por apropiarse de su etnicidad ha sido favorecida tanto por condiciones objetivas como por subjetivas. Así por ejemplo, la diferenciación del campesinado y el consiguiente surgimiento de capas acomodadas indígenas, ha constituido la base para el desarrollo de una moderna intelectualidad indígena que, al sistematizar y socializar el pensamiento andino, ha coadyuvado al fortalecimiento

te: "Comencemos recordando que nuestra cultura no es indígena porque, desde la conquista, los aborígenes americanos dejaron de ser sujetos de la historia para devenir objetos de la misma: como tales mal podían imponer su sello a la cultura y en realidad no lo han hecho [. . .] Súmese a eso que lo aborigen, demasiado aplastado como para poder manifestarse positivamente, ha subsistido sólo como fuerza de resistencia a la cultura exótica que se ha querido imponer." Véase pp. 171-172.

[48] En el capítulo XX del libro de Quintero y Silva citado se demuestra esta realidad. La tesis de la existencia de la burguesía indígena fue inicialmente planteada por Ileana Almeida. Véase "El problema de lo nacional en el Ecuador", en *Revista Ciencias Sociales*, Quito, Escuela de Sociología, UCE, vol III, núm. 12, 1981. Refiriéndose a esta tesis Ruth Moya señala: "De cualquier manera, al interior del propio movimiento indígena, existe una especie de renuencia a admitir la existencia de tal burguesía, o al menos, de aceptar tal designación para un sector que obviamente se ha diferenciado de modo profundo del resto de la comunidad." *Op. cit.*, p. 18.

[49] Véase Albert B. Franklin, *Ecuador: Retrato de un pueblo*, Quito, CEN, 1984.

de la autoconciencia étnico-cultural en el interior de las organizaciones indígenas. Este fenómeno acontece en la mayor parte de grupos étnicos. La misma dirigencia, al parecer, es producto de este proceso. Para Alicia Ibarra, por ejemplo, las reivindicaciones que enfatizan lo étnico-cultural son levantadas en la Sierra por sectores campesinos e indígenas acomodados —profesores y comerciantes— y en la Amazonia por una dirigencia diferenciada de su base —profesores, comerciantes, artesanos, empleados públicos, profesionales, dirigentes de cooperativas, etc.[50] De manera que, el propio desarrollo del capitalismo y su impacto en la estructura social agraria, ha generado las condiciones para la apropiación de la etnicidad por parte de los indios, para su redefinición de sí mismos y de sus tradiciones, en suma, para el surgimiento de las "nuevas visiones de los vencidos",[51] cuyo potencial revolucionario radica precisamente en su drástico cuestionamiento al orden simbólico e ideológico dominante de herencia colonial. Cuando Frank Salomon nos revela que un número de obreros urbanos, insertos plenamente en relaciones capitalistas, ejecutan anualmente el ritual quichua de la *Yumbada* en plena ciudad de Quito,[52] se pone en evidencia que ni la proletarización o semiproletarización han logrado destruir totalmente el pensamiento, la ritualidad, las tradiciones andinas, cuyo invisible y complejo entramado compromete a la mayor parte de la población del país.

Blanca Muratorio, por otro lado, nos presenta un interesante caso de recuperación de la identidad étnica vía conversión paulatina al protestantismo, protagonizado por las comunidades indígenas ubicadas en la zona de Colta, provincia del Chimborazo, una de las de mayor densidad de población indígena. Cuando los indios de esta provincia, que más que "ningún otro grupo del Ecuador [. . .] fueron transformados en esa condición de 'indios genéricos' [. . .]"[53] siendo brutalmente oprimidos, explotados y discriminados por el sistema de hacienda, se convierten al protestantismo, el cual, a pesar de sus limitaciones conservadoras "[. . .] les alienta en sus esfuerzos para definir una conciencia étnica en una sociedad de clases". Según Muratorio:

entre los campesinos evangélicos, una nueva presentación de sí mismos, el orgullo de su propio idioma, un sentido de pertenecer a una humanidad común y un deseo por educarse, forman parte integral de una nueva identidad étnica como resultado directo de su reciente conversión al protestantismo.[54]

Sin embargo, este proceso no está plenamente resuelto ni se halla exento de las contradicciones ocasionadas por la misma modernización del Estado y sus intentos por constituirse en Estado nacional.[55]

---

[50] Ibarra, *op. cit.*, pp. 167 y 182. Véase el detalle en el capítulo v "Demanda indígena", pp. 58-194.

[51] Muratorio, *op. cit.*, p. 20.

[52] Frank Salomon, "La 'Yumbada'. Un drama ritual quichua en Quito", en *América Indígena*, XLI, núm. 1, enero-marzo de 1981.

[53] Blanca Muratorio (b), "Protestantismo, etnicidad y clase en Chimborazo", en *Etnicidad. . .*, *op. cit.*, p. 88.

[54] *Ibid.*, p. 89.

[55] Blanca Muratorio nos muestra la complejidad de este proceso describiéndonos la ceremonia que anualmente celebra la Asociación de Indígenas Evangélicos del Chimborazo para renovar sus relaciones con

La apropiación y redefinición de la etnicidad por parte de los pueblos indios ha seguido también la vía secular del enfrentamiento y lucha contra el Estado, las clases dominantes, las compañías transnacionales y contra aquellas misiones y organismos encubiertos del imperialismo norteamericano instalados en el país.[56]

Cabe señalar que en los últimos años el surgimiento del movimiento indio obligó a las clases dominantes y al Estado burgués al replanteamiento del "problema indígena". Ya desde la época de la dictadura se verifica esta tendencia.[57] El 10 de agosto de 1979 Jaime Roldós al asumir el mando presidencial interpelaba al pueblo quichua en su propia lengua causando un efecto espectacular. Por primera vez en la historia del país un presidente se atrevía a hablar en la lengua desterrada por la conquista y la colonización, hecho tan vigente todavía que apenas veinte años atrás un intelectual impregnado de metropolitanismo se había referido al quichua como "lengua extranjera".[58] Meses después, su vicepresidente —Osvaldo Hurtado— diría:

[. . .] es indispensable que esta sociedad conozca cuáles son sus raíces, porque mientras no reconozca su carácter indomestizo, mientras no se defina y no se comporte como tal, nunca tendremos en nuestro país una nación que sea el soporte sólido de esa entidad jurídica que se denomina Ecuador.[59]

Más tarde, Osvaldo Hurtado —ya presidente de la República— causó conmoción y polémica cuando se presentó a la inauguración del Congreso Nacional, el 10 de agosto de 1982,[60] con una banda presidencial confeccionada por el pueblo shuar, cuya leyen-

---

las autoridades nacionales y locales. En la ceremonia descrita en la p. 97, la etnicidad se convierte en "otra mercancía que puede venderse a los turistas y que significa una conciencia alienada para los indígenas". Esta ceremonia no cuestiona el orden económico y político. "En esta celebración los quichuas protestantes expresan su identidad de 'buenos ciudadanos', demostrando en esa forma adhesión a la ideología nacional dominante. Así como en épocas anteriores la Iglesia católica legitimó aquella concepción de etnicidad que sirvió a los terratenientes para mantener como mano de obra servil, las estrategias políticas del protestantismo [. . .] legitiman aquel aspecto de la ideología burguesa por el cual el Estado aparece como representando los intereses generales de ciudadanos libres e iguales, ocultando su distribución en la estructura de clase." Ibid., p. 97.

[56] Como el Instituto Lingüístico de Verano (ILV) y Visión Mundial. Para un conocimiento del papel jugado por el ILV en Ecuador, véase Jorge Trujillo, Los obscuros designios de Dios y del Imperio, Quito, Ediciones CIESE, 1981.

[57] En 1977 el Instituto Indigenista de Ecuador organizó el Primer Encuentro de Poblaciones Indígenas de Ecuador en Conocoto, una parroquia rural del cantón Quito. Dice Ibarra que desde el Estado a fines de los años setenta se emite un nuevo lenguaje en el discurso oficial: "respeto a la autodeterminación", "valores de las culturas autóctonas", etc. Según esta autora la burguesía se planteó captar a sectores indígenas bajo formas de consenso democrático-burgués. Véase op. cit.., pp. 209-210. Consúltese también Adolfo Colombres (comp.), Hacia la autogestión indígena, Quito, Ediciones del Sol, 1977, que contiene una serie de documentos entre ellos la Declaración de Conocoto de 1977.

[58] Textualmente dice A. Cueva: "Mas si deseo saber cuál es la clasificación de los indígenas que habitan a cincuenta kilómetros del lugar en que me hallo, tendré que preguntárselo al padre eterno o comenzar por estudiar una lengua extranjera que se llama quecha o quicha (ni siquiera tenemos signos apropiados para transcribir algunas voces de ese idioma) y que está más alejada de la que yo hablo que el kurdo o el indi, que por lo menos pertenecen, como el español, al grupo indoeuropeo." Véase op. cit., p. 185.

[59] "El Comercio", 27 de abril de 1980.

[60] "Yo recuerdo en este momento cuando el presidente Osvaldo Hurtado se presentó en la Cámara de

da estaba escrita en esa lengua. Y posteriormente, en sus diálogos con la prensa, habló alguna vez del "Ecuador profundo", noción que daba cuenta, precisamente, de una manera diferente de percibir al país, de verlo no como una "unidad compacta" sino como una entidad fragmentada, pero que al mismo tiempo enfrentaba lúcidamente la idea de "país profundo" a aquellas soterradas y vergonzantes ideas de "país inocuo" (aquí no pasa nada), "país patojo", "país corcho",[61] "país bache",[62] y tantas, otras ideas del país fruto del vacío creado por las abrumadoras distancias existentes entre los mitos forjados y la cruda realidad.

Estos discursos políticos nos muestran un giro de la "clase política" en la comprensión de la cuestión nacional. Nos revelan cómo su intencionalidad hegemónica, su aspiración de crear nación y dotar de un contenido nacional a la clase burguesa y a su Estado, les conduce a insinuar un replanteamiento de la noción dominante de etnicidad, replanteamiento que, como veremos más adelante se queda a medio camino. A pesar de ello, tal como señala Alicia Ibarra, durante el gobierno de Roldós se "planteó por primera vez una política cultural frente a lo indígena contemplándola como un factor imprescindible para el desarrollo socioeconómico [. . .][63] línea que sería continuada más tarde por el gobierno de O. Hurtado. Esta política, que la misma autora conceptualiza como *neoindigenista* "[. . .] fue configurándose mediante la apropiación de símbolos culturales, la que se instrumentalizó a través de las prácticas de instituciones y aparatos ideológicos dedicados a la educación, cultura y promoción [. . .], en el obje-

Representantes, el 10 de agosto de 1982, fiesta nacional de Ecuador, luciendo la banda presidencial escrita en shuar y no en español. Congresistas, periodistas, comentaristas de toda clase, pusieron el grito en el cielo para protestar por esta 'atrocidad'. La única lengua merecedora de los actos oficiales era el castellano. Inclusive un legislador amenazó con seguir juicio al presidente. Esta protesta parecía negar hasta nuestra propia existencia; nos excluían del país, no éramos considerados ecuatorianos. Sólo tenía valor el castellano como lengua oficial; sin embargo, no se tomaba en cuenta que a pesar de esto, nosotros seguimos hablando en quichua, en shuar, en awa, etc.", decía un dirigente shuar. Véase Ampam Karakras, *op. cit.*, p. 139.

[61] Un editorialista de un medio de comunicación costeño, el diario *El Telégrafo* en su editorial del 18 de diciembre de 1977, hablando de la "tierra de promisión" que es Ecuador por sus recursos naturales y de la "improvisación" e "incapacidad" para manejar esa riqueza por parte de los organismos estatales decía: "Alguien dijo: 'Este país es como un corcho. Todos lo quieren hundir hasta que se cansan y lo sueltan. Allí, en ese momento, flota y sigue adelante'. ¡Ésa es mi tierra! Saldremos bien pese a todos los males porque la amamos y no queremos perderla." Véase p. 4.

[62] "Entre Colombia y Perú hay un bache que se llama Ecuador." Dicho en la obra *Un Guayaco en Hollywood* del grupo teatral guayaquileño "La Mueca", refiriéndose a la ausencia de identidad nacional traducida en el total desconocimiento del país en el exterior. Quito, marzo de 1988.

[63] Véase A. Ibarra, *op. cit.*, p. 245. Para más detalle el capítulo VII "La práctica estatal", pp. 243-277. Veamos algunas acciones estatales al respecto. En diciembre de 1979 el gobierno organizó el Encuentro Nacional de Culturas Aborígenes, Organizaciones Campesinas y Asociaciones Barriales con el fin de crear el Instituto de Culturas Aborígenes y Acción Comunitaria (INCAYAC), institución que no se logró constituir. En enero de 1980 se realizó el convenio entre el Ministerio de Educación y Cultura y el Centro de Investigaciones para la Educación Indígena (CIEI) de la Universidad Católica de Quito, para llevar adelante el plan de alfabetización. En julio de 1983 el gobierno de Hurtado estableció la Oficina de Asuntos Indígenas adscrita al Ministerio de Bienestar Social. En todos los años del gobierno Roldós-Hurtado y luego en el gobierno de Hurtado-Roldós, se llevaron a cabo seminarios sobre la relación Estado-indios evidenciando una preocupación estatal sobre la cuestión.

tivo de lograr "la integración definitiva de la masa indígena al desarrollo capitalista".[64]

Es decir, mientras hasta hace épocas recientes la clase dominante había partido de la premisa de una *nación hecha*, estos modernos gobernantes, que no representaban el sentir del conjunto de la clase, partían en cambio de la necesidad de integrar la nación, de *hacer nación*, pero bajo la hegemonía de una clase, una cultura y una ideología dominante paradójicamente alimentada por los añejos mitos de la ecuatorianidad, realidad que se tornará patente durante el conflicto bélico entre los ejércitos ecuatoriano y peruano en enero de 1981. Vale agregar que la idea de crear nación, de "integrar al indio" al desarrollo, de impulsar su organización, no estaba desligada del problema territorial Ecuador-Perú. Precisamente el 30 de mayo de 1981, a pocos días de haber fallecido el presidente Jaime Roldós y meses después del enfrentamiento bélico, altos funcionarios estatales hacían

hincapié en la necesidad de fortalecer las acciones del gobierno nacional para impulsar la organización de las minorías étnicas de la región amazónica, como tarea primordial de la seguridad territorial.[65]

El proyecto de integración de los grupos étnicos al "desarrollo nacional" tuvo, tanto en el régimen de Roldós como en el de Hurtado, un énfasis marcadamente culturalista[66] traducido en

el impulso de la aculturación; [el] empuje a la consolidación productivista de unidades de producción capitalista, así como la estabilización de fronteras agrícolas y la participación organizada de la población campesina indígena en apoyo al proyecto del régimen.[67]

Sin embargo, su ausencia de sustento en reformas estructurales lo tornó inconsistente y contradictorio.[68] Así, mientras por un lado se planteaba la necesidad de respetar la "fisonomía múltiple, pluricultural y multiétnica" del país, por otro la política de colonización y de apertura al capital transnacional erosionaba las bases de reproducción de los grupos étnicos como tales; y si bien sostenía la necesidad de desarrollar una "nación con identidad propia", no se formulaba un cuestionamiento profundo al estatuto dependiente del país.[69] Por ello se explica que, si en el nivel de la política de alfabetiza-

[64] Ibarra, *op. cit.*, pp. 245-247.

[65] *El Comercio*, 30 de mayo de 1981.

[66] Ibarra, *op. cit.*, p. 247.

[67] *Ibidem*.

[68] *Ibidem*.

[69] Una excepción fue la política internacional de Jaime Roldós, crítico del intervencionismo norteamericano en Centroamérica. La llamada "doctrina Roldós", tercermundista y antimperialista fue combatida por Ronald Reagan desde su campaña para la Presidencia de Estados Unidos a fines de los años setenta. En el documento "Una nueva política interamericana para los años 80" elaborado por el Comité de Santa Fe, nombre con el que se conocía al grupo de expertos asesores de la candidatura de Reagan se dice: "La política de Estados Unidos en América Latina debe tener en cuenta la ligazón integral entre la subversión interna y la agresión externa. La 'doctrina Roldós' [nombre del presidente del Ecuador] debe ser condenada [. . .]". Citado por René Maugé en "Reagan y su desprecio por la paz mundial", en Bocco *et al.*, *La guerra*

ción, el Estado logró cierto grado de consenso en el interior de las organizaciones indígenas, habiendo conseguido elaborar un discurso que manipulaba las tradiciones y cultura de los pueblos indios, e incluso cooptar a ciertos dirigentes,[70] en materia de política agraria —nervio del "problema indígena"— en cambio, generó las críticas más recias por parte de las organizaciones, pues allí se traslucía su carácter de clase y sus limitaciones reales para desarrollar un verdadero proyecto nacional.[71] A fin de cuentas la etnicidad siempre se fundamentó en la territorialidad, y este Estado —moderno y todo— resguardaba los territorios de hacendados, empresarios capitalistas y transnacionales, aceptando un orden impuesto por el hecho colonial frente al cual los indígenas se rebelaban. Su lucha contra este legado colonial constituye una vía fundamental en su proceso de apropiación y redefinición de la etnicidad.

Es en el proceso de lucha por sus intereses como se constituye una clase, nos advierte E. P. Thompson, siendo este descubrimiento lo que debemos comprender como conciencia de clase. "La clase y la conciencia de clase son las últimas, no las primeras, fases del proceso real histórico [. . .]".[72] Si este mismo punto de vista es válido para cualquier otro elemento de la estructura social, no sería temerario afirmar que el resurgimiento indígena de las últimas décadas, sustentado en una resistencia y lucha centenaria, nos pone de cara a un proceso de constitución de nuevos elementos de la estructura social ecuatoriana, a quienes los indios le han dado su propia denominación. Un dirigente shuar decía hace poco:

nosotros las organizaciones indias, los pueblos indios, queremos darnos nuestros propios nombres, mantener nuestra identidad, nuestra personalidad. Y en la medida en que queremos englobar a los diferentes pueblos indios, sea cual sea su desarrollo histórico, frente a este dilema, hemos optado por el término de *nacionalidades indias*. Esta resolución ha sido meditada y no obedece a una sugerencia ajena, sino porque comprendemos que la categoría "nacionalidad" expresa los aspectos económicos, políticos, culturales, lingüísticos de nuestros pueblos. Nos sitúa en la vida nacional e internacional.[73]

Si el resurgimiento étnico obedece a un proyecto de larga duración que a través de siglos ha tenido diversas modalidades de expresión, si las superestructuras andinas —a pesar de los trastornos de la dominación colonial— han logrado sobrevivir guardando su lógica interna, entonces cabe preguntarse ¿qué antiguas o nuevas utopías convocan hoy a las nacionalidades indias de Ecuador en su lucha por su emancipación? ¿Qué trama de antiguas alianzas interétnicas subyacen detrás de las organizaciones indígenas? ¿Cuál es la relación entre las formas de organización ritual y las formas de organi-

---

total, Quito, El Conejo, 1982, p. 224. En su política frente a los grupos indígenas el presidente Roldós entró en contradicciones con el imperialismo al dar por terminado el convenio con el ILV dos días antes de morir en un trágico accidente.

[70] En diferentes capítulos de su obra Alicia Ibarra sostiene la tesis de la cooptación de ciertos dirigentes del movimiento indígena por parte del Estado. Véase especialmente el capítulo VI "Política estatal frente a la población indígena", pp. 195-242.

[71] Véase por ejemplo el periódico *Amanecer Indio*, órgano de la CONFENIAE.

[72] E.P. Thompson, *Tradición, revuelta y conciencia de clase*, Barcelona, Editorial Crítica, 1979, p. 37.

[73] Ampam Karakras, *op. cit.*, p. 138.

zación indígenas modernas? ¿Cuáles son los mitos y símbolos que los aglutinan? ¿Qué nuevo tipo de autoridad y poder étnico los organiza? Preguntas y más preguntas por hacerse y absolver que nos revelan la densidad histórica de este movimiento, su irrupción nada casual y la abrumadora precipitación del pasado en el presente. Nada de esto ha sido respondido aún. Por ahora, sólo conocemos sus demandas formales a la sociedad y al Estado.

Autodefinidos como nacionalidades, los indios luchan actualmente por su autodeterminación, lucha que involucra la conquista de una territorialidad; el derecho a su reconocimiento como pueblos distintos, "como entidades políticas en sí";[74] el cambio del estatuto unitario del Estado a un estatuto multinacional y pluricultural, y la denuncia del racismo como ideología dominante. Al igual que en el pasado, la tierra se ha constituido en eje de esta lucha, evidenciándose como el referente crucial de la identidad étnica. Más aún, "[l]as luchas por la tierra se han ampliado a las luchas por el *territorio étnico ancestral*, a la oposición a los procesos de colonización, para ocupar las tierras "baldías" o "vacías", fundamentalmente en los espacios de foresta tropical".[75] Es en esta lucha por la territorialidad, en su demanda de territorios étnicos distintos —como ayer, recordemos— donde se encuentra su posibilidad real de apropiación y redefinición de la etnicidad.[76] Pero al igual que ayer, hoy la "territorialidad simbólica",[77] fuertemente arraigada en las nacionalidades indígenas, sobre todo de la Amazonia, choca con una noción estatal de territorialidad fundada en el derecho de conquista, actualmente traducida por parte del Estado burgués en la misma política de avasallamiento y destrucción de los pueblos indios de la Amazonia a través de políticas de colonización y "fronteras vivas"; de entrega de concesiones forestales y petroleras a grandes transnacionales; de proyectos de cultivo de palma africana a grandes empresas capitalistas, políticas que atentan contra el territorio étnico ancestral y ponen en peligro la sobrevivencia de estos pueblos. Esto nos revela por qué los intentos de reformulación de la etnicidad en el interior del Estado se quedaron a medio camino. Su fundamento: la vieja noción territorial de cuño colonial no fue nunca cuestionado.

[74] Moya, *op. cit.*, p. 9.

[75] *Ibid.*, p. 10.

[76] "Los pueblos indios tenemos que tomar alternativas de solución a los graves problemas que nos han creado y es hora de tomarlo con decisión y firmeza [. . .] Nuestros derechos a la tierra donde vivimos desde siglos, no pueden ser desconocidos por colonizadores [. . .] Es necesario terminar con el racismo imperante. Nadie tiene derecho de oprimir y despreciar al pueblo indio [. . .]. Es necesario hacer conciencia, que nosotros somos pueblos que no hemos muerto ni desaparecido ante la historia, somos pueblo con cultura y civilización que tenemos derecho a la igualdad y libertad ante los pueblos del mundo [. . .] Ésta es la causa fundamental de la [. . .] CONFENIAE, es la causa de la unidad verdadera. Es la causa de las nacionalidades indígenas amazónicas: de los Shuaras, Achuaras, Quichuas, Cofanes, Sionas, Huaoranis y Secoyas. Es la causa de los pueblos indios de Ecuador y América." En *Amanecer Indio*, año 1, núm. 1, enero-marzo de 1983, p. 2.

[77] Guillermo Bonfil Batalla denomina como "territorialidad simbólica", a "la memoria histórica de un territorio original [que] desempeña un papel ideológico de primera importancia para los grupos que han visto disminuidos sus espacios como efecto de la dominación colonial" y que "ensancha el estrecho ámbito controlado efectivamente por el grupo étnico". Véase "Utopía y revolución: el pensamiento de los indios en América Latina", en *Utopía y revolución. El pensamiento político contemporáneo de los indios en América Latina*, México, Nueva Imagen, 1981, pp. 11-49, citado por Moya, *op. cit.*, p. 24.

Decía hace algunos años el historiador ecuatoriano Gabriel Cevallos García: "El Ecuador no es un país de blancos, no es un país de montuvios, no es país de indios, no es país de cholos; es país de ecuatorianos, simplemente."[78] Este pensamiento, que buscaba negar la presencia dominante de la piel morena en la sociedad ecuatoriana, parecería haber pasado de moda ante la irrupción del movimiento indígena y de un nuevo pensamiento sobre lo andino que afirma todo lo contrario: "el Ecuador es un país de nacionalidades indias, de mestizos, de cholos, de negros, de montuvios, de blancos [. . .]. Sin embargo, con muy pocas excepciones, gran parte de las acciones estatales, la visión del mundo de las clases dominantes, los discursos políticos de diversos organismos de la sociedad civil, el lenguaje cotidiano, los símbolos patrios, así como el clima intelectual y moral predominante, se conducen en el espíritu del pensamiento de Cevallos García: "somos ecuatorianos, simplemente".

A pesar de ello, la apropiación y redefinición de la etnicidad por parte de las nacionalidades indígenas desde los años setenta, así como su lucha por una territorialidad han iniciado en unos casos y profundizado en otros, la crítica y cuestionamiento a las vertientes y mitos a partir de los cuales la clase dominante quiso forjar la ecuatorianidad, planteándonos además un desafío: la reformulación del problema de la aculturación;[79] del concepto de mestizaje como "blanqueamiento";[80] del punto de partida de nuestra historia; de la vuelta a la unidad del mundo andino, desafío que nos remonta a los orígenes, a las preguntas iniciales: qué somos y hacia dónde vamos, enunciados ya no desde la visión del conquistador y sus felipillos, sino desde las insondables visiones de los condenados de la tierra.

Cuando a fines de enero de 1981 se produjo el conflicto fronterizo entre Ecuador y Perú, recordándonos que había viejas cuentas no saldadas, pronto conocido como la "guerra de Paquisha",[81] todos estos interrogantes y problemas se pusieron en jue-

---

[78] Gabriel Cevallos García, *op. cit.*, p. 301.

[79] Una nueva perspectiva de la aculturación nos presenta Nathan Wachtel en su clásico "Pensamiento salvaje y aculturación: el espacio y el tiempo en Felipe Guaman Poma de Ayala y el Inca Garcilaso de la Vega", en *op. cit.* Allí plantea que la noción de aculturación por lo general comporta una "hipótesis histórica de supremacía" por lo que tiende a vérsela unilateralmente. Al analizar el pensamiento de Guaman Poma él propone restablecer el equilibrio. El pensamiento de Guaman es el "[. . .] ejemplo de una aculturación donde los elementos occidentales están como absorbidos por el sistema de pensamiento indígena que, al precio de una serie de adaptaciones y transformaciones, logra conservar su estructura original [. . .]". Y en sus conclusiones, después de un rico y complejo análisis, arriba a la tesis de que en Guaman Poma "[. . .] los aportes de la cultura occidental están subordinados al mecanismo de una lógica preexistente, que sobrevive a los trastornos de la Conquista". Véase pp. 168 y 226-227. La resurgencia del movimiento indígena plantea la urgencia de reformular, en la línea propuesta por Wachtel, el problema de la aculturación de los sectores populares en sociedades como la ecuatoriana en donde la densidad histórica de la cultura indígena se muestra vigorosa.

[80] La noción de mestizaje como "blanqueamiento" está vigente en el pensamiento de la masa, la intelectualidad e incluso en el movimiento indio. Es común que se hable e incluso se escriba sobre la sociedad "blanco-mestiza" asimilándola a la "sociedad nacional". Esta noción nos muestra la hegemonía de la ideología del mestizaje como "blanqueamiento" de herencia colonial. Urge reformular teóricamente esta noción en todos sus niveles.

[81] El 22 de enero de 1981 una aeronave peruana voló sobre los puestos militares ubicados al lado oriental de la cordillera del Cóndor y más tarde disparó hiriendo a un teniente de aviación. El 28 de enero el

go: ¿cuál era el punto de partida de nuestra historia?, ¿de qué unidad del mundo andino se hablaba?, ¿qué territorialidad y etnicidad se defendía?

Nuevamente, como en 1941, la sensación de vulnerabilidad territorial, de desaparición como país, se cernió como posibilidad;[82] nuevamente el "Mito del Señorío sobre el Suelo" se medía con la atávica idea de la imposibilidad de vencer la geografía; nuevamente la conquista y la colonia aparecían como vías de resurrección nacional y el Incario —el Perú— como su muerte; nuevamente la noción dominante de territorialidad se imponía en la sociedad y la convocaba a su movilización.

Alrededor de los mitos originarios se cohesionó durante esos días a la población, dando una respuesta compacta, unitaria, y el Estado burgués lució un esplendor

ejército peruano atacó ocho veces el puesto de Paquisha ocasionando dos bajas ecuatorianas. Presionaba para que el ejército ecuatoriano retroceda sus destacamentos militares hacia el lado occidental de la cordillera del Cóndor. Intensas negociaciones internacionales se llevaban a cabo por parte de los representantes diplomáticos ecuatorianos. El 30 y 31 de enero se produjo un nuevo bombardeo a Paquisha y el 2 de febrero se acordó un cese al fuego. El 19 de febrero el ejército peruano realizó simulacros de catástrofes cerca de Piura y el 20 del mismo mes atacaron a tropas ecuatorianas en Mayayco rompiendo la tregua. Se produjo un bombardeo repetido y un desembarco de 100 soldados peruanos que tomaron posesión de los destruidos campamentos ecuatorianos. El 21 de febrero continuaban los combates y las fuerzas armadas peruanas anunciaban que tomarían acción en territorio ecuatoriano. Perú buscaba la colocación definitiva de hitos fronterizos en una zona en la que el Protocolo de Río de Janeiro es inejecutable al no existir en la realidad los hitos que nombra ese documento. El presidente Roldós ordenó el repliegue de las fuerzas militares. Luego de una reunión entre jefes militares de los dos países y del cumplimiento del cese del fuego, el 2 de abril se normalizaba el tránsito en la frontera. Para Claudio Mena la situación limítrofe con Perú en el sector de la cordillera del Cóndor es hoy más difícil que antes, dado que el ejército peruano mantiene las ubicaciones en la vertiente oriental de la cordillera del Cóndor que antes la tenía el país, previéndose que el gobierno peruano emprenderá la política de fronteras vivas en esta zona. Véase Claudio Mena, *Paquisha, toda la verdad*, Quito, Letranueva, 1981, pp. 130-131.

Sobre el conflicto fronterizo de Paquisha hay algunas obras escritas. Entre ellas véase: Alfonso Barrera Valverde, *Hombres de paz en lucha*, Quito, Ediciones y Distribuciones J.L.O., 1982; Claudio Mena, *op. cit.*; Francisco Sampedro, *Del Amazonas en 1830 al Cóndor en 1981*, Quito, Quitoffset, 1983. Las razones del conflicto expuestas por Mena son: *a)* la existencia de petróleo en la vertiente oriental de la cordillera del Cóndor; *b)* la crisis económico-política y moral del gobierno peruano. La guerra con Ecuador le concedía una tregua a su situación interna; *c)* la posible intervención del gobierno ecuatoriano proclamando la nulidad del Protocolo de Río de Janeiro desde los destacamentos militares ubicados en la vertiente oriental de la cordillera del Cóndor con motivo de la conmemoración del 39 aniversario de la firma del Protocolo de Río de Janeiro. Véase *op. cit.*, pp. 33-68. Por su parte el ex canciller Barrera Valverde expone las siguientes razones; *a)* restaurar el prestigio del gobierno fuertemente erosionado y evadir una investigación del Congreso peruano sobre negociado de armas; *b)* intentos golpistas por parte de un grupo militar interesado en forjar una victoria sobre Ecuador; *c)* crisis económica y política peruana. Convenía desviar la atención pública hacia un asunto internacional y unir al país en torno al gobierno; *d)* intento de demarcar definitivamente la frontera. Es curioso que ninguno de los autores mencionados hagan referencia al cambio que sufrió la política norteamericana hacia América Latina con el ascenso de Ronald Reagan a la Presidencia de Estados Unidos el 20 de enero de 1981. Sobre la política del imperialismo frente al gobierno de Roldós, véase el artículo de Jaime Galarza Z., "Jaime Roldós o la tragedia del pueblo" en "*Viva*. . .", cit., pp. 107-112.

[82] "Si la Resolución de la OEA se hubiese conformado con ser un texto más, si no hubiera confiado a Argentina, Brasil, Chile y Estados Unidos las diligencias para preservar el cese de fuego y para obtener resultados pacíficos, *la visión actual de la geografía política de Sudamérica sería distinta. Y el Ecuador estaría sencillamente postrado.*" Testimonio que nos revela la amenaza de desaparición territorial en ese momento y que hasta el momento actual es un sentimiento permanente. Véase Barrera Valverde, *op. cit.*, tomo I, p. 47.

hegemónico momentáneo. Habíamos crecido, nos habíamos integrado en todos esos años, sin duda.[83] Pero el signo de esta unión, de esta cohesión, paradójicamente volvía a ser la colonia, pues tal como en el pasado, el alegato presentado por nuestros diplomáticos en los foros internacionales acerca de los derechos territoriales de Ecuador se fundamentó en la herencia colonial[84] y en el divorcio del mundo andino.[85] Es decir, precisamente en aquella doble herencia que históricamente había impedido su unificación como nación. Era como si para existir tuviéramos que negarnos.

Remozados en la "guerra de Paquisha", los viejos mitos de las clases dominantes se enfrentaban, sin embargo, a nuevas utopías que desde las "nuevas visiones de los vencidos" estaban naciendo de las profundidades de la sociedad; mitos y utopías cuya acumulación histórica distinta y cuya antagónica visión de la territorialidad y la etnicidad nos revelaban que el Ecuador de los años ochenta era todavía una nación en ciernes.

[83] Dice Claudio Mena: "Gracias a este conflicto, el Ecuador descrubrió que había formado y robustecido a lo largo de su historia un concepto de nación." Y más adelante matiza: "Me refiero, naturalmente, a las poblaciones urbanas, ya que en nuestros campos el campesino y el indígena no están integrados al sentimiento colectivo de nación." Véase op. cit., p. 9. En su libro Barrera Valverde dice textualmente: "[. . .] lo que en 1981 sirvió para defender al Ecuador fueron, no las armas sino el espíritu del soldado, compañero del civil; la infraestructura que permitía menos difíciles accesos del proveedor al sitio donde estaban los hombres en el conflicto; la mayor fortaleza social y económica del país; la mentalidad madura y equilibrada de los altos jefes. No fue sofistificación bélica alguna lo que nos defendió. No habíamos descontado la desproporción bélica de 1941. Sí habíamos, en cambio, superado mucho del abismo que económicamente diferenciaba al Ecuador de 1941 con el Perú de tal año. Por suerte, no habíamos crecido como potencia militar. Habíamos hecho algo mejor: crecer como nación." Véase op. cit., p. 38. Permanentemente alude Barrera a la unidad de la población en torno al Estado, revelando además la existencia de una "clase política" con un mayor desarrollo de la conciencia nacional, intelectuales orgánicos, ¡al fin! de un Estado burgués modernizado. Esta mayor capacidad hegemónica de la clase y del Estado permitió que los resultados del conflicto, definitivamente desfavorables para Ecuador pues militarmente el ejército fue derrotado, no se traduzca en una desmoralización del país. Al contrario, el gobierno de Roldós sacó ventaja de las gestiones diplomáticas en las que el gobierno ecuatoriano tomó la delantera respecto del gobierno de Perú.

[84] "[. . .] el diferendo del Ecuador con el Perú sobrepasaba las dimensiones de un área determinada, constaba, junto a otros casos conocidos, entre las discusiones sobre dignidad y soberanía [. . .], involucraba de tal manera *el destino histórico del descubridor de un río sobre la cuenca descubierta y evangelizada por él* [. . .] No dejo de hacer esta aclaración en mis diálogos internacionales [. . .]." Barrera, op. cit., p. 44. Cursivas nuestras.

[85] Las "causas mediatas e inmediatas" del conflicto de 1981 "[. . .] planteaban la prepotencia del armamentista contra la resentida memoria del despojado que, bajo la solapa del escarmiento, volvía a ser agredido". Ibid., p. 3.

LA CULTURA POLÍTICA DEL NACIONALISMO REVOLUCIONARIO Y LA CULTURA COMO POLÍTICA EN BOLIVIA

ROSARIO LEÓN

INTRODUCCIÓN

Probablemente tomar como objeto de análisis la cultura en su concepción más amplia y también particular —cuando se refiere a la cultura relacionada con la praxis política y el poder— sea en la actualidad, la perspectiva de análisis más importante y adecuada para la comprensión de las sociedades que se conformaron bajo una misma historia colonial y cuya fuerza histórica no es, necesariamente, la que explicitan las culturas dominantes. Retomar esta temática es importante para reconocer y acercarnos nuevamente a las formas concretas cómo se hacen nuestras sociedades.

La relación cultura-política es heurística para el diagnóstico y evaluación de las alternativas en la crisis. A través de la cultura política se rescatará otra dimensión del quehacer de esta sociedad, para reconstruir el sentido histórico de la misma. Lo que hace a la cultura política son las reglas de juego, los valores, los mitos, las utopías, los anhelos, las estrategias, las tácticas, las evasiones, los sueños y el espacio histórico donde se desarrolla la lucha por el poder.

En este sentido, parece imprescindible recuperar aquellos temas invisibles o subjetivos de la cotidianidad para que la ciencia y el quehacer político recobren su punto de referencia con la vida. El consenso que existe sobre esta necesidad, tanto en el mundo académico como en el político-ideológico garantiza que, cuando lo hagamos, ya no tendremos el temor de ser revisionistas o triviales, como quien hace una sociología *souvenir*.

Sin embargo, repensar la sociedad en sus contenidos más elementales, en las formas como se estructuran sus sentidos más diversos, dando un paso más allá de la reiterada polémica sobre la crisis de paradigmas o inconsistencia entre discursos y acciones, es un gran desafío, impuesto por el desarrollo de las ciencias sociales y por el desborde del quehacer social. Se trata de vivir epistemológicamente diferente. . . es decir, vivir para elaborar pensamientos liberadores y no sólo para coincidir con los conceptos, rescatando la historia de algunos de ellos, recuperando para las sociedades su escala humana.

Se está ante el desafío de identificar los verdaderos contenidos del ser social tan perdido en la maraña de conceptos predichos. A partir de ello no sólo habremos dado expresión a un nuevo intento conceptual, sino que habremos dado vuelo a la propia expresión humana y a su imaginación cotidiana, hasta hoy subvalorada.

Se trata de encontrar alternativas epistemológicas para superar la desesperanza y el desconcierto en la que muchos nos encontramos, por la impotencia que nos invade ante lo indescriptible e imprevisible, por la gigantesca imaginación colectiva frente al constante encogimiento de paradigmas y utopías.

Una de esas alternativas puede ser el cambio de escala en el pensamiento social, recuperando, para el análisis, las dimensiones microsociales donde la actual sociedad boliviana se matiza, diferencia y crea identidades, donde el campo de la normatividad cotidiana es el que definitivamente define la forma como se desarrolla nuestra sociedad. Esta dimensión no es otra que la cultura política.

La cultura política, así, tiene que ver con la subjetividad colectiva como totalidad, como sentido histórico construido a partir de lo cotidiano, de lo invisible, intuitivo y valorativo e imaginativo. Por lo tanto, sus posibilidades de sistematización tradicional son limitadas, aunque conllevan un importante potencial cognoscitivo.

Es con este riesgo que abordamos el presente trabajo, para participar modestamente en la reflexión sobre la cultura política en Bolivia y el papel de la cultura en la política, en la actual coyuntura de crisis.

En este trabajo recurriremos a las formas que adquiere el lenguaje como instrumento para leer los contenidos que identifiquen la cultura política nacionalista revolucionaria, y a las formas culturales como formas de hacer política. Entre éstas se rescatarán algunas connotaciones e implicaciones del discurso, la práctica política (acción) y las formas de organización inherentes a la cultura política y a las culturas alternativas. No se pretende profundizar en el análisis del discurso y la acción política, sino rescatar sus sentidos más generales y lo implícito en ellas.

Para esto se tomarán en cuenta los análisis que en sus dimensiones más diversas inspiró el proceso de 1952: ideológicos, de proceso histórico, proyecto político, de estructuras partidarias, etc., como sustento y base para el desarrollo de este trabajo.

Los últimos 35 años de la historia boliviana han estado caracterizados por la fundación de una cultura política predominante: la cultura política del nacionalismo revolucionario.

Por eso, en cierto sentido, la actualidad boliviana tiene más de treinta años. Con toda su crisis y desesperanza, la sociedad actual no es otra cosa que la suma de resoluciones e irresoluciones de la praxis nacionalista iniciada en 1952. La misma, como una forma de hacer la sociedad boliviana, recreó la realidad política predefiniendo nuevos actores y utopías.

La cultura nacionalista fue extensiva a todas las formas ideológicas y partidarias más importantes del quehacer político en Bolivia, incluyendo a la izquierda y derecha bolivianas, a formas democráticas y a formas autoritarias en el ejercicio del poder, teniendo como espacio histórico los límites estructurales del modelo político de la revolución de 1952 (Zavaleta, 1979).

Los límites estructurales de esta cultura han entrado definitivamente en crisis en el periodo reciente de la historia boliviana, en la medida en que se hacen cada vez más evidentes las formas de su negación.

Esta negación tiene, como elemento más importante, a la cultura como una forma de hacer política.

Estas nuevas formas de hacer política se presentan como nuevos contenidos del sentido histórico. En esta medida no sólo son alternativas frente a la cultura política dominante sino para el desarrollo histórico de la sociedad boliviana.

LA CULTURA POLÍTICA NACIONALISTA REVOLUCIONARIA

Aunque el acontecer político de Bolivia, durante todo este tiempo, estuvo caracterizado por una fuerte movilización popular, por la gran cantidad de partidos políticos y por sistemas políticos e ideológicos tanto autoritarios como democráticos —donde además suponemos una fuerte presencia de tendencias políticas de izquierda—, en la práctica todos son parte de una misma forma de hacer política, la cual contiene en sí un lenguaje dominante y un singular estilo de funcionamiento de las relaciones de poder.

Extendida y legitimada por el nacionalismo revolucionario, esta cultura conjugó al discurso ideológico, a la praxis política, a la estructuración de organizaciones políticas, a la formulación de utopías y proyectos económicos y a la vida cotidiana misma.

Esta cultura, donde toda imaginación política fundó sus utopías, se desenvolvió dentro del espacio histórico marcado por los límites estructurales de 1952, recortando a la sociedad en sus límites más conflictivos. Es decir, fundando identidades colectivas nuevas bajo la normatividad de la praxis política que correspondía a la "modernización" de la sociedad boliviana, a la creación del "mercado nacional", al fortalecimiento del capitalismo de Estado, etcétera.

En este espacio el poder se realizó como un efecto de conjunto (Morey, 1981) donde cada sujeto social participó, en condiciones diversas, de las connotaciones del sistema.

La forma, el estilo y las reglas de juego bajo las cuales se desarrolló la praxis política y donde se realizó el poder (quiénes y cómo lo ejercieron) están implícitas en los contenidos del lenguaje y en cómo éste se articuló para viabilizar la cultura dominante.

El discurso

El discurso, como una de las formas del lenguaje, fue el recurso legitimador más importante de la cultura política nacionalista revolucionaria.

El NR opera, entonces, extendiéndose a lo largo del espectro ideológico boliviano, no como una síntesis sino como una intersección siendo, al mismo tiempo, la condición ideológica del ejercicio del poder en Bolivia. Se diría, desplazando un criterio de M. Foucault (*Las palabras y las cosas*) que el NR es una suerte de episte ideológica: un campo discursivo donde aparecen, se organizan y definen una serie de "objetos" sociales y políticos: el campo donde los discursos adquieren sentido. (Antezana, 1982.)

Este discurso dificultó e impidió el ejercicio directo del poder a quienes fueron y son aún las clases y sujetos subalternos en Bolivia. Montó un escenario localizando el poder en la máscara del Estado, encubriendo así a quienes en realidad lo controlaban, frente a éstos, pero en el mismo escenario, se ubicaron a quienes hicieron posible, con su participación, que este discurso cobre sentido: las "masas".

Por otra parte, a través del papel que el discurso le asignó al Estado (como encubridor de las élites dominantes) se posibilitó el ejercicio de una "legítima explotación" sobre las masas (Rivera S., 1984) en aras de la "bolivianidad" y la "nación".

Las élites dominantes encontraron, en el discurso, el sustento y la forma camuflada para lograr su continuidad histórica como tales, para legitimar su proyecto económico y político de clase. Para esto exorcizaron la connotación política del capitalismo en la forma "capitalismo de Estado" y "mercado nacional". Mercado que se basó en la asignación del papel de consumidores de ideología a las "masas", reforzando así la estructura económica de la explotación.

La incapacidad casi eterna del país para realizarse como Estado Nacional moderno es coetánea a la capacidad de autorreconstrucción de la vieja casta secularmente dominante que se funda en una capacidad efectiva de ratificación de los mitos fundacionales de dicha dominación. Esto es lo constante en la historia del país, la resurrección permanente de la ideología señorial. (Zavaleta, 1979.)

La continuidad histórica de las élites, sin embargo, no sólo se basó en el poder económico, sino también en el control político y cultural, manteniendo, como privilegio, la producción del discurso, el saber en todas sus manifestaciones y el conocimiento político codificado y cada vez menos accesible a las culturas diferentes y oprimidas. Se atribuían así la representatividad de las "masas" y sus demandas.[1]

La acción política

Para que el discurso dé sentido a la acción y funcione como ordenador del quehacer político se desarrolló una forma de praxis que "articuló", en el espacio, a las masas con el poder del Estado.

La forma de la praxis política conllevó un estilo de negociación política que supuso la predeterminación de los sujetos y objetos de negociación en la que se gestionó, en realidad, un sistema de participación controlada de las "masas".

Para ello se instituyó, en la praxis, un sistema mediatizado de interlocución política a través de un sistema caudillesco de representatividad de las masas. En este sentido la fuerza y la movilización permanente de las masas se filtró a través de la negociación entre élites en el poder y el Estado, y los caudillos.

Los caudillos fueron y son aún los sujetos protagónicos, como las masas y las élites, dentro de las reglas de juego inherentes a la cultura política nacionalista revolucionaria, en la medida en que lograron articular dos formas de lenguaje: el lenguaje de la

---

[1] Recuérdese que es a partir de la revolución de 1952 que se instituyen en el país los Premios Nacionales de Cultura, y se crean los institutos de cultura (Instituto Boliviano de Cultura, Instituto Boliviano de Cinematografía, etc.) en un significativo afán por darle un marco institucional a la "cultura nacional" y proteger a los productores de ésta.

acción de las masas y el lenguaje discursivo de las élites. En tanto tales fueron los sujetos de negociación más importantes para la forma que adquirió la realización del poder como efecto de conjunto.

Estas características, si bien no son las únicas de la forma de la acción política, son las más predominantes, en la medida en que trascienden a casi todas las prácticas políticas (aparentemente diferentes) y a las diversas etapas en las últimas tres décadas.

La formalización del quehacer político

La formalización del quehacer político a través de las rígidas estructuras organizativas, cuya función fue la de ejercer control político sobre las masas, clases y culturas oprimidas, institucionalizó con diversos matices, legales o no, desde el Estado, una forma y espacio de lo político en los ''aparatos'' partidarios, organizaciones sindicales, sobre todo, limitando cualquier otra forma alternativa de expresión.

Bajo el pretexto de una disciplina política partidaria la mayoría de los partidos, desde la gestión del Movimiento Nacionalista Revolucionario (MNR) codificaron el quehacer político bajo normas y requisitos que definitivamente inhibieron y postergaron una real participación popular, ejerciendo un estilo político de guerra contra cualquier forma de oposición.[2]

De esta manera, este estilo, como parte de la cultura política nacionalista revolucionaria legitimó una forma y posibilidad de hacer política. Como un traje que debía vestirlo quien pretendía concurrir al concurso por el poder. Para poder ''ser'' alguien en la sociedad boliviana, para poder satisfacer las necesidades más elementales de la subjetividad social, el nacionalismo revolucionario creó la forma ''cliente''. Así se confundió la formación de auténticas identidades colectivas.

La opción ''cliente'' funcionó como la forma de identificación más elemental del ser social. Sin embargo, la trama social de compromisos, alianzas y contubernios que tejió el nacionalismo revolucionario (a través de las estructuras organizativas) no dejó opción para ser o no ser cliente: sólo permitió una relativa posibilidad de elegir la tienda política partidaria o asociativa de cualquier tipo.

Se impuso una estructura organizativa piramidal preponderante en los partidos políticos, sindicatos y otras organizaciones sociales y políticas a partir de 1952.[3]

De esta manera, el criterio básico para la extensión del modelo organizativo más allá de los límites del MNR fue una estrategia para uniformizar el lenguaje de la praxis de las ''masas'', bajo el criterio de que se debían instalar sendas o caminos para la obtención del poder. Así por ejemplo, la Central Obrera Boliviana (COB), máximo ór-

---

[2] En un documento interno de un partido político de Bolivia, considerado como de ''ultraizquierda'' se lee, entre otras cosas: ''[. . .] nosotros, los despreciados, los imbéciles, los militantes de base no estamos para pensar sino para obedecer [. . .], el caudillo siempre tiene la razón [. . .] '', etcétera.

[3] Véase el esquema diseñado por Calderón (1983) respecto al funcionamiento piramidal del Movimiento Nacionalista Revolucionario, aspecto que se repite en los demás partidos políticos de Bolivia. (Calderón, 1983:35.)

gano de los trabajadores de Bolivia, estaría vinculada con el aparato del Estado, vía nacionalismo revolucionario:

Se diría, agregando matices a precisiones anteriores, que el ejercicio de la letra del NR tiene, en la COB, uno de los instrumentos para su desarrollo. Por lo tanto, el poder articulatorio de la COB, aun en sus dimensiones popular democráticas no es otro que el del NR. Y así como el NR es el camino ideológico hacia el poder, igualmente la COB, hija del NR, es otro de esos caminos: una senda de ese camino. No extraña, en este sentido, que la COB sea un terreno privilegiado de lucha ideológica y partidista: en su horizonte se diseña el ejercicio del poder; pero bajo los límites del NR. De ahí quizá la capacidad articulatoria de la COB, por un lado y, por otro, los obstáculos que la clase obrera encuentra con ella y por ella cuando intenta pasar de una actitud defensiva a una ofensiva. Hay una barrera cierta, no visible pero real: la COB está, a nuestro entender, subordinada al funcionamiento del NR. Y con ella, la clase obrera que se cobija en su seno [. . .] . (Antezana, 1982.)

El Movimiento Nacionalista Revolucionario (MNR), como el partido que fundó y legitimó la praxis política nacionalista, supo articular el poder de la palabra y el discurso para llevar a cabo un proyecto político de modernización de la sociedad boliviana, convocando a la escena política a amplios sectores de la población y cooptando, a través del discurso, su acción y sus luchas:

Este proyecto político, que con el correr de los años incorporó en su seno a trabajadores del campo y la ciudad, ideológicamente reivindicaba la bolivianidad y la valoración de la raza "indomeztiza" y externamente recibía la influencia de grupos nacionalistas de América Latina, como el APRA del Perú, y el peronismo de la Argentina y, en menor medida, del nacional socialismo alemán. En todo caso su inteligencia quedó demostrada al poder aunar al conjunto de las clases subalternas contra la oligarquía minero feudal. (Calderón, 1983.)

El discurso y el proyecto político del nacionalismo revolucionario cambió la fisonomía oligárquica de Bolivia creando a las "masas" bajo nuevas categorías de sujetos subalternos y para que encuentren, en la praxis de la cultura política nacionalista, el escenario donde ejercer la construcción de su propia ciudadanía. Es decir, la popularización de la política posibilitó el adiestramiento de nuevos sujetos sociales en el juego político, pero, bajo las reglas y el estilo del nacionalismo revolucionario: midiendo los avances de las clases subalternas para que no sobrepasen los términos de la "bolivianidad". Desde sus inicios, la oposición nación/antinación es uno de los criterios básicos de este hacer y decir político (Montenegro, 1944).

En cierta medida, el nacionalismo, para crear los nuevos sujetos sociales como las bases de sustentación de su poder (la "masa") y convocarlas a la movilización, acudió a la dimensión reivindicativa de la lucha de los sujetos subalternos de esta sociedad, desagregándolos de sus contenidos emancipatorios (Romero, 1970). A lo largo del periodo, al convocar y comprometer a las "masas", el nacionalismo revolucionario acudió a la reivindicación de las "conquistas" obtenidas en 1952 (reforma agraria, nacionalización de las minas, voto universal, etc.), para consolidar su proyecto histórico.

Acudió a la "memoria corta" (S. Rivera, 1985) de estos sujetos para comprometerlos en la utopía del "Estado nacional".

Así, transformó los movimientos emancipatorios de los indios en movimientos sindicales campesinos (convirtiendo a los indios en campesinos) y neutralizando (con cierta relatividad) las luchas obreras al hacerlos defensores implacables de las medidas de la revolución de 1952, justificando, en el discurso, una "comunidad de intereses" para intentar homogeneizar las demandas sociales y políticas de obreros y campesinos y clases medias.

Sin embargo, esta "comunidad de intereses" supuso una sectorialización de los sujetos anteriores a 1952, rompiendo la unidad histórica de los mismos (Choque, 1986). Se asignó a éstos, personalidades e identidades diferentes para aliarlos luego en torno al proyecto nacionalista y otras versiones de izquierda, a través de la siempre enunciada alianza obrero-campesina. Esta asignación, que hace un corte en la "memoria larga" de los oprimidos, consolidó el espacio de acción política, donde junto con los otros sujetos se interrelacionaron en la construcción del poder estatal. Se dio sentido a una forma democrática *sui generis* donde se combinaron el poder de la presión de estos nuevos sujetos y el poder de dominación encarnados en la lógica y las reglas de juego del nacionalismo revolucionario.

De esta manera, la cultura política del periodo no estuvo ni está construida sólo por una clase dominante o por el poder estatal; sino por la lógica de conjunto que adquiere su propia dinámica a partir de la recreación permanente de la sociedad "boliviana", inspirada en el ideal de una nación cultural y económicamente integrada.

Sin embargo, en el proceso histórico de formación y legitimación de esta cultura política, las identidades "creadas" se muestran insuficientes y se hacen incontrolables en la medida en que su ejercicio ciudadano contribuye a evidenciar los puntos fundamentales de la contradicción en la que se basa la opresión; allí donde las reivindicaciones ciudadanas se saturan sin terminar de satisfacer las necesidades demandadas por su diferencia cultural, y donde, definitivamente, los distintos o disidentes son discriminados como sujetos subalternos.

Existen espacios en el complejo mundo social de la ciudad donde los residentes aymaras no pueden ingresar; no se prohíbe explícitamente, no existen letreros que señalan la exclusión, pero la distancia social y cultural está determinada casi por el límite de una "concertación", donde la fuerza de los que discriminan se impone sobre los residentes aymaras. Las humillaciones y frustraciones permanentes son llagas vivas en los migrantes aymaras. (Sandoval, 1986.)

Hasta aquí se delineó, tal vez a grandes rasgos, como quien define una panorámica, lo que se enunció como "cultura nacionalista revolucionaria". Sin embargo, existe seguridad de que éste es un intento muy inicial de acercamiento a un objeto que sólo se hizo visible como un todo y una unidad después de 35 años de historia y porque, siendo aún vigente, ha comenzado a ser parte del pasado, en tanto se hacen más evidentes los rasgos de una alternativa diferente.

LA CRISIS DE LA CULTURA POLÍTICA NACIONALISTA REVOLUCIONARIA

Una segunda hipótesis de este trabajo consiste en afirmar que la etapa histórica de la cultura política nacionalista revolucionaria está llegando a su fin. En esta medida se concibe a las crisis social, económica y política de la actualidad boliviana como partes visibles de la crisis del nacionalismo revolucionario, por lo menos en lo que hace a sus componentes internos, o sea, de Bolivia hacia adentro.

El Estado desplazado

La crisis de la cultura política nacionalista revolucionaria se inicia a partir de la pérdida de sentido de sus fundamentos básicos. Es decir, en la medida en que, para hacer posible la reproducción de las formas de dominación hasta hoy vigentes, se acude a una aparente contradicción: ya no se localiza al poder en el Estado para construir la nación, argumento que hasta la actualidad fue la razón suficiente para encubrir los costos sociales y culturales del desarrollo del "mercado nacional", sino que se lo desplaza a otros ámbitos.

Mientras que se atribuía al Estado un poder económico y político se legitimaba una forma de explotación que pierde vigencia al cuestionarlo, luego, como estado social y de representación de las "mayorías nacionales". Cuestionamiento que nace del desplazamiento del poder y el papel del Estado hacia otras esferas, el mismo que se concretiza, en estos últimos años, como un mecanismo estratégico para el desarrollo del mercado interno, en nuevas condiciones de negociación política y económica con los sujetos subalternos. Como señala Lazarte:

El Estado deja de legitimarse en términos mayoritarios de apoyo social [legitimidad populista de masas] para legitimarse según la ley. La tendencia parece ser elaborar una nueva ideología de Estado, fundado en la libertad-orden y la eficiencia sustitutiva de la ideología nacional populista. (Lazarte, 1985.)

La nueva fisonomía del Estado, ya no legitimado por las masas, resta sentido a los papeles de éstas como sujetos que contribuían al quehacer colectivo del poder en el interior de la cultura política nacionalista revolucionaria.

Cuando se habla de la aparente contradicción se llama la atención sobre lo que podría ser una posible confusión en la interpretación de la actual coyuntura política en Bolivia. Es decir, no es lo mismo la crisis de la cultura política nacionalista revolucionaria, como forma de hacer la sociedad, que la crisis del proyecto histórico de la "nación boliviana" en el sentido de que la nueva forma de hacer política que se visualiza en la estrategia ideológica del nacionalismo está creando los mecanismos para hacer posible su continuidad histórica, a través de la consolidación del mercado nacional. En definitiva, lo que está en crisis es la cultura política del nacionalismo revolucionario y no el proyecto histórico de la "nación boliviana".

Parecería que la vigencia del proyecto nacional depende de la producción de una nueva cultura política, cuyos indicios pueden estarse dando a partir de la ejecución de un modelo neoliberal en lo económico y político por parte del actual gobierno. En este sentido no sorprende que el actual presidente de Bolivia que en 1952 firmó el decreto de nacionalización de las minas y el de la reforma agraria, firme hoy el decreto 21060 iniciando la desestatización de la economía y la desmasificación de la política, en favor de un proyecto inconcluso por lo menos hasta ahora.[4]

Al morir el Estado empresarial, legitimado por las masas, quedan insuficientes las formas del lenguaje hasta ahora vigentes y ejercitadas a través del discurso, las organizaciones y el papel de las masas.

La localización del poder en el Estado deja de ser un requisito para hacer posible el desarrollo del mercado interno nacional. Como consecuencia de esto el discurso nacionalista revolucionario pierde sentido como movilizador de las masas en favor del Estado nacional. En este sentido las élites dominantes, portadoras de la continuidad del proyecto nacionalista, ponen al descubierto la intencionalidad histórica del mismo, liberándose de la desprestigiada imagen del Estado, por su fracaso como Estado empresarial y patrón.

En términos de proceso la construcción del Estado nacional fue una tarea inconclusa que se estancó en el mismo momento en que las clases con poder económico de este país percibieron el peligro de su propia creación. Por tanto, los desplazamientos de lo que podría ser un verdadero poder económico generador de posibilidades alternativas al "poder del Estado" se iniciaron casi paralelamente a la construcción del Estado empresarial.

Estos desplazamientos se manifiestan encubiertos o como componentes determinantes de las reivindicaciones regionales (Calderón y Laserna [comps.], 1983). Lo regional aparece entonces como una nueva manifestación de las estrategias de los gestores del proyecto nacional para lograr consolidar una nueva forma de poder que sobrepase los límites del modelo de 1952. Política que se traduce en las demandas de descentralización del poder.

En la medida en que la sociedad civil actual de Bolivia es sujeto y objeto de la cultura política del nacionalismo revolucionario, pierde referentes en cuanto a su estructura y funcionalidad como un agregado de identidades producidas en 1952. Esta situación está caracterizada como un estado de desesperanza y desconcierto de las identidades fundamentales que hicieron posible el desarrollo de esta cultura. En este contexto se inscriben las crisis de los partidos y organizaciones de base, y perspectivas ideológicas que desde diferentes situaciones participaron de la cultura política nacionalista revolucionaria.

Por otra parte, y de manera importante, el papel que juega el poder de la economía inmoral en la sociedad es trascendental en la medida en que intenta ocupar el lugar que dejaron las élites económicas tradicionales al desplazarse éstas del Estado. La eco-

---

[4] El decreto 21060 fue lanzado al país en agosto de 1985. Sus efectos fueron multiplicadores especialmente en lo que respecta al despido masivo de trabajadores dependientes del Estado, especialmente mineros. Sus características efectivamente neoliberales han implicado un cambio sustancial de la situación social de Bolivia.

nomía inmoral (narcotráfico) se incorpora a la sociedad boliviana en la medida en que ofrece alternativas a la crisis económica y desempleo provocado por la desestructuración del Estado empresarial, dando respuestas al "delirio laboral" de los contingentes de trabajadores desocupados (A. Rivera, 1987).

Crisis de identidades

Así como la transformación del papel del Estado es una de las expresiones más eminentes del deterioro de la cultura política nacionalista revolucionaria, también forman parte de este fenómeno las crisis de identidades en cuanto integrantes colectivos de la forma de hacer política hasta hace poco vigente.

a]Crisis de identidad minera. Encontramos que en la literatura especializada se habla de la crisis de la identidad minera en Bolivia, la misma que se explicaría a través de:

[. . .] sostener que la crisis del movimiento minero es crisis de identidad y de centralidad, es decir de la representación que los mineros tenían de sí mismos y del lugar a partir del cual pensaban su relación con la sociedad [. . .]. (Lazarte, 1986.)

En tanto

a) El movimiento minero fundó su identidad en la idea de que constituían el sector estratégico de la economía nacional [. . .].
b) La segunda dimensión de la centralidad era el pensarse como el centro de las luchas sociales, el polo convergente unificador de los trabajadores de Bolivia [. . .]. (*Ibid.*)

Se define así que el fondo de la crisis de la identidad minera es la crisis de la centralidad minera (económica y política), la misma que se deteriora en la medida que la minería entra en crisis y que la magnitud (masiva) de los trabajadores mineros se va reduciendo notablemente, a partir de la implementación de políticas nuevas en la gestión administrativa de la Corporación Minera de Bolivia (COMIBOL).

Sin embargo, también existe consenso en indicar como causas para la crisis de identidad de los mineros, la propia crisis de la ideología obrera, al estancamiento de la misma y su alejamiento de demandas más apremiantes. Además, la significativa presencia de nuevos actores en la escena política del país, con particulares formas de acción, hacen que la identidad minera, despojada de su convicción de ser el centro movilizador de los sujetos subalternos de Bolivia, entre en crisis.

Desde esta perspectiva, sin embargo, remitimos esta crisis a otra más profunda: la crisis de la cultura política nacionalista revolucionaria inaugurada en 1952. Así se apunta al análisis de la crisis como un fenómeno de conjunto donde participan todos los sujetos que hicieron posible la construcción de una forma de hacer y ejercer el poder. En esta medida, en lo que se refiere a la crisis de la identidad minera, se trata, evidentemente, de la crisis de la centralidad con la que jugó este sujeto colectivo. Pero la misma no es sino consecuencia y resultado de la crisis de centralidad del propio Estado a partir de la cual se definen, como efectos concatenados, las crisis de todos los sujetos sociales comprometidos con el nacionalismo revolucionario.

En este sentido, la crisis de la centralidad minera (o su deterioro) se inicia en el mismo momento en que el Estado se debilita y transforma, dejando de cumplir el papel que había cumplido hasta entonces, como Estado paternalista y patrón. Los desplazamientos del poder del Estado hacia las élites dominantes (regionales, sectoriales, financieras, etc.) (A. Rivera, 1987) hacen que la crisis del movimiento minero se agudice más, y su situación de explotación laboral se torne todavía más evidente y dramática.

El Estado, al suspender su matiz protector y social, pone al borde de lo insoportable los niveles de vida de los mineros. Es, en este contexto, que las reivindicaciones de los mineros se hacen menos ideológicas y se ligan, con mayor fuerza, a la consecución de resultados más elementales: para hacer posible la vida. Ya no se defiende al "Estado nacional" ni se postula el socialismo. Por el contrario, construidas en su dura lucha por la sobrevivencia y el derecho a la vida, sus utopías socialistas se transforman en utopías de lo posible.

De ahí que la práctica sindical minera, su liderazgo, sus organizaciones, el discurso y su adiestramiento ideológico obrerista estén hoy puestas en duda, motivando el desconcierto entre partidos, sindicatos e intelectuales.

Los mineros que parecen estar hoy confinados de la historia ponen en evidencia todo lo contrario: su inagotable imaginación y su experiencia abren la brecha de un nuevo camino de lucha política: el derecho a ser y hacer la vida, desde una dimensión local y cotidiana.

b] Sobre la identidad "campesina". La crisis de la cultura política nacionalista revolucionaria también se interpreta como las contradicciones internas y externas de los sujetos constitutivos más importantes del proyecto nacionalista. Si bien es cierto que en ninguno de los puntos anteriormente analizados se hace un análisis exhaustivo, el intento de identificación de algunas características para detectar las crisis de identidades y sus motivaciones nos inicia en una reflexión complementaria a las realizadas por otros autores.

En este acápite se plantean nuestras intuiciones sobre la identidad "campesina", considerando que este tema sería por sí solo un tema clave para la comprensión del modelo de la cultura política nacionalista revolucionaria, ya que en él se sintetizan contradicciones fundamentales y de contenidos históricos trascendentales (cultura, étnica, clase, ciudadanía, etcétera).

Se ha dicho que la Confederación Sindical Única de Trabajadores Campesinos de Bolivia (CSUTCB), como la dimensión más representativa del campesinado en Bolivia, contiene contradicciones y divisiones internas que reflejan y proyectan la heterogeneidad del sujeto "campesino". En esta medida, su praxis conllevaría proyectos de futuro diferentes aunque no antagónicos. Sin embargo, se alude sólo a uno de ellos como proyecto alternativo de sociedad y Estado (al postulado por el Movimiento Revolucionario Tupac Katari [MRTK]), cuyo planteamiento fundamental postula reivindicaciones que unen la dimensión clasista del "campesinado" con su dimensión étnica (Albó, 1987).

La existencia de este proyecto, como "proyecto campesino" inhibe postular y fundamentar la crisis de la identidad "campesina" en los términos en que se hizo respecto al movimiento minero. Pero si retomamos algunas caracterizaciones de la conducta y forma de ser "campesina" hechas por Albó (1987), podremos fundamentar que la identidad "campesina", como creación de la cultura política nacionalista revolucionaria, nunca terminó de "ser". "Ser 'campesino' es considerado no como una ocupación sino como un estado previo al tener realmente un oficio y ocupación." (Albó, 1987.) "[. . .] me inclino a interpretarlas como parte de la típica estrategia campesina, que juega a varias cartas simultáneamente [. . .] ". (*Ibid.*)

Parecía que la identidad campesina fue asumida como una estrategia de participación para lograr mejores términos de ejercicio político, como identidades diferentes y oprimidas. La historia del MRTK apoya esta hipótesis cuando se hizo sindical, fundando un espacio político en el nivel nacional, para lograr una relativa autonomía política frente a la cultura política nacionalista (León, 1986).

En esta medida, la identidad "campesina" fundada en una ciudadanía forzada (S. Rivera, 1985) sirvió fundamentalmente para develar y poner en evidencia los límites del proyecto histórico del nacionalismo revolucionario, basado en la continuidad de las élites en el poder y su forma mediatizada de hacer política. Así, el proyecto nacionalista, con la predeterminación de la identidad "campesina", engendró su propia negación.

El intento de hacer del "campesino" una eficiente clientela para la formación del mercado nacional, a través del ejercicio de una ciudadanía controlada, llevó a la obstinada creación de medidas que mantuvieron la discriminación de los sujetos culturalmente diferentes. Repasaremos, de manera general, algunas de ellas:

i] Se intentó uniformizar la estructura agraria del país, para hacer de la producción agropecuaria tradicional una producción eminentemente mercantil (lo demuestran todos los planes de desarrollo rural implementados desde 1952), para que el agricultor adquiera ciudadanía como productor de mercancías y como partícipe en la construcción del mercado nacional. Esta situación sólo tuvo éxitos parciales en la medida en que la mayoría de los "campesinos" de Bolivia forman parte de las estructuras de mediación de la cultura política nacionalista revolucionaria, y que en la práctica los constituyó en sujetos y objetos de una participación económica mediatizada en el mercado. Mediación que institucionalizada por diferentes niveles de sujetos (el Estado, las cooperativas, los sindicatos, las asociaciones, etc.), dio lugar a la constante resignificación de la categoría "campesino" como productor mercantil.

Sin embargo, la referencia anterior no postula una resistencia al mercado por parte de los "campesinos", sino una forma mediatizada de participación que dio cabida para filtrar su impacto transformador y exterminador en el interior de las comunidades. Los "campesinos" hicieron del mercado una alternativa más para reproducir su diferencia cultural en los términos actuales.

ii] El campesinado, proyectado como clientela para el mercado político, fue víctima de una forma de negociación política basada en el caudillismo y el prebendalismo como condiciones básicas para hacer posible su cooptación y control. El aprendizaje de la política "ciudadana" tuvo un costo muy alto para el "campesinado" (masacres, humillaciones, corrupcción, etc.). Consumieron el discurso nacional estatista en la medida en que fueron el producto más notable de 1952. En tanto tales asumieron alianzas horizontales junto a otras identidades con las que conformó la masa populista que sustentó al proyecto nacionalista. Pese a ello el movimiento sindical campesino, como organización de bases, fue una de las últimas en formar parte de la COB, después de una larga trayectoria que buscaba superar la ambigüedad clasista con la que surgieron en 1952 e "independizarse" de los partidos políticos y del propio Estado (Calderón y Dandler, 1985). Esta independencia implicó el rescate de su identidad oprimida: cuando se hace real identifican a su opositor en términos económicos y políticos, pero además con·cara blanqueada.

iii] Las medidas más importantes adoptadas para la reproducción del campesinado como clientela fueron todas aquellas dirigidas a ellos en tanto consumidores de cultura. Despojándolos de las que portaban —o por lo menos insistiendo persistentemente en ello— se impuso un consumo de bienes e ideología para reforzar su compromiso y controlar sus utopías. Las políticas de abastecimiento, salud, vivienda y sobre todo educación así lo demuestran, impactando fuertemente al campesinado. Éstas promovieron fenómenos de movilidad social que si bien con el tiempo sirvieron de instrumento para la negación de lo "campesino", fueron, durante largos años, medios para la humillación. Durante este tiempo se negaba al indio para rescatar al "campesino".

A través de la educación se acudió a la idea de "patria" y Estado basados en la imparcialidad social; la idea de una sociedad homogénea e "igualitaria" basada en la participación ciudadana que legitimaba su utopía condicionándola a la "superación" del ser indio, del ser "ignorante".[5]

En tanto que las medidas anteriores quedaron en la actualidad insuficientes para mantener controlada a la ciudadanía "campesina" y, por el contrario, pusieron en evidencia situaciones de discriminación, el proyecto homogeneizador llegó a sus límites. Los campesinos, como partícipes de un mercado donde nunca lograron controlar los precios de sus productos y permanentemente dependieron de las políticas estatales para lograr una economía rentable, reprodujeron, de manera predominante, una economía de subsistencia, sin que se den necesariamente términos absolutos o importantes de proletariación campesina. En este sentido, la participación "campesina" en la construcción del mercado interno estuvo determinada por estrategias económicas diversificadas y desarrolladas desde las comunidades mismas y no desde su condición "ciudadana".

A esto se añade las limitaciones de los proyectos económicos "campesinos", como el de la Corporación Agraria Campesina (CORACA) que debe enfrentarse con dos obstáculos: por una parte, las políticas estatales de crédito agrícola, importaciones de productos competitivos (especialmente el trigo), inaccesibilidad de insumos agrícolas y otras, que no favorecen las economías "campesinas". Por otra, las estructuras organizativas de las propias comunidades "campesinas" cuyas lógicas productivas y relacio-

---

[5] La escolarización y el servicio militar, como medios para superar la condición "inferior" fueron hasta hace poco utilizados por los "campesinos" como mecanismos para adquirir la "ciudadanía". De hecho, en Bolivia el indio, para adquirir los documentos legales de ciudadanía debe presentar su certificado de servicio militar.

nes de producción están basadas en términos no capitalistas. Por todo ello, en la actualidad, la definición economicista de lo "campesino" es inconsistente.

En cuanto a los fundamentos políticos de la "ciudadanía campesina", elaborados desde el poder de las élites, éstos constituyen un conjunto de razones encaminadas a la consolidación de la clientela política desde 1952.

Si bien los sindicatos agrarios surgen en la escena política del país desde 1936, se coopta a este movimiento desde el nacionalismo revolucionario para convertirlos en "las masas campesinas" que sustentan el proyecto político iniciado en 1952. La misma se lleva a cabo con base en la desagregación de las motivaciones liberadoras y emancipadoras de los trabajadores del campo que se oponían a una forma de dominio sociocultural y económica (Dandler, 1985; Romero, 1970). En el discurso nacionalista se recupera, de estas luchas, sólo su fase reivindicativa y agrarista. De esta manera surge, en la historia, el sujeto "campesino" desvirtuado y comprometido con el proyecto político nacionalista. Por eso, la historia de la lucha por la "ciudadanía campesina" conlleva, además, la lucha por la recuperación y actualización de una identidad parcelada en 1952, adoptando una posición crítica respecto a su identidad "campesina" impuesta.

En este sentido se puede argumentar que la crisis de la identidad campesina se dio a partir de la superación de las justificaciones de su existencia, en tanto reivindicaciones de un Estado que condicionó su existencia "ciudadana" al compromiso y construcción de un mercado nacional. Éste no implicó sino el olvido histórico de la condición colonial de su ser diferente y por ello su propio cuestionamiento se dio a partir de la recuperación de su memoria larga (S. Rivera, 1985).

La condición colonial, como una forma de discriminación étnica y cultural que se reiteró cotidianamente en la práctica social y política de los "campesinos", fue el hilo conductor hacia la actualización de una lucha emancipadora y liberadora que no se realiza en los límites del sindicalismo campesino. De ahí que la organización sindical parece ser sólo el espacio donde se ejercita la formación de una nueva identidad, actualizando las utopías de los oprimidos.

Por ello, la crisis de la identidad campesina supone también la crisis de su organización en tanto ésta fue impuesta a otras formas y estructuras sociales en el campo, sin lograr transformarlas ni sustituirlas. En este sentido el sindicalismo fue y aún es una forma de organización que identifica a los "campesinos" hacia afuera, hacia el Estado y la sociedad. Pero no una forma de identificación hacia adentro. El sindicato es, entonces, sólo su cara ciudadana.

LA CULTURA COMO POLÍTICA

La cultura como política surge como reivindicación de un espacio de lo político negado por el dominio y predominio de una cultura política: la cultura política nacionalista revolucionaria como articuladora de la cultura capitalista mundial en el nivel nacional.

La definición de cultura utilizada en este trabajo tiene que ver con la cultura como sistema de producción y reproducción de prácticas económicas, tecnológicas, plásticas, intelectuales, simbólicas, míticas y valóricas ejercitadas cotidianamente en la vida. La cultura, además, entendida como la materialización de todos los sentidos simbólicos presentes en la cotidaneidad.

En este sentido la cultura no es sólo ahora que juega un papel político importante. Por el contrario jugó un papel protagónico en la historia de las sociedades colonizadas (como Bolivia), para mantener la continuidad de los oprimidos como fuerza histórica.

Sin embargo nuestro enfoque no polariza las culturas o prácticas culturales como antagónicas, sino como sistemas que resultan de la acción colectiva del ser y no ser de las identidades. En tanto tales sus límites no son tajantes y por el contrario se articulan y se redefinen permanentemente. Por lo tanto no existen formas culturales incontaminadas: para existir dependen de su referencia con las otras o con la cultura dominante.

En este sentido la cultura como política y como alternativa de cambio, en sus contenidos, conlleva las negociaciones de la dominante, sus posibilidades de establecer espacios de hegemonía simbólica y de crear situaciones potenciales de superación de sus propios códigos. En tanto lo dicho, la cultura como política es y no es y, como las identidades dentro de un término histórico, sólo podría estar siendo (Evers, 1984).[6]

De ahí que la cultura, como producción en el espacio de lo cotidiano, tenga una diversidad de lenguajes, diferentes a los conocidos como lenguajes políticos. Se diría, por lo tanto, que la cultura como política no tiene discursos ni programas explícitos. Nuestras experiencias empíricas demuestran, por el contrario, que su eficacia está en lo implícito de sus sentidos.

En cuanto al papel de la cultura como alternativa ante la crisis de la cultura política nacionalista revolucionaria, se diría que existe una multiplicidad de posibilidades como heterogeneidades sociales actualmente en Bolivia, para la conformación de nuevas identidades.

De hecho, en el último quinquenio han surgido en la escena pública sujetos que desde la cotidaneidad, con sus demandas y forma de proyectarlas, han agudizado la crisis del modelo nacionalista. Sujetos que demandan una nueva o diferente forma de participación social, nuevas formas de hacer el poder, y nuevos espacios de ejercicio de lo político.

Dos experiencias contemporáneas nos permiten sostener lo anteriormente mencionado.

Los mineros de Bolivia: héroes sí, mártires no

Los primeros días de agosto de 1986 los mineros de la minería nacionalizada de Bolivia, junto con otros sectores solidarios, iniciaron una marcha desde sus centros de tra-

---

[6] La reflexión que sustenta este capítulo está basada en las lecturas de Néstor García Canclini, *Las culturas populares en el capitalismo*, 1982; Jean Casimir *La cultura oprimida*, 1980 y Tillman Evers, *Identidade, a face oculta dos novos movimientos sociais*, 1984.

bajo hacia la ciudad de La Paz. Miles de mineros con sus familias recorrieron cerca de 300 kilómetros a pie, en una marcha cuya consigna fue ''Por la Vida y la Paz'', motivada por las medidas del gobierno que se dirigían al cierre de las empresas estatales de la minería, y al despido de más de 20 000 trabajadores. El reconocimiento del Estado a estos trabajadores que sustentaron por más de 30 años a la economía nacional fue el de aniquilarlos como vanguardia del movimiento popular, arrebatándoles la identidad que esforzadamente habían consolidado a través de todas las luchas sociales de los trabajadores de Bolivia.

Sin embargo, las medidas del gobierno también obligaban a los trabajadores a definir sus identidades con base en la reubicación de su papel en la historia.

Los mineros, que cotidianamente habían desarrollado inimaginables estrategias productivas formales e informales para hacer rentables las minas (Nash, 1975) que el Estado abandonó en sus manos, no podían imaginar su existencia fuera de ellas. Una gran mayoría de ellos, cuyos ingresos se fueron reduciendo a límites extremos en la actual crisis, inventaron nuevas formas de sobrevivencia en los mismos centros mineros para poder reproducirse. Esta imaginación, estas formas cotidianas de vivir, pusieron al límite la situación de mártires de la mayoría de los mineros. Límites expresados en su dimensión explícita y simbólica en la ''Marcha por la Vida y la Paz''.

En la marcha se reivindicaban los derechos más elementales del ser minero, de su cultura que contenía larga experiencia, de su sabiduría laboral que fundaba en los campamentos las bases territoriales de su identidad. Defendían así su ser al que lo obligaban a renunciar con las medidas gubernamentales (como efecto del decreto 21060).

Yo he nacido en Huanuni, mi padre era minero [. . .] yo aprendí y crecí con él. Sólo sé trabajar el estaño[. . .] ¿Cómo me voy a ir a otra parte?, ¿qué voy a hacer? En Huanuni está mi familia, mis hermanos, mis amigos [. . .]. (Minero de Huanuni, en Nash y León, 1986.)

Estas motivaciones, tan ligadas a la cotidianeidad de los mineros, estaban más allá de algunas consignas partidarias y de su organización matriz (la COB) que planteaban, desde una fracción del liderato, el derrocamiento del gobierno a través de la defensa del papel de vanguardia que hasta entonces había jugado el proletariado minero.

Cuando el ejército, enviado desde la sede del gobierno, dio alcance a los marchistas a pocos kilómetros de la ciudad de La Paz y los obligó a retornar a sus centros de trabajo amenazándolos con tanques y avionetas, se desarrollaron las escenas más conmovedoras de los últimos tiempos. Desde algunos frentes del liderato sindical y político se incitaba a los mineros a seguir adelante y presentar resistencia. Muchos mineros, dispuestos a continuar con su papel de mártires heroicos los seguían. Otros, por el contrario, percibían el fin de una lucha y se disponían a retornar. Las mujeres, que habían acompañado a sus esposos en la marcha, ocuparon el centro de la escena y se enfrentaron desafiantes a los militares:

Hemos llegado hasta aquí con los pies casi terminados [. . .] si nos han de matar de hambre en las minas nos da igual morir aquí. Pero no hemos de regresar hasta que el gobierno se comprometa a no cerrar las minas [. . .]. (Ama de casa minera, *ibid.*)

Ante el desconcierto de líderes, políticos, representantes del Congreso Nacional, prensa y otros —que tal vez temían presenciar masacres— los mineros subieron a los camiones para regresar a sus centros de trabajo. Así este regreso simbolizó mucho más que una derrota: simbolizó el fin de su dimensión "mártir". Hasta esta marcha los mineros fueron masacrados, perseguidos, invadidos, humillados y permanentemente asediados por defender la condición trabajadora, por vanguardizar al movimiento popular, por defender un "Estado nacional" y los recursos naturales de Bolivia, y, fundamentalmente, por defender su utopía obrera. Hasta entonces habían sido la plataforma política más importante de la sociedad boliviana, por su capacidad de presión, movilización y combatividad, características de su identidad colectiva que, sin duda, benefició menos a ellos que a los líderes sindicales y políticos de la élite. Los mineros conscientes de este hecho retornaron cantando a sus centros de trabajo, y parecían celebrar un cambio probablemente definitivo en su historia: dejaban una categoría social para recuperar la vida:

Esto se acabó. Hemos servido siempre a los políticos [. . .] en nuestro nombre viajan, ganan plata, se hacen importantes. ¿Y nosotros? [. . .] ¡siempre igual! De nosotros ha salido gente que una vez que se hace dirigente cambia, se va a las ciudades y se olvida de lo que era [. . .] se olvida de nosotros. Sólo nos quieren para las marchas para apoyarlos [. . .] por eso ya no tenemos fe en nadie [. . .]. (Ama de casa minera, *ibid.*)

A partir de este acontecimiento los mineros parecen haber decidido dejar de ser mártires para ser héroes de una nueva historia. Con esta actitud las acciones colectivas a continuación no tienen la magnitud de todas las anteriores: parecería que el inicio de una etapa de desmovilización, basada en la recuperación de la diferencia y las particularidades está marcado ya. Se trata, de hoy en adelante, de reivindicaciones basadas en la necesidad de ser, de defender lo posible, lo realizable, lo cotidiano. Situación que se reflejó en el último Congreso minero —donde fue por demás difícil lograr la unidad del movimiento minero en torno a consignas generales y de contenidos ideológicos alejados de la cotidianeidad— en el cual se acudió al llanto de las mujeres y niños y reflexiones de religiosos para pedir a los asistentes al congreso su unidad. Se puso así en evidencia la definitiva crisis de una forma de hacer de los políticos, donde los mártires fueron unos y los héroes otros, donde las estructuras rígidas de las organizaciones coartaron la imaginación política para hacer la vida.

Las alternativas de los mineros para defender su cotidianeidad, sus fuentes de trabajo, su tradición y su cultura laboral son producto de esta ruptura. Por ello, para legitimar y hacer posible la sobrevivencia de sus centros de trabajo, de vida, de sus familias, y de ellos mismos como mineros, cerca de 10 000 trabajadores de la minería nacionalizada optaron por la cooperativización. Así se reiteró en la historia de Bolivia la capacidad de los mineros para crear alternativas más allá del Estado que pretextando altos costos productivos, despidió a miles de ellos como única respuesta a la crisis de precios de los minerales en el mercado internacional. Sin capacidad —o sin interés— para crear otras posibilidades el Estado reiteraba una política antipopular contra quienes la habían sostenido.[7] Sin embargo, hoy como antes, los mineros también dan respuestas heroicas, que requieren de mucha más imaginación, audacia y sacrificio.

Con la organización de cooperativas por parte de los mineros relocalizados se inicia una nueva etapa donde, sin duda, se definirán identidades y formas de negociación política nuevas, en la medida en que este sector se amplía en una magnitud superior a lo que fue la organización sindical en sus mejores tiempos, y en la medida en que el carácter de las relaciones de producción en el interior del sector cooperativo será muy diferente al planteado por el sector estatal.

La participación de la mujer campesina

La participación de la mujer "campesina" organizada en la Federación de Mujeres Campesinas Bartolina Sisa, que se constituye en el brazo femenino del movimiento sindical campesino, refleja las contradicciones internas del movimiento sindical y las limitaciones de un sistema democrático formal. Por otra parte, en la medida en que en sus reivindicaciones están contenidas demandas de un género oprimido, se une y se proyecta a otras organizaciones femeninas que se hicieron presente en la escena pública, con fuerte impacto social y político en los últimos años (León, 1986).

a] *El sindicato y el papel de la cultura.* El sindicalismo, para las mujeres del campo, es una organización contradictoria. En el quehacer cotidiano de la mujer en el interior de las comunidades, el sindicato es una alternativa de cambio de las organizaciones y formas de ejercer socialmente una condición femenina preestablecida por la tradición y las costumbres. Sin embargo, las alternativas de cambio ofrecidas por la organización sindical no sustituyen las organizaciones tradicionales ni ofrece reivindicaciones netamente femeninas: convoca a la mujer del campo hacia una participación social y política fuera de las comunidades, a una participación en la vida política nacional, a la búsqueda de mejores condiciones de participación "ciudadana". Si bien es cierto que este objetivo es común para las mujeres del altiplano, para ninguna se presenta como una condición de participación concreta en el interior de las comunidades. Es más, muchas veces antagoniza con los papeles femeninos trascendentales como el de ser responsables de la continuidad histórica y el de ser reproductoras directas de la diferencia cultural.

La ideología sindical de la Federación de Mujeres Campesinas Bartolina Sisa (FSMCB-BS) suele ser incompatible con los papeles culturales (t'ala) que juega la mujer indígena "campesina". En la medida en que el discurso sindical antagoniza con los códigos culturales se plantea una situación de ambigüedad en la participación social femenina.

---

[7] No debe sorprender, sin embargo, la política ejercida por este gobierno que durante su primera gestión (1952-1964) también implementó políticas económicas y sociales dirigidas al cierre de algunos centros mineros. El caso de la mina de Kami fue el más significativo, pues, cerrada por "improductiva" el año 1964 fue rehabilitada por los propios trabajadores en forma de cooperativa. Hoy es la más importante productora de wolfram del país. (Véase "Diagnóstico socioeconómico de Kami", León, 1987.)

Por una parte se propone la participación femenina independiente de los varones, aspecto que contradice el estatuto social de la mujer en las comunidades indígenas, donde ni la mujer ni el hombre son sujetos sociales por sí solos. Por el contrario, para adquirir el estatuto de miembros de una comunidad y legitimar su participación en el poder local, tienen que ser pareja. Para "ser" y ejercer la categoría de j'aque (gente), tiene que formarse la unidad complementaria simbólica más básica de su sociedad y cultura: la pareja hombre-mujer.

Por otra parte, para que la mujer campesina indígena pueda existir social y políticamente en la "sociedad nacional", la única posibilidad de hacerlo es en el espacio sindical de la Federación Bartolina Sisa.

La organización sindical es, así, el espacio e instrumento para la práctica social y política donde la mujer del campo puede ejercer una "ciudadanía" con especificidad económico-política determinada por la cultura política nacionalista revolucionaria. Sin embargo, las prácticas organizativas tradicionales y culturalmente diferentes que ejercen las mujeres de las comunidades son un requisito indispensable para mantener la diferencia como un filtro estratégico frente a la dominación y explotación. Las prácticas asociativas de la mujer en las comunidades son los elementos más eficaces para responder a las desventajas económicas y sociales en la sociedad mayor. De tal manera que la mujer conociendo, administrando y resignificando los códigos culturales, diferentes del nacionalismo, resuelve relativamente los problemas concretos del abastecimiento alimentario, salud, vivienda y otros consumos indispensables para sobrevivir (sin que en ningún momento se hubiese planteado la autosuficiencia).

La resignificación de los códigos culturales es producto de las instancias asociativas más primarias del quehacer colectivo de las mujeres "campesinas". Es allí donde se crean los primeros fundamentos de su identidad. Así, en la resignificación, es que la cultura recobra sus significados persistentes y, a la vez, los actualiza. Este proceso tiene íntima relación con la internalización de lo que son, no son y quieren ser las mujeres "campesinas". Con la conducta opcional de lo que nieguen y de lo que acepten, tanto de la cultura a la que pertenecen como de la cultura dominante, se inicia el proceso de formación de su identidad.

En esta medida, la mujer "campesina" no es concebida como un sujeto homogéneo, sino más bien como muchos sujetos en sí, diferenciados por las facetas de subjetividad que predominan en ella, por las condiciones materiales y sociales de las que participa, y donde se llevan a cabo los procesos de producción y reproducción, manteniendo, algunas, cierta distancia con lo agrario.

Los procesos de diversificación laboral de la mujer "campesina" contribuyen a las diversas formas de ser sujeto y de hacer lo social y político colectivamente, dando lugar a un "degrade" sociocultural en el universo de la mujer "campesina". Los mismos condicionan, junto a los códigos culturales que se asumen, las instancias y formas de participación que pasan por lo colectivo y alternativo. Entre muchas de éstas (alianzas comunitarias, comités de abastecimiento, etc.) el sindicato sólo es una más.

El "degrade" al que nos referimos tiene que ver con las facetas de subjetividad y las condiciones materiales de lo sociocultural, diferencia, sin embargo, que no antagoniza a la mujer campesina. Tiene que ver con lo "indio", con lo "cholo", con lo "birlocho'', etc. Calificativos que diferencian a la mujer dentro de lo "ciudadano" y que hacen inaccesible el ejercicio de una forma única de participación.

b] El espacio de particpación social. El espacio de participación social de las "mujeres campesinas" atraviesa el espacio comunal y se integra al espacio nacional a partir de un ordenamiento simbólico, el mismo que tiene relación con las connotaciones de tiempo y espacio planteados desde una óptica diferente de la occidental. La administración geopolítica del espacio planteada por el Estado boliviano, es un referente territorial donde el "campesino" define al espacio como el de él y el de los otros. De ahí que los límites territoriales constituyan también parte de los ingredientes necesarios para la formación de identidades. Así, las "campesinas" de las comunidades, en los límites de éstas se definan por lo que son. A partir de ellos, hacia afuera, se definen por lo que no son.

De la comunidad hacia afuera cuenta otro tiempo y otro espacio: el de los otros. De la comunidad hacia adentro se establece la síntesis tiempo-espacio en la tradición y costumbre, y en la continuidad de un espacio histórico y culturalmente determinado. Situación que no sólo rige para los aymaras sino para otras culturas o etnias en Bolivia (Montes, 1987, Riechster, 1978).

c] Lo ciudadano y las reivindicaciones de género. En el espacio de los "otros" es donde la mujer del campo (india) rescata —para poder ser— la identidad ciudadana en los mismos términos "campesinos" que el varón. En ellos se reivindica como "mujer campesina". Sin embargo, es en esta definición que surgen para ella una serie de discriminaciones en términos de poder y participación, que en definitiva son comunes para todas las mujeres ciudadanas para quienes la democracia sólo es un título.

Por las poquísimas posibilidades que tiene de acceder al "poder" la mujer es víctima de la discriminación de su espacio cotidiano, caracterizado siempre, desde "lo político", como un espacio de lo privado, sin trascendencia política. Un espacio regido por la "costumbre"' y no por los principios ideológicos, partidarios, etc. Un espacio para sujetos no políticos: de mujeres, niños, ancianos y otros discriminados (Jelín, 1982).

De ahí que la movilización social de los últimos años (1982-1984) de mujeres de diversos niveles económicos y sociales ("campesinas", mineras, amas de casa, etc.) que partieron de los mercados, de los hogares, de los barrios y de otros —espacios tradicionalmente no políticos— reivindiquen nuevas formas de participación en la construcción del poder. Estas movilizaciones tienen, en la organización campesina de mujeres, una dimensión mucho más estructurada (aunque con viejos moldes sindicalistas y nacionalistas) de sus reivindicaciones sociales y de género. Las mujeres, portadoras de una dimensión humanista de la lucha reivindican, para lo político, una escala humana (Max-Neef y otros, 1985), forjando, en el espacio de lo cotidiano una identidad basada en nuevos contenidos democráticos.

BIBLIOGRAFÍA

Albó, Xavier (1987), "El proyecto campesino de Estado y Sociedad en Bolivia", en *Repensando el país*, La Paz, Bolivia, MIR-BL.

Antezana, Luis H. (1981), "Sistemas y procesos ideológicos en Bolivia", en *Bases, expresiones del pensamiento marxista boliviano*, México.

Calderón, Fernando (1983), *La política en las calles*, Cochabamba, Bolivia, CERES.

Calderón, Fernando y Jorge Dandler (comps.) (1985), *La fuerza histórica del campesinado*, Cochabamba, Bolivia, CERES/UNRISD.

Calderón, Fernando y Roberto Laserna (1983), *El poder de las regiones*, Cochabamba, Bolivia, CERES/CLACSO.

Canclini, Néstor G. (1982), *Las culturas populares en el capitalismo*, México, Nueva Imagen.

Casimir, Jean (1980), *La cultura oprimida*, México, Nueva Imagen.

Choque, Roberto (1987), *La masacre de Jesús Machaca*, La Paz, Bolivia, Chitakolla.

Foucault, Michael (1981), *Un diálogo sobre el poder*, Madrid, España, Alianza.

Evers, Tillman (1984), "Identidade, a face oculta dos novos movimientos sociais".

Jelín, Elizabeth (1986), "Otros silencios, otras voces: el tiempo de la democratización en la Argentina" (Ms.), Cochabamba, Bolivia.

Lazarte, Jorge (1985), "La nueva política económica: proyecto de reordenamiento de la sociedad", La Paz, Bolivia, Hoy.

_____ (1986), "Crisis de identidad y centralidad minera", La Paz, Bolivia, CEDOIN.

León, Rosario (1985), *Nido de hombres: estructura agraria en Tapacarí* (Ms.), La Paz, Bolivia.

_____ (1985), "La participación de la mujer en el movimiento campesino", La Paz, Bolivia, CERES/UNRISD.

_____ (1986), "La mujer en el movimiento campesino: un estudio de la Federación de Mujeres Campesinas Bartilina Sisa", La Paz, Bolivia, CERES/CLACSO.

_____ (1987), "Diagnóstico socioeconómico de la cooperativa minera El Progreso de Kami Ltda.", La Paz, Bolivia, Cooperación Técnica Italiana.

Max-Neef, Manfred y otros (1985), "Desarrollo a escala humana", Santiago de Chile, Chile, CEPAUR.

Montenegro, Carlos (1943), *Nacionalismo y coloniaje*, La Paz, Bolivia, Autonomía.

Montes, Fernando (1987), *Máscara de piedra*, La Paz, Bolivia, Quipus.

Nash, June (1975), *He agotado mi vida en la mina*, Buenos Aires, Argentina, Sudamericana.

Nash, June y Rosario León (1986), "Testimonio contra los mitos de la 'Marcha por la Vida y la Paz' " (Ms.), La Paz, Bolivia.

Rivera, Alberto (1987), "Notas docentes sobre el problema urbano" (Ms.), Cochabamba, Bolivia, Universidad Mayor de San Simón.

Rivera, Silvia (1984), *Oprimidos pero no vencidos: luchas del campesinado aymaro-qechwa 1900-1980*, La Paz, Bolivia, HISBOL.

Romero B., Hugo (1970), "Los movimientos sociales en el agro boliviano", La Paz, Bolivia, Servicio Nacional de Reforma Agraria.

Sandóval, Godofredo (1986), "Movimiento cultural aymara en la región de La Paz y minorías activas residentes", La Paz, Bolivia, CIPCA/CLACSO.

Zavaleta, René (1979), "La fuerza de la masa", *Cuadernos de Marcha*, septiembre-octubre.

CULTURA POLÍTICA Y DEMOCRACIA REPRESENTATIVA EN PERÚ

MIRKO LAUER

CULTURA POLÍTICA Y DEMOCRACIA REPRESENTATIVA*

En la idea de "cultura política" relacionada con el tema de la democracia vienen implícitas otras dos que nos interesan particularmente aquí. Ellas son: a) aquellas nociones más difundidas acerca de qué es lo democrático, o mejor aún, cómo se manifiestan estas nociones en la vida de los miembros de las mayorías, y b) aquellas nociones que sin estar necesariamente difundidas entre la población contribuyen, a través de su influencia en la clase política, a diseñar lo que efectivamente ha venido siendo la democracia representativa en el país.

Creo que no es demasiado polémico a estas alturas decir que en Perú las ideas que pertenecen simultáneamente a estos dos conjuntos no son muchas, ni las mismas, a lo largo de la historia. Era difícil hablar de cultura política en un país donde esta práctica estaba desintegrada en numerosas subculturas, que recién empiezan a realizar su unificación en los últimos años, bajo el doble manto articulador del encuentro del populismo nacionalista[1] y de la democracia representativa.[2]

Pero las ideas más frecuentes que aparecen en los análisis son aquellas que reconocemos como ocupando ambos espacios; ellas suelen ser, no por accidente, las más di-

---

* Este trabajo recoge algunas ideas expresadas anteriormente por otros autores, algunos de los cuales figuran en la bibliografía de las notas. Una parte de las del autor fueron leídas en la reunión del Instituto de Estudios Peruanos acerca de "Cómo consolidar la democracia" en el país en 1986 y otra ha aparecido en algunas columnas editoriales del diario La República entre 1983 y 1986.

[1] Acerca del populismo nacionalista, el velasquismo y el aprismo son tratados como dos fenómenos diferenciados. Sobre este último tema algunos textos importantes son: Francisco Guerra, Velasco: del Estado oligárquico al capitalismo de Estado, Lima, CEDEP, 1983; A. Lowenthal y C. McLinctock, El experimento peruano revisitado, Lima, IEP, 1985; Aníbal Quijano, Nacionalismo, neoimperialismo y militarismo en el Perú, Buenos Aires, Ediciones Periferia, 1971; Carlos Franco (comp.), El Perú de Velasco, Lima, CEDEP, 1986 (3 vols.). Acerca del Apra, véase León Enrique Bieber, En torno al origen histórico e ideológico del ideario nacionalista, populista latinoamericano, Berlín, Colloqium Verlag, 1982; Alan García, El futuro diferente, Lima, Jazam, 1982; César Germana, La polémica Haya de la Torre-Mariátegui. Reforma o revolución en el Perú, Cuadernos de Sociedad y Política, Lima, 1980; Víctor Raúl Haya de la Torre, Obras completas, Lima, Juan Mejía Baca Editor, 1977 (7 vols.).

[2] Para diversas visiones del proceso democrático representativo en la historia peruana de este siglo para los años treinta, véase Augusto B. Leguía, Yo tirano, yo ladrón (Memorias completas), s/f, s/e; A. Quijano, Imperialismo, clases sociales y Estado en el Perú 1890-1930, Lima, Mosca Azul Editores, 1985. Para los años cuarenta Gonzalo Portocarrero, De Bustamante a Odría. El fracaso del Frente Democrático Nacional 1945-1950, Lima, Mosca Azul Editores, 1986. Para los años cincuenta, Javier Ortiz de Zevallos, La democracia peruana presente pruebas, Lima, Centro de Información y documentación andina, 1984. Para los años sesenta, P.P. Kuczinsky, La democracia bajo la presión económica, Lima, Mosca Azul Editores y Ediciones Treintaitrés, 1980.

fundidas e "ideológicas" (en el sentido de "falsa conciencia" que también se le da a esta última palabra). Estamos hablando, pues, de ideas sobre democracia que al mismo tiempo "flotan en el ambiente" y pertenecen al sistema de control que también es la democracia representativa.

Centrales al tema de la cultura política como conjunto de orientaciones cognitivas y valorativas son para nosotros estas "ideas comunes" de la minoría dominante y de la masa. Podemos reconocer que una parte de ellas puede haber sido insinceramente recogida desde abajo por los de arriba, con fines manipulatorios. Y que por otra parte no es sino la interiorización popular de cinismos acuñados en otras clases.[3] Pero de igual manera estas "ideas comunes" terminan siendo en buena medida sintomáticas de las cuotas de conciencia y realidad democráticas arrancadas a la burguesía, en una tradición donde no han ayudado mucho las circunstancias históricas.

No quisiéramos transmitir la impresión de que las limitaciones de una conciencia democrática en una cultura política hacen a la democracia misma inviable. Pues aun nuestra módica conciencia procede —como tanta democracia— de luchas muy concretas por ganar espacios específicos. En relación con esto una típica idea que la minoría dominante maneja, pero que no es compartida con la masa (porque no es difundida sino por los más radicales dirigentes) es que la democracia es también fruto de movilizaciones extraelectorales.[4]

Otra idea hasta el momento privativa de las minorías dominantes es la profundidad real del carácter consensual de una mecánica democrática que es mostrada a las mayorías como compuesta esencialmente de la pugna entre rivales (personas o partidos). Es notoria en Perú la intensidad de esta *comensalidad* entre los políticos, herederos de este rasgo oligárquico típicamente limeño.

Las ideas más vinculadas con este último rasgo de control de la democracia no son necesariamente las explícitas. Más bien las que entre los operadores políticos "todo el mundo sabe" y nadie dice son las más eficaces, puesto que no están tan vinculadas a la letra de un sistema (que es un sistema de evidencias compartidas y negociables) cuanto a su espíritu, como sistema de evidencias privativas, no compartidas, donde la visión tecnológica e ideológicamente totalizadora de la subcultura política dominante obtiene sus beneficios marginales.

No por casualidad las ideas explícitas a que nos referimos son también las ideas que articuladas estructuran las definiciones más conocidas de democracia representativa: "gobierno de la mayoría", "elecciones libres", "multiplicidad de partidos", "alternancia en el poder", "un hombre un voto", etc., y una lista de libertades de la persona que la imaginación cultural asocia históricamente con el sistema democrático.

En Perú estas ideas constituyen un conjunto difundido, pero que no aparece estructurando de manera consistente ni en la historia ni en la actualidad, el funcionamiento

---

[3] Para el pensamiento político de sectores populares, véase Steve Stein, *Populism and mass politics in Peru. The political Behavior of the Lima working class in the 1931 presidential elections*, Stanford, tesis, 1973; Imelda Vega Centeno, *Ideología y cultura en el aprismo popular*, Lima, Tarea, 1986.

[4] Para una reflexión acerca del tránsito de aquel paro nacional a la democracia representativa, véase, César Germana, "Las elecciones de mayo y sus implicaciones políticas", en *Sociedad y Política*, Lima, núm. 9, julio de 1980, pp. 7-16.

del fenómeno mismo que deberían estar contribuyendo a definir. Pero es un hecho que tampoco están haciendo otras ideas algo más sofisticadas, que también estructuran las definiciones vigentes de democracia, pero que son más bien privativas de grupos reducidos, por ejemplo la de la protección de los derechos de la minoría en una democracia, o la de los límites que puede imponer la realidad socioeconómica a la democracia política, o las dudas acerca de sus posibilidades de realizar la justicia, o la idea de que no existe una división esencial entre los que gobiernan y los gobernados (y que por lo tanto la idea misma de lo que constituye gobernar es distinta bajo una democracia que bajo, digamos, una dictadura o una monarquía).

Aquí nos interesan más aquellas de ideas de la cultura política peruana que vienen implícitas en las reacciones mayoritarias y que definen situaciones electorales y extraelectorales que son, formal o sinceramente, compartidas o reconocidas por las élites políticas. No nos acercamos a estas ideas más difundidas y "comunes" porque ellas sean necesariamente mejores, o más "reales", como a veces se piensa con ánimo algo platónico, que las concepciones más elaboradas o elitarias, sino porque ellas, a diferencia de las de la élite minoritaria, en el caso peruano todavía no han sido formalmente incorporadas a la reflexión (aunque evidentemente desde hace buen tiempo vienen articulando la práctica) en este país, e incluso algunas pueden pretender la originalidad como postulaciones. Y en segundo lugar porque tales ideas tienen todo que ver con ciertas concreciones y particularidades, o para algunos debilidades, de nuestra democracia.

Preciso que para nosotros las llamadas debilidades[5] no son principalmente las que hacen a la democracia representativa vulnerable al golpe militar, sino sobre todo aquellas que en los propios periodos democráticos privan a los ciudadanos de derechos y oportunidades que les deberían corresponder en virtud de las reglas escritas y formalmente acordadas de esa democracia. Llamémoslas, pues, inconsistencias. En consecuencia son elementos que limitan el papel de "válvula" de los sistemas democráticos representativos y encauzan la acción de los grupos sociales hacia terrenos de confrontación directa que han obligado a los sectores dominantes a producir reiteradas "suspensiones de la democracia" por la vía militar.

LENGUAJE POLÍTICO

Para aproximarse aunque sea un poco a lo particular concreto de la cultura política del proceso democrático representativo en Perú es preciso tomar en cuenta que aquí el lenguaje político pivota sobre por lo menos dos conjuntos diferenciados de ideas acerca de lo nacional. Uno es el lenguaje acuñado en el siglo XIX a partir de la independencia de 1821, y que se mantiene hasta hoy como una especie de cerco de defensa

---

[5] El más mordaz crítico de la idea republica fue Felipe Pardo y Aliaga, escritor satírico de una familia de funcionarios públicos españoles que llegaría a ser de dirigentes políticos peruanos. Su "Constitución política" es el más conocido texto en esa vena.

de los fueros y privilegios institucionalmente sancionados del orden establecido, y otro es el lenguaje de los protopopulismos del siglo XX, que podemos entender como el aprendizaje que han hecho las clases dominantes de un lenguaje capaz de reflejar una visión menos voluntarista de la realidad que la del siglo anterior y de hacerse caso precisamente de las diversas subculturas políticas del país.

El lenguaje que viene del XIX se mantiene en la práctica política como el modernismo en el gusto poético (no necesariamente en la poesía): como el principal género no marcado, al extremo de no parecer político a las mayorías. Todavía hoy este lenguaje define una "unidad nacional en última instancia", que sólo una salida total del sistema democrático representativo y de la propia idea general de la democracia (como en el caso de Sendero Luminoso) puede cuestionar hoy, y que viene a operar como un lenguaje de repliegue final hacia la noción de Perú como país capitalista.

Mientras, el lenguaje populista-nacionalista del siglo XX a cambio de concederle un espacio verbal a todos los demás lenguajes, busca monopolizar lo político de manera explícita. Su único competidor en la historia ha sido el lenguaje tradicional izquierdista, que se ubicó a menudo al margen de esta segunda opción (aunque muy rara vez por fuera del patriotismo convencional).

El objetivo de la izquierda de constituir otra opción de lenguaje, y por lo tanto otra idea de lo nacional, sobre otros cimientos de clase, se quiso alcanzar con elementos del lenguaje del marxismo internacionalista estatal, de la tecnoburocracia leninista-estalinista, y de un indigenismo radical (aunque no menos indigenista que el otro) intermitente, según le fuera a la idea-fuerza de lo obrero en la composición ideológica de estos partidos.[6] Pero a partir de un momento la dirigencia de izquierda empieza a desprenderse de ese lenguaje y remplazarlo por uno con más "ideas comunes" de difusión popular.[7]

Hasta el triunfo político-electoral del populismo ocurrido en las elecciones municipales de 1983, los antagonistas políticos de izquierda y derecha "clasistamente" no reconocían en el país sino una sola audiencia válida: la de sus seguidores y aliados. El actual populismo, en sus vertientes del primer belaúndismo, el velasquismo civil, el aprismo o la Izquierda Unida, parte de la necesidad de legitimar a las diversas audiencias clasistas y culturales del país,[8] en cuanto se ve a sí mismo como mediador y unificador de todas ellas. Su tarea de fondo en este terreno es legitimar estructural-

[6] Sobre indigenismo, véase José Tamayo Herrera , El pensamiento indigenista, Lima, Mosca Azul Editores, 1981; Manuel Aquezolo Castro (comp.), La polémica del indigenismo, Lima, Mosca Azul Editores, 1976; José Deustua y José Luis Renique, Intelectuales, indigenismo y descentralismo en el Perú, 1897-1931, Cuzco, Centro Bartolomé de las Casas, 1984.

[7] Para algunos ejemplos y evoluciones de este discurso de la izquierda, véase, Ricardo Letts, La izquierda peruana, organizaciones y tendencias, Lima, Mosca Azul Editores, 1981; Alfonso Barrantes, Sus propias palabras (entrevistas), Lima, Mosca Azul Editores, 1985; Servicios Populares, La izquierda en el parlamento 1980-1984, Lima, Serpo, 1985; Javier Díez Canseco, Democracia, militarización y derechos humanos en el Perú, 1980-1984, Lima, Serpo, 1985.

[8] Mirko Lauer, "Notas sobre el movimiento de la cultura peruana en los 80", en Hacia un proyecto nacional, Lima, IPEGE, 1985; José Matos Mar, Desborde popular y crisis del Estado, Lima, IEP, 1985; Aníbal Quijano, Dominación y cultura, Lima, Mosca Azul Editores, 1982; Hernando de Soto, El otro sendero, Lima, El Barranco, 1986; varios autores, Identidad nacional, Lima, CEDEP, 1979.

mente los discursos existentes de lo nacional, incluidos los del siglo pasado y de éste; primero unos frente a otros (es decir entre sí) y luego todos ellos frente a las mayorías nacionales potencialmente remisas. Es decir, constituir *un* lenguaje político para *una* cultura política dominante.

Ésa es su inteligencia política: el reconocimiento de la eficacia operativa del planteamiento de que en el Perú existe, o si se prefiere de que Perú es, una verdad diversa que necesita ser articulada. Por ello cuanto más arriba en el escalafón del poder electoral, más heterodoxos respecto de su filiación política original (tradicional) son los líderes del nuevo populismo peruano. Hay un peligro real de que la posibilidad misma de reflexionar críticamente acerca de la democracia en el país quede entrampada por este intento de hacer un acopio político y lingüístico de una totalidad nacional que no está toda allí.

Dentro del marco anterior se orienta la mayor parte de las reacciones y reflexiones políticas en el país. Este juego de espejos entre las ideas de los pensadores de la democracia representativa burguesa y las de la gran masa de maniobra electoral, o entre un lenguaje del siglo XIX aniquilador de las diferencias, y uno del siglo XX, que busca centralizarlas en un discurso "panperuano" y "posmigratorio", es la estofa de que está hecha hoy nuestra cultura política. Sólo los discursos de la insurrección guerrillera y terrorista de Sendero Luminoso, del terrorismo de Estado y de grupos paramilitares de propietarios que en nombre de la democracia se le enfrentan, y el discurso de la racionalidad de la tasa de ganancia internacional del capital, escapan realmente hoy a esa cultura.[9]

CONSENSO FRÁGIL Y CAMBIOS RECIENTES

Las bases consensuales del ejercicio de la democracia frente al Estado en Perú son frágiles, y al mismo tiempo extrañamente duraderas. El avasallamiento de la democracia nunca ha producido entre nosotros una verdadera confrontación, no hablemos ya de guerra civil.[10] Pero a la vez todo retorno a tiempos electorales ha sido recibido con prácticamente unánime entusiasmo. Como que se trata de algo que la sociedad desea, pero en lo que no se le ha ido hasta ahora la vida, en sentido literal y figurado. O que desea, pero que no sabe todavía bien por qué. Una razón posible es la asociación de la democracia representativa con los beneficios que ella aporta en el hemisferio norte.

[9] Carlos Iván Degregori, "Sendero Luminoso: los hondos y mortales desencuentros", Lima, IEP, 1986 (también en varios autores, *Movimientos sociales y crisis: el caso peruano*, Lima, DESCO, 1986); Henri Favre, "Vers une sentierisation de la societe peruvienne?", en *Problemes d'Amérique Latine*, París, Documentation Française, 1986.

[10] Jorge Basadre (1980) no identifica más de tres momentos de resistencia civil limeña a la imposición militar —en 1834, 1844 y 1872— y ninguna podría caer realmente bajo el género de la defensa de los fueros democráticos. De otra parte la visión de los textos educativos no asume una defensa de lo democrático en la historia, no por lo que sería un sano perspectivismo histórico, sino por una suerte de neutralidad frente al asunto.

Otra el inevitable desgaste que va afectando a las sucesivas dictaduras militares.

Al lado de la inquietud democrática que viene desde los precursores de la Independencia, hay otra línea de preocupaciones donde lo democrático como voluntad popular expresada en la deliberación y la delegación del poder no figura. Los afanes monárquicos del libertador José de San Martín y la clase dominante limeña de la época son prueba elocuente de que independencia política y democracia no fueron aquí realidades inseparables.[11]

No hay registradas en la historia republicana muchas protestas por el carácter restringido de la democracia en el país. Siempre pareció haber más preocupación formal por su supervivencia en el tiempo y por su retorno que por su profundidad real en el espacio social. Así, una cuestión importante frente a la cultura política es ¿cuáles son los derechos y fueros específicos de lo democrático?

Pues todos los gobiernos militares se han manejado dentro de los marcos de la constitucionalidad vigentes para la esfera de lo no representativo; de otro lado a los regímenes democráticos representativos se les hace, hasta hoy, similares reproches de incumplimiento en las mismas esferas, donde el cumplimiento de la Constitución está mediado por poderes no elegidos por el pueblo: jueces, policías, funcionarios administrativos. Una frecuente pregunta de los últimos años ha sido cuáles son realmente los efectos prácticos del crecimiento de la masa electoral.

El electorado creció,[12] pero lo que no parece haber crecido en la misma medida fue la profundidad, o aun la difusión de los derechos ciudadanos de las personas incluidas dentro de la modernidad postulada por el texto democrático. Elecciones y democracia tienden a ser percibidas como dos momentos esencialmente distintos; esto es, cuando se desea establecer la diferencia.

---

[11] Virgilio Roel Pineda, *El Perú en el siglo XIX*, Lima, Idea, 1986; Javier Tantalean, *Política económico-financiera y la formación del Estado: s. XIX*, Lima, CEDEP, 1983; Julio Cotler, *Clase, Estado y nación en el Perú*, Lima, IEP, 1978.

[12] Fernando Tuesta, *Elecciones municipales: cifras y escenario político*, Lima, DESCO, 1983; *El nuevo rostro electoral: las municipales del 83*, Lima, DESCO, 1985; *Perú 1985: el derrotero de una nueva elección*, Lima, CIUP-Fundación Ebert, 1986; *La izquierda en el parlamento, 1980-1984*, Lima, Servicios Populares (SERPO), 1985; Domingo García Belaúnde, *Una democracia en transición (las elecciones peruanas de 1985)*, Lima, Okura, 1986; con base en trabajos como los anteriores y otros más hemos elaborado el siguiente cuadro sobre el número de electores inscritos por años:

1931	392 381
1939	597 182
1945	776 572
1956	1 575 741
1962	2 222 926
1963	2 070 718
1963 (municipales)	2 097 779
1966 (municipales)	2 316 188
1978 (constituyente)	4 966 016
1980	6 485 680
1985 (analfabetos)	8 290 846

Además está el hecho de que ingreso a la modernidad donde se manifiesta el acceso a nuevos derechos y compromiso político con la democracia nunca han sido realmente la misma cosa: el voto no ha sido uno de los canales para esa transición, intermitente e intangible en términos de la vida cotidiana. La educación, la comunicación, la urbanización o aun el reclutamiento militar han sido "ritos de pasaje" más concretos. El resultado de lo anterior produce una escisión entre lo social y lo gubernamental en las percepciones. La votación es vista como parte de la mecánica de gobierno, no tanto de la mecánica de la convivencia. Funciona en los hechos como una coronación.

En una encuesta de Apoyo S.A. (1985) hecha a unas 1 100 personas, el número de convencidos de que la democracia representativa es la forma adecuada de gobierno para Perú es porcentualmente alto (75.5%), y los grupos de clase alta incluso creen esto en un 84.7%, a doce puntos de distancia de los convencidos de las barriadas, que sin embargo también son, alienados o no, mayoría. La verdad es que los electores nunca tuvieron que ser arrastrados a votar; pero el dato implícito clave en encuestas como la citada es que ella presupone un conocimiento de partida de los encuestados de lo que la democracia significa. Y en tiempos electorales (en que se hizo la encuesta) eso es: la votación.

No tenemos una historia del electorado y de las instituciones democráticas propiamente dichas;[13] lo que tenemos es una historia de por quién se votó o se dejó de hacerlo en los diversos comicios, pero ella no ilustra demasiado, salvo en relación con un punto: la volubilidad del electorado, que puede atribuirse en parte a su condición de masa de maniobra de los patrones, volubles ellos mismos en la historia del país; y en parte al hecho de que nunca el voto se relacionó con opciones entre alternativas reales de intereses para las mayorías.

Un dato relevante de la cultura política peruana es el poco espacio que han ocupado en la historia las adhesiones partidarias. De los dos únicos partidos históricos propiamente dichos (Apra y Partido Comunista) sólo el primero ha mantenido un seguimiento electoral significativo y estable. En general da la impresión de que las lealtades del electorado se establecen (o restablecen) con cada proceso electoral. Puede tentarse la tesis de que a partir del momento en que las mayorías vislumbran una relación entre los votos y la persecución de los intereses, es que los electorados empiezan a estabilizarse en tendencias.

Visto desde hoy es bastante claro que el punto de inflexión más importante de este siglo en el terreno de la democracia representativa fue la redemocratización que desemboca en las elecciones de 1978 para la Asamblea Constituyente, luego de doce años de gobierno militar; por los cambios de fondo que reveló, más que por los que inicialmente produjo. A partir de esa coyuntura empezaron a producirse los siguientes cambios:

a] La masa de los votantes se incrementó con el reclutamiento de los analfabetos y la reducción del inicio de la mayoría de edad legal de 21 a 18 años, las dos medidas

[13] Sin embargo véase, Jorge Basadre, *La multitud, la ciudad y el campo en la historia del Perú*, Lima, Ediciones Treintaitrés y Mosca Azul Editores, 1980-a (la primera edición es de 1929). *Elecciones y centralismo en el Perú (apuntes para un esquema histórico)*, Lima, CIUP, 1980-b.

en la Constitución de 1979. Ambas cosas se inauguran con las elecciones generales de 1980 (en que gana el candidato Fernando Belaúnde, de Acción Popular) y no se traducen de inmediato en una mayor radicalización. Un motivo posible de esto último es que al mismo tiempo se produce el avance de la TV sobre el territorio nacional mediante la introducción comercial de las microondas, que vienen a remachar la expansión del "capitalismo central" peruano iniciado bajo Velasco en 1969 con la reforma agraria.

b] También se ha transformado en estos años el registro de las opciones de "voto para gobernar" de este electorado. A las elecciones generales se ha sumado el escenario municipal en el contexto posreformas militares. Se anuncia también elecciones para eventuales gobiernos regionales. De otra parte la difusión del cooperativismo y otras reformas asociativas (la comunidad laboral, la asociación barrial, etc.) difunden a escala inédita el ejercicio electoral vinculado directamente al destino de la comunidad que vota.[14]

c] A consecuencia del punto anterior se modifican también los tópicos políticos en discusión en el proceso, cambio resumible en una menor preocupación relativa por el espacio nacional respecto de los espacios locales de lo electoral (a pesar de que Tuesta en 1983 y 1985 hace notar que el ausentismo electoral aumenta cuando las elecciones no son nacionales, es decir presidenciales). El ganador de 1985, Alan García, desarrolló una estrategia que pivotó, como ninguna anterior, sobre la dimensión local de los problemas de las áreas provincianas más pobladas.

¿Qué es lo que el peruano como miembro del electorado (de la "clientela" de la democracia representativa) aporta al proceso? Comencemos diciendo que aquello que el proceso de la dominación política le ha inculcado deliberadamente o le ha enseñado por el ejemplo. Las ideas vigentes acerca de lo democrático en general que esbozamos a continuación son la imagen "en el espejo de la masa" de idiosincrasias de los sectores del poder. No son, como es fácil advertir, ideas que participen de la formalización general llamada "pensamiento democrático". No son las cosas que todos dicen, sino aquellas de que muy pocos hablan.

1. Una primera idea, antigua, es la de la aceptabilidad de una situación de recurrencia y frustración en el ejercicio de la democracia representativa. De alguna manera todos saben y aceptan una alternativa entre democracia y dictadura: nada ha sido demasiado bueno o malo como para durar más de un plazo dado. Cada plazo, democrático o dictatorial, a su vez contiene un momento "bueno" y un momento "malo". Esto significa que la idea de recambio *aceptada* (palabra que aquí vagamente funciona como sinónimo de *tolerada*) no necesariamente pasa por la votación. Incluso si examinamos los últimos dos golpes militares en Perú (1962 y 1968) advertiremos que antes que golpes para "aniquilar la democracia" o imponer el orden ante reales perspectivas de descontrol, se trató de iniciativas para llevar adelante proyectos institucionales propios desde el Estado, en competencia con otras iniciativas, como las del populismo aprista o del liberalismo de derecha. Incluso estos últimos han sido militares que ya

---

[14] Sobre este tema, véase Alberto Bustamante *et al.*, *Dinámica de la comunidad industrial*, Lima, DESCO, 1974.

no buscaron su legitimidad personal o colectiva mediante el ritual electoral (como ocurre con Sánchez Cerro en 1931, con Odría en 1950).

¿Por qué es aceptada tan resignadamente una alternancia de este tipo? Reformulemos la pregunta: ¿Para qué grupo social ha sido indispensable la existencia de mecanismos democráticos representativos para avanzar? ¿Qué grupos han mejorado su situación con esta forma de democracia? Una lista:

a] Los miembros de una "clase política civil" conformada por los dirigentes tradicionales de los partidos más estables, o por aquellas personas con capacidad para "armar partido" o hacerse del acceso a uno cuando lo exigen las circunstancias, y que no puede influir significativamente en el curso de los acontecimientos sino a través de la representación (pues en la asesoría podrían ser, y suelen ser, remplazados por otras fuentes de poder, como la economía, la ideología, la amistad, la familia, etc.). Es desde este grupo que se dejan oír con más frecuencia las defensas de la legitimidad democrática representativa, con una forma externa liberal, frente a las dictaduras militares.

b] Quienes cuentan con bases de sustentación de poder extraelectorales "alternativas" a las establecidas y están situados en posición expectante respecto a su acceso a los beneficios, mayormente económicos, pero a veces también políticos, del Estado, tanto para llegar por primera vez como para volver. Aunque aquí el beneficio puede no ser tanto por un retorno de la democracia representativa en sí, sino por la constante "ruptura de juego" que significan las alternancias democracia/dictadura (nos referimos a los intereses agrarios con Odría, a ciertos grupos industriales con la junta de 1962, a los tecnoburócratas e industriales con Velasco, a financistas y miembros del *ancien regime* con el segundo Belaúnde, etc.). Queda la pregunta de por qué estas profilácticas ampliaciones del espectro de intereses de la burguesía no pudo procesarse a través de modelos dentro de la misma democracia representativa, como en Colombia o Venezuela.

c] Aquellos sectores populares que están en condiciones de jugar por un tiempo, que siempre sabe ser breve, el juego de la cooptación y el clientelismo, como costo para la burguesía de cada alternancia y también como costo de cada proceso electoral. De alguna manera hacer concesiones a estos grupos, entre los que el más notorio es el sindicalismo industrial y de servicios limeño, ha sido hasta hace muy poco equivalente a mitigar las presiones sociales que participaron en la partida del mecanismo (electoral o cuartelario) hasta allí vigente.

Nótese que vamos describiendo un *lobby* más bien reducido e inestable de lo que en la teoría serían "defensores de oficio" de la democracia representativa en sus horas de crisis.

Cabe precisar que estos tres grupos no son los únicos *interesados*, sino los principales *beneficiados* inmediatos de la existencia de un sistema democrático. Puede haber momentos en que muchos más grupos se benefician transitoriamente por razones coyunturales, pero los beneficios no les son intrínsecos, como sí ocurre en los casos citados más arriba. Asimismo existen beneficios génericos, expresables en términos de libertades, garantías, accesos, que pueden cubrir en mayor o menor grado a todos los peruanos. Pero en este terreno, salvo periodos muy marcados de transición o de crisis, los márgenes de lo dictatorial que busca legitimarse extraelectoralmente nunca han sido abismalmente distintos de los de la democracia representativa que busca sostenerse.

En un ensayo sobre la democracia norteamericana —definida por ellos como *capitalist democracy*— Cohen y Rogers (1983) ven su mayor fuerza consensual (que diferencian de la coactiva) en la capacidad de dicho mecanismo de proponer a la población exclusivamente aquel tipo de cálculo y de expectativas racionales que el sistema está en condiciones de proporcionar, y de persuadirla respecto de ello. Y esto que la democracia capitalista está en condiciones de entregar en Estados Unidos es, para los autores, sobre todo la satisfacción de expectativas económicas de corto plazo.[15]

En cambio en Perú las etapas democráticas no se diferencian de las otras por satisfacer mejor ese tipo de expectativas a cualquier plazo (las historias económicas locales rara vez tienen que tomar en cuenta si las políticas estudiadas fueron civiles o militares). Más bien uno pensaría que el interés por la democracia en Perú parece mucho más vinculado a expectativas de satisfacción de aspiraciones personales y colectivas hace tiempo postergadas.

Estas aspiraciones varían mucho con las circunstancias, pero podría pensarse que hay el reencuentro con un cierto concepto formal de la libertad presente en el discurso político que viene del siglo XIX; la mitigación de un sentimiento de frustración respecto de los países industriales de Occidente, a los que por lo menos podemos equipararnos en la existencia del recambio por el voto; la idea de estar contribuyendo a la partida de los usurpadores castrenses. Una pregunta clave es si estas aspiraciones quedan "satisfechas" o si se prolongan a sí mismas, y si son complementarias, contradictorias o indiferentes respecto de las de los tres grupos directamente beneficiados que hemos mencionado más arriba.

Pero por muy naturalmente que la cultura política peruana pueda aceptar la alternancia democracia/dictadura, hay un cierto sentimiento de que estas interrupciones de lo democrático representativo truncan sus posibilidades de satisfacer algún destino histórico deseable. Digamos que la visión estándar es que "los golpes militares malogran la democracia", pero al mismo tiempo, dentro de ese registro de argumentaciones, con sus intermitencias también la democracia representativa queda eximida de mayores juicios respecto de su eficacia, consistencia, seriedad, capacidad de ser algo más protectora de intereses de los de arriba. La democracia llega a ser vista como una víctima, y los golpes suelen llegar antes de que aparezcan muchas preguntas.

2. Un conjunto de ideas más comentado que el anterior es el que maneja la identificación casi exclusiva de la democracia representativa con el voto en cuestiones políticas "externas" a la comunidad. Este tema del espacio privilegiado pertinente (o aun tradicional) del voto es central en una discusión sobre la democracia en Perú, sobre todo frente a las tres dicotomías que primero entran al debate: democracia operativa *vs.* democracia imperfectamente operada; democracia representativa *vs.* democracia directa (de asambleas, de bases, etc.); práctica contemporánea ("real") de la democracia *vs.* democracia intrínseca, tradicional, de las comunidades andinas o los sectores populares en un sentido más amplio. Los desencuentros entre estas formas como posibilidades, su percepción como opciones antagónicas, la manipulación desde arriba de unas

---

[15] Joshua Cohen y Joel Rogers, *On democracy*, Virginia, Penguin, 1983.

formas en desmedro de otras marcan las pautas de una debilidad —no es asociada la democracia como concepto general con la vigencia de mecanismos operativos de la sociedad en todos sus terrenos.

Sin duda la falta de mecanismos de fiscalización y control de los representantes elegidos es una queja en muchos países y aquí en Perú la han hecho notar Bernales y Rubio (1983) al comentar implicancias del texto constitucional de 1979, sobre todo la realidad de que "el derecho de todo ciudadano a participar en política se resume a dos posibilidades: participar en partidos, y votar en elecciones quinquenales".[16] Lo cual está directamente vinculado al hecho de que los partidos políticos son los que tienen lo que Hannah Arendt llama "el monopolio de la nominación"[17] de los candidatos que serán gobernantes en el plano nacional o regional. Este monopolio de la nominación por parte del grupo organizado *a priori* para gobernar tiende a reproducirse en todos los niveles de la práctica más formal de la democracia (salvo en parte con la comunidad campesina tradicional), pasmando el importante componente de la iniciativa desde abajo, no sólo a la hora de elegir, sino también a la de fiscalizar.

En los últimos años varias personas se han preguntado si estas limitaciones de fiscalización y control se deben a un autoritarismo inherente a la personalidad peruana, o —como lo implican activistas del tipo del Instituto Libertad y Democracia (Lima)— a un simple problema de transferencia tecnológica de raciocinios y de mecanismos de eficiencia que aquí desconocemos. Comentando los usos de una democracia representativa que desde aquí parece más sensible a la influencia de la opinión pública que la nuestra, Cohen y Rogers logran empero detallar diversos mecanismos que inclinan esta sensibilidad en favor de unos y en detrimento de otros, y cuya suma final es la misma: imposibilidad de control, de evitar ser manipulado por las consecuencias de los grandes números.

El problema de la fiscalización y control parece ser más profundo en contextos donde la representación es demográficamente inevitable (y la fiscalización siempre de alguna manera remota). James Madison reconoció temprano la existencia de una dimensión de volumen al diferenciar entre una democracia y una república; a veces olvidamos que no son lo mismo. Arendt en cambio siente que la diferencia es de énfasis: la democracia en el gobierno y el papel del pueblo, la república en la existencia de instituciones objetivas. A nadie escapará que también esta segunda diferenciación tiene que ver con la fiscalización y el control.

Salvo los mencionados casos de democracia tradicional andina de las comunidades, lo que solemos presenciar es un frecuente uso de los mecanismos de la representación para consolidar posiciones y privilegios más o menos duraderos de grupos políticos o administrativos. Como que en el terreno interno comunitario la práctica democrática representativa convencional, como la conocemos, refuerza las desigualdades de partida en la búsqueda de la institucionalidad frente a un país que se la niega. Para muchos

---

[16] Enrique Bernales y Marcial Rubio, *Constitución y sociedad política*, Lima, Mesa Redonda Editores, 1983.

[17] Hannah Arendt, *Totalitarianism*, Nueva York, Harcourt, Brace & World, Inc., 1968; *On revolution*, Penguin, Harmondsworth, 1973.

el otro lado de la "informalidad" no es la ley, como se piensa, sino el sometimiento a estructuras que burlan la ley, pero a la vez someten a la mayoría. La cooperativa es un frecuente escenario de este tipo de problemas entre la cúpula y la base, pero ellos también están presentes en el propio partido, en la empresa, en el sindicato.

La otra tradición democrática, la de las comunidades campesinas, hasta ahora ha sido estudiada casi exclusivamente por los antropólogos, sin ánimo propiamente políti-co.[18] El que no haya logrado articularse con la otra democracia, como ya se dijo antes, constituye uno de los embriones de la idea de "dos espacios democráticos diferenciados", que en algunas zonas del agro son presentados como dos instancias abiertamente en conflicto.

Algunos han visto prolongarse esta tradición andina en formas de un intenso asambleísmo de los sectores urbanos marginalizados, pero aquí quizás haya el problema de estar confundiendo formas urgentes de supervivencia con supervivencias de formas democráticas tradicionales, o aun con el surgimiento de otras formas nuevas. En todo caso más que un proceso de conservación o ampliación de estas prácticas democráticas, este siglo ha ido propiciando la identidad con las otras formas, tratando de convertir al *habitante* en el *ciudadano*.

3. Quizás la falta, o la debilidad, de los mecanismos de una democracia con más posibilidades y mecanismos de tipo fiscalizador, a que aludimos en el apartado anterior (que en lo fundamental son los de tipo referéndum y un mayor énfasis en la difusión de formas directas de democracia) hace que en Perú la idea del cambio social esté más ligada a la aplicación de la fuerza directamente sobre la realidad, que a su aplicación institucionalmente media (quizás la expresión más notoria y sintética está en los usos del presidencialismo de todo tipo, pero existen otras expresiones). No aludimos sólo a la idea del prestigio de cambio violento, sino además a la vigencia de una idea de transformación muy poco capaz de asumir (insumir) las posiciones minoritarias. A partir de lo anterior es que se desarrolla la dificultad para entender al Estado como ente colectivo entre buena parte de la población.

La ley no es vista como un mecanismo susceptible de contrapesar el poder, y las ocasiones en que esta incapacidad se manifiesta no son políticamente mal vistas en términos generales: el poder tiene aquí su propia legitimidad. No sabemos si lo anterior se extienda hasta los golpes militares mismos, cuya apariencia externa es la de un poder militar avasallando a la ley, aunque en el fondo los golpes hayan sido instrumentos de un poder civil avasallando sus propias leyes, amenazadas éstas a su vez por otro poder, el popular.

Esta idea de la ley como terreno intermedio de la confrontación de poderes actúa

---

[18] Sobre comunidad campesina, véase H. Béjar y C. Franco, *Organización campesina y reestructuración del Estado*, Lima, CEDEP, 1986; Rodrigo Montoya, *Producción parcelaria y universo ideológico*, Lima, Mosca Azul Editores, 1979, y *La cultura quechua, hoy*, Lima, Mosca Azul Editores, en prensa; José Matos Mar (comp.), *Hacienda, comunidad y campesinado en el Perú*, Lima, 1976; Gregorio Salvador Ríos, *Estructura y cambio de la comunidad campesina*, Lima, CEDEP, 1986. En este año el gobierno junto con la Fundación Ebert ha venido publicando diversos folletos que presentan la problemática de las comunidades tal como ella ha sido recogida de sus autoridades en los diversos *rimanacuy* (dialogar) del presidente de la República con ellos. A la fecha han aparecido unos cuatro folletos de éstos.

con exceso en la psicología de la clientela democrática del país. No faltará quien diga que en países como Perú esto se evidencia más que en otros por la inestabilidad de los "pactos sociales", que no logran alienar de un mismo lado la mayoría de la fuerza y la legitimidad de la mayoría.

4. En el terreno más explícitamente ideológico existe una debilidad del liberalismo y del marxismo locales como portadores de valores burgueses y proletarios avanzados, respectivamente. Lo cual ha dado a la lucha por la democracia representativa siempre un componente más heroico que cívico, y más coyuntural que histórico: sólo antidictatorial en los liberales, y sobre todo antipatronal en la mayoría de los grupos y partidos marxistas. Esto ha empezado a cambiar en los últimos años en la izquierda, pero es un proceso que todavía se encuentra en pleno desarrollo y al cual no han sido invitados realmente a integrarse los trabajadores, que son convocados más que nada a votar periódicamente en comicios presidenciales, parlamentarios o municipales, pero poco más.

Carlos Pereyra expone tres conceptos que a su entender han fundamentado un menosprecio histórico de la izquierda por la democracia representativa tal como ella es practicada en México, y esto es *mutatis mutandis* aplicable a Perú: "a) la creencia de que la lucha por la democracia distrae fuerzas y energías que debían ser dedicadas a la lucha por el socialismo; b) la creencia de que pugnar por la sociedad capitalista significa asumir una opción reformista y excluir la opción revolucionaria; c) la creencia de que las organizaciones políticas son expresión directa de las clases sociales".[19]

Mucho se ha pensado y dicho acerca del aumento descomunal de la masa votante de izquierda.[20] Pero para el pueblo mismo en cuanto tal ese avance puede haber resultado una bendición a medias: la aparición de una izquierda parlamentaria y municipal representa un paso fundamental en la presencia de visiones progresistas en el Estado (sobre todo progresistas en comparación con las visiones que antes lo monopolizaban), pero a la vez ha supuesto el traslado de la atención de los dirigentes de lo laboral a lo parlamentario.[21] El trabajador se convierte en el votante. Este desplazamiento es uno de los factores que ha creado el espacio en que se desarrollan los actuales grupos armados en el sistema político peruano.

Se hace mucho hincapié en el crecimiento de la izquierda electoral, pero se tiende a obviar que las agrupaciones de ésta han sufrido en los últimos años un proceso de

---

[19] Carlos Pereyra, "Democracia y revolución", en *Nexos*, núm. 97, México, enero de 1986, pp. 17-21 (reproducido en *La República*, Lima, 1986a).

[20] Votos y porcentajes de la izquierda en algunas elecciones recientes:

1978 (constituyente)	1 034 286	(29.4%)
1980	738 765	(18%)
1980 (municipales)	934 626	(23.9%)
1983 (municipales)	1 139 797	(28.8%)
1985	1 606 914	(24.6%)

FUENTE: Cuadro armado sobre cálculos y elaboraciones de Fernando Tuesta. Al momento de hacerlo todavía no están los resultados oficiales de las municipales de 1986, pero el número de votantes y el porcentaje de la izquierda supera largamente el 30%, como ocurrió también en las municipales de 1981, en que ganó Alfonso Barrantes.

adecuación estructural al sistema democrático formal, que muchas de ellas en otros tiempos hubieran llamado abiertamente una derechización. Al lado de este argumento hay el otro, según el cual simplemente recién nos estamos convirtiendo en un país que empieza a votar con el bolsillo, aunque esto pueda no significar si no el que las mayorías han empezado a entender algunas de sus coincidencias prácticas con las propuestas políticas articuladas a las capas medias, si acaso allí terminará la articulación real, que no es el caso.

¿Puede definirse el proceso de evolución de la izquierda peruana dentro de la democracia formal como de canje de la autonomía de la ortodoxia marxista-leninista por las masas del populismo nacionalista? Desde hacía por lo menos treinta años la sociología venía sugiriendo a gritos que el país avanza, por la fuerza de los grandes números, hacia un proceso de radical transformación.

5. Las limitaciones de la democracia representativa para ser fiel a su propio texto han ido desarrollando la teoría de dos espacios democráticos comunicados, articulados, eslabonados, etc., pero en última instancia diferenciados: la democracia formal (esto dicho en alusión a su carácter doctrinario, apriorístico, fundacional, en cuanto va de la Constitución a la realidad) y la democracia informal, real, raigal, a falta de una palabra en castellano que transmita la expresión *grass-roots*. Algunos han empezado a ver en la diferencia una contraposición entre democracia representativa y democracia directa, y otros entre mayorías y élites.[22]

En los últimos años hemos visto a los dos tipos de espacio convivir con una dinámica diferenciada, que es interesante observar, sobre todo en sus costuras, en aquellos lugares donde se produce la posibilidad de contrastar. Un contraste fácil y rápido es entre el manejo del "Estado nacional" desde el Ejecutivo-Legislativo, y el manejo de las "ciudades-Estado" del ámbito municipal, como dos dinámicas muy diferenciadas.

Mientras la teoría y la práctica democrático-representativas en el ámbito nacional han tenido problemas para definir los términos de su actuación, entre otras cosas porque la responsabilidad de ésta es "todo lo peruano", en el campo municipal, con una idea de democracia que no es en el fondo tan diferente en apariencia, se ha logrado definir mejor un marco diferente de actuación política.

[21] Evolución de sueldos y salarios entre trabajadores del sector privado en Lima Metropolitana:

Año	Sueldos	Salarios
1979	100%	100%
1980 (noviembre)	111%	110%
1981 "	115%	105%
1982 "	116%	105%
1983 "	97%	82%
1984 "	91%	73%
1985 (febrero)	79%	63%

FUENTE: Instituto Nacional de Estadística, Dirección de Indicadores Económicos y Sociales.

[22] Jaime de Althaus, "Violencia: las mayorías y la élite", en *Expreso*, Lima, 29 de junio de 1986; *Realidad de las municipalidades en el Perú. Bases para una política de descentralización y fortalecimiento municipal*, Lima, Instituto Latinoamericano de Promoción Comunal y Municipal, 1986.

En el terreno municipal sí cabe hablar de un mayor deseo de satisfacer expectativas de corto plazo. De algún modo la leche matinal de los niños con que hizo campaña Alfonso Barrantes puede simbolizar bien esta disposición a convertir lo apremiante en el terreno de lo que hay que resolver. Como sucede también con la basura acumulada, la prepotencia de los choferes, la congestión vehicular en el centro o ciertas obras indispensables. Pero en el fondo pareciera que la mayor eficacia también tiene que ver con los contactos capilares entre los municipios de todo el país y las instituciones de la "otra democracia", directa o tradicional.[23]

Aníbal Quijano se refiere a un doble escenario de lo social-institucional al señalar que "En la práctica se establecen, pues, dos escenarios políticos. Uno, el de la institucionalidad y la legalidad burguesa. Otro, el de las instituciones y reglas que crean las acciones directas de las masas".[24] La pregunta en los últimos seis años transcurridos es si la otra institucionalidad popular a la que aludimos es efectivamente esta alternativa de masas que menciona Quijano, o si simplemente estamos hoy ante mecanismos de cooptación para el mantenimiento del orden establecido.

Un camino cada vez más difundido para responder a lo anterior es que quizás no sea necesario elegir, puesto que la cultura política parece estar reconociendo espacios donde la democracia tiene más problemas para funcionar que en otros, lo cual implica además el reconocimiento de que bajo un mismo nombre (democracia) pueden estar actuando varios principios y agentes históricos distintos. Es interesante seguir las encuestas de Apoyo S.A. para la revista *Debate* sobre poder en Perú para advertir la facilidad con que este concepto es manejado como una categoría legítima simultáneamente dentro y fuera de los marcos democráticos, por ejemplo.[25] Sugerimos incluso que la cultura política peruana reconoce espacios donde con toda legitimidad el poder político simplemente no tiene un origen democrático, o dicho de otra manera, no tiene su suerte vinculada a la existencia de democracia en el país.

---

[23] María del Pilar Tello (edit.), *Elecciones 1986. El municipal*, Lima, Universidad del Pacífico, 1986; Ernesto González (comp.), *Desarrollo metropolitano de la ciudad de Lima*, Lima, Colegio de Ingenieros de Perú, 1986; *Desarrollo metropolitano de la ciudad de Arequipa*, Lima, Colegio de Ingenieros de Perú, Consejo Departamental de Arequipa, Lima, 1986; Fernando Tuesta (comp.), *Desarrollo urbano de la ciudad de Tacna*, Lima, Colegio de Ingenieros de Perú, Consejo Departamental de Tacna, 1986; *Desarrollo urbano de la ciudad de Puno*, Lima, Colegio de Ingenieros del Perú, Consejo Departamental de Puno, 1986.

[24] Aníbal Quijano, "Los usos de la democracia burguesa", en *Sociedad y Política*, núm. 10, Lima, noviembre de 1980, pp. 2-15.

[25] Apoyo S.A., "Cifras y opiniones en Lima (6 al 13 de febrero de 1985), en *Debate*, núm. 31, Lima, marzo de 1985, p. 9.

CULTURA CAMPESINA Y PODER POLÍTICO EN PARAGUAY

JERÓNIMO F. SEGURA COVALÓN

LOS PEQUEÑOS PRODUCTORES CAMPESINOS* Y LA CONFORMACIÓN DEL ESTADO. EL MOMENTO DEL INICIO DEL LARGO TIEMPO HISTÓRICO

En la región que hoy ocupa Paraguay no se encontraron, a la llegada de los colonizadores (siglo XVI) riquezas minerales. Además, la pérdida de su costa atlántica durante su conformación como provincia de la Corona española fue en desmedro de su comercio con el exterior, en una época en que florecía el mercantilismo en el resto del mundo.

Otras imposiciones de la Corona española, como las contribuciones forzadas —con hombres y dinero— para la defensa de Buenos Aires y Montevideo, los impuestos a las agroexportaciones de la provincia paraguaya, en favor siempre de ciudades de lo que después sería Argentina, y los problemas derivados de la mediterraneidad, la convirtieron en una provincia empobrecida y aislada a inicios del siglo XIX, a despecho de un discreto auge económico que se inició a fines del siglo anterior.

La dependencia obligada del puerto de Buenos Aires y del de Santa Fe, Argentina, más el aislamiento con respecto a las corrientes comerciales decimonónicas hicieron que la provincia de Paraguay se caracterizara por sus escasas manufacturas, de base artesanal, y siempre ligados a la agricultura y la ganadería o a la producción forestal.[1]

Como consecuencia de la opresión colonial española se produjeron diversas protestas y sublevaciones de criollos y mestizos, siendo la más famosa la que se conoció como la Revolución de los comuneros, en la segunda y tercera décadas del siglo XVIII. Ésta consistió en una serie de enfrentamientos armados con las tropas del poder colonial por la recuperación del control total sobre el comercio y las riquezas naturales de la provincia, que en la época debían compartir con los jesuitas, atrincherados en sus célebres misiones. De esta manera, la Corona fue obligada a acceder a lo demandado en desmedro de la experiencia jesuítica, y en consecuencia los jesuitas sufrieron la primera de sus expulsiones de Paraguay.

El motor de los cambios políticos que se sucedieron fueron los conflictos entre las clases dominantes locales y la Corona española, que favorecía abiertamente a la burguesía embrionaria del puerto de Buenos Aires. En las luchas armadas, los "patricios" (terratenientes ganaderos, por lo general) actuaban al frente de tropas formadas por

---

* Se entiende por pequeños productores campesinos —o para abreviar, "campesinos"— a los trabajadores independientes del sector agropecuario que producen en unidades de tipo familiar para asegurar la reproducción de sus condiciones de vida y de trabajo. Es decir, que buscan asegurar la reproducción de los propios productores y de la unidad de producción (CEPAL, 1982:10).

[1] Por ejemplo, astilleros, curtidurías, ingenios azucareros.

elementos de los grupos dominados, muchos de los cuales estaban sujetos a servidumbre o a esclavitud, relaciones de producción que fueron perdiendo importancia al acercarse el siglo XIX.

Sin embargo, esclavos y sirvientes indígenas constituyeron durante la colonia la fuerza productiva por excelencia.[2] La explotación adquirió un carácter patriarcal debido a los lazos de parentesco que se establecieron entre colonizadores y colonizados, y a que el móvil principal de la producción no podía ser, debido a las dificultades aludidas, el de proveer de mercancías al mercado capitalista europeo. Los jefes de las tribus indígenas sellaron el "pacto" colonial mediante el recurso de "casar" a sus hijas con los peninsulares, convertidos en polígamos. Así, la propia explotación de los indios quedaba encubierta.

La falta de incentivos para la acumulación, o el carácter limitado de la misma debido a la escasa comunicación con los centros comerciales de la época, condujo a que la explotación del trabajo indígena se suavizase a fines de la colonia. Más aún, con la introducción de la esclavitud negra. Por lo demás, existía la necesidad de proceder a continuas defensas de la provincia frente a ataques de indígenas hostiles, las cuales corrieron a cargo de aliados de los peninsulares y mestizos, problemas a los que se sumaron los levantamientos y calamidades que la región hubo de soportar en medio de su aislamiento secular.

Así, desde mucho antes de que se declarara formalmente la independencia nacional fue conformándose la nación paraguaya dentro de un territorio común, delimitado y aislado, con homogeneidad étnica,[3] escasa diferenciación social, comunidad de idioma (el guaraní),[4] y cierta cohesión social dada por la lucha contra enemigos comunes, como los indígenas que resistieron a la colonización, invasores de las regiones vecinas, y hasta rebeliones armadas, como la citada Revolución de los comuneros.

Se trataba de una sociedad totalmente campesina. De hecho, en las zonas urbanas solamente vivían, hasta fines del siglo XVIII, miembros del clero, magistrados, funcionarios públicos, tenderos y artesanos.[5] Coincidentemente, el eje de la acumulación lo constituía la producción de ganado para carne y cuero, la de los abundantes bosques maderables y la exportación de yerbamate, todo lo cual redundaba en la preeminencia social de los terratenientes que controlaban el escaso territorio poblado (la mayor parte eran bosques). También existía una incipiente burguesía comercial ligada y financieramente dependiente de la de Buenos Aires, para quien la dependencia colonial constituía un obstáculo cada vez más difícil de soportar, precisamente por el relativo progre-

---

[2] Si bien al inicio de la colonización habían 400 000 indígenas en la zona de Asunción y 200 000 en la del Guairá, la explotación colonial hizo que en 1796 quedaran en la provincia sólo 97 480 habitantes (Montalto, 1967:21).

[3] Hacia 1785, el 55.5% de la población era mestiza, el 30% indígena, 11% negros y mulatos, 3% españoles (cálculos hechos con base en datos que proporciona Montalto, 1967:209). Precisamente, los llamados "montañeses", de padre español y madre indígena, eran llamados con los criollos y sus descendientes desde el siglo XVI, paraguayos.

[4] Aun en la etapa actual, "La sociedad rural paraguaya se identifica como tal a partir y en referencia al guaraní" (Delich, 1981:253).

[5] Cf. Montalto, 1967:218.

so económico que experimentó la provincia a fines del siglo XVIII.

Por último, vale la pena transcribir el balance que hace un autor sobre elementos de la cultura de los paraguayos, a fines del periodo colonial: "Había adquirido, como valor ético negativo: la obediencia sumisa, el sentido de subordinación a la autoridad constituida y de acatamiento, de resignación y hasta de veneración a sus disposiciones; la pasividad, la inclinación al providencialismo y a la sujeción a las personalidades."[6]

En efecto, la influencia del servilismo en la cultura política campesina sería determinante hasta la segunda mitad del siglo XX.

DESPOTISMO AGRARIO, INDEPENDENCIA NACIONAL Y AUTARQUÍA CAMPESINA (1814-1869)

En 1810, aprovechando la debilidad coyuntural de la Corona española, Buenos Aires declaró su independencia nacional. De inmediato, sus dirigentes buscaron reanudar el vínculo colonial, reconstruyendo el virreinato del Río de la Plata (que agrupaba a Argentina y Paraguay) bajo la hegemonía porteña.

De la "invitación" por medios diplomáticos se pasó a una persuasión más efectiva. El Paraguay colonial rechazó —con sus tropas campesinas dirigidas por oficiales de la oligarquía terrateniente— dos invasiones porteñas ese mismo año. En el ínterin, los grupos dominantes locales se habían dividido en el bando de los "porteñistas", el de los "realistas" y el de los "nacionalistas", buscando los primeros la anexión a Buenos Aires, los segundos la reafirmación del vínculo colonial, y los terceros la independencia. Éstos y los "porteñistas" se disputaban la conducción del movimiento insurreccional que buscaba dar una respuesta a la nueva situación creada por la independencia porteña.

A lo largo del periodo colonial, sobre todo durante los años del auge mercantil de fines del siglo XVIII había quedado en claro que España representaba el mayor obstáculo para la incipiente acumulación de capital en Paraguay. Además, la defensa de la provincia, ahora frente a Buenos Aires, por tropas paraguayas mostraba la inutilidad ya no sólo económica sino también política del vínculo colonial. La provincia ya era, de hecho, autárquica, capaz de defenderse a sí misma, de autogobernarse, y no tenía importancia económica decisiva para la Corona (más bien lo contrario). La dominación social era ejercida por caudillos que dirigían a los campesinos en las luchas armadas. La docilidad de éstos y su rechazo a los elementos ajenos a la región constituía la fuerza de los sectores dirigentes de esta sociedad campesina.

De modo que el bando "realista" fue derrotado y los otros sectores declararon la independencia nacional mediante una insurrección cívico-militar en la noche del 14 al 15 de mayo de 1811. Pese a la escasa participación popular, los campesinos visualizaron una amenaza para sus parcelas en las pretensiones de Buenos Aires, así que pronto asumieron la defensa de la provincia ante dos invasiones porteñas en ese mismo

---

[6] Montalto, 1967:223.

año, que fueron derrotadas. Empero, el conflicto con los "porteñistas" apenas se iniciaba, pues se fortalecían con la adhesión de los sectores dominantes que necesitaban del financiamiento y acceso al puerto de Buenos Aires para continuar los intercambios comerciales con el entorno capitalista internacional. Dado el control porteño sobre el comercio exterior de Paraguay y sus pretensiones hegemónicas, sostener el proyecto independentista implicaba aislar al país y así afectar irremediablemente los intereses de los grupos dominantes.

El conflicto en el interior de los grupos oligárquicos y el apoyo campesino condujeron al reagrupamiento de los sectores "populares" en torno al doctor José Gaspar Rodríguez de Francia, quien fue nombrado dictador temporal por una asamblea multitudinaria en 1814, y ratificado como dictador perpetuo en 1816, por otra asamblea de características similares.[7]

Sin embargo, la concentración del poder político en la persona del gobernante y la predominancia que adquirían los intereses de los sectores dominados —soportes del régimen despótico— condujeron a las antiguas clases dominantes a intentar retomar el control político mediante sucesivas conspiraciones. La respuesta del gobernante fue la destrucción de su base de poder —el control de la tierra y del comercio, interno y externo— y la eliminación física de los opositores más recalcitrantes.

Las medidas tomadas por el gobierno del doctor Francia a lo largo de 26 años modelaron profundamente la cultura política de los campesinos paraguayos, precisamente por el momento histórico de que se trataba. Además, una vez eliminado el poder social de la Iglesia (que fue "nacionalizada" y sus bienes expropiados), y puesta bajo control estatal, el gobierno pudo dedicarse a modelar a voluntad la ideología campesina por medio de la prédica eclesiástica —utilizada para difundir consignas estatales— y de la educación escolar. Ésta fue obligatoria para todos los habitantes.

La nación se consolidó en torno al naciente Estado y éste alrededor del caudillo. El Paraguay independiente surgió como nación de pequeños productores campesinos a quienes el propio Estado había dotado de tierras, instrumentos de producción e insumos para proveer a la autosubsistencia. Democratización de la tenencia de la tierra y concentración extrema del poder político, tales las características de esta etapa histórica. Por añadidura, el régimen político se vio obligado a cerrar las fronteras del país, manteniendo sólo un débil intercambio con el exterior.

Componentes de la ideología heredada de la colonia se consolidaron, aunque a la vez adquirieron un contenido distinto. Así surgió en el campesinado la conciencia de su pertenencia a una nación independiente, que nacía confundida con el Estado.

El trato igualitario entre los miembros de las distintas clases fue reforzado mediante la supresión de privilegios sociales por el régimen; el aislamiento secular fue ahora con-

---

[7] Una excelente recreación literaria de la personalidad del doctor Francia y de la sociedad que rigió durante 26 años se encuentra en *Yo el Supremo*, de Augusto Roa Bastos. El primer gobernante paraguayo fue ex clérigo, doctorado en teología en la Universidad de Córdoba, lector de Rousseau y de los enciclopedistas franceses. Trabajó como abogado en Asunción, distinguiéndose en la defensa de elementos de origen popular. Intelectual de prestigio, había defendido la causa independentista a ultranza desde el inicio, dirigiendo el "bando" respectivo. Obviamente, el título de "dictador" no guarda equivalencia con su significado moderno.

vertido en política oficial, para preservar la independencia; la fidelidad exigida al caudillo que encarnaba al mismo tiempo independencia y poder político fue absoluta.

El campesinado en estas condiciones no podía reconocerse como grupo social específico, sino como miembro de la nación. En esta concepción precursora del nacionalismo paraguayo, la oposición al extranjero opacaba conflictos sociales o políticos. El idioma común no hacía más que reforzar este igualitarismo campesino de reminiscencias precapitalistas.

Las contradicciones internas en torno al proyecto político nacional se resolvieron mediante el desplazamiento del adversario al exterior del país —Buenos Aires— una vez eliminado el enemigo interno.

Esto reforzaba el papel del Estado, en cuanto organizador de la defensa de la nación. Y del caudillo que lo personificaba, ante la inexistencia de Constitución, de partidos, elecciones, separación de poderes, burocracia profesional, etcétera.[8]

La propia sociedad fue reorganizada desde el Estado, no sólo en términos socioeconómicos sino incluso ideológicos, por medio de la Iglesia y las escuelas. El Estado elaboró un "catecismo político" para ser aprendido y memorizado por los educandos, de acuerdo con el cual había que "mantener el orden ya establecido", se prohibían "la rivalidad y los odios nacionales", etc. La fidelidad hacia el Estado quedaba reforzada por la introducción de un factor de condicionalidad en el reparto de tierras: éstas no eran dadas en propiedad sino en arrendamiento, aunque el monto de la renta resultase simbólico. A su vez, el Estado poseía el 90% de las tierras del país porque se las había expropiado a la oligarquía terrateniente colonial, liberando de la servidumbre hasta a los indígenas que las habitaban.

De esta manera, el doctor Francia consolidó la independencia, pero también durante su gobierno se desarrolló por primera vez —y quedó como componente de la ideología campesina— la necesidad de alianza con el Estado todopoderoso y dispensador de beneficios, a cambio de lealtades. Y el culto al poder estatal expropiado igualmente por el gobierno a las fuerzas dominantes de esta sociedad.

Sin embargo, lentamente desde la sociedad se iban creando condiciones para una reestructuración del régimen político, e incluso las restricciones impuestas al comercio por Francia parecían difíciles de sobrellevar, cuando se aproximaba el año de su muerte. Si en la etapa inicial podría sostenerse que un Estado con las características apuntadas era el único que garantizaba un proyecto nacional —independiente, desde la década de 1830 se hizo evidente que se necesitaba una nueva política económica, con las inevitables consecuencias políticas. En efecto, había aumentado la productividad del trabajo de los campesinos, y por lo tanto la producción, no mediante la introducción de nuevos instrumentos de trabajo sino de técnicas de producción impuestas por el propio régimen. No había destino para la producción excedente debido a las limitaciones a la agroexportación.

---

[8] En 1824, el país poseía un ejército en activo de 5 500 hombres, con 25 000 elementos en la reserva. No existía ejército regular, en el moderno sentido del término. Los oficiales eran designados según su lealtad al dictador; el máximo grado militar era el de capitán (habían diez que eran comandantes de otras tantas unidades). Las armas eran escasas y antiguas (Vittone, 1969:90-95). Además, el ejército se sostenía económicamente con base en los productos de las "Estancias La Patria", donde los soldados trabajaban.

Algo similar ocurría con la producción ganadera que también se había incrementado notablemente sin encontrar mercado. Hay que tener en cuenta que el gobierno imponía a cada productor campesino la obligación de tener determinado número de cabezas de ganado, caballar, vacuno, etc., aparte de árboles frutales determinados, todo para proveer al sostenimiento familiar. De aquí la imagen de "riqueza" de los paraguayos, difundida por todo el Río de la Plata, así como la contradicción insalvable entre los intereses de la burguesía comercial porteña y el Estado paraguayo, que monopolizaba todo el comercio interior del país (salvo el minorista, que se realizaba generalmente mediante el trueque). Por último, en 1831 el país tenía ya 375 000 habitantes, excluida la población indígena (Vittone, 1969:95).

El gobierno del doctor Francia terminó con su muerte, en 1840. Después de un breve interregno de cuatro años, asumió la jefatura del Estado (antes lo compartió con un militar) un intelectual que se había mantenido en un discreto segundo plano durante la dictadura, Carlos Antonio López. Sus 18 años de gobierno (1844-1862) se caracterizaron por un nuevo autoritarismo —aunque más institucional y abierto al exterior que el precedente. En efecto, esta vez el caudillo asumió el cargo de presidente, dictó la primera Constitución en la historia del país, y creó un ejército regular en 1845. Los campesinos no fueron afectados en sus parcelas, pero sí fueron estatizados todos los yerbales naturales del país, que constituían el principal producto de exportación. También fueron expropiados los campos comunales indígenas.

La dirigencia estatal pretendía, esta vez, asumiendo el papel de una inexistente burguesía, crear las bases para el futuro desarrollo capitalista del país, bajo hegemonía estatal. Para allegarse fondos, el Estado promovió la agroexportación en gran escala, a fin de financiar las importaciones crecientes de bienes de capital que requería el nuevo proyecto. El impulso fue tal que el monto en toneladas de productos exportados en 1864 sólo se volvió a alcanzar en 1958 (Cosp, 1983:4).

El jacobinismo propio del doctor Francia quedó atrás. El proyecto de Carlos Antonio López generó una burocracia gubernamental más amplia y una relación estrecha con sectores adinerados y cercanos a su familia. Mientras que el presidente instalaba el ferrocarril, creaba astilleros y fundiciones de hierro, escuelas, telégrafos, etc., el conflicto potencial con los países vecinos se agudizaba. El reconocimiento oficial argentino de la independencia paraguaya se produjo apenas en la década de 1840. Sólo un hábil manejo diplomático por parte del gobierno de López impedía enfrentamientos bélicos.

Internamente, el apoyo campesino se mantenía invariable. El ejercicio de la "democracia" se reducía a sucesivos congresos —cada vez más reducidos en cuanto a sus participantes, en la medida en que aumentaba el patrimonio requerido— de terratenientes que convalidaban las reelecciones de López. Cuando al fin falleció, en 1862, asumió la dirigencia del Estado su hijo, el general Francisco Solano López, convertido en mariscal en los años siguientes. La agresividad del capitalismo inglés, secundado por sectores financieros y mercantiles de Brasil y Argentina, sumada a errores en la política exterior conducida por Solano López condujeron a la guerra en 1865.

EL SIGLO XX: RECOMPOSICIÓN DE LA RELACIÓN ESTADO-CAMPESINOS,
CAUDILLOS LOCALES Y CRISIS DE HEGEMONÍA

Mediante el exterminio de la población nacional en la guerra fue clausurado el proceso de transición al capitalismo con hegemonía estatal y auge de la pequeña producción mercantil simple. La banca inglesa financió a los ejércitos que liquidaron al Paraguay independiente.

A partir de la posguerra, de la preponderancia de la producción campesina se pasó a la diversidad de relaciones productivas, en distintas áreas de la economía. Sin embargo, la producción campesina para autoconsumo siguió siendo la forma más extendida, aunque ya no la dominante. El bloque en el poder pasó a estar constituido por los terratenientes ganaderos, la burguesía comercial-intermediaria con Buenos Aires ("burguesía compradora"), los capitalistas ligados al sector financiero-bancario, y los representantes de las empresas agroindustriales de capital angloargentino.

La dominación política pasó a basarse en una multiplicidad de caudillos, sobre todo en las localidades campesinas. En los 34 años posteriores a la guerra el poder estatal fue detentado por caudillos militares o sus representantes directos; luego por una representación político-partidaria de base urbana que nunca logró remplazar la dominación caudillista.

El Estado pasó a expresar los intereses de los grupos dominantes citados, pero los campesinos no evolucionaron hacia un nuevo régimen de producción, o hacia transformaciones en su cultura política. A la hegemonía que el Estado ejercía anteriormente sobre ellos correspondió ahora la de los caudillos de los partidos tradicionales fundados en la década de 1880, uno de ellos, el Partido Colorado, también desde el Estado. En efecto, el partido de los caudillos militares y terratenientes que hegemonizaron al Estado en los primeros 34 años de posguerra se fundó en julio de 1886 con el nombre de Club del Pueblo; al año siguiente se transformó en Asociación Nacional Republicana (Partido Colorado). El de la burguesía comercial y de los representantes de los capitales angloargentinos, con sus ambiciosas capas medias urbanas se fundó en julio de 1886, con el nombre de Centro Democrático, luego Partido Liberal. Sin embargo, puede afirmarse que ambos representaban sectores de las clases dominantes sin contradicciones fundamentales entre ellas.

Por lo mismo, no existían diferencias ideológicas fundamentales entre ambas representaciones políticas, aunque la ANR siempre puso énfasis en el "orden, seguridad y tranquilidad", mientras el Partido Liberal orientaba su propaganda hacia el respeto a las libertades y garantías individuales.[9] Las luchas entre estos partidos dominaron la escena política durante el presente siglo, provocando una crisis permanente del régimen político, en el cual los campesinos nunca asumieron el papel de actores sociales sino el de clientela política de los caudillos en turno.

Como en los primeros años de posguerra el Estado no poseía fondos para pagar sus deudas y financiar sus costos de operación, optó por poner a la venta el patrimonio fiscal, comenzando por las tierras públicas (en las cuales anteriormente estaban asenta-

9 Cosp, 1983:15.

dos los productores campesinos). Dicho proceso comenzó en 1870, con el primer gobierno instaurado en el país, todavía ocupado por tropas invasoras, y se amplió con
la ley del 4 de noviembre de 1875, que promovía abiertamente la constitución de latifundios (Cosp, 1983:8). Sin embargo, la venta masiva de tierras públicas se efectuó
mediante la ley de 1883, completada con la de 1885. En consecuencia, los campesinos
se encontraron, en su mayoría, ocupando latifundios de propiedad privada. Pueblos
enteros se encontraron en tal situación. Tales ocupantes debieron comenzar a pagar
renta en especie, en efectivo o en trabajo. Lo que sobraba se destinaba a la subsistencia, para lo cual la estrategia era diversificar la producción. De todos modos, no existían incentivos para la especialización en los cultivos comerciales, al no existir un mercado de consideración para la producción agrícola.[10]

La resistencia campesina a la expropiación se manifestó en actos de defensa de sus
tierras en 1887, en Atyrami, y en 1904 en Aguaguigó, donde 6 000 campesinos resistieron fusil en mano. El gobierno respondía a estas acciones expropiando y repartiendo
tales tierras, o, si el propietario pertenecía a los círculos gobernantes, con el desalojo
violento y la quema de chozas. Pero tales luchas eran esporádicas y aisladas, pues por
lo general los latifundistas dominaban en sus respectivas localidades (Cosp, 1983:25-
28). Los intelectuales del Partido Liberal capitalizaron en su provecho el descontento
popular ante el enriquecimiento de la burocracia estatal y allegados que lucraban con
la venta de tierras y la especulación financiera. De aquí que desde inicios de siglo se
manifestó con agudeza una acumulación de contradicciones: campesinos que buscaban recuperar la parcela perdida; obreros que luchaban por aumentos salariales y reducción de la jornada de trabajo; burguesía urbana que veía obstaculizada la expansión de sus operaciones por los manejos de la burocracia estatal; empresas de capital
angloargentino dedicadas a la agroexportación, a las que se quería imponer impues-
tos(!); y, como telón de fondo, lucha por la hegemonía local entre Brasil y Argentina,
a través de sus representantes. Intelectuales que actuaban en los medios de prensa, en
los partidos y en el Parlamento se convirtieron en representantes de los intereses de
estos sectores afectados y les dieron resonancia nacional. El ejército empezó a dividirse.* Por último, el descontrol político era tal que el Partido Liberal preparó grupos
de choque para el conflicto que se avecinaba, el cual forzosamente sería violento.

Entre agosto y diciembre de 1904 se produjo la primera guerra interna de este siglo,
que culminó con la victoria de los "cívicos", la fracción más conservadora del Partido
Liberal de entonces. En la medida en que los "revolucionarios" representaban al capital comercial, al financiero y a las empresas angloargentinas y de capital argentino,
no fue sorprendente que el primer presidente de la República, impuesto por los vencedores fuese Juan B. Gaona, presidente del Banco Inglés y propietario de una empresa
importadora y exportadora. Aunque su gabinete era de "coalición".

---

[10] La mejor descripción del proceso de constitución de latifundios se encuentra en Carlos Pastore, *La
lucha por la tierra en Paraguay*, Montevideo, Editorial Antequera, 1972.

* Dado el involucramiento de las fuerzas armadas en las luchas sociales y políticas de los últimos cien
años, todos los conflictos armados contaron con su participación dividida en apoyo de cada sector en lucha.

LOS GOBIERNOS DEL PARTIDO LIBERAL (1904-1936):
LA INTERMINABLE CRISIS DE HEGEMONÍA

Los intelectuales liberales de inicios de siglo promovieron un ataque sin precedentes contra la memoria colectiva del campesinado. El pasado inmediato fue condenado como un periodo de barbarie, en especial en lo que hacía a los gobiernos de preguerra. Pretendían reconstruir política, economía y sociedad con base en una nueva ideología liberal decimonónica, para lo cual lo primero era debilitar el protagonismo cultural de los campesinos. De aquí la tentativa de promover el asentamiento masivo de inmigrantes europeos que desestructurarían socialmente a la población local, introduciendo islas societales. Aunque la tentativa no tuvo éxito porque el país no era atractivo para que tales grupos afluyeran masivamente, más tarde (tercera década de este siglo) se fundaron colonias menonitas y rusas, de reconocido conservadurismo en lo político.[11]

El otro punto de ataque fue el idioma. En efecto, ya desde fines de siglo se prohibía hablar en guaraní en las escuelas; las familias urbanas lo proscribían en sus hogares. Los intelectuales liberales (no necesariamente pertenecientes al partido de ese nombre) le atribuían responsabilidad en lo que un destacado dirigente político llamó el "cretinismo paraguayo". "Para algunos, el guaraní es la rémora, se le atribuye el entorpecimiento del mecanismo intelectual y la dificultad que parece sentir la masa en adaptarse a los métodos de labor europeos."[12] En realidad, lo que la vigencia del idioma estaría impidiendo es la desestructuración cultural de los campesinos. En efecto, en ese idioma se transmiten las tradiciones orales desde el lejano pero siempre presente pasado indígena; en él se expresan los campesinos, mediante él se reconocen como grupo social distinto de cualquier otro.

A pesar de todo, la cultura campesina siguió impregnando sociedad y política hasta la década de 1970. Los campesinos se aferraron tenazmente a la parcela y a la agricultura de autosubsistencia, y su reproducción social se vio favorecida por el hecho de que no hubo (siempre hasta los setenta) una destrucción de su economía por el régimen de trabajo asalariado. Las grandes empresas agroexportadoras extranjeras dedicadas al procesamiento de materias primas —que operaban como enclaves— utilizaban fuerza de trabajo asalariada bajo el sistema de pago en vales y formas de coacción extraeconómica. En particular, los yerbales son recordados por su explotación semiesclavista de la fuerza de trabajo. A estas islas de trabajo asalariado afluían así como a los "obrajes" madereros y a los establecimientos ganaderos, campesinos pauperizados que emigraban temporalmente, retornando a la parcela con dinero suficiente como para continuar sosteniendo al consumo familiar. De hecho, sólo los jefes de familia migraban. También es conocido que los latifundistas permitían el cultivo de parcelas dentro de sus territorios por trabajadores que así podían subsistir, dado lo exiguo del salario que percibían. Una opción más tardía —siempre como estrategia de supervivencia— era la migración temporal hacia Argentina o Asunción.[13]

---

[11] A lo cual hace referencia un autor, al que se sigue en las referencias anteriores (Delich, 1983:251).
[12] Cosp, 1983:42, nota de pie de página, texto extraído de Rafael Barrett, en *El dolor paraguayo*.
[13] Sobre el particular, véase Oñondivepá, 1982:88.

Al contrario de lo que se buscaba, el poder estatal parecía reproducir, a la vez que modelaba y retroalimentaba, la cultura política de los campesinos. Su misma estructura respondía al aislamiento en parcelas desperdigadas en el agro paraguayo, lejanas unas de otras, en comunidades pequeñas y mal comunicadas. El único contacto con el mundo exterior parecía ser el comerciante-usurero o el acaparador de la producción ("acopiador"), o incluso el caudillo político. Así también, ningún grupo socialmente dominante lograba imponer su hegemonía al resto de la sociedad, una de cuyas consecuencias era la crisis política permanente, sólo interrumpida por periodos dictatoriales, salvo excepciones muy puntuales. Lo particular no lograba asumir la forma de lo general. A su vez, el interés general se esfumaba en la particularidad de los intereses de los grupos políticos y sociales. En estas circunstancias, la institucionalidad de la dominación estatal no asomaba siquiera. Las representaciones políticas, divididas y en lucha, sólo se unificaban en torno a personalidades dominantes. Ni siquiera en la actualidad ha podido surgir, una burocracia profesional.

La falta de una hegemonía social implicaba también ausencia de hegemonía cultural. El elemento campesino parcelario, absolutamente mayoritario socialmente, siguió predominando por la vía subversiva de una cultura del poder, basada en la dominación pura y simple, ajena a los disfraces de la institucionalidad moderna.

A una economía estructurada en forma de "enclaves" que se relacionaba más con las economías capitalistas extranjeras que con la local, de latifundios ganaderos y minifundios campesinos, correspondía un sistema de dominación política y social en cuyo centro la clase política no lograba organicidad.

El eje de la acumulación no se trasladaba del campo a la ciudad, donde la burguesía comercial y una minúscula burguesía industrial de base artesanal y produciendo para el mercado interno tenían su sede. La incipiente industrialización ponía límites estructurales al desarrollo de las clases dominadas urbanas, así como también impedía la constitución de un proletariado rural. Si el capital extranjero no difundía el trabajo asalariado en el país, menos aún podía hacerlo el de origen nacional.

Por lo tanto, la "cuestión social" por excelencia seguía girando en torno a la tenencia de la tierra. En octubre de 1918 se dictó la Ley de Homestead, mediante la cual se darían lotes de 10 y 20 hectáreas gratuitamente cuando tierras de más de 100 hectáreas fuesen solicitadas por un mínimo de 100 personas. No se cumplió por falta de fondos y de un organismo encargado de llevarla a la práctica. Además, la ley no contemplaba la afectación de latifundios sino únicamente de tierras fiscales. En junio de 1926 se dictó otra Ley de creación, fomento y conservación de la pequeña propiedad agropecuaria, a consecuencia de la cual se hizo un reparto agrario insignificante y únicamente de tierras fiscales.

Desde la década de 1920 se percibía un renacimiento nacionalista en el país. Los portadores sociales del nacionalismo —que debido a las condiciones económicas mencionadas se mezclaba con reivindicaciones antioligárquicas— eran obreros, estudiantes y otros miembros de capas medias urbanas.

En 1928 se fundó el Partido Comunista Paraguayo, pero desde mucho antes, es decir, desde inicios de siglo actuaban los anarquistas en los sindicatos. A ellos se sumaron, en los veinte, intelectuales marxistas cuya organización se sumó a la II Internacional.

Como antes había ocurrido con los intelectuales liberales, la historia se convertía en terreno de controversia. Esta vez se planteaba la reivindicación de la memoria de los gobernantes del primer Estado paraguayo, condenados oficialmente por los liberales. Estas peticiones ganaron fuerza incluso en el interior de uno de los aparatos de Estado, el Parlamento. Pero además se combinaron con reclamos de reforma agraria, plasmada en la legislación mencionada en la página anterior, y con la exigencia de defender el territorio del Chaco frente a las pretensiones bolivianas.

Una nueva crisis política se iba preparando a fines del decenio por la conjunción de estos elementos a cuyas demandas el Estado oligárquico no podía dar una respuesta satisfactoria. La crisis se agudizó con una agitación campesina entre 1927 y 1930, sobre la que desgraciadamente no se cuenta con información. Sin embargo, no hay duda de que el peso de la lucha antioligárquica correspondía a la clase obrera, pequeña pero de una influencia social que trascendía a su importancia cuantitativa.

La crisis económica abierta a partir de 1930, secuela del "crack" de 1929,[14] no hizo más que agudizar esta contradicción entre las fuerzas populares de base urbana y el Estado. La propia crisis debilitó momentáneamente, en los primeros años de la década de los treinta, a la oligarquía exportadora, y las clases dominadas consiguieron abrir un espacio político más firme para sus demandas de reforma agraria y mayor control estatal de la economía. Cuando el propio régimen político peligraba en su estabilidad, la guerra contra Bolivia (1932-1935), que concitó el apoyo de todas las clases para la conducción estatal, aplazó un desenlace catastrófico para aquél.

A pesar de ello, la guerra representó un momento histórico trascendental debido a que integró en el ejército a la mayor parte de la nación, dispersa en sus comunidades rurales. Los campesinos se encontraron frente a frente con estudiantes y obreros, en defensa de una tierra acaparada por terratenientes.[15] Finalmente, la victoria bélica dio un nuevo impulso y confianza en su propia fuerza a estos sectores sociales. A despecho del aparente respiro en medio de la crisis que soportaba el régimen político, se preparó el terreno para una agudización de las contradicciones en el periodo posbélico. Para colmo, durante la guerra se empezó a discernir su verdadero carácter (lucha entre compañías petroleras por extender sus dominios territoriales) y los negocios corruptos de los proveedores, lo cual acentuó el descrédito de la conducción estatal.

REFORMA DEL ESTADO OLIGÁRQUICO Y NUEVO AUGE DE MASAS

Al final de la guerra, las organizaciones progresistas incrementaban sus filas con los ex combatientes que regresaban del frente, frustrados al percibir su situación social igual o peor que antes. Aunque en 1935 el gobierno liberal intentó una nueva reforma agraria (los soldados desmovilizados eran predominantemente campesinos), de todos

---

[14] Para tener una idea de la magnitud de la crisis, considérese que recién en 1942 el país logró recuperar el volumen de exportaciones logrado en 1928.

[15] Cosp, 1983:150.

modos ya era tarde. El golpe reformista estalló el 17 de febrero de 1936.

El gobierno "revolucionario" no obtuvo el apoyo de las masas campesinas, como sí ocurrió con obreros y estudiantes que orientaron a las masas populares. El decreto de reforma agraria expedido por el gobierno en mayo de ese año permitió repartir entre los campesinos 100 000 hectáreas en el corto lapso de un año, cantidad superior a la entregada por todos los gobiernos anteriores. Más de 10 000 familias resultaron beneficiadas. Se daba prioridad a los ocupantes sin título en la obtención de la parcela que ocupaban, a los efectos de la aplicación de la ley. Empero, ésta consideraba inexpropiables a las tierras "racionalmente" explotadas, lo cual excluía a muchos latifundios.

A pesar de la magnitud del reparto agrario, el apoyo de los campesinos al grupo en el poder estatal no fue considerable. Más aún, no logró quebrar el dominio sobre éstos, ejercido por los partidos tradicionales.[16] El reformismo febrerista fue, al parecer, un proceso sobre todo urbano, con gran influencia y apoyo de obreros y estudiantes. También participaron activamente militares nacionalistas, intelectuales de capas medias y ex combatientes, agrupados en la ANEC (Asociación Nacional de Ex Combatientes). Representó un intento de promover la industrialización del país y fracasó debido a las incoherencias ideológico-políticas del grupo dirigente y a la falta de una base social que sustentase el proyecto. Ésta no podía ser el proletariado, escaso aunque muy combativo, debido a que su radicalización lo hacía temible para la conducción pequeñoburguesa. Por lo mismo, no fueron afectados los intereses de los sectores dominantes en el sector agropecuario.

En el ámbito de lo político, la rebelión antiologárquica tuvo consecuencias importantes: a) El Estado resurgió como actor fundamental de organización y dirección de la sociedad; b) Se volvió a consolidar el autoritarismo bastante atenuado con los gobiernos democrático-liberales de 1924-1928, sobre todo en este último año, cuando aparentemente se efectuaron elecciones democráticas, una rareza en la historia política paraguaya; c) El nacionalismo particularista volvió a consolidarse con la revaloración de la memoria de los gobernantes del siglo pasado, que la propaganda oficial rechazaba; d) El antiliberalismo político pasó a coexistir con el liberalismo económico (Flecha 1982:116).

Finalmente, el régimen fue derrocado en 1937 debido a que se enajenó el apoyo de sus propias bases de sustentación social con medidas represivas contra los sindicatos. El golpe contrarrevolucionario condujo a otro gobierno que eliminó no sólo el decreto de reforma agraria de 1936, sino incluso la ley de colonización del gobierno liberal de 1935.

No obstante ello, la oligarquía había aprendido la lección. El reparto de tierras, aunque dosificado, continuó. Entre noviembre de 1938 y octubre de 1940 se distribuyeron 39 476 hectáreas, se creó la Facultad de Agronomía y en este último año el Ban-

---

[16] "En efecto, el febrerismo no había logrado organizar hasta ese momento su partido político ni pesar en el interior del país como tal, pasando casi inadvertido a las masas campesinas el vigoroso movimiento de resistencia de los núcleos de la capital y otras ciudades más importantes de la República que mantenían encendida la antorcha de la Revolución" (Perrotta, 1950:15).

co Agrícola ejecutó un plan de producción agrícola, además de promulgarse un nuevo estatuto agrario, para acelerar la distribución de tierras (Cosp, 1983:183).

A raíz de la muerte trágica del presidente de la República en 1940 ocupó la jefatura del Ejecutivo un militar sin partido, el general Higinio Morínigo, que gobernó en los años siguientes con el apoyo del ejército, también fortalecido con el desenlace de la guerra del Chaco, y los sucesos posteriores. La culminación de la dictadura represiva de Morínigo fue una guerra interna en 1947 que se desencadenó con la división del ejército en dos bandos, el "institucionalista" y el de derecha. Finalmente, las fuerzas democráticas fueron derrotadas, y la represión y el terror se extendieron por todo el país.

Por lo mismo, la guerra de 1947 significó un trauma profundo, no únicamente en términos económicos o políticos sino también ideológicos. Milicias armadas recorrieron el país después de la victoria reaccionaria, robando, asesinando, sembrando el pánico entre los campesinos. Uno de los resultados fue la migración masiva y esta vez definitiva hacia Argentina, donde se refugiaron las fuerzas democráticas derrotadas.

Las penalidades ordinarias del campesinado resultaron incrementadas. En palabras de un analista, "Comenzando en 1947, la lucha sin fin entre caudillos del Partido Colorado y su persecución de campesinos que apoyaban al Partido Liberal tuvo un efecto devastador sobre el campesinado; si el campesino era un liberal, era un 'enemigo' a ser hostigado. Si era un colorado, era seguidor de uno u otro de los caudillos colorados contendientes. Dado el corto tiempo en que cada fracción colorada triunfante se quedaba en el poder, el campesino no podía disfrutar los privilegios de éste (limitado en cualquier caso a amigos cercanos en Asunción) cuando su caudillo estaba dirigiendo; y él inevitablemente sufría severos castigos una vez que su fracción era derrotada."[17]

De aquí a la aspiración de que llegue un hombre providencial, capaz de traer "orden y paz" no hay más que un paso. De aquí también las tres palabras clave de la propaganda oficial del régimen actual —que se considera a sí mismo continuador de la "obra" de los triunfadores de 1947— repetidas hasta el hartazgo durante más de 30 años: Stroessner representa "orden, paz y progreso". La contrapartida es un marcado apoliticismo difundido entre las masas rurales, el cual es alentado por el propio régimen político, así como la resistencia a la integración de frentes políticos o a la conformación de una representación política autónoma. Pues aparte de que la política "corrompe" y los políticos solamente buscan —según esta concepción— aprovechar las prebendas del Estado, éste siempre está listo para liquidar mediante una represión devastadora cualquier intento de autonomía política de los campesinos.[18]

[17] Cespedes, 1983:40.

[18] De acuerdo con una encuesta nacional que incluía a 619 "cabezas de familia" de campesinos pobres y sin tierra en 1969, 64.6% no participan en organizaciones (sin importar el tipo), 8.2% son miembros de partidos políticos y sólo 0.6% integran cooperativas (Cespedes, 1983:47).

ESTRUCTURACIÓN DEL RÉGIMEN POLÍTICO ACTUAL

El golpe de Estado con el cual se inauguró la dictadura más larga de las varias que registra la historia paraguaya contó no solamente con el apoyo de las clases dominantes, sino también con el consenso pasivo del campesinado. Lo cual, desde luego, no excluye la existencia de movimientos aislados de lucha contra aquélla. Si bien es cierto que el elemento coercitivo estuvo presente desde el inicio, también lo es que él mismo atrajo la atención de la mayoría de los analistas políticos, en desmedro de los aspectos consensuales.

Sin embargo, resulta difícil concebir que un régimen se mantenga 34 años en el dominio absoluto del poder estatal sin estar sólidamente legitimado ante amplios sectores de la población, considerando además, que no ha logrado conformarse un movimiento opositor de masas en el país, como sí existe en la otra dictadura militar del subcontinente.

La dictadura que se inició en 1954 no creó nuevos aparatos para administrar la coerción, pero tuvo éxito considerable en cohesionarlos en torno al caudillo principal. Las fuerzas armadas, la policía y el partido fueron convertidos en aparatos eficientes de control y represión sobre el campesinado. Se estableció, al menos tácitamente, una "división del trabajo":

• El partido se encarga de organizar el consenso entre el campesinado, además de tareas de control e información a los órganos policiales acerca de cualquier movimiento sospechoso, que normalmente cumplen las autoridades partidarias de cada localidad. En la actualidad se han conformado también grupos parapoliciacos con los elementos más atrasados del campesinado para reprimir a opositores y demás labores "sucias" con las que los organismos del Estado no quieren comprometerse públicamente.

• Las fuerzas armadas efectúan obras de "interés social", a las cuales asignan cierta importancia dentro de su presupuesto. Pero la labor más efectiva que realizan es la de condicionamiento ideológico-político de los jóvenes campesinos que cumplen el servicio militar obligatorio. Valores exaltados por el régimen, como el nacionalismo militarista y conservador, la obediencia, el culto al poder, son internalizados a lo largo de dos años por los "conscriptos" concentrados en cuarteles del ejército.

• La policía cumple una función disuasiva y de control, cuando no directamente represiva. Sin embargo, su importancia es secundaria en relación con las fuerzas armadas, desde el inicio de la dictadura de Stroessner, cuando se puso a un general para dirigirla. Anteriormente era un cuerpo autónomo, dirigido usualmente por un miembro civil del partido del gobierno. Sin embargo, no debe minimizarse la importancia de este organismo estatal, considerando que ha servido para hacer parte constitutiva de la memoria colectiva al terror, a la vez componente fundamental de la vida política paraguaya, en particular en el campo, donde asume su máxima eficacia persuasiva, ante la ausencia de los órganos de defensa de la sociedad civil establecidos en la capital.

Los campesinos, en general, tienen dos grandes representaciones políticas, el Partido Colorado y el Partido Liberal, hoy dividido en múltiples fracciones. La adscripción a cada uno de ellos no es voluntaria, o motivada ideológica o programáticamente, sino por transmisión hereditaria; es la familia quien pertenece desde tiempo inmemorial a cada partido.[19] A este determinismo prácticamente nadie escapa.

La dictadura ha constituido al Partido Colorado en nexo entre la burocracia estatal y los sectores de la sociedad civil que controla. Ha burocratizado al partido, en la medida en que la hegemonía dentro del Estado se traduce en posiciones de poder dentro del aparato político-partidario. Se ha establecido una línea distintiva entre partidarios del régimen y elementos que le son adversos mediante la afiliación masiva de aquéllos, incluyendo miembros de las fuerzas armadas y de la policía, quienes deben adherirse formalmente al partido del Estado aun antes de iniciar su carrera profesional, como si fuese un requisito establecido al margen de toda ley, pero por ello más efectivo. Otro tanto ocurre con la burocracia estatal, aun con los que ocupan los cargos más inferiores.

En el campo, en particular, el Partido Colorado capta simpatizantes mediante un sistema netamente clientelar: reparte prebendas a cambio de lealtad al régimen, claramente encarnado y personificado en el dictador. Para ello cuenta con el Instituto de Bienestar Rural, que controla el acceso a la tierra de quienes no la poseen, los bancos agrícolas para financiar la producción y el consumo, y las escuelas para el condicionamiento ideológico, etc. Tales prerrogativas han convertido al Partido Colorado en la representación política más importante de los campesinos, con todo y su característica de ser impuesta. En tal carácter, empero, sirve también para canalizar solicitudes de los campesinos al poder estatal, y los caudillos locales del partido no pueden impedir que el mismo absorba las contradicciones sociales que se trata de mediatizar.[20]

Obviamente, el funcionamiento eficiente de todo este mecanismo de dominación política (y social) supone que los campesinos sean incapaces de superar los límites que impone su propio aislamiento parcelario para tomar conciencia de sus intereses comunes, que los oponen a otras clases, traduciendo tal percepción en organizaciones propias para la lucha política y social. Esto es, el mecanismo funciona en tanto las capas que componen lo que aquí se ha denominado con cierta arbitrariedad ''campesinado'' no se encaminen hacia su constitución como clase.

Este proceso trascendental para la sociedad rural paraguaya comenzó a verificarse en la década de 1960, alterando todo el ámbito de las relaciones entre Estado y campesinado, y anunciando el fin del ciclo histórico que aquí se intentó analizar desde su inicio mismo.

ESTRUCTURA DE PRODUCCIÓN EN EL CAMPO

Según un autor, algunas condiciones históricas en las cuales el campesinado podría convertirse en una clase revolucionaria son: la profunda y rápida extensión del capita-

---

[19] ''La propaganda de los partidos tradicionales carece de sentido y de contenido social, y además violenta, con una tendencia exagerada a la explicación simplista del pasado y sin ninguna visión de futuro'' (Perrotta, 1950:14).

[20] Ésta es una de las causas principales de que el Partido Colorado se encuentre hoy formalmente dividido, de manera similar a lo que ocurría cuando la dictadura se inició (pero ahora ya no puede imponer la ''unidad'').

lismo en el agro; la labor política de algún partido revolucionario para movilizar al campesinado, y/o la destrucción de la sociedad tradicional mediante un factor especial como una guerra o revolución (Céspedes, 1983:42).

En la historia contemporánea paraguaya no se registró alguno de tales factores hasta la década de los setenta.

En efecto, conviene recordar que la situación social del campesinado permanecía en un "equilibrio estático" desde inicios de siglo. Tanto en el caso del trabajo campesino asalariado en los latifundios ganaderos, yerbateros o forestales, como en el del trabajo temporal en empresas argentinas o paraguayas —distantes de la parcela— economía mercantil y economía "natural" coexistían sin destrucción de la segunda por la primera (Banco Paraguayo de Datos, 1980:17-18). Es más, la emigración temporal en busca de trabajo asalariado permitía una alimentación entre economía precapitalista y capitalista, todavía hasta bien entrada la década de los sesenta.

Hasta entonces, la producción campesina estaba representada por: a) una capa de pequeños productores, propietarios de su parcela, produciendo cultivos diversificados para autoconsumo y "cultivos de renta", como algodón y tabaco, para el mercado. La capacidad de acumulación del productor era escasa, debido a la nube de parásitos que debía mantener (comerciantes-usureros, capital financiero, etc.). La extracción del excedente se daba en el transporte, intermediación, almacenamiento y transporte de la producción; b) Un sector mayoritario dentro del campesinado de la época, los productores sin tierra o meros ocupantes, sometidos a un terrateniente al cual debían pagar renta en dinero, productos o trabajo. El Censo Agrícola Ganadero de 1956 reveló que 4.9% del total de unidades (con 100 hectáreas o más) poseía 92.7% del total de tierras ocupadas en el campo, en tanto 62.1% (minifundios de menos de 10 hectáreas) poseía 2.3% de las tierras.

Por otra parte, 61.9% del total de unidades estaba operada por meros ocupantes o arrendatarios en tierras fiscales o privadas: 48.6% de ocupantes y 9.3% de arrendatarios, de los cuales 4.3% pagaba renta en especie (Céspedes, 1983:12). Lo rudimentario de las fuerzas productivas confirmaba este cuadro de atraso: en 1961, los fertilizantes e instrumentos mecánicos eran usados solamente en el 1% de la tierra cultivada, mientras el trabajo humano y animal se utilizaba en el 99% restante (Céspedes, 1983:13). El censo de 1942-1943 arrojaba estos datos: 63% de los agricultores eran meros ocupantes (67% de ellos con parcelas de 3 a 20 hectáreas); 6% arrendatarios (95% con parcelas de 1 a 5 hectáreas); 16% propietarios (80% con fincas de 3 a 50 hectáreas). La mayor parte de las tierras pertenecía a empresas de capital extranjero y a un sector latifundista nacional dedicado a agricultura y ganadería (Oñondivepá, 1982:90).

Los grandes latifundios permitían la constitución de "bolsones" minifundistas en sus extensos territorios, lo que les permitía disponer de fuerza de trabajo barata y abundante, a cambio de autorizar a los trabajadores a dedicar parte de su tiempo a cultivos de subsistencia, en la parcela.

Si bien la ocupación de la tierra era "precaria", en la práctica no se daba la separación clásica entre el productor y los medios de producción. La economía agrícola estaba sólo parcialmente monetarizada. La persistencia de rasgos precapitalistas, esencialmente de servidumbre, era evidente. Sólo una mínima parte de la población rural podía considerarse proletariado rural.

En estas condiciones se implantó y consolidó el régimen dictatorial. La inexistencia de contradicciones agudas propias del capitalismo se complementaba con el aislamiento del campesino en la parcela. El terrateniente o su representante se convertía en nexo con el mundo exterior. El caudillismo impregnaba (y aún lo hace) la vida política paraguaya. Su contrapartida es el servilismo. En efecto, el campesino se comporta frente al caudillo casi como el siervo frente al señor.[21]

Este ambiente de quietud bucólica en el campo fue turbado por el propio régimen político cuando —préstamos externos mediante— promovió el Plan Nacional del Trigo, buscando tornar autosuficiente al país en este producto, que se importaba desde Argentina. El programa se implementó con vigor en el departamento (provincia) de Misiones, área minifundiaria, combinado con la producción ganadera intensiva para engorde. No fueron bien calculadas, o tal vez no se plantearon siquiera, las consecuencias sociales, pues el plan suponía la utilización de toda la tierra disponible de las grandes propiedades, con el desalojo consiguiente de las familias campesinas que las ocupaban. Pero además, las tierras comunales de los pueblos eran muy apetecidas por los ganaderos. Los nuevos empresarios agrícolas buscaron integrar parcelas medias o pequeñas a sus unidades productivas en expansión.[22]

Los campesinos de Santa María, Misiones, reaccionaron organizándose para peticionar ante un representante del Estado (el comandante de la región militar correspondiente) el cese del deslinde del terreno comunal, en 1963. Era el inicio de una serie de reacciones de campesinos afectados por la penetración del capitalismo en el agro.

HACIA LA TRANSFORMACIÓN DE LA CULTURA POLÍTICA CAMPESINA: EMERGENCIA DE ORGANIZACIONES AUTÓNOMAS

Los campesinos afectados eran mayoritariamente pequeños productores o semiproletarios, con una participación muy minoritaria de proletarios agrícolas. La primera experiencia de lucha ante el avance del capitalismo (que, esta vez resultó coronada por el éxito), incentivó su instinto de clase, permitiéndoles visualizar intereses comunes y posibilidades organizativas. En dos niveles: el externo —la amenaza por parte de los latifundistas— y el interno —el renacimiento de la práctica del trabajo en común (la llamada "minga", vieja tradición indígena que había caído en desuso).

Pero el horizonte de visibilidad campesino es limitado. No habían antecedentes de organización autónoma de carácter permanente. De modo que los primeros grupos

---

[21] "Ninguna rendición de cuentas de sus gestiones es concebible [. . .] Para la masa campesina todo se reduce a obligaciones y sacrificios, incluso el de la propia vida. La voluntad de los electores depende de la voluntad de los caudillos [. . .] Las masas siguen al caudillo como una obligación inherente a la política . . .]" (Perrotta, 1950:18).

[22] Oñondivepá, 1982:152.

conformados espontáneamente pidieron ayuda a sectores eclesiásticos y a sindicalistas cristianos.[23]

Así, teniendo como epicentro la zona central y de antiguo poblamiento del país, en especial los departamentos de Misiones y Cordillera,[24] nacieron las primeras Ligas Agrarias Cristianas hacia 1963, con asesoría de estos grupos de origen urbano, quienes así veían la posibilidad de burlar el cerco dictatorial en las ciudades, que impedía toda organización independiente. Aunque también intervinieron elementos del clero, como la Tercera Orden Franciscana, esta primera etapa de las ligas, que duró aproximadamente hasta 1968, se caracterizó por la estructuración de éstas al estilo de los sindicatos urbanos. Las ligas se extendieron rápidamente a los departamentos de Caaguasú y Concepción; sin embargo, ya en 1964, cuando se fundó la FENALAC (Federación Nacional de Ligas Agrarias Cristianas) se registró una primera división debida a esta heterogeneidad de elementos que intervinieron en la creación de las organizaciones.[25]

Comenzaba ya a manifestarse un rasgo importante de las ligas, la afirmación de su autonomía frente a la clase política urbana.

Otras características tenían que ver con la ideología y problemática de los campesinos:

a] Fuerte orientación religiosa, más exaltada en la segunda fase que en la primera, pero que ya hacía de la Biblia —en especial de la experiencia de los primeros cristianos— una fuente de inspiración permanente;

b] Recuperación de la tradición de trabajo en común, y frecuentemente de la colectivización de los bienes (ambos de origen indígena) como práctica apropiada para una organización autónoma, como la que se intentaba;

c] Fortalecimiento de las organizaciones vecinales, en concordancia con la propia dispersión y aislamiento de los campesinos paraguayos. En este nivel se estructuraba una "base" de seis a ocho miembros, siendo una liga la reunión de todas las "bases" de un pueblo;

d] En general, la ausencia de normas escritas, actas de las reuniones, nombres de los participantes o registro de los acuerdos, pues se confiaba en la memoria colectiva,

---

[23] Las organizaciones eran las siguientes: la Juventud Obrera Católica, fundada en 1940, de la cual surgieron militantes que crearon el Movimiento Sindical Paraguayo (MSP) en 1957, en el marco de la Confederación Paraguaya de Trabajadores. La Juventud Agraria Católica, fundada en 1960, y la Central Cristiana de Trabajadores, filial de la Confederación Latinoamericana de Trabajadores (socialcristiana), creada en 1960. El activismo sindical católico no era casual; tenía como marco la renovación de la Iglesia impulsada por el Concilio Vaticano II (1962), que culminaría en América Latina con la Conferencia Episcopal Latinoamericana de Medellín (1968). En el terreno netamente político, los católicos se lanzaron a la lucha también en los sesenta con el Partido Demócrata Cristiano, que tuvo influencia en las ligas y CCT.

[24] Al final del texto se adjunta un mapa que señala la ubicación de las principales ligas (tomado de Equipo Expa, 1982).

[25] En efecto, la Federación Nacional de Ligas Agrarias Cristianas (FENALAC) defendía la autonomía del movimiento campesino y una posición más confesional frente a la Federación Campesina Cristiana, afiliada a la CCT, emparentada con la DC. Finalmente la FENALAC se escindió de la FCC; en 1971, una nueva organización, KOGA, agrupó a todas las ligas de FENALAC, la cual se extinguió, algunas de FCC, y otras menores. Las ligas en su conjunto llegaron a extenderse por unos 40 pueblos con un total estimado de 40 000 miembros.

en la palabra dada (lo cual también resultaba coherente con las normas de seguridad impuestas ante la represión vigente).

PRIMERA ETAPA: IDENTIFICACIÓN DE NECESIDADES E INTERESES COMUNES

En la primera etapa de su desarrollo, los objetivos de las Ligas Agrarias eran: la organización campesina para encarar los problemas cotidianos; la "educación liberadora" y el "desarrollo integral del hombre". De aquí se pasó a la constitución de instituciones capaces de concretizar estos planteamientos: las "escuelitas" campesinas para difundir la nueva cultura e inculcarla a los escolares; la "minga", o trabajo en común de las parcelas; el "yopoi" o socialización de los bienes, y los "almacenes de consumo" cuya utilidad se fundaba en que aliviaban la explotación ahí donde era percibida más claramente, es decir, en la distribución de bienes de consumo inmediato.

Las "escuelitas", puestas en funcionamiento a partir de 1969, representaron una ruptura con el contenido y la modalidad de enseñanza-aprendizaje de las primarias estatales, aparte de satisfacer una necesidad perentoria de los propios campesinos, pues en muchos lugares no había escuelas en absoluto. Solamente en Misiones llegaron a funcionar dieciocho. Ellas utilizaron la autoeducación activa, no profesional, el año escolar dividido en ciclos de tres meses para permitir la participación de los escolares en los periodos de siembra, cosecha, etc., y maestros no profesionales, sostenidos por la comunidad y formados por ésta. La enseñanza se iniciaba en guaraní; recién en segundo y tercer ciclo se hablaba español en clase. La alfabetización se hacía a partir de palabras "concientizadoras", cuyo contenido guardara relación con problemas de la comunidad campesina. No se entregaban títulos, pues se trataba solamente de alfabetizar y de formar un espíritu crítico en los estudiantes. El contenido de la enseñanza eran "teología de la liberación" e "historia de los pobres". Como los textos oficiales del Ministerio de Educación fueron rechazados por "enajenantes", se editaron otros nuevos: *Ko'e'ti* (1973), cartilla de alfabetización en guaraní, de acuerdo con el método de Freire, e *Historia de los pobres en Paraguay*, también en guaraní.

Los "almacenes de consumo" eran cooperativas no reglamentadas ni personal burocrático remunerado; los encargados rotaban. Se llevaba un registro contable minucioso de todo, incluso de lo que se había logrado ahorrar con cada almacén. En algunos casos se intentó comercializar la producción de los miembros de las ligas. Sin embargo, en ambos casos hubo problemas serios debidos al desconocimiento de los canales de intermediación, créditos, etcétera.

Mientras en sus inicios las ligas se dedicaron a construir caminos, reparar los existentes, trabajar en común, etc., no se suscitaron conflictos con el Estado y los sectores dominantes locales. El conflicto potencial que implicaba la creación de una organización autónoma del Estado se manifestó con agudeza a propósito de las "escuelitas", y la socialización de medios de producción (la tierra, sobre todo). Al tiempo que tanto el Estado como los comerciantes combatían con saña a los almacenes de consumo.

Sin embargo, no hay indicios de que en ausencia de una teoría revolucionaria, los campesinos hayan conseguido superar el mero instinto de clase, arribando a una elaboración política propia del conflicto que se suscitaba con el Estado y los grupos de poder cuyos intereses eran afectados por las nuevas organizaciones.

El cuestionamiento no se dirigió tanto hacia el "entorno" social o político, y a su forma de inserción en el mismo, sino hacia el relacionamiento interno, esto es, entre los propios miembros de las ligas. En esto se concentraba la "dialéctica acción reflexión" ("Una reflexión concluye en una acción y ésta a su vez queda como inconclusa si a su vez no es capaz de generar una sólida reflexión") (Oñondivepá, 1982:30). De aquí siguió una mayor cohesión interna de las ligas, pero también el ensimismamiento, la incapacidad para captar las raíces de la opresión.

La percepción campesina abarcaba el marco problemático inmediato, el que afectaba a la comunidad local, ámbito de acción por excelencia de las ligas. Por ejemplo, el caudillismo político, el clientelismo, a su vez manifestaciones de un relacionamiento social más complejo que las ligas, sólo alcanzaban probablemente a intuir. La reacción fue el aislamiento, que llegaba hasta el rechazo de todo vínculo con los partidos políticos, incluida la Democracia Cristiana. El siguiente paso era el divorcio también con respecto a otras organizaciones sospechosas de pretender hegemonizar al movimiento campesino.

SEGUNDA ETAPA: PERCEPCIÓN DE LA NATURALEZA POLÍTICA DEL CONFLICTO

En efecto, a medida que la represión y el terrorismo de Estado se agudizaban, las ligas extremaban precauciones. Se iniciaba la segunda fase en su desarrollo, la cual se prolongó hasta 1974. En efecto, para fines de los sesenta el cuestionamiento constante había alcanzado ya a la jerarquía eclesiástica, despojada de su monopolio sobre el culto y la interpretación de los textos religiosos, y que había apoyado a las ligas desde su inicio. Ahora se planteaba la autonomía frente a la Conferencia Episcopal, la que se efectivizó entre 1970 y 1971, mientras, paradógicamente, se incorporaban a las Ligas Agrarias (ya sin el calificativo de "cristianas") curas "comprometidos" que fueron a vivir y trabajar con los campesinos. Ellos ejercieron una influencia poderosa y palpable en los acuerdos que se tomaban en las numerosas reuniones que se hacían en esa época.

Entre tanto, la organización se encaminaba hacia la semiclandestinidad, obligada por la implacable represión del Estado. Las ligas eran autónomas unas de otras, sólo existía la coordinación entre ellas, los sitios de reunión cambiaban cada vez, se insistía en la "capacitación" (los aspirantes a miembros de la ligas sólo eran admitidos después de someterse a cursos de preparación previa).

Los objetivos de esta segunda fase fueron: "liberación" del "pecado social" —egoísmo—, así como de la explotación, con toda la vaguedad con que era percibida; la educación como camino para crear al "hombre nuevo", el cual realizaría el Plan de Dios en la tierra (parte del adiestramiento ideológico consistía en confrontar este Plan de Dios con las condiciones de vida de los propios campesinos). Esta vez, sin embargo, al espiritualismo trascendente de estos objetivos se agregó otro, expresado de manera contundente en una carta a la jerarquía eclesiástica: "Económicamente, nuestro ideal es poder llegar a socializar la tierra y los medios de producción, en un sistema que no sea totalitario. No aceptamos al comunismo porque es sin Dios y absolutista. Queremos un socialismo nuevo, impulsado por la fe y nuestra realidad."[26]

En los problemáticos inicios de los setenta parecía que la represión fortalecía al movimiento. Se exaltaba el sufrimiento por la defensa de los ideales "auténticamente cristianos". La Biblia continuaba siendo el texto de referencia obligada para las reflexiones, cargadas de religiosidad y muy dependiente de los "agentes pastorales" (curas). Así, cuando un campesino era apresado, la comunidad trabajaba en su parcela, ayudaba a su familia, etcétera.

Pero la jerarquía eclesiástica, el otro gran protagonista, también evolucionaba. Había empezado por manifestar una posición de tolerancia frente a la dictadura en los cincuenta, hasta dirigirse hacia una oposición frontal en los sesenta. En junio de 1969 fue excomulgado el ministro del Interior a causa del allanamiento policial de parroquias. En diciembre de ese año, la jerarquía solicitó la promulgación de una ley de amnistía general y el levantamiento del estado de sitio. En 1970 el periódico de la Iglesia fue clausurado por el gobierno. En los años siguientes los curas fueron apresados, torturados, con jesuitas y miembros de otras órdenes expulsados del país, etcétera.

La dinámica interior de las ligas, producto del enfrentamiento con el Estado, ya no podía detenerse. No existían análisis sociopolíticos en torno a la situación social de los campesinos, pero sí comenzaban a entrever la necesidad de transformar las relaciones de poder político para encarar más favorablemente la solución de sus problemas. Sin embargo, aún no se planteaban estrategias a largo plazo ni había planeación para el futuro. El mesianismo cristiano obnubilaba; pensaban que en la Biblia estaba la clave para encarar contradicción política cada vez más aguda.[27]

RADICALIZACIÓN DEL MOVIMIENTO Y FORMACIÓN DE CONCIENCIA POLÍTICA

Tal vez por ello, hacia 1972 el cansancio se apoderaba de los militantes de las ligas,

[26] Carta a la Conferencia Episcopal Paraguaya, diciembre de 1971, extraída de Equipo Expa 1982:28. En otro documento expresaban: "Queremos que los bienes (particularmente la tierra) estén al servicio de los hombres, proponemos también la colectivización de la tierra y de los medios de producción. Tal es nuestra manera de comprender el Plan de Dios" ("Paraguay:21 años. . .":8).

[27] "[. . .] la misma inspiración bíblica de las reflexiones —en ausencia de una estrategia política nacional y de una estructura permanente a nivel nacional— así como la ausencia de un proyecto alternativo, con frecuencia derivaron en una añoranza de la edad de la fraternidad, una especie de regreso [. . .] Ante el avance de las fuerzas del mal, las reflexiones bíblicas sugerían la constitución de 'comunidades cristianas', aun cuando con estas fórmulas sólo se combatiera el individualismo de los campesinos sin afectar el [. . .] del sistema [. . .] Se trata de una exaltación de la fe cristiana, de modo que se cree que sólo con fe en Dios se pueden resolver los problemas de la organización [. . .] no hay planteos para el futuro [. . .]. A base de una fe ciega lo quieren resolver todo, creen que en la Biblia está la solución de todo y la interpretan a su manera, de una manera caprichosa" (Ramón Fogel, Oñondivepá, 1982:175).

a causa de la intensa represión y del aislamiento crecientes. La tentación de un desenlace radical que permitiera avanzar hacia un enfrentamiento radical con la represión se hacía cada vez más fuerte. En mayo de ese año las ligas dieron un paso más hacia su aislamiento ocupando una granja de los jesuitas que fue "socializada". Al mismo tiempo, en otras partes se ocupaban tierras y templos como forma de protesta. Se empezó a plantear la necesidad de pasar decididamente al campo político de la lucha, así como la de apresurar la confrontación. Estos hechos y planteamientos, sumados a una mayor definición de los "progresistas" en el interior de la Iglesia, dividían al clero y jerarquía. Para colmo, también existían conflictos derivados de la renovación litúrgica y teológica, que afectaban a las ligas, debido a su dependencia respecto de los llamados "agentes pastorales".

1973 fue un año de repliegue y de "vuelta a las bases". Por un lado, se habían formado ya líderes cuyo campo de visibilidad política sobrepasaba al de las "bases"; por el otro, se consideró preciso evitar la profundización del aislamiento ya perceptible respecto del resto del campesinado, caracterizado por su atraso político. Era menester, además, evitar más pretextos que permitiesen al Estado agudizar la represión. En una palabra, las ligas habían quedado casi completamente aisladas en la soledad y dispersión de la campiña paraguaya.

Se insistía entonces en el trabajo comunitario, la disminución de las reuniones y cuestionamientos políticos. Para fines de año, la jerarquía, consciente de que el movimiento campesino escapaba a su control, se tornaba conciliadora con el Estado.

Al año siguiente, 1974, se inició la tercera y última etapa en el desarrollo del movimiento. Mientras el alza de los precios internacionales del algodón y la soya impulsaban el avance del capitalismo agrario, los elementos más politizados de las ligas iniciaron contactos con los estudiantes, ante el abandono, crítica y expulsión del país de los curas que convivían con ellos. Entre tanto, al margen del movimiento campesino surgió la Organización Primero de Marzo,[28] un grupo político clandestino de la izquierda revolucionaria, que buscaba consolidarse en un lapso de varios años antes de aparecer a la luz pública. Llegó a reunir a más de trescientas personas, entre campesinos e intelectuales urbanos, muchos de ellos estudiantes. La OPM fue una organización diferente y externa al movimiento campesino.

Al año siguiente se produjo la ruptura con los obispos, y en 1976 culminó la expulsión de los jesuitas y demás religiosos "comprometidos", sin que la jerarquía eclesiástica respaldara a los perseguidos.

En abril de ese año, el gobierno descubrió a la OPM, mientras este grupo era todavía muy incipiente y, sobre todo, falto de experiencia política. Así que le fue fácil, utilizando una fuerte y devastadora represión, liquidar a toda la organización, disolviendo también violentamente (mediante asesinatos, apresamientos, persecusiones) a las Ligas Agrarias, alegando una presunta vinculación entre ambas.

Dirigentes campesinos fueron apresados, torturados, asesinados. El régimen implementó un campo de concentración para los cientos de detenidos que excedían la capacidad de las instalaciones carcelarias.

[28] Equipo Expa, 1982:162.

Las "bases" no volvieron a reunirse, después de la gran represión de 1975-1976. El régimen había logrado su objetivo: otra vez el terror ejemplarizante se había generalizado.[29]

Para entonces, la agricultura se había constituido en uno de los centros de la acumulación capitalista en el país.

En este caso se requería destruir la organización social independiente del "campesinado no tanto por su agresividad como clase, sino por ser la base social del poder de la oligarquía [. . .] para lo cual, en consecuencia, era básica la tranquilidad en el campo".[30] A lo que habría que agregar que la agricultura y la propiedad de la tierra eran penetrados por nuevos grupos empresariales y transnacionales que tendrían un impacto social muy diferente al de las compañías latifundistas tradicionales. Por primera vez en la historia paraguaya, se había constituido una agricultura capitalista sólida, la cual ya está teniendo efectos destructivos sobre la economía campesina, la cual, sin embargo, no podrá ser eliminada por completo.[31]

Los campesinos, por su parte, en unos diez años de lucha habían rebasado los límites del "consenso pasivo" que los ligaba al Estado y a la sociedad política tradicional. Habían superado las barreras impuestas por la dispersión geográfica de los núcleos productivos. La disparidad de las relaciones de producción, el parcelamiento social (la escasa integración del territorio nacional) no habían impedido esta primera organización independiente de los pequeños productores campesinos. Se han mencionado ya las fuertes limitaciones de esta organización, tanto en términos políticos (no se planteó claramente, aunque se llegó a visualizar, el conflicto con la dominación estatal), como sociales (no se tuvo conciencia clara de los mecanismos a través de los cuales opera la explotación en esta sociedad). Pero las Ligas Agrarias rompieron con la inercia histórica de siglos de servidumbre y explotación (cf. el inicio de este texto), e impusieron un nuevo precedente ya incorporado a la memoria colectiva del campesinado, conservadora pertinaz de tradiciones orales.

Se ha argumentado que las ligas constituyeron una reacción contra el avance del capitalismo en el agro, y que por tanto su movimiento tuvo un carácter históricamente reaccionario. Difícilmente podía haber ocurrido de otra manera en un país en el que ni siquiera los trabajadores urbanos han podido articular un proyecto de desarrollo social alternativo al actual. El énfasis debe situarse en el ambicioso proyecto organizativo de las ligas en su capacidad para recuperar antiquísimas prácticas indígenas, en su ataque frontal hacia la ideología difundida por el Estado, a través de las "escuelitas". Sin olvidar su ruptura con la sociedad política tradicional y su incansable democratismo interno. Lo que no resulta factible es esperar madurez y planteamiento políticos avanzados de un movimiento campesino, cuando en el resto del país no existe tal cosa, justamente como resultado de la predominancia de esta sociedad campesina tradicional, con una servidumbre no sólo económica, sino, peor aún, política.

Más aún, cuando el movimiento campesino fue presa del trascendentalismo católi-

[29] Ramón Fogel, en "Oñondivepá", 1983:172.
[30] Zemelman, 1986:175.
[31] Fogel, 1986:78-85.

co, el cual, si por un lado le permitió articular las bases de un proyecto "comunitario" con reminiscencias utópicas y que el entorno social mismo se hubiese encargado de liquidar (si no lo hubiese hecho la represión antes), por el otro le permitió encontrar una base ideológica común para oponerla a la del Estado y la liberal, de los partidos tradicionales. En efecto, la crítica del liberalismo que hicieron las ligas fue tenaz y persistente, en contraposición con su oposición al comunismo, inconsistente y plagada de lugares comunes. Los documentos religiosos fueron, en todo caso, armas para la lucha ideológica, únicas en el arsenal campesino en ese momento histórico, y además solamente ellas eran suficientemente aceptadas en los estratos campesinos como para fundar una primera crítica de la sociedad y la dominación política. Por último, no hay que olvidar que ya a inicios de los setenta el cuestionamiento se dirigía a la propia Iglesia; no iba a transcurrir mucho tiempo antes de que se percibiesen las limitaciones del espiritualismo religioso. En términos de formación de su conciencia social, de clase, los campesinos tuvieron en pocos años un desarrollo equivalente a decenas de los anteriores.

No solamente llegaron a un punto de no retorno, en el sentido de que crearon un precedente de organización autónoma del campesinado que abrió paso a otras en los años siguientes, sino que el Estado mismo se vio obligado a tolerar su existencia, al margen de toda norma legal y jurídica, como existen todas las organizaciones con real sustento social. Éstas revelarían el hecho de que el campesinado ya está percibiendo su comunidad de intereses, la incapacidad de los partidos liberales para representarlos, y su particularidad, que hacen a tales intereses contradictorios con los de otros actores sociales. Al haber iniciado por primera vez la lucha por el reconocimiento de sus propias reivindicaciones, al margen de caudillos y organizaciones tradicionales, se encaminan por fin hacia su constitución como clase. El desarrollo del capitalismo agrario, auspiciado por el propio régimen político, pone la base, antes ausente para la emergencia del campesinado como un verdadero actor o sujeto social, lo cual tendrá un efecto decisivo sobre la sociedad política de base urbana. Es cierto que este proceso es todavía incipiente, y sobre todo fuertemente condicionado por la represión del Estado que ya ha logrado retrasar unos años la maduración política de las "bases", así como también lo es el que las organizaciones del campo aún no parecen adquirir conciencia del carácter nacional de la lucha, aún se refugian en la fortaleza —que no es más que debilidad— del localismo campesino. La superación de estos problemas tendrá que encararse posteriormente.

Ciertamente, al liberarse los campesinos del servilismo político harán un servicio a la nación en su conjunto. Es imposible no avizorar el contenido revolucionario latente en este proceso, que apenas se inicia, pero que permitiría plantear una nueva correlación de fuerzas sociales, lo que a la vez lograría imprimir un nivel no conocido históricamente a la lucha política, donde los programas políticos sean verdaderamente expresión de reivindicaciones de actores sociales con intereses definidos.

HACIA UNA NUEVA CULTURA POLÍTICA: LA PERSPECTIVA DE LOS OCHENTA

Luego de un paréntesis obligado por el terrorismo de Estado, la lucha ha continuado. En efecto, en 1980 se fundó el Movimiento Campesino Paraguayo que intenta recuperar la experiencia de las ligas, pero sin la influencia confesional que las caracterizaba.[32] En agosto de 1984, a raíz de un desalojo masivo en Caaguasú, surgió la Asamblea Permanente de Campesinos sin Tierra (APCT). En noviembre de 1985 fue creada la Coordinación de Mujeres Campesinas (CMC), con esposas, madres e hijas de miembros de la APCT, adhiriéndose también al Movimiento Campesino Paraguayo.

En una concentración efectuada recientemente en Caaguasú, el presidente de la CMC demandó: libertad de presos campesinos; reforma agraria; regreso de los exiliados; fin de la represión y matanza de campesinos, y libertad de expresión y agremiación.[33]

Demás está decir que tales demandas, que rebasan las meras reivindicaciones de carácter local, hubiesen sido impensables sin las luchas de la década anterior. El propio Estado dominado por la dictadura se ha visto obligado a reconocer el derecho campesino a la tierra. El reparto agrario lo está demostrando. Pero además, una infinidad de ''tomas'' de tierras han sido reconocidas ya por el Instituto de Bienestar Rural, y protagonizadas por organizaciones constituidas únicamente para tales objetivos.

Actualmente, funcionan dos organizaciones campesinas en el ámbito nacional: el Movimiento Campesino Paraguayo y Coordinación Nacional de Productores Agrícolas (CONAPA). Ambas reivindican la independencia del movimiento campesino, sobre todo en relación con asuntos religiosos y político-partidarios.

CONAPA, fundada en 1986, agrupa a seis organizaciones campesinas dedicadas a la producción como a la comercialización. Ellas demandan: autonomía organizativa; lucha sobre la base de ''no violencia activa''; defensa de la tenencia de tierras y su legalización; solidaridad con movimientos sindicales urbanos, y compra-venta conjunta de productos y control del contrabando, etcétera.[34]

Existen otras organizaciones independientes del Estado, pero que no alcanzan la amplitud de las dos anteriormente citadas, como son la Unión Nacional Campesina ''Oñondivepá'', y la Organización Nacional Campesina, creada por la socialcristiana Central Nacional de Trabajadores.[35]

---

[32] A pesar del reparto agrario de los sesenta y los setenta, citado en la primera parte, datos de la Secretaría Técnica de Planificación Económica de la Presidencia de la República indican que 4% de las unidades productivas controla el 89% de la tierra (Arditi y Rodríguez, 1987:10). Según el Censo Agropecuario de 1981, 40% de las parcelas tiene menos de una hectárea, mientras que el 1% de los propietarios acapara el 80% de las tierras (Costa, 1987:18). Debe tenerse presente aquí que no más del 3% del territorio nacional se dedica actualmente al cultivo (Miranda, 1986:11).

[33] Periódico *Hoy*, p. 7, 28 de agosto de 1986.

[34] Arditi y Rodríguez, 1987:64.

[35] Arditi y Rodríguez, 1987:66-67.

RECAPITULACIÓN

Desde su problemática consolidación como grupo social mayoritario, en el siglo pasado, los campesinos parcelarios paraguayos habían sido organizados desde el Estado. Desde ahí se ejerció una dominación "paternal" con características similares (en cuanto al vínculo de subordinación ideológica) a los regímenes basados en la servidumbre.

La homogeneidad económica, social, fue prácticamente impuesta por el Estado a los campesinos. Pero también les hizo partícipes y les inculcó la idea de pertenencia a la nación; el sentimiento nacionalista surgió entremezclado con la de que el Estado es su representante. Estos elementos, más el hecho de percibir la amenaza a su parcela, llevó a estos segmentos mayoritarios de la población a lucha hasta su exterminio en la guerra contra la Triple Alianza (1865-1870), única manera en que Argentina, Brasil y Uruguay, socios menores de Inglaterra, pudieron derrocar al gobierno paraguayo de entonces.

El intento de las capas medias urbanas, de ideología liberal, por establecer una nueva hegemonía bajo esa inspiración, e implementar un proyecto de desarrollo capitalista fracasó a fines del siglo pasado e inicios del presente. Es decir, los liberales triunfaron como partido en la revolución de 1904, y constituyeron gobiernos por más de 30 años agitados por rebeliones armadas y golpes, pero su proyecto histórico no pudo ser implementado, ni en lo ideológico, lo político o lo económico. Estos abogados y profesionistas sin una representación social definida, pues no existían las clases capaces de ejercer la hegemonía, y de las cuales pudiesen constituirse en intelectuales orgánicos. Todo lo contrario, el grado de atraso de las fuerzas productivas era más propio de una sociedad precapitalista, que de aquella que los liberales anhelaban. Incluso el capital extranjero se estableció en el país vía enclaves y capital financiero, pero no impulsó el desarrollo del sector productivo.

La dominación fue ejercida por medio de caudillos militares o terratenientes, en tanto asociados o mediadores con el poder del Estado, o incluso "jefes" locales del partido o hacendados, a quienes se debía fidelidad, y de los que se recibían favores en momentos críticos.

A pesar de ello, lo incipiente de la diferenciación clasista permitió que el país también tuviera (como otros en Latinoamérica) sus mitos, como el del igualitarismo y la identidad étnico-cultural de la población, ambos facilitados por el bilingüismo realmente generalizado, y el carácter tradicionalmente patriarcal de la explotación económica.

Los dos partidos tradicionales, desde fines del siglo pasado, solamente sirvieron para dirimir diferencias en el interior de los grupos dominantes, a quienes representaban. La forma que asumió la dominación política no fue la de representación democrático-liberal (salvo breves periodos) sino la de dictaduras más o menos encubiertas, cuyo personal burocrático era provisto por los partidos, asociados con sectores de las fuerzas armadas.

En esto jugó un papel fundamental la percepción que de lo político se tenía a partir de la cultura campesina. La fidelidad seguía dirigida al caudillo, pero mientras que en la preguerra éste era único y ejercía la jefatura del Estado, desde la posguerra existían varios caudillos que se enfrentaban y arrastraban tras de sí a los campesinos.

No existían bases para la institucionalización del poder estatal, ya que éste seguía ligado a la persona del dirigente.

La cultura campesina no podía ser hegemónica, pero sí condicionar, imponer límites y hasta influir a la que se difundía desde las ciudades, islotes en un mar de minifundios y pocos latifundios. Aun cuando la lógica capitalista se convirtió en dominante, lo hizo de manera mediatizada, sin revolucionar las relaciones de producción. Los campesinos fueron expropiados, pero no proletarizados. Y este capitalismo no fue agrario, esto es, no se interesó en la producción agrícola, sino en la ganadería, los bosques maderables o la extracción de sustancias para la industria, o la yerba-mate. Así, se estableció una estructura latifundista-minifundista que pudo coexistir sin mayores conflictos (aunque sin excluir enfrentamientos esporádicos), incluso entrelazada, con "bolsones" minifundistas dentro y alrededor de los latifundios.

Los "levantamientos armados" y guerras civiles no alteraron este orden de cosas. El mayor cataclismo, la guerra contra la Triple Alianza, produjo incluso un fuerte retroceso en el grado de desarrollo de las fuerzas productivas, y llevó a la población campesina sobreviviente a la necesidad de luchar incluso por la reproducción biológica. Las guerras civiles sólo sirvieron para dirimir diferencias entre miembros de los grupos de comerciantes, financieros, terratenientes y los representantes de los capitales extranjeros. Los campesinos no podían generar su propia representación política, y los trabajadores asalariados urbanos eran demasiado minoritarios aunque libraron importantes enfrentamientos en las ciudades, desde inicios del siglo.

La guerra del Chaco (1932-1935), esta vez contra Bolivia, obró como unificadora de grupos políticos progresistas que se conformaban desde la década anterior. Sin embargo, las contradicciones sociales no consiguieron expresarse políticamente, porque las clases aún no se conformaban plenamente en el ámbito de lo político. Aún así, la crisis del sistema de dominación política que se inició en la posguerra recién pudo superarse, mediante una mezcla de coerción y consenso, después del golpe de Estado del general Stroessner, cuyo gobierno se inició en 1954 y duró hasta 1989 (una longevidad similar, aunque por algunos años más prolongada, a la de los gobiernos del siglo pasado).

La cultura campesina siguió impregnando todos los ámbitos de lo nacional, como subordinante/subordinada. Mientras un permanentemente incipiente capitalismo se desarrollaba en las ciudades, cerca del 70% de la población (hasta los sesenta) vivía en minifundios, establecidos dentro y fuera de latifundios ganaderos y forestales. O en tierras fiscales.

Los brotes de disidencia en las ciudades eran controlados mediante el consenso pasivo de que gozaba el régimen en el campo, siempre a través de representantes locales, tales como caudillos-terratenientes, jefes militares o del partido oficial. El carácter extensivo de la producción ganadera, y el extractivo de la forestal, seguían permitiendo dar un carácter patriarcal a la relación entre latifundistas y campesinos parcelarios. Aun en el caso de las plantaciones, como las de caña de azúcar o arroz, su carácter estacional y el atraso tecnológico las hacía demandantes de fuerza de trabajo, con lo que en algunas regiones los productores campesinos pudieron añadir un ingreso adicional al que apenas les permitía sobrevivir en la parcela. Pero la condición de semiproletarios los ligaba más que antes al empresario agrícola que los contrataba (sin convertirlos en jornaleros agrícolas).

El aspecto servil de la relación se reproducía así de una u otra forma: en la vida social, en lo político (los campesinos seguían sin generar representación política propia), e incluso en el ámbito del Estado.

Notablemente, ni siquiera surgieron sindicatos u otras organizaciones campesinas para la lucha corporativa, que trascendieran la esfera de la localidad.

En este paisaje de quietud bucólica las Ligas Agrarias se insertaron, desde mediados de los sesenta, como rayo en cielo sereno. Las que aquí se estudian son las que surgieron en Misiones, precisamente cuando comenzó a penetrar —todavía muy gradualmente— el capitalismo en el agro, a afectar el campo de la producción, acentuar la diferenciación social en el campo y provocar ruinas y pérdidas de parcelas. Los campesinos afectados eran semiproletarios, muchos con tierras comunales, y la mayoría minifundistas. De aquí que sus primeros esfuerzos de organización tuvieran carácter defensivo, tal vez hasta reaccionario.

Lo llamativo aquí es que, en un lapso no mayor de 10 años, pasaron de una conciencia ingenua, plena de elementos serviles y religiosos, a otra incipientemente política. De un énfasis hacia el autocuestionamiento y la recuperación de su "memoria larga" (visible en la implementación de formas de trabajo colectivas indígenas), hacia la percepción de su ubicación en el sistema social, y a la búsqueda de alianzas con otros grupos citadinos, para transformarlo.

Es cierto que los grupos que constituyeron las ligas eran minoritarios, aunque en realidad se extendieron más allá del departamento de Misiones (consúltese el mapa adjunto); pero también lo es que el momento histórico en que actuaron les hicieron alcanzar resonancia nacional. En efecto, a partir de la década de los setenta el país entró en un proceso de transformación acelerada, con la incorporación de miles de hectáreas al cultivo de especies destinadas al mercado, colonizaciones de tierras vírgenes en la frontera con Brasil, agroindustrias y una fuerte agricultura empresarial capitalista. Pero además, las ligas invadieron todo el espacio central del país, la zona aledaña a la capital, minifundista por excelencia, y de antiguo poblamiento.

Su lucha conmocionó al país hasta el primer quinquenio de los setenta, cuando fueron aplastados por la represión. Cuestionó a la Iglesia, que había promovido las primeras ligas, la llevó a enfrentarse con el Estado, y finalmente, a la ruptura con las organizaciones campesinas. Reveló la caducidad del sistema de representación política tradicional, al margen del cual han quedado ya nuevos actores sociales. Los miembros de las ligas rechazaron a los dos partidos mayoritarios, en busca de nuevos espacios políticos.

Por fin, iniciaron tempranamente la década de los ochenta caracterizada por la multiplicación de movimientos sociales sin representación nacional, con reivindicaciones desde el ámbito de su particularidad. En todo caso, a partir de la eclosión de las Ligas Agrarias, la dictadura encuentra resistencias y dificultades crecientes para su legitimación con base en el consenso pasivo de los campesinos, mientras que es cuestionada activamente en las ciudades. Las nuevas organizaciones campesinas, cuya estructura es diferente a la de las ligas, parten ya de una historicidad propia, en cuanto a luchas reivindicativas en lo económico y lo político. No miran ya al pasado, sino que se mueven en el nuevo espacio creado por el capitalismo agrario.

La cultura campesina ha entrado en un proceso de transformaciones, seguramente más lentas que las que afectan a la tecnología aplicada a la nueva producción agrícola capitalista, pero que más temprano que tarde afectarán a la estructuración del poder político, a sus bases de legitimación. La presente década representa un periodo de transición hacia la de fines de siglo, cuando desde el seno de la sociedad civil, ya con predominio de lo urbano (por primera vez desde esta década la mitad de la población vive en ciudades), tendrán que surgir nuevos actores políticos que conducirán a una conformación bien distinta del poder político en Paraguay.

BIBLIOGRAFÍA

Arditi, Benjamín, y José Carlos Rodríguez, *La sociedad a pesar del Estado. Movimientos sociales y recuperación democrática en el Paraguay*, Paraguay, Ediciones El Lector, 1987.

Banco Paraguayo de Datos (BPD), *Aportes para el estudio del proceso de desarrollo socioeconómico del sector rural*, Asunción, agosto de 1980.

————, *Paraguay: coyuntura económica*, Asunción, noviembre de 1982.

Céspedes, Roberto, *Emergence and consolidation of a military dictatorship*, M.A. Paper, New Jersey, Rutgers University, 1983.

CEPAL, *Economía campesina y agricultura empresarial. Tipología de productores del agro mexicano*, México, Siglo XXI, 1982.

Costa, José María, "Falta una política agraria integral", en *Última Hora*, p. 18, 1 de agosto de 1987.

Cosp Fontclara, Javier S., "Contribución al estudio de la acumulación en Paraguay", tesis de licenciatura en economía, UNAM, 1983 (inédita).

Delich, Francisco, "Estructura agraria y hegemonía en el despotismo republicano paraguayo", en *Estudios Rurales Latinoamericanos*, Bogotá, vol. 4, núm. 3, 1981.

Equipo Expa, *En busca de "la tierra sin mal"*, Colección Iglesia Nueva, núm 65, Bogotá, Indo-American Press Service, 1982.

Flecha, Víctor, "Apuntes sobre las formas del Estado paraguayo", tesis de maestría en sociología, FLACSO, 1982 (inédita).

Fogel, Ramón, "El movimiento campesino de Misiones", en *Movimientos campesinos en el Paraguay*, Asunción, Centro Paraguayo de Estudios Sociológicos, Serie Estudios Agrarios, 1986.

Hoy (periódico), p. 7, 28 de agosto de 1986.

Miranda, Eduardo, artículo publicado en *Sendero*, 1 de agosto de 1986, p. 11.

Montalto, Francisco A., *Panorama de la realidad histórica del Paraguay*, tomo I, Asunción, Editorial El Gráfico, 1967.

Oñondivepá, *Análisis de algunas formas de organización campesina en el Paraguay*, Cooperación de Obras. Editado por el Comité de Iglesias, Asunción, 1982.

Pastore, Carlos, *La lucha por la tierra en el Paraguay*, Montevideo, Editorial Antequera, 1972.

Perrotta B., Benigno, *Seis meses de febrerismo en el medio rural paraguayo*, Buenos Aires, 1970 (spi).

Vittone, Luis, *Las fuerzas armadas paraguayas en sus distintas épocas*, Asunción, Paraguay, Editorial El Gráfico, 1969.

Zemelman, Hugo, *Estado, poder y lucha política*, México, Editorial Villicaña, 1986.

MAPA DE LAS LIGAS AGRARIAS CRISTIANAS DEL PARAGUAY

Principales lugares citados en el texto

FUENTE: Equipo Expa, *En busca de la tierra sin mal*, Colección Iglesia Nueva, núm. 65, Bogotá, 1982.

CULTURA Y PODER EN EL CARIBE

JEAN CASIMIR

El mejoramiento y la defensa de los modos y niveles de vida en el Caribe exigen una reflexión a partir del origen de las desigualdades que allí se observan. La historia de los sistemas de discriminación entre las categorías y entre los grupos sociales se remonta a la época de oro de la plantación esclavista. Desde entonces, el ejercicio del poder político determina la eficacia de los mecanismos de diferenciación social, en particular la que se relaciona con las realizaciones individuales. El control político se inscribe dentro de la lógica del desarrollo de las metrópolis, es decir, en sus culturas.

En las colonias,[1] cierto acceso a la cultura metropolitana es la única vía acumulativa para el mejoramiento de los niveles y los modos de vida. La "educación" desempeña allí un papel fundamental, que se impone tanto a la percepción de los criollos "educados" como a la de los nuevos libres.[2] La imposibilidad material de memorizar y poner en práctica los contenidos culturales exóticos no impide a los grupos dominantes de las colonias celebrar las virtudes de la enseñanza, la difusión cultural y la "creolización".

La confusión malévola entre cultura y educación, así como entre educación y enseñanza, de preferencia escolar, sirve para justificar las discriminaciones sociales e impide a los grupos dominantes de la colonia percibir el lugar de su propia creación cultural y de las creaciones alternativas. Pasa así inadvertido un hecho patente: el genio de la nación, responsable de las estrategias de supervivencia fundadas en los escasos recursos a su alcance.

La estructura social original se reproduce en la cultura colonial por el desconocimiento sistemático de las especificidades del cuerpo social colonizado, o más exactamente por la eliminación imaginaria de esas especificidades. La relación colonial reproduce indefinidamente la divergencia de las dos lógicas, dominante y dominada, y asegura que esta reproducción se realice, en gran medida, fuera de los campos de la conciencia social.

Las siguientes líneas intentan mostrar la retirada gradual de la relación colonial. La profunda brecha entre las categorías sociales surgidas de los colonialismos que han desfilado por el Caribe se cierra lentamente por la acción de los grupos humanos, en un tortuoso proceso de creación de estados-naciones que los representan y defienden sus intereses. El problema de la viabilidad del Estado nacional en el Caribe y la cuestión de las relaciones entre cultura y poder a escala mundial no se tratan aquí. Se pre-

---

[1] El periodo colonial en la historia del Caribe aún no toca a su fin.

[2] Por nuevo libre se entiende el tipo de trabajador que remplaza al cautivo reducido a la esclavitud. Jean Casimir, *La Caraïbe, une et divisible*, cap. IV.

tende definir la problemática contemporánea de las relaciones entre cultura, política y poder en el Caribe.

CATEGORÍAS SOCIALES

El número de habitantes que viven en el Caribe o en cada una de sus unidades territoriales es relativamente reducido. Como se sabe, esas poblaciones, casi todas originarias de otras regiones del mundo, se han unido entre sí de una u otra manera. En nuestros días existen sociedades nacionales y tentativas de institucionalización de la unidad regional.

Puesto que los pueblos de la región se formaron durante la colonización y no antes de ella, la dinámica que les es propia, sin ser necesariamente diferente a la de todas las culturas del mundo, no puede analizarse sin considerar aquella relación inicial de sumisión y rebelión, pero sobre todo de cautiverio en otros marcos culturales.

La organización social de la producción en la economía de plantación o en la economía campesina tienen un impacto sobre los conocimientos, los hábitos, normas y valores de la población local. Inversamente, este bagaje espiritual ayuda al habitante del Caribe a desplazarse en ese mundo de relaciones materiales y eventualmente a transformarlo en ciertos aspectos. Sin embargo, la organización social de la producción agroexportadora no la establece la población concernida, ni sus realizaciones son imputables a las decisiones de esta última. Asimismo, las condiciones de existencia y supervivencia de la sociedad campesina son en gran medida independientes de las iniciativas de los campesinos.

El medio en que se insertan los habitantes del Caribe incluye proyectos de sociedad que ellos no formulan y a los que tienen que adaptarse. Viven en un medio cuya evolución no es función de sus iniciativas, sino de los progresos de otras comunidades, organizadas según principios extranjeros a los suyos, y sobre los que aún no llegan a influir. Entre las poblaciones del Caribe y su medio se sitúan las instituciones metropolitanas que les asignan un papel en sus políticas de control de la región, y que esas poblaciones no pueden ignorar.

El poblamiento de las sociedades caribeñas supone la incorporación de personas correspondientes a las categorías principales que definen a la sociedad de plantación como un tipo de organización socioeconómica dada. El primer par de categorías significativas nace del proceso de establecimiento de las plantaciones. Por un lado están los plantadores, y por otro lado los cautivos. Estos últimos son remplazados ulteriormente por los nuevos libres.

Decir que las categorías de plantadores, cautivos y nuevos libres son establecidas por una entidad cualquiera equivale a reconocer que evolucionan en el marco de una contradicción de origen. Se trata de la antinomia entre el *neg* y el *blan* que se encuentran en la lengua criolla hablada en Haití, y que en el contexto actual distingue a los reclutadores de los reclutados. Los plantadores, cautivos y nuevos libres son todos reclutados.

El par de conceptos *blan* y *neg* traduce una de las formas de presencia de las relaciones internacionales en la cultura local, es decir, la percepción de la inserción del sistema local en los grandes imperios. El *blan* pertenece a otra etnia, que se subdivide en diversas naciones. Las fronteras entre *neg* y *blan* son claras. Ciertos criterios, símbolos de identificación, que no son siempre o no son principalmente de orden racial, permiten distinguir a una categoría de la otra.[3]

Antes de la emancipación, el plantador y sus lugartenientes, con quienes el Estado comparte el monopolio de la violencia, son directamente responsables del cautiverio de los trabajadores. Es el periodo de mayor fragmentación de las sociedades de la región, el de las instituciones "totales" a que se refiere Raymond T. Smith.[4] El plantador es un *blan*.

Tras la emancipación, cualesquiera que sean las desigualdades que subsisten entre los plantadores y los nuevos libres, y que el Estado colonial se encarga de hacer respetar, la brecha entre los intereses de las metrópolis y los de los grupos coloniales dominantes se acentúa cada vez más. Esas divergencias de intereses presiden el nacimiento de las formaciones nacionales caribeñas, que pese a hallarse aún segmentadas están en camino hacia la formulación de un contrato social mínimo.

El plantador deja de ser un *blan*. Participa en redes de grupos humanos que ocasionalmente incluyen a personas provenientes de categorías dominadas y que aspiran principalmente a sobrevivir en el marco de la imposición colonial. La administración pública sigue siendo una presencia local de los extranjeros.

Esta fractura del segmento europeo, en sus dos dimensiones de categoría social institucionalizada y de agrupaciones de individuos, es particularmente visible en los territorios ocupados por Inglaterra como consecuencia de las guerras napoleónicas, a saber, Dominica, Santa Lucía, Grenada y Trinidad. Los franceses de estas islas se incorporaron a los *neg* y las nuevas autoridades coloniales, los ingleses, representan a los nuevos *blan*.

Los conceptos utilizados para referirse a los grupos dominantes tradicionales, los términos de *bekés*, blancos criollos del Caribe oriental, de mulatos de Haití y Dominica, o de *French Creoles* en Trinidad, distinguen a sectores pertenecientes a la categoría social dominante y no a etnias particulares. Estos apelativos subrayan sin embargo cierta identificación con los *blan* o extranjeros. Los *bekés*, mulatos y *french creoles* nunca dejan de ser los privilegiados de la administración colonial, es decir, los *blan*.

---

[3] Aparte de la categoría de los plantadores, que se opone a la de los cautivos o los nuevos libres, se puede mencionar la de los criollos, frente a los *bossales*. Entre los dos polos del par de categorías, plantadores y cautivos, surgen los liberados. Entre los criollos y los *bossales*, surgen los creolizados. El concepto de mulato aparece evidentemente entre los blancos y los negros, pero después se verá que tiene de hecho una connotación racial muy secundaria.

[4] "Social stratification, cultural pluralism and integration in the West Indian societies", en Sybil Lewis y Thomas G. Mathews (eds.), *Caribbean integration*, Papers on social, Political and Economic Integration, Third Caribbean Scholars Conference, Georgetown, Guyana, 4 al 9 de abril de 1966. Río Piedras, Universidad de Puerto Rico, Instituto de Estudios del Caribe, 1967, p. 230.

DINÁMICA CULTURAL

La supremacía de la relación colonial en el Caribe se expresa por su influencia en la vida cotidiana de toda la población. Este hecho escapa a una lectura macrosocial de la historia de la región. Se le observa al examinar las condiciones de establecimiento y funcionamiento de los grupos humanos que allí se encuentran.

El análisis de la formación de los grupos de individuos nos lleva a centrar la atención en los instrumentos de conocimiento y juicio creados por los habitantes. Este enfoque es indispensable en aquellos territorios poblados por inmigrantes provenientes de los países más diversos y pertenecientes originalmente a sistemas culturales discontinuos.

Los estudios culturales sobre el Caribe hablan a menudo de las influencias española, francesa, inglesa y holandesa, así como de la influencia africana. Sin embargo, no hacen notar con la frecuencia deseable que las regiones africanas son al menos tan variadas como las de Europa y que hablar del Caribe español, francés, inglés u holandés es una reminiscencia colonial.

El sistema de organización sociocultural en el que tienen que operar los inmigrados provenientes de África es anterior a su llegada. Esta población debe descubrir el sistema social que los recibe. Se tiene de entrada una separación entre las bases materiales y normativas de la organización socioeconómica inicial que pertenecen a Europa, y los instrumentos de conocimiento y de juicio sobre los actores sociales.

Es en el descubrimiento del sistema dominante, en los avances y limitaciones de ese descubrimiento, en su transmisión a los nuevos inmigrados y más tarde a las nuevas generaciones, donde se sitúa la especificidad de la cultura caribeña, el lugar de su lógica singular. El sistema caribeño de pensamiento no se deriva del conjunto sociocultural global que le sirve de contexto y no repercute sobre éste.

Los instrumentos originales de comprensión de las sociedades de plantaciones por parte de la población trabajadora son sin duda africanos. Como las sociedades africanas no son más homogéneas que las europeas, los inmigrantes deben articular un nuevo conjunto de pensamientos y conocimientos. Además, el sistema dominante, al institucionalizar el cautiverio de esos inmigrantes o la explotación a ultranza de los nuevos libres, se encierra en su propia sordera e impide la interpenetración de las cosmovisiones presentes.

El descubrimiento del sistema dominante y la formulación de estrategias de supervivencia son causas y efectos de la creación de una colectividad a partir de ''ese confuso montón de individuos'' vertidos por los navíos negreros. Para descodificar la organización sociocultural que lo absorbe, el cautivo tiene que formar grupos de individuos e introducirse en aquellos que aceptan recibirlo. Poco a poco florecen de esta inserción unidades concretas —familias, pueblos, agrupaciones con finalidades diversas, redes de grupos, de familias y pueblos.

El cautivo debe también inventar mecanismos y sistemas de comunicación. Surgen criterios de interpretación que dan sentido y valor a los componentes de la organización socioeconómica dominante. La participación de los inmigrados en los sistemas de plantación supone la formulación de una teoría de la organización sociocultural europea, que el cautivo integra en su misma lengua.

Esta trayectoria es al mismo tiempo una parte de la historia de la propia organización sociocultural del dominado, la historia de un modo de vida que corresponde tanto a accidentes que lo rebasan, como a una cultura cuyos hilos controla y para la cual establece los criterios de excelencia. "Esta 'cultura popular' nacida y desarrollada bajo el signo de la represión, no se puede captar fuera de su relación con el poder y el control ideológico."[5]

La supervivencia de los cautivos depende de su habilidad para establecer, a partir de su conocimiento del sistema dominante, una organización sociocultural capaz de manipular y esquivar a ese sistema. Su sistema de creencias y conocimientos, así como el sentido que dan a las cosas que los rodean, se ejercen sin embargo sobre una organización exterior, un contexto que posee una dinámica propia e independiente de sus acciones. La sociedad dominante no es su creación, y está muy lejos de eso.

Lo que importa aquí no es el modo de vida que resulta de las estrategias de supervivencia de los emigrados —donde se protege al actor social— sino los criterios que presiden al desfile de perjuicios de la explotación colonial.

Los modestos logros de estos grupos atestiguan, es cierto, la fuerza del sistema de dominación, pero ésta no contradice la cohesión social necesaria para su funcionamiento, ni el carácter irreductible de la fuente de esa cohesión.

La variedad y los logros de los modos de vida dependen de circunstancias imprevisibles. La sociedad dominante posee una dinámica que no se alimenta únicamente de la explotación de los inmigrados.

Existen muchas más diferencias entre los modos de vida de las sociedades del Caribe que entre sus culturas respectivas. Asimismo, las desigualdades entre las diversas capas sociales son mucho más pronunciadas que las rupturas entre sus bagajes culturales. Si no se capta este punto, la unidad nacional en el Caribe y la unidad del Caribe escapan al observador.

Se puede hablar de las diferencias de comportamientos, de modos de vida entre plantadores y cautivos. Pertenecen a categorías sociales distintas.

Uno no puede apresurarse a contabilizar las diferencias entre los comportamientos, los modos de vida y la cultura de un cautivo, de un liberto o un esclavo fugado. Estos actores provienen de un mismo tronco o categoría social.

Un cautivo puede tener la oportunidad de huir. Puede perderse en la ciudad y hacerse pasar por liberto, o unirse a los esclavos fugados, o regresar con su amo, según las circunstancias concretas de su evasión. Entre cautivos, libertos y fugados hay todo un sistema de conocimientos, criterios y símbolos comunes. La inmensa variedad de los comportamientos y modos de vida que los separan depende de circunstancias fortuitas.[6] No es la cultura la que separa a esos tres actores sino las condiciones de ejercicio de la misma.

Lo mismo sucede con las sociedades de la región. A finales del siglo XVIII, la Fran-

---

[5] Laennec Hurbon, *Culture et dictature en Haïti, l'imaginaire sous contrôle*, París, l'Harmattan, 1979, p. 27. El autor afirma su punto de vista en estos términos: "No podría comprenderse la evolución de la cultura popular haitiana [. . .] fuera de una estrategia de lucha", *op. cit.*, p. 44.

[6] Jean Casimir, *La cultura oprimida*, México, Nueva Imagen, 1980, p. 74.

cia revolucionaria experimenta una serie de reformulaciones internas que debilitan su posición sobre el tablero internacional. En esta coyuntura, los disturbios revolucionarios transforman a ciertas sociedades de la región, en tanto que otras permanecen aparentemente intactas.

En la Martinica, por ejemplo, no se observan los cambios que marcan la historia de Haití, de Santa Lucía, de la Guadalupe y la Dominica. Los ingleses ocupan la isla poco después de la Revolución francesa, de 1794 a 1802, e impiden que la cultura local se exprese como en otros lugares.

Si la cultura de la Martinica no es diferente de la de Haití, por ejemplo, a pesar de la diferencia entre sus respectivos niveles de vida, se debe a que la dinámica de la cultura dominante es, en el fondo, la misma que para la cultura dominada.

Entre una y otra cultura, varían los lazos que mantienen ya sea con Europa o con África, así como la naturaleza de esos lazos. Aquí se repite la dicotomía entre el *neg* y el *blan*. La cultura dominante se nutre de la fuente europea para la explotación de las categorías dominadas; la cultura oprimida hurga en los recuerdos africanos en busca de los instrumentos de resistencia.

La constatación de las diferencias entre los contenidos culturales no afecta a la dinámica de los conjuntos presentes. Comparados con los cautivos, los plantadores casi no tienen dificultad en reconocer la lógica interna de la sociedad de plantación. Siguen siendo fragmentos de la sociedad metropolitana que se desprenden de ésta para implantarse en las colonias.

En el momento en que el itinerario de la metrópoli difiere del suyo y ellos tienen que contar con su propio ingenio, los plantadores ponen en movimiento un conjunto de relaciones interpersonales relativas a la solución de los problemas planteados por su nueva relación con la metrópoli. Éstos se inscriben en los intercambios cotidianos cuya racionalidad, aunque derivada de la lógica de su madre patria, se aleja de ella a medida que pasa el tiempo.

Ante los cambios de política económica de las metrópolis, los plantadores tienen que descifrar poco a poco la organización económica mundial de la que forma parte el sistema de plantación. Necesitan crear una teoría de la política metropolitana. Tienen que asegurar la supervivencia de la sociedad de plantación en el ámbito de una dinámica externa, de la que no negocian ni el ritmo ni la dirección.

La cultura dominante local, el sistema de pensamiento de los plantadores, comprende un conjunto de conocimientos, símbolos y criterios emparentados con los de los habitantes de la metrópoli. Se distingue de la cultura metropolitana por una teoría del desarrollo de ésta en un sentido que conviene a la sociedad de plantación.

Los patrones utilizados para evaluar las políticas metropolitanas y formular las decisiones relacionadas con el desarrollo de las plantaciones son producidos por las redes de grupos sociales que los plantadores organizan en la conducción de su vida cotidiana. La cultura dominante local tiene así su lógica propia, que puede situarse frente a los principios metropolitanos.[7]

---

[7] Los metropolitanos elaboran también una teoría de su propio desarrollo socioeconómico. Para ellos, el Caribe es un conjunto de colonias cuya utilización varía según la dirección del desarrollo en la sociedad

De este modo, el plantador es portador de dos culturas: la cultura metropolitana y la cultura dominante local, donde germina un embrión de cultura de consenso nacional. Al dejar gradualmente de ser un *blan*, un extranjero a las estrategias de supervivencia de los territorios, el plantador, como el cautivo, tiene que reproducirse fuera de la dinámica de desarrollo de la metrópoli.

El itinerario del plantador está determinado en la negociación de un *modus vivendi* tanto con las autoridades coloniales como con los nuevos libres. La simpatía de la metrópoli hacia él y su propia dependencia ante la metrópoli no afectan su necesidad de formular criterios de juicio y de acción adaptados a sus propias circunstancias.

Sin embargo, hay que tener cuidado de no concluir que la semejanza en la dinámica cultural de los grupos dominantes y dominados caribeños conduce a la existencia de un solo conjunto cultural y a la formación de una cultura criolla. La diferencia entre los principios que guían a los comportamientos del plantador y del cautivo es fundamental.

Para reproducir a los grupos sociales, autores y realizadores de sus estrategias de supervivencia, el cautivo tiende a destruir o al menos erosionar la categoría social a la que está asignado. También el plantador tiene que velar por la reproducción de los grupos a los que pertenece. Esta tarea implica la defensa y el reforzamiento de la categoría social dominante y de sus relaciones coloniales.

La oposición entre las categorías sociales dominantes y dominadas se manifiesta en la acción de grupos humanos concretos que se forman para resolver los problemas de la vida cotidiana. Estos grupos toman de manera autónoma decisiones relativas a dos conjuntos de obstáculos comunes: por una parte, el medio ambiente físico en el cual deben sobrevivir, y por otra parte una autoridad externa, responsable del establecimiento de esas categorías y cuyos intereses son diferentes incluso de los de sus protegidos.

Dominantes y dominados tienen que separar sus intereses de los de las metrópolis. Las condiciones están dadas para el descubrimiento de formas de socialidad basadas en criterios comunes a los dos tipos de grupos sociales. Más adelante se demostrará que éste es precisamente el periodo que actualmente atraviesa el Caribe.

Hay que subrayar sin embargo que no es la semejanza de sus respectivas dinámicas culturales lo que acerca entre sí a los grupos sociales, ni el origen de su herencia. Una cultura relativamente unificada es el resultado de una comunidad de prácticas sociales tendientes a responder a los desafíos planteados por el medio ambiente. Es a través de este rodeo como las relaciones interpersonales irrumpen en los sistemas de categorías sociales impuestas por el colonialismo.

---

metropolitana. Para el plantador, la colonia es ante todo un sistema socioeconómico determinado, el sistema de plantación, y de preferencia de plantación esclavista, en cuyo seno debe reproducirse como plantador. Cualquiera que sea su coincidencia eventual, los intereses de los plantadores y los metropolitanos no son los mismos.

GOBERNANTES Y GOBERNADOS

Los pares de categorías: gobernantes y gobernados por una parte, y plantadores y cautivos o nuevos libres por la otra, pertenecen a dos niveles distintos de relaciones sociales. El primer par se sitúa en el marco de la relación entre la metrópoli y la colonia, el segundo en la puesta en práctica del proyecto metropolitano de organización colonial.

En el ejercicio de sus funciones, los gobernantes mantienen relaciones con las instituciones políticas y jurídicas de la metrópoli. Los plantadores entran en sus instituciones económicas.

Cuando la colonia pierde su razón de ser propiamente económica, y en consecuencia ninguna empresa metropolitana depende de su producción, los lazos de orden político aseguran la rentabilidad de las actividades agroexportadoras. La protección metropolitana se manifiesta mediante regímenes preferenciales, subsidios y cuotas de diversos órdenes, que permiten a la colonia seguir desarrollándose fuera de las relaciones de mercado. Los lazos entre gobernantes y gobernados adquieren entonces una mayor eficacia en la conducción de los asuntos internos de la colonia.

La relación que une al plantador con la metrópoli es más flexible que la de los administradores públicos. Un plantador puede incluso prestar fidelidad a otra metrópoli. Su relación con su dominio y con sus trabajadores también puede variar.

El nexo entre el administrador colonial, la metrópoli y los gobernantes es invariable. El administrador es un delegado y un empleado del sistema político, encargado de vigilar la ejecución del proyecto colonial de una metrópoli precisa. Tiene que ceñir la lógica de la colonización y de un sistema de colonización dado.

A partir del siglo XIX, la preocupación principal de las metrópolis es controlar y administrar posiciones estratégicas en el Caribe. Después de la segunda guerra mundial, el valor geopolítico de la región cambia. Se sitúan en el corazón de la guerra fría entre Estados Unidos y la Unión Soviética.

Una colonia de explotación —una sociedad de plantaciones, por ejemplo— no es compatible con una cohesión social interna y el desarrollo de formas de control de la organización socioeconómica. La simple apropiación de una posición estratégica lo es aún menos.

La función estratégica de un conjunto de territorios se asegura convirtiendo a sus habitantes en un rebaño descoordinado, una multitud orgánica, para retomar los términos de Price-Mars,[8] y provocando la inutilización de sus recursos humanos.[9] De no ser así, florece un sistema económico endógeno con su propia división del trabajo, y surge en consecuencia un conjunto de prácticas sociales tendientes a crear una forma de cohesión y de consenso.

En una sociedad y una economía que se esfuerzan por satisfacer las necesidades de sus miembros, se acumula la experiencia. Los conocimientos que tienden a controlar

[8] Jean Price-Mars, *Jean-Pierre Boyer Bazelais et le drame de Miragoâne (A propos d'un lot d'autographes) 1883-1884*, Puerto Príncipe, Imprenta del Estado, 1948, p. 21.

[9] Jean Casimir, "Principales desafíos al desarrollo social en el Caribe", en revista *CEPAL*, abril de 1981, núm. 13, pp. 129-149.

el medio dirigen las conductas sociales en direcciones independientes de los intereses, estratégicos o de otro tipo, de las potencias externas.

En las colonias cuya actividad económica es de utilidad marginal, los mecanismos de reclutamiento de la función pública, principal vía para la movilidad social ascendente, se ubican en el centro de un análisis de las estructuras políticas. Para tener acceso a la posición de burócrata y conservarla, las élites coloniales deben dominar la lógica de la colonización.

Eso es todo lo que se encuentra de la cultura europea en las colonias. Esta caricatura proviene de la cultura occidental, pero no puede confundirse con los criterios, conocimientos y valores que ordenan los intercambios sociales en la Europa misma.

A esta cultura europea se hace referencia cuando se habla de la cultura dominante en el Caribe. Gobernantes y gobernados, plantadores y nuevos libres se atienen a la razón de ser del sistema colonial. Los contenidos de la cultura metropolitana les son ajenos, puesto que una cultura no se aprende, se vive.

El administrador colonial es el portador por excelencia de la cultura dominante. Para comprender bien el papel de la función pública antes y después de los movimientos de independencia en el Caribe, es necesario regresar a la categorización del sistema mundial en *blan* y *neg* por parte de la población local. Durante el periodo colonial, las prácticas gubernamentales de los *blan* constituyen la realización material de la lógica colonial.

Las relaciones políticas y militares, las actividades del sistema de plantación y en el seno mismo del sistema, la enseñanza profesional o la experiencia adquirida en el puesto de trabajo sobre el mantenimiento, la dirección y la expansión de la colonia, la instrucción pública, la enseñanza y la práctica de las religiones europeas, la provisión de servicios de higiene, en una palabra, toda la administración pública y privada, material y espiritual del Caribe permanece coherente con las exigencias de extroversión total de la organización socioeconómica y el conjunto de criterios y principios que guían a la apropiación de la región por los imperios coloniales.

La comunicación con la metrópoli tiene mucho más importancia para la función pública que su diálogo con la masa de la población. Explicarse ante los metropolitanos tiene más sentido que explicarse ante la población. El poder es legitimado en Europa, y a la cultura local le basta con reconocer su eficacia.

LOS GOBERNADOS EN EL GOBIERNO: LOS PLANTADORES

El conjunto de los modos de vida de las comunidades caribeñas no se desarrolla en el sentido de una mayor adaptación al medio de la plantación. Se exagera la influencia de esta forma de organización y se oscurece así la dinámica socioeconómica de la región.

El itinerario de las comunidades regionales podría evolucionar en el sentido de una mejor adaptación a la economía de plantación si ésta, a su vez, tuviera el dinamismo requerido para insertarse con éxito en una economía mundial en progreso. De hecho, la plantación nunca ha tenido que operar en una economía de mercado. Por un lado siempre se las arregla para esquivar el mercado de trabajo. Por otro lado, tiene que protegerse contra la competencia internacional.

Hay que distinguir, por una parte, entre la intención o el esfuerzo tendientes a establecer y salvaguardar una economía de plantación, y por otra parte la realidad de esa economía. La observación de la evolución de las sociedades caribeñas se extravía porque se afana en descubrir la solución económica aportada al rescate de una institución que nunca se ha situado dentro de estructuras propiamente económicas. Una cosa es que el producto de las plantaciones circule en el mercado internacional, y otra diferente es que las funciones de producción en el sistema de plantación obedezcan a una estructura económica cualquiera.

La plantación responde a las dificultades que confronta mediante la formulación de soluciones alternativas. Como no se organiza según los principios de las economías de mercado, sus opciones de crecimiento se sitúan fuera del campo de las actividades económicas.

Los propietarios y administradores de las plantaciones se esfuerzan por reproducir las condiciones esenciales para el funcionamiento de esas instituciones. Su estrategia de desarrollo consiste en salvaguardar al clima político que preside a la definición de las categorías sociales básicas del sistema.

Éste es el clima político que ya no puede ser recreado en la época de la revolución industrial y de la construcción de los grandes imperios coloniales. La sociedad de plantación tiene que transformarse y hallar una organización de la producción que corresponda al nuevo contexto de política colonial.

Se observa entonces un doble desplazamiento, geográfico y social, de las poblaciones. Hay migraciones internas de los nuevos libres que presiden al establecimiento de la economía campesina o de la economía urbana de los trabajadores en oficios. Esas migraciones continúan más tarde con los desplazamientos hacia los centros de trabajo en la cuenca del Caribe y en los países metropolitanos. Es de observar el asalto, por parte de los plantadores, a la función pública ligada más directamente a ese trabajo.

La distancia entre los plantadores y la metrópoli se acentúa durante el siglo XIX, época en que se hizo manifiesto que no existe ninguna relación necesaria entre la administración de la colonia y el desarrollo del sistema de plantación. El conjunto de conocimientos elaborados antes de la emancipación general en los intercambios centrados en la agricultura de exportación resulta inútil para captar la relación de la colonia con la metrópoli.

A partir de este periodo, dos lógicas dirigen las conductas de los plantadores: una tiende a reproducir la relación entre la metrópoli y su colonia; la otra, a salvaguardar las relaciones sociales en el seno de la colonia. La categoría social se escinde, aunque los grupos humanos sigan siendo los mismos.

La relación entre la metrópoli y la colonia domina sobre las relaciones sociales en el seno de esta última, y de esta relación se derivan nuevas categorías sociales básicas. Éstas no tienden ya a ordenar las actividades cotidianas que se desarrollan en la región, sino asegurar la gestión de la relación colonial.

El Estado colonial, pese a la serie de medidas que favorecen a los plantadores, ya no comparte con ellos su monopolio de la violencia.[10] La ejerce directamente a través de sus funcionarios, reclutados eventualmente en la región. La dicotomía entre los *neg* y los *blan* se traduce en el par de categorías locales de gobernantes y gobernados y echa raíces en la sociedad colonizada. Algunos gobernados son llamados al gobierno.

Con la apertura de la función pública a los grupos dominantes de la región, la balcanización se consolida. La autonomía de los funcionarios reclutados se da dentro de las normas oficiales de la colonia. Las brechas entre el Caribe inglés, el francés, el español o el holandés se convierten en una problemática local. Las nuevas "clases medias" se convierten en feroces partidarias de la balcanización y en defensoras de las fronteras imperiales.

La crisis de la plantación y el pasaje de las élites criollas de la gestión de la agricultura de exportación a las actividades de servicios provoca el deslizamiento de un sistema cultural a otro de enorme importancia en la historia cultural de la región. Mientras que un sector de la "plantocracia" participa en el gobierno de la colonia, no sin conflicto con las autoridades metropolitanas, hay que decirlo,[11] otra fracción emprende un acercamiento a la cultura dominada.

La explotación de los grandes dominios se adapta a la política colonial del siglo XIX desarrollando formas de economía campesina. El arrendamiento con cosechas compartidas y el trabajo a destajo constituyen soluciones de compromiso entre el trabajo esclavizado y el trabajo asalariado. Se multiplican las oportunidades de creación de nuevos grupos humanos. Estos arreglos de individuos, pese a la persistencia de las formas de explotación, reúnen en adelante en una misma negociación social, a personas provenientes de las categorías tan profundamente antagónicas del siglo XVIII.

Paralelamente a una mayor balcanización de la región debido a un reforzamiento de las estructuras políticas y administrativas locales, se observa la generalización de los símbolos y criterios de origen local contenidos en la cultura dominada.

Se elabora un conjunto creciente de conocimientos, patrones y símbolos compartidos por toda la población de los territorios caribeños, plantadores y cautivos, *bekés* y nuevos libres, mulatos y *neg* negros.

Pese a las divisiones entre las personas pertenecientes a una u otra categoría, esos conocimientos sirven como un punto de encuentro para un número creciente de grupos y de redes de relaciones. Este proceso no tiene el mismo ritmo en todos los territorios. El Grupo de Estudios e Investigaciones en el Ámbito de habla Criolla (GEREC) hace notar en una publicación del Centro Universitario Antillas-Guyana, la entremezcla de valores culturales en la historia de esta subregión:

Para comprender bien el funcionamiento dialéctico de los grupos socioculturales en nuestros países, es interesante observar que precisamente en el momento en que las clases medias, en una alianza con los demócratas y liberales de la metrópoli, reniegan de la lengua criolla para precipi-

---

[10] Esto es cierto aun en las colonias donde la quiebra de la plantación se enfrenta con la importación de gente asiática. Véase Walter Rodney, *A history of the Guyanese working people, 1881-1905*, Kingston, Heinemann Educational Books, 1981, p. 41.

[11] Véase Jean Casimir, "Limitaciones del proyecto nacional de la oligarquía mulata de Dominicana en el siglo XX", en *Revista de Ciencias Sociales*, Universidad de Puerto Rico, vol. XXIII, núms. 3-4, pp. 681-724.

tarse hacia un consumo desaforado de los valores culturales ligados a la posesión de la lengua francesa, se asiste, entre los *bekés*, a una verdadera reinstalación psicológica en la lengua criolla.[12]

El contrato social que se esboza en esa época —por la que aún se está atravesando en la región— no se parece de ninguna manera al modelo hipotético de un consenso que se desarrollaría haciendo abstracción de la relación colonial. Es el mundo invisible de las convenciones y patrones tácitos de los antiguos cautivos, que se expande con la economía campesina y abarca a toda la población local, obligada a sobrevivir a las crisis sucesivas del sistema de plantación.

Los grupos dominantes del Caribe aprenden a jugar a plena luz del día con los conocimientos y criterios oficiales de la cultura dominante. En la reproducción de su vida privada y en la producción agrícola destinada a su consumo, ponen en práctica los principios creados por los esclavos fugados y después por los campesinos, o una solución de compromiso.

Esta habilidad para manipular dos sistemas de conocimientos parece hacerse más y más universal en el Caribe. Permite identificar al extranjero, al *blan*, es decir al administrador colonial rebasado por esta sofisticación.

De pasada se hace posible diagnosticar el aislamiento de la función pública nacional que toma el relevo de la administración colonial. La distinción entre portadores de la cultura dominante y creadores de la cultura dominada pierde su sentido.[13] La mezcla de patrones y guías de comportamiento que caracteriza a la vida social caribeña se concibe como un proyecto de unidad nacional, de creación de una sociedad civil única que incluiría tanto a los plantadores como a los nuevos libres.

LOS GOBERNADOS EN EL GOBIERNO: LOS NUEVOS LIBRES

A medida que se acentúa la caída de la agricultura de exportación, la metrópoli va abriendo las puertas de la administración pública a las élites locales. A la primera oleada de plantadores e hijos de plantadores incorporados en los niveles bajos del servicio público, suceden los nuevos libres y sus descendientes.

La llegada de los nuevos libres a la escena política oficial coincide con el otorgamiento de la autonomía administrativa —el *self-government*— y sobre todo de la independencia nominal. Comienza con las grandes huelgas de los obreros agrícolas que se realizan entre las dos guerras mundiales.

Una vez que el ejército de ocupación se retira —o al menos no puede intervenir sin aparentar un respeto a las normas internacionales— se requiere contar con la participación de la población. Esta participación en el gobierno de la colonia, que generalmente se considera como el inicio del proceso de descolonización, no es muy diferente

---

[12] Grupo de Estudios e Investigación en el Ámbito del Habla Criolla, *op. cit.*, p. 15.
[13] En este sentido, Haití y Surinam constituyen excepciones.

de la absorción de los grupos de plantadores en el siglo XIX.

La diferencia entre la ascensión de los nuevos libres y la de los plantadores es en primer lugar el nivel de la función pública que les es accesible. Plantadores e hijos de plantadores se colocan en posiciones subordinadas a los administradores despachados por las metrópolis. Los nuevos libres ocupan toda la escala administrativa.

El comportamiento de los reclutas de la función pública se explica sobre todo por el tipo de lazos que mantienen con sus grupos sociales de origen. Las "clases medias" surgidas de los grupos de nuevos libres son especializadas. Sus niveles de vida y su prestigio no dependen sino del ejercicio de sus nuevas funciones.

Los hijos de plantadores, absorbidos por la administración colonial, no pierden sus nexos con la agricultura de exportación y sus relaciones de trabajo con los obreros agrícolas y los arrendadores de tierras. De ahí lo que el GEREC denomina "una verdadera reinstalación psicológica en el criollo". El nacionalismo de la aristocracia mulata de la Dominica constituye una ilustración de esa reinversión en el mundo local.

Para los nuevos libres se da un alejamiento de las bases y criterios de la vida nacional. Esas "nuevas clases medias", al no vivir más que de la función pública, cuyos marcos de referencia son rígidos, se transforman en heraldos de la civilización, campeones de una difusión cada día más sofisticada de la cultura metropolitana y de su versión local. También cabe hacer notar que ellos prolongan a los administradores provenientes de la metrópoli. Son los nuevos *blan*.

Puede parecer gracioso que la reflexión conduzca a clasificar a los paladines de la negritud entre los nuevos *blan*. Hay que recordar que la doctrina de la negritud constituye una respuesta al racismo del siglo XIX. En esta doctrina, la revalorización de las supervivencias de cultura africana no es sino un argumento en favor de la igualdad de la raza negra. En consecuencia, la doctrina política de los teóricos, que se desarrolla principalmente en el "Caribe de lengua francesa", considera a los conflictos de razas como conflictos de clases. La obra de François Duvalier, sus escritos[14] y sus actos como hombre de Estado constituyen un testimonio de ello.

La problemática que acompaña a las aventuras imperialistas de Occidente se refleja en la estructura interna del Caribe contemporáneo e ilumina las políticas culturales de manera explícita o implícita. En esta visión, revelan los análisis de Hurbon:

Compartir el poder político e intelectual con los mulatos es la reforma cultural que viene a armonizar entre nosotros las dos culturas africana y galorromana.[15]

El objetivo de los teóricos de la negritud es demostrar que los negros pueden alcanzar la cultura y la civilización:

Lo que subyace en este discurso es precisamente la creencia de que la cultura y la civilización cristianas son toda la cultura y toda la civilización: son ellas las que pueden reivindicar a los

---

[14] Véase de François Duvalier, *Le problème des classes à travers l'histoire*, Puerto Príncipe, 1938; *Mémoires d'un leader du tiers monde*, París, Ed. Hachette, 1969, y *Eléments d'une doctrine*, Puerto Príncipe, 1968.

[15] Laennec Hurbon, *Culture et dictature en Haïti, op. cit.*, p. 96.

negros, las que constituirían el lugar de desenvolvimiento cultural de los negros. Por intermedio de sus representantes, las élites y el líder, que alcanzan el nivel de poder de los blancos [. . .] se demuestra que el mundo negro sale de la noche y se legitima como mundo "humano" y "civilizado".[16]

Se reencuentra así en el centro de las preocupaciones de las élites de nuevos libres —que la negritud haitiana llama las "clases medias negras"— la necesidad de medirse contra la metrópoli, la aceptación de la hegemonía occidental, la necesidad de una dirección política autoritaria, el desprecio hacia las masas ignorantes y un famoso complejo de inferioridad sobre el cual volveremos después.

Mientras los beké de la Martinica se reinstalan en la lengua criolla y se acercan por este hecho a la cultura local, los "negros" en el poder se ocupan de probar a los metropolitanos que son sus iguales. Parten a la conquista de la "cultura" y de su vehículo, las lenguas oficiales de la región. En 1928, Jean Price-Mars observa a contracorriente:

Es a través de ella [la lengua criolla] como podemos esperar colmar algún día el foso que hace de nosotros [la élite] y del pueblo dos entidades aparentemente distintas y a menudo antagonistas.[17]

PODER Y CREOLIZACIÓN

Las relaciones de Price-Mars con la negritud son muy ambiguas,[18] al igual que las de los teóricos de la creolización. La diferencia viene del hecho de que tanto Price-Mars como los partidarios de la creolización pertenecen a las escuelas de pensamiento del siglo xx. Las teorías de la creolización constituyen la transferencia a la ideología política de las doctrinas políticas antropológicas relativas a la difusión cultural.

Negritud y creolización cabalgan juntas y se influyen una a otra. Pero se trata en realidad de dos campos de pensamiento, dos concepciones y dos proyectos diferentes de sociedad. Y si Price-Mars es citado en un texto de 1928 se debe a que junto con algunos teóricos de la creolización, como Edward Kamau Brathwaite,[19] anuncia el último cuarto de este siglo el advenimiento de la "plantación interior", the inner plantation.

Las teorías de la creolización son formuladas por la primera generación de ciudadanos del Caribe llamado de lengua inglesa. Se trata de una teoría propuesta por las éli-

---

[16] Ibid., p. 100.

[17] Jean Price-Mars, Ainsi parla l'oncle, Essais d'ethnographie, Nueva York, Parapsychology Foundation, Inc., 1954, p. 17.

[18] Así lo atestigua su Lettre ouverte au Dr. René Piquion, le préjugé de couleur est-il la question sociale?, Puerto Príncipe, Les Editions des Antilles S.A., 1967.

[19] Edward Kamau Brathwaite, "The African presence in Caribbean Literature", Daedalus, Cambridge, Mass., 1974, pp. 73-109; Caribbean man in space and time, a bibliographical and conceptual approach, Mona, Savacou Publications, 1974, núm. 2.

tes del poder.[20] Tienen una pretensión científica[21] que se traduce en una política cultural detallada y sin ambages.

El primer punto de encuentro de los teóricos de la creolización es el pluralismo cultural. Las culturas que atraviesan el Atlántico con los inmigrantes se mezclan bajo la égida de la cultura europea dominante que les imbuye un giro especial a causa de su etnocentrismo básico.

El reverso del pluralismo cultural es la ausencia de una cultura indígena en el Caribe. Esto se explica por el genocidio de los amerindios. Esta idea se encuentra en una comunicación al Congreso de escritores y artistas negros, celebrado en Roma en 1959, presentada por Eric Williams. Declara que el Caribe no tiene una cultura propia, y que la tarea del líder político es:

[hacer] avanzar conscientemente [. . .] todas las formas y todas las manifestaciones de la cultura que, aun sin ser indígenas, se basan en una adaptación consciente o inconsciente de sus herencias europeas y americanas a su personalidad propia, sus necesidades y su ambiente. [tratar de] integrar conscientemente en un conjunto armonioso, de tejer según un modelo ordenado los hilos dispares de la cultura, que constituyen las Indias Occidentales —el europeo [ya sea español, francés o inglés], el africano, el indio, el chino, el sirio [. . .].[22]

Veinte años después, Rex Nettleford retoma las tesis de Williams con más detalle. En él se encuentra, expresado más explícitamente, el segundo punto de encuentro de los teóricos de la creolización. Se trata de la importancia central de la toma del poder político a fin de construir la unidad nacional.

M. G. Smith describe la isla de dos millones de almas [Jamaica] como un agregado profundamente segmentado de descendientes de amos europeos, esclavos africanos y descendientes de ambos. Cada grupo ha construido instituciones culturales independientes una de otra, cada una con su propia lógica y consistencia interna [. . .]. Por lo tanto, la "unidad nacional" no surge de una integración cultural orgánica sino de la concentración de poder coercitivo en las manos de un directorado político. Sobra decir que tal "unidad" se sostiene por un alto sentido de interés propio y de supervivencia.[23]

[20] En sus inicios, la negritud es impugnadora del poder político. En Haití nace bajo la ocupación norteamericana. Su relación con el poder es la misma en las Antillas llamadas francesas.

[21] M. G. Smith escribe: "El complejo criollo tiene su base histórica en la esclavitud, los sistemas de plantación y el colonialismo. Su composición cultural refleja su mezcla racial. Los elementos europeos y africanos predominan en combinaciones y relaciones bastante fijas. Las formas ideales de la vida institucional como el gobierno, la religión, la familia y la pertenencia a un grupo, la ley, la propiedad, la educación, la economía y el lenguaje son de extracción europea. En consecuencia, diferentes afiliaciones metropolitanas producen diferentes versiones de la cultura criolla. Pero en sus contextos criollos, estas formas institucionales divergen de sus modelos metropolitanos en mayor o menor grado para adaptarse a las condiciones locales." *The Plural society in the British West Indies*, Los Ángeles, University of California Press, 1965, p. 5. (Citado en inglés en el original.) [T.]

[22] Eric Williams, "Le leader politique considéré comme un homme de culture", *Présence Africaine* (24-25), febrero-mayo de 1959, pp. 101-102. (Congreso de escritores y artistas negros, Roma, 26 de marzo-1 abril de 1959, p. 101.) (Citado en inglés en el original.) [T.]

[23] Rex M. Nettleford, *Caribbean cultural identity, the case of Jamaica, an eassy in cultural dynamics*, Kingston, Institute of Jamaica, 1978, p.l. (Citado en inglés en el original.) [T.]

La idea de un mestizaje cultural del que nace el concepto de creolización continúa a la de la creación del Caribe moderno por Europa. En el continente americano, Europa encuentra civilizaciones que, bajo uno u otro pretexto, se cree autorizada a destruir. Pero no puede evitar comprobar la existencia de otro proyecto de vida, al que precisamente tiene que transformar.

En el Caribe, Europa y con ella los teóricos de la creolización no tienen oportunidad de percibir que otra cosmovisión exista o se forme a la sombra de la colonización. El Caribe criollo sería, para sus inventores, una *tabula rasa* donde convergerían los fragmentos de culturas venidos de todos los continentes del mundo.

El problema de la respuesta popular a la opresión aflora en sus dimensiones psicológicas ya sea como complejo de inferioridad o como orgullo racial.[24] La cultura europea crearía en el colonizado un complejo de inferioridad que lo castra:

El complejo de inferioridad de una experiencia colonial lanza sus tentáculos en cada grieta de la psique humana y posee un modo de actuar como eficaz freno a la acción.[25]

Las élites ilustradas en el poder se encargarían de seleccionar los ingredientes necesarios para el equilibrio de la cultura local.[26] Esta dimensión mesiánica se corrige en el artículo citado por Eric Williams. Lo importante es la mecánica de la mezcla y el encuentro de las culturas. Para Williams, el hombre de Estado debe ser un hombre de cultura, el espejo de su propio pueblo.

Desde el momento en que hay mestizaje, la conclusión necesaria es que la conjunción de esos fragmentos de culturas no podría estar a la altura de la majestad del edificio europeo. Nettleford es consistente cuando afirma, tras una descripción de los instrumentos de resistencia popular:

Por buenos que hayan sido estos instrumentos de supervivencia y crecimiento, ninguno ha sido totalmente eficaz en traer la liberación soñada durante tantos años, no sólo en términos de libertad estatutaria y autonomía constitucional, sino también en términos de autenticidad cultural y control económico.[27]

Dado que los conjuntos socioculturales externos son más productivos que los del Caribe, la única salida para la evolución de la cultura local es su lenta absorción por las formaciones de envergadura mundial. Como el Caribe está separado de África y de Asia y se ve asediado por todas partes por Europa, inevitablemente su mezcla cultural incluye proporciones cada vez mayores de contribuciones occidentales. Inversamente,

[24] Rex. M. Nettleford, *op cit.*, pp. 187 y 196.

[25] Rex M. Nettleford, *op cit.*, p. 140. (Citado en inglés en el original.) [T.]

[26] Hurbon demuestra claramente la presencia de esta misma vocación en el duvalierismo: Ahora bien, como la solución a nuestros dramas es "el equilibrio entre las dos 'élites', sólo un negro, 'descendiente' de campesinos, surgido de la matriz de la historia de la raza", pero al mismo tiempo letrado y dueño de "un nivel suficiente de cultura intelectual" puede salvar al país. (F. Duvalier, *Eléments d'une doctrine*, pp. 405-408, citado por Hurbon, *op. cit.*, pp. 97-98.)

[27] Rex M. Nettleford, *op. cit.*, p. 196. (Citado en inglés en el original.) [T.]

las aportaciones de África y Asia se hacen cada vez más diluidas.

Contra el espectro de una desaparición de la cultura caribeña, anunciada subrepticiamente por su propia profecía, se baten los teóricos de la creolización transformados en políticos. Para evitar esa catástrofe, los *shapers of the new Caribbean society*[28] se empeñan en formular estrategias de preservación y de desarrollo de los valores culturales, los cuales nutrirán su especificidad cultural mediante un retorno constante a sus pretendidas fuentes. La política cultural creolizante aparece bajo su verdadera luz, la de un trabajo de Penélope.

La lucha contra el etnocentrismo europeo duraría mientras Europa lo conserve. La política cultural propuesta permitiría al Estado reproducir indefinidamente su estructura ideológica y mantener en su sitio a los responsables de la autenticidad. La meta buscada consiste en asegurar para siempre el control de los hijos ilustrados de los nuevos libres —los *shapers* de la nueva sociedad caribeña— en los poderes del Estado.

El interminable proceso de "indigenización" o de "creolización" de la "cultura" trasciende a todo régimen político y a toda estrategia de desarrollo:

Finalmente y a manera de recapitulación, hay que reafirmar que para preservar y desarrollar los valores culturales considerados cruciales para el pueblo caribeño, el proceso expresado positivamente como creolización (o indigenización) no puede ser omitido lógicamente del cálculo de intercambio, cualesquiera que sean las estrategias concebidas para llevar a cabo dicho proceso.[29]

La diferencia de la política cultural propuesta por Nettleford con las del colonialismo radica en que, en sus perspectiva, las fuentes de las importaciones deberían estar más diversificadas. La enseñanza, so capa de la educación, se convertiría no en el pilar de la cultura local, sino en el pilar del color local de la cultura. En lugar de confrontar lo que se percibe como un "bombardeo" de la cultura occidental con una mayor creatividad, se confía a un panafricanismo selectivo la tarea de fertilizar el suelo caribeño.

Para concluir es necesario subrayar que estas críticas a las teorías de la creolización reflejan evidentemente una posición política divergente. En el caso de los partidarios de la creolización, el autoritarismo y el etnocentrismo europeo son remplazados por su propio autoritarismo y etnocentrismo. Europa los obnubila a tal grado que olvida al pueblo al que deberían dirigirse y cuyo papel de *shaper* de su propia sociedad no puede delegarse.

El rechazo a la creolización proviene también de una querella de escuela. La posición no capta el lugar donde se reproduce la especificidad de una cultura:

[. . .] La cultura se concibe mejor no como complejos de patrones concretos de comportamiento —costumbres, usos, tradiciones, hábitos— como ha sido por mucho el caso hasta ahora, sino como un conjunto de mecanismos de control —planes, recetas, reglas, instrucciones (lo que los ingenieros en computadoras llaman "programas")— para el gobierno del comportamiento.[30]

[28] Rex M. Nettleford, *op. cit.*, p. 83.

[29] Rex M. Nettleford, *op. cit.*, p. 78. (Citado en inglés en el original.) [T.]

[30] Clifford Geertz, *The interpretation of cultures*, Nueva York, Basic Books, Inc., Publishers, 1973, p. 44. (Citado en inglés en el original.) [T.]

EL RETORNO DE LOS CRIOLLOS A LA NACIÓN

La relación colonial, reducida a su expresión más simple, es una relación autoritaria entre gobernantes y gobernados. Se trata para el colonizado de una determinación de orden político y no del resultado de una acción cualquiera.

Con las formas de socialización se juega la salvaguardia y el mejoramiento colectivo de los modos de vida. En sociedades tan minúsculas como las caribeñas, el perfeccionamiento de los comportamientos sociales, augurado por una aprehensión de las reglas del juego colonial, se detiene por toda clase de obstáculos situados fuera de los principios que rigen a las relaciones interpersonales.

En la región, el mejoramiento de los niveles de vida se percibe en una dependencia casi exclusiva de los avances del sistema económico mundial. Los progresos de ese sistema no se derivan de una dinámica social emparentada con la de la vida cotidiana de los grupos sociales del Caribe. Sus categorías sociales fundamentales no se hallan en la región.

El Estado colonial y los grupos que controlan sus instituciones vulgarizan un conocimiento de los principios y de la dirección de evolución de las sociedades metropolitanas. Los factores políticos que explican el retraso de las economías colonizadas son remplazados por la necesidad de mejorar los modos y niveles de vida en los países subdesarrollados.

La cultura colonial se centra en la formulación de decisiones cada vez más adaptadas a los medios externos y a su dinámica. La reflexión sobre los intercambios sociales propios de las colonias se convierte en una ocupación de diletante, sin relación con el desarrollo económico.

Con la modificación de la relación colonial y la multiplicación de las independencias formales, las repercusiones negativas de la asimetría que caracteriza a las relaciones internacionales se diluyen aún más. La estructura política y administrativa establecida por las metrópolis se convierte en el canal de expresión de las soberanías nacionales recién descubiertas. La relación de las fuerzas políticas locales debe llevarse a cabo dentro de ese molde creado para satisfacer a la relación colonial original.

El punto de encuentro y de equilibrio de la política local es el pretexto del mejoramiento de los modos y niveles de vida. La insignificación de los resultados obtenidos del ejercicio de las soberanías nominales se atribuye a las carencias técnicas de los aparatos administrativos. De allí que se abra la puerta a una ayuda, aun ajena, tendiente a reforzar los sistemas de gestión y con ellos al desempeño de las economías nacionales. Es la búsqueda desaforada del desarrollo económico, es decir del mejoramiento de los modos de vida.

Sin embargo, se produce un corto circuito: a) La preeminencia de lo político en el establecimiento de la economía mundial tiende a eludir a la conciencia social. b) Las reglas de la economía mundial determinan el desempeño de las economías nacionales. c) Ese desempeño se convierte en el portador de la legitimidad de los poderes políticos nacionales.

En el marco de la cultura dominante, la racionalidad política está divorciada de la racionalidad económica. Pese a ello, con un mismo movimiento hay que satisfacer las necesidades de legitimidad de los nuevos estados y contrarrestar la degradación de los sistemas económicos nacionales.

Los gobiernos, al tratar de conservar las riendas del poder, avanzan quiéranlo o no hacia la gestión de la cultura oprimida. La comprensión y la utilización del conjunto de conocimientos y de criterios de juicio formulados por la población se convierten en la alternativa a la legitimación del poder por el éxito de las políticas de desarrollo económico.

Esta permeabilidad a los avances de la cultura oprimida, en un aparato de Estado heredado del colonialismo, constituye la problemática contemporánea de la relación entre cultura, política y poder en el Caribe. Gradualmente la cultura local, depositaria titular de la soberanía nacional, se infiltra en las negociaciones entre las élites del poder.

Las nuevas "clases medias" aún no llegan a penetrar e incluso menos a dirigir con éxito esa fortaleza construida por la población. Su itinerario puede resumirse de la siguiente manera:

1] La pirámide social caribeña es muy selectiva en la cumbre, y los mecanismos de movilidad ascendente son importados. La función pública es la vía principal de mejoramiento acumulativo de los modos de vida por donde pueden transitar los gobernados: plantadores y nuevos libres.

2] La degradación de la situación económica nacional lleva a las élites del poder, tanto en el siglo XIX como en el XX, a emprender un regreso prudente hacia la cultura local.

3] Las necesidades de legitimación del poder en el centro de un marasmo económico creciente fuerzan a abordar los tratos sociales internos y las negociaciones de política internacional desde el punto de vista de las normas e instituciones creadas por las naciones caribeñas.

La efervescencia experimentada por el Caribe se multiplica por las repercusiones de una emigración provocada por la degradación de los modos de vida de la región y que afecta a todas las capas sociales. La diáspora caribeña toma por asalto los mercados de trabajo de los países ricos, pese a los enormes costos sociales.

En la presente coyuntura, el impacto de los "ciudadanos ausentes" en las tasas de desempleo y los ingresos medios de la región resulta más eficaz que las políticas oficiales de empleo y de distribución del ingreso. Además, las autoridades metropolitanas ponen en práctica, sin éxito, medidas de contención cada vez más drásticas, a la vez que intentan aumentar la asistencia técnica internacional.

Los gobiernos del Caribe avanzan con paso acelerado hacia la irritante situación de tener que elegir entre la defensa de sus ciudadanos más audaces y la defensa del orden internacional establecido. La legitimación del poder político no puede esquivar indefinidamente ese dilema, tanto más cuanto las dificultades que ella confronta radican precisamente en las repercusiones de ese orden internacional sobre las economías nacionales.

Por lo demás, la inserción de los "ciudadanos ausentes" en los sistemas políticos metropolitanos ofrece a los gobiernos de la región ventajas que no pueden dejar de aprovechar. La cultura oprimida se reproduce en los países ricos y se halla en posibilidades de irrumpir en el centro mismo de las prácticas sociales metropolitanas.

Entre los indicadores de una efervescencia nueva y de una mayor intensidad en la negociación del contrato social caribeño, se debe mencionar el afloramiento de las len-

guas locales a la escena política. Se trata de un uso cada vez más intenso del vehículo
por excelencia de la cultura nacional, y del ejercicio del sistema de pensamientos de
los grupos oprimidos sobre temas hasta ahora reservados a las lenguas y culturas dominantes.

En Martinica, Guadalupe, Guyana, Santa Lucía, Dominica y Haití, los lenguajes
criollos con base lexical francesa ocupan ya la escena política. Surge un nuevo estilo
de discurso. El movimiento lingüístico es menos visible en los países que hablan una
lengua criolla del inglés, pero la transformación del discurso político se revela, de hecho, desde Eric Williams, no menos importante.

La situación de las Antillas Holandesas posee méritos particulares. Este país, que
no es independiente, es el único país en América donde una lengua criolla —el papla-
mentu— se usa en la Cámara de Representantes. Se trata también del país donde se
hablan todas las lenguas oficiales del Caribe, incluso por la gente más modesta.

Se observa evidentemente en las Antillas Holandesas un alto grado de democratización de la vida pública, pese a una dependencia política extrema. Es urgente emprender el estudio de esta situación, ya que las negociaciones con el gobierno metropolitano
y las empresas transnacionales, la forma de federación propia de estas islas y sus sece-
siones temporales o definitivas de la entidad política que integran, parecen señalar la
ubicación de numerosos escollos que retardan la plena expresión política de la unidad
nacional.

Las dificultades afrontadas por las Antillas Holandesas parecen indicar la existencia
de un principio fundamental que los estudios culturales tienden a no profundizar. La
soberanía nacional se traduce en una organización estatal cuando el proyecto social
que aquélla contiene es viable.

Un Estado emerge de un consenso nacional si sus miembros —los actores que evolucionan en la escena internacional— pueden acomodar o se ven forzados a acomodar
su proyecto de sociedad. Fuera de esas condiciones, la soberanía nacional se ejerce por
otros caminos, lo cual está lejos de poner en cuestión su existencia real.[31]

Cuando se elige considerar a la cultura caribeña como un sistema de pensamientos,
elaborado por los actores sociales concernidos, la evolución de los modos de vida de
la población resulta, en parte, de decisiones colectivas de la comunidad, formuladas
sobre la base de su propio sistema de conocimientos. Este sistema es por definición
específico y no mantiene con otros conjuntos parecidos más que relaciones de discontinuidad. Es el sitio de la soberanía nacional, la base del Estado, por embrionaria que sea.

Si la cultura del Caribe es su sistema de conocimiento, el papel del Estado —de un

[31] "El régimen proletario comienza a existir y a organizarse como sistema desde el momento más pre-
coz. En las organizaciones revolucionarias y en las organizaciones elementales mismas pero, desde luego,
ya netamente, en los actos de poder llevados a cabo por la clase obrera [. . .]. Desde el momento en que
la organización no reconoce otra ley que la propia se otorga una suerte de soberanía inconclusa, está desconociendo y desacatando a la soberanía enemiga. Por tal vía, la revolución sería sólo una traslación desde
la conciencia de las gentes a la realidad de la vida; pero el 'régimen proletario' ya habría existido mucho
antes, en la vanguardia, cuando la conciencia puede expresarse en sus primeros actos de poder." (René
Zavaleta, El poder dual. Problemas de la teoría del Estado en América Latina, México, Siglo XXI, 1977, p. 59.

Estado profundamente nacional— es la gestión de ese sistema. Es en este cuadro donde el hombre político se transforma en un hombre de cultura, como lo soñaba Eric
Williams:

El símbolo de esa democracia altamente cultivada (la de la Grecia Antigua) era el reconocimiento del líder político como un hombre de cultura —no de una cultura abstracta, no de un refinamiento intelectual— sino la cultura de todo un pueblo, de una ciudad entera, a la que él representaba.[32]

(*Traducción de* LUIS E. PRIETO)

CULTURA Y POLÍTICA EN REPÚBLICA DOMINICANA: LA FORMACIÓN DE LA IDENTIDAD HISTÓRICA

ROBERTO CASSÁ
OTTO FERNÁNDEZ

CONCEPTO DE CULTURA E IDENTIDAD NACIONAL

Cuando se pretende comprender la evolución de la cultura de un pueblo, objeto del presente texto, se debe ante todo precisar la acepción del concepto. En gran medida ha aludido a los productos de la actividad especializada de una élite urbana. Por extensión se ha considerado lo "culto" como sinónimo de los patrones del mundo occidental. De tal manera, a partir de tal supuesto en el contexto latinoamericano se excluye todo lo relacionado con la vida de las masas populares, y en particular de aquellas ubicadas fuera de los contextos urbanos más condicionados por la expansión del mundo occidental. Quedan así excluidos los pueblos, y en particular las clases oprimidas.[1] En tal género de análisis, sólo entran dentro de la "cultura", en los "pueblos sin historia" aquellos sectores adscritos a los moldes de civilización vigentes en el mundo occidental capitalista.

Por oposición a tal perspectiva, entendemos por el concepto a toda la producción material y espiritual de las colectividades humanas. Dicha producción está vinculada primeramente al entorno natural mediante un proceso de adaptación técnica y transformaciones de las condiciones existentes, en segundo lugar al entorno social interno por medio de las relaciones sociales de producción y la praxis de los sujetos individuales y colectivos y, por último, al entorno de coexistencia con otras colectividades o pueblos mediante intercambios.

De tal manera, todo pueblo produce una cultura, como plasmación acumulada de su praxis a lo largo de su historia. Aunque se reconozca un principio ascendente en el proceso histórico universal a partir de la calificación progresiva del proceso de trabajo, por definición ninguna cultura es superior a otra ya que cada una organiza y fija la relación del pueblo con su entorno geográfico e histórico.

La asociación de un pueblo es tan sólo relativa. En realidad, la cultura no es sino la suma de varias subculturas asociadas a praxis más particulares de agrupamientos humanos. Las clases sociales constituyen el referente primordial a ese respecto, aunque nunca sea el único. Junto a las subculturas se eleva un plano relativamente común de identidades, que hasta cierto punto trasciende las diferencias culturales que generan las diversas prácticas sociales. Tales síntesis se explican por el hecho de que las subcul-

---

[1] Cf. Jorge Cela, "Tengo un dolor en la cultura. Análisis cultural", en *Estudios Sociales*, año XVII, núm. 56, abril-junio de 1984, p. 24.

turas y las culturas no constituyen conjuntos cerrados. Por vías distintas, de acuerdo con circunstancias históricas, interactúan con otros conjuntos, recogen legados, los transforman y sus resultados se proyectan a otros pueblos. Conviene destacar, por último, que la cultura de una colectividad no constituye un conjunto estático de elementos sino de relaciones cambiantes a tono con la evolución histórica del conglomerado.

En la época moderna la cultura de los pueblos está asociada a su integración en naciones. De manera que el patrón por excelencia de clasificación de los productos culturales se sitúa como perteneciente a una nación o a un conjunto de naciones. Como extensión del criterio elitista, se considera la cultura nacional como un todo homogéneo. En algunos análisis tal homogeneidad se asocia a la idea de irreductibilidad, a su vez condicionada por el ''genio'' peculiar de cada pueblo. La nación pretendidamente homogénea no es sino la proyección de un ideal compartido por los sectores que confluyen en el Estado como síntesis operativa del bloque dominante.

Sin embargo, la percepción de que todo pueblo produce un conjunto cultural absolutamente homogéneo no es sino resultado de la ilusión ideológica de los sectores dominantes, parte de su práctica de dominación, que se extiende a otros sectores de la sociedad, aunque con una valoración distinta. Al unificar la cultura, los sectores dominantes ratifican la hegemonía ideológica sobre los sectores dominados. Buscan así reproducir la dominación, anulando los productos culturales de los sectores explotados. Dentro de estos mecanismos sobresale la empresa de profundizar las facetas alienadas de dichos productos. En estas últimas se da la autonegación de atributos de los sectores dominados en sus propias producciones culturales como resultado de la impronta de las manifestaciones culturales de los sectores dominantes.

Lo anterior conduce a la intelección teórica de los mecanismos sociales y estructurales de gestación de los productos sociales. En términos de Cela:

El análisis cultural se orienta a descubrir este principio estructural, normalmente velado, que da coherencia a una cultura no sólo intrínsecamente, sino como modelo de relación con el mundo y de integración coherente de la multiplicidad inherente a esa relación. Este principio se convierte entonces en el código interpretativo válido de las relaciones concretas interpretativas, simbólicas o prácticas de determinado grupo social con su medio. Descubrirlo es develar el significado de la cultura y sus elementos constitutivos.[2]

La premisa —y al mismo tiempo la principal consecuencia de esta problemática radica en que el terreno de la cultura proyecta y reproduce la escisión de la sociedad en clases y en otras categorías sociales derivadas de la división de clases. El medio de vida de cada clase tiene consecuencias inevitables en la gestación de reflejos y sistemas de valores, así como en prácticas especializadas y/o diferenciadas por medio de las cuales se condensan esas situaciones. Ahora bien, al igual que las culturas nacionales no están cerradas unas a otras, las subculturas de las clases sociales y de otras categorías tampoco lo están. En el interior de las naciones coexisten las líneas de discontinuidades entre las diversas subculturas y las líneas de integración de algunos aspectos de las mismas.

---

[2] *Ibid.*, p. 26.

Estas líneas de integración son las que dan cuerpo al hecho nacional en el aspecto superestructural. Finalmente, los distintos sectores sociales pertenecientes a una colectividad nacional despliegan mecanismos de identidad; reconocen como comunes un conjunto de valores, tradiciones, creencias, prácticas y actitudes. Todo esto se resume, en el saber cotidiano, en la percepción de una idiosincrasia distintiva. Pero el hecho nacional nunca es exhaustivo, permanentemente está mediado por las líneas de ruptura de la homogeneidad pretendida. "Sus términos objetivos de constitución se presentan como un producto ambiguo."[3]

Pero la misma complejidad del hecho nacional conduce a revaluar la posición tradicional de muchos marxistas, en el sentido de que siempre constituye una expresión de las burguesías.[4] Al ser tan problemática y cambiante, la síntesis nacional está penetrada por la lucha de los sectores trabajadores. A menudo, la conquista de la autodeterminación de las naciones se ha llevado a cabo al margen de prácticas significativas de sus sectores burgueses y en algunos casos manifiestamente contra ellos. En el Tercer Mundo hoy, los sectores burgueses no canalizan normalmente anhelos nacionales dados los lazos que los atan a los intereses imperialistas. Por ello la redefinición de lo nacional adquiere contenidos populares,[5] y en ese sentido, la recuperación del legado del pasado del pueblo asume derroteros progresivos.

Con esto último no se quiere obviar que los marcos estructurales del capitalismo no sean cruciales en la configuración de las naciones. Pero, para aprehender la naturaleza más original del proceso de constitución de las naciones en América Latina también esta última idea debe ser objeto de relativización. No existen patrones únicos de constitución de las naciones, y en América Latina la determinación capitalista operó de forma distinta a como lo hizo en Europa.[6] Para entender esta originalidad se debe partir del supuesto de que el hecho nacional no es primordialmente cultural o lingüístico, sino político. Resulta de la plasmación, siempre transitoria, de una correlación de fuerzas entre clases. Por ello, la eclosión de las naciones fue resultado de luchas populares por la autodeterminación y ellas despejaron obstáculos estructurales, con mayor o menor eficacia según condiciones y resultados variables.

Pero el proceso latinoamericano asume dimensiones particulares en razón de las características de la evolución histórica continental. A este respecto conviene destacar la forma distinta de avance del capitalismo en relación con la forma en que lo que ha hecho en las formaciones sociales centrales. La reproducción del precapitalismo implica una dispersión diferencial de lo nacional en cuanto perviven subculturas no integradas plenamente por el capitalismo,[7] situación ausente en el viejo continente. Pero esta misma limitante confiere eficacia mayor al factor político representado por la lucha popular por la libertad y la autodeterminación.

[3] Genaro Rodríguez *et al.*, *Actualidad y perspectivas de la cuestión nacional en la República Dominicana*, Santo Domingo, 1986, p. 18.

[4] Esta posición fue llevada a sus últimas consecuencias por Rosa Luxemburg. Véase, por ejemplo, Richard Calwer *et al.*, *La Segunda Internacional y el problema nacional y colonial*, México, 1978.

[5] Cf., Carlos Pereyra, *El sujeto de la historia*, Madrid, 1983.

[6] Rodríguez *et al., op. cit.*, pp. 11ss.

[7] Jean Casimir, *La cultura oprimida*, México, 1981, p. 225.

Esto último a su vez, introduce la distinción en cuanto a los patrones de la heterogeneidad cultural, así como de las raíces y los efectos de la misma. Mientras que en Europa, el avance del capitalismo se acompañó por una homogeneización cultural básica en torno a los dispositivos procesados en los estados, no ha sucedido lo mismo en América Latina. La lucha de clases por ello está mediada por luchas en el terreno de la cultura. De ahí la pertinente recurrencia en los análisis históricos a los factores entrelazados con lo clasista como lo racial, étnico, regional, etcétera.

La forma en que se manfiesta la hegemonía de la cultura dominante en la síntesis nacional tiene por todo lo anterior naturaleza distinta a la que se presentó en los países centrales. En América Latina, normalmente, la cultura dominante no logra disponer de un poder de centralización como el que ha tenido en las formaciones centrales. Y esto no resulta únicamente de la dispersión nacional, sino de la posición subordinada de las formaciones latinoamericanas respecto al sistema imperialista. La reivindicación nacional asume en razón de esto último un contenido popular y progresivo que desafía los mecanismos de reproducción de la hegemonía ideológica burguesa.

Lo que es importante subrayar a este respecto es el hecho de que las síntesis nacionales, con todo lo frágiles y cambiantes, con la impronta que reciben de las ideologías dominantes, contienen un plano popular. Primero, porque reciben en el debate social elementos culturales populares. Segundo, porque sus síntesis progresivas son objeto de diversas formas de asimilación de parte del colectivo. Constituyen un legado común de todo el pueblo, a través del cual refuerza mecanismos de identidad, razón por la cual los contenidos de clase quedan superados o al menos relativizados en el momento en que una producción cultural se plasma como tradición nacional. La atribución de contenidos progresivos o conservadores a tales síntesis está sujeta a los diversos mecanismos del debate social.

No obstante esta situación conflictiva, los sectores dominantes logran imponer la lógica de su cultura en el espacio estatal que ellos denominan nacional. Pero tal imposición, en el subdesarrollo periférico, está penetrada por la presencia de las culturas de los sectores dominados. Por otra parte, la penetración ideológica de estos últimos deja siempre espacios vacíos. Resulta una hegemonía trunca determinada por los mecanismos de reproducción del sistema en su conjunto, que no permiten ni requieren la integración exhaustiva de contingentes amplios de las masas a los cánones "modernos". Pero, al mismo tiempo, las subculturas de los sectores dominados tiene normalmente un carácter poco formalizado y desarrollado,[8] lo que abre espacios de penetración de parte de las culturas dominantes en ellas. La dialéctica de interacciones plantea entonces como generalizado el fenómeno de la alienación cultural. Del seno mismo de las expresiones de las masas se reproducen paradigmas emanados del poder. Junto a la función de resistencia y lucha que tienen las producciones culturales de las masas, emergen correspondencias de la ideología dominante que resultan del ejercicio de la hegemonía.

La cultura dominante, por otra parte, tampoco constituye un todo homogéneo. De su interior se desgajan sectores más particularizados, de acuerdo con la composición

[8] Casimir, *op. cit.*

clasista, los mecanismos activos de lucha social, las posiciones de los sectores respecto al Estado, las incursiones en los debates de los grupos oprimidos, las configuraciones de las élites intelectuales y no pocos otros posibles factores. Del desarrollo de dichas líneas de heterogeneidad pueden emanar alternativas que recuperan con mayor o menor parcialidad, intereses de las masas oprimidas. Esto se produce a manera de un fenómeno cultural más o menos autónomo, donde porciones de los intelectuales se desclasan o adoptan una lógica social específica. También se produce como consecuencia de escisiones en los sectores dominantes, parte de los cuales, en circunstancias históricas críticas, apela a discursos de unidad nacional contra la hegemonía plasmada en el Estado.[9] De tal manera, desde matrices ubicadas en la tradición de la cultura dominante surgen expresiones contestatarias que pueden pasar a formar parte del acervo de la cultura de los dominados.

De hecho, la no incomunicabilidad entre los subconjuntos culturales determina que existan terrenos de percepciones y expresiones discursivas comunes, aunque sus significados profundos sean distintos. Pero no obstante esto último, se posibilitan planos de convergencias e identidades más o menos aparentes que están en la raíz de los fenómenos nacionales, de la capacidad de gestación de un plano de consenso con el orden de parte de los dominados y de las alianzas de clases opuestas en los procesos de luchas sociales.

Y, a ese respecto, la capacidad de confluencia de las distintas subculturas alrededor del fenómeno nacional se produce por las relaciones que se establecen con ejes que emanan de la cultura dominante en su condensación estatal. Pueden ponerse en operación sus mecanismos efectivos de consenso y comunicación —hasta presentarse en apariencia como sinónimas— de expresiones culturales divergentes. Este eje vertebrador que se plasma en el Estado, puede surgir a su exterior, y pugnar por una modificación de los patrones de dominación. De la misma manera, puede ser resultante de un cuestionamiento de los mecanismos constitutivos de la fracción hegemónica en el bloque dominante.

En todo caso, se quiere subrayar el carácter cambiante, inestable y frágil de la síntesis nacional en torno a su racionalización intelectual y práctica por parte del Estado. La misma está sometida a los procesos de las luchas sociales y por ende también de oposición entre las subculturas que interactúan y se oponen en una sociedad. Lo que está en juego en nuestra propuesta de análisis es la determinación de lo político en lo cultural, sobre todo desde el momento en que el último interviene en la arena de lo nacional.

De todo lo anterior se desprende que la asunción de un proyecto de cambio implica la elaboración de una estrategia cultural. Ante todo, el propio proyecto contiene una alternativa de civilización. En una propuesta progresiva uno de los problemas a resolver es el de la articulación de la tradición cultural, vista como un todo y en sus sesgos clasistas al mismo tiempo, y los contenidos del proyecto superador. Sólo la articulación de ambos elementos puede conducir a una práctica popular adecuada a un proyecto

---

[9] A ese respecto, véase Ernesto Laclau, *Política e ideología en la teoría marxista*, Madrid, 1979.

global de cambio. Las respuestas del culturalismo popular ingenuo o del desprecio de la cultura nacional requieren una superación, objeto de reflexión y práctica política.

En todo caso, lo que está planteado es la recuperación de los componentes populares de lo nacional y la consideración de los medios para su integración en el proyecto socialista.

ORÍGENES DE LA CULTURA NACIONAL DOMINICANA

Como en el conjunto de América Latina, la génesis de la cultura nacional se produjo en los marcos contradictorios del orden colonial. El mismo resultó de una imposición que se prolongó durante unos tres siglos. En ese extenso periodo afloraron patrones sociales y culturales distintos a los metropolitanos. No obstante, en el terreno cultural la conexión con la matriz metropolitana era un requisito obligado de la reproducción de la dominación. Por ello, el surgimiento de expresiones culturales locales tuvo siempre lazos con la cultura española transplantada por medio de los colonizadores, la administración y la Iglesia. La cultura española se proyecta, pero no a la manera de una prolongación sino de un reprocesamiento en condiciones históricas distintas, entre las cuales las más significativas eran la presencia de contingentes humanos ampliamente mayoritarios que disponían de una tradición cultural distinta.

De manera que la cultura española, al proyectarse en América, lo hizo en forma de mecanismo de control social. Desde su centralidad estatal logró penetrar distintos ámbitos de la vida colonial, en particular las culturas de las masas oprimidas originalmente por indios y negros. Las culturas de las masas experimentaron por lo mismo mutaciones sustantivas,[10] pero no significa que se produjera una unificación cultural en torno a los patrones metropolitanos. Por el contrario, el sustrato cultural previo de las masas se prolongó en una relación conflictiva con la cultura dominante. Dicha relación no excluía intercambios en ambas direcciones. Por esta razón, y por el contexto histórico cada vez más diversificado, la cultura española fue evolucionando para dar lugar a lo que es ampliamente conocido como cultura criolla. Con ésta se registra una efectiva adaptación a las condiciones de América. La cultura criolla es la expresión de la clase dominante local descendiente de los peninsulares establecidos en las colonias. En ese sentido, coexistió con la cultura metropolitana como mecanismo de dominación sobre las masas; pero, al mismo tiempo, estableció una relación tensa, porque en su constitución partía de la afirmación de una originalidad y una autonomía que cuestionaba los patrones dominantes por sanción estatal. Pero el cuestionamiento de la cultura criolla era relativo y variable; disputaba posiciones a la cultura metropolitana en forma parcial, por cuanto los agentes de dicha subcultura se movían en torno a la ambigüedad de reconocerse como españoles y al mismo tiempo como americanos. Retomaban determinantes nodales de la cultura española, los procesaban mediante innova-

---

[10] Severo Martínez insiste en la diferencia entre el indio y el indígena. El primero existe desde antes de la conquista, en tanto que el segundo tras la imposición de patrones metropolitanos.

ciones no fundamentalmente deliberadas, y entraban de manera fragmentaria y accidentada en conflicto con aspectos de la cultura estatal, como expresión de contradicciones sociales que encarnaban con el orden colonial.

La corporización masiva de la cultura criolla correspondió a los mestizos y mulatos, sectores que desde muy pronto en casi todas partes superaron en número a los blancos criollos y peninsulares. Estos sectores potenciaron el criollismo sobre la base de que eran portadores de aspectos de las tradiciones de indios y negros. En su voluntad negaban dichas tradiciones, pero por su posición social tenían que proyectar partes de las mismas. En ese sentido, su presencia masiva significó un elemento mucho más activo y relevante que el de la minoría de blancos criollos en cuanto a la adaptación y respuesta frente al medio. La posición social de estos sectores los llevaba por lo demás a tener posiciones ambiguas respecto a los criollos, pues se alternaba la búsqueda de identidad común con la emergencia inevitable de conflictos sociales. Pero, en todo caso, por medio de los sectores intermedios la cultura criolla absorbía muchos elementos de las subculturas de las masas y al mismo tiempo proyectaba sus reprocesamientos sobre estas últimas.

Estos procesos tuvieron notables peculiaridades en Santo Domingo. La base de las mismas radicó en la extrema debilidad material de la colonia. Desde fines del siglo XVI la isla dejó de tener significación económica para España. La depresión se magnificó ulteriormente a consecuencia del establecimiento de piratas y bucaneros en las costas occidentales de la isla. A la larga este hecho dio lugar, desde las postrimerías del siglo XVII, a la fundación de una estable y riquísima colonia francesa, Saint Domingue. En el siglo XVIII la colonia española se hizo tributaria en lo económico de la francesa, lo que marcó muchas de sus características, sin impedir que se prolongara una patente precariedad.

En ese contexto, las relaciones esclavistas, por antonomasia, las que definían el régimen social tras la desaparición total de la población indígena y su sustitución por esclavos africanos, evolucionaron en dirección patriarcal y feudal.[11] Las tendencias sociales condicionaron una evolución demográfica mediante la cual se hizo minoritario el contingente de raza negra y pasó a predominar cada vez en mayor proporción el de los mulatos.

Este hecho determinó un debilitamiento de la cultura metropolitana. De hecho, la isla vivía por fuerza de espaldas a España. La cultura española se reproducía gracias a la presencia de la administración, de la guarnición militar y del clero. Al mismo tiempo, y sobre todo, se producía una fuerte metamorfosis en la cultura de la población de origen africano. Aconteció que se superó la polaridad de dos culturas (española e indígena-africana) netamente diferenciadas como situación característica del siglo XVI. De ellas surgió lo criollo, y al producirse esto, las culturas se transformaron en subculturas, a medida que pasaron a participar de mecanismos comunes de integración.

En esta trama, la subcultura española, por medio de la administración estatal y

---

[11] Cf., Hugo Tolentino, *Raza e historia en Santo Domingo*, Santo Domingo, 1974; Rubén Silié, *Economía, esclavitud y población*, Santo Domingo, 1976.

eclesiástica, proyectada por la subcultura criolla, registró una poderosa capacidad de penetración sobre la subcultura de los esclavos y libertos. En este proceso se dieron determinantes que conviene señalar. Por una parte, el patrón productivo fundamental desde el siglo XVII, la ganadería extensiva, permitió por su precariedad la compenetración entre amos y esclavos. Estos últimos se encontraban en pequeños números en cada latifundio. Los amos, por otra parte, sufrieron directamente el empobrecimiento general de la colonia. Sus hábitos cotidianos de vida tendieron a acercarse a los esclavos. Ello termina de generalizar el mestizaje. Y en esa cohabitación, desde el fondo de la reproducción del hato ganadero, se consolidan reflejos comunes de las dos subculturas originarias, fortaleciendo la que emergía de la síntesis entre ambas. Los esclavos se acercaron a los amos y se apropiaron de hábitos e ideas como forma de ascender socialmente. En torno a esta dialéctica aconteció la trasmutación de la subcultura africana, cada vez más diluidas sus bases constitutivas.

Habría que abundar en cuanto a los patrones de asentamiento predominantes en torno a la ganadería. La vida urbana, núcleo de reproducción de la cultura española, era casi inexistente, con excepción sobre todo de la ciudad de Santo Domingo, en la cual por lo demás estaban ausentes funciones económicas significativas, incluso en el área de los intercambios. Al estar dispersa la población en centenares de hatos y en pequeñas unidades de autosubsistencia de los libertos y de un protocampesinado libre, ganaba fuerza la emergencia de lo criollo y lo español se subsumía progresivamente en esta subcultura. Lo criollo, como germen de lo nacional, surge de la pobreza y dispersión de la vida rural.

Otro determinante a tomar en consideración fue la oposición que tuvo que librar la población contra la colonia vecina, desde el avance de los piratas y bucaneros. La militarización y empobrecimiento correlativos condujeron al acercamiento entre las clases y a la emergencia de reflejos de comunidad de intereses por oposición al peligro de los extranjeros. A la larga, eso daría una de las pautas para los prolegómenos de la constitución del colectivo nacional.

Estas tendencias convergentes de los colectivos sociales nunca podían ser absolutas. La autoridad lo impedía por disposiciones legales. Pero, además, tal supuesto habría contravenido su funcionalidad. Cierto que la esclavitud registró límites a consecuencia de las insurrecciones de esclavos acaecidas en el siglo XVI.[12] Pero, con más fuerza, lo que estaba planteado era la posibilidad de optimizar los escasos recursos de mano de obra por parte de los ganaderos esclavistas en el contexto de una economía que no podía conectarse de manera masiva con el mercado mundial, y que lo hacía de forma marginal por medio de la vecina Saint Domingue, demandante de una cantidad restringida de ganado. En tal contexto, la variante feudalizada de uso del trabajo esclavo constituía una respuesta inevitable en el interior del latifundio ganadero. La autonomía parcial del esclavo maximizaba su potencialidad productiva en el contexto de una empresa precaria. El acercamiento cotidiano de amos y esclavos pasaba de ser una

[12] Emilio Cordero Michel, *Apuntes de historia económica, social y política de la República Dominicana* (mimeo.), s/f.

consecuencia espontánea puesto que guardaba una congruencia precisa con el proceso global de reproducción.

Es cierto que las autoridades intentaron en reiteradas ocasiones restringir tales líneas dentro del objetivo de restaurar la esclavitud intensiva,[13] lo que requería retornar a los patrones del siglo XVI, consistentes en una rígida separación de los grupos raciales, la subordinación a condición inferior de los mulatos y el endurecimiento extremo del trato hacia los esclavos, con consecuencias como la cuasiprohibición de las manumisiones.

Quedó demostrada la imposibilidad de que tal designio fuese plasmado en la práctica. Con relación a ello aflora un aspecto nodal de la evolución cultural dominicana, la debilidad de lo español e incluso de la administración colonial. Lo hispánico penetra tanto en la configuración tendencial de rasgos nacionales precisamente por su debilidad. De ella proviene su posibilidad de penetración, pues de otra manera la acción de los vasos comunicantes hubiera estado obstaculizada legalmente e incluso restringida en la espontaneidad cotidiana. Esa posibilidad era aprovechada deliberadamente por esclavos y libertos, y tenía un sustrato objetivo muy patente en la creciente ola de mestizaje. Por esa debilidad, además, los esclavos, a diferencia de lo acontecido en el siglo XVI, no tenían que mostrar una oposición generalizada a las imposiciones sino más bien filtrar conveniencias a través de ellas.

Característica del contexto colonial fue la pobreza rampante de la producción cultural institucionalizada cuyos marcos se establecían en las metrópolis. Con excepción del sacerdocio, en los siglos XVII y XVIII no había grupos cultos significativos.[14] Este hecho significaba un punto sustancial de aflojamiento de los lazos con la metrópoli, por cuanto la escasa burocracia no podía llenar por sí sola tal cometido. De hecho, fuera del escaso espacio de la autoridad, lo hispánico era retroalimentado como expresión de clericalismo. Tal asociación ha permanecido en la atribución de propiedades a lo nacional en torno a la asociación de lo hispánico y lo cristiano. Pero la misma cultura eclesiástica adolecía de una debilidad rampante. La vida universitaria, su máxima expresión, no sólo era marginal sino que se restringía a una estéril rutina. Nada comparable puede mostrarse a los sucedido en el siglo XVI, cuando el transplante de la cultura española se expresó en múltiples actividades culturales.[15]

La difuminación de las bases africanas de la subcultura de los esclavos y libertos no significa que desapareciera la herencia africana, como es señalado por la ideología dominante hispanista. Lo que aconteció es que tales herencias se integraron con los elementos de imposición e incorporación de componentes hispánicos. Pero los procesos

---

[13] El intento más patente se dio alrededor de la redacción del Carolino Código Negro, a mediados de la década de 1780. El mismo perseguía prohibir los usos que acordaban niveles de autonomía a los esclavos y facilitaban las manumisiones. El designio expreso era dar lugar a condiciones que impulsaran la esclavitud intensiva. El documento ha sido editado con notas de Javier Malagón Barceló.

[14] Sobre ese particular la historiografía tradicional forjó un mito acerca de supuestas excelencias culturales de la clase esclavista. Por esa razón autores como Máximo Coiscou y Manuel Arturo Peña Batlee califican la emigración de esclavistas, acaecida de 1795 en adelante, como el origen de las tribulaciones ulteriores del colectivo nacional.

[15] Véase Pedro Henríquez Ureña, *La cultura y las letras coloniales en Santo Domingo*, México.

generales de transculturaciones no implicaron la desaparición de la subcultura negra. En todo caso, tomó fisonomía casi única, de notable distancia respecto al origen africano.

Entre esclavos y libertos, mayoría de la población en el siglo XVIII, persistían usos particulares que definían una subcultura. En forma visible esto se manifestaba en técnicas agrícolas y actividades colaterales, patrones familiares, formas idiomáticas y vocabulario, recreación con énfasis en la música y la danza, religiosidad y cosmovisión global.[16] Uno de los patrones dominantes de la subcultura fue el énfasis mimético respecto a lo hispánico. De ahí el mecanismo de identidad por medio del cual los libertos se calificaban de "blancos de la tierra". Este calificativo es bien ilustrativo en varias direcciones. Establecía una distinción con el prototipo del negro, particularmente con el esclavo de plantación de la colonia vecina; pero al mismo tiempo se admitía la no pertenencia a los blancos a secas. Había una expresión alienada, pero no dejaba de exteriorizar aspectos profundos de la realidad.

Las condiciones objetivas y las voluntades expresas de los sujetos determinaron que los componentes prototípicos de lo español y lo africano generalizadamente confluyeran, por vías y aspectos distintos, en lo criollo. Esta síntesis terminó constituyéndose en sinónimo de lo nacional. En tal sentido, se produjo ciertamente una interacción de mecanismos desde la subcultura criolla hacia los procesos iniciales de formación de la nación.

En el momento en que el conglomerado empieza a constituirse como nación, desde fines del siglo XVIII, en razón de la consolidación de los factores antes señalados en cuanto al grupo humano y a sus expresiones de identidad, la interferencia de los procesos históricos propios de la primera mitad del siglo XIX generaron visualizaciones culturales ambiguas y contradictorias. Para fines del siglo XVIII se iniciaban los atisbos de una cultura nacional en el nivel de pueblo, por cuanto éste se autorreconoce como una entidad distinta a España, dotada de una homogeneidad básica. Tal percepción fue recogida por algunos sacerdotes intelectuales.[17] Empero, no implicaba una contraposición con la metrópoli. Cabe atribuir esta ambigüedad a la debilidad de la clase esclavista y a sus perspectivas de desarrollo, que tenían como universo político la prolongación de la soberanía española. Los sectores medios eran inexistentes, y en la masa popular no surgía autonómamente una afirmación cultural por oposición a España. En todo caso, se daría una constante de ruptura del interés social de la masa del pueblo y la percepción de una identidad nacional.

El sustrato hispánico entonces, tendía a reproducirse a pesar de sus múltiples debili-

---

[16] Hay que significar que el nivel de conocimientos a ese particular es todavía limitado. Cabe atribuir la situación al carácter de las fuentes escritas, asociadas en su inmensa mayoría con el grupo de blancos ligados a la administración o a la clase esclavista. Se requiere por ello la aplicación de técnicas especializadas, como las que provee la etnohistoria. Esfuerzos de ese género hasta ahora se han realizado para el conocimiento de la población indígena anterior a 1492. No obstante, muchos elementos dispersos e indicadores pueden probar los usos diferenciados de la subcultura negra.

[17] Entre ellos Antonio Sánchez Valverde, *Idea del valor de la Isla Española*. Madrid, 1786; Bernardo Correa y Cidrón, *Discurso que en la solemne función del juramento de la Constitución de la Monarquía española, prestado por la nacional y pontificia Universidad del Angélico Dr. Sto. Tomás de Aquino de la ciudad de Santo Domingo, dijo el Presbítero Dr. Don Bernardo Correa y Codrón. Rector de dicha Universidad*. Santo Domingo, 1820.

dades. Dicho patrón se agudizó a consecuencia de la grave inestabilidad en que cayó la colonia tras la Revolución francesa. Los desastres, guerras y emigraciones generaron una añoranza del pasado colonial que, si bien partía de los sectores dominantes, tenía capacidad de extenderse a otros sectores. Y se da el hecho paradójico de que la primera guerra por la autodeterminación nacional que libra el pueblo contra la dominación francesa tiene por consigna dominante el retorno a la soberanía española.

Pero ese hispanismo en gran medida era sólo la cobertura de un fenómeno nacional que se manifestaba a consecuencia de la crisis del orden colonial. No es, por ende, un fenómeno homogéneo y de significado preciso. Se mantuvo un tiempo debido a las consecuencias que tuvo la Revolución francesa en la colonia occidental, donde se instaló el primer Estado independiente de América Latina como secuela de la rebelión de los esclavos. Los sectores dominantes pudieron manipular un estado de oposición nacional con los haitianos en importantes periodos del siglo XIX.

LAS TRANSFORMACIONES DEL SIGLO XIX

La Revolución haitiana fue el factor detonante de la crisis del orden colonial, y a contrapelo de los factores de oposición que generó entre los dominicanos —aunque de manera variable según épocas y sectores sociales—, el contexto histórico se aceleró y dio como resultado la aparición de marcos culturales novedosos. En el orden estructural, la transformación nodal consistió en la decadencia del latifundio ganadero y su sustitución generalizada por la pequeña parcela campesina. El campesinado se tornó en la clase universal de la sociedad dominicana. Sólo tenía como contrapartida a minúsculos bolsones urbanos en los cuales se concentraba la población no campesina, compuesta por sectores medios, burgueses comerciales y burócratas.

Alrededor de esta diferenciación sobrevino un proceso cultural que implicaba rupturas marcadas con respecto a los legados coloniales. En esta situación se conformaron dos subculturas básicas, la campesina y la urbana, expresivas de racionalidades globales totalmente distintas. Pierde entonces terreno la capacidad integradora que había logrado la subcultura criolla en el siglo XVIII. El campesinado puede aislarse de las ciudades y la población de estas últimas opta por dar la espalda al restante 90% de la población, sobre la base de percepciones de superioridad sociocultural.

Esta dicotomía permitió el desarrollo de la cultura agraria como base masiva del hecho nacional. Esta cultura campesina proyectaba las simbiosis que se habían estado produciendo alrededor del hato ganadero, sólo que ahora comporta una solución de continuidad al integrar la subcultura africana y la subcultura criolla, proceso que gana fuerza debido a la capacidad de resistencia que tiene el campesinado en ese contexto histórico respecto a las fuerzas explotadoras del mundo urbano. Por esa razón, este último vegeta en la precariedad, ya que sólo puede extraer excedentes exiguos del trabajo campesino, lo que constituía su única base de sustentación económica.

Al formarse ambas subculturas, las oposiciones manifiestas entre ellas agudizaron sus características. Emergen, entonces, racionalidades contradictorias en torno al hecho nacional, aunque convergentes en algunas coyunturas históricas, que expresaban el hilo central de la lucha de clases.

La cultura campesina es la del aislamiento sustentado en la autarquía básica del proceso productivo, autarquía que es expresión de una lógica de resistencia de clase, pero le establece límites a la acción de clase. Por lo pronto, el campesinado se centra en defender el libre acceso a la tierra, y en ese sentido cuestiona las penetraciones mercantiles urbanas y los aprestos de intervención extranjera. Pero, al mismo tiempo, está imbuido de tradicionalismo, lo que lo lleva a hacer causa común con los sectores conservadores que pugnaban por el retorno a lo colonial. Las afirmaciones culturales campesinas se llevan a cabo por medio de negaciones que implican un profundo sentido de conservadurismo; pero, además, están sesgadas por la dispersión, dados los patrones de asentamiento humano muy dispersos por la exigüidad democrática y por la forma en que opera la división regional en zonas incomunicadas entre sí y abiertas al mercado mundial por separado.

El campesino, en consecuencia, no genera de manera directa lo que se califica de cultura nacional. Su horizonte no traspasa el espacio local y sus usos por definición cuestionan la integración en un marco cultural unificador. Las características formales de sus productos, por otra parte, no pueden ajustarse a los parámetros intelectuales que expresan lo nacional. Esto es atributo de la cultura urbana, de contenido ideológico burgués, aun cuando esté penetrada por lo popular-agrario, por encima del desprecio que le ha profesado.

Al igual que la subcultura africana, aunque en menor medida, la subcultura campesina no ha sido objeto de estudios suficientes. Ahora bien, a pesar de las tendencias centrífugas dadas por lo regional y lo local, se conformó un sustrato cultural de indudable consistencia. Con relación al mundo urbano, se va a expresar en forma tal que hace aparecer al campesino como dotado de una personalidad doble, donde la simulación es vista como expresión de perversidad.[18]

La cultura urbana, al dar la espalda al campo a pesar de su condición tributaria del mismo, le daba también la espalda a la tradición y se orientaba hacia la conexión con los patrones culturales que se recibían de los países capitalistas, por lo cual su signo distintivo sería, a la larga, el liberalismo. Ese liberalismo operó con enormes incongruencias y precariedades. El mundo urbano era demasiado raquítico antes de las últimas dos décadas del siglo XIX. Además, no dejaba de estar penetrado por factores de la tradición colonial.

En realidad, los factores nodales del orden social (comerciales, burócratas y sacerdotes) no daban lugar a un reflejo universal propio de la cultura nacional. En todo caso, los productos culturales que salían de ese entorno, si bien expresan realidades nacionales, lo hacen contraviniendo muchos de sus presupuestos. Su referente estaba alrededor de la idea de que en el país no se podía conformar un proyecto nacional autó-

---

[18] Es interesante lo que en una variante de tal percepción señala el obispo Roque Adames en *Introducción al conocimiento del campesino dominicano* (mimeo.). s/f. Adames visualiza dos personalidades, una que califica de real y la otra de ficticia, por lo que le atribuye a la clase social una personalidad colectiva esquizofrénica, todo ello resultado de incoherencia, incapacidad de definición e inseguridad interior.

nomo. Para prolongarse en el poder tenían que negar su propia constitución como clases sustentadas en el Estado. Es la base del conservadurismo, el cual no solamente dominó el poder político hasta 1873 sino que hasta entonces integró a la generalidad de la intelectualidad.

No obstante, la lógica social urbana renovaba la vigencia del liberalismo, por lo cual la racionalidad burguesa que encuentra en lo nacional su punto central de realización tuvo que ser asumida por los sectores medios.

En la cultura convencional urbana se produjo un debate nodal alrededor de la cuestión nacional. Los conservadores fundamentaron su plataforma alrededor de la reivindicación de lo externo sobre la base de la imposibilidad de la consolidación del Estado-nación, a lo que agregaron la reivindicación del catolicismo, de lo hispánico (en cierta medida) y del esquema autoritario de Estado. Los liberales, por el contrario, sustentaron la propuesta de que era factible la constitución del Estado autónomo sobre la percepción de una nación en proceso de desarrollo; los liberales negaban el pasado colonial y tenían como meta explícita un proyecto de desarrollo calcado del que habían seguido los países capitalistas centrales. Esto los lleva a una concepción laica y al designio de dar lugar a un régimen democrático.

El liberalismo, por definición, fue la expresión de la eclosión del fenómeno nacional, por lo cual cuando se consolida este último como resultado de las luchas populares y de las contingencias del proceso político, se conformó toda una generación de intelectuales que tuvieron por objetivo común la puesta en práctica de los preceptos teóricos.

Estos intelectuales buscaron adecuar el hecho nacional con la filosofía del progreso. En realidad, más allá de su nacionalismo conceptual subyacía un proyecto desubicado de la realidad nacional.[19] Los liberales llevan a sus últimas consecuencias el desprecio urbano hacia la cultura campesina. Con diversos matices, para todos ellos esta última era sinónimo de barbarie y del atraso que había que extirpar a como diera lugar. Sus propuestas carecieron de virtualidad histórica, y de ahí la recurrencia a soluciones exógenas como el fomento de la inmigración civilizadora de europeos, o bien el convencimiento de que la educación constituía el único recurso transformativo. Al carecer de consistencia y de base social de apoyo, el liberalismo concluyó en el fracaso más rotundo, sólo tuvo una función estatal fugaz.

Sin embargo, no dejó de estar adecuado a los inicios del sistema capitalista en las décadas finales del siglo XIX. Entonces el liberalismo cede su plaza política a una nueva forma de autoritarismo. Los intelectuales, no obstante, mantienen las disquisiciones en torno a los medios de acceso al orden deseado. Toda la producción cultural urbana, que entra en un periodo de auge de 1880 en adelante, gira en torno a lo nacional y a lo estatal. Quizás alrededor de todo ello se vertebraron elementos de lo que comúnmente se califica de cultura dominicana.

El nudo de estas elaboraciones estuvo en la prédica positivista de Eugenio María de Hostos. Como luchador por la independencia de Puerto Rico y Cuba, Hostos cuestionó la herencia hispánica; formuló esquema de fundamentación del hecho nacional dominicano. La fuerza de su personalidad y la pertinencia social de la doctrina positi-

---

[19] Rodríguez *et al.*, p. 39ss.

vista posibilitaron un viraje notable en la elaboración de las élites intelectuales. Las mismas se estaban expandiendo a tono con el avance capitalista, y ocupaban espacios crecientes en el Estado. Para Hostos, el gran reto era el logro de la civilización, según los cánones norteamericanos, para lo cual consideró que el arma nodal era la educación. El modelo propuesto de educación formaba parte de una propuesta global de racionalismo. El cuestionamiento de la escolástica católica se hacía en nombre de su sustitución por el espíritu científico y libre. El debate ideológico que todo ello generó fue terrible. Muy especial fue objeto de recusación la educación laica y racionalista, calificada por el sentido común conservador como "escuela sin dios". Sin embargo, tal fuerza innovadora permitió multiplicar el impacto sobre la intelectualidad. Y ciertamente ligado a la práctica de Hostos y los discípulos se refuerza el auge cultural relativo. Pero el mismo estaba divorciado de la vida de las masas, sobre todo de la mayoría campesina. Algunos aspectos de la prédica hostosiana logran un nivel exiguo de penetración en la realidad dominicana.

A lo sumo la reforma educativa hostosiana tocó los ámbitos de los sectores sociales superiores. Su impacto civilizador se concretizó en el surgimiento de una intelectualidad que venía a ser la contrapartida de la constitución de una burguesía capitalista nacional y de sectores medios relativamente más amplios. Los hostosianos así penetran de manera decisiva el Estado por cuanto proveen las demandas de funciones crecientes resultantes de la modernización; pero al hacerlo, no son capaces de aplicar los preceptos del maestro. El desencanto fue generalizado en núcleos pensantes, incluyéndose los mismos hostosianos.

Este desfase se debía en primer lugar a que los condicionamientos que definían los contornos estatales escapaban a la élite intelectual, y en segundo, a que la misma se relaciona de manera ambigua con el poder. Como intelectualidad crítica las irracionalidades, el caos caudillista y el avance de la penetración económica y política del imperialismo norteamericano, carecía de espacios para sostenerse en tanto que conglomerado crítico. La intelectualidad estaba obligada a participar en los mecanismos estatales, pues carecía de otros medios comparables de sostén, de forma que en la práctica se comprometía con el orden de cosas que cuestionaba. Su capacidad transformativa se nulificaba.

De tal situación esquizoide se da lugar al fenómeno conocido como "pesimismo". Del seno del liberalismo progresista emerge la pregunta angustiosa de si el conglomerado nacional tiene viabilidad o incluso si existe.[20] Los intelectuales se proponen como estamento civilizador. Ante ello, la respuesta práctica exacerba el elitismo por medio de la propuesta reiterada de un gobierno propiamente de intelectuales, que asuma la conveniencia nacional en su conjunto. Esto es, un régimen que supere la inestabilidad crónica, que centralice las energías nacionales en torno al progreso, es decir,

---

[20] Expresa Américo Lugo, uno de los intelectuales destacados de un liberalismo que en razón del enfrentamiento con el imperialismo llegó a posiciones ulteriores bastante progresivas: "El pueblo dominicano no constituye una nación. Es ciertamente una comunidad espiritual unida por la lengua, las costumbres y otros lazos; pero su falta de cultura no le permite el desenvolvimiento político necesario a todo pueblo para convertirse en nación." Lugo, "El estado dominicano ante el derecho público", en Ventilio Alfau Durán (ed.), *Américo Lugo. Antología*, Santo Domingo, 1949, p. 40.

el capitalismo, que imponga el orden, destierre las irracionalidades y ponga coto a la intervención extranjera. Acaso haya sido Américo Lugo quien con mayor contundencia expresa este clamor de la intelectualidad liberal:

Puesto que el pueblo es incapaz de gobernarse y que no quiere después de cincuenta años de independencia ser gobernado por un Estado extranjero, la minoría ilustrada, que es su más noble elemento, que forma un embrión de Estado, debe constituirse en partido político, menos para aspirar a gobernar las masas que con el propósito de educarlas y suplir la de otro modo la inevitable intervención extranjera.[21]

Por encima de sus aspectos progresivos que tuvo en sus momentos el designio de fundar un medio práctico de realización nacional y de generar una producción cultural alrededor de ese designio, la intelectualidad liberal, aun en aquellos sectores que más se aproximaron a posiciones de izquierda, no pudo superar un condicionamiento histórico que pesaba sobre el contenido de su práctica. En ese sentido, la acción de los intelectuales revistió una función compensadora de la inoperancia política de un bloque dominante en extremo débil y fragmentado. El elitismo era la expresión nodal de ese contenido, pero también el objetivo del progreso y la ilusión en la democracia burguesa daban cuenta de lo mismo.

Los liberales estaban penetrados en su discurso de una contradicción irremediable: querían a toda costa el progreso capitalista como base para la consolidación nacional; pero ese progreso sólo era posible con base en la penentración económica extranjera, al no existir una burguesía dotada de un proyecto coherente en ese sentido. La penetración extranjera se tornaba en un factor contraproducente para los objetivos globales de realización nacional que implicaban la autodeterminación del Estado, sujeta a limitaciones progresivas desde 1888, desembocando en el protectorado norteamericano de 1905 y la intervención militar de 1916-1924. Esos factores contradictorios del discurso liberal sólo fueron percibidos por uno de sus portadores, Pedro Francisco Bonó, quien a fines del siglo XIX, basado en variantes del socialismo cristiano, se opuso a la penetración económica extranjera y abogó por la protección al pequeño campesinado como fuente de democracia y de independencia nacional.[22]

Lo anterior adelanta premisas acerca del porqué la casi totalidad de la intelectualidad se integró a la dictadura de Rafael Leónidas Trujillo, constituyendo la base de conformación del aparato burocrático en la forma más acabada que ha tenido hasta hoy el Estado capitalista en República Dominicana.

[21] *Ibid.*, p. 41.

[22] Véase Emilio Rodríguez Demorizi (ed.), *Papeles de Pedro Francisco Bonó*, Santo Domingo, 1963; Raymundo González, ''Bonó: un crítico del liberalismo dominicano en el siglo XIX'', *Ciencia y Sociedad*, año 10, núm. 4, pp. 472-489.

ALGUNAS LÍNEAS DE LAS PRODUCCIONES INTELECTUALES HASTA LA DICTADURA DE TRUJILLO

El rasgo más notable de la conformación de una tradición de producción intelectual en el país fue su debilidad original, prolongada en forma sustancial durante largas décadas. En ese sentido, cabe incorporar la forma en que se dio la ruptura del orden colonial, por medio de la emigración de los esclavistas y la impronta del vecino Estado haitiano. Hasta la independencia de Haití, acaecida en 1844, no se crearon marcos estatales que permitieran el surgimiento de expresiones intelectuales de corte nacional. Anteriormente, se dio la coexistencia de prolongaciones al pie de la letra de la vieja cultura hispánica y las penetraciones de las incidencias de los vecinos. Surgen, tanto en una perspectiva conservadora como popular, precarias líneas de producción amoldadas a la perspectiva francófila auspiciada por la élite mulata que controlaba el Estado haitiano.[23] Se destacaba en esos textos la obra del gobierno haitiano en términos de acceso a la libertad, y se convalidaba la subordinación nacional respecto a la mayoría haitiana. No obstante, la factura colonial española de esos intelectuales (Bobadilla, Delmonte, Caminero), ubicados casi todos en posiciones burocráticas, impidió que asimilaran los avances literarios que tenían por centro a Francia, reproduciendo el neoclasicismo de fines del periodo colonial.

Por esa razón, la reivindicación de lo nacional, como expresión libertaria frente a Haití y frente a las potencias coloniales, se expresa en forma intelectual en reducidos grupos medios mediante la asimilación del romanticismo. Duarte, el dirigente de la lucha que llevó a la independencia, viajó de joven por Francia y España y fue de los introductores del romanticismo como poeta. De hecho, la reivindicación nacional partió de un núcleo de jóvenes intelectuales radicalizados en torno al liberalismo, el nacionalismo y la democracia. Su instrumento fue el romanticismo y en gran medida una acción cultural, que tuvo su mayor consecuencia en la presentación de piezas de teatro como medio de protesta.

Desde entonces se comienza a advertir el fenómeno marcado de la politización de la producción cultural. Los espacios de existencia de la cultura eran tan cortos que se consideraba primordialmente sus usos pragmáticos, lo que se manifiesta en la forma por excelencia de expresión, que es el periodismo. De hecho, casi toda la producción en ficción y poesía, amén naturalmente de la reflexión más o menos sistemática en temas sociales y políticos, giró alrededor de la prensa. Las ediciones, en razón de la precariedad de la producción y de la pobreza material en que se vivía, eran ínfimas, más bien reducidas a folletos. El consumo de tales textos estaba circunscrito a colectivos escasísimos, dada la exigüidad de la vida urbana y la debilidad del Estado. A tono con todo ello, el número de intelectuales que producían textos era muy escaso, siendo a menudo su actividad circunstancial o esporádica.

La mencionada politización conllevaba que ante todo el intelectual tuviese que ser un hombre de Estado, lo que era lógico en razón de los universos de clase presentes, entre ellos la debilidad de las clases dominantes de base económica (burguesía comercial y restos de los latifundistas coloniales). Pero el Estado respondía, de una forma

---

[23] Véase Max Henríquez Ureña, *Panorama histórico de la literatura dominicana*, Santo Domingo.

u otra, a los intereses vigentes, por lo que asume una faceta conservadora y despótica. La generalidad de la intelectualidad sirve de sostén a esa forma de dominación. El liberalismo quedó bastante marginado, e incluso por épocas perseguido; incluso se subsumió en la cultura conservadora dominante. La condición de burócratas de la generalidad de intelectuales los convertía en un poder en sí mismo, soporte de otros intereses, pero expresivos de una práctica corporativa, la cual daba cuenta de una escasa capacidad transformativa de la cultura. La misma educación formal, aunque registró un avance respecto a las épocas anteriores, se encontraba en un estado primitivo, predominando la concepción escolástica y las técnicas pedagógicas de la memorización.

No obstante, el romanticismo siguió ganando terreno como la forma por excelencia de la sensibilidad intelectual. De ahí que no se registrara la correlación latinoamericana típica entre liberalismo y romanticismo.[24] Por el contrario, hasta finales de los años setenta en que irrumpió el positivismo, el romanticismo acentuó facetas fundamentalmente conservadoras. Sólo desde fines de los años cincuenta, con el desencadenamiento de nuevas luchas nacionales contra las improntas externas, particularmente la ocupación española entre 1861 y 1865, resurgió un espíritu liberal que se canalizó en su expresión literaria por medio del romanticismo. Pero aun entonces el grueso de los intelectuales, vinculados a un Estado de faceta conservadora, usó el romanticismo para expresar visiones nostálgicas del pasado y de una subjetividad lírica que ratificaba y acentuaba su distancia del pueblo.[25] Acaso por lo mismo, el género narrativo dominante fue la tradición, donde se intentaba una recuperación conservadora del pasado. La novela sólo podrá surgir con una mentalidad liberal predominante y un contexto material e histórico distinto, a partir de los años finales del siglo. Mientras tanto, las grandes producciones literarias son recuentos de tradiciones.[26]

En el transcurso de las décadas finales del siglo XIX, la sensibilidad literaria tuvo su mayor foco de condensación en el movimiento conocido posteriormente como indigenismo. La temática de la prosa y de la poesía se centraba en los indios. Ahora bien, se trataba de un objeto ficticio por cuanto la población indígena había desaparecido en las primeras décadas del siglo XVI y no había dejado rastros antropológicos significativos. Con ese objeto se exteriorizaba una actitud fundamental de esquivar el pueblo como objeto de la producción literaria. Frente a la relación de desagrado o desconocimiento con lo popular, los escritores conformaron un objeto imaginario que permitiera dar lugar a manifestaciones abstractas y subjetivas. También se encuentra una añoranza respecto a un pasado perdido, que si bien no siempre reproduce en sus formas más precisas el discurso conservador, expresa su espíritu. La pertinencia de esa corriente radicaba en que manifestaba la frustración de los intelectuales frente a la realidad nacional y los conducía a evadir su conocimiento y una reflexión adecuada a la

---

[24] Abelardo Vicioso, *El freno hatero a la literatura dominicana*, Santo Domingo.

[25] Véanse las producciones de los primeros poetas dominicanos, como Del Monte, Nicolás Ureña y otros en la recopilación *Lira de Quiqueya*, Santo Domingo.

[26] Entre ellas cabe destacar la de César Nicolás Penson, *Cosas añejas*, Santo Domingo; Javier Angulo Guridi, con *Iguaniona*, Santo Domingo; la expresión cumbre de esa tendencia fue el *chef d'oeuvre* de la literatura nacional de Manuel de Jesús Galván, *Enriquillo*, Santo Domingo. Si bien esta obra tiene algunos formatos de novela, su contenido corresponde a la tradición.

misma, para escapar a lo puramente imaginario. En todo caso, lo único que adquiría sentido era la exteriorización de la subjetividad aislada y atribulada.

Esa reacción subjetivista y desesperada de los intelectuales quizás contiene una de las claves explicativas del hecho de que a medida que se acentuó un desarrollo cultural, de 1875 en adelante, la poesía alcanzara niveles de calidad que no tenían parangón similar en la prosa. La lírica dominicana gana una calidad bastante significativa, desde las últimas décadas del siglo XIX, con autores como José Joaquín Pérez, Gastón y Fernando Deligne, Salomé Ureña y otros. En cambio, la prosa no tiene continuidad, y los ejemplares de calidad son escasos. Sobre todo, la novela propiamente es un género prácticamente ausente hasta muy avanzado el siglo XX, y aun entonces sigue adoleciendo de una notoria pobreza.

Puede decirse que la novela surge a consecuencia del descubrimiento de lo social de parte de intelectuales, algunos de los cuales en algún momento evolucionaron desde el liberalismo a posiciones de tipo socialista, aun cuando casi todos no tuvieran consistencia en ese sentido. Existe incluso lo que podría calificarse de un ciclo de novelas cuya temática es la penetración de las compañías azucareras norteamericanas y los conflictos sociales que generan.[27] Esas obras, empero, no conformaron propiamente una tendencia literaria continua; quedaban como ejemplares aislados, de resonancia muy relativa en el contexto del que surgían.

La pobreza de la narrativa conllevó a que el ensayo fuese el medio por excelencia de dilucidación conceptual de los problemas nacionales. Por este medio se supera el tradicional esquivamiento de los problemas nacionales. La ensayística surge con las reflexiones de algunos de los intelectuales liberales en torno a los medios de realización del conglomerado nacional. Ulises Francisco Espaillat, efímeramente presidente del país, y Pedro Francisco Bonó son los fundadores de esta importante línea de producción intelectual. A partir de Hostos registra un notable punto de inflexión, por su propia obra y su proyección en los discípulos. Por ello, ante el fracaso del experimento liberal, el caos caudillista y el avance norteamericano, se dará lugar a la reflexión conceptual de más calidad y corporeidad registrada hasta hoy. El aparato usado es el de la filosofía positivista. Desde estas nociones se buscan las razones de la supuesta inferioridad del hombre dominicano.[28] Elementos de un racismo spenceriano están de una forma u otra en el centro de esta reflexión, lo que reproducía el *leitmotiv* de la panacea inmigratoria.[29] Conviene citar algunos párrafos del texto ya visto de Américo Lu-

[27] Entre las obras más destacadas vinculadas a la temática azucarera o agraria en general se encuentran las siguientes: Francisco Moscoco Pueblo, *Cañas y bueyes*, Santo Domingo; Rafael Damirón, *Ay de los vencidos*, Santo Domingo; Ramón Marrero Aristy, *Over*, Santo Domingo; Pedro Andrés Pérez Cabral, *Jengibre*, Caracas, 1940; Manuel A. Amiama, *El terrateniente*, Santo Domingo; Andrés Requena, *Los enemigos de la tierra*. Habría que añadir parte de los primeros cuentos de Juan Bosch y otros representantes de la cuentística social que aparecen en los años treinta.

[28] José Ramón López, uno de los más acuciosos ensayistas sociológicos de entonces atribuía la condición a su juicio desgraciada de los dominicanos a una deficiente alimentación del campesinado. Véase su obra *La alimentación y las razas*, La Habana, 1897.

[29] En la medida en que no se puede entrar en numerosas materias sobre los ensayistas, nos remitimos a Raymundo González, "Notas sobre el pensamiento socio-político dominicano", *Estudios Sociales*, año XX, núm. 67, enero-marzo de 1987, pp. 1-22.

go, a fin de que se visualice el tipo de reflexión que generaba la ensayística:

Los primitivos habitantes de La Española [. . .] no parece que hayan tenido más aptitud política que los demás indios. Los descubridores, pueblo mezclado, menos ario que semita, aunque incomparablemente superior a la raza conquistada, no eran los más perfectos representantes del espíritu público en Europa [. . .]. Los negros contribuyeron a la relajación de las costumbres públicas [. . .]. El pueblo dominicano es tan mezclado como los pueblos que más han figurado en la historia; pero es de dudarse que saque verdades a los antropólogos cuando afirman que cuanto más mezclado es un pueblo, tanto más fecundo y apto es para la civilización [. . .]. La mayor parte de los dominicanos son seres enfermos, inficionados de vicios marales [. . .]. Planta exótica, la libertad, en nuestra tierra, en donde todas las condiciones biológicas parecen serle adversas [. . .]. Lo que con sus actuales defectos de ningún modo puede servir para la formación de un Estado, es el pueblo dominicano. Hay que transfundirle nueva sangre. La inmigración tiene aquí la importancia de los cimientos en el edificio.[30]

La ensayística no respondía a la mediación propiamente literaria. De ahí que aun en la perspectiva del enfrentamiento de los problemas nacionales y de la protesta social moderna, que surge en los años treinta fundamentalmente, la poesía no perdiera terreno. Al contrario, su calidad tendió a acrecentarse y a integrarse a perspectivas de movimientos generacionales. En este punto se debe recuperar, a pesar de los cambios de problemáticas que presentan los intelectuales ya avanzado el siglo xx, una línea de continuidad de medios literarios. Pero en no menor medida se mantenían algunos patrones subjetivos e intimistas que reproducían una forma de trabajar la realidad desde los sesgos elitistas que mantenían los propios intelectuales progresistas. Por último, se podría emitir la hipótesis de que en las condiciones de despotismo exhaustivo presentes después de 1930, cuando se producen asomos de redefinición de los patrones y los problemas de los literatos, la poesía permitía una expresión de protesta contra la opresión, vedada para la prosa, puesto que podía encubrirse con mayor facilidad en el entorno de la subjetividad.

Con Domingo Moreno Jiménez, desde la década de 1920, la poesía dominicana entró en un proceso de renovación, que la ponía a tono con el enfrentamiento de la realidad nacional. Incluso Moreno se interesa por la vida de las personas sencillas. Esa tendencia popular llegará a su máxima expresión con la obra de Pedro Mir, que tiene sus inicios a fines de los años treinta, y que lo lleva a poner al pueblo y al proletariado como objetos centrales. Pedro Mir no es un caso aislado de poesía social avanzada; junto a él se encuentran, entre otros, Virgilio Díaz Ordóñez y Héctor Incháustegui Cabral. Más adelante, diversos poetas jóvenes, animados por el chileno Baeza Flores y el republicano español Fernández Granell, dan lugar al principal movimiento organizado de poetas, la llamada poesía sorprendida, que logra protagonista a lo largo de los años cuarenta, y al hacerlo coloca masivamente la producción poética en su máximo nivel en la historia nacional. Este movimiento, de golpe, integró los avances de vanguardia de la literatura europea del siglo xx, sobre todo del surrealismo.

Esas manifestaciones no logran tener continuidad y una repercusión efectiva en el

---

[30] En Vetilio Alfau, *op. cit.*, pp. 31-41.

orden social transformativo porque estuvieron inscritas en el contexto de la dominación trujillista. Entonces, los intelectuales estuvieron compelidos a acentuar en forma absoluta su condición de funcionarios y a servir a una perversa cosmovisión cultural destinada a afianzar el orden. De ahí que los intelectuales, a la larga, entraran en una fase de frustración creciente, en razón de la posición esquizoide en que los colocaba el poder despótico.

LA REALIZACIÓN DE LA CULTURA DEL PODER

Como se ha visto, los más preclaros representantes de la intelectualidad clamaban por que el Estado pasara a ejercer una función centralizadora de las energías nacionales que pusiera fin a la situación que percibían como de frustración generalizada. Por razones que escapaban totalmente a las reflexiones de los intelectuales, en 1930 Rafael Leónidas Trujillo estableció una dictadura que se prolongaría hasta 1961. La capacidad de supervivencia revelaba una vigencia de ese esquema de poder. Se puede atribuir la misma a la combinación de modernización capitalista operada en las décadas anteriores, que permitía una efectiva centralización de parte del aparato central, y la persistencia preponderante de relaciones precapitalistas que se manifestaban en numerosas instancias de la vida social como la debilidad de la clase burguesa.

Al seguir el país teniendo una base demográfica fundamentalmente campesina, los sectores urbanos no tendrían medios para hacer valer con fuerza sus intereses ante el Estado. Los grupos sociales urbanos se caracterizaban por sus casi nulos mecanismos de organización, aún en moldes corporativos. La burguesía se agrupaba en clubes sociales que no se formulaban instancias operativas, en tanto que las cámaras de comercio eran instituciones que apenas empezaron a surgir en los años veinte. El movimiento obrero, en una faceta esencialmente artesanal, también tuvo entonces su momento de eclosión significativa, aun cuando siguió siendo un actor marginal en la vida social. Las asociaciones de intelectuales y la prensa carecían de una verdadera capacidad de presión. La debilidad de la sociedad civil se revertía en que el Estado, no obstante real debilidad, emergiera como un poder indiscutible. Estaba, por lo demás, sujeto a instrumentalizaciones patrimoniales de los grupos que lo controlaban. El Estado no sólo era un medio de compensación de la debilidad de la burguesía, sino un generador de burguesía, aunque de forma intermitente e inconsistente.

En esas condiciones, para que el Estado pusiese en acto sus potencialidades requería pasar a la forma abierta de la dictadura, siguiendo las pautas establecidas en las etapas previas de constitución del Estado moderno, la dictadura de Heureaux (1886-1899) y la ocupación militar norteamericana (1916-1924). Durante esta última se logró erradicar la anarquía caudillista, renacida tras la eliminación de Heureaux. La gravedad de la crisis de 1929 catalizó las determinaciones que operaron para facilitar un cambio drástico en los mecanismos de dominación.

Con la dictadura trujillista se culmina el proyecto de centralizar las energías nacio-

nales en el aparato del Estado, el cual se propone y logra disolver los focos de
autonomía de la sociedad civil, a fin de operar la subordinación de la universidad de
individuos y los grupos sociales a los designios estatales. En esta línea, muy particularmente, el Estado emergió como el polo dominante de la acumulación de capitales mediante su integración a la fortuna privada cada vez más pujante del tirano, quien devino la personalización del capitalista colectivo.

La complejidad de funciones que asumió el Estado a partir de 1930 en torno al logro
de correspondencias máximas entre economía y política, conlleva a la búsqueda de
control del mayor número de espacios sociales. Uno de los más señalados fue el ámbito
de la cultura. La naturaleza absolutamente criminal del régimen requería de un esfuerzo sostenido de legitimación. El mismo estaba dirigido a sustentar la idea de que
el esquema de dominación se correspondía con los cánones de la democracia occidental. Esta ficción era particularmente importante en razón de las circunstancias internacionales y de la naturaleza del Estado norteamericano, sobre todo a partir del *New deal*.

No obstante, lo central del discurso estatal ni siquiera apuntaba hacia la legitimación democrática del orden, sino a elevarlo a la condición de condensación de la esencia nacional. De tal manera se abjuraba del pasado, como un universo cargado de
errores en el cual lo nacional se había reducido a una potencialidad no realizada. El
tirano, así, era presentado no solamente como un ser de integridad absoluta, sino, sobre todo, como la encarnación de la nación. Gracias a su figura se ponía en la práctica
lo que antes era imposible.

Este discurso enaltecía el presente, como característica central, lo que equivalía a
opacar de la manera más burda lo que verdaderamente caracterizaba a ese presente
histórico. Ese abismo entre discurso oficial y la realidad resultaba imprescindible para
la reproducción de la dominación en los términos totalitarios en que estaba estructurada. Suponía la eliminación de toda forma de disidencia o de discurso intelectual independiente que pudiera develar aspectos de la realidad social, aun cuando éstos apare-
cieran como inocuos. En consecuencia, fue tarea del Estado la homogeneización total
de la cultura, al menos en los planos que podían tocar los requerimientos de legitimación y de falsificación burda de la realidad, y en no menor medida, también en el plano
de aquellos aspectos que resultaban necesarios para la puesta en práctica de los programas que comportaba el sistema.

Para lograr esa uniformidad era necesario que el discurso oficial estuviese revestido
de una coherencia absoluta. El conjunto de factores que podían intervenir para una
explicación del fenómeno nacional, y en consecuencia de la legitimación del régimen,
tenía que ser objeto de previsión explicativa y de integración al universo ideológico oficial. De manera que en materia de cultura la sociedad dominicana se enfrentó a un
corpus exhaustivo, objeto de reformulaciones y añadiduras por medio de una suerte de
jurisprudencia universalmente aceptada. No se trataba, entonces, únicamente de su-
primir todo discurso irregular para los fines del poder. Se trataba —mucho más que
eso— de que todos los sujetos, presentes o potenciales, tenían que incorporarse activamente a la tarea sempiterna de solidificar y reiterar el discurso estatal hasta lo enervante.

Todo ello equivalía a la búsqueda de la más perfecta identidad posible entre intelectualidad y burocracia. Los resquicios que separaban ambas categorías antes de 1930

fueron anulados. Así, el intelectual no sólo se tuvo que hacer burócrata, sino que fue forzado a ser burócrata por excelencia. Desde esa perspectiva, Trujillo se convirtió en un mecenas de la cultura y en un decidido protector de los intelectuales a su servicio. El régimen brillaba no solamente por la suntuosidad proclamada de sus obras materiales, sino que, en no menor proporción lo hacía por la magnificencia ideológica con que se recubría. El tirano, en particular, mostraba una manifiesta fascinación por la brillantez retórica del discurso estatal.

En la integración de los intelectuales convergían los requerimientos de control, el sentido suntuoso del uso de la cultura y la búsqueda de la eficacia política y administrativa. En la medida en que se reconocía universalmente la identificación entre interés nacional y práctica estatal no podía existir ninguna consideración que se antepusiese a esta forma extrema de instrumentalización de los intelectuales y de la cultura. De tal manera, todas las energías de los grupos dotados de ciertas capacidades y saberes vinculados a la cultura urbana tenían por único destinatario el servicio al Estado, o en el caso de ciertas profesiones al menos encontrarse disponibles. Con este procedimiento se generaba un empobrecimiento cultural notorio, que se derivaba de la centralidad de una expresión sojuzgadora del libre discurrir de la razón. Era a los intelectuales, como es lógico, a quienes primeramente tocaba este efecto pernicioso de la cultura del poder.

Como cuerpo, los intelectuales, a cambio de disfrutar de posiciones subordinadas de mando en el aparato público, quedaban anulados en su verdadera función de procesamiento crítico de los procesos reales. Tenían que restringirse a la apología y a la falsificación de lo real. Por otra parte, en lo fundamental, perdían individualidad, al quedar subsumidos en la homogeneidad del discurso estatal.[31] Es lógico, entonces, que la calidad de la producción cultural convencional experimentase un empobrecimiento notable. Si este empobrecimiento no adquirió una expresión más acentuada se debió a que el régimen había logrado la cooptación de la casi totalidad de la intelectualidad conformada en las décadas anteriores. Se usaba parasitariamente una acumulación previa, pero se le sometía a desgaste sistemático.

Lo anterior explica lo que puede calificarse de fenómeno generacional en materia cultural. La dominación trujillista se atuvo a un conglomerado de intelectuales formados antes de su surgimiento. En último caso, incorporó a intelectuales jóvenes que emergieron poco tiempo después de afianzada la tiranía y que, en realidad, participa-

[31] Habría que insistir en que esto se llevaba a cabo de forma fundamental, es decir, no completa. El tirano, en efecto, permitía la expresión de matices subjetivos, sobre todo en el caso de los intelectuales de primera línea, siempre y cuando dichos matices reforzaran alguna faceta del discurso homogéneo y tuviesen, por ende, funcionalidad práctica. Por esto se daban debates, más bien implícitos alrededor de algunas temáticas, los cuales se prolongaban hasta que el tirano eventualmente decidiera la adopción de un punto de vista, cosa que no siempre tenía que producirse. Incluso hubo alguna que otra área de jurisprudencia que no tuvo que ser objeto de seguimiento forzoso por todos los involucrados. Fueron los casos, para sólo citar dos, de la exaltación del tirano Pedro Santana, que equivalía a palidecer la imagen de los liberales y en particular de su primer líder, Juan Pablo Duarte, así como de la condena de la figura de Hostos como máxima representación del positivismo y del liberalismo en su faceta intelectual. Sobre esto último, véanse los resultados de la encuesta realizada por el diario *El Caribe*, ''La influencia de Hostos en la cultura dominicana'', Ciudad Trujillo, 1956.

ban todavía de los factores acumulativos de la anterior cultura liberal, basada en la tradición hostosiana. Después de esto no se advierte la emergencia de ningún grupo, en lo que intervenía efectivamente la disminución de capacidades y, más hacia el final del periodo, la exteriorización de la contestación de parte de los sectores vivos de la juventud, incluyéndose notoriamente los hijos de la generalidad de los altos burócratas-intelectuales.

El contrapeso que tuvo esa instrumentalización fue la emergencia de nuevas áreas del saber. Antes de los años cuarenta, la fisonomía de la élite culta se reducía a unas pocas profesiones. Los intelectuales propiamente eran mayoritariamente juristas, la profesión más estimada y que aseguraba el ascenso en las funciones públicas. Con la modernización capitalista acaecida desde mediados de los años cincuenta, se expandieron los ámbitos de la universidad, apareciendo nuevas áreas técnicas. Pero ello fue sólo parcial, pues la universidad siguió ateniéndose sobre todo a marcos tradicionales y a una concepción elitista que la ponía fuera del alcance de casi toda la totalidad de la población.[32] De todas maneras, imperativos tecnológicos comenzaban a quebrar imperceptiblemente algunos de los puntales de la cultura elitista de letrados. El régimen era cauteloso ante ello, revelando sus contradicciones ideológicas intrínsecas y tratando de mantener, lo más restringida posible, la matrícula universitaria.

La ambigüedad ante la definición de una política universitaria revelaba que en su trama constitutiva, la ideología estatal comportaba una contradicción entre fines y mecanismos, contradicción que en realidad es atribuible a la misma lógica social en que se desenvolvía el régimen. La dictadura, en efecto, representó la forma más elevada de constitución del Estado capitalista en la historia dominicana.[33] Ahora bien, para sustentarse, en el aspecto ideológico tenía que recurrir a principios ideológicos no correspondientes con las líneas centrales de las ideologías burguesas en el mundo occidental. En este sentido, el aspecto despótico de la dominación era el que determinaba la faceta de la producción ideológica. Y la misma asumía una connotación en extremo desfasada de lo que serían en abstracto los mecanismos ideológicos propios del sistema capitalista que buscan el establecimiento de una hegemonía por medios concordantes con la expansión de la forma capitalista de democracia.

El discurso trujillista recupera, entonces, consignas de claro corte precapitalista. Más aún, funcionaliza lo que podría calificarse de una ideología colonial. En esto hay que captar como cuestión central que la legitimidad no se manifestaba en función del sistema social, sino de la forma particular que asumía la dominación política. Así, la instancia de lo nacional es la que ocupa el puesto ordenador del discurso ideológico,

---

[32] Bastaría con considerar la evolución de la matrícula estudiantil en la única universidad. En los fines de los años treinta no superaba mucho los 600 estudiantes. Una década después se había elevado a 1 000. Al momento de la muerte de Trujillo, en 1961, el número de estudiantes era de unos 4 000; la cifra era significativa en aquel contexto, pero ridícula en comparación con las actuales, en que la misma universidad estatal ha llegado a tener 65 000 estudiantes, y el total de estudiantes universitarios supera los 100 000.

[33] Véase José Cordero Michel, *Informe sobre la República Dominicana*, San Juan, 1959. La importancia de este texto radicó en que, por primera vez, un marxista dominicano definió al régimen como capitalista. Las opiniones previas ponían el énfasis en sus aspectos precapitalistas, por lo que no daban cuenta de la dinámica contradictoria de progreso histórico que implicó la dictadura.

en lo que seguía un principio constitutivo, ya visto, de la cultura urbana, de racionalidad burguesa, desde mediados del siglo XIX.

Ahora bien, al exaltar a lo nacional esa función, el discurso no solamente dejaba de lado sino que transfiguraba su contenido de clase. Sin embargo, se debe significar que tal transfiguración se refiere a lo que podría calificarse como líneas tendenciales de constitución de la ideología burguesa en relación con los requerimientos abstractamente considerados del sistema capitalista. Pero cada ideología burguesa toma cuerpo adecuándose a circunstancias históricas. Bajo la dictadura de Trujillo era muy lógico que no se pudiese recurrir a la tradición nacionalista del occidente europeo, aun cuando formalmente nunca se la condenase. En el reino del terror y la falsificación resultaba muy funcional acudir a un expediente ideológico divorciado de los presupuestos generales que se decía sustentan.

Ello se llevaba a cabo mediante una legalización de la primacía de la adaptación circunstancial antes que a la observancia rigurosa a los principios. En particular, el despotismo quedaba justificado mediante un operativo de primacía de lo real.[34] Las peculiaridades de la historia dominicana se utilizaban para validar la idea de que la única solución política consistía en un sistema estatista que no se atuviera a conceptos generales de las libertades de la época moderna.

En el edificio de sistematizaciones intelectuales de la dominación, la zapata se sustentó en la idea de que con la dictadura la nación se había hecho Estado mediante una imponderable metamorfosis operada por el jefe del Estado. En este principio se encuentra una característica ajustada a preceptos precapitalistas, por cuanto no incorpora elaboraciones nodales que acompañaron la formación de los estados modernos en el occidente, como la distinción entre Estado y sociedad civil, o de las esferas de lo público y lo privado. Pero, precisamente, ese operativo permitía fundar un sistema de interrelaciones exhaustivas en el terreno de lo ideológico ajustadas a las peculiaridades que asumía la dominación capitalista. Aunque de una·manera inconsistente, se acudía a la tradición irracionalista moderna, en tanto se ajustaba mejor a la naturaleza de la legalización.[35] En todo caso, estaba excluido un tratamiento de justificación mediante el raciocinio. Se apelaba a los factores imponderables, a la voluntad cesárea, a los valores inmanentes y eternos, a las determinaciones ciegas y divinas.[36] La búsqueda de

---

[34] Al respecto refirió uno de los máximos exponentes de la ideología del régimen: "Pero el derecho, producto social, emanación de voluntades, no representa nada si se divorcia de la historia, de la vida misma, de la comunidad que lo alienta. Las abstracciones,estériles son tan peligrosas para los pueblos como la falta de un verdadero y genuino ideal constructivo. Nosotros los dominicanos debemos a la presencia del jefe auténtico e inmanente que ahora conduce nuestra democracia, la integración de una autóctona verdad." Manuel Arturo Peña Batlle, *Política de Trujillo*, Ciudad Trujillo, 1954, p. 56.

[35] En no pocos textos de ideólogos se observan elementos al respecto, como en Joaquín Balaguer, *La realidad dominicana*, Buenos Aires, 1947; Fabio A. Mota, *Un estadista de América*, Ciudad Trujillo. Aunque no jugara una función burocrática visible, el único intelectual dotado de una capacidad de elaboración filosófica, Andrés Avelino, desarrolló ataques sistemáticos contra el racionalismo desde la ilustración alemana, asimilando sus consecuencias con los resultados a su juicio funestos del positivismo y a la amenaza comunista. Sobre estos importantes juicios de Avelino, véase su respuesta a la encuesta ya citada sobre la obra de Hostos.

[36] Como ilustración de tal recurrencia, véase el discurso de ingreso de Joaquín Balaguer a la Academia

la demostración lógica se sustituía por la mentira orquestada por un sentido extremo de la propaganda. En ese sentido, como en otros, el trujillato se aproximaba a los fascismos europeos, regímenes por los cuales el tirano sentía empatía, imposible de manifestarse por el contexto geopolítico de influencia norteamericana.

Permitía, en especial, sustentar el amplio tinglado la cultura oficial sobre la base de que el Estado no era sino la exteriorización materializada de la esencia nacional. En consecuencia, el nudo del discurso cultural discurrió acerca de las características nacionales del pueblo dominicano, estableciendo principios excluyentes de las mismas. La idea clave a ese respecto fue que los dominicanos constituían una nación hispánica. Como nación, en su esencia de la "dominicanidad", se constituía una prolongación de la cultura de España. Para probar la tesis se acudió a falsificaciones estadísticas que inflaban la proporción de blancos y minimizaban la de negros. Se acudió a la falsificación absoluta de la historia en no pocas materias. En su delirio racista, el tirano dispuso traslados poblacionales hacia su ciudad natal o a las zonas fronterizas, para "blanquearlas", estimuló la inmigración de europeos (retomando la consigna civilizadora de los liberales) y, lo más importante, en reiteradas ocasiones se apoderaba de arranques de furia frente al pueblo haitiano; de lo último, y otros factores, provino el incalificable genocidio de la población haitiana en las zonas fronterizas y cercanas, en 1937.

Los dominicanos en su integridad —de acuerdo con el discurso— eran blancos. Pero no sólo blancos por la composición racial pretendidamente dominante, sino también por la cultura, todo elevado a la categoría de la "estirpe hispánica". Ese "tronco pristino" (según Peña Batlle), habría estado sometido al acoso sistemático del "injerto" francés de la colonia occidental, y luego de los negros bárbaros comandados por Toussaint y otros jefes haitianos. En razón de ello, el principio de constitución y de supervivencia de la esencia nacional se fundamentaba en la oposición irreductible entre los dominicanos y los haitianos. La lucha entre las dos naciones adquiría formas mortales, pues una de las dos colectividades estaba llamada finalmente a prevalecer. El dominicano del pueblo se asimilaba a la categoría de "raza blanca y mestiza"; pero incluso el negro dominicano no era un verdadero negro; por raza africana se identificaba al haitiano, con todas las connotaciones peyorativas. Por naturaleza el dominicano era superior. El haitiano era un ser maldito, portador consustancial de enfermedades, vicios, delincuencia y degeneración.

Con este operativo se erigían enemigos que posibilitaran la cohesión de la colectividad en torno al emisor del discurso nacionalista. Era la propia colectividad la que esta-

Dominicana de la Historia, "Dios y Trujillo", texto convenientemente transformado después y retitulado "El azar en el proceso histórico dominicano", en *Discursos, temas históricos y literarios*, Barcelona, 1973. Refiere Balaguer, por ejemplo: "La República Dominicana es un país providencial que debe su existencia [. . .] a un principio superior que ha gobernado, como una ley ineluctable, todos los sucesos" (p. 199), y más adelante: "somos un pueblo elegido, y los pueblos que Dios elige para señalarles un papel superior en la vida de la humanidad, pueden caer y pueden sufrir grandes descalabros, pero no mueren" (p. 211). El sentido trágico que asoma en ese discurso, recurrente en el *corpus* ideológico oficial, lo atribuye Balaguer nada menos que a la ridícula idea de un castigo divino por la "iniquidad" que tuviera el gobernador Bobadilla con Cristóbal Colón y el asesinato de la cacica taina Anacaona por Nicolás de Ovando, el siguiente gobernador.

ba amenazada por el peligro haitiano, y el régimen existente constituía la única garantía para enfrentarlo exitosamente. Toda la educación formal se orientó a inocular las fórmulas de la hispanidad-dominicanidad, del catolicismo a ultranza, así como de la oposición feroz con los haitianos. Ahora bien, en la prédica también estaba presente otro enemigo, el propio pueblo, a través de su pasado de frustración. Los representantes de ese pasado acechante eran los enemigos internos del régimen y los exiliados, por lo demás agrupados todos como comunistas. La actitud hacia lo popular fue siempre hostil, en aras de los propósitos "civilizadores" del poder despótico; por ello, el discurso nacionalista contenía una ambigüedad intrínseca. De manera que era imperativo, según la filosofía oficializada de la historia dominicana, impedir el retorno al pasado, o lo que es lo mismo el derrocamiento de la dictadura. En realidad, ese discurso abjuraba de la capacidad del pueblo, ya que Trujillo constituía un sustituto indispensable.[37]

El principal corolario de ese discurso nacionalista era que lo nacional se superpusiera y condicionara a lo social. Según el discurso oficial, en el país no existían las clases sociales.[38] Por ello y por la estirpe, la teoría comunista y cualesquiera afines no podían tener cabida en el conglomerado nacional.[39] Al mismo tiempo, Trujillo no tenía empacho para cada cierto tiempo proclamarse socialista. En un arranque lírico, Joaquín Balaguer lo calificó como "primer comunista de América", aunque claro no al estilo de Lenin. . . Mientras tanto, la atribución metafísica de la blancura a los dominicanos era un arma de doble filo, ya que paralelamente a la búsqueda de cohesión en torno al Estado objetivaba un criterio elitista en cuanto a que eran los blancos verdaderos (o quienes podían pretender serlo, como Trujillo, que se embadurnaba la cara de cremas blanqueantes) que estaban llamados por derecho a dirigir, siendo como eran los representantes más excelentes de la esencia nacional. Aunque la correlación entre grupos raciales y clases no fuera exhaustiva, la generalidad de burgueses y sectores medios altos entonces se asimilaba a la raza blanca, en tanto que la generalidad de trabajadores a mulatos y negros. El racismo pasó a ser un medio estratégico de disolución de las identidades de los trabajadores y los campesinos en aras de una adscripción abstracta a la pertenencia nacional.

Por esa razón, el régimen se dedicó sistemáticamente a perseguir aquellos aspectos de la cultura popular que estimaba desajustados respecto al ideal hispánico. Todo lo que oliera a superstición africana, o vudú, fue objeto de prohibiciones formales y de penas severas. Muchas de las formas populares de brujería pasaron a la clandestini-

[37] Para un desarrollo de estos puntos, véase Roberto Cassá, *Capitalismo y dictadura*, Santo Domingo, 1982, cap. IX.

[38] Véanse los considerandos de la ley de 1936, mediante la cual se ilegalizó al comunismo. Véase Secretaría de Estado de lo Interior, *Libro blanco del comunismo en la República Dominicana*, Ciudad Trujillo, 1956.

[39] En un discurso pronunciado ante Francisco Franco, su homólogo dominicano señaló lo siguiente: "Los pueblos de estirpe hispánica constituimos una raza esencialmente ecuménica, cuya acción ha tenido siempre en la historia proyecciones de vastísimo alcance, somos sin duda el único grupo de naciones en las que aún no ha muerto la fe en la civilización [. . .]. El comunismo no obstante su ardiente y demoledora fuerza de exterminio no podrá quebrantar jamás la resistencia de los pueblos en cuyo carácter permanecen aún intactas las energías propias del alma ibérica." Rafael L. Trujillo, "La España eterna", en Joaquín Balaguer (ed.), *El pensamiento vivo de Trujillo*, Ciudad Trujillo, 1955, cap. 27.

dad. El régimen se inauguró con actos sangrientos, como la supresión del renacimiento del masivo mesianismo popular de raíz africana que había dirigido el "dios" Olivorio Mateo, bajo la dirección de José Pope, quien operaba en montañas remotas y fue eliminado en 1932.[40]

Pero la persecución de las expresiones culturales populares iban más allá de sus objetivos propiamente culturales. Se pretendía operar en el sentido del control social. Por eso, se refuerza la alianza entre el Estado y la Iglesia católica. Ésta se asoció a la labor de santificación del despotismo. Trujillo, a cambio, la protegía, por cuanto el catolicismo era un correlato de la dominicanidad, por oposición a la negritud y el supersticioso vudú. El clero, con presencia masiva de españoles partidarios de Franco, se ajustó a los programas ideológicos del régimen, expandiendo nuevos mecanismos de control plasmados en principios novedosos expuestos a los fieles en misa, así como en cursillos y retiros. Con el concordato firmado con el Vaticano se finalizó con los vestigios de la educación laica y racionalista que había implantado Hostos, ya que se intentó colocar la religión en el centro de la enseñanza. Ello encajaba en las funciones acordadas a Trujillo como mediador entre la colectividad y la divinidad cristiana.

Ese sentido operativo de la codificación cultural conllevaba la presión sobre la población, en el sentido de que variara de valores, incorporando aquellos que no sólo se ajustaran plenamente a los de la hispanidad, sino a los mecanismos de reproducción. Se pugnaba por ideales de familia, de austeridad, de sentido de apego a los dictados del poder, de sentido de disposición al trabajo, de disciplina social y de moral. Para reforzar la prédica, y controlar la población, el régimen estructuró diversas formas de integración, como unas manifestaciones de campesinos denominadas "revistas cívicas" o aparatos corporativos de patronos y obreros, entre otros. La cultura popular era objeto de cuestionamiento sistemático, en la medida en que se pretendía regular la existencia de los individuos.[41] Se pretendía eliminar todo lo que significara renuncia al trabajo, como algo propio de la vida tradicional campesina. De ahí las disposiciones como la obligación de posesión de un terreno de cerca de una hectárea de parte de todos aquellos habitantes del campo que no fuesen asalariados permanentes, so pena de caer en la categoría de la vagancia. Ésta, por lo demás, fue objeto de persecución, lo que era aprovechado por el Estado para reclutar una masiva mano de obra forzosa para ciertas actividades donde se requería bajar su costo al máximo. En estos aprestos llegó el momento en que andar descalzo era un delito, o bien la condición de analfabetismo podía ser objeto para los adultos a intermitentes compulsiones.

No obstante esta sistemática agresión contra facetas de la cultura popular, al régimen le fue funcional mantener otras. En realidad había concordancias entre el despotismo y ciertos aspectos de la realidad nacional. Por ello, el mantenimiento del tradicionalismo resultaba imprescindible para el poder, en cuanto la base de masas que en

---

[40] El movimiento mantuvo toda su fuerza como fenómeno popular en las comarcas del suroeste. Por eso, desde que murió Trujillo renació con descomunal fuerza, teniendo como centro el poblado de Palma Sola. De nuevo, el ejército acudió a la represión generalizada, con el crimen a mansalva de un número indeterminado de personas, pero en cualquier caso elevado.

[41] En razón de ello, desde muy pronto el régimen hizo distribuir por millares una "Cartilla cívica", catecismo de preceptos del despotismo, sobre todo para uso de la masa rural.

forma pasiva le acordaba la mayoría campesina era un medio de contención de las disidencias urbanas. En todo caso, esos elementos, como la religiosidad, tenderán a ser reforzados con los aspectos normativos de la cultura del poder. El campesinado, sin duda, dispuso de mecanismos de resistencia soterrada para relativizar las imposiciones estatales. Pero al mismo tiempo, se sentía penetrado por un sentido de respeto y apego a la autoridad constitutiva, lo que permitía planos de consenso más o menos activos.

De esa relación conflictiva, pero al mismo tiempo ambivalente, con lo popular, el régimen pudo efectuar una sistemática labor de penetración de las formas culturales. Numerosas facetas de la cultura nacional experimentaron cambios sustanciales. Ni que decir que ello cobró un carácter exhaustivo en la cultura urbana moderna, sobre todo en el interior de la intelectualidad. La modernidad se revestía así de un manto despótico, amparado en el universo abrumador del tradicionalismo agrario, que se ajustaba a los cánones del totalitarismo.

En muchísimos parámetros, los preceptos de la dictadura se extendieron a la cultura popular. Entre ellos, cabe citar el reforzamiento de los elementos previos de racismo, algunos más o menos inoculados por la tradición ideológica proveniente de la colonia, así como de la rivalidad nacional con el pueblo haitiano. Se reforzó, asimismo, la depedencia rigurosa de la clase campesina respecto al poder estatal. En cuanto a la religiosidad, se planteó un relevo importante de su forma católica convencional. Y sobre todo, advinieron reflejos en el sentido común derivados de la contundencia del despotismo, como fue la nación generalizada en varios conglomerados sociales de que el Estado es el único actor de progreso histórico y de bienestar. Esta idea implicaba una uniformización del edificio social a tono con los dispositivos estatales y una comprensión de las expectativas sociales de parte de distintos sectores sociales.

Los componentes liberadores o alienantes de la cultura popular estaban sujetos a manifestarse en función del desarrollo de diversos factores. Tras la aplastante impronta de la cultura del poder, esta disyuntiva se manifestaría en relación con los proyectos liberadores que se enarbolaron en la década posterior a la muerte de Trujillo.

HONDURAS: HISTORIA, POLÍTICA Y PODER

JUAN ARANCIBIA CÓRDOVA

La Honduras de hoy presenta una serie de características que no sólo son relevantes para su propio desarrollo histórico presente y futuro, sino que además impactan de una manera fundamental en el proceso centroamericano, en la situación de crisis, de guerra y de búsqueda de la paz en la región.

¿Cuáles son esas características? Sin pretender ser exhaustivos y remitiéndonos a lo más relevante, podrían señalarse las siguientes:

a] La existencia de un Estado de carácter neocolonial;

b] La ausencia de una identidad nacional, la existencia de una nación inconclusa;

c] La no existencia de un proyecto nacional articulador que dé coherencia a la política, a lo interno y externo;

d] El carácter inestable del régimen político que transita con gran fluidez de la democracia formal a la dictadura, y viceversa;

e] Una sociedad civil débil, frente a un Estado también débil, pero fuerte frente a su sociedad;

f] Unas fuerzas armadas que son el soporte mediato e inmediato del Estado y que se presentan como núcleo del poder real;

g] Un sistema político partidario inorgánico, incapaz de representar los intereses de las clases y fuerzas sociales, que tienden a expresarse corporativamente y a tener como referentes, como interlocutores de fondo en el Estado, a las fuerzas armadas;

h] Un sistema político bipartidista en la práctica, de carácter caudillista, sin programas, sin democracia interna. Un sistema político oligárquico en su funcionamiento.

i] Una sociedad en la cual parecen estar ausentes los mitos formadores (en positivo), sin referentes sólidos de acción, aparentemente sin historia. Lo anterior no implica la ausencia de ideología y con ella de mitos, pero éstos no tienen la fuerza del soporte.

j] Una sociedad cruzada por los mismos o mayores problemas económico-sociales de El Salvador, Guatemala o la Nicaragua somocista, pero que no ha sufrido, ni sufre, la crisis política de sus vecinos, y que hasta hoy no ha desarrollado una respuesta popular organizada violenta o no, a esos problemas. Es decir, un sistema que muestra, hasta ahora, una gran capacidad de absorción de los aspectos más críticos de sus contradicciones.

Es una sociedad y un Estado con esas y otras características el que se presenta ante la opinión pública internacional como un peón de la política norteamericana en Centroamérica.

Un Estado que ha aceptado convertir su territorio en una gran base militar de Estados Unidos, en un gran campamento de adiestramiento, en un santuario de la llamada contra nicaragüense. Un Estado que ha transformado su política exterior en una prolongación de las posiciones de Estados Unidos en la región, convirtiéndose en un obstáculo mayor en la búsqueda de la paz, en la construcción de alternativas centroamericanas a los problemas del área.

Rastreando en la historia, de manera somera, quisiéramos encontrar las claves de la cultura y el quehacer político de este país, cuyo Estado no dudaba en 1983, en plantear la posibilidad de convertirse en un protectorado norteamericano, a la manera de Corea del Sur o un Estado Libre Asociado como Puerto Rico. En la práctica, con su economía subsidiada, con el paraguas militar norteamericano, con los convenios militares (anexos al tratado de 1954) que se vienen firmando desde 1982, Honduras es hoy día un protectorado.

LA HISTORIA Y LA POLÍTICA

Partimos de la premisa de que es imposible entender lo que ocurre hoy día en Honduras sin recurrir, en este caso, a un análisis somero de su historia, particularmente de su historia como país capitalista. En este recorrido analítico, que no descriptivo, nos interesa particularmente lo relativo al desarrollo de su superestructura. Pero también la relación establecida entre ella y la base material de la sociedad, en lo fundamental, lo relativo al desarrollo de sus relaciones de producción.

Pondremos especial énfasis en lo que René Zavaleta[1] llamaba los momentos constitutivos de la sociedad y ellos son importantes en cualquier nivel que ocurran. Entenderemos que esos momentos constitutivos pueden tener momentos derivados o complementarios, es decir, que la constitución de un elemento histórico no ocurre en un solo momento, aun cuando el momento fundante perfile el núcleo básico de la cuestión que nos preocupa analizar.

Modernización capitalista y ampliación del Estado

Terminada la guerra, pero especialmente después del fin de la dictadura de Carías, la economía comenzará a diversificarse, y el desarrollo capitalista se ampliará y profundizará.

Esta ampliación y diversificación ocurre por dos vías: de una parte, las compañías bananeras introducen la explotación de abacá, palma africana y cacao, al tiempo que amplían la producción ganadera y de sus derivados; de otra parte, capitalistas locales y algunos de origen centroamericano, empujarán una actividad agraria capitalista, fundamentalmente en el algodón, la caña de azúcar, la ganadería y el café; también cobra fuerza la explotación de la madera.

Además del enclave, otros espacios de la formación social se harán capitalistas o

[1] René Zavaleta Mercado, "Las formaciones aparentes en Marx", en *Revista Historia y Sociedad*, núm. 8, Segunda Época, México, verano de 1975, p. 15.

cuando menos mercantiles. Una segunda oleada del proceso de descampesinización tendrá lugar, al generarse un proletariado, fundamentalmente estacional, vinculado a la siembra y en especial cosecha de los nuevos renglones agrarios. En nivel de la clase dominante y de los productores directos agrarios, se producirá una acentuación de la diversificación y diferenciación de clases.

Mientras que los productores directos se proletarizan, mercantilizan o emigran a las ciudades, la oligarquía agraria comenzará a transformarse en burguesía agraria de perfil oligárquico.

Por su parte, también se ampliará y diversificará la producción industrial. En 1945 la producción industrial era un 7.5% del PIB, mientras que en 1969 rondaba el 16.0%. Además, la industria, que en 1950 era artesanal en un 95.0%, sufrirá cambios muy importantes al volverse más industrial, más capitalista; sin duda el Mercado Común Centroamericano, que comenzó a operar en 1961, tendrá un papel sustancial en este cambio. Además, el crecimiento industrial se liga a la mercantilización de la agricultura y a la urbanización acelerada, factores todos que amplían el mercado interno y externo (o regional en este caso).

Un elemento sustantivo del periodo es la mayor participación del Estado en la economía; por recomendaciones de una misión del FMI se crean en 1950 el Banco Central y el Banco Nacional de Fomento (BANAFOM). Se aprueba también el impuesto sobre la renta. El Banco Central permite ''nacionalizar'' la circulación monetaria, que hasta 1950 se comprendía en su mayoría de monedas extranjeras, especialmente de la norteamericana. También la creación del Banco Central permite controlar divisas y generar crédito bancario, desarrollar elementos de política económica de mayor complejidad y cierto grado de autonomía.

En 1954 se crea el Ministerio de Agricultura, en 1955 la Dirección de Fomento Cooperativo y el Consejo Nacional de Economía (organismo de planificación). En 1957 nace la Empresa Nacional de Energía Eléctrica (ENEE), y en 1958 se dicta la Ley de Fomento Industrial.

El gasto estatal crece desde 8.2 millones de dólares en 1945 hasta 40 millones de dólares en 1960. Para tener una idea de la potencia económica del Estado en 1945, serviría la siguiente comparación: en ese año, el presupuesto del Estado es igual al 5.5% del PIB, mientras que las remesas de utilidades alcanzan al 10.0 por ciento.

Hasta 1955 la acumulación de capital depende de manera casi exclusiva del sector exportador. Desde ese año, el papel del Estado como inversor será una fuente de acumulación, que mediante deuda externa e interna alcanzará cierta autonomía de cara al sector exportador. El Estado se transformará además, en un importante generador de empleo.

En 1954, desde el 13 de mayo hasta los primeros días de julio, se desarrolla la primera gran huelga bananera y probablemente la mayor y sin duda la más prolongada en el país. Son 35 000 trabajadores los que entran en huelga, paralizando todo el enclave. La huelga se hace por mejores salarios y reconocimiento del sindicato.

La huelga terminará con una satisfacción parcial de las demandas obreras, pero logra que la clase obrera gane carta de ciudadanía y que no pueda seguir siendo ignorada por el Estado y las clases dominantes.

Se consigue el reconocimiento de hecho del sindicato. El Estado reconoce la existencia de la clase y comienza a generar una legislación laboral, para regular las relaciones de trabajo y las relaciones de la nueva clase con el Estado. Entre 1954 y 1956 (gobierno dictatorial de Julio Lozano Díaz) se dicta una abundante legislación laboral que será sintetizada y consolidada con la aprobación del Código del Trabajo en julio de 1959.

En 1957 se crea el Ministerio de Trabajo, Previsión Social y Clase Media. En ese mismo año se fundan la Junta de Bienestar Social, el Instituto de la Vivienda y la Escuela de Servicio Social.

En 1957 el liberal Ramón Villeda Morales asciende a la presidencia de la República. Su gobierno puede ser considerado como la síntesis del proceso de modernización capitalista.

La Constitución de 1957 consagra la intervención del Estado para fomentar el desarrollo económico, promover el empleo y suscitar una distribución más equitativa del ingreso. Además, estipula el derecho del Estado a reservarse el ejercicio de ciertas industrias básicas y de servicios y a generar un proceso de planificación económica.

También el Estado debe promover la formación técnica de los trabajadores y fomentar la construcción de viviendas, las condiciones sanitarias y estimular la educación de las mayorías.

Los principios consagrados en la Constitución de 1957 y la promulgación del Código de Trabajo en 1959, muestran la voluntad del Estado de incorporar a los trabajadores como un factor real de poder y transformarlos en parte del bloque histórico; la idea es controlar la inevitable presencia trabajadora y manejar una alianza implícita con ellos.

Las empresas bananeras reaccionan frente a la huelga, iniciando un acelerado proceso de capitalización productiva, que implicará el despido de alrededor de 19 000 trabajadores. En 1959 las empresas bananeras generan el mismo producto de 1954 con sólo 16 000 trabajadores, menos del 50.0% de los que había en 1954.

En 1954 no sólo se realiza la gran huelga bananera sino que se funda el ejército moderno de Honduras. En ese año se crea el primer batallón de infantería, dirigido hasta 1956 por oficiales norteamericanos. Ese mismo año (mayo de 1954) se firma el tratado de asistencia militar entre Estados Unidos y Honduras. En el propio 1954 han partido de Honduras los contingentes del coronel Castillo Armas, que fueron decisivos en el derrocamiento del régimen de Jacobo Arbenz en Guatemala.

La coyuntura del año 1954 es sin duda otro momento constitutivo de la mayor trascendencia. La clase trabajadora irrumpe a la vida social y política a través de una gran huelga, que le permite consolidar su organización. El Estado le da una triple respuesta a esta irrupción:

• Regula la actividad sindical a través de la legislación y con ello, legitima y limita.

• La ORIT y AFL-CIO comienzan a desplegar una intensa actividad organizativa e ideológica, que les permita mantener al naciente sindicalismo legal hondureño en los márgenes del llamado ''sindicalismo libre''; cuando ello no sea posible, se crearán organizaciones paralelas a las existentes.

• Se crea el ejército moderno y se firma el convenio militar con Estados Unidos.

No obstante este triple ataque, los trabajadores hacen con su lucha y su presencia activa en la vida social, una contribución de primera importancia a la democratización del país.

En relación con las fuerzas armadas, la coyuntura no es menos trascendente. En 1954 surge el ejército como institución, como aparato del Estado y no como propiedad de caudillos regionales o políticos. Su nacimiento está marcado por una férrea dependencia logística, organizativa y de sus concepciones de la guerra hacia las fuerzas armadas norteamericanas; también la ideología es dependiente.

Para 1956 las fuerzas armadas dan su primer golpe de Estado institucional y permanecen más de un año en el gobierno. El 21 de septiembre de 1957 (antes de las elecciones), emiten una proclama del mayor interés político-ideológico, en la que explican primero por qué dieron el golpe de Estado y luego señalan:

Las fuerzas armadas no pueden seguir siendo un fenómeno pasajero en la vida institucional del país. Ellas al desarrollar su actividad se manifiestan como algo inherente a la libertad, el orden, el decoro, y a la felicidad de la patria. En tal sentido, suponer que pudiera prescindirse de su vigilancia tutelar, sería tanto como pensar que el Estado podría seguir subsistiendo sin la presencia del pueblo. El pueblo y el ejército serán las fuerzas supremas de cuya magnífica comunión surgirá una nacionalidad más rica y poderosa [. . .] De ahora y para siempre asumen la función irrevocable, histórica y meritísima de guardián permanente de las instituciones.[2]

De esta manera, las fuerzas armadas se colocan en el mismo nivel del pueblo en términos de soberanía y guardan para siempre y para sí las llaves del bien y el mal.

La única explicación para esta proposición que usurpa al pueblo la soberanía, tiene que ver con el hecho de que la sociedad civil no aparece fuerte y la democracia es inexistente. Enfrentadas a un vacío político y de hegemonía, las fuerzas armadas entran a llenar ese espacio. Esta concepción y este papel político no serán abandonados ni en el presente, y por el contrario, se profundizarán con el correr del tiempo. La Constitución de 1957 consolida esta visión al conceder autonomía a las fuerzas armadas.

El gobierno del liberal Villeda Morales fue sin duda modernizador y en ciertos aspectos reformista. No obstante lo anterior, generó situaciones que tendían a socavar el avance democrático del país. El 26 de julio de 1959 emitió un decreto ley (aún vigente), por el cual se prohíbe la edición y circulación de publicaciones que "socaven los fundamentos del Estado democrático". En 1962 rompió relaciones con Cuba. En 1962 opuso a la FENACH (Federación Nacional de Campesinos de Honduras), dirigida por Lorenzo Zelaya, la ANACH (Asociación Nacional de Campesinos de Honduras), central de carácter oficialista y anticomunista.

Esta política de cooptación político-ideológica de las masas organizadas, debilitaría su papel transformador y democratizante y bloquearía el avance global de la sociedad en una dirección progresiva.

---

[2] Citado por Leticia Salomón en *Militarismo y reformismo en Honduras*, Tegucigalpa, Ed. Guaymuras, 1982, pp. 33-34.

Militarismo, guerra y gobierno de unidad nacional

El 3 de octubre de 1963 las fuerzas armadas dieron su segundo golpe de Estado de su historia contemporánea.

El golpe de Estado se enmarcaba en los lineamientos de la doctrina de seguridad nacional y de la política Kennedy de contención al avance de las fuerzas populares en la región. El golpe ocurrió días antes de las elecciones, las que deberían dar un nuevo triunfo electoral al Partido Liberal y a su líder y candidato presidencial Modesto Rodas Alvarado.

Los militares tenían varias preocupaciones que los llevaron a dar el golpe:

a) El general y dictador Tiburcio Carías Andino estaba convencido de que la gran herencia que dejaba a sus congéneres del partido nacional, era el ejército. Los liberales sabedores de esto organizaron desde el gobierno su propio aparato armado, la Guardia Civil, policía dependiente del Ministerio de Gobernación y no del de Defensa. En su proclama los militares expresaban que daban el golpe para abolir el ejército político, es decir, querían el monopolio de la violencia legal para ellos. No había aquí solamente razones de orden político, ya que las fuerzas armadas eran más cercanas al partido nacional, sino razones de orden institucional, ser el único aparato armado del Estado.

b) Estaban preocupados por el triunfo seguro de Modesto Rodas Alvarado, líder carismático de discurso populista y veleidades antimilitaristas.

c) La gran huelga bananera había provocado la reacción modernizadora de las compañías y con ello el despido de 19 000 trabajadores, gran parte de los cuales volvió al campo, incluyendo a algunos que tenían experiencia como dirigentes de los obreros bananeros. En el campo se organizaron para luchar por la tierra, de donde nació la FENACH, comandada por Lorenzo Zelaya. Los militares temían que la lucha campesina pudiera avanzar hacia la lucha político-militar (siguiendo el ejemplo cubano), temores que eran estimulados por los norteamericanos. Por eso en la proclama se hablaba de agitadores comunistas, de guerrilleros.

El golpe se proponía:

Poner fin, inmediatamente, a la infiltración comunista que amenaza tan seriamente nuestra forma democrática de gobierno, nuestra vida, nuestras propiedades y nuestros arraigados sentimientos religiosos.[3]

En discurso del 7 de octubre, 4 días después del golpe, el jefe del Estado y del ejército denunciaba "la existencia de guerrillas rojas en varios sectores del territorio".

Además, los militares se comprometían a cumplir con todos los tratados internacionales, explicitando su apego a los convenios de la Alianza para el Progreso. Lo anterior no fue cierto, por lo menos en lo relativo a la aplicación de la ley de reforma agraria, aprobada en 1962.

El gobierno desató una fuerte represión contra líderes populares y del Partido Liberal, clausuró el proceso reformista iniciado en 1957, haciendo retroceder lo que se ha-

[3] *Ibid.*, p. 178.

bía avanzado en términos de generar consenso y hegemonía, a partir del accionar del Estado.

En este periodo los militares no tienen proyecto propio, son brazo armado de la clase dominante. Las políticas que se siguen responden, en parte, a lineamientos de sectores atrasados de la burguesía oligárquica y a proposiciones cepalinas y de la Alianza para el Progreso, pero recortando los aspectos de avance social que una u otra de alguna manera contenían.

No obstante el golpe y sus consecuencias represivas y regresivas, la historia no podía ser detenida. El país era parte del MCCA y éste impulsó, estimuló y aceleró el desarrollo industrial, la urbanización y la diferenciación social.

Pero el proceso de crecimiento no estaba exento de contradicciones. Honduras, el país más atrasado de la región, creció pero lo hizo menos que sus vecinos, con lo cual la distancia relativa de desarrollo se amplió. Además, Honduras lograba exportar comparativamente pocas manufacturas y tendía a especializarse en abastecer el MCCA con productos primarios, como alimentos. Esto era especialmente cierto en sus relaciones con El Salvador. Las manufacturas salvadoreñas competían en el mercado hondureño y desplazaban a los productos generados por la industria local. Campañas anticonsumo de productos salvadoreños no se hicieron esperar, especialmente en 1968 y 1969. Éste es uno de los elementos que está por detrás de la llamada "guerra del futbol".

Otro factor que estuvo en la base de la guerra es el problema agrario. La oligarquía salvadoreña había encontrado en la emigración de sus campesinos a Honduras, una válvula de escape al problema de la concentración de la tierra. Las luchas campesinas de fines de los cincuenta e inicios de los sesenta en Honduras llevan a buscar una solución que no afecte a los terratenientes hondureños ni a las compañías bananeras; la solución se encuentra en la expulsión de los campesinos salvadoreños asentados en el país, en un número estimado en 250 000.

Naturalmente la clase dominante salvadoreña no podía aceptar ni el cierre del mercado hondureño a sus manufacturas ni la expulsión de los campesinos, pues le creaba y acentuaba su aparente sobrante de población y decidió declarar la guerra. La guerra dura 100 horas y termina con la intervención de Estados Unidos y la comunidad latinoamericana. Desde el punto de vista militar, el ejército salvadoreño logró los primeros triunfos; las fuerzas armadas hondureñas dejaron a la vista su incapacidad militar y su corrupción y sufrieron una derrota histórica en la conciencia de las masas y en su prestigio como institución.

No obstante la derrota militar parcial, la clase dominante hondureña logró sus objetivos al sacar del mercado la competencia salvadoreña, expulsar a los campesinos de ese país y liberar tierra para las necesidades internas. La guerra tendrá profundas consecuencias que más adelante mencionaremos.

La represión desatada por el gobierno militar acalló problemas, pero no los eliminó; en 1968 los sectores populares de la zona norte intensificaron sus luchas y encontraron pronto apoyo en sectores empresariales de la región, la más fuerte económicamente del país, tanto por el desarrollo bananero como especialmente por estar en ella la mayor parte de la planta industrial.

La alianza obrero-patronal es facilitada por la represión, la corrupción oficial y una situación de recesión económica, con inflación, baja de salarios y alzas de impuestos al comercio exterior. Se declara una huelga obrera indefinida con apoyo abierto del partido liberal y de los empresarios, pero al cabo de una semana ésta es terminada al desatarse la represión y detenerse a unos 50 líderes sindicales, declararse el estado de sitio, controlarse la información y desarrollarse otras formas de intimidación.

La guerra honduro-salvadoreña pone un paréntesis a la lucha social en el país, pero ella se reactivará después de terminada ésta.

En el nivel de la política nacional, la guerra abre un espacio, permite plantear la necesidad de una política de unidad nacional y la exigencia de tomar y ejecutar ciertas medidas económicas y políticas. Se pide reforma tributaria y agraria, control de la inversión extranjera, y respeto a las libertades personales, sindicales y políticas.

El COHEP (Consejo Hondureño de la Empresa Privada) y la CTH (Confederación de Trabajadores de Honduras), se unen para dialogar con el gobierno del coronel Oswaldo López Arellano, hecho presidente en 1965 por una mayoría del Partido Nacional en una asamblea constituyente. De ese diálogo surge el acuerdo para conformar un gobierno de unidad nacional entre el Partido Liberal y el Nacional. En marzo de 1971 se realizan las elecciones, en las cuales triunfa el Partido Nacional, que encabeza en ese entonces el gobierno de unidad.

Las fuerzas corporativas progresivas, de acuerdo con las fuerzas armadas generan el gobierno de unidad nacional, pero éste queda en manos de partidos que no expresan esas posiciones y necesidades. El golpe de Estado de 1963 había terminado por acentuar la ausencia de hegemonía. El gobierno de unidad nacional sin programa ni representación orgánica, no hará más que intensificar la crisis.

La situación tendrá una salida peculiar, pues el poder político no será tomado por aquellos que cuestionan el poder oligárquico tradicional, sino que será asumido nuevamente por las fuerzas armadas.

Reformismo militar y democracia

Casi con seguridad puede afirmarse que la coyuntura en que los partidos tradicionales y su liderazgo caudillista han mostrado con más claridad su inadecuación orgánica y su impotencia, es el del frustrado gobierno de unidad nacional, que de unidad no tuvo más que una cierta repartición equitativa de los cargos públicos entre liberales y nacionales, y de nacional sólo el nombre.

El golpe de Estado del 4 de diciembre de 1972 fue el final lógico del desgobierno y la ausencia de programa y acción gubernamental, máxime cuando la lucha popular no se había detenido. Los campesinos contaban ahora con dos centrales sindicales importantes, la ANACH (creada por el gobierno de Villeda Morales) y la UNC (Unión Nacional de Campesinos), de tendencia socialcristiana y afiliada a la CGT (Confederación General de Trabajadores) de la misma tendencia. El problema campesino no sólo permanecía sino que se había agravado por la inexistencia de la reforma agraria.

Junto a lo anterior, era necesario recomponer el proceso de acumulación de capital, pues Honduras había roto con el MCCA y aun cuando firmó convenios bilaterales con sus vecinos (excepto con El Salvador), la situación no era la misma que antes de la ruptura. El MCCA había sido útil, pero insuficiente y estaba mostrando sus limitaciones. Había que fortalecer el mercado interno, pero no sólo desplazando la competencia salvadoreña, sino incorporando a nuevos sectores de la población al mercado, por ello la reforma agraria era también económicamente necesaria.

Las fuerzas armadas requerían una profunda reestructuración, que limpiara su imagen y las transformara en una estructura realmente profesional. Hasta la guerra, la mayoría absoluta de la oficialidad no tenía formación sistemática de academia. Muchos oficiales habían comenzado como soldados "laceados", es decir, campesinos que eran cazados como bestias para reclutarlos e incorporarlos al ejército. La excepción era la oficialidad de la fuerza aérea que tenía mayor formación, por estrictas necesidades de esa rama militar; no es de extrañar entonces que fuese un oficial de esa arma, el militar más importante, entre 1957 y 1975 (el entonces coronel Oswaldo López Arellano).

El nuevo gobierno militar enfrentaba la problemática ya descrita y un auténtico vacío hegemónico en el nivel de lo político.

El gobierno militar, consciente de la crisis de representación orgánica de los partidos, los excluye como tales del gobierno, aunque incluya entre sus funcionarios a militantes de los mismos; más bien se rodea de una pequeña burguesía tecnoburocrática, muy empapada e influida por las ideas cepalinas del momento.

Vale la pena rescatar en una cita el análisis y el propósito del nuevo gobierno:

El panorama que afrontamos está colmado de graves dificultades: la inestabilidad en el agro, la ineficiencia generalizada, la crisis fiscal agobiante, la corrupción administrativa, el alza inmoderada en el costo de la vida, la falta de programación en la acción gubernamental, la indefinición de políticas en nuestras relaciones con los países vecinos, el estancamiento de la inversión privada que se vio desalentada por la inestabilidad y la incongruencia de la política económica e industrial del gobierno.

Pero lo que ha ocurrido no puede ni debe frenar nuestra capacidad de adoptar iniciativas que entrañen un cambio radical [. . .] La situación de pobreza que afecta a las masas populares asentadas principalmente en el campo, requiere la acción inmediata del Estado, la cual, para cumplir con sus fines de justicia democrática, debe llegar a las grandes mayorías populares.

De aquí que el gobierno militar haya decidido convertir el programa de reforma agraria en su quehacer fundamental.[4]

El documento tenía un marcado tono progresista, los subversivos no aparecían por ningún lado, el golpe no era anticomunista aunque no fuese ajeno a una cierta concepción de seguridad nacional. Declaraba a la reforma agraria como tarea fundamental y el rescate de los recursos forestales como forma de financiamiento de la misma. En general, toda la definición de objetivos gubernamentales tendía, desde una tesitura que se podría calificar de reformista, hacia la profundización y modernización capitalista, que incluía cambios estructurales progresivos.

[4] Mensaje de Año Nuevo del general Oswaldo López Arellano, 31 de diciembre de 1972, en los anexos del libro de Leticia Salomón, *Militarismo y reformismo.* . ., cit., pp. 199-211.

El contraste con el golpe de Estado de 1963, que había encabezado el mismo López Arellano, es notable y muestra cómo en un país atrasado como Honduras, el propio ejército es un escenario político, un espacio de confrontación de fuerzas sociales, por el papel principal que las fuerzas armadas asumen como aparato central del Estado, no en última instancia sino incluso en la cotidianeidad de la formación social.

Había, sin embargo, un aspecto que no cambiaba y más bien se reafirmaba y que se contiene en la cita siguiente:

Las fuerzas armadas de la República están cumpliendo de nuevo un altísimo deber de patriotismo. Sus acciones decididas y firmes para acudir al rescate del país, siempre que éste confronta cualquier género de peligros, patentizan que ya no se les pueda calificar únicamente como "El Brazo Armado del Pueblo", sino que constituyen además un instrumento de insustituible eficacia para resolver los problemas políticos, económicos y sociales del pueblo hondureño, que una vez más les ha otorgado en forma ilimitada su apoyo y su confianza.[5]

Como se puede desprender fácilmente de la lectura, las fuerzas armadas reafirman y extienden el papel que se habían autoasignado desde 1956; ya no sólo son fuente de soberanía sino instrumento insustituible para solucionar los problemas del país.

Instalado el nuevo gobierno procedió a emitir una serie de decretos, entre los cuales destacaremos el núm. 8, del 26 de diciembre de 1972, que obliga al arrendamiento forzoso de las tierras incultas, situación que en un máximo de dos años debía regularizarse con una nueva ley de reforma agraria. El decreto núm. 30, del 9 de enero de 1973, que establecía la obligatoriedad de que todo trabajador beneficiado por un convenio colectivo debía pagar cuotas al respectivo sindicato, aunque no fuera miembro de él. El decreto ley núm. 3, que desautoriza las contribuciones "voluntarias" de los burócratas a los partidos legalmente inscritos (5.0% del sueldo) y el decreto ley núm. 91, destinado a proteger a los consumidores y del cual surgirá la "comisión del 91" destinada a controlar los precios.

Además, se fortalece al Estado con la creación de la COHDEFOR (Corporación Hondureña de Desarrollo Forestal), CONADI (Corporación Nacional de Inversiones), BANASUPRO (agencia del Banco Nacional de Fomento para el suministro de productos básicos) y PROCARA e INFOP, ligados a la capacitación de los trabajadores rurales y urbanos, respectivamente.

El gobierno militar reformista enfrentó la oposición de los ganaderos y terratenientes locales, de los sectores más atrasados del empresariado agrupados en el COHEP y de las empresas transnacionales. Los unos, por la reforma agraria y los otros por la protección a los trabajadores, el control de precios y en general, el contenido reformista y antitradicional del gobierno. A las compañías bananeras les preocupaba la reforma agraria por los cientos de miles de hectáreas que mantenían ociosas, el ingreso de Honduras a la UPEP (Unión de Productores y Exportadores de Petróleo) y los nuevos impuestos a la importación, acordados por ese organismo y aplicados parcialmente en Honduras en 1974.

---

⁵ *Ibidem.*

Las compañías, en su afán por deshacerse del gobierno, filtraron información a la prensa norteamericana acerca de un soborno pagado al ministro de Economía y al presidente de la República, el general López Arellano. El día 9 de abril de 1975, el *Wall Street Journal* informó sobre el soborno, y el 22 de abril la oficialidad depuso al general. Éste se había negado a que sus cuentas en Suiza fuesen revisadas por una comisión nombrada para investigar lo del soborno. Dicho soborno lo pagó la Standard Fruit Co.; el día 21 de abril el gobierno expropió 22 000 hectáreas a la Standard.

El golpe de Estado de abril de 1972 fue bien recibido por la mayoría; era necesaria una política de apertura, de modernización y reforma. El golpe de Estado de 1963 y el posterior gobierno de unidad nacional (1971-1972), habían marchado contra la historia, fueron salidas represivas y oligárquicas a cuestiones vinculadas con la necesidad de profundizar el capitalismo, de ampliar el mercado interno. En 1963 y 1971, el Estado expresaba los intereses más atrasados de la clase dominante y con ello una falsa actitud conservadora; en el periodo 1972-1975 expresa los intereses de punta de la burguesía, de su fracción modernizante (que no son mayoritarios), va por delante de la base económica y en cierta forma, de la correlación de fuerzas. Por eso, la alianza que lo sostiene es insuficiente y el gobierno débil socialmente, además de las debilidades personales de su líder, dejadas al descubierto interesadamente por las compañías.

La correlación de fuerzas sería del siguiente tipo: al gobierno lo apoyan los empresarios modernizantes de la costa norte, las centrales campesinas y obreras mayoritarias (vinculadas a la ORIT y al socialcristianismo), capas medias no comprometidas fuertemente con los partidos tradicionales y un sector llamado de "oficiales jóvenes". Pero el apoyo popular fue poco activo, las masas no sienten el proyecto como propio. Los empresarios modernizantes fueron desplazados del poder en el máximo organismo corporativo, el COHEP, al inicio de 1972; los oficiales jóvenes son ideológicamente dispersos, y en síntesis, la alianza gobiernista no está suficientemente cohesionada y homogeneizada.

La alianza gobiernista tiene enfrente a las compañías bananeras, a los beligerantes ganaderos, a los terratenientes tradicionales, a los partidos históricos desplazados del poder y a un sector no despreciable de la vieja oficialidad. En virtud de lo anterior, el golpe no sólo es posible sino que desde 1974 el gobierno ya había comenzado a vacilar y con ello a alentar a la oposición.

No obstante lo anterior, es en este lapso en el que más reforma agraria se hace, alrededor de unas 20 000 familias son beneficiadas entre 1972 y 1975.

Mirando en retrospectiva y a pesar de la ausencia de democracia electoral y división de poderes, este periodo es quizás el más democrático por la preocupación y acción en función de los intereses mayoritarios. El Estado se fortalece y la nación parece encontrar un espacio de desarrollo sustentado en la alianza entre burguesía y trabajadores, en el proyecto de desarrollo, en la marginación de los partidos tradicionales y en los nuevos vientos en el interior de las fuerzas armadas. Sin embargo, aquí mismo están sus límites, el proyecto es lanzado por el aparato militar del Estado y no se encarna con fuerza en la sociedad civil, aunque desde allí venga su reclamo y necesidad. El proyecto no logra ser hegemónico, aunque sí dominante, porque la alianza de clases y la base productiva que lo sustenta no logran ampliarse y ser ellas la base de la dominación y no el aparato militar del Estado.

A pesar de sus limitaciones, el proyecto y el periodo se aparecen como los más lúcidos de la dominación capitalista en este siglo. Expresan al sector más adelantado de la clase dominante y por lo tanto, la más auténtica conservación y desarrollo del sistema. Desde el punto de vista militar, implica la puesta en práctica de una versión de la doctrina de seguridad nacional, que tendría al desarrollo y no a la represión como pilar. Esa concepción y ese accionar sin duda han contribuido a la capacidad del sistema para absorber contribuciones sociales y frenar la violencia potencial.

Fin del reformismo militar y reacción conservadora

La oficialidad joven mostró ambigüedad ideológica al derrocar en 1975 a López Arellano y designar en su remplazo como presidente al coronel Alberto Melgar Castro, y como jefe de las fuerzas armadas, al coronel Policarpo Paz García ambos pertenecientes a la vieja guardia conservadora y oficiales de "cerro" de los soldados reclutados a la fuerza.

A diferencia del discurso de los militares en 1972, el de 1975 incorpora de nuevo la cuestión de la lucha de clases, las ideas disociadoras y el patriotismo, además se refiere al retorno al estado de derecho, cuestión que no se mencionaba en 1972. En la práctica, los militares abandonaron la idea de conducir un proyecto de país y con ello clausuran otra esperanza nacional, al igual que lo habían hecho en 1963 al derrocar a Villeda Morales e impedir la continuidad del reformismo liberal.

Poco a poco el reformismo militar comienza a ser desmantelado y los intentos por expropiar tierras a las bananeras fracasan a pesar de que se emiten órdenes del INA (Instituto Nacional Agrario) en ese sentido en 1975 y 1976. Los intentos de llevar adelante la reforma agraria le cuesta su cargo a dos directores del INA, uno de ellos teniente-coronel del ejército. La lucha campesina se agudiza en medio de la represión e incluso de matanzas, de parte de terratenientes aliados con militares.

Para 1977 el reformismo burgués-militar está desmantelado. En términos de la reforma agraria, los resultados entre enero de 1973 y octubre de 1977, consistieron en la afectación de 174 698 hectáreas, beneficiándose a 31 168 familias.

El plan original era afectar 600 000 y beneficiar a 120 000 familias. A pesar del fracaso o incumplimiento relativo del proceso, no puede ser ignorado en relación al conflicto social (tampoco en cuanto a su impacto económico); sin duda entre esas 31 168 familias estaban los sectores más beligerantes del campesinado sin tierra, con lo cual su impacto ideológico-político es cualitativamente mayor que el que las solas cantidades pudieran hacer pensar.

El proyecto de transformación del gobierno militar reformista, no surgió del aire ni de la moda latinoamericana de la época (aunque sí debe haber influido la experiencia peruana, entre otras); este proyecto fue el resultado del proceso de reproducción ampliada del capital y de la sociedad capitalista hondureña, del desarrollo de las clases, la urbanización, la industrialización, el proceso educativo, etc. Es decir, encuentra su potencia en el propio decurso del capitalismo hondureño, pero halla también en él sus contradicciones y límites.

Se trata de una sociedad de enclave y éste no está de acuerdo con el proyecto. Es una sociedad con fuerte contenido rural-oligárquico que intenta hacer una reforma agraria que afecta a ese contenido y al enclave. El reformismo militar no tiene un potente correlato con las masas, no porque éstas no estén de acuerdo con el reformismo sino porque no sienten suyo el proyecto, además de no tener experiencia de participación política ni un liderazgo a la altura de las necesidades. Las masas viven el reformismo intronizado en el Estado, con mentalidad dependiente del paternalismo de éste. No hay en el país importantes partidos reformistas de centro, tampoco los hay de izquierda (con fuerza); políticamente, sobre todo electoralmente, las masas pertenecen a los partidos históricos; corporativamente son controladas por un sindicalismo conservador y de raigambre anticomunista, lo cual, junto con la ausencia de una real participación de masas, no generan las condiciones para que desde el pueblo se pueda hacer avanzar más allá el proceso reformador.

A partir de la segunda mitad de 1977, la reforma agraria se convierte progresivamente en un proceso de colonización. Se acentúa la tendencia a transformar a los campesinos reformados en productores al servicio de la agroindustria y de las bananeras. La represión contra los campesinos y los obreros va creciendo, al mismo tiempo que se intenta destruir a las organizaciones más beligerantes, creando "frentes democráticos" y directivas paralelas.

En el plano político, el gobierno de Melgar Castro se acerca al partido nacional y pretende crear las condiciones para constitucionalizar al jefe de Estado de facto, como se había hecho en 1965 con López Arellano. La campaña política de promoción personal de Melgar Castro y el descubrimiento de que altos jefes militares estaban involucrados en el narcotráfico, llevó a un nuevo golpe de Estado.

En agosto de 1978 toma el control del gobierno una junta militar de gobierno encabezada por el jefe de las fuerzas armadas, general Policarpo Paz García. Entre agosto de 1978 y julio de 1979, la junta de gobierno continúa profundizando las tendencias derechizantes de Melgar Castro. A partir de julio de 1979 con el triunfo de la revolución popular sandinista, el curso del proceso histórico comenzará a cambiar de manera drástica.

DEL TRIUNFO DE LA REVOLUCIÓN SANDINISTA HASTA NUESTROS DÍAS

El triunfo sandinista en julio de 1979, no es sólo el derrocamiento de la dictadura somocista en Nicaragua y/o el inicio de un proceso de profundas transformaciones económicas, sociales, políticas e ideológicas en ese país. Es más que eso, implica un desafío a la hegemonía norteamericana en una parte de lo que sus gobernantes definen como su cuarta frontera, parte de lo que sería un área vinculada directamente a su seguridad nacional.

Pero también para el conjunto de las clases dominantes de la región, ha sido como un incendio en la casa de al lado. Ha representado una amenaza directa y real a sus propias condiciones de dominación.

Obviamente Honduras se vio también conmocionada y afectada por la situación y se gestaron una serie de fenómenos, de procesos, vinculados a la situación de Nicaragua, primero, de El Salvador y Guatemala, luego, a la estrategia contrarrevolucionaria y contrainsurgente de Estados Unidos, y por supuesto a las características y necesidades del propio proceso político hondureño. A estos fenómenos internos y externos de carácter político-militar se agregó la crisis económica.

De manera general y no total, los fenómenos podrían ser los siguientes:

a] Consolidación y aceleramiento del retorno del país a los procesos electorales y al régimen civil de gobierno.

b] Un proceso de creciente militarización del poder, de la sociedad y aun del territorio.

c] La transformación del territorio de Honduras en lo que un conocido periodista denominó "un portaviones terrestre" y su ocupación por el ejército de Estados Unidos.

d] La transformación, especialmente de la zona fronteriza con Nicaragua, en santuario de la contra nicaragüense.

e] Una agresión continua, política, militar, diplomática e ideológica a la Nicaragua revolucionaria por parte del gobierno y las fuerzas armadas de Honduras.

f] Desarrollo de un proceso de represión interna, una especie de guerra preventiva, "de guerra de baja intensidad", en contra del pueblo hondureño y sus organizaciones más progresivas.

g] Surgimiento de organizaciones político-militares.

h] Presencia de una crisis económica de origen interno e inducido, que agravó la pobreza y transformó a la economía del país, en una economía subsidiada por el Estado norteamericano.

Varios de los fenómenos o procesos señalados sólo los mencionaremos, ya algunos son suficientemente conocidos internacionalmente y no requieren por lo tanto de una amplia presentación en el reducido espacio de este trabajo.

Retorno al régimen civil y estrategia norteamericana

Los Estados Unidos del periodo Carter tuvieron por lo menos dos concepciones públicas sobre Honduras. Una se refería a la necesidad de hacer del país una especie de vitrina democrática, que contrastara con la Nicaragua sandinista; otra, tenía que ver con la posibilidad de transformar a Honduras por su posición geográfica y sus condiciones sociales y políticas (ausencia de guerrillas), en una especie de cordón sanitario, de muro de contención, que aislara al ejemplo nicaragüense de El Salvador y Guatemala.

Para lo primero se requería que se retornara al régimen civil, realizándose elecciones lo más limpias posibles que dieran legitimidad y credibilidad al gobierno que de ellas surgiera y que permitieran presentarlo como ejemplo para la región. Esta necesidad de Estados Unidos se articulaba bien con las exigencias provenientes desde la clase dominante y desde el pueblo para acabar con los regímenes militares, después de casi 18 años de gobierno directo o indirecto de éstos.

El segundo objetivo suponía un fortalecimiento acelerado de las fuerzas armadas de Honduras, para que pudieran jugar este papel de frontera entre la revolución triunfante y los procesos de crisis político-militar de sus vecinos del norte de la región.

Las elecciones se hicieron con bastante éxito en cuanto a concurrencia, no menos del 80.0% de los inscritos, y con relación a su limpieza. La ausencia de fraude significativo, el respeto a los resultados, no fue ajeno a las presiones del gobierno norteamericano sobre los militares de Honduras. Acerca del carácter civil del gobierno surgido de las elecciones no hay dudas, lo que no ha ocurrido es la transferencia del poder a los civiles.

La ocupación norteamericana

Al asumir Reagan la presidencia de Estados Unidos la estrategia en relación con Centroamérica cambió y con ello el papel de Honduras. Ya no se trataba de contener a Nicaragua sino de revertir el proceso, derrotar la revolución por cualquier o por todas las vías. Había que impedir el triunfo revolucionario en El Salvador, derrotando al FMLN. Honduras comienza a ser ocupada militarmente y a ser transformada en una gran base militar y en un enorme campo de entrenamiento.

Se construyen y se mejoran no menos de 12 aeropuertos, habilitándolos para el apoyo logístico, para una acción de despliegue rápido y también como base de ataque eventual de la aviación norteamericana; se construyen tanques de almacenamiento de combustible, bodegas para alimentos, ropas y otros. Depósitos de armas y municiones y se transforma a la base de Palmerola en Comayagua en el cuartel del Comando Bravo, responsable de las operaciones militares y del entrenamiento en maniobras. Allí mismo se instalan habitaciones para unos 1 000 soldados, un moderno hospital (con 250 camas), radares y una central de comunicaciones.

Otros radares son instalados en distintos puntos del país, e incluso se construye un Centro Regional de Entrenamiento Militar (CREM) destinado a servir, como su nombre lo dice, a toda la región, pero especialmente al ejército salvadoreño (cerró sus operaciones en 1984).

Toda esta infraestructura y otra que se escapa convierte a Honduras en puente de agresión hacia la región, particularmente hacia Nicaragua y El Salvador.

Parte de esta infraestructura se construye al amparo de las maniobras militares, que se inician en 1982, pero que cobran fuerza y continuidad desde 1983, transformándose en un proceso ininterrumpido de construcción de pistas aéreas, barracas, depósitos, caminos y otros. Pero también en un proceso de aclimatamiento y entrenamiento de no menos de unos 80 000 soldados norteamericanos, que han pasado por Honduras. Para congraciarse con la población han desarrollado una intensa acción cívica de diverso carácter.

Hablamos de ocupación por la presencia permanente e inconstitucional de unos 1 200 soldados norteamericanos, así como el hecho de que haya lugares militares vedados para los hondureños, aunque según las declaraciones, todas las bases pertenecen al ejército de este país, y no pueden considerarse como una forma de establecer bases norteamericanas permanentes. Estas declaraciones son para el consumo de la opinión pública en ambos países y para el Congreso norteamericano.

Por otra parte, las fuerzas armadas de Honduras han recibido una creciente ayuda militar norteamericana, que en los últimos cinco años no es inferior a un promedio de 80 millones de dólares por año, cifra superior al presupuesto interno que ha sido de 60 a 75 millones por año. Esto, si bien ha fortalecido a las fuerzas armadas en cuanto a material de guerra, las ha hecho profundamente dependientes de esta ayuda, y plantea un serio problema económico y político a futuro. Pero, por otra parte, no hace más que reforzar el momento constitutivo del aparato militar local, nacido dependiente.

No obstante lo dicho acerca de la ocupación y el título mismo de este apartado, se trata de un agregado al proceso de ocupación del país, que nace con el mismo enclave.

La contra y la agresión a Nicaragua

Desde 1982, cuando ya la administración Reagan gobierna Estados Unidos, en Honduras ha asumido la presidencia el doctor Roberto Suazo Córdova, y la jefatura de las fuerzas armadas está al mando del general Gustavo Álvarez Martínez (ajusticiado ese año 1989 por los Cinchoneros), se desata una abierta y creciente campaña de hostilidad hacia Nicaragua.

El gobierno y las fuerzas armadas ayudaron a organizar a la contra, y luego le permitieron utilizar la frontera como santuario. Este proceso llevó al desplazamiento de los campesinos hondureños en el departamento de El Paraíso, y no menos de 10 000, cafetaleros entre ellos, fueron desalojados y se convirtieron en refugiados internos. La contra ocupó unos 20 caseríos y aldeas y unos 400 km^2 de territorio, incluso estableciendo una capital llamada "Managüita", en una de las aldeas hondureñas.

Las bases del Aguacate y Mocorón han sido usadas por la contra como depósitos y hospitales; a través de ellas Estados Unidos la abastece en territorio hondureño, y por vía aérea, en el interior de Nicaragua.

Empujados por el ejército nicaragüense, los contras han reingresado a territorio hondureño siempre que lo han necesitado. En la frontera el ejército hondureño los ha defendido con su artillería y aun con su aviación, como ocurrió en 1987 en dos oportunidades. El ejército hondureño les ha vendido ropas, botas y armas. Los comerciantes hondureños, en arreglo con militares, les han proporcionado los alimentos. Hasta 1986 el gobierno hondureño negó la presencia de la contra, pero las evidencias denunciadas interna y externamente lo obligaron a aceptarla, alegando que no tiene recursos para vigilar su frontera y si los tuviera no los usaría para cuidar las espaldas de los sandinistas.

Progresivamente el gobierno hondureño se plegó a las posiciones norteamericanas, especialmente a la relativa a la democratización de Nicaragua. Ha señalado en los fo-

6 "Dissent paper on El Salvador and Central American", DOS, 11 de junio de 1980, Washington D.C.

ros internacionales que es Nicaragua el problema para la paz en Centroamérica y que no habrá paz sin democracia en ese país. De manera permanente obstaculizó el trabajo del grupo Contadora. Recientemente ha intentado bloquear los acuerdos de Esquipulas I y II, y en ese año intenta obstaculizar los acuerdos logrados en febrero en El Salvador. El argumento introducido a última hora, es, que no colaborará con la desmovilización de la contra y la vigilancia internacional si Nicaragua no retira la acusación que interpuso ante la Corte Internacional de La Haya justamente por facilitar su territorio a la contra.

Además, ha apoyado el otorgamiento de 49 millones de dólares del gobierno norteamericano en ayuda humanitaria para la contra, y ha autorizado el uso de su territorio para tal efecto.

El gobierno y las fuerzas armadas hondureñas han sido y son el más fiel y quizás el principal peón en el ajedrez norteamericano en la región. A cambio han recibido ayuda económica y militar en cantidades que siempre han considerado insuficientes. La consideración de que la ayuda otorgada no compensa los servicios prestados, ha generado en los sectores dominantes una actitud mixta de servilismo y resentimiento no disimulado. Gobierno, fuerzas armadas, empresarios y políticos tradicionales, comparan la ayuda prestada a Honduras con los pagos que hace Estados Unidos a Filipinas o España por las bases militares que mantienen en esos países, y llegan a la conclusión de que dan mucho por muy poco.

Militarización y política interna

Al tiempo que los norteamericanos presionaban para democratizar a Honduras, establecieron contacto con los sectores mas "duros" del ejército hondureño[6] y ayudaron a que éstos se alzaran con el control del mismo en 1982, encabezados por el entonces coronel Gustavo Álvarez Martínez. La alianza entre el partido liberal gobernante y los militares duros encabezados por Álvarez, sentó la base política para legitimar la militarización, cuestión que por otra parte, debe explicarse por la alianza estratégica establecida con Estados Unidos, con relación a la problemática centroamericana.

En esencia, la militarización la estamos entendiendo como la entronización de la doctrina de la seguridad nacional en la ideología estatal y su proyección sobre la sociedad como normadora y reguladora, a veces hasta de la cotidianeidad social.

La militarización implicó hacia lo interno el desarrollo de una guerra preventiva que incluyó una "pequeña guerra sucia". La guerra preventiva perseguía por lo menos cinco objetivos:

a] Destruir antes de su constitución y desarrollo, cualquier movimiento popular interno que pudiera representar amenaza para el sistema, fuese éste de masas o político-militar.

b] Impedir la solidaridad con las luchas de los pueblos centroamericanos.

c] Controlar a los refugiados salvadoreños.

d] Generar una corriente de opinión favorable a los planes norteamericanos, de los cuales gobierno y ejército hacen parte.

e] Socializar una doctrina de seguridad nacional como sostén ideológico de lo anterior y como proyección ordenadora del proyecto de dominación.

Situada en el plano contrainsurgente, la guerra preventiva tuvo varios frentes. Además de la represión física, legal, psicológica y política, recurrió a.la acción cívica, a las tareas de desarrollo en pequeña escala y a los cuerpos de paz, para tratar de ganar el corazón del pueblo.

El programa de represión física se convirtió en la guerra sucia, iniciada desde 1981 cuando Álvarez era jefe de la fuerza de seguridad pública. Esta guerra, que aún persiste, significó más de 100 desaparecidos permanentes, cientos de desaparecidos temporales, decenas de activistas y dirigentes populares asesinados, centenas de encarcelados y enjuiciados. Aparición de cementerios clandestinos, etcétera.

La caída de Álvarez en 1984, al ser destituido por sus compañeros de armas, y la lucha social obligaron a una investigación sobre los desaparecidos hecha por las propias fuerzas armadas, que resultó una farsa. No obstante ello, la lucha social en torno al problema obligó a las fuerzas armadas a cambiar de estrategia y desde 1985 se ha recurrido al asesinato directo de los opositores considerados peligrosos.

Al lado de esta forma de represión, se dio otra masiva, con cateo de poblaciones, retenes en carreteras y ciudades, exigencia de identificación en las calles; en general, una política amplia de amedrentamiento hacia el grueso de la población. Una represión de esta naturaleza, en un país sin guerra civil y sin una guerrilla fuerte ni muy activa, sólo puede ser explicada por la militarización.

La represión legal se expresó en el establecimiento de un decreto antiterrorista y la introducción de cambios en el código penal. Esta legislación castiga con años de cárcel formas de lucha tradicionales en el país, como las recuperaciones de tierras (invasiones), las tomas de fábricas o centros de trabajo, incluso castiga las llamadas huelgas ilegales. Centenares de campesinos fueron a dar a la cárcel por este medio.

La represión política impidió a la democracia cristiana participar en las elecciones de 1980. Los partidos de izquierda no tienen vida legal y su acción de hecho, implica graves riesgos para sus militantes. Además se intentó crear, con irregular éxito, los Comités de Defensa Civil para el control y la delación a los opositores y se estableció el Centro de Información de Emergencia para las delaciones anónimas telefónicas.

Las directivas de los sindicatos opositores son destituidas por la fuerza a través del método de generar ''frentes democráticos'' que constituyen directivas paralelas y asaltan los locales sindicales. Estas acciones son apoyadas por la policía, el Ministerio del Trabajo y las cortes de justicia; los dirigentes atacados son acusados de fraude y no en pocas oportunidades enviados a la cárcel.

En el ejército los que no están acordes son pasados a retiro o destinados a misiones burocráticas sin mando de tropa.

El proyecto contrainsurgente en su momento más coherente y lúcido incluía el desarrollo de un frente civil llamado APROH (Asociación para el Progreso de Honduras), conformado por empresarios, militares, tecnócratas, periodistas, académicos, etc. Esta asociación funcionó en el nivel de generación de proyecto histórico y de proposiciones de política, así como en el financiamiento de ''instituciones democráticas'', y tuvo apoyo económico directo de la secta Moon.

APROH elaboró documentos de política económica, el informe presentado en 1983 a la Comisión Kissinger, cartas dirigidas a Reagan, etc. Además, solicitó a Kissinger en 1983 la invasión norteamericana a Nicaragua con el argumento de que sin extirpar el cáncer marxista no habría ni paz ni desarrollo en la región.

APROH propuso en 1983 organizar a 125 000 familias campesinas sin tierra en cooperativas agroforestales, bajo régimen militar obligatorio. Su aplicación significaba eliminar de raíz la lucha campesina y controlar militarmente el medio rural, algo que tenía parentesco con las patrullas de autodefensa civil de Guatemala.

APROH cayó en desgracia con Álvarez Martínez, que era su presidente, y fue disuelta en 1984, pero los personajes que le dieron vida siguen en Honduras en posiciones económicas y políticas importantes, no habiendo podido reconstruir su espacio de acción; el error fue haber estado demasiado ligados con Álvarez Martínez y generar un ente supra y extra partidario que generó celos y resquemores entre la dirigencia de los partidos históricos.

En esta larga coyuntura histórica (durante los años ochenta), la militarización ha supuesto poner al país al servicio de la estrategia norteamericana, e introducir el conflicto centroamericano en el seno de la sociedad hondureña, acelerando el desarrollo de las contradicciones internas.

La militarización ha reforzado el poder de los militares en la sociedad hondureña, y aunque no gobiernan directamente, detentan una cuota sustantiva del poder político. Algunos ejemplos nos servirán para apreciar esta cuestión.

Los anexos al Convenio Militar de Ayuda Bilateral firmados en 1982, así como la instalación del CREM, fueron negociados directa y secretamente por los militares con el Departamento de Estado y presentados como hechos consumados al Consejo Nacional (también al Ejecutivo). El Congreso debió aprobar la instalación del CREM, cuando las obras de construcción ya se habían iniciado y el mismo día que arribaban los instructores militares norteamericanos ("boinas verdes").

Gustavo Álvarez Martínez condujo la política exterior del país y llegó a declarar verbalmente la guerra en 1982 y 1983 al FMLN y los comandantes sandinistas.

En 1985, se desató una difícil crisis institucional, ya que el Congreso Nacional, para arrancar el control del tribunal electoral de manos del presidente Suazo Córdova, removió al presidente de la Corte Suprema de Justicia, y a otros cuatro integrantes y nombró a sus remplazantes. Suazo Córdova hizo apresar a los nuevos jueces y se generó un *impasse* superado con la intervención de los militares. También se planteó una situación difícil cuando Suazo Córdova quiso prorrogar dos años su mandato, reformando la Constitución, para lo cual el Congreso debía declararse como Asamblea Constituyente. La jugada fue frenada con una llamada telefónica al presidente del Congreso de parte del jefe de las fuerzas armadas, prohibiendo tal cosa.

Luego se planteó otro conflicto con la selección de los candidatos presidenciales de los partidos históricos, las directivas oficiales no querían hacer elecciones primarias. Los militares recurrieron a las organizaciones populares ideológicamente afines, y a través de éstas iniciaron un proceso de negociaciones que llevó a que las elecciones primarias se realizaran simultáneamente con las nacionales.

Los militares son mayoría constitucional en el poderoso Consejo Nacional de Seguridad; en él hay seis militares y cuatro civiles, e incluye entre otros, al presidente de la República y al jefe de las fuerzas armadas; se discute y toma decisiones sobre las relaciones con Nicaragua o El Salvador o sobre una huelga obrera, nada está fuera de su área de interés.

El jefe de las fuerzas armadas es nombrado de una terna presentada por éstas al Congreso y ante él debe renunciar (si no cumple su periodo). En la práctica los militares cambian de jefe cuando lo consideran necesario; los ejemplos de esto podrían ser definitivos.

Condiciones sociales y crisis económica

Las condiciones de vida de la mayoría de la población de Honduras son tan malas o peores como las de cualquier otro país centroamericano. De hecho Honduras es el país más pobre de la región.

La desocupación alcanzaba el 25% de la población en 1988 según la CEPAL, y la subocupación llegaba al 64.0% de la PEA, en 1980.

Oficialmente hay un 40.0% de analfabetas, pero en la práctica la cifra supera al 50%, si se le incluyen los analfabetas por desuso.

En 1980 el 68.2% de la población se hallaba en la pobreza y el 56.7% en la extrema pobreza. En el campo la pobreza llegaba al 80.0% y la extrema pobreza al 69.7%. En 1980 el 50.0% de la población urbana por debajo de la mediana, captaba el 19.0% del ingreso urbano. En 1988 el ingreso per cápita es similar al de 1972 (medido en dólares de 1970).

Más del 70.0% de los niños menores de cinco años sufren diversos grados de desnutrición.

La pobreza y la extrema pobreza son fenómenos provenientes en gran medida del desempleo y la subocupación; la incapacidad creciente de la economía (aun en el auge) para generar fuentes de trabajo, es el problema más grave desde las necesidades de las mayorías. Los problemas sociales, ya muy serios en 1980, se han agravado con la crisis de los ochenta. Los datos muestran que el desempleo ha crecido desde el 13.5% hasta el 25.0% y el ingreso per cápita ha perdido casi un 15.0 por ciento.

La economía enfrenta serios déficit de la balanza de pagos e incluso de balanza comercial a pesar de la dura restricción de importaciones.

La economía de Honduras no ha entrado en una crisis profunda gracias a la "ayuda" norteamericana, a los préstamos de los organismos bilaterales y multinacionales como AID, BM, BID, etc. En la práctica está subsidiada con donaciones de alrededor de 3/4 de millón de dólares diarios. Este subsidio se da por el carácter de peón del país, para los intereses norteamericanos en la región.

La condición de economía subsidiada no es fácilmente resoluble. En los años de auge 1976-1980, las exportaciones hondureñas no cubrían las importaciones y el déficit de la cuenta corriente crecía rápidamente.

Transformar a Honduras en una economía exportadora de productos tradicionales y no tradicionales aparece como una tarea titánica, de muy difícil éxito. Para evitar una crisis más grave a futuro el subsidio debería continuar.

Son estas condiciones de crisis las que han empujado a que la clase dominante esté dispuesta a ceder más soberanía de la acostumbrada y aceptar la estrategia norteamericana y el paraguas militar que las bases significan. No es que la crisis económica haga obsecuente a la clase dominante, pero sin duda ha contribuido a ello en esta etapa de los ochenta.

Es a partir de las duras condiciones de vida de las mayorías, de la miseria generalizada, que surge la pregunta por la ausencia de una explosión social radical, como las de algunos de sus vecinos.

Las organizaciones político-militares

Estas organizaciones nacen después del triunfo sandinista, alrededor de 1980, pero no tienen que ver orgánicamente con este hecho. Sin duda son estimuladas a nacer por el ejemplo del triunfo sandinista, pero siguen su propia dinámica y sus propios tiempos, incluso ideológicamente están más cerca en su primera etapa, de los movimientos salvadoreños.

Las acciones de guerra de estas organizaciones han sido de menor envergadura y han consistido en propaganda armada, bombas a objetivos políticamente sensibles, secuestro de aviones y empresarios, ''recuperaciones'' de dinero, etc. El hecho reciente más espectacular ha sido el ajusticiamiento del general Gustavo Álvarez Martínez, ex jefe de las fuerzas armadas y responsable de la ''pequeña guerra sucia''; el hecho fue reivindicado por el Frente Popular de Liberación ''Cinchoneros'', eventualmente el grupo más activo en el plano militar. También los militares norteamericanos han sido objeto de varios atentados.

En 1983 se intentó implantar una columna guerrillera perteneciente al partido revolucionario de los trabajadores centroamericanos, en su versión hondureña; una columna de entre 80 a 100 hombres avanzó desde la frontera con Nicaragua, pero debido a deserciones fue detectada, cercada y aniquilada en una región despoblada y falta de alimentos en la zona del río Patuca. La mayoría de los integrantes murieron en los enfrentamientos o en la tortura.

Otro de los grupos activos son las Fuerzas Populares de Liberación ''Lorenzo Zelaya'', que toman su nombre del dirigente campesino organizador de la FENAEH en los años cincuenta e inicios de los sesenta. Zelaya fue muerto en El Jute, Yoro, cuando supuestamente intentaba organizar una guerrilla. Este grupo parece tener más actividad política y organizativa y menos accionar militar.

Eventualmente se nombra a otras organizaciones, pero se desconoce su real existencia.

Estas organizaciones surgen de disidencias del partido comunista hondureño y de grupos de izquierda sin partido.

El partido comunista hondureño, es la organización de izquierda más antigua formada inicialmente a fines de los veinte e inicio de los treinta, y revivida hacia 1954. Ha tenido y tiene incidencia en sectores obreros y campesinos minoritarios. En diversas oportunidades ha tratado, sin mayor éxito, de incorporarse a la lucha electoral. En la práctica no puede desarrollar una actividad abierta y legal.

En 1983 decidió optar por la vía político-militar para la toma del poder. Actualmente sin línea de acción no parece tan definida.

Las organizaciones político-militares hondureñas, no parecen haber logrado hasta ahora sólido apoyo de masas, aunque ésta parece ser una preocupación central de algunas de ellas.

UN ANÁLISIS CONCLUSIVO

> [. . .] yo pido a la providencia que en el Centro de América se suspenda la obra de perdición de las dictaduras infames y envilecedoras: yo le pido que nos aleje de la dominación extranjera a la que estamos muy predispuestos.[7]

Sobre el enclave y la ideología de la clase dominante

a] El capitalismo hondureño inició su desarrollo bajo la forma del enclave. El enclave no sólo se asentó en la minería y el banano sino que desarrolló y apropió toda actividad económica rentable y posible en ese momento. La propia clase dominante hondureña, las corrientes liberales de la reforma, estimularon el desarrollo del enclave dando todo tipo de facilidades y ventajas, "pingües ganancias", en el decir del presidente Bogran, para instalarse en un "país desértico e inculto". Enfrentado a un país atrasado, precapitalista el imperio pudo tomarlo por asalto, enseñorearse en vidas y haciendas.

b] Los sectores dominantes locales no pudieron resistir el embate del enclave, no pudieron ponerse a su altura, no pudieron asociársele; se subordinaron y sometieron. Crecieron lentamente a la sombra y en los márgenes de éste. Las compañías bananeras manipularon, compraron, presionaron, exigieron y finalmente, impusieron soluciones a problemas, políticas concretas, hombres en el poder. Para ello contaron con su poder económico, su influencia político-ideológica y los diplomáticos y militares del Estado norteamericano.

La clase dominante creció económica, política y sobre todo ideológicamente subordinada. El enclave siempre se les apareció como una potencia irresistible y necesaria.

El enclave no sólo financió guerras civiles, compró funcionarios y políticos, sino que fue prestamista del Estado. Durante muchos años las ganancias del enclave eran mayores que los ingresos del Estado mismo.

La clase dominante fue permeada por la cotidianeidad del enclave y su poder y papel global.

La cotidianeidad de la subordinación y la dependencia supuso que la potencia real del enclave se transformaba en impotencia en la conciencia de la clase dominante.

---

[7] Ramón Rosa, *Obra escogida*, Tegucigalpa, Ed. Guaymuras, 1980, p. 384.

La clase dominante administró el Estado en función de los intereses del capital extranjero durante decenas de años, hoy no sabe hacer otra cosa más que seguir poniéndolo al servicio de la potencia dominante.

La clase dominante se desarrolló en el margen, en las migajas que el enclave le dejaba, nunca fue clase asociada ni siquiera como socio menor, ahora tampoco lo es; protesta, se resiente, pero no se rebela. No sabe cómo vivir sin el enclave y ahora siente que no puede sobrevivir sin el paraguas militar norteamericano, por eso en el informe presentado a la Comisión Kissinger señalaba:

[. . .] la subsistencia democrática de Honduras a largo plazo con un gobierno marxista consolidado en Nicaragua solamente sería factible como un Estado asociado a Estados Unidos [otro Puerto Rico] o la presencia indefinida de tropas estacionadas de Estados Unidos en suelo hondureño [otra Corea]. AMBAS SITUACIONES NO SON COMPATIBLES A LA IDIOSINCRASIA HONDUREÑA.[8]

Éste es el deseo real de la clase dominante, aunque diga que no es compatible con la idiosincrasia hondureña. En la práctica la firma de los diversos anexos al tratado militar de 1954, el estacionamiento continuo de tropas y las maniobras permanentes han establecido el protectorado y han transformado al ejército y a la economía en elementos y procesos subsidiados por Estados Unidos.

En síntesis, la conciencia de la clase dominante es el enclave, es la república bananera, es la ausencia de proyecto nacional, es la renuncia a la nación.

Sobre la ocupación

Hablamos de que Honduras es un país ocupado y con ello nos referimos a la presencia de las tropas norteamericanas, de la contra y en algunos momentos del ejército salvadoreño.

La ocupación es más que esto y es más vieja que esto.

• Primero, es la ocupación de la economía, el enclave mismo es la ocupación; es el apoderarse del territorio, de la fuerza de trabajo y de la riqueza producida.

• Segundo, es la ocupación del Estado, el ponerlo a su servicio, el intervenir en la definición de su personal y del gobierno. Es lo que se ha dado en llamar el carácter neocolonial del Estado.

• Tercero, es la ocupación de la conciencia, en la adquisición de la ideología del enclave y el vivir el enclave mismo como ideología, como servidumbre.

• Cuarto, es la ocupación militar de hoy día, al hacer del país una barraca y un campo de entrenamiento. El "portaviones terrestre" es la ocupación.

• Quinto, es la actual ocupación del Estado y de la política exterior hondureña, es el uso de la legitimidad electoral para generar gobiernos al servicio de la estrategia norteamericana.

---

[8] Documento presentado por el gobierno de Honduras a la Comisión Bipartidista del gobierno de los Estados Unidos de América para Centroamérica, presidida por el doctor Henry Kissinger, Tegucigalpa D.C., 14 de octubre de 1983, p. 91.

• Sexto, la ocupación es también la implantación de la doctrina de la seguridad nacional y la militarización que conlleva el Estado y la sociedad.

• Séptimo, la ocupación es la solicitud pobremente encubierta de ser Estado libre asociado o protectorado.

• Octavo, la ocupación es la negación. Negación de la soberanía nacional, la tergiversación de la soberanía popular, la ausencia de proyecto propio de país.

• Noveno, la ocupación es el hecho, que señala la mayoría de los analistas norteamericanos, de que Estados Unidos tiene una política en Honduras, pero no tiene una política para Honduras.

En síntesis, la ocupación es la pervivencia del enclave en 1989, con su potencia económica, su enorme poder y presencia militar, el control de la política interna y exterior del país, la definición de la política económica y finalmente, el que el enclave sea la forma de la conciencia social de la clase dominante, con proyecciones no aclaradas en la ideología de las clases subalternas.

Sobre partidos y democracia

Ya hemos destacado que la inestabilidad, el fraude, la guerra civil, el golpe de Estado y la represión han sido la forma de la política, la manera de alcanzar y retener el poder. Las guerras civiles intraclase dominante parecen haber acabado y puede abrirse el ciclo de la guerra civil entre clases.

Este señalamiento general debe ser analizado en sus partes y consecuencias.

• La inestabilidad y sus secuelas son el resultado de la no construcción de una clase dominante con carácter nacional y vocación de universalidad. Ello no fue posible en la primera etapa independiente por los problemas ya señalados: herencia colonial, atraso económico, falta de un sector de clase empresarial, despoblamiento, dificultades de comunicación, localismos, regionalismos, etc. En este siglo la incapacidad debe ser atribuida a la presencia del enclave.

• La no construcción de la clase nacional, de la clase con vocación de poder y dominación, da por resultado una nación y un Estado inconclusos.

• La clase dominante local no genera hegemonías, genera en el mejor de los casos un consenso pasivo, que sustenta su dominación; esto es válido hasta nuestros días, con todos los matices y diferencias en el curso del desarrollo. La clase dominante al no ser primera potencia económica, no puede generar su hegemonía. Gran parte de la hegemonía correspondiente al enclave permanece encubierta, aunque no por ello es menos potente.

• Sin hegemonía, con un desarrollo de la clase y del Estado más bien embrionarios o bloqueados, la democracia liberal representativa no puede florecer, no puede establecerse, no puede durar cuando aparece. Para que opere sin fraude y con respeto de los resultados, debe ser vigilada por los militares y/o por el gobierno norteamericano de turno. Cuando estos factores de poder la necesitan, ella puede existir cuando no, ellos también contribuyen a su inexistencia.

• Los avances democráticos del país, cuando los ha habido en el plano formal y sobre todo real, son el resultado de las luchas del pueblo por alcanzar derechos y por conseguir el respeto de éstos.

• Los partidos que dominan el espacio político hondureño son el liberal y el nacional, ambos nacidos a fines e inicios de siglo. Son los hijos de las viejas bandas liberal y conservadora que se enfrentaron en la época de la Confederación y durante el resto del siglo, en interminables e infecundas guerras. Conformados como partidos no abandonaron las viejas formas de hacer la política y escindieron a la sociedad en colorados y azules, por el color de los distintivos en el campo de batalla.

Ser liberal o nacional ha sido más que una bandería política, una opción militar que ha atravesado familias, caseríos, aldeas y pueblos, durante decenas de años. Es una opción que está más allá de la ideología y los principios, pertenece a la tradición familiar, a la memoria histórica.

Atraviesa la cotidianeidad sin confrontar discurso con práctica, ideología con interés de clase o grupo (en el nivel popular). La historia y los caudillos locales o regionales son los que perfilan y definen el quehacer político, la decisión del voto o el fusil que se utiliza y el color en la manga.

• Los partidos no han respondido a la base social, han sido partidos de caudillos. Teniendo como centro a personajes como el terrateniente, el dueño de la tienda, el teniente político, el cura o el médico o simplemente el rico del pueblo, que bajo los más diversos mecanismos económicos y extraeconómicos, recluta adeptos, pone su fuerza al servicio de caudillos regionales y se va conformando una pirámide hasta llegar al nivel nacional: al caudillo mayor, general de ejércitos, dictador y presidente por voluntad propia.

• Estos partidos caudillistas, sin programas, sin principios, sin estructura partidaria real, sin democracia interna, fueron orgánicos hasta los años cuarenta y primera parte de los cincuenta; dejan de serlo cuando el capitalismo se amplía y profundiza, nuevas fuerzas sociales emergen y el Estado se hace más centralizado y complejo; en esas condiciones los partidos ya no son más orgánicos.

• No obstante lo anterior, los partidos históricos siguen controlando el espacio político electoral y se mantiene el bipartidismo en la práctica, aunque hoy día hay dos partidos más legalmente inscritos (Democracia Cristiana y Partido de Innovación Nacional y Unidad-Social Demócrata). El Partido Liberal y el Nacional han logrado que se mantenga una alta participación ciudadana; votan en los ochenta más del 80.0% de los inscritos y ambos partidos representan alrededor del 95.0% de los votos legalmente emitidos. La estructura clientelística de control electoral funciona todavía, los caudillos siguen controlando masas de electores. Los nuevos partidos de centro no han podido conseguir un apoyo significativo. Los partidos históricos ya no son orgánicos, pero son lo suficientemente fuertes como para bloquear el desarrollo de otras alternativas. En 1985 ante la crisis que los tuvo al borde de la ruptura, especialmente al Liberal, se pudo encontrar una salida "genial", que todos los precandidatos fuesen candidatos en una elección primaria y nacional simultánea. Así, cada militante o simpatizante pudo votar por el candidato y a veces la tendencia (cuando el candidato la tenía) más afín a sus ideas. El presidente surgió del candidato más votado del partido ganador: la salida fue "general" porque evitó la ruptura, el eventual apoyo a partidos del centro y creó una sensación de democracia muy refrescante en momentos de crisis.

• La afirmación de la inorganicidad de los partidos se funda, en la constatación de que las fuerzas sociales y grupos de poder, tienden a expresarse corporativamente. Esto vale para los empresarios industriales, comerciantes, ganaderos, cooperativistas, campesinos sin tierra y obreros urbanos y rurales.

El interlocutor privilegiado en momentos de conflicto serio no es el gobierno, son las fuerzas armadas. No es raro entonces que el proyecto más lúcido de desarrollo fuese el reformismo encabezado por los militares (1972-1975) y el intento más serio de estructurar una nueva derecha en Honduras correspondiera a APROH con el general Álvarez Martínez a la cabeza y una pretensión y acción de carácter suprapartidario.

• Desde la dictadura de Carías, que pone fin a las guerras civiles y su término en 1948, parece haberse iniciado una larga transición a la democracia. Transición marcada por casi 20 años de gobierno militar y por ser los militares el factor de poder político más fuerte y eventualmente el más sólido del país.

Los militares asumen el poder político básicamente porque encuentran un vacío, esa inorganicidad ya referida.

Se definen a sí mismos como fuentes de soberanía e instrumento imprescindible en la solución de los problemas del país.

Los militares tienen preeminencia en la vida política desde 1956. Estos 33 años les han reafirmado su poder y consolidado su visión político-ideológica, acerca de su función social, y no ''regresarán'' a los cuarteles sin una reestructuración profunda de la sociedad y del aparato militar en primerísimo lugar.

• La política norteamericana ha sido contradictoria en Honduras, entre otras razones por esta que es fundamental, no ha sido una política para Honduras.

La democratización era para ser vitrina en Centroamérica, para dar legitimidad al cordón sanitario primero y al puente de agresión luego.

La democratización ocurre en medio de la militarización, en medio del fortalecimiento del aparato y poder militar, en medio de la implantación de la doctrina de seguridad nacional.

La democracia es víctima de la guerra sucia y del guerrerismo hacia Nicaragua y el FMLN.

Estados Unidos pide, estimula y exige la democracia, pero simultáneamente impone la militarización y la guerra, introduce los conflictos de los países centroamericanos en Honduras. Los dos objetivos anteriores son definitivamente contradictorios. Agréguese a lo anterior la crisis económica y el cuadro antidemocracia se completa.

Sobre los mitos

Hemos señalado con fuerza la importancia que concedemos a los mitos fundadores, como creadores de conciencia y de fuerza moral para los pueblos.

En Honduras esos mitos fundadores tienen poca fuerza o no existen.

• En el momento precolonial no encontramos una importante cultura indígena que haya dejado una huella material y cultural significativa. Si bien es cierto que el cacique

Lempira ofrece una tenaz resistencia al conquistador esto dura poco tiempo (no se trata del caso del México ni del de Chile).

• Posteriormente, la independencia no es un hecho heroico, no hay próceres libertadores, no hay batallas ni guerra que generen héroes, ejemplos a seguir.

• Francisco Morazán es el gran patriota centroamericano, él no puede ser invocado directamente para la nación hondureña, él rememora, fundamenta, confirma, el ideal unionista y no la nacionalidad particular. A pesar de lo anterior, Morazán sí es una figura de peso en la historia del país, pero figura más manipulada, incluso por las mismas fuerzas armadas, antes que sostén sólido de un ideal nacional y popular; se trata de una figura por rescatar.

• Los reformadores liberales y la reforma liberal son significativos, pero no representan tampoco un proceso construido a sangre y fuego, "una lucha y un dolor que fortifiquen la vida", en el lenguaje de Ramón Rosa. No nace esta reforma de profundas contradicciones, de una tenaz lucha "antifeudal" y anticlerical. Cumple tareas históricas relevantes, pero no está preñada de heroicidad.

• Tampoco tiene Honduras fenómenos como el de la rebelión campesina salvadoreña de 1932 y su líder Farabundo Martí. No hay Sandino y su lucha de liberación nacional antimperialista.

• Hay importantes luchadores sociales a fines de los veinte e inicio de los treinta como Manuel Calix Herrera y Pablo Wainwright, pero están esperando ser rescatados por la conciencia popular del olvido y el ataque de la clase dominante.

• La grande y exitosa huelga en el Enclave en 1954 representa sin duda un punto de partida importante para la clase, pero todavía no lo es para la nación. Sin duda alienta y marca un camino a la lucha posterior, en especial campesina; genera confianza en la organización y la huelga como vía de solución de problemas, y abre un espacio político que posteriormente no puede ser completamente cerrado.

• La guerra de 1969 ni es el símbolo de victoria ni la gran consolidación de la confianza en las fuerzas armadas. Por el contrario, si bien crea solidaridades también abre espacios de dudas y desconfianzas.

• Tenemos la impresión que la huelga de 1954, el aparato legal e institucional vinculado a las relaciones obrero-patronales que de ella surge, el reformismo de Villeda Morales (1957-1963), el reformismo militar (1972-1975) pueden haber generado una percepción reformista y negociadora de solución de los problemas internos. Esto sería válido para las distintas clases sociales y para la memoria estatal.

• Los mitos fundadores no abundan en Honduras; la clase dominante ya no puede forjarlos genuinamente, sólo puede manipular ideología. Los sectores populares tienen bases en qué sostenerse y de las cuales partir, ellas no tienen la fuerza que en otros países, pero pueden ser suficientes para ir adelante.

Los sectores populares tienen una historia de lucha y de éxitos relativos, esto no puede haber dejado de conformar una ideología y de perfilar, por lo tanto, formas de lucha, actitudes y confianza en sí mismos y en el sistema.

Sobre la ausencia de violencia

> [. . .] a buen seguro, podría admitirse la hipótesis de que
> Honduras tuviese una paz secular; pero una paz infecun-
> da; pero una paz sin relación con grandes intereses, con
> grandes beneficios para los pueblos.[9]

Ramón Rosa decía esto en 1876 y puede seguir siendo cierto. En Honduras no hay
una lucha social que haya derivado hacia un enfrentamiento armado importante. Las
organizaciones político-militares son nuevas y con poco desarrollo. La mayoría de los
ciudadanos parece seguir confiando en los partidos tradicionales y en los procesos electorales.

La violencia ha provenido más bien del Estado y su aparato militar, de ello pueden
dar cuenta las decenas de desaparecidos, los comentarios clandestinos, las decenas de
asesinados en la vía pública por las fuerzas del orden; los centenares de encarcelados,
etcétera.

¿Qué es lo que ha mantenido a Honduras al margen de la violencia generalizada?

La pregunta es válida teniendo en cuenta la falta de empleo, los bajos salarios, la
miseria para la mayoría de la población, los gobiernos militares por tantos años, las
promesas políticas no cumplidas, la exclusión del pueblo en la toma de decisiones trascendentales, etcétera.

Ésta es sin duda una cuestión relevante a la que los diferentes actores sociales dan
respuestas distintas.

Según el mensaje estatal "Honduras es un oasis de paz", y ello es así porque "los
hondureños son diferentes".

Según las organizaciones político-militares, el problema radica en que los partidos
de la izquierda hondureña no han sabido encaminar las luchas populares, no han podido llevar la confrontación a formas superiores, que acercaran a la toma del poder y
al cambio de sistema. En síntesis, no hay violencia porque el sistema no está en peligro
y no lo está porque ha faltado una vanguardia política consecuente.

El tema es complejo y resbaladizo y sólo apuntaremos algunos elementos que nos
parece deben ser considerados, el orden de la presentación no implica ninguna jerarquía.

a] El proceso de descampesinización, la acumulación originaria ocurre de manera
peculiar. La reforma liberal no expropia a los productores directos, como en El Salvador, por ejemplo.

b] La implantación de la economía del enclave, la producción del banano no requiere despojar de tierras a la gran masa campesina. Ella se implanta en tierras en
su mayoría baldías, en el norte del país. Los obreros agrícolas que contrata provienen
del centro y sur de Honduras y de Centroamérica. Hasta hoy Honduras es el país con
menor nivel de desarrollo salarial en Centroamérica, alcanza alrededor del 35.0% de
la PEA ocupada.

---

[9] Ramón Rosa, *op. cit.*, p. 172.

La primera fase del desarrollo capitalista no requiere la destrucción de las formas precapitalistas.

c] Honduras posee una dotación de tierra relativamente abundante en relación con su población. Incluso hasta hoy no concluye completamente la expansión de la frontera agrícola. Lo cual no obsta para que haya muchos campesinos sin tierra.

d] La expulsión de casi 20 000 salvadoreños en 1969 liberó tierra y facilitó el proceso de reforma agraria.

e] La reforma agraria 1972-1977, si bien limitada, entregó tierras a casi 35 000 familias, entre ellas debe contarse a los sectores más beligerantes. Ello no acabó con la lucha campesina por la tierra, pero sin duda fue un respiro importante, que evitó, no sabemos por cuánto tiempo, una explosión social en el campo.

f] Los dos periodos que hemos llamado reformistas el de 1957-1963 y el de 1972-1975, sin duda han sido importantes, no sólo como procesos de concertación, de concesiones menores a las clases subalternas, sino que han creado una mentalidad de relativa confianza en el sistema en esas clases. Es posible conseguir algo recurriendo a la lucha legal y permitida.

g] Por otra parte, siempre ha habido (por lo menos desde la segunda posguerra) una preocupación por cooptar a la masa trabajadora; en ese sentido, los gobiernos en turno, la ORIT, las organizaciones socialcristianas, han trabajado con fuerza para evitar que la izquierda pudiera controlar al movimiento popular organizado. La lucha no sólo ha sido organizativa e ideológica, sino que también ha llegado a la represión legal y física, a la muerte cuando se ha considerado necesario para destruir a la oposición de izquierda. En este proceso colaboran intensamente en los años ochenta las sectas religiosas fundamentalistas, el cuerpo de paz, la acción cívica y el control de los medios de comunicación.

La masa popular hondureña está organizada, pero la mayoría sustantiva se agrupa en confederaciones controladas por la ORIT y el socialcristianismo.

h] El Estado ha sido menos instrumento que en Guatemala, El Salvador o Nicaragua, lo que le ha permitido mayor autonomía relativa, mayor sensibilidad o si se quiere menor rigidez frente a las demandas sociales. Aquí, la ausencia de una oligarquía fuerte parece favorable a la existencia de un espacio de concertación social.

i] Según los anuarios estadísticos de CEPAL, en la distribución del ingreso nacional (en los últimos 25 años), la participación de sueldos y salarios en el ingreso nacional oscilaría entre el 45 y el 52.0% de éste. Hay otras estadísticas que arrojan un panorama más desolador, como aquella que indica que el 50.0% de las familias bajo la mediana recibe el 19.0% del ingreso.

La masa asalariada no es muy grande, 1/3 de la PEA. Los más pobres seguramente están fuera del circuito salarial, son campesinos (muchos analfabetas) que no tienen peso político; el peso político recae en los asalariados organizados. Por la forma como hasta ahora se ha dirimido la política éste es un asunto absolutamente clave. Cuentan los organizados y ésos en su mayoría son políticamente reformistas y conservadores.

No obstante lo dicho sobre la política y sus formas en Honduras, hay elementos nuevos que pueden cambiar la situación a mediano plazo.

- La presencia militar norteamericana y especialmente la de la contra es rechazada por amplios sectores.
- Hay un creciente resentimiento por el irrespeto norteamericano y del gobierno y fuerzas armadas a la soberanía nacional y a la Constitución del país. La quema del consulado en abril de 1988 es una muestra de ese resentimiento.
- Las organizaciones populares de los diversos signos políticos han rechazado la política exterior del gobierno.
- La crisis económica no tiene visos de solucionarse, por lo demás, durante el auge crecían los problemas de empleo e ingresos para muy amplios sectores del país.
- La población ha concurrido a las elecciones con entusiasmo, la gente espera poder solucionar sus problemas por este medio, pero ya van dos gobiernos liberales que no resuelven nada y más bien los problemas sociales se agraban, como dijeron los propios militares en agosto de 1988.
- Las organizaciones político-militares han sido golpeadas, pero siguen allí, con bajo perfil de acción, pero supuestamente construyendo base social de apoyo.
- Las elecciones de este año serán ganadas muy probablemente por el Partido Nacional, más predispuesto a desarrollar una política más cercana a Estados Unidos y al neoliberalismo, esto puede agudizar las contradicciones, si ocurre.
- El presidente José Azcona logrará terminar su mandato porque así conviene a los intereses de Estados Unidos, pero de lo contrario, el descontento de los empresarios y militares ya habría acabado con su presidencia.

Ramón Rosa pensaba en 1876 que el país podía tener una paz secular, pero infecunda, esto es un contrasentido, no puede haber paz para siempre sin desarrollo económico-social y sin una más real democracia. Rosa se equivocó, no hubo paz secular, pero hubo guerra infecunda. Ahora Honduras vive una paz infecunda, a pesar de ella no logra solucionar ninguno de sus problemas.

LA CULTURA, LA POLÍTICA Y EL PODER EN GUATEMALA

ARTURO ARIAS

Cualquier factor cultural tiene que considerarse dentro del proceso social de producción de su respectiva formación social. "Lo económico y lo cultural configuran una totalidad indisoluble", de manera que siempre existe una interdependencia entre "materia y significación".[1] Así, al considerar la cultura como una producción que, por medio de la reestructuración del sentido, busca forjar la identidad de uno o más sectores sociales, tenemos obligatoriamente que reflexionar en torno al contexto político dentro del cual ha sido elaborado.

Asimismo, no podemos olvidar que todo factor cultural es también un factor de clase, aun cuando esto no signifique tampoco que hagamos un mecanismo simplista del tipo clase dominante = cultura dominante, clase dominada = cultura dominada. Estos esquemas, muy comunes en la década de los sesenta, se han revelado posteriormente simplistas para captar los espacios donde sectores dominados implementan prácticas independientes que no siempre son "funcionales" para la reproducción del sistema.[2]

Tan sólo para ilustrar este punto podemos decir que en Guatemala existe no solamente una burguesía indígena sino toda una estratificación clasista en el interior de los grupos étnicos, pero la gran mayoría defiende, de manera general, casi los mismos principios y símbolos culturales.

Sin embargo, es innegable que en las relaciones de dominación entre los grupos sociales opera también la dimensión cultural. Los sectores dominantes buscan por este medio asegurar su control sobre los sectores dominados.

En algunos países del continente, este fenómeno se ha dado por medio de una relación hegemonía/consenso.[3] En Guatemala, en cambio, lo que se ha vivido es más bien un proceso de dominación que se ejerce por sobre los sectores dominados —mayoritariamente indígenas— mediante la violencia.

Indudablemente lo anterior es el resultado de la debilidad estructural del modelo de acumulación imperante en el país, el cual se encuentra ya agotado históricamente.[4]

---

[1] Néstor García Canclini, "Cultura, ideología y poder", en *Cuicuilco*, núm. 2, octubre de 1980, páginas 37-45.

[2] En el "Seminario Latinoamericano sobre Cultura Transnacional, Culturas Populares y Políticas Culturales" celebrado en Bogotá, Colombia, del 17 al 21 de junio de 1985, Néstor García Canclini disertó sobre este tema al presentar las bases teórico-metodólogicas para la investigación.

[3] Véase Néstor García Canclini, "Gramsci y las culturas populares en América Latina", en *Dialéctica*, año XI, núm. 18, septiembre de 1986, pp. 13-33.

[4] La fuente del análisis sobre el agotamiento histórico del modelo de acumulación guatemalteco es Gustavo Porras. Dicha argumentación se aborda extensamente en un manuscrito por publicarse titulado "Guatemala: crisis social y actualidad de la revolución"

Como resultado, en dicho Estado se controla a la sociedad civil de una manera más estricta y directa. El Estado es, de hecho, la piedra angular de la estructura social, eliminando toda posibilidad real de que la sociedad civil pueda estructurarse autónomamente.

Lo anterior, desde luego, no se da por simple capricho de los sectores que controlan el Estado. Por el vínculo tan directo que existe en Guatemala entre sectores dominados, cultura popular e identidad étnica (pues un alto porcentaje de los sectores denominados "dominados" son en realidad indígenas agrupados en alguna de las 22 etnias del país que componen aproximadamente el 60% de la población total y un porcentaje aún mayor de su fuerza de trabajo) el Estado tiene plena conciencia de que la cultura popular, como un todo, es un arma ideológica potencial para la transformación del sistema que ellos defienden.

Desde luego, al plantearse este problema teóricamente, se parte del presupuesto básico de que la cultura popular, por dispersa o ambigua que sea, posee rasgos que le son propios, que no son simples deformaciones o imitaciones de la cultura dominante. Por lo mismo, esta situación es aún más difícil en muchas de las formaciones sociales dependientes, en las cuales la misma cultura dominante no es la expresión de los grupos dominantes en las dimensiones económico-social y política, sino que éstos a su vez han imitado, caricaturizado y adaptado las expresiones culturales de los centros hegemónicos.

Sin embargo, en aquellas formaciones sociales dependientes en las cuales coexisten diversos grupos étnicos, las culturas populares, generalmente expresiones de grupos étnicos dominados, no sólo poseen rasgos que les son propios, sino que hasta puede decirse que, en estos casos, los sectores dominados que no han perdido su identidad étnica poseen una mayor identidad cultural propia que los sectores dominantes de esa misma formación social.

Los grupos étnicos dominados, si bien poseen rasgos culturales muy particulares, participan como "clientes" de la cultura dominante, aun cuando no participen como "autores" o "colaboradores" de esa cultura.[5] A nuestro parecer, es precisamente en aquellas formaciones sociales dependientes en las que existe una identidad étnico-cultural por parte de los dominados, donde ese mismo factor pasa a convertirse con mayor facilidad en un factor de movilización de esos mismos sectores. La defensa de la especificidad étnica actúa como elemento "positivo", conteniendo normas culturales ideológicas que posibilitan la destrucción de viejas estructuras y la transformación del sistema social.

Éste es el proceso que vivió Guatemala desde fines de los años sesenta. Articulándose el fenómeno cultural con el político, se gestó un profundo movimiento social —en el cual la población indígena fue principal protagonista— que aspiró incluso a la toma del poder por la vía violenta y estuvo cerca de lograrlo. Y, como reacción a dicho fenómeno, un ejército que, virtualmente monopolizando los poderes estatales, intenta en la década de los ochenta reconfigurar las reglas del juego de la sociedad civil, y sobre todo, de reconfigurar los aspectos ideológico-integrativos en el interior de la socie-

---

[5] Severo Martínez, *La patria del criollo*, San José, EDUCA, 1973, pp. 595-596.

dad guatemalteca. Reconociendo implícitamente la fuerza política generada a partir de los sistemas de representaciones indígenas, el ejército ha intentado desestructurar dichos sistemas para engendrar nuevos que operen con un menor grado de contradicción con relación a la dirección política e ideológica dominante.

ANTECEDENTES DEL CAMBIO: LOS AÑOS SESENTA

Tradicionalmente se ha explicado el proceso de transformación de la conciencia indígena en Guatemala, como el resultado directo del trabajo de evangelización realizado por los misioneros que llegaron al país después de 1954 invitados por el nuevo gobierno reaccionario que llegó al poder por medio de una invasión auspiciada por la CIA.

Si bien lo anterior es un factor a tomarse en cuenta, no hay que perder de vista la penetración del capital en el altiplano guatemalteco a lo largo de dicha década, vinculando a los sectores indígenas al conjunto de la economía nacional y al sector capitalista internacional.

Todos los científicos sociales han repetido desde los años cuarenta cómo las distintas formas de autoconsumo generalizado en la agricultura guatemalteca, y concretamente en el altiplano donde reside la gran mayoría de la población indígena, había constituido históricamente un bloqueo para el desarrollo de las relaciones de producción específicamente capitalistas.

Sin embargo, a partir de los años sesenta, comenzaron a observarse transformaciones que, sin ser "estructurales", representaron cambios cualitativos en el funcionamiento del sistema.

Gustavo Porras, quien más atención le ha puesto a este tipo de fenómeno, los resume como "un nuevo tipo de relación campo-ciudad":

Por una parte, el capital invade el campo, y se produce una monetarización de la economía agrícola, que objetivamente amplía el consumo de tipo capitalista. Por otra parte, y al mismo tiempo, se produce un crecimiento urbano y aparecen nuevos patrones de migración que, por un lado, amplían el mercado de los productos agrícolas de consumo interno y, por otro, tienden gradualmente a reducir la presión demográfica sobre la tierra al menos en ciertas zonas, con todas las consecuencias que de ello se pueden desprender.[6]

Como conclusión, Porras señala que este proceso significa la incorporación del minifundio a la economía monetaria, no solamente a través de la producción de mercancías agrícolas, que el crecimiento de los centros urbanos estimula, sino también a través de la adquisición de insumos, y sobre todo de fertilizantes, que constituyen ya una base técnica indispensable. Esto supone que, "aun en las condiciones de la pequeña economía campesina, para producir ya no son suficientes la tierra y la fuerza de traba-

---

[6] Gustavo Porras, "Guatemala: la profundización de las relaciones capitalistas", en ECA, núm. 353, año XXXIII, marzo de 1978, p. 374.

jo, complementadas con instrumentos de producción insignificantes, sino que son indispensables otros insumos, que exigen a su vez capital''. Como bien se ha señalado, la necesidad de disponer de un capital para poder producir, constituye una transformación radical en las condiciones de producción de Guatemala, no solamente por lo que significa en sí, sino por la dinámica que genera.

Es decir, a lo largo de estos años se rompió el aislamiento tradicional del campesino indígena, y esto le permitió comenzar a forjarse una visión más amplia de los mecanismos sociales que, en última instancia, determinaban las condiciones de su propia producción.

No hay que perder de vista, sin embargo, que los grupos indígenas —precisamente por ser indígenas— articulan su posición dentro de una historia, dentro de un espacio, de manera muy diferente al campesinado pobre tradicional.

Lo anterior se debe desde luego a que el indígena, precisamente por encontrarse constantemente defendiendo su identidad étnica mediante fenómenos culturales que le son propios, ha desarrollado una mecánica específica para apropiarse de la naturaleza que da como resultado un sistema de representaciones diferentes al de su congénere occidental. Los grupos indígenas han articulado un código simbólico diferente porque su forma de pensamiento es diferente.

Lo anterior se debe a que, históricamente, los grupos étnicos surgen en el periodo de las formaciones precapitalistas y preclasistas, organizados fundamentalmente alrededor del parentesco y de la división del trabajo por sexos y edades.

Violentadas dichas unidades por la conquista y la penetración colonial, las relaciones antes mencionadas se reubican y refuncionalizan. Consecuencia de lo anterior, las etnias dejan de ser configuraciones socioeconómicas que tienen como eje central las estructuras de parentesco (aunque éstas no desaparecen).[7]

Al ser desplazado el parentesco como eje central de conformación de la identidad étnica, pero que, a la vez, las nuevas relaciones capitalistas de producción no sólo dejan truncas las posibilidades de que estas sociedades se conviertan en una nacionalidad sino que incluso las condiciones de explotación y opresión los mantiene de hecho en condiciones precapitalistas, los factores de índole cultural pasan a sustituir al parentesco como eje central de dicha identidad étnica.

Es sólo a partir de este momento que cuando la identidad étnica pasa a conformarse a partir de componentes culturales que se apropian de la realidad que los entorna no sólo para valorarse a sí mismos como conjunto social sino especialmente para funcionalizarse positivamente en su medio en oposición a los grupos sociales económica y políticamente dominantes, de los cuales quieren diferenciarse culturalmente para defender su unidad grupal y evitar su disolución como ente social.

Las comunidades indígenas, sin embargo, comenzaron a dividirse en dos tendencias claramente demarcadas desde principios del presente siglo. Por un lado, los llamados ''principales'', que tradicionalmente ejercieron funciones de liderazgo en el interior de la comunidad, y que derivaban su poder simbólico de la defensa a ultranza de

---

[7] Véase Héctor Díaz-Polanco, ''Etnia, clase y cuestión nacional'', en *Cuadernos Políticos*, núm. 30, octubre-diciembre de 1981, pp. 53-65.

las tradiciones culturales y, entre ellas, la religiosa en especial, ubicada al centro de una estructura cerrada, hermética, impenetrable, que no toleraba ningún cambio o fisura que amenazara "la tradición". De este círculo cerrado se desprendía el conservadurismo que ha caracterizado a estos sectores denominados "costumbristas" (por defender la "costumbre religiosa tradicional"), que cumplía con el afán de preservar la identidad étnica *envers et contre tout*, pero que simultáneamente funcionaba como sistema de explotación a partir del cual los "costumbristas" se afianzaban como grupo dominante en el interior de las comunidades indígenas, manipulando el comercio, las fiestas religiosas, los movimientos poblacionales, etcétera.

Por el otro lado, con el crecimiento y desarrollo de los mercados regionales a partir de las reformas liberales institucionalizadas en las últimas décadas del siglo XIX, el sector comercial comenzó a crecer como fuerza económica y, como extensión de esto último, a buscar expresiones políticas en el interior de las comunidades. Sin embargo, tanto el espacio político como su mismo crecimiento económico topaba ante el obstáculo erigido por los "costumbristas" que al impedir todo cambio o modernización, bloqueaban los intentos del sector comercial por vincularse más y más al sistema capitalista nacional.

Como respuesta, el sector comercial empezó a romper con el costumbrismo y a vincularse más activamente con la Iglesia católica.

Que la primera respuesta a una pugna política con intereses económicos de por medio se diera por la vía religiosa no debe sorprendernos. De hecho, en la medida en que la base productiva de las comunidades no ha sido modificada sustancialmente desde el periodo prehispánico, se genera una constante en cuanto a los lugares de identidad, lugares de identificación y lugares de representación, referentes explicativos que adquieren coherencia y totalidad al ser estructurados como sistema ideológico en una cosmología que deviene religión.

El sector comercial, entonces, empezó a consolidar su base de poder comprando y vendiendo fuera de los mercados controlados por su propia comunidad; es decir, fuera de los mercados controlados por sus propios "principales". Esto les permitió librarse de la sujeción impuesta por estos últimos por medio de servicios ceremoniales y ritos religiosos, mecanismos que habían impedido que sectores fuera del control de los "principales" pudieran enriquecerse. Al caer en la anterior dinámica, el sector comercial se vio *de facto* obligado a confrontar a sus propios "principales". Por extensión, se opusieron a los ritos y códigos "costumbristas" y se colocaron de hecho a la cabeza de un movimiento rebelde a las creencias tradicionales de su comunidad. Necesitados de apoyos y alianzas para fortalecer su posición, se convirtieron en militantes de la llamada Sociedad de Propagación de la Fe que, fundada en Momostenango, fue la organización antecesora de Acción Católica.[8]

A los grupos organizados por Acción Católica vinieron a incorporarse, entonces, los misioneros llegados al país después de 1954. Los misioneros, articulando en torno suyo a los catequistas y delegados de la palabra que pertenecían a Acción Católica (y, por extensión, al sector comercial de las comunidades), se impusieron como tarea rom-

---

[8] Ricardo Falla, *Quiché rebelde*, Guatemala, Editorial Universitaria, 1978, p. 427.

per la estructura "costumbrista". Se desencadenó así un conflicto de años que a veces fue tremendamente duro y no carente de violencia. Se estuvo muy cerca de linchamientos, confrontaciones con machetes, piedras y cuchillos entre miembros de una comunidad, etc. Hacia principios de los años sesenta, sin embargo, lograron imponerse los planteamientos de Acción Católica, que contaba con el apoyo económico del Partido Democracia Cristiana de Guatemala (DCG), y con un cierto aval del gobierno en un primer momento.

El anterior fenómeno fue la primera alteración cualitativa de la cosmovisión indígena tal y como lo expresaba el sector "costumbrista". Y, como tal, era ya un acontecimiento revolucionario en sí mismo. Restarle poder político a los "principales" equivalía a redefinirse como comunidad con relación con su propia historia, a sus ancestros. Al fin y al cabo, decir "ancestros" equivalía a decir "modelo normativo". Asimismo, el vínculo ancestral es el que justifica el derecho a la tierra que la comunidad considera como potestad suya. "De allí entonces que la reivindicación de la identidad pase por toda una serie de grupos de ancestros que se han establecido en un lugar y que van a ser definidos como identidad comunal.[9] Y por eso mismo la identidad es definida como posición en relación a una geografía, a un espacio ecológico particular. La identidad está íntimamente ligada con la espacialidad.

Pero lo anterior se da como una necesidad que emerge de las particularidades agrarias de la comunidad campesina. Entonces, el desplazamiento del "costumbrismo" hacia mediados de los sesenta implicaba a su vez, el desplazamiento gradual de la agricultura como *modus vivendi* de las poblaciones indígenas.

Y, de hecho, varios antropólogos[10] han constatado como a partir de dicha década, y hasta 1980, la población indígena tendió hacia especialidades no agrícolas, en las cuales el comercio y el desarrollo de los mercados regionales jugaba un papel preponderante. En otras palabras, este fenómeno evidenció una descomposición acelerada de las formas precapitalistas imperantes en el altiplano guatemalteco, y su sustitución por relaciones capitalistas donde el intercambio comercial se ubicaba como motor fundamental de dicho fenómeno.

Pero se dan otro tipo de fenómenos también. Uno muy importante, ya destacado por los propios integrantes del movimiento indígena guatemalteco en un encuentro internacional[11] es el desarrollo y la diversificación global de la economía guatemalteca en esos años. Este fenómeno —que se vincula directamente con la creación del Merca-

---

[9] Cita tomada de una comunicación verbal con Jesús García-Ruiz. Muchos de los elementos que se refieren a esta problemática particular fueron recogidos en una plática informal titulada "Sobre los polos de desarrollo-marco teórico" transmitida el 18 de marzo de 1986 a cuatro investigadores guatemaltecos.

[10] Véase especialmente los trabajos de Carol Smith, "Local history in global context: social and economic transitions in Western Guatemala", en *Comparative studies in society and history*, Duke University, enero de 1984, y "Destruction of the material bases for indian culture: economic changes un Totonicapan 1980-1984" que aparecerá próximamente en una compilación de Robert M. Carmack publicada por la Universidad de Oklahoma.

[11] "Algunos elementos de aproximación a la situación de la población india guatemalteca" presentada en el Primer Encuentro sobre los Derechos Humanos y Autonomía celebrado en Nicaragua en julio de 1986. La ponencia fue presentada por la agrupación indígena guatemalteca Ja C'amabal I'b.

do Común Centroamericano en el marco de la Alianza para el Progreso y otros programas desarrollistas— incluye la introducción de nuevos cultivos de agroexportación, la tecnificación y modernización relativa de la misma, así como la conformación de la industria turística, el estímulo a una industrialización muy ligada a la inversión extranjera, y el desarrollo de una producción artesanal ligada al turismo y a las exportaciones centroamericanas.

Estos procesos contribuyeron a una mayor diversificación social y económica en el campo guatemalteco, procesos de particular impacto en las comunidades indígenas. En el altiplano comienzan a surgir y desarrollarse industrias fabriles que encuentran mercado más allá del ámbito local y regional, incursionando a la ciudad capital e incluso en el mercado centroamericano. El incremento en la demanda de productos artesanales estimula la producción en escalas mayores y su comercialización a escala nacional e internacional.[12]

Simultáneamente, la misma dinámica generaba cambios políticos y sociales que también contribuían a la transformación de la cosmovisión indígena.

Por una parte, se ganó la autonomía municipal por esos años. Esto permitió que, por primera vez, existiera el juego político en el nivel local y regional. Asimismo, esto último hizo que los partidos políticos tradicionales, extendieran sus actividades hacia las áreas rurales. Los mismos ofrecían la perspectiva de una participación política —y, por extensión, de acceso al poder— aunque fuera sólo en el nivel local o regional. Aunque este fenómeno fue el primer paso de una participación del indígena como tal, en la política en el nivel nacional, fenómeno nunca antes visto en el país, y que llevó a la elección de dos diputados indígenas para el Congreso Nacional durante el periodo 1974-1978.

Por otra parte, el crecimiento comercial sin precedentes, hizo posible la construcción de nuevas carreteras, el aumento de servicios de transporte, y llevó por primera ves hasta las comunidades los medios de comunicación de masas.

En los pueblos grandes y sus cantones, y en las áreas que comenzaron a ser penetradas por carreteras, sectores de la población campesina indígena comenzaron a castellanizarse, rompiendo la barrera del monolingüismo; comenzaron a alfabetizarse, accediendo a ideas y conocimientos más allá de las fronteras de su lengua y su comunidad; la gente pudo comprar radios y surgieron estaciones radiales que les hablaban de sus problemas y los vinculaban con un mundo mayor [. . .][13]

En ese gran marco es que los sectores comerciales, ya fuertemente articulados dentro de Acción Católica, ganan su pugna en el interior de las comunidades e inician la implementación de medidas desarrollistas inéditas hasta ese entonces, utilizando como vehículo de las mismas a las comunidades de base conformadas como estructura de Acción Católica en sustitución de los mecanismos tradicionales de organización, tales

---

[12] Ja C'amabal I'b, "La primera gran confrontación: El movimiento campesino indígena del altiplano guatemalteco". Ponencia presentada ante la subcomisión de minorías étnicas de Naciones Unidas. Ginebra, agosto de 1984, p. 6.

[13] *Ibid.*, p. 7.

como la cofradía (estas últimas no desaparecen, sino que se articulan con el nuevo sistema aunque nunca sin algún grado de tensión). Como las mencionadas comunidades efectivamente recogían demandas sentidas por amplias capas de la población indígena, se da en efecto un real movimiento organizativo de base. De este proceso emergen las cooperativas como nuevo modelo de organización agrícola. Las cooperativas racionalizan para el conjunto de sus miembros (que son todos, a su vez, miembros de una misma comunidad) la comercialización de sus productos, así como el consumo, el ahorro y el crédito. Asimismo, desarrollan actividades sociales, políticas de carácter local, religiosas y hasta deportistas que gradualmente le permiten a la cooperativa estructurarse casi como una entidad autónoma de carácter local que implementa nuevos mecanismos ideológico-integrativos para llegar a un control y a una reorientación material y simbólica de la población que la integra.

Las cooperativas, pues, significan un salto cualitativo no sólo en términos de una modernización de la producción agrícola como tal (donde sus logros, en última instancia, fueron reducidos debido a la constante confrontación con el poder local reaccionario) sino especialmente en la capacidad que tuvieron en un momento determinante de la historia guatemalteca, para modificar, reestructurar, reorientar elementos ideológico-integrativos ancestrales, en función de los intereses de los sectores modernizantes del capital con los cuales se identificaban los misioneros y los catequistas, y cuya expresión política era la DCG.

El surgimiento de las cooperativas, a pesar de no ser una amenaza de corte revolucionario sino de un reformismo progresista con el fin de modernizar el capital, llevó a conflictos serios con los poderes locales constituidos, acelerando la radicalización de los miembros de Acción Católica y sus mentores:

Poco después en Santa Cruz del Quiché comenzaron las dificultades entre el gobernador del periodo de Peralta [*coronel Enrique Peralta Azurdia, Jefe del Estado 1963-1966. Nota del Autor.*] y la Cooperativa del Quiché, por razón de la venta de abono a menor precio. Los comerciantes ladinos pudientes del Quiché se sintieron amenazados por la cooperativa, que había bajado los precios del abono y que igualmente podría hacerles la competencia en otros productos. Se dirigieron al gobernador, y por medio de la amenaza de parte del gobierno, transmitida por el nuncio, que o salía el padre que la había organizado o sacaban del país a todos los misioneros del Corazón de Jesús que trabajaban en el departamento, su superior lo exilió de Guatemala. La Cooperativa en vez de amilanarse, duplicó el número de miembros en dos años y el latigazo espoleó igualmente a Acción Católica en Santa Cruz y en los municipios vecinos que se enteraban de los hechos.[14]

A raíz de estos problemas, se comenzó, en 1965, la gestión para organizar una liga campesina que tuviera como finalidad general la defensa de los derechos del indígena ante los ladinos y ante las autoridades. Se organizaron así cursillos en la capital, y se constituyó la Federación Guatemalteca de Campesinos, entidad autónoma de la DCG, pero con los mismos dirigentes. Sin embargo, ante la situación política que se agravaba cada vez más en el país, la mencionada Federación se vio imposibilitada de lograr

[14] Falla, *op. cit.*, p. 455.

sus objetivos. Asimismo, sus miembros comenzaron a ser tachados de "comunistas", y esto generó miedo tanto de parte de los miembros de Acción Católica como de los propios curas, quienes empezaron a argumentar que no querían "meterse en política". Ante esa situación, las actividades de la Federación languidecieron, hasta llegar a detenerse por completo. Sin embargo, este hecho fue un nuevo motivo de frustración y radicalización para todos aquellos que habían depositado sus esperanzas en esta nueva alternativa.

A pesar de esto último, sin embargo, los logros aparentes de esos años en el plano de la producción agrícola ("Tierras exhaustas por el monocultivo y la erosión, e insuficientes por su reducida extensión a causa de su constante fragmentación, parecían cobrar nueva vida"),[15] generaron grandes expectativas entre las masas campesinas indígenas. A pesar de que el beneficio real lo vivieron los sectores que ya poseían un mínimo de capital para poder invertir (es decir el sector comercial y sus allegados, así como ciertos "principales" que vieron perspectivas en estos proyectos), la ilusión de que por fin estaba cambiando la vida de todos los indígenas era grande. La fiebre desarrollista y de transformaciones rápidas era contagiosa, y a pesar de las contradicciones, las fomentaba el mismo Estado, el cual llega en 1970, en el marco del Plan Nacional de Desarrollo (programa de gobierno para el presidente entrante, general Carlos Arana Osorio, quien gobernaría de 1970 a 1974), a constituir un sector público agrícola cuya esencia era la concentración del crédito agrícola por parte del Estado, y que tenía como complemento a instituciones dedicadas a ampliar y agilizar el mercadeo interno de los productos, así como a extender el uso de abonos químicos y otros insumos. Para hacer llegar a manos del pequeño campesino el capital necesario para la "tecnificación", se convirtió a las cooperativas en intermediarias entre el pequeño productor y el crédito estatal. De hecho, ésta fue una medida que sirvió para neutralizar y cooptar a las cooperativas, las cuales gradualmente perdieron sus márgenes de autonomía para convertirse cada vez más en instrumentos de la política oficial.[16]

1970-1976: EL HERVOR DE LA CONCIENCIA INDÍGENA

La etapa desarrollista no fue en vano. En ella, los indígenas replantearon su manera de relacionarse con las cabeceras departamentales, es decir con la expresión regional del Estado. Frente a ese Estado, comenzaron a erigirse como estructura autónoma, a partir de cauces que el Estado aceptaba pero de manera contradictoria. Y más importante aún, la iniciativa la había tenido la sociedad civil, como especie de iniciativa orgánica de las comunidades, aunque con la incidencia decisiva de los misioneros y con el apoyo institucional de sus respectivas órdenes y de la DCG que esto representaba. A partir del Plan Nacional de Desarrollo, el Estado buscaba generar nuevos mecanismos para retomar el control y reorientar a este importante sector de la sociedad civil

---

[15] Ja C'amabal I'b, *op. cit.,* pp. 8-9.
[16] *Ibid.,* p. 9.

bajo sus propios mecanismos ideológico-integrativos, pero a partir de pautas que las mismas comunidades habían generado, bajo el paraguas mayor de crecimiento capitalista generado y fomentado por el mismo Estado, quien fungía como gestor del mismo. El conjunto de la sociedad guatemalteca —y entre ellos los indígenas— parecían estar en proceso de salir del atraso secular e iniciar el camino de transición hacia una modernización que no resultaba de la redistribución de los ingresos, pero que sí extendía las relaciones monetarias y ampliaba el consumo de mercancías.

En los primeros años de la década de los setenta, la tendencia siguió siendo la misma. Sin embargo, para la población indígena este proceso iba más allá del marco estrictamente económico. Porque, al volverse por primera vez indispensable que los campesinos minifundistas dispusieran de capital (aunque fuera en cantidades muy pequeñas) como condición indispensable, cambiaba su relación con los objetos en torno suyo, y hasta su relación con el maíz, que o bien dejaba de ser exclusivamente un producto de autoconsumo para pasar a ser vendido en el mercado, o bien se reducía la extensión de la "milpa" (plantación de maíz) para darle algún espacio a cultivos más comerciales, tales como el trigo, con los cuales no existe la misma relación simbólica que se da con el maíz.

No hay que olvidar a este respecto que los sistemas de representaciones simbólicos que conforman las culturas son los resultantes de modos específicos de apropiarse la naturaleza, de ubicarse en ella y relacionarse con ella. Los códigos mentales se desprenden de estos sistemas simbólicos. De ello mismo se desprende un lenguaje, vehículo que articula una forma de pensamiento particular, y que en el acto de nombrar las cosas y el entorno implica una relación particular del medio en cuestión.[17] Nombrar es introducir sentido y es también introducir orden, un cierto tipo de orden social del cual se desprenden los valores intrínsecos que van a regir a esa comunidad particular.

Por lo tanto, como dice Jesús García Ruiz,[18] toda relación social, en tanto que articulada como resultado de una cosmovisión particular, no es una casualidad; obedece a una lógica social.

Asimismo, esos mismos códigos simbólicos son los que confieren autoridad. Entre la población indígena, el hombre, como jefe de familia, era el poseedor de la tierra y el responsable de traer el maíz al hogar, depositándolo en el granero familiar que era dominio de la mujer. Así el sistema de autoridad dentro del mismo grupo familiar se articulaba a partir de las mismas funciones productivas.

Y en el centro de todo este fenómeno se encuentra ubicado el maíz. Desde el mismo *Popol Vuh*, libro sagrado de la población maya-quiché, se narra cómo los hombres fueron hechos de la mezcla del maíz amarillo y maíz blanco, y se explica —en el mito sobre el origen del maíz— por qué la agricultura tiene un carácter sagrado. Así, en el espacio indígena de raíces mayas el maíz ocupa siempre el centro de la creencia, es el signo de identificación del grupo, lo que lo define como unidad étnica y como

---

[17] Jesús García Ruiz, *Lenguaje y cultura: elementos de reflexión* (inédito).

[18] Comunicación verbal a partir de la discusión recogida en "Sobre polos de desarrollo. . .", (véase la nota 9). Del mismo material se recoge la categoría de "mecanismos ideológico-integrativos" que se utiliza a lo largo de este trabajo.

universo cultural. En el caso del mundo ladino —es decir, de un mundo más específi-camente capitalista donde sus valores no se derivan de un entorno agrario— se le niega al maíz estos valores "míticos" y se le reduce a un objeto de mercancía. La diferencia estriba precisamente en que desde la perspectiva agrícola —de corte precapitalista— se establece un estado de comunión entre el hombre y la naturaleza (y no cualquiera, sino un ecosistema en particular), entre el hombre y su alimento, entre el alimento y la tierra, entre el hombre, el alimento y la tierra. Simbólicamente, entonces, el hombre es el maíz, el maíz es la naturaleza y sólo el hombre que vive en la naturaleza y es al mismo tiempo parte de la misma puede perdurar.

Pero es precisamente toda esa lógica, toda esa cosmovisión, la que comienza a cues-tionarse y a entrar en crisis desde principios de los setenta, como consecuencia del pro-ceso vivido en la década anterior. Para el minifundista, las transformaciones introduci-das en tan breve tiempo ya no representaban tan sólo el optar por cultivos comerciales para disponer de un pequeño capital, comprar radios a transistores y abono para que la tierra pueda dar más, y endeudarse con los bancos del Estado (directamente o con la cooperativa como intermediaria) que nunca antes le habían hecho préstamos de nin-gún tipo. Implica renunciar a toda una forma ancestral de pensar y comenzar a elabo-rar nuevas maneras de ver el mundo a partir de la redefinición de sus relaciones con el Estado y su vinculación a la economía nacional y al sistema capitalista internacional. Fue en ese nuevo espacio que las jóvenes generaciones indígenas que mamaron la ex-periencia de los sesenta y que fueron formadas como dirigentes comunales por Acción Católica, comenzaron a trabajar.

Como parte del proceso de capacitación implementado por los organismos cristia-nos durante el apogeo del desarrollismo, un pequeño número de cuadros indígenas no sólo terminó sus estudios secundarios en sus respectivas cabeceras departamentales sino que, incluso, fueron becados para continuar estudios universitarios en la capital del país.

La llegada de indígenas que no pretendían esconder su identidad étnica y que se defendían enérgicamente del racismo sacudió al medio universitario de aquellos años e incluso fue —junto con los factores ya anteriormente desarrollados— factor de un polémico debate acerca de la situación indígena en el país.

El mismo no era gratuito. En la evaluación autocrítica que los diversos grupos que habían sobrevivido a la debacle de la guerrilla de los años sesenta habían realizado, planteaban como uno de los problemas principales de la derrota la incapacidad de ha-ber podido movilizar masivamente a los indígenas.[19] El interés por el debate, sin em-bargo, no se daba únicamente en medios de izquierda, sino en los sectores más dispa-res de la sociedad guatemalteca: en la esfera gubernamental, en el ejército, en los círculos patronales, en la prensa y en amplios sectores de la opinión pública. Y ese in-terés se debía, en gran medida, al acelerado proceso de incorporación de la población

---

[19] Véase Ricardo Ramírez, "Documento de marzo de 1967", Guatemala (mimeo.).

indígena a la economía de mercado, "a su inscripción en forma determinante en una red de relaciones capitalistas".[20]

El debate académico básicamente se polarizó en dos posiciones. Una, cuyo credo era *La patria del criollo*, de Severo Martínez Peláez, publicado por primera vez por la Editorial Universitaria de Guatemala en 1971, subvaloraba la capacidad política de las masas indígenas y caía en una especie de paternalismo revolucionario: "hacer la revolución para salvar al indio".[21] La otra, armada con *Guatemala, una interpretación histórica*, de Carlos Guzmán Böckler y Jean-Loup Herbert, publicado en México en 1972 por Siglo XXI Editores, idealizaba todo lo indígena hasta niveles alarmantes. Al respecto de esta segunda posición, Mario Solórzano Foppa dice lo siguiente:

Es posible descubrir en diversos autores una inclinación malsana a estusiasmarse por el surgimiento de una *burguesía* indígena. El surgimiento de dicha burguesía sería, para estos autores, un paso positivo y esperanzador en la liberación de la población indígena, como si ser explotado por un patrón indígena fuera mejor que serlo por un patrón ladino. Ante el surgimiento de la burguesía indígena, se repara menos en el hecho de ser una burguesía que en su calidad de indígena, y se descuida por completo el análisis del surgimiento de esta burguesía. ¿Cómo ha acumulado su capital este grupo? ¿Qué mano de obra utiliza y cómo la retribuye? ¿Cómo se apropia de la tierra de otros indígenas menos afortunados? ¿Qué relaciones mantiene con la estructura de poder en el nivel nacional? ¿Por qué este grupo tendría que entrar necesariamente en contradicción con la burguesía ladina tradicional? Los investigadores guatemaltecos, en su conjunto, no se están planteando estas preguntas; y, al hacer la exaltación de la burguesía indígena, parecieran estar prefiriendo una forma de explotación a otra, sin siquiera saber si en realidad son diferentes.[22]

Citamos extensivamente porque, de hecho, señala problemas de fondo que fueron aflorando a lo largo de la década.

El debate mismo, entonces, sirvió de especie de trasfondo a la búsqueda de nuevos valores que, para los indígenas, restablecieran el estado de comunión entre sus comunidades y su nuevo ambiente, que pueda restituir el valor sagrado entre ambos, a partir de los rápidos cambios vividos.

Como no existían más modelos que los tradicionales y los patrones y valores cristianos introducidos por los misioneros y que rápidamente se redefinían en lo que más tarde se llamó "Teología de la Liberación", se partió desde allí, con una campaña de alfabetización que duró tres o cuatro años consecutivos a partir de 1972. El número de participantes en esa campaña era todavía bajo. El trabajo de alfabetización implicaba no sólo enseñar a leer y escribir sino, en primer lugar, enseñar el castellano a indígenas que hasta ese entonces no lo hablaban. El método de enseñanza empleado buscaba a la vez romper con la enseñanza tradicional del idioma y del alfabeto, cen-

---

[20] Mario Solórzano Foppa, "El nacionalismo indígena: una ideología burguesa", en *Polémica*, núm. 3, San José, enero-febrero de 1982, pp. 44-47.

[21] Pedro Chamix, "La importancia revolucionaria de conocer los movimientos indígenas", en *Polémica*, núm. 3, San José, enero-febrero de 1982, pp. 47-57.

[22] Solórzano Foppa, *op. cit.*, p. 45.

trándose más bien alrededor de las necesidades y problemas del campesinado indígena en aquel momento, según los modelos introducidos por Paulo Freire. Por ejemplo, el problema del abono:

Hay mucho problema alrededor de las posibilidades de conseguir abono, fertilizante, para una buena cantidad de campesinos en Santa Cruz del Quiché. Estábamos a 5 o 6 años de todos los años de apogeo de la revolución verde. . . Sin embargo, por la inflación misma y la mayor pobreza, mayor miseria entre los campesinos, eso hacía que la obtención del abono fuera más difícil. Decía lo del abono porque cuando empezamos la alfabetización, una de las palabras clave, motoras, generadoras de discusión era "abono". Usábamos su composición: empezaba con la "a", sigue con "bo"' entonces viene todo el "ba", "be", "bi" "bo", "bu", combinaciones que se dan y luego introducir la "n". Además, por los sonidos mismos, las sílabas mismas, es una palabra que se presta bastante a que se pueda conjugar sus sílabas por parte de los compañeros campesinos.[23]

De esta manera, los alfabetizadores comienzan a "escarbar" todos los problemas que se derivan de la situación misma del campesinado indígena, a manera de generar progresivamente una toma de conciencia, de ir forjando una nueva identidad.

La gran mayoría de los alfabetizadores había participado, años atrás, en las experiencias de catequización impulsadas por los organismos cristianos surgidos de Acción Católica y estrechamente ligados a los sectores comerciales indígenas. Asimismo, todos los alfabetizadores eran indígenas, que estudiaban su escuela secundaria en Santa Cruz del Quiché, aunque venían de diferentes lugares de ese departamento, y como estudiantes habían iniciado su militancia en la cabecera departamental, en las filas de la Juventud de Acción Católica Rural Obrera (JACRO). Posteriormente, en 1970, se constituyó la rama femenina de esa misma organización, llamada Juventud de Acción Católica Rural Obrera Femenina (JACROF).

Aparejada a esta redefinición de la identidad, se forma en 1971 en ese mismo departamento lo que se llamó ıa Asociación Indígena Pro Cultura Maya-Quiché, que más adelante se llamó sólo Asociación Pro Cultura Maya-Quiché. Ésta era una organización indígena con reivindicaciones eminentemente indígenas, que centraba su accionar en el plano cultural, a manera de minar la opresión y discriminación, así como acelerar la conciencia de la identidad indígena.

Por ejemplo, fue esta asociación la que inició en 1973 la pelea porque a la reina indígena se le dieran también los cien quetzales (en ese entonces, el quetzal estaba a la par con el dólar) que se le daban a la reina ladina del departamento, pues hasta ese entonces, a la reina ladina le daban cien quetzales y a la reina indígena sólo veinticinco quetzales, argumentando que esta última no tenía que comprar un vestido blanco para el baile de coronación. Asimismo, la asociación planteó que las dos fueran reinas o que las dos fueran señoritas, pues había una connotación de discriminación muy fuerte al llamar a la reina indígena "princesita Gumarcaaj" y a la reina ladina "señorita Quiché". Finalmente, exigieron carroza y ceremonia de coronación para ambas.

---

[23] Entrevista con Pablo Ceto, uno de los fundadores del CUC (inédita).

También, dentro de la misma línea de forjar una identidad, se formó en la misma época una agrupación de estudiantes que tomó el nombre de Asociación de Forjadores de Ideales Quichelenses (AFOIQUI). Entre los ideales que forjaba estaba la formación de equipos de futbol, de basquetbol y la enseñanza del ajedrez. Sin embargo, todo eso iba conformando una cierta homogeneización dentro de la misma asociación, para que ya en 1973, fuera partícipe activo del trabajo de alfabetización impulsado en la zona de Santa Cruz del Quiché.

El otro elemento que aparece hacia la misma época, es el trabajo impulsado por la Pastoral Indígena, el cual además de sus propias campañas de alfabetización y evangelización, se fijaba como ideal retomar la conciencia de los valores indígenas. Este trabajo era la última etapa de Acción Católica en su propia evolución hacia un mayor compromiso de naturaleza política. A diferencia de las agrupaciones antes mencionadas, tenía la ventaja de operar en el nivel nacional, con importantes destacamentos no sólo en la capital sino también en Quezaltenango, segunda ciudad del país y donde se centraba la burguesía indígena, en el Quiché, en Totonicapán y en las Verapaces. A través de la Pastoral Indígena, los miembros de las distintas etnias se fueron conociendo entre sí, discutiendo problemas comunes y soluciones comunes, y expandiendo su propia visión más allá de la problemática eminentemente local y de su etnia. Por eso, a partir de 1974, esta agrupación fue tomando un gran impulso, llegando al punto más alto de su actividad en el año siguiente y continuando dicho ritmo hasta el terremoto que asoló la capital y todo el altiplano central del país el 4 de febrero de 1976.

Asimismo, el otro elemento de índole nacional que hizo su aparición en este mismo periodo fué la realización de los Seminarios indígenas, que se iniciaron en 1972:

Eran eventos bastante grandes, con características suficientes para denominarlas nacionales en cuanto a cierta representatividad de etnias, de pueblos; no tanto que hubieran generado un movimiento grande, trascendente en la organización popular de aquel entonces. Estos Seminarios indígenas eran impulsados por indígenas que de algún modo tenían alguna profesión, eran maestros o eran estudiantes universitarios o iban para maestros. Estaban bastante radicalizados, en el sentido de a veces pretender que necesariamente había que conformar una organización indígena para poder desarrollar una lucha indígena y para poder resolver la situación nacional del país.[24]

El primer Seminario indígena se celebró en la ciudad de Quezaltenango y contó con representantes de todas las zonas indígenas del país. Al decir de los participantes, el mismo tuvo gran calidad, y de hecho inauguró la posibilidad de una lucha indígena más desarrollada que la impulsada hasta ese entonces.

Es de hacer notar que varios de los iniciadores de estos Seminarios indígenas pertenecían a la burguesía indígena —conformada en su esencia a partir del sector comercial— y sus intentos iban en el sentido de reconformar una cosmovisión que no cuestionara su nueva calidad de clase. A este respecto es importante recordar los señalamientos de Pierre Bourdieu en el sentido de que una clase social no se define

[24] Ibidem.

únicamente por el lugar que ocupa en un sistema de producción históricamente determinado. Además de los factores económicos, debe muchas de sus propiedades al hecho
de que los individuos que la componen entran deliberada u objetivamente en relaciones simbólicas que, al expresar las diferencias de situación y de posición, tienden a
transformarlas en distinciones significantes. Las distinciones propiamente económicas
aparecen reduplicadas por las distinciones simbólicas:

En los Seminarios se trataba la situación social del pueblo indígena, la situación cultural, la
situación económica, la situación política, de donde salían caminos diversos, varios, porque una
de sus características era que no tenían una homogeneidad de pensamiento totalmente desarrollado, sino eran el hervor de la conciencia indígena traducido en esfuerzos, en iniciativas, en
búsqueda sobre todo.[25]

Fue alrededor de estos momentos —fines de 1973— cuando, como resultado del embargo petrolero resultante de la confrontación egipcia-israelí a principios de octubre,
el Mercado Común Centroamericano —que recién había sido sacudido por la guerra
llamada ''del futbol'' entre El Salvador y Honduras en 1969— entra en una progresiva
crisis, y llega a Guatemala por primera vez el fenómeno de la inflación. Este fenómeno
tuvo como consecuencia que se cerraran mercados y que se sintieran efectos recesivos
en el interior del país. Todo esto truncó muchos de los procesos en marcha, cerrando
así posibilidades y expectativas que se habían venido generando desde principios de
los años sesenta, y volvió a polarizar social y políticamente al país:

Esta situación tuvo en el altiplano efectos particulares. La pequeña y mediana producción basada fundamentalmente en el uso de los fertilizantes se desfundó cuando el precio de los abonos,
derivados del petróleo, subió de Q2.85 a Q18.00 el quintal. Esto llevó a la quiebra a miles de
campesinos. La mayoría de las veces los cooperativistas quedaron endeudados con los bancos
o con las instituciones desarrollistas del Estado, sus tierras hipotecadas y sus expectativas frustra-
das. A la par que el cultivo de muchos productos dejaba de ser rentable, por la crisis también
se redujo el mercado nacional y centroamericano para frutas y legumbres procedentes del altiplano guatemalteco. Miles y miles de campesinos se vieron forzados a migrar a las plantaciones
y a la capital.[26]

Consecuencia de todo lo anterior fue una inesperada y repentina miseria en el seno
de las masas campesinas indígenas, que contribuyó a acentuar diferencias de corte clasista en el seno de las comunidades. Los semiproletararios se vieron obligados, en muchos casos, a vender sus tierras y pasaron a ser mano de obra asalariada en la tierra
que había sido de su propiedad, o bien tenían que arrendarla o trabajarla en aparcería.
Los nuevos dueños de la tierra eran burgueses indígenas que buscaban concentrar el
mayor número de tierra en sus manos y controlar el mercado de insumos. Este fenómeno generó en algunos lugares brotes de rebeldía, una situación muy álgida y difícil,
pero sin un hilo que los transformara en una campaña reivindicativa de mayor escala.

[25] *Ibidem*.
[26] Ja C'amabal I'b, *op. cit.*, p. 11.

Dichas confrontaciones impidieron, asimismo, que pudiera continuar, de manera relativamente imperturbada, el proceso de búsqueda de una nueva cosmovisión que satisficiera el vertiginoso ritmo de cambio. Las elaboraciones simbólicas que redefinían las relaciones con el Estado y con la economía nacional se atrasaban más y más frente a la marcha de los acontecimientos, y perdían coherencia y homogeneidad al acentuarse las diferencias clasistas en el seno de la misma comunidad. La crisis de valores, entonces, se profundizaba y acentuaba. La estructura de autoridad tradicional se minaba aún más. Se daba el caso crítico de que el capitalismo se hacía presente en el nivel de lo económico, pero estaba todavía ausente en el nivel de la producción ideológica, crisis que llegaba al seno mismo de los grupos más tradicionales —los costumbristas, quienes ya habían visto su autoridad minada y se veían igualmente incapaces de contribuir a generar nuevas formas de visión del mundo, cayendo en algunos casos en actitudes erráticas que minaban aún más su autoridad, tales como el rechazo a los jóvenes líderes de las comunidades con mayor formación educativa "occidental" que ellos (pero quienes poseían un alto grado de autoridad política), el rechazo de todo tipo de organización sociopolítica que no fuera la tradicional controlada por ellos, etcétera.

Los alfabetizadores que participaron en los Seminarios indígenas y que eran sensibles al conjunto de situaciones que se vivía en aquellos momentos, comprendieron que era el momento de plantearse la necesidad de pasar a otro nivel de trabajo. Las inquietudes de los alfabetizados eran ya más las de encontrar soluciones al problema de la pobreza que el simplemente castellanizarse y aprender a leer y escribir. Entonces, se plantearon sesiones de estudio en las cuales abordaron temas tales como cuáles son los derechos de los campesinos, cuáles son los derechos de todo ciudadano guatemalteco, etc. Para ese objetivo, hicieron referencia a la Constitución del país, a manera de saber qué era lo que decía y confrontar la palabra escrita con la realidad. Esto los llevó a su vez a plantearse el problema de los derechos humanos.

Dicha discusión los iba empujando gradualmente hacia niveles de debate más explícitamente políticos.

Paralelamente al trabajo que estos grupos impulsaban en cabeceras departamentales —Santa Cruz del Quiché, Quezaltenango—, las aldeas y pueblos del interior de estos departamentos del altiplano iban progresivamente rompiendo su dependencia de las cabeceras departamentales, donde estaban ubicados también los sectores de explotación: los habilitadores, los fabricantes de aguardiente, los prestamistas, los comerciantes y la alcaldía, brazo del poder político central. Esta ruptura existente se comienza a dar a partir del momento en que se fundan los centros regionales o comunidades por parte de los miembros de Acción Católica. En las propias comunidades se fundaron escuelas y se inició la formación y concientización de los jóvenes, lo que llevó a la promoción de cuadros orgánicos de la comunidad. Sin embargo, el trabajo en las comunidades y el trabajo en las cabeceras departamentales de mayorías indígenas permanecía básicamente divorciado el uno del otro. Para las comunidades del interior, la cabecera departamental era el símbolo mismo de la explotación. Y para los estudiantes indígenas inquietos de las cabeceras, la respuesta a sus inquietudes provenía más bien de los profesionales de Quezaltenango o de la capital.

Esta división también adquiría tintes clasistas. De hecho, la burguesía indígena se concentraba en las cabeceras departamentales donde la búsqueda de poder político se encaminaba por cauces más tradicionales. Así, muchos miembros de la burguesía indígena eran miembros de la DCG y se movilizaron por la candidatura del general Efraín Ríos Montt, postulado como candidato a la presidencia de la República por dicho partido para las elecciones de 1974.

Asimismo, en dichas elecciones varios miembros de la burguesía indígena se postularon como candidatos a diputados de sus respectivos departamentos. La mayoría lo hizo en las filas de la DCG, pero algunos otros aparecieron aun en las listas del Partido Revolucionario (PR), el cual a pesar de dicho nombre, se ha ubicado tradicionalmente a la derecha de la DCG, e incluso ejerció el poder en el período 1966-1970. Dichas candidaturas, sin embargo, no eran esfuerzos individuales sino respondían a intereses de agrupaciones indígenas específicas. Así, el profesor Fernando Tetzahuic Cohón, aunque se presentaba como candidato del PR, decía responder en verdad al grupo indígena Patinamit ("en o hacia la ciudad Iximché").[27]

De hecho, Tetzahuic Cohón, natural de Tecpán, salió electo en el departamento de Sololá. Asimismo, don Pedro Verona Cúmez, natural de Comalapa, salió electo en el departamento de Chimaltenango por la DCG.

Era la primera vez en la historia de Guatemala que salían electos diputados indígenas que seguían identificándose como indígenas en ese nivel de poder, representaban a su sector y derivaban su poder de bases indígenas. Esta victoria generó en sectores de la burguesía indígena expectativas de acceso al poder, ya no sólo local, sino incluso nacional.

Sin embargo, para las comunidades del interior de los departamentos, esas mismas elecciones —ganadas por la DCG pero a quienes se les negó la entrega del poder por medio de un fraude al cual se plegó tanto el candidato como su partido— implicaron que se cerraba toda posibilidad de una participación política de naturaleza electoral, ya que la magnitud del fraude evidenciaba que nunca se les permitiría ejercer ningún poder ganado por los votos.

Tal era, pues, la situación, en términos generales, hacia fines de 1975. La brecha clasista parecía abrirse cada vez más y romper para siempre la cohesión histórica de las comunidades indígenas. Para que ambos sectores pudieran volver a acercarse, fue necesario pasar por la durísima experiencia del terremoto.

1976-1979: LA BÚSQUEDA DE CAMINOS DE CAMBIO

El 4 de febrero de 1976, todo el altiplano guatemalteco fue sacudido por un fortísimo terremoto que, en menos de 45 segundos, dejó sin residencia a más de un millón de personas. Entre los más afectados estuvieron todos los pueblos indígenas del altiplano occidental que comprenden los departamentos de Chimaltenango, norte de Sololá, sur

---

[27] Ricardo Falla, "El movimiento indígena", en *ECA*, núm. 353, año XXXIII, marzo de 1978, pp. 438-461. Toda la información concerniente al Patinamit y el movimiento de Tetzahuic proviene de este artículo.

del Quiché, Totonicapán y norte de Quezaltenango.

El terremoto fue la primera verdadera prueba de fuego para las comunidades del interior de los departamentos, ya que de la noche a la mañana se vieron efectivamente obligados a ejercer todas las responsabilidades políticas y sociales, así como solucionar las inmensas necesidades generadas a raíz del terremoto, con un mínimo de recursos y un estado de incomunicación con la cabecera departamental y capital del país que duró varios días y, en los casos más apartados, varias semanas.

Sin embargo, en el momento en que sus comunidades necesitaron más de ellos, los jóvenes líderes respondieron con creces ante las expectativas de su propia comunidad.

Por otra parte, el gobierno central, desbordado por la magnitud de los acontecimientos, se vio prácticamente incapacitado de responder en el nivel nacional a la situación de emergencia y necesidades de la reconstrucción. Por lo tanto, toleró el hecho de que las comunidades tomaran la iniciativa y se constituyeran prácticamente en poderes populares locales, negociando directamente con las agencias internacionales la ayuda que recibían desde el exterior.

El terremoto también evidenciaba las terribles desigualdades existentes en el país. Todo el mundo se da cuenta de que las casas destruidas son las de débil construcción, las más pobres, y que mayoritariamente son los que moran en ellas quienes mueren.

En los pueblos del altiplano, toda la ayuda internacional fue acaparada hasta cierto punto por el ejército, el cual se enriqueció revendiéndola. Mientras tanto, el que no podía pagar los precios arbitrariamente fijados por ellos se moría de hambre y de frío. Todo eso abrió los ojos de la población.

A partir de ese momento, el trabajo de alfabetización, el trabajo de las comunidades cristianas, el trabajo de discusión política, comenzó a transformarse en un verdadero trabajo de organización con ciertas perspectivas. El conocimiento de la realidad en la cual vivían era ya un hecho para amplios sectores de la población indígena. La crisis de valores, la falta de coherencia de una nueva cosmovisión persistía. Pero en respuesta a ambos fenómenos comenzaba a darse un interés explícito de sumarse a un esfuerzo que pudiera desembocar en "algo" que sirviera para cambiar esa situación existente.

Como respuesta genérica a dicho fenómeno va surgiendo la necesidad de "organizarse". Sin embargo, prácticamente ninguno de los "organizadores" tiene una experiencia real como para decir qué tipo de organización es la que buscan o necesitan de acuerdo con sus necesidades. Entonces, sacando a colación los viejos valores de decisiones comunitarias por concenso como resultado de amplias discusiones en que todos (al menos todos los hombres) participan en igualdad de circunstancias, dichos "organizadores" inician una discusión permanente que implica una búsqueda colectiva de la organización más adecuada para ellos mismos. Primeramente estudiaron la Acción Católica como un modo de organizarse, detectando límites en el hecho de que no todos sus miembros reconocían el mismo grado de conciencia acerca de cómo enfrentar la situación de explotación, opresión y discriminación, además de que "no necesariamente una organización cristiana puede plantearse eso".[28] En seguida, estudiaron las ligas campesinas que se habían implementado durante el apogeo del desarrollismo

---

[28] Ceto, *op. cit.*

pero encontraron limitante el marco exclusivamente reivindicativo de cuyo respeto legal sospechaban sobremanera desde el fraude de 1974. Luego estudiaron los partidos políticos y, al menos los sectores más avanzados del campesinado indígena, tampoco les encontraron ninguna posibilidad:

Había cierta situación de a veces engaño, acarreaban a la gente dentro de camiones y les daban a la gente un quetzal o cincuenta centavos para que apoyaran, votaran por uno o por otro candidato, ése era el modo de convencer a la gente. Yo mismo fui delegado de la Democracia Cristiana en 1972 en las elecciones municipales de ese tiempo en Caniyá, San Andrés Salcabacjá. Partidos políticos no podían ser la salida, ya se probó dos, tres, cuatro veces y no era la salida.[29]

Sin embargo, esto último no era el punto de vista de sectores de la burguesía indígena. La actitud contraria se desprendía precisamente de los eventos que habían rodeado la salida de Tetzahuic Cohón del PR a mediados de 1976. Cuando el PR le exigió a su diputado que renunciara a un puesto directivo en el Congreso, éste se negó, invocando que la decisión de su grupo de apoyo, el Patinamit, era contraria a esa determinación. Asimismo, Tetzahuic comenzó a pregonar la iniciación de una bancada indígena en el Congreso. Esa idea, por entonces impracticable, movilizó la ambición política de muchos miembros de la burguesía indígena por una diputación. Asimismo, de la reunión de apoyo que el Patinamit realizó en la capital en julio de ese año, salió la consigna de que "no importa a que partido perteneciera un diputado, siempre y cuando fuera indígena y supiera representar los intereses de éstos".

Ricardo Falla, al analizar estos acontecimientos, veía confirmada la afirmación de Joaquín Noval en el sentido de que "lo verdaderamente importante es que los indios y los ladinos que ejercen cualquier poder en cualquier nivel de articulación dentro de la estructura de poder en la nación, se orientan en todo sentido a conservarlo y aumentarlo".[30]

La imagen de numerosos indígenas encabezados por Tetzahuic causó impacto en la opinión pública, aludiéndose incluso que dicho movimiento era "marxista" cuando, en realidad, Tetzahuic, de formación evangélica, pertenecía al ala conservadora del mismo Patinamit y había buscado alianzas con la extrema derecha.

De dicha agitación, sin embargo, comenzó a surgir en perspectiva un partido político indígena:

La próxima reunión del Patinamit se tuvo en San Francisco el Alto, Totonicapán, el 25 de septiembre [. . .] Tuvo dos finalidades, una en apariencia fue rendir homenaje al profesor don Adrián Chávez [. . .] y la segunda, de fondo, tratar aspectos de la política nacional y fijar alternativas de participación en las elecciones generales de 1978. Era pues una reunión con fines políticos nacionales [. . .] Se estaban ya trazando los lineamientos para entrar en la contienda política electoral de la nación.[31]

[29] *Ibidem.*
[30] "El movimiento indígena", *op. cit.*, 443.
[31] *Ibid.*, p. 444.

Como ya lo ha señalado Ricardo Falla, el homenaje a don Adrián Chávez evidenciaba raíces simbólicas profundas del significado que la cultura tenía para el movimiento vinculado a la burguesía indígena. No significado en el sentido formal de "respeto", sino en el sentido de la necesidad de reelaborar los códigos simbólicos a partir de la tradición, con el fin de poder conformar una nueva cosmovisiónque posibilitara el ingreso a "la modernidad" con un mínimo de contradicciones y disgregaciones internas en el seno de la comunidad indígena. Don Adrián Chávez cumplía dicha función a cabalidad. Maestro y profesor, fundador de la Academia de la Lengua Quiché en Quezaltenango, traductor del *Popol Vuh*, autor de un alfabeto de la lengua quiché y personalidad conocida internacionalmente, era un hombre idóneo para encarnar dicha necesidad. Encarnaba en su persona, igualmente, el rescate de las ciencias sociales para los indígenas y, en particular, el rescate de la identidad indígena "cuya crisis ha sido especialmente sentida por los indígenas que han. alcanzado diverso grado de escolaridad y se han separado ya de las labores campesinas".[32]

Asimismo, al exaltar a don Adrián Chávez la burguesía indígena estaba "exaltando y valorizando su propia vida, pues ellos han sufrido la crisis de identidad y han roto mediante el estudio y otros cargos desempeñados fuera de su comunidad de origen el bloqueo que los condenaba a ser campesinos o dejar de ser indígenas".[33]

En las siguientes elecciones, don Adrián Chávez terminó postulado como tercer candidato por Quezaltenango al Congreso por el grupo disidente del PR (PRA) dentro de la DCG.

El 20 de noviembre de 1976 el grupo Patinamit se reunió en Chimaltenango para iniciar la formación de un partido político indígena:

En estos momentos se hablaba del Partido Indígena de Guatemala. Se pretendía que en él estuvieran "representados los indígenas kekchíes, quichés, cakchiqueles, mames, kanjobales, tzutujiles, pocomames, chortíes, ixiles y todos los demás grupos étnicos del país", sólo tendrían participación los ladinos "conforme las pautas indígenas.[34]

La prensa, y el Congreso especialmente, atacaron duramente esa idea, aduciendo que era inconstitucional por "ser racista y conllevar la lucha de clases". Así, el 11 de diciembre se volvieron a reunir los miembros del Patinamit, con alrededor de unos 200 delegados, para conformar un partido denominado Frente de Integración Nacional (FIN). El cambio de nombre era un respuesta a las críticas antes expuestas. Según lo explicó Tetzahuic en conferencia de prensa, el nuevo nombre significaba que el partido "pretendería unir a ladinos y no ladinos y no hacer discriminaciones de raza o estados de pobreza".[35] Sin embargo, todos los integrantes de la directiva eran indígenas. Asimismo, su surgimiento generaba polémicas en el seno mismo del sector comerciante indígena. Por ejemplo, el diputado Cesáreo Pereira, representante por Totonicapán de la DC, veía el nuevo partido como un intento de "gente platuda" por destruir a

---

[32] *Ibidem*.
[33] *Ibid.*, p. 445.
[34] *Ibid.*, p. 447.
[35] *Ibid.*, p. 448.

la DCG. De hecho, la DCG veía al partido como un desafío real, pues amenazaba con restarle sus propias bases indígenas:

Esto nos da una percepción de la fuerza que podría tener el FIN: dependía de líderes de las comunidades, ordinariamente líderes nuevos que quisieran desbancar a los intermediarios políticos de sus propios partidos tradicionales o líderes maduros que tuvieran poca lealtad a su partido y que vieran más futuro en el FIN. El futuro del FIN estribaba [. . .] en el espejismo de los números y en la sobrevaloración de la identidad étnica como poder de convocación.[36]

El FIN entregó sus documentos para registrarse como comité propartido el 19 de abril de 1977. Sus movimientos a lo largo de ese año, a pesar de eso, se dedicaron más a buscar alianzas con la DOG como con la alianza derechista que apoyaba al general Lucas García como futuro presidente, a cambio de diputaciones.

Esto último comenzó a desprestigiar rápidamente los intentos electorales de la burguesía indígena en general, y del FIN en particular. Sus saltos de un partido a otro con tal de obtener candidaturas y la fiebre que se produjo entre ellos por ser candidatos a diputados contribuyó mucho en ese sentido. Como dice Ricardo Falla, uno de sus efectos fue el que se produjera un proceso de neutralización de la identidad étnica como factor de liderazgo, aunque este mismo proceso fortaleció las probabilidades de la representatividad de la misma identidad indígena, pero encontrando su principal mecanismo de expresión en la organización popular y no en los procesos electorales. Asimismo, como detrás de los partidos políticos la fuerza real que gravitaba y decidía en última instancia era el ejército, el FIN, de hecho, comenzó a forjar una alianza con el ejército, alianza que se vio sellada con el apoyo brindado al general Lucas García en febrero de 1978 a cambio de que su gobierno prometiera apoyarlo como partido político, y la alusión al movimiento indígena nacional hecha por el general Camey Sierra en el discurso conmemorativo de la muerte de Tecún Umán —príncipe quiché quien murió luchando contra el conquistador español en 1524 y héroe nacional de Guatemala— el 20 de febrero de ese mismo año. Sin embargo, el tremendo fraude con el cual se impuso la candidatura del general Lucas García por parte del ejército no sólo acabó de desprestigiar el proceso electoral en el nivel nacional, sino que desprestigió también al FIN y a sus dirigentes. Como si lo anterior fuera poco, después de todas las expectativas de una bancada indígena en el Congreso, en medio del fraude no salió ni un solo diputado indígena titular, y sólo dos suplentes.

Entre las comunidades de base —de por sí radicalizadas ya desde el periodo 1973-1974— los fallidos intentos de la burguesía indígena no hacían sino confirmar que no se podía hacer una lucha amparándose en la legalidad de quienes los explotaban, reprimían y discriminaban:

Queríamos una organización que fuera de todos los campesinos, queríamos una organización que fuera de todos los indígenas; pero no sólo de los indígenas o sólo de los ladinos sino de todos los trabajadores del campo, que allí se juntaran todos. Que fuera una organización capaz de lu-

---

[36] *Ibid.*, p. 449.

char por las necesidades, por los derechos del campesinado, pero que no cayera en engaños como los partidos políticos.[37].

Todo lo anterior se hacía secretamente, porque ya en aquel entonces la represión se había hecho sentir en El Quiché, y no sólo por culpa de los ladinos ricos que se sentían amenazados.

En el norte del departamento del Quiché, en el llamado "triángulo ixil" —donde habitaba la pequeña pero combativa etnia ixil—, las comunidades cristianas de base habían alcanzado un mayor desarrollo y una mayor radicalidad, debido a las peores condiciones materiales, al alto grado de combatividad de la población y a la mayor lejanía de la cabecera departamental, y cercanía de la selva del Ixcán, donde operaba en la clandestinidad el Ejército Guerrillero de los Pobres (EGP) desde principios de 1972.

Aquella actividad era percibida como muy peligrosa por la burguesía indígena del sector, asentada en la cabecera municipal de Nebaj, y que había acumulado capital esencialmente a través de la contratación de mano de obra barata para las tareas requeridas en las grandes haciendas cafetaleras, cañeras y algodoneras de la costa sur del país. Su círculo de poder incluye también el comercio y el negocio de préstamos de capital.

En enero de 1973, Sebastián Guzmán, principal de principales de Nebaj y primer cofrade de la Cofradía de Santa María, la más importante del pueblo, y once cofrades más, firman una carta dirigida al entonces presidente de Guatemala, general Carlos Arana Osorio. En ella solicitan su intervención directa porque "ya entró entre nosotros un mal semilla, son los comunistas, están peleando contra nosotros con cooperativas y otras babosadas".[38] Era la primera vez en la historia del país que se planteaba oficialmente una acusación de comunismo contra un grupo de indígenas. Y, quienes lo hacían, eran a su vez indígenas. Miembros de la burguesía indígena.

En noviembre de 1975, se reitera el mismo llamado. Esta vez se le solicita al comandante de la zona de Santa Cruz del Quiché "venir acabar con los guerrilleros del pueblo" porque "son puro cubanos". Posteriormente, en enero de 1976, los principales indígenas elaboraron, en la misma casa de Sebastián Guzmán, las primeras listas negras. Al mes siguiente, apenas algunas semanas después del terremoto, una comisión viajó a Santa Cruz del Quiché para reunirse, en la zona militar, con representantes del Servicio de Inteligencia del Ejército (G-2). Allí entregaron las listas negras con nombres, datos, características y fotos. El 1 de marzo del mismo año el ejército ocupó Nebaj por primera vez, y el 19 del mismo mes se inició la represión con el asesinato o secuestro de cristianos, dirigentes de cooperativas, directivos de los comités de desarrollo y organizadores populares.

Con esa experiencia en mente, las precauciones que tomaron los organizadores veteranos de la Acción Católica, de las comunidades cristianas de base y de la represión en el triángulo Ixil tales como Vicente Menchú, eran grandes. De allí que las reunio-

[37] Ceto, *op. cit.*
[38] Xavier Gurriarán, "Sebastián Guzmán, principal de principales" (mimeo.).

nes de planificación se hubieran alargado hasta 1977, y que se prefiriera mantener su secreto el mayor tiempo posible, hasta que la organización naciente ya pudiera ser lo suficientemente fuerte como para resistir una embestida de la reacción.

Las primeras interrelaciones entre grupos o comunidades de diversas etnias se habían dado durante el terremoto. Junto con eso coincidieron otros esfuerzos de concientización y de organización que se desarrollaban básicamente en la costa sur. Se dieron así reuniones de catequistas, de cooperativistas, de algunos sindicatos agrarios. Eso empezó a desarrollar las relaciones entre la zona de Chimaltenango y sur del Quiché, en el altiplano, y la costa sur del país, así como a tejer paulatinamente una relación entre indígenas y ladinos pobres. Aunque esto último se daba con dificultad, visto el racismo que incluso sectores ladinos pobres ostentaban para con el indígena y la suspicacia de éste último para relacionarse con ladinos de cualquier clase.

El 1 de mayo de 1977 fue una ocasión en la cual muchos de los indígenas que descendieron del altiplano vieron por primera vez en su vida lo que era una manifestación pública. No participaron en el sentido real del término, sino más bien estudiaron lo que gritaba la gente, cómo se organizaba, qué decían las pancartas que llevaban; qué decían los oradores, y después evaluaron si habían entendido o no los acontecimientos. Eso permitió que la organización incipiente pudiera estudiar aproximadamente durante dos meses lo que eran las manifestaciones públicas, para qué servían, si era una forma de lucha que les sirviera a ellos o no.

El 20 de octubre de ese mismo año, en la manifestación conmemorativa de la revolución democrática de 1944 que derrocó al dictador Ubico, ya participó un buen número de campesinos indígenas, pero aun sin identificarse como organización. Una vez más, eso les sirvió para evaluar cómo se sentía estar en una manifestación pública, y sacar las mayores lecciones posibles de aquella experiencia.

Un mes después, en noviembre, se dio un hecho trascendental que contribuyó cualitativamente a la definición de las masas indígenas: la marcha de los mineros de Ixtahuacán.

En noviembre de ese año, los mineros que trabajaban en las minas de antimonio y tungsteno en el municipio de Ixtahuacán, departamento de Huhuetenango, altiplano noroccidental, iniciaron una marcha de 351 kilómetros hacia la capital del país en demanda de mejoras en las condiciones de trabajo. Con ese propósito, siguieron el recorrido de la carretera panamericana hasta llegar a su destino. Esta ruta los obligaba a atravesar toda la zona indígena del altiplano occidental: Quezaltenango, sur de Totonicapán, norte de Sololpa, sur del Quiché y todo Chimaltenanto y Sacatepequez. Al cabo de nueve días de dicho recorrido, entraron a la capital acompañados por cerca de 150 000 personas entre estudiantes, pobladores, trabajadores del Estado, obreros, campesinos, etcétera.

Fue, sin duda, la concentración más grande vivida por el país después de 1954. Esta gran marcha, junto con la de los obreros del ingenio "Pantaleón", ubicado en la costa sur, y que tuvo lugar en esos mismos días, crearon una euforia popular en torno a las organizaciones de masas, las cuales se multiplicaron en poco tiempo.

La marcha de los mineros obligó a los indígenas a dar un paso más en su organización. Hasta entonces, habían varios grupos en Santa Cruz del Quiché, varios grupos en Chimaltenango, y varios grupos en la costa sur. Estos grupos habían surgido de distintos esfuerzos: básicamente de ligas campesinas en la costa sur y de las comunidades cristianas de base en el altiplano. Hasta entonces estos grupos sólo habían mantenido una ligera coordinación. Sin embargo, a raíz de la marcha de los mineros fue necesario hacer un esfuerzo de coordinación más global, para que todos salieran a la carretera a dar a los mineros el apoyo que requerían:

Al darles atol de plátano, atol de maíz, chuchitos, tamaltes, tortillas, a darles fresco, aguas [. . .]. Y todo eso implicaba un trabajo de organización muy grande; era de organizar a los grupos y que ellos organizaran su apoyo. No sólo ir a recibir y encaminar a los mineros [. . .] sino también organizando actos culturales en cada lugar donde iban pasando. Por ejemplo, llegaban a un cruce y ahí estaban una gran cantidad de campesinos indígenas ofreciéndoles de comer y de beber, y al mismo tiempo haciendo un gran mitin en lengua y en castilla, hablando los mineros, hablando la gente que los esperaba.[39]

Los comités de base, coordinando esfuerzos como nunca antes, lograron cubrir todo el tramo de la carretera desde Quezaltenango hasta Lucas Sacatepequez, una distancia de casi 275 kilómetros.

Consencuencia de esa rica experiencia, desde principios de 1978 los organizadores plantearon ya la necesidad de conformarse como organización. Iniciaron los preparativos desde febrero, fijándose como objetivo el participar en la manifestación del primero de mayo. En marzo se giraron invitaciones a todos los grupos de base, convocando a una reunión en el nivel de las tres regiones (sur del Quiché, Chimaltenango y costa sur) para el mes de abril.

El 15 y 16 de abril se celebró ese famoso primer congreso. En él se decidió participar organizadamente en la manifestación del primero de mayo y se constituyó el Comité de Unidad Campesina (CUC). La idea era la de luchar combativamente —es decir, no sobre la base de la legalidad, aunque tampoco necesariamente como una organización guerrillera ni de rasgos militares— por los intereses y los derechos de los campesinos.

Cinco o seis días antes de irse hacia la capital, suscribieron las consignas más sentidas por el conjunto de las bases. Entre ellas se encontraban, no más agarradas para el cuartel, falta de tierras, no a la represión, no a la discriminación, no al alto costo de la vida. Con base en esas consignas se redactó el primer manifiesto del CUC.

El día primero, a la hora de formarse, descubrieron que había llegado cuatro veces más gente que la prevista, conformándose una impresionante procesión de varias cuadras de largo.

Marcharon organizados en cuatro filas, y por altoparlantes llevaban bocinas de las iglesias de los pueblos, que se habían bajado de su lugar habitual para ese día. Por oradores se designaron a un indígena quiché (asesinado posteriormente por el ejército en 1981) y un ladino pobre de la costa sur.

La manifestación del primero de mayo fue trascendental para la vida política del país. La presencia de los indígenas en la calle, con sus trajes típicos, sus mecapales,

[39] Ceto, *op. cit.*

sus consignas pintadas en petates y no en mantas, despertaron inmediatamente grandes aplausos y vivas de parte de los observadores. Se oyeron entre el público ladino obrero, gritos de viva a los campesinos, viva los indígenas. El contingente indígena era encabezado por una fila de antorchas, y por indígenas portando machetes y azadones como símbolos del campesinado indígena.

Apenas 29 días después de este hecho, se dio la matanza de 150 campesinos indígenas kekchís en la población nororiental de Panzós: "La masacre de Panzós conmocionó al altiplano, indicando hasta dónde estaba dispuesto a llegar el régimen en respuesta a las demandas reivindicativas y legales campesinas."[40]

Como consecuencia de la masacre, todas las organizaciones populares y democráticas convocaron a una manifestación de protesta el 8 de junio. Ahora, por primera vez, aparecía el CUC como uno de los convocantes a una movilización popular. Con este motivo, sacaron en las radios regionales del altiplano anuncios en quiché, cakchiquel y kekchí.

La presencia del contingente indígena en esa manifestación fue más grande y determinante. La simpatía hacia el CUC empezó a generalizarse, la organización creció y encontró una acogida favorable en el seno del movimiento popular y democrático.

Ya en septiembre de 1978, el CUC incursionaba hacia las Verapaces, iniciando dicha labor en la comunidad de Río Negro, Rabinal. Para entonces las posiciones de CUC se iban definiendo cada vez más en favor de lo clasista:

El CUC es CABEZA CLARA para analizar bien la situación de nuestros hermanos de clase y sus amigos que se juntan en su lucha y para conocer a sus enemigos para combatirlos. El CUC es CORAZÓN SOLIDARIO pues nació para juntar a todos los trabajadores del campo y quiere unirse con las organizaciones que hacen la misma lucha. Es un paso importante en la alianza obrero campesina, porque esa unidad es el motor y corazón de la revolución. El CUC es PUÑO COMBATIVO porque hemos aprendido que los explotados conquistamos nuestros derechos con la fuerza de las acciones que hagamos, y no humillándonos ante las promesas, leyes y engaños de los ricos.[41]

Asimismo, ya hacia fines de ese año y a lo largo de 1979 se fue conformando la estructura de dicha organización con base en asambleas y comisiones. Existían tres tipos de asambleas: locales, regionales y nacionales. En esa época, cuando la organización no tenía aún los volúmenes que después adquirió, en las asambleas locales se reunían todos los miembros del lugar, 50, 100, 200 personas. Ya a partir de 1980, los números tan altos y la represión impidieron dichas asambleas, obligando al funcionamiento de reuniones entre tres a cinco responsables locales. En las asambleas regionales participaban delegados regionales surgidos de las diferentes localidades de la región, para discutir problemas de carácter local y realizar análisis políticos. Finalmente, la asamblea nacional era la máxima instancia de la organización, donde discutían las directrices que regían todo el CUC, y donde se elaboraba su planteamiento político.

[40] Ja C'amabal I'b, *op. cit.*, p. 14.
[41] Pablo Ceto, Antonio Calel y Magdalena Tipaz, "CUC: los hombres de maíz escriben su historia en FP-31, *Boletín Internacional*, núm. 5, México, septiembre de 1982, p. 17.

En cada uno de los niveles existían las correspondientes comisiones permanentes de coordinación: la Comisión Nacional de Coordinación (CONACO), que agrupaba a la dirigencia máxima del CUC, la cual, por razones de seguridad, nunca se dio a conocer públicamente. Después se ubicaban las Comisiones Regionales de Coordinación (CORECO) y, en el nivel local, las Comisiones Locales de Coordinación (COLACO).

Se puede observar entonces que si diez años antes, a mediados de los sesenta, la lucha al interior de las comunidades indígenas había sido entre los "costumbristas" y el sector comercial ligado a la Acción Católica, ya para mediados de los setenta la comunidad se encontraba dividida entre tres grupos: "costumbristas", sector comercial ya claramente delineado como burguesía indígena, y campesinado indígena. Asimismo, en este último periodo las diferencias clasistas comenzaban a privar por encima de la "comunidad étnica": mientras que "tradicionalistas" del tipo Sebastián Guzmán de Nebaj o burgueses indígenas del tipo Fernando Tetzahuic de Tecpán convergían en la búsqueda de poder político dentro de la estrecha legalidad del régimen y buscando convergir con partidos de derecha y extrema derecha en aras de sus cuotas de poder personal, el campesinado indígena se inclinaba hacia la izquierda, buscando convergencias con el ladino pobre y organizando un movimiento de masas que se situaba fuera de los límites de la legalidad imperante.

Los tres sectores convergían en que todos, incluyendo a los "costumbristas", se habían apartado de "la tradición" tal como ésta se practicaba de manera genérica hasta fines de los años cincuenta. La identidad étnica se había transformado en la búsqueda de fuerza política, pero se desarticulaban a pasos acelerados los elementos que tradicionalmente la habían conformado y cohesionado. De constituir un conjunto de prácticas simbólicas que estructuraban el sentido y conformaban una cosmovisión particular, pero cuyo concepto no se explicitaba ni articulaba de manera lógica o "racional" en el sentido occidental del término —dándose muchos de sus códigos en el nivel de lo no consciente y de lo no verbalizado inclusive—, la situación hacia fines de los setenta parecía invertirse. Ahora, la identidad era un fenómeno "sentido", verbalizado, en torno al cual se buscan articular prácticas políticas. Pero las prácticas simbólicas, la cosmovisión, los códigos "no conscientes" habían sido relegados sin que se conformaran nuevos que los sustituyeran. Así, en la práctica concreta, al mismo tiempo que se hablaba más de identidad, era cuando más en crisis se encontraba la misma.

Dicha crisis confrontaba a los tres sectores en pugna a una carencia de valores normativos tradicionales. Cuando este fenómeno se vivió por primera vez a fines de los sesenta y principios de los setenta, el sustituto de los mecanismos tradicionales de organización vino a ser Acción Católica. Pero con la agudización de la lucha de clases en el interior de las mismas comunidades indígenas, incluso este modelo se vio relegado. La burguesía indígena se inclinó más hacia la estructura partidaria tradicional. El campesinado indígena más hacia organizaciones revolucionarias de masas. Pero ambos modelos se rearticulaban con muchísima tensión. En parte, por la rapidez misma de los cambios; en parte, por la profundidad de la "crisis de transición"[42] de la socie-

---

[42] Frase acuñada por Gustavo Porras y sustanciada en sus diversos artículos aquí citados.

dad guatemalteca, crisis estructural a la cual vino a sumarse la crisis coyuntural que estalló en pleno a fines de esa misma década.

1979-1982: LA INCORPORACIÓN DE LAS MASAS INDÍGENAS A LA GUERRA POPULAR

A partir de 1978 el régimen inició una fase de la contrainsurgencia cuyo fin era golpear al movimiento popular y democrático con el objeto de separarlo del movimiento más explícitamente revolucionario: las organizaciones político-militares que por medio de columnas guerrilleras habían reiniciado su actividad armada a partir de 1975, y cuyas actividades crecieron de sobremanera especialmente a partir de 1979.

Hasta ese entonces (fines de 1978) las etnias indígenas se habían inclinado más por la vía de la organización de masas que por la vía de la guerra.[43] Pero desde principios de 1979 se empezó a sentir la presencia activa del ejército por todo el altiplano. Esto empezó a generar cambios en ese sentido.

Por una parte el CUC —que encarnaba las reivindicaciones más sentidas de amplísimos sectores del campesinado indígena— creció enormemente y se fue radicalizando en la medida misma en que crecía. Ya en 1979 varió sus métodos de lucha, pasando a implementar acciones tales como sabotajes, bombas de propaganda, bloqueos de carreteras, barricadas, etc. Dichas actividades se enmarcaban ya dentro de un marco de apoyo a la lucha armada.

Asimismo, en la zona norte del Quiché, en el triángulo ixil, la zona más afectada por la represión desde 1975, las masas indígenas comenzaron a plantearse la opción de incorporarse a la guerrilla. Varios de ellos sabían ya por experiencia propia (muchas veces indígenas se incorporaron a columnas guerrilleras por una temporada; luego volvían a su tierra o se iban como mano de obra asalariada a la costa sur) que dichas organizaciones facilitaban una estructura de sobrevivencia para la comunidad, ante el colapso de las cooperativas locales, de las escuelas, clínicas de salud y otras instituciones heredadas de la fase desarrollista. Asimismo, constituían una alternativa para que los jóvenes pudieran evitar su incorporación al ejército, y un nuevo mecanismo para resolver la crisis de rearticulación de los elementos ideológico-integrativos ancestrales en un nuevo marco de normatividad que ofrecía resolver la crisis de la identidad étnica al buscar por la vía armada cambios estructurales en la formación económico-social.[44]

[43] No teníamos indicaciones de ninguna cooperación, pero sí escuchamos que diversas personas que conocíamos habían encontrado guerrilleros, y que sabían cuáles eran sus rutas por las montañas. La actitud general era que los guerrilleros podían cambiar las cosas para que mejoraran, pero ninguno de nuestros conocidos se sentía inclinado a incorporarse o a colaborar activamente con ellos.

Al principio, la gente le daba apoyo pasivo a la ORPA. No tenían mayor urgencia por incorporarse. En una de sus charlas, los guerrilleros le dijeron a la gente que "le hicieran resistencia pasiva" a los militares. Al aumentar la violencia, sin embargo, hubo más rumores de que la gente del pueblo se estaba incorporando. Ahora, quince personas de la localidad pertenecen a ORPA. Testimonios tomados de "Los indígenas y el movimiento guerrillero", en *Polémica*, núm. 9, San José, 1983, p. 52.

[44] Los diferentes testimonios recogidos indican que se intentó respetar la legalidad hasta lo último. He aquí uno muy revelador: Y llega un momento en que toda esa gente, que fueron buscando alternativas,

La manifestación más clara hasta aquel entonces de la incorporación de indígenas a la lucha armada, se dio el domingo 21 de enero de 1979, cuando el EGP tomó el pueblo de Nebaj, el más importante del triángulo ixil.[45]

Sin embargo, surgían aun nuevas expresiones indígenas no necesariamente armadas en aquel momento. De los Seminarios indígenas habían surgido también sus sectores —básicamente asociados a la burguesía indígena de la zona de Quezaltenango— que se caracterizaban por una sobrevaloración de lo cultural del problema étnico y la exclusión de la lucha de clases:

Las posiciones reaccionarias del indigenismo y la falta de alternativas concretas [. . .] produjeron en algunos sectores pequeñoburgueses de indígenas guatemaltecos que lograron prepararse como profesionistas (maestros y licenciados principalmente) en la ciudad y por lo tanto, separados de sus aldeas, una actitud favorable hacia la posición —muy extendida en América del Sur— de que la lucha indígena debe tener un carácter exclusivamente indígena y aún más, debe darse en contra de los ladinos que son los herederos del poder colonial. Para ellos todo lo propuesto por los ladinos oculta la manipulación y debe verse con desconfianza; hay que combatir todos los elementos de la cultura occidental, porque la única cultura auténtica es la indígena.[46]

Así, estos sectores sostenían que debían recuperar los territorios invadidos por los españoles y ladinos, recuperar a cualquier precio su cultura y su poder, y retomar la historia interrumpida en el siglo XVI.

A lo largo de 1979 brotaron varios grupos etnicistas de este tipo, que periódicamente celebraban reuniones en la ciudad de Quezaltenango, y que adoptaban los más variados nombres: Chilam Balam, Federación de Indígenas de Guatemala, Tojiles, Nuestro Movimiento, Cabracán, etc. Entre sus ideólogos se contaban distinguidas fi-

se encuentra que también esas soluciones no resolvían el problema. Me acuerdo cuando en febrero del 79, reunimos a 84 líderes de la zona norte del Quiché, en Cunén, y ya plantearon directamente al obispo: "Monseñor, le pedimos a la Iglesia que nos ayude a organizarnos." "¿A organizarse para qué?" "A organizarnos para luchar, para defender la vida." Y uno dijo: "¡No, son babosadas! Lo que necesitamos son fusiles, son 'galiles' (fusil israelí), no hay otra forma."

Fue en febrero del 79, y todavía por poner calma y decir: "No, hay que tener cuidado; no a la violencia", de esos 84 vamos a contabilizar cuántos están muertos [. . .] Todavía por hacer caso [. . .] tal vez 60 están muertos, por todavía respetar y querer dialogar. (Fidel Hernández, "El proceso de cambio en las comunidades indígenas del norte de Guatemala", ponencia presentada en la mesa redonda "Guatemala, cultura y liberación", organizada por ATCG "Alaide Foppa" y publicada por ENAL, México, 1982, p. 36.) La política terrorista, pues, agudizó las contradicciones y generó un aislamiento constante del Estado.

[45] "A las 6 a.m. entraron en carrera como cien guerrilleros; la mayor parte indígenas uniformados de verde-olivo, por diversos puntos del pueblo. Mientras unos cuidaban las salidas del pueblo, otros ocuparon los puntos estratégicos. La Policía de Hacienda se rindió inmediatamente, la Policía Nacional resistió cerca de dos horas antes de rendirse. El único muerto de la toma fue Enrique Brol, uno de los principales latifundistas del lugar, y nexo del ejército. El mitin se llevó a cabo en el mercado central a las 8:15 a.m., ante cerca de tres mil espectadores. Todos los oradores fueron indígenas ixiles, que hablaron en su indioma, siendo dos de los cuatro oradores mujeres. En el mercado, que es central para toda la zona ixil, había comerciantes indígenas de las etnias ixil, quiché, aguacateca y mam, quienes más tarde transmitirían la experiencia vivida por todo el altiplano."

[46] Manuela Ocampo de la Paz, "Etnia y clase en la revolución guatemalteca" (inédito).

guras de la burguesía indígena tales como Adrián Chávez, Miguel Alvarado de Cante'
y el padre José Serech.

Como movimiento organizado esta posición no fue significativa. Sin embargo, las
ideas segregacionistas y separatistas de la lucha indígena, junto con una sobrevalora‐
ción e idealización de su cultura, lograron movilizar a algunos sectores, basando dicha
movilización en el odio hacia los ladinos, respuesta racista de los indígenas en contra
del racismo del sistema. Asimismo, los organismos de seguridad estadunidenses se sir‐
vieron de esta experiencia para intentar montar, años más tarde, una alternativa indí‐
gena a la que ofrecían las organizaciones guerrilleras, buscando establecer vínculos en‐
tre indigenistas guatemaltecos y miskitos contrarrevolucionarios de Nicaragua.[47]

Fue en ese marco que se dieron los acontecimientos que desembocaron en la quema
de la embajada de España, acto de una barbarie sin igual y que significó un nuevo
e importante giro en la incorporación de las masas a organizaciones guerrilleras.

Hacia el mes de octubre de 1979 se había formado una comisión de indígenas que
viajó a la capital para solicitarle al presidente, general Lucas García, que cesara la
represión en el triángulo ixil, donde se habían instalado 3 000 efectivos del ejército
El gobierno se negó a recibirlos y, ante esa disyuntiva, el grupo de indígenas se intro‐
dujo en una sesión del Congreso para presentar sus reclamos.

Desesperados por la inutilidad de sus gestiones, el grupo ocupó pacíficamente la
embajada de España el 31 de enero de 1980, con la esperanza de darle así un relieve
internacional a su situación. Pero la respuesta del gobierno fue la de masacrar a todo
el grupo quemándolos vivos en el interior de la embajada.

La quema de la embajada de España fue como el parteaguas definitivo para la gran
mayoría de la población indígena. Para ellos, ya no quedaban más opciones que la de
incorporarse a la guerra popular en contra del régimen reaccionario. Y, a partir de esa
fecha, tanto el altiplano central como el noroccidental empezaron a vivir un estado la‐
tente de insurrección masiva en contra del Estado.

Políticamente, se le dieron dos respuestas a la quema de la embajada. Primero, fue
el estallido de la huelga de los cañeros en la Costa Sur:

Esta huelga combativa de 70 000 trabajadores, fue la primera vez en la historia del campo guate‐
malteco en que se manifestó la solidaridad de los trabajadores migratorios [es decir, los indíge‐
nas que bajan del altiplano. N. del A.] con los trabajadores agrícolas de la costa [. . .]. Ésta fu
la movilización más importante en la historia de los trabajadores de la Costa Sur.[48]

La otra respuesta fue la reunión de dirigentes indígenas el 14 de febrero en las ruinas
de Iximiché, cerca de Tecpán —capital de la nación cakchiquel hasta 1524— convoca‐
dos por la dirigencia del cuc.

Allí, después de un día de discusión, elaboraron un documento que lleva por títul
"Los pueblos indígenas de Guatemala ante el mundo", pero que se conoce corriente

---

[47] A este respecto contamos con el testimonio directo de la dirigente indígena guatemalteca Rigober‐
Menchú. Para más datos, véase Arturo Arias, "El movimiento indígena en Guatemala 1970‐1982", en R.
fael Menjívar (comp.), *Movimientos populares en América Central 1970‐1982*, EDUCA, San José, 1984.

[48] Ja C'amabal I'b, *op. cit.*, p. 15.

mente como la "Declaración de Iximché". El documento exponía las reivindicaciones indígenas, y era virtualmente una declaración de guerra al régimen.[49] Terminaba con una cita del *Popol Vuh* que después se volvió una consigna de todo el movimiento popular: "Que todos se levanten, que se llame a todos. Que no haya ni uno ni dos grupos entre nosotros que se quede atrás de los demás."

A partir de aquel momento, y a todo lo largo de ese año, miles de indígenas se incorporaron a las organizaciones guerrilleras:

Ante esta situación, nosotros lamentablemente tenemos que recurrir a defendernos con las mismas armas que el ejército utiliza. Nosotros, el pueblo guatemalteco, todos los campesinos, los indígenas, como dicen, nosotros los nativos, los naturales, tenemos derecho de defendernos; y el único camino que nos han dejado es tomar las mismas armas que el ejército utiliza en contra de nosotros.[50]

A partir de entonces, la gran mayoría de la población indígena del altiplano participa en la guerra de una manera o de otra. Generalmente se forman organizaciones paramilitares, formas de autodefensa, así como proveer de ropa y alimentos a las unidades guerrilleras permanentes cuyos militantes de base son mayoritariamente indígenas y han dejado parientes en diversas aldeas.

Asimismo, la población indígena empezó a colaborar en grandes operativos militares. Así, cuando la guerrilla ocupó los poblados de Chichicastenango y Sololá, la población cortó hilos telegráficos, bloqueó todas las carreteras con tachuelas, barricadas, árboles caídos y otros objetos por varios kilómetros en ambas direcciones, a manera de impedir que el ejército pudiera reaccionar a tiempo.

El año 1981 fue el punto más alto de efervescencia revolucionaria, y el fenómeno conmocionó al país entero. Nadie percibió en ese momento que, gradualmente, la contrainsurgencia ya tomaba la iniciativa sobre el movimiento popular y urbano. El triunfalismo del momento hizo que la gran mayoría de militantes del CUC se integrara a organizaciones guerrilleras, disolviendo de hecho esa organización. Asimismo, en va-

---

[49] Entre otros, el documento recoge los siguientes planteamientos: "Para acabar con todas estas maldades de los descendientes de los invasores y su gobierno, tenemos que luchar aliados con obreros, campesinos, estudiantes, pobladores y demás sectores populares y democráticos. Hay que fortalecer la unión y solidaridad entre indígenas y ladinos, ya que la solidaridad del movimiento popular con la lucha indígena ha sido sellada con sus vidas en la embajada de España. El sacrificio de esas vidas nos acerca ahora más que nunca a una sociedad nueva, al amanecer indio.

"Que la sangre de nuestros hermanos indígenas y su ejemplo de lucha firme y valiente fortalezca a todos los indígenas para seguir adelante y conquistar una vida de justicia.

"Por una sociedad de igualdad y respeto. Porque nuestro pueblo indio, como tal, pueda desarrollar su cultura rota por los criminales invasores; por una economía justa en que nadie explote a los otros; porque la tierra sea comunal como la tenían nuestros antepasados; por un pueblo sin discriminación, porque termine toda represión, tortura, secuestro, asesinato y masacres; porque se terminen las agarradas para el cuartel; porque tengamos los mismos derechos de trabajo; para que no sigamos siendo utilizados como objetos del turismo; por la justa distribución y aprovechamiento de nuestras riquezas como en los tiempos en que floreció la vida y la cultura de nuestros antepasados." "Los pueblos indígenas de Guatemala ante el mundo", en *Cuicuilco*, núm. 1, México, julio de 1980, p. 5.

[50] Gabriel Ixmata, "El pueblo de Guatemala: su vida, su cultura y su revolución" (mimeo.).

rias zonas del altiplano la población se organizó espontáneamente, pero sin directrices
ideológicas de ninguna índole. Una de las consecuencias negativas de esto último fue
que dirigentes regionales capitalizaron el fenómeno y se sirvieron de la efervescencia
para fines propios. Asimismo, al imponerse el plano de lo militar sobre el político, dirigentes regionales de masas pasaron de la noche a la mañana a ser "dirección de frentes
guerrilleros" sin tener, evidentemente, la más mínima preparación para dicho cargo.

Como parte del ascenso de toda esa marea revolucionaria, los grupos etnicistas o
indigenistas aumentaron también sus actividades a un ritmo acelerado. Se manejó la
idea de fusionar todas sus organizaciones en una sola. Sin embargo, esto no llegó a
cristalizarse porque desde un principio existió una tensión muy fuerte entre los indigenistas ortodoxos, cuyo jefe de fila era Manuel Alvarado, y los "marxistas", palabra
que los primeros usaban en forma despectiva para referirse al campesinado indígena
que además de resentir la opresión étnico-cultural y la discriminación, sostenía posiciones clasistas.

Para el ejército guatemalteco, era el momento de cortar de tajo ese movimiento.
Acertadamente, ellos no vieron el peligro de la capacidad militar de la guerrilla sino
en la enorme movilización de masas en el altiplano. Fue por eso que a partir de noviembre de 1981, se inició la campaña genocida en contra de la población indígena
insurrecta.

Como ya lo ha señalado Gustavo Porras, hay que hacer notar que esta crisis revolucionaria es el resultado de un intento de modernización iniciado por el mismo Estado,
el cual cumple simultáneamente el papel de gestor de desarrollo y represor de la
población para evitar que los mismos rasgos modernizantes introducidos por ellos
cuestionen el modelo de acumulación y lleven a cambios estructurales.[51]

Se señala igualmente como los intentos de modernización, sin embargo, generan
expectativas de cambio en las masas y desquician el orden tradicional por generar rápidos cambios en la composición clasista de la sociedad, especialmente, entre el campesinado indígena y las capas medias rurales.

A esta concepción hay que sumarle el impacto que esos vertiginosos cambios —hablando en términos de temporalidad histórica— pueden tener en una cosmovisión
cuyo sedimento se encuentra en una tradición de siglos cuya tendencia ha sido más
bien a impedir cambios de toda índole en vez de dinamizarse.

Este fenómeno se ilustra perfectamente con la lengua. Como ya se ha mencionado,
el manejo del tiempo y el espacio en las lenguas mayas es totalmente opuesto a las concepciones occidentales. Por ejemplo, para cualquier hablante de lengua occidental, el
pasado está hacia atrás y el futuro hacia adelante, hacia donde nos dirigimos. Sin embargo, en las lenguas indígenas es todo lo contrario. El pasado es lo que está enfrente.
Esto se debe a que lo que se maneja, lo que se conoce, lo que se domina de alguna
manera. En cambio, el futuro es lo que está para atrás, porque es lo que se desconoce,
lo que se maneja. Esto nos plantea una lógica totalmente diferente.

Con el manejo del espacio sucede algo similar. El manejo del espacio en el castellano es absolutamente sin valor. En cambio, en las lenguas indígenas la importancia del

---

[51] Porras, *op. cit.*

espacio llega a ser tanta que es una categoría gramatical que no existe en las lenguas occidentales.

Lo anterior se articula con lo ya señalado por Godelier en el sentido de que en las sociedades precapitalistas, la distinción entre base y superestructura es tan sólo una distinción de funciones y no de instituciones. Entre las fuerzas productivas figuran los elementos "intelectuales" de actuar sobre la naturaleza. Y estas realidades se aprehenden en el discurso de la comunidad; existen como realidades lingüísticas, como hechos indisociables de lengua y de pensamiento; es así que se comunican en el cuerpo social y se transmiten de generación en generación.[52]

Pero entonces, toda esa cosmovisión que legitima el orden precapitalista existente, se ve desfasada en lo que sería un abrir y cerrar de ojos históricamente hablando. El pensamiento —entendido aquí en el sentido de cosmovisión— organiza todas las prácticas sociales y por lo tanto contribuye a la producción de nuevas realidades sociales. Esa misma cosmovisión legitimaba —de manera paradójica— las relaciones de dominación y explotación impuestas desde la conquista. Pero al romperse toda congruencia entre el plano del pensamiento y el de las nuevas relaciones de producción más explícitamente capitalistas, además de las expectativas de cambio en el orden estrictamente material (mejoramiento del nivel de vida, acceso a un mundo antes vedado, etc.), este fenómeno tan íntima y sensiblemente ligado al fenómeno de la identidad, incidió también en la ruptura que llevó hacia la crisis revolucionaria.

Relativamente consciente del fenómeno, el Estado se vio en la necesidad, para sobrevivir, de imponer un nivel de violencia nunca antes visto, para poder volver a ganar un grado de consentimiento que le permitiera tratar de reintroducir nuevos elementos ideológico-integrativos que les posibilitaran volver a retomar su control sobre la sociedad civil sin implementar mecanismos fundamentados exclusivamente en la pura violencia y el terror, y poder regenerar un juego que posibilitara un consentimiento parcial de los dominados a su dominación.

1982-1986: LA POBLACIÓN INDÍGENA MILITARIZADA

Las características de la ofensiva contrainsurgente que el ejército lanzó en contra del altiplano central y noroccidental entre noviembre de 1981 y fines de 1982 son conocidos en términos generales. El ejército arrasó cientos de aldeas, destruyó cosechas y masacró poblaciones enteras. Cerca de un millón de personas —la mayoría de ellos indígenas— fueron desplazados de su lugar de origen. Algunos se trasladaron a otras áreas del país o a la capital. Otras se escondieron en montañas y barrancos. Los que pudieron cruzaron las fronteras, especialmente hacia México.

Los objetivos del ejército era desarticular los frentes guerrilleros y bloquear su desa-

---

[52] Véase Maurice Godelier, "Infraestructuras, sociedades, historia", en *Cuicuilco*, núm. 1, México, julio de 1980, pp. 48-53.

rrollo.[53] Para eso, según *Opinión Política*, era necesario desplazar a la población, destruir la economía local y separar a los productores de sus medios de producción. Pero hacer eso implicaba, precisamente, modificar de fondo no sólo las características socioeconómicas, sino también —y por extensión— las étnico-culturales. En otras palabras, romper de una vez y para siempre la cosmovisión de esa población al acabar la base de la estructura comunal y de la unidad étnica. Se destruían, en efecto, tanto los medios materiales como los mecanismos pensantes anclados a éstos, que posibilitaban la continua reproducción de la cultura indígena. Como se entendía que dicha cosmovisión estaba articulada con formas precapitalistas de agricultura de subsistencia, se buscaba subsanar por esta vía violenta y genocida, el problema de la relación entre la distorsión de la base productiva, es decir, del desarrollo de un capitalismo dependiente asociado a formas precapitalistas de producción.

Desintegrando las bases económicas de la comunidad, los habitantes quedaban, en lo inmediato, a merced de la voluntad del ejército que los sometía a su control directo y estricto en un trueque de "alimentos por trabajo". En lo mediato, esa población quedaba sujeta a la dinámica más específicamente capitalista. Esto permitía mantener una fuerza de trabajo sumamente endeleble, disponible para una potencial transformación agraria del altiplano donde el autoconsumo precapitalista cediera su lugar al *agrobusiness* para exportación al mercado estadunidense.

Como lo anterior requería a su vez de una reestructuración del poder político local, se inició tenuemente ese proceso en dos fases. Primero, reconcentrando a la población en las llamadas "aldeas modelo". Este primer paso, más de naturaleza militar, cedió gradualmente paso al segundo cuando se crearon las llamadas "Coordinadoras interinstitucionales", primer escalón hacia la sistematización de nuevas formas de poder local contrainsurgente.

Todo ese fenómeno anterior, visto de conjunto, no es sino la voluntad del Estado (y del ejército que controlando en su totalidad al Estado planificó todo ese proceso como parte de su estrategia contrainsurgente) por reconfigurar las reglas del juego de la sociedad civil y, muy en particular, los aspectos ideológico-integrativos en el interior mismo de la sociedad guatemalteca.

Con los cambios implementados por medio de mecanismos contrainsurgentes se busca desestructurar un sistema existente para imponerle por la vía violenta una nueva lógica a la población que se identificaba con y en el anterior sistema existente. Así, la estrategia contrainsurgente que incluye entre sus manifestantes las patrullas civiles, las aldeas modelo y las coordinadoras interinstitucionales, es una elaboración del Estado/ejército para imponerle a la población indígena una nueva forma de ver la realidad, una nueva forma de engendrar un sistema simbólico en función de una lógica diferente, más concomitante con necesidades más específicamente capitalistas.

Ya hemos mencionado que uno de los ejes centrales del lenguaje y de la cultura es la relación con el tiempo y con el espacio, que, muchas veces vienen unidos en uno solo. Por ejemplo, la tierra es simultáneamente espacio y tiempo, porque es el ecosiste-

---

[53] Para todo lo concerniente a la estrategia de contrainsurgencia, véase *Opinión Política*, núm. 2, México, 1985.

ma particular donde se ubica materialmente frente a la naturaleza, pero es también el vínculo temporal con los antiguos que se ubicaron en ese mismo espacio por incontables generaciones. Al darse, pues, un desplazamiento de sus sitios de origen, no podemos pensar exclusivamente en términos de necesidades militares de control poblacional para aislar las columnas guerrilleras. Indudablemente entraba allí, de manera consciente, el trauma cultural que implicaba desraizar de su tierra ancestral al campesino indígena autoconsumidor como parte del proceso de sustitución de un sistema simbólico por otro. Lo mismo puede decirse de la desarticulación de los lazos de parentesco al eliminar físicamente a niños, mujeres, ancianos. No es sólo sadismo patológico por parte del ejército. Es también, y principalmente, la necesidad de romper las relaciones sociales establecidas en función de un espacio para desarticular el poder local existente y poder imponer uno nuevo. Uno nuevo que, como sistema de autoridad, se encarga consciente o inconscientemente de empezar a dirigir en el seno de la nueva comunidad reconstruida en torno a una aldea modelo, el nuevo sistema simbólico.

Ahora, los códigos simbólicos se conforman en relación directa a la actividad productiva de un grupo. La identidad, a su vez, está intrínsecamente ligada a esos códigos simbólicos resultantes de la actividad productiva del grupo. Entonces, para poder generar nuevos códigos simbólicos, es necesario a su vez reformular, modificar o transformar la actividad productiva del grupo.

Esta última es la parte del proyecto contrainsurgente que aún no ha sido implementada. Aunque sí se incluye en los planes y proyectos elaborados por el ejército para justificar el conjunto de su estrategia. Pero mientras ese elemento no se implemente de manera total y profunda, será difícil el concebir que sea posible imponer, incluso por la fuerza, nuevos códigos simbólicos a una población acostumbrada a una terca resistencia pasiva a todo tipo de manipuleos de su identidad étnica.

El elemento manipulado por el ejército —y no de manera permanente, sistemática ni totalizadora— ha sido el de la alimentación. El impedimento de producir su propio alimento —eliminación por la fuerza del autoconsumo— e imponer en su lugar el sistema de ''alimentos por trabajo'' sí es un elemento desestructurador en la medida en que cualquier grupo autoconsumidor define su identidad con relación al espacio donde se produce el alimento que le permite existir a su grupo. Pero, reagrupado en aldeas modelo y sin poder producir agrícolamente, se rompe el vínculo no sólo con la tierra sino con el conjunto del proceso articulador de la identidad por la vía agrícola (la relación con el maíz antes mencionada). No sólo se desestructura un lugar de identidad y de referencia sino que se desarticula a su vez la conciencia grupal e individual; la razón de ser del individuo está en relación con su ubicación en la comunidad. Al cambiar la comunidad no sólo se desarticula la conciencia grupal sino también la individual porque sin su relación particular, regulada y codificada, con la comunidad, el individuo no es nadie.

El otro elemento de reestructuración simbólica importante que el ejército ha introducido es el de la religión. Asignándole una función de recambio ideológico a las sectas fundamentalistas protestantes que hacen causa común con el ejército, estos grupos de hecho preparan el terreno que posibilite la recreación de elementos ideológico-integrativos para poder así reestructurar el nuevo código simbólico.

OBSERVACIONES FINALES

Por medio de una transformación relativamente rápida, violenta, y fuertemente controlada desde arriba por el Estado, la estrategia contrainsurgente lo que se plantea, en última instancia, es una modernización a marchas forzadas del país, hacia una profundización mayor, y más homogénea, del capitalismo.

Dentro de ese esquema se requiere la transformación de los códigos simbólicos de la población indígena para poder reintegrarlos pero refuncionándolos económica, social e ideológicamente.

Ahora, el proceso de refuncionalización ideológica —es decir, la transformación de los códigos simbólicos— no implica una negación de los productos culturales indígenas que encarnan su identidad. Al contrario. Lo que implica es revalorizar la producción cultural indígena como producto para el mercado, pero ya desprovisto de su anterior connotación simbólica. En otras palabras, desarraigar a los productores de una cultura cargada de identidad, pero que sigan produciendo esos mismos objetos para incorporarlos a un mercado organizado según las leyes de la modernidad. Atribuirle esa producción ya no a una identidad real concreta que desarrolló grados de organización política y de confrontación con el régimen extremadamente significativos para atribuírselos a una comunidad indígena modelo ahistórica. Con este nuevo modelo de indio ahistórico se puede buscar forjar una nueva cohesión cultural que posibilite la existencia de una cultura efectivamente nacional. Creando un conjunto de elementos ideológicos en torno a lo indígena pero, simultáneamente, desarraigando lo indígena de su esencia histórico-política, posibilita generar una cultura efectivamente común al conjunto de la nación.

La existencia de una cultura efectivamente nacional supone una inserción del conjunto de la población en una red más o menos homogénea de relaciones sociales. Es decir, un desarrollo más homogéneo del modo de producción capitalista.

Asimismo, la constitución de un sistema de referencias culturales comunes posibilita configurar la base sobre las cuales pueden formularse y confrontarse los distintos proyectos ideológicos del conjunto de las clases efectivamente en pugna, con miras a conformar un Estado efectivamente representativo. Este fenómeno, de paso, posibilita también que la ideología producida por los fenómenos más específicamente capitalistas, puedan a su vez convertirse en articuladores ideológicos de sectores en tránsito acelerado de un autoconsumo precapitalista hacia una proletarización agrícola.

Si todo esto llega efectivamente a darse de esta manera en Guatemala no lo sabemos todavía. El fenómeno que lo generó —y el trauma colectivo de la guerra— son aún demasiado recientes. Asimismo, las circunstancias regionales han impedido que muchas de las medidas recogidas en los planes y programas de la estrategia contrainsurgente hayan podido efectivamente aplicarse. Diversos fenómenos —desde la falta de inversión privada por el temor a un conflicto regional hasta restricciones de la ayuda estadunidense por no plegarse incondicionalmente a su política antinicaragüense— explican esto último.

Sin embargo, no hay que perder de vista que en su conjunto, este camino constituye una perspectiva real. Pero, incluso de darse variantes que hoy son imprevisibles de detectar, lo que se puede afirmar sin lugar a dudas es que el proceso inaugurado en la década de los sesenta que dio inicio a una articulación muy particular entre el fenómeno cultural —asociado a la identidad indígena— y el político, ya tocó fin.

Pero, como las contradicciones estructurales siguen vigentes y sabemos ya la gran facilidad con la cual en un modelo de acumulación agotado las crisis económicas se vuelven con suma facilidad crisis políticas que se vuelven a su vez confrontaciones directas con el Estado, podemos asegurar que, independientemente de que pudieran surgir variantes diferentes a las aquí señaladas, el vínculo entre el fenómeno cultural y el político no sólo no se disolverá, sino que incluso se intensificará, de una manera o de otra, aunque el mismo se exprese con manifestaciones relativamente diferentes —o incluso muy diferentes— a las que adquirieron en el periodo 1960-1982.

BIBLIOGRAFÍA BÁSICA

Falla, Ricardo, *Quiché rebelde*, Guatemala, Editorial Universitaria, 1978.
_____, "El movimiento indígena", en *ECA*, núm. 353, Año XXXIII, marzo de 1978.
García Canclini, Néstor, "Gramsci y las culturas populares en América Latina", en *Dialéctica*, año XI, núm. 18, septiembre de 1986.
_____, "Cultura, ideología y poder", en *Cuiculco*, núm. 2, México, octubre de 1980.
Ja C'Amabal I'b, "Algunos elementos de aproximación a la situación de la población india guatemalteca" presentada en el Primer Encuentro sobre Derechos Humanos y Autonomía", Nicaragua, julio de 1986.
_____, "La primera gran confrontación: el movimiento campesino indígena del altiplano guatemalteco", presentada en Subcomisión de Minorías Étnicas, Naciones Unidas, Ginebra, agosto de 1984.
Martínez, Severo, *La patria del criollo*, San José, EDUCA, 1973.
Porras, Gustavo, "Guatemala: la profundización de las relaciones capitalistas", en *ECA*, núm. 353, año XXXIII, marzo de 1978.
Smith, Carol, "Local history in global context: social and economic transitions in western Guatemala", en *Comparative studies in society and history*, Raleigh, Duke U., enero de 1984.
Solórzano Foppa, Mario, "El nacionalismo indígena: una ideología burguesa"; en *Polémica*, núm. 3, San José, enero-febrero de 1982.

POLÍTICA Y MITOS POLÍTICOS EN COSTA RICA

MARCOS ROITMAN

INTRODUCCIÓN

Si la política constituye la forma por excelencia que adopta el poder, éste debe expresarse socialmente a través de mecanismos capaces de articular un *consensus*, que legitime amplia o restrictivamente su contenido coactivo. Si pensamos en una formación social concreta, en este caso Costa Rica, se trataría de comprender cómo se ha ido articulando un sistema social y cuáles son los valores y normas que han determinado y constituido el surgimiento del Estado y que han ido permeando a la sociedad a la cual constituye. Se trata de reconstruir lo político buscando los fundamentos sobre los que edifica su propio espacio de reproducción social, del cual derivan todos y cada uno de los valores esenciales que socializan el comportamiento del individuo.

Desde esta perspectiva al unir política y cultura, nos estaremos refiriendo a la univocidad que se presenta temporal y especialmente entre poder y lenguaje, expresando éste la convención y el *consensus* necesario para definir el marco de referencia inmediata que define un factor específico de la construcción de lo social. Así visto, la acepción del concepto cultura se vincula a los valores que expresan, en la sociedad, una hegemonía y aceptación interiorizada por parte de los individuos de los valores que emanan del Estado-nación.[1]

Nuestro trabajo parte de presentar cómo se ha construido el poder político y cuáles han sido los valores que han guiado el proceso de socialización, a partir del cual se ha llegado a construir una cultura nacional, capaz de representar de forma global el sentimiento general que define a la sociedad costarricense. En otros términos, cómo la sociedad civil reconoce como propios aquellos valores que emanan del poder y que expresan de manera colectiva una voluntad de construcción de lo nacional-popular como proceso formativo del comportamiento político, y que en el nivel simbólico pasa a articular y a formar parte del marco referencial donde se reconocen los valores que constituyen la política y sociedad costarricense.[2]

---

[1] Al pensar el lenguaje como convención y *consensus* me refiero a la construcción simbólica que define la relación social y que aparte se identifica con el contenido material que expresa la univocidad entre los actores sociales, los cuales se refieren a él, como las pautas de socialización que determinan su acción social. Es decir construcción voluntaria normativa en la cual se sienten inmersos los sujetos y sobre la cual construyen su mundo valorativo, expresando, de forma referencial la cultura que los representa. Véanse Michel Foucault, *Vigilar y castigar*, México, Siglo XXI, 1979; y Jean Baudrillard, *Crítica de la economía política del signo*, México, Siglo XXI, 1978.

[2] Véase Antonio Gramsci, *Los intelectuales y la política*, Barcelona, Ed. Laia, 1977.

POLÍTICA Y MITO EN COSTA RICA

Desde la época colonial se ha creado la imagen, al hablar de Costa Rica, de estar en presencia de un individuo aislado, de una especie de Robinson Crusoe, que ha podido, por las circunstancias de su aislamiento colonial, moldear y desarrollar un proceso político claramente diferenciador, no sólo de los países que conforman el área centroamericana, sino de la mayoría de los países de América Latina. Un país en donde las turbulencias que se desataron durante las luchas armadas por la independencia no afectaron sustancialmente la tranquilidad y la paz social que se vivía. El recibir, desde el exterior y por medio de una carta, la noticia de la independencia política de la Corona y con casi dos meses de retraso, es el primer símbolo que se alza como factor constitutivo del Estado en Costa Rica.[3]

Así se ha ido construyendo un espacio del quehacer de la política en donde sin grandes sobresaltos, se ha podido realizar de manera efectiva la constitución de un Estado y nación que responden a una cultura que se ha ido desarrollando como correlato de un proyecto[4] que necesariamente ha vinculado a todos los miembros de la sociedad costarricense. Una sociedad que expresa y asume como propio el sentir de su clase dominante, que asimila sus valores, que los interioriza, los hace suyos y los eleva a la condición de normas de comportamiento, como parte constitutiva y esencial del ser costarricense. Valores que tienden a mostrarse como perennes, como propios de la nación, al margen del proyecto político que les da cuerpo y los integra. La política es así parte integrante de lo nacional, no se manifiesta como poder, aparece más bien como resultado de un *consensus*, cuyas fuentes de legitimación obedecen a pautas preestablecidas, más allá de las fuerzas políticas reales que buscan validar, en el enfrenta-

---

[3] "De modo que la sociedad no significó nunca para los 'ticos' un algo vivo, capaz de hacerse sentir en alguna forma, y si a esto se agrega el citado poco tiempo que tenían de vivirla regularmente, habrá que concluir en que al tiempo de la Independencia no podían sentirse lo suficientemente cohesionados como para actuar colectivamente. Pero sobre todo, como factor decisivo hay que tomar en cuenta los dos siglos de asociabilidad, de aislamiento. Esa circunstancia indudablemente obró con fuerza en la formación psicológica-social de los 'ticos', y a esto debe atribuirse, en gran parte, la poco solidaridad o sociabilidad que demostraron en esa época. . ." Rodrigo Facio, "Esquema social de la Independencia", en *Revista de Costa Rica*, núm. 6, San José, Costa Rica, agosto de 1974, p. 107.

Es claro que la argumentación va destinada a presentar a los elementos constitutivos del Estado y la sociedad costarricense como un proceso nuevo, sin ataduras previas en donde la clase dominante, se limitó a transformar las características de sus habitantes en pautas de socialización política que identifican al costarricense: igualitarismo, espíritu democrático, individualismo creativo, orden y un sentido arraigado en la libertad y el trabajo. En definitiva todos los mitos que forman parte de los mecanismos psicosociales componentes del Estado y la sociedad civil en Costa Rica.

[4] Proyecto político del bloque histórico dominante que se articuló con posterioridad a la Independencia y cuya base de legitimación no fue sólo la acción coactiva del Estado, sino que construyó su hegemonía en una caracterización psicologizada de los valores que constituyó el fundamento del costarricense; "Quiere decir esto que en 1821, ya había en la colectividad costarricense una clara conciencia democrática. No surgió por obra y gracia del entusiasmo intelectual de una minoría ilustrada". Eugenio Rodríguez Vega, "Debe y haber del hombre costarricense", en *Revista de Costa Rica*, núm. 7, San José, Costa Rica, agosto de 1974, p. 56.

miento, su capacidad para hegemoneizar al conjunto de la sociedad en torno a su propuesta de Estado y de nación.

En Costa Rica se señala,[5] no se han reproducido los mismos fenómenos que dieron
lugar a la formación de los estados en Centroamérica y en el conjunto del continente.
Tempranamente gozó de una estabilidad interna articulada a partir de su integración,
como exportadora de café (1843) al mercado mundial. No sufrió la actuación de caudillos militares y tampoco experimentó luchas regionales que inhabilitaran o retardaran
la articulación del proyecto político que quedó en manos de la oligarquía cafetalera.
Afirmaciones que fueron asentando con mayor fuerza la creencia de estar en presencia
de un Estado, cuyas bases políticas responden, de esta forma, a un sentimiento nacional integrador que tiene capacidad de configurar un sistema de valores por encima de
las clases sociales. La sociedad y el Estado costarricense se fueron formando a medida
que se iban definiendo los contenidos materiales que construyeron al cuerpo social.

La democracia pasó a ser una peculiaridad más, inherente a la cultura política de
la sociedad en su conjunto. Emana como condición natural,[6] se consolida y arraiga
como una fuente de la cual se nutre de forma espontánea el Estado. Estabilidad, tolerancia, libertad, paz social, neutralidad y antimilitarismo, son los valores que definen
la voluntad constructiva de su sistema político. El orden social es el reflejo de los valores y normas que definen racionalmente el pensar de los sujetos que delimitan el cuerpo social constituyente del Estado y la nación. Cualquiera opción política que se mani-
fieste y represente como contraria, que presuponga otra manera de articular a la
sociedad, como por ejemplo el socialismo marxista es rechazado por oponerse a la idiosincrasia del costarricense.[7]

En Costa Rica no es posible que se asiente un proyecto político que rompa con
aquello que es considerado como parte constitutiva de su propia cultura y de sus tradiciones democráticas. Buscar nuevos espacios, al margen de la compatibilidad funcional, es pensar en un enfrentamiento social, en una disolución de la propia sociedad,
en una ruptura del pacto y *consensus* social, en el desorden y el caos y, por último, la

---

[5] Para una visión amplia sobre las peculiaridades y diferencias que posibilitaron el proceso de formación del Estado, consúltense los siguientes autores: Mario Ramírez, *Polémica sobre la concentración de la tierra
en Costa Rica: mitos e ideologías en el desarrollo capitalista (1950-1980)*, San José, Costa Rica, UCR, 1978; Carlos
Alfaro Monge y Ernesto Wender, *Historia de Costa Rica*, San José, Costa Rica, 1947; Eugenio Rodríguez,
Apuntes para una sociología costarricense, San José, Costa Rica, 1953.

[6] Véase nota 4.

[7] "El comunismo es lo más opuesto que puede imaginarse a la mentalidad costarricense individualista,
desconfiada, libre de todas las ataduras posibles. Sólo la prédica ininterrumpida por muchos años, ha logrado una victoria indubable sobre la psicología de un pequeño sector de costarricenses." Eugenio Rodríguez,
"Debe y haber del hombre costarricense", *op. cit.*, p. 61.

De igual manera y para expresar el carácter ajeno y externo de la ideología comunista, José Figueres
se refirió así en el momento de la ilegalización del Partido Comunista después de 1948: "Cuando recuperamos la soberanía popular en 1948, y emprendimos la obra constructiva, no nos sentíamos, francamente,
en capacidad de seguir dando la batalla abierta, libre al comunismo internacional. Los comunistas tenían
apoyo exterior. Nosotros no [. . .]" (Las elecciones de 1958, discurso del 7 de febrero de 1958, San José,
Costa Rica. Imprenta Nacional), citado por José Vega Carballo, "Costa Rica: coyunturas, clases sociales
y Estado en su desarrollo reciente, 1930-1975", en *América Latina: Historia de medio siglo*, México, Siglo XXI,
1981, p. 14., vol. 2.

destrucción del Estado y la sociedad. Así, la política, en Costa Rica, se ha construido pensándola como resultado lógico de un proyecto que recoge todos y cada uno de los valores y virtudes presentes en el costarricense, excluyendo aquellos proyectos políticos, que se argumenta, se hallan vinculados a ideologías ajenas al propio país, y a éstas es imperioso tener que enfrentarse no por ser parte de una lucha hegemónica-contrahegemónica por el poder, sino porque se corresponden orgánicamente con los valores y normas que definen cultural y políticamente a la sociedad en Costa Rica.

No cabe duda que las pautas de socialización que han ido articulando y determinando los contenidos esenciales en sus relaciones sociales, y que han culminado en una fuerte identificación por parte de los costarricenses con su ordenamiento político, se deben a una interiorización de aquellos valores que se han presentado como factores constitutivos de lo que podríamos entender como "idiosincrasia". De aquí su certeza de configurar y constituir un país exento de convulsiones sociales y políticas, en donde la democracia identifica, por excelencia, la forma de dominación que prevalece en su ordenamiento político, social, económico y cultural. De esta manera los acontecimientos que han marcado rupturas o crisis internas en su sistema político durante los siglos XIX y XX, son reabsorbidos como factores de redefinición que han coadyuvado al desarrollo y mantenimiento del propio sistema democrático.

El golpe de Estado de 1917, la guerra civil de 1948, la crisis centroamericana y sus repercusiones internas, son reinterpretadas y asimiladas como elementos que han puesto en tensión a todos los mecanismos de actuación democrática. Sin pensar que tanto el levantamiento militar de 1917 como la guerra civil de 1948 han respondido, en el primer caso, a un rechazo de la política económica impulsada por González Flores por parte del bloque dominante contra el gobierno, y a una excesiva carga de ambiciones personalistas de poder presentes en los miembros de la aristocracia cafetalera; en el segundo caso, se debió al desarrollo del movimiento social contrahegemónico que obligó a movilizar a toda la clase dominante contra la política de los gobiernos de Calderón y Picado (1940-1948) cuya alianza con el Partido Comunista y la Iglesia llenó de temor e inquietud a los grupos tradicionales, que se aliaron a los sectores medios para acabar con un posible cambio social de contenido popular. Sin embargo, a pesar de ellos se responde reafirmando valores y normas que fortalecen las instituciones y demuestran el espíritu conciliador, neutral, pacífico, democrático y antimilitarista de todo el país.

La articulación de la política en Costa Rica pasa a sustentarse en el *consensus*, en la capacidad de las instituciones democráticas de absorber y de renovar la democracia, como también en la integración de los conflictos, sin que éstos lleguen a afectar en lo sustantivo, a la esencia democrática del sistema. Lo político legitima y da validez intemporal al marco constitucional que determina el papel mediador de un Estado de derecho donde se hallan representados todos los sectores sociales que constituyen la sociedad civil.[8]

---

[8] "Las rupturas del ordenamiento constitucional en los años 1917-1919 y 1948, se tradujeron en procesos reforzantes y acelerantes de la participación ciudadana ampliada, al permitir el ascenso e inclusión en

Si la política es la forma racional que adopta la construcción de lo social, el mito adquiere un carácter político cuando su sentido simbólico presupone un reforzamiento del poder. Es de esta forma como se asimila, culturalmente, el proyecto de dominación hegemónica propuesto por el bloque histórico que detenta el poder político. Así, en Costa Rica, se han ido construyendo, de manera consciente, los mitos políticos propuestos como determinaciones psicosociales para lograr un mayor control, por parte de la clase dominante, sobre la sociedad, en la medida en que ésta acepta, defiende y reabsorbe el mito como función constituyente.[9]

Es a través del mito político como, en Costa Rica, se desvanece el carácter coactivo y hegemónico que fundamenta el poder del bloque dominante, así como se presenta la construcción de lo social y se construye la política. El proyecto de dominación hegemónico ha tendido a expresar, más que una realidad conflictiva, una unidad simbólica entre el mito constitutivo del costarricense y los valores normativos que se transforman en orden positivo. Razón por la cual, en Costa Rica, el mito político se inicia a partir de la propia construcción del Estado-nación. No hay tradiciones preindependentistas. Por el contrario, se dirá que su inexistencia posibilitó la rápida articulación de un poder político centralizado con base en el pensamiento democrático. Los símbolos del poder político responden de manera unívoca a una cultura creada a partir del sentimiento de libertad, de progreso, de orden y de paz social. Con ello se ha buscado acentuar el papel de los mitos políticos en la constitución del Estado en Costa Rica, al tiempo que se logra incidir en los rasgos diferenciadores de su historia en relación con el resto de América Latina y en especial con Centroamérica.

Sin una utopía por realizar, la realidad se muestra como insuperable, los mitos políticos han terminado por contreñir las posibles opciones de cambio, convirtiéndolas en algo ajeno y fuera de toda lógica política. La clase dominante ha podido mantener su poder gracias a la fuerza renovadora con que impulsa un lenguaje simbólico, arraigado ya en la estructura de pensamiento de toda la sociedad costarricense. Con ello ha logrado política y culturalmente unificar sus intereses y administrar a la política dando validez "universal" a su proyecto, asimilando conflictos y evitando que éstos se tra-

---

el sistema político, de importantes fuerzas sociales y retadores ideológicos agresivos, la constante intervención del Estado y los partidos políticos convertidos en sus instrumentos, orientada a incrementar su penetración en la sociedad civil, así como la capacidad de mediación en los conflictos de clase o estrato, apoyando de esta manera la agregación de actores e intereses al bloque de poder. Al mismo tiempo, logrando la eliminación de los espacios, que podrían ocupar grupos subversivos o extremistas, un ejército profesional o una casta militar, y finalmente la aceptación del reformismo por parte de los grupos de poder dominante [. . .]" José Vega Carballo, "Partidos, desarrollo político y conflicto social en Honduras y Costa Rica: un análisis comparativo", en *Revista Polémica*, 2a. Época, núm. 1. San José, Costa Rica, 1987, pp. 54-55.

[9] Los mitos políticos siempre han estado presentes en la constitución de los estados, desde la propia Roma donde sirvió a Virgilio para dar sentido al proyecto de dominación imperial patricio, sobre el que se construyó la identidad del pueblo romano, hasta los mitos que identifican el poder occidental cristiano y que responden a la necesidad de recuperar el anterior carácter "sagrado y racional" del mito para incorporarlo racionalmente a la lucha por el poder y construir sobre éste la conexión de sentido que determina su poder político, y define unívocamente el proceso sobre el cual se edifica su cultura. En Costa Rica los mitos políticos fundamentales a los cuales se ha recurrido son: la libertad, el individualismo, el espíritu democrático, el afán de progreso, el civilismo y la homogeneidad étnica.

duzcan en crisis que rompan los fundamentos sobre los cuales asienta su dominación hegemónica. Desde el poder político, tal y como se ha construido en Costa Rica, es imposible interpretar la política, sin caer en sus propios mitos. Se torna por ello necesario reconstruir cómo se fue gestando y articulando lo político y cuáles han sido los mecanismos que facilitaron la aparición de los mitos políticos que la sostienen. Por ejemplo, en momentos de crisis hegemónica se ha recurrido a identificar mecánicamente soberanía, interés nacional, orden democrático y neutralidad con los símbolos constituyentes del pacto social imperante desde 1948. La concepción de Estado libre, amante del orden, el progreso, impulsor de la estabilidad, del desarrollo, de la paz, se transforman en el referente para administrar políticamente los factores de conflicto y llamar a la conciencia nacional como aglutinadora del sentir patrio. Baste señalar por ejemplo la proclama de neutralidad perpetua y activa y la lucha contra el comunismo.

En la actualidad, la crisis de hegemonía ha puesto en evidencia que el sistema de dominación imperante en Costa Rica ha perdido gran parte de su capacidad de renovación interna, mostrándose incapaz de dar respuesta a los problemas que surgen del agotamiento de un modelo de desarrollo y en un estilo político cuyos valores no responden al proceso de transnacionalización a que se ve sometido el Estado.

Los mitos políticos acuñados para solventar un Estado benefactor no son ya compatibles con la forma de ejercicio del poder que demanda un nuevo grupo que se consolida al amparo de la desnacionalización de la economía y de la toma de decisiones políticas. Así, se requiere de una reformulación del pacto social y de una nueva cultura que rompa con el sistema de valores prevaleciente que ha dejado ya de identificar a la propia clase dominante, al menos a su sector más agresivo. Nos estamos refiriendo al proceso de transnacionalización creciente del Estado costarricense y que se manifiesta con la aparición de una élite empresarial, de corte gerencial, que administra los intereses económicos del capital norteamericano, fundamentalmente, resultándoles un obstáculo los límites del Estado interventor y benefactor consolidado desde 1948 y que restringe el proceso de liberalización de la economía e impide una reestructuración del papel del Estado, acorde con sus principios neoconservadores. Es la aparición de esta nueva derecha la que busca articular su proyecto con base en una destrucción de los mitos fundacionales del Estado y Costa Rica.[10] Sería en todo caso incongruente, el no reconocer que las propias pautas que han determinado, hasta hoy, la forma del quehacer político en Costa Rica no siguen jugando un papel que dificulta la ruptura propuesta e impide, al menos por el momento, la "renovación" del bloque histórico dominante. Es la propia clase hegemónica la que se halla atrapada e inmersa en un proceso de reconversión donde ya le resulta un lastre el seguir manteniendo los mitos que ella misma levantó. De su capacidad de respuesta depende, en gran medida, el rumbo de los acontecimientos que se sucedan en Costa Rica. En todo caso, como ya se verá más adelante, la crisis que enfrenta el país es ya una crisis estructural, en tanto que ha puesto en cuestión el propio contenido que adoptó la forma de construcción política, y que se ha mantenido sin grandes cambios desde 1948. No cabe, pues, en Costa Rica

[10] Para una comprensión amplia de este proceso en América Latina, véase Agustín Cueva (compilador), *Tiempos conservadores: América Latina en la derechización de Occidente*, Quito, Ecuador, Ed. El Conejo, 1987.

una acción política tendiente a privilegiar las apariencias como el espacio desde el cual
se mediatiza el conflicto social. Los mitos políticos existentes no responden, definitivamente, a las necesidades que impone un proceso de crisis estructural que conlleva, objetivamente, un cambio en la construcción política.

LA CULTURA DEL CAFÉ O EL MITO DE LA DEMOCRACIA RURAL

La articulación de la economía costarricense en torno a la producción del café, a partir
de la década de los años cuarenta del siglo pasado, significó más que un mero proceso
productivo; implicó el desarrollo de relaciones sociales, de formas de vida, de una división social del trabajo, de un determinado tipo de acción social que lentamente se fue
transformando en un sistema político estable que construyó su propio espacio, así
como su propio *ethos*. De esta manera surgió una cultura desde la producción cafetalera
que generó un tipo de dominación política que se proyectó al conjunto de la sociedad
y lentamente fue identificando el tipo de Estado que se formó como su corolario. La
acción política a la que derivó, quedó circunscrita a los límites impuestos por la naciente aristocracia cafetalera y que lejos de promover un sistema democrático, ejerció el
poder limitando la participación a quienes consideró compartían su criterio y respondían a los intereses de un proyecto basado en la agroexportación del cafeto.

La actividad política se redujo a un escaso número de ''ciudadanos'' que por la vía
del voto censitario, cualificado y limitado imprimió el sello aristocrático al modelo político imperante en Costa Rica entre 1840 y 1948. El control en la toma de decisiones
se concentró en las manos de los acaudalados comerciantes y productores de café. Así,
para poder participar activamente en la vida pública la propia Constitución de 1847
estableció la necesidad de saber leer y escribir, amén de poseer propiedades y capital.
Se estaba incapacitado para postularse a la Presidencia si no se poseía un mínimo de
$ 4 000 de capital, la cantidad aumentaba para vicepresidente ($ 8 000) y volvía a disminuir para diputado ($ 400).[11] Con ello se legitimó un sistema de dominación políti-
ca de carácter tradicional asentado además, en una reproducción endogámica del poder, factor que concentró y redujo al mínimo el peligro de disolución política de la
clase dominante, más allá de la cooptación de sus miembros. La integración política
y la democracia participativa no fueron, por lo tanto, un símbolo de la dominación
y del poder desarrollado por la aristocracia cafetalera. Por el contrario, la política fue
ejercida por una minoría sin contrapeso alguno desde 1840 hasta 1948. Por ello, no
es de extrañar que 33 de las 44 personas que accedieron a la Presidencia de la República, durante este periodo, pertenecieran a sólo tres familias, dato al que hay que unir
que de una sola de ellas, la apellidada Vázquez Coronado, salieron un total de 18 presidentes y aproximadamente 230 diputados.

Sin embargo, la aristocracia cafetalera, como bloque hegemónico, construyó uno
de los grandes mitos políticos presentes, hasta hoy, en la sociedad costarricense: *la con-*

[11] Datos tomados de Samuel Stone, *La dinastía de los conquistadores*, San José, Costa Rica, Ed. Educa,
1982.

figuración de la democracia rural o del igualitarismo. Afirmación simbólica que se expresa y desarrolla no a partir de un análisis del carácter de la dominación política que adquirieron el Estado y el régimen realmente existente, sino a partir de una definición abstracta que oculta el contenido material de la estructura de poder y soslaya la forma como se articuló, efectivamente, la hegemonía política durante la expansión cafetalera. Se presentó, al contrario, una supuesta cultura nacional arraigada en las formas de tenencia de la tierra previa a la etapa cafetalera donde "subsistieron las diferencias sociales, pero, la fuerza de la pobreza agraria, les llevó a procesos ciertamente democratizantes. . ." Así, "pobreza, marginalidad y encerramiento derivan hacia el igualitarismo político, social y económico dentro del marco de una democracia rural".[12]

De esta manera, la formación del Estado corrió paralela a la unidad política del bloque dominante. Éste supo crear la ilusión óptica de estar en presencia de un régimen democrático, dado el respeto que mantuvo a las formas de organización de la propiedad de la tierra donde primó la pequeña propiedad. A pesar de ello, el desarrollo del latifundismo y la gran hacienda cobraron un inusitado dinamismo[13] que fue acompañado de un fuerte proceso de acumulación de capital, facilitando la expansión económica y acelerando la integración de la sociedad costarricense en torno a un modelo político excluyente, pero altamente dinámico en términos de racionalidad económica. En la medida en que el Estado era ya expresión acabada de la aristocracia cafetalera, ésta proyectó su dominación hegemónica y formó a la nación como correlato de su propio proceso unificador. La dictadura de Braulio Carrillo (1838-1842), el primer gran impulsor de la producción del cafeto, decidió la separación de la República Federal Centroamericana, al mismo tiempo que en San José se producía el fusilamiento de su artífice Francisco Morazán. El gobierno de Carrillo fue considerado como el momento culminante en la formación del Estado costarricense:

Por lo que hace al Estado y su creación, la labor de Carrillo estaba cumplida [. . .]. Carrillo en este sentido, con su dictadura positiva, democrática y constitutiva, logró consolidar la nacionalidad costarricense y estructurar [. . .] la fisonomía de nuestra sociedad y nuestro Estado [. . .] La legalidad de gestión gubernativa fue revolucionaria. Radicó en el hecho de que no obstante constituir una minoría, devino en una auténtica mayoría, al asistirle la razón histórica.[14]

El fundamento político que dio validez jurídica al orden propuesto por la aristocracia cafetalera se lograría 30 años después. En 1871, la reforma liberal impulsada por la también dictadura de Ricardo Fernández Guardia legitimó a través de la promulgación de la Carta Constitucional —que con las modificaciones incorporadas tras la guerra civil de 1948 sigue vigente— los valores y normas que regirán la vida política del país.[15] La lucha por el poder ya no se planteará más en contra del Estado, sino

[12] Mario Ramírez, "Polémica sobre. . .", *op. cit.*, p. 2.

[13] Véase Jorge Enrique Romero, "Esquema rural igualitario: un enfoque sobre la historia de Costa Rica", en *Revista Estudios Sociales Centroamericanos*, núm. 32, mayo-agosto de 1982, pp. 133-145.

[14] Rodolfo Cerdas, *La crisis de la democracia liberal en Costa Rica*, San José, Costa Rica, Ed. Educa, p. 34.

[15] Ciertamente durante la dictadura de Tinoco se promulgó otra Carta Constitucional, pero las fuentes normativas del derecho sobre las que se construye el orden jurídico provienen de la Constitución de 1871.

por su administración y control, circunstancia que marcó el fin del caudillismo militar y el comienzo de una etapa "civilista" donde la política se desarrollaría por los cauces de la representación parlamentaria y por vía electoral. Sin embargo, no debe dejar de considerarse que la política siguió siendo potestad del grupo hegemónico cafetalero que controló, sin grandes sobresaltos, al Estado y su administración hasta la mitad del presente siglo. Con ello se da la paradoja del establecimiento de un orden de dominación tradicional, en lo político, puesto que fueron determinaciones fundamentadas en los orígenes de casta o grupo lo que permitió el acceso a la política activa y la vida pública y a una dominación racional, en lo económico, ya que las relaciones sociales de producción se organizaron en función del cálculo racional del capital, teniendo como fin el lucro y el beneficio como el objetivo de la actividad económica.

La configuración de lo nacional-estatal quedó en manos del nuevo bloque dominante que supo integrar y articular, complementariamente, lo nacional-popular en donde lo determinante no fue la participación de la sociedad civil en la toma de decisiones, sino que su construcción se hizo descansar en un sentirse partícipe de una cultura nacional, cuyo eje constitutivo lo determinaba el reconocimiento efectivo de un conjunto de valores y símbolos (progreso, orden, civilismo) que diferenciaban política y socialmente al pueblo costarricense. Así se logró construir desde el poder político una nación que aceptó, integró e interiorizó, como cuerpo social constituyente, los valores emanados directamente de la aristocracia cafetalera, valores que pasaron a formar parte del proceso que expresaría de manera acabada la cultura no ya de una clase social que la genera, sino de todo el Estado y nación que se identificó totalmente con un modelo político y de desarrollo elaborado por la aristocracia cafetalera.

EL FIN DEL MILITARISMO: UN NUEVO ESPACIO PARA LA ACCIÓN POLÍTICA

La pronta articulación de los sectores sociales de la clase dominante costarricense facilitó la temprana aparición de un bloque histórico hegemónico con capacidad para desarrollar un proyecto político unificado que permitió la construcción de un orden de dominación estable, alejado de los procesos de caudillismo militar que se tornaban experiencia común, no sólo en Centroamérica sino también en la mayoría de los países latinoamericanos. Fue la consolidación de este bloque histórico conformado por los grupos agroexportadores, mercantil-importadores y financieros,[16] lo que evitó la irrupción continuada de caudillos militares en el proceso político costarricense y dotó al Estado de estabilidad institucional, castrando cualquier intento desestabilizador que no respondiera a los intereses de la burguesía cafetalera. El ejército perdió gran parte de su protagonismo político, presente hasta 1885, con los presidentes generales Ricardo Fernández Guardia y Próspero Fernández que gozaban aún del prestigio ganado durante la guerra contra el filibustero William Walker y que unió a todos los países

---

[16] Véase Jorge Rovira Más, *Estado y política económica en Costa Rica 1948-1970*, San José, Costa Rica, Ed. Porvenir, capítulo 1, pp. 15-37.

de la región, dando lugar a un periodo caracterizado por continuas sucesiones presidenciales, encabezadas, eso sí, por prominentes hombres de la burguesía cafetalera. Sin embargo, ello no debe interpretarse, necesariamente, como la consolidación de un régimen político democrático, la mayoría de la sociedad civil siguió sin participar en la toma de decisiones, siendo marginada deliberadamente. La política quedó restringida al juego interno de los propios sectores que componían la clase dominante, los cuales fueron capaces de proyectar su civilismo como sinónimo de un ordenamiento democrático, en donde la ausencia de golpes militares, le otorgaba gran estabilidad a las instituciones y a los procesos electorales.[17]

El mito democrático, constitutivo del Estado costarricense, se fue desarrollando como expresión inmediata de la homogeneidad que presentaba la sociedad política, cuya membrecía recayó exclusivamente en los integrantes del bloque histórico en el poder, la cual mostró a su vez una gran capacidad para resolver sus luchas internas como disensos que no cuestionaban el orden de dominación. Las divergencias políticas se canalizaron funcionalmente a través de mecanismos de integración que dieron la sensación de estar en presencia de un sistema político de carácter representativo. Baste señalar, para corroborar esta tesis, que en 1894 de un total de población estimada en 282 346 personas, las elecciones presidenciales de ese mismo año registraron una votación total para el candidato electo, Rafael Iglesias, de 298 votos que sumados a los obtenidos por el resto de candidatos nos dan un total de 394 electores.[18] El Estado fue un fiel reflejo del auge económico que cobró la producción y exportación cafetalera, manteniéndose inalterado sin mayores dificultades, a lo que también coadyuvó la expansión de la economía bananera, que a diferencia de la producción del cafeto, estuvo en manos del capital monopólico norteamericano. Como enclave, se enraizó en el sistema productivo de Costa Rica, durante las cuatro primeras décadas de este siglo.

El intento del presidente Alfredo Flores (1914-1917) por dotar al Estado de un mayor grado de autonomía con respecto de la burguesía cafetalera, alertó a la clase dominante, que optó, a pesar de su "civilismo", por una alternativa de fuerza, aceptando de buen grado la implantación de una dictadura militar más acorde con sus intereses económicos y políticos. La dictadura de Federico Tinoco fue, sin embargo, reabsorbida y codificada como los deseos del pueblo costarricense por impedir la reelección de Alfredo Flores quien, se dijo, pretendía instaurar un régimen despótico ajeno a la tradición de cultura democrática del pueblo:

Abundaba en magníficas ideas, pero carecía de sentido político, creía poder llevar a cabo las reformas sin contar con la anuencia de los principales hombres. Casi podría decirse que se aisló, o mejor dicho, volvió la espalda a las personas que de una u otra forma dominaban los factores

___

[17] "Después de la dictadura de Guardia [. . .] el liberalismo político encontró eco en una élite intelectual forjada a la sombra de la dictadura y ella se encargó de las actividades gubernamentales, con la participación limitada de los ciudadanos [. . .]. Las elecciones y no los pronunciamientos militares encauzaban al país hacia formas perfeccionadas y maduras de democracia." Fernando Volio Jiménez, *El militarismo en Costa Rica y otros ensayos*, San José, Costa Rica, Ed. Libro Libre, 1985, p. 17.

[18] Datos tomados del libro de Carlos Monge Alfaro, *Historia de Costa Rica*, Librería Trejos, 1980, San José, Costa Rica, p. 240.

y las fuerzas políticas del país —que lo habían sacado de la oscuridad provinciana.[19]

Los múltiples levantamientos contra la dictadura de Federico Tinoco (1917-1918), también han entrado a formar parte de la mitificación que la clase dominante construye sobre una supuesta cultura democrática formativa del pueblo costarricense y sobre las cuales asienta su proyecto de dominación hegemónica. Así, una vez superado el *impasse* de la dictadura, el retorno al "civilismo" fue interiorizado como la respuesta que dio la sociedad a una violación de los derechos inherentes al pueblo·

Los costarricenses han soportado gobiernos incapaces de llevar adelante la gestión administrativa, pero jamás han permitido que sus libertades sean restringidas y que sus personas sean maltratadas. De esta manera, los Tinoco, tuvieron que enfrentarse a un pueblo no dispuesto a soportar abusos.[20]

A pesar de ello, la política siguió siendo potestad exclusiva de la burguesía cafetalera, que gobernó de forma incuestionada el país hasta el gobierno de Calderón Guardia (1940-1944). La política fue construida como el espacio de dominación de un orden tradicional, representativo del bloque hegemónico, donde no hubo intento alguno de repensar lo político en una de sus funciones esenciales: la articulación de un *consensus* que abra espacios a la absorción, por parte del sistema, de la lucha y los conflictos de clases. Con ello, la propia clase dominante, fue limitándose en su capacidad para hacer frente a los cambios que se sucedían en la estructura social y que lentamente fueron minando su poder de respuesta a los conflictos que iban resquebrajando al sistema político, hecho al que hay que sumar la crisis de los precios del café que en el mercado mundial, que como consecuencia de la depresión de los años treinta, afectó directamente a la producción y exportación cafetalera y fue un factor importante que incidió en el debilitamiento del bloque dominante de origen cafetalero.[21]

La inexistencia de un sistema de partidos e instituciones políticas que fuesen expresión ideológica propia de los distintos sectores sociales que integran la sociedad civil y que constituye práctica y teóricamente al pueblo en sus derechos de participación en la gestión del poder político, evidencian que el sistema costarricense siguió dentro de los márgenes de un orden de dominación tradicional que no abrió espacios para una auténtica democracia representativa. Los partidos fueron más bien expresión de grupos de "notables" que respondieron a sus intereses y fines particulares, siendo creados, exclusivamente, para permitir su acceso al poder. La falta de asociaciones políticas de carácter racional, en un sentido weberiano, es la constatación más palpable de los límites prácticos que presenta la mitificación del sistema político vigente en Costa Rica hasta 1948 y que se ha seguido interpretando como un régimen democrático,

---

[19] Carlos Monge Alfaro, *op. cit.*, p. 266.

[20] *Ibid.* p. 275.

[21] A pesar de ello, los precios del café durante la crisis fueron diez veces superiores a los registrados por los demás países exportadores en el mismo periodo, lo que ayudó a mantener el orden político, económico y social dentro de los límites de la "democracia liberal".

base sobre la que se asienta el actual poder político del Estado.[22]

Salvo la presencia del Partido Comunista fundado en 1931 y que jugaría un papel destacado en la organización política del proletariado, en especial dentro del enclave bananero a partir de su creación, siendo tres años más tarde (1934) el artífice de la huelga que se desarrollará en las plantaciones propiedad de la United Fruit Company (UFCO),[23] no es posible considerar que el asociacionismo político con base en propuestas ideológicas fuese la característica que identificara al ordenamiento político costarricense. Tradición que incluso hasta hoy se mantiene: "Las elecciones presidenciales costarricenses [. . .] se reducen a una lucha de candidatos, de personalidades políticas antes que de ideologías. Es decir en Costa Rica todavía tiene radical importancia la personalidad del candidato, quedando su plataforma política relegada a un segundo plano."[24] Sin embargo, como ya se ha indicado el surgimiento del Partido Comunista transformaría considerablemente la vida política del país desde la década de los años cuarenta, quedando este hecho explícitamente reflejado a partir de la crisis abierta que sufrirá el orden político costarricense con el gobierno de Calderón Guardia.

EL ASCENSO DE LA PEQUEÑA BURGUESÍA: UN BIPARTIDISMO ESPONTÁNEO (1948-1988)

La crisis que se abriera con el descenso de las exportaciones del café y que restó capacidad política a la burguesía cafetalera fue lentamente desarticulando y resquebrajando el orden de dominación tradicional-racional, disminuyendo su poder de imposición hegemónica sobre las clases subalternas, que accedían con inusitada fuerza al escenario político. Los cambios en la estructura social, sobre todo el desarrollo de los sectores medios ligados al aparato del Estado y del proletariado urbano y rural, acabaron por romper el bloque histórico dominante, iniciándose un proceso de recomposición interna que comienza con el gobierno de Calderón Guardia (1940-1944) y que culmina con la fundación de la II República, tras la promulgación de la Carta Constitucional de 1949.

El ascenso de las clases medias y sus deseos de incorporación al bloque histórico, llevó, en un primer momento, hacia un enfrentamiento directo contra el Estado, dada su exclusión del proceso de toma de decisiones. Sin embargo, su lucha contra el Estado se torna luego defensiva, dado que sus valores se hallan determinados por la acepta-

---

[22] Véase Óscar Arias, ¿Quién gobierna en Costa Rica?, San José, Costa Rica, Ed. Educa, 1978. En forma especial capítulo 1, pp. 27-47.

[23] No hemos desarrollado la economía bananera ni sus peculiaridades, dado que no se trata de un análisis económico-social. Su importancia política en la toma de decisiones, dado que el poder se concentró en la burguesía cafetalera, no jugó un papel considerado como trascendente, caso de Honduras. Sin embargo sí fue importante en el desarrollo del proletariado agrícola y en las luchas sociales de las clases subalternas. Para un análisis de las luchas sociales, véase Vladimir de la Cruz, Las luchas sociales en Costa Rica, San José, Costa Rica, Ed. Costa Rica, 1983.

[24] Rubén Hernández Valle, Costa Rica: elecciones de 1986. Análisis de los resultados, San José, Costa Rica, Cuadernos de Capel núm. 11, 1986.

ción explícita de un régimen democrático-burgués con el cual se identifican plenamente. Se trata de un proceso de integración y de cooptación que no pone en cuestión los valores y normas fundacionales de la sociedad costarricense, respondiendo orgánicamente a los mitos que constituyen lo nacional-estatal. En definitiva, lo que se produce es un cambio en la forma de dominación, donde la burguesía cafetalera cede el espacio del poder político a los sectores medios, transformando y modificando exclusivamente el estilo de hacer política.[25] Bajo esta premisa, la guerra civil (1948) que enfrentara a los costarricenses no puede ser interpretada como una crisis orgánica, sino más bien debe ser entendida como expresión de una crisis de hegemonía, en donde los grupos ascendentes buscaron su incorporación, dejando intacto el tipo de Estado y modificando sólo el régimen político que lo articulaba.[26]

Fue más que nada el miedo que tenía la burguesía cafetalera, inmersa en un proceso de desestructuración, lo que la hizo confiar en los sectores medios, tanto en sus intelectuales como en los medianos empresarios que ya se habían aglutinado en torno al Centro de Estudio de Análisis de la Realidad Nacional y que en 1945 formarían el Partido Socialdemócrata, para la función de reconstruir el orden político, tarea que cumplieron cabalmente. De aquí que su proyecto político y su papel hegemónico resulta ser consecuencia y respuesta a los cambios en el sistema de alianzas que se configuraron durante los gobiernos de Calderón y Picado (1940-1948). No fue, así, tanto por su temor a la política de transformaciones económicas y sociales desarrollada por el Ejecutivo lo que determinó la pérdida de confianza de la clase dominante en estos gobiernos, sino más bien su vinculación con el Partido Comunista que fuese defendida por la propia Iglesia, representada por el arzobispo Víctor Sanabria, lo que precipitó la acción armada de la pequeña burguesía. El anticomunismo unió ideológicamente y facilitó el apoyo de Estados Unidos[27] al proyecto de los sectores medios, contando además con los integrantes de la Legión Caribe[28] que conformaron un solo bloque precipitando el descenlace de la guerra civil. Guerra civil que mostraba ser más una lucha anticomunista, propia de los inicios de la guerra fría, que un proyecto refundacional del Estado costarricense. Sin embargo, la alianza entre el antiguo bloque hegemónico y la pequeña burguesía no trajo aparejado de manera inmediata el control político del Estado por parte de estos últimos. Fue necesario que esperaran hasta 1953 para que se reconstruyera firmemente el nuevo bloque histórico dominante.

La articulación de una nueva sociedad política cohesionada se proyectó sobre el conjunto de la sociedad civil, logrando construir lo nacional-popular como representación unívoca de lo político, provocando una identificación de todo el orden social con

---

[25] Véase Jorge Rovira Más, *op. cit.*, pp. 39ss.

[26] Véase Jacobo Schifter, *La fase oculta de la guerra civil en Costa Rica*, San José, Costa Rica, Ed. Educa, 1981; John Patrick Bell, *Guerra civil en Costa Rica*, San José, Costa Rica, Ed. Educa, 1976.

[27] Véase Jacobo Schifter, *Costa Rica 1948, análisis de documentos confidenciales del Departamento de Estado*, San José, Costa Rica, Ed. Educa, 1982.

[28] La Legión Caribe se formó básicamente para luchas contra las dictaduras de Trujillo y Somoza con un sentido más propagandístico que efectivo y la ideología de sus más destacados miembros era esencialmente anticomunista. Entre los dirigentes se encontraban José Figueres, Juan Arévalo, Raúl Haya de la Torre, Rómulo Betancur y Rosendo Argüello.

el Estado. Ello facilitó el *consensus* hegemónico, haciendo innecesario, o al menos relegando a un segundo plano, el fortalecimiento de un aparato coactivo que fuese el garante, en última instancia, del orden político. Las fuerzas armadas fueron disueltas y su función represiva pasó a manos del nuevo bloque histórico que logró evitar, hasta los años setenta, que el conflicto social, inherente a una sociedad de clases, se expresara más allá de los límites que marca el Estado para producir y reproducir las conductas sociales y de representatividad política. Esta acción integradora se ha mostrado eficaz para crear el mito político de ser Costa Rica una "sociedad desarmada". La invasión por parte de Nicaragua durante la dictadura de Anastasio Somoza (1955), fortaleció el sentimiento nacional y dio lugar a un reforzamiento de la nación, como expresión de la unidad entre Estado y sociedad.[29]

La estabilidad del sistema político actual se ha hecho descansar en la alternancia de los partidos políticos que representan, sustancialmente, los intereses que componen la clase dominante. De una parte Liberación Nacional, más progresista, y de otra el Partido Unidad Social Cristiana que ha tenido diferentes nombres, pero que identifica a los sectores más conservadores de la sociedad costarricense. De esta manera ha surgido una especie de bipartidismo espontáneo que ha permitido al bloque hegemónico el ejercicio del poder de forma continuada y sin contrapesos, desde 1951 hasta la fecha:

Bajo tal sistema [. . .], el partido más fuerte no elimina ni absorbe completamente a su oposición, a la cual incluso estimula y permite, de cuando en cuando, ejercer el poder o alcanzar buena proporción de asientos en el Congreso y los municipios. Desde este punto de vista, el mecanismo de dominación es competitivo, aunque está sesgado en favor del grupo más poderoso; éste organiza y reorganiza su hegemonía manteniéndose instalado hacia el centro del campo de fuerzas, reinando y capturando adeptos hacia los costados y evitando radicalizarse con el mismo fin de sostener una sustancial mayoría electoral.[30]

Este bipartidismo tiene su máxima expresión política en lo que se ha venido a denominar la ley 4/3 en vigor desde 1970, que garantiza tres funcionarios al partido perdedor y cuatro para el ganador en la gestión de los fondos públicos.

Al mismo tiempo y sobre una apariencia democrática se han promulgado leyes restrictivas al proceso de sindicalización que "resulta innecesario reprimir".[31] La democracia costarricense se convierte así en un gran mito político, fundamental en una equiparación entre observancia de las normas y las leyes y la realización periódica de elecciones. La democracia termina siendo una mera forma que se realiza y cobra fuerza por sí y en sí misma, adquiriendo un sentido integrador al cual puede referirse el orden político para dar credibilidad al sistema político. Sin embargo, este peculiar entendimiento de la democracia ha podido seguir en pie hasta la década de los años setenta, donde la crisis económica ha puesto en evidencia los límites de un modelo político que funcionó mientras el ciclo expansivo del capital favoreció el desarrollo de un tipo

[29] Véase Fernando Volio Jiménez, *op. cit.*, pp. 20-40.
[30] José Luis Vega Cartallo, "Partidos y desarrollo político. . .", *op. cit.*, p. 52.
[31] Véase Diego Palma, "El Estado y la desmovilización social en Costa Rica", *Revista Estudios Sociales Centroamericanos*, núm. 27, septiembre-octubre de 1980, p. 196.

de dominación política que dio respuestas a las demandas sociales que emanaban de la sociedad civil. En la medida en que la crisis se fue profundizando en las estructuras sociales, económicas, políticas y culturales de la sociedad costarricense, el bloque histórico hegemónico presente en Costa Rica ha entrado en un proceso de desestructuración en donde los mitos políticos se muestran insuficientes para mantener un *consensus* social que evite su desintegración y suponga el fin de una etapa hegemoneizada por la burguesía nacional.

EN BUSCA DE LA UTOPÍA PERDIDA

Si el mito político se relaciona con el orden existente y la realidad, la utopía se vincula con el orden posible por construir, encontrándose la utopía determinada por la capacidad de transformación y elaboración de proyectos alternativos al orden político realmente existente. La disyuntiva que hoy se presenta en Costa Rica y que no difiere de la tendencia general que prevalece en el conjunto del itsmo centroamericano y en América Latina, si exceptuamos Nicaragua y Cuba, se debate entre el mantenimiento de los mitos políticos, readecuándolos y reubicándolos en un contexto de crisis estructural, y la utopía, como capacidad de repensar el futuro para superar un sistema social, político y económico que ha agotado, sustancialmente, su capacidad entrópica de autorregulación interna. Así, mito político y utopía se hallan enfrentados como dos formas alternativas de construir lo social y de concebir a la crisis, tanto en sus orígenes como en las características que ésta adquiere y en las formas posibles de afrontarla y darle solución.[32]

Al hacer prevalecer el mito político como una opción consciente se privilegian y defienden las actuales fuentes constitutivas del poder y la legitimidad del sistema de dominación impuesto por el actual bloque histórico. Bajo este esquema, la crisis pasa a ser un factor de legitimación del poder, en el que los conflictos sociales, no resueltos por la vía del *consensus*, pretenden ser reabsorbidos por el propio orden político, limitando todas las alternativas a una resolución dentro del espacio prevaleciente, que además se presenta como el único posible. La superación de la crisis responde así a la necesidad de fortalecer el sistema, dado que sus causas son interpretadas no como contradicciones internas del orden político realmente existente, sino como un conjunto de determinaciones externas, léanse terrorismo internacional, narcotráfico, deuda externa, caída de los precios de intercambio, enfrentamiento Este-Oeste, Norte-Sur, que afectan el normal funcionamiento del Estado y conducen hacia un bloqueo en el funcionamiento de las instituciones políticas, restando al sistema capacidad de respuestas (ya que los factores que determinaron la crisis responden más a factores externos que no pueden ser resueltos sino en el marco de la propia comunidad internacional).

[32] Para una mejor comprensión del sentido que supone la estrategia entre lo posible, lo probable y lo real como horizonte histórico, véase Hugo Zemelman, *Conocimiento y sujetos sociales*, El Colegio de México, 1987.

La política pasa a ser considerada como una relación que media al poder con la realidad material. Sólo es posible administrar el orden, no hay espacio para la utopía, difuminándose toda opción de planteamiento alternativo sobre el cual pensar a la política más allá de los límites que impone el propio poder constrictivo de la realidad. El pragmatismo representa la opción política del bloque dominante, condición *sine qua non*, para mantener inalteradas las fuentes del pacto social, que a pesar de la crisis siguen ejerciendo un papel rector, decisivo en la actual articulación del Estado costarricense. La respuesta inmediata del Estado para evitar que la crisis unida a la recesión económica impregne a todo el sistema político, cuestión que ya ha sucedido, es desarrollar aún con más fuerza los patrones culturales sobre los cuales se ha edificado el poder. En una especie de vuelta atrás se busca como último recurso que la sociedad civil se reconozca abiertamente en los valores y normas de conducta social que han actuado, hasta hoy, como mecanismos socializadores de las relaciones sociales dominantes desde 1948.

En una defensa por evitar su propia destrucción, el bloque hegemónico plantea un proceso psicosocial que impida la ruptura, que sirva para reafirmar la identidad nacional y no termine en una disgregación que lleve a una desarticulación del espacio sobre el cual se desarrolló la construcción del actual sistema político costarricense. Básicamente, es ésta la causa de la insistencia en mantener, por parte de la clase dominante, el discurso político en los límites estrechos de una realidad que determina e identifica; la crisis sólo puede ser administrada,[33] para contrarrestar el surgimiento de un bloque social en cuyo discurso la utopía sea su razón constitutiva.

La razón de Estado se verá obligada a rechazar el espacio utópico como fuente de desintegración del Estado y de la sociedad y en última instancia, también, del bloque histórico hegemónico que lo legitima. Éste debe fortalecer su poder recuperando los mitos políticos, para así, evitar su propia desintegración. Sin embargo, éstos no han cumplido con cabalidad su función, dado el sentido estructural que presenta la crisis, en cuanto a que ha permeado todas las estructuras de dominación del sistema político costarricense. Lo que la crisis ha puesto en cuestión es el tipo de Estado, con su peculiar estilo de desarrollo, y de concebir lo político, arrastrando así a todo el orden societal existente.

Esta "vuelta atrás" tiene como objetivo vaciar de contenido y dar sustancia a los mitos políticos para así reinterpretarlos de acuerdo con la realidad actual, en función de la evolución y del rumbo que toma la crisis, y como medio para reabsorberlos. De esta manera se hace posible su ubicación dentro de los marcos que propone el poder político para luego incorporarlos dinámicamente en la sociedad civil.

Veamos: la democracia y la estabilidad política han sido dos de los pilares básicos sobre los cuales se ha edificado el sistema político en Costa Rica y que transformados

---

[33] Los límites estrechos de un ordenamiento donde el Estado de derecho fundamenta valores inherentes y que la Constitución política recoge, deben ser asimilados en un Estado cada vez más totalitario y antidemocrático, donde los *valores se fundamentan* en el orden social, administrándolos en función del propio poder y limitando su validez absoluta: es la recomposición y ruptura del Estado legislativo parlamentario y la consolidación del Estado social de derecho. Véase Carl Schmith, *Legalidad y legitimidad*, Madrid, Ed. Aguilar. 1978.

en mitos, son ya un referente cultural que constituyen un factor de cohesión interna dentro del orden societal. Sin embargo el concepto de democracia se ha identificado, *a*) con la participación ciudadana en los procesos electorales, y *b*) con una evolución positiva en el proceso de redistribución de la renta a partir de un Estado benefactor que ha ido disminuyendo la desigualdad social en sus rasgos más comunes: educación, salud, seguridad social y vivienda, fundamentalmente.

Si bien es cierto que el índice de participación de la población costarricense en los procesos electorales es alto, casi un 80%, lo que se interpreta como un factor de legitimación del sistema de partidos y símbolo de estabilidad del régimen político, ello no necesariamente amerita que se está en presencia de un orden democrático. Al contrario, si las grandes mayorías están ausentes del proceso de toma de decisiones si no tienen capacidad para participar realmente en las directrices de la política, se asiste a un proceso de concentración del poder y de mistificación de la democracia como forma válida en sí misma; salvo que a ésta se le identifique "como categoría exclusivamente política en el sentido más restringido del término, que en última instancia remite a cierto tipo de relación entre Estado y sociedad civil, relación caracterizada fundamentalmente por la libertad de expresión, el pluripartidismo, la realización periódica de elecciones y la observancia de las normas en los respectivos cuerpos legales".[34] Por ello, en Costa Rica, la democracia se asemeja más bien a un *proceso de modernización política* y *estabilidad institucional*. Si se observa el lenguaje actual de la clase dominante costarricense, notamos que expresa una retórica sustentada en el propio mito democrático. Prueba de lo dicho es el aumento de la conflictividad y de las movilizaciones sociales que se vienen sucediendo y que cuentan con la participación de vastos sectores de la sociedad civil, que han visto restringidas drásticamente sus *libertades políticas y sociales* fundamentales. Por citar algunos ejemplos de la respuesta popular, tenemos la creación de la Coordinadora Nacional por la Vivienda Digna, que agrupa a más de 40 comités de vivienda, la aparición de la Coordinadora Democrática Sindical del Sector Público compuesta por 19 sindicatos. El Consejo Nacional de Confederaciones Sindicales, la Coordinación Agraria Nacional, el Movimiento de los Campesinos Precarios, que han decidido optar por la invasión de tierras, y las huelgas emprendidas por la Asociación Nacional de Educadores.[35] Todos estos movimientos sociales tienen su explicación en el cierre de espacios democráticos para establecer el diálogo y la negociación como vía de solución a los conflictos políticos que enfrentan a la clase dominante con el conjunto de la sociedad civil. Así, la democracia ha quedado restringida a una mera forma política, expresión de una crisis de hegemonía que obliga al recurso de la exclusión y expulsión de las clases subalternas, condición básica para que la clase dominante rearticule internamente su proyecto de dominación.

El otro polo que definió a la democracia y a la estabilidad política en Costa Rica,

---

[34] Agustín Cueva, "La democracia en América Latina: ¿Novia del socialismo o concubina del imperialismo", en *Revista de Estudios Latinoamericanos*, México, CELA y Facultad de Ciencias Políticas y Sociales UNAM, p. 43.

[35] Véase Rodrigo Jauberth Rojas, *Costa Rica-México 1978-1988: de la concertación a la confrontación*, México, Ediciones CIDE, 1987, pp. 18-52.

fue el desarrollo de un Estado benefactor que ha contribuido a disminuir la desigualdad social y generado un proceso de redistribución del ingreso y la renta. Si esto fue cierto hasta 1979, la crisis ha puesto en cuestión los límites del "modelo desarrollista", produciéndose una desarticulación del Estado benefactor que deja sin efecto dicha argumentación. Las cifras en este caso son elocuentes: el desempleo, si tomamos en consideración el subempleo, eleva la tasa de un 9.5% a un no desestimable 21.3% de la fuerza de trabajo, el 20% de la población con ingresos más bajos ve disminuir su participación en la renta nacional de un 6% a un 4%, el salario real decreció en un 30.5% en menos de dos años a partir de 1979, las huelgas se han incrementado en más del 150% en estos años y sólo en el periodo 1980-1982 suman 81, mientras que durante los años 1974-1979 no contabilizaron más de 65.[36]

El fin de esta era de modernización se ha visto acompañado por un reforzamiento del autoritarismo y con ello de un fortalecimiento del aparato represivo del Estado con la consiguiente militarización de la sociedad civil,[37] factor que nos lleva a poner en cuestionamiento el tercer gran mito sobre el que ha descansado el poder hegemónico del bloque dominante: civilismo y neutralidad activa *versus* intervencionismo y militarismo. Dicotomía que cierra el sistema de mitos que ha venido acompañando el orden de dominación hegemónica en Costa Rica. Sin embargo, nuevamente los hechos demuestran lo contrario. En cuanto a la no existencia de un aparato militar podemos comprobar que: tras el triunfo de la Revolución nicaragüense, en Costa Rica se produce un incremento de los efectivos militares, así como del presupuesto en los ministerios de Gobernación y Policía y de Seguridad Pública. En el primer caso se pasa de 5 000 efectivos en 1980 a 19 800 en 1987, representando un incremento porcentual de un 717%; en este renglón se obtiene un aumento del 492%, el más elevado de la región si exceptuamos a Nicaragua, sólo para los años 1986-1987.[38] A esto hay que sumar la ayuda de Estados Unidos para compra de armamento, modernización y entrenamiento militar, que significó un total de 187 millones 400 mil dólares para el periodo 1983-1986, incorporándose, además, al Programa Asistencial de Armamentos de la República Federal Alemana (RFA), con lo que ha gozado de armamento gratis por valor de 2 millones de marcos.[39] En cuanto al proceso de militarización propiamente tal y de unificación de las fuerzas de seguridad se constata que: "[. . .] más de 1 220 guardias civiles fueron capacitados y entrenados en contrainsurgencia y antiterrorismo por oficiales norteamericanos. De este grupo, 170 forman parte del Batallón Escorpión y un número igual forman la Compañía Pantera. 800 constituyen la Fuerza de Respuesta Rápida, entrenada por los boinas verdes norteamericanos, 45 más fueron pre-

[36] Datos tomados de Rodrigo Jauberth Rojas, *Costa Rica-México. . ., op. cit.*, pp. 48-49.

[37] Nos estamos refiriendo a la diferenciación en militarismo entendido como la participación derecha de los militares en el poder político, cuestión que en Costa Rica, por la inexistencia formal de fuerzas armadas no se produce, y militarización como expresión de una sociedad que se organiza, estructura y desarrolla en un espacio-tiempo comprendido como guerra que obliga a una defensa de la sociedad como condición para la estabilidad entera y que justifica la carrera armamentista y la militarización del poder.

[38] Datos tomados de Rodrigo Jauberth Rojas, *op. cit.*, pp. 64-72.

[39] Véase Gregorio Selser, "Costa Rica: militarización del país cuya constitución le prohíbe tener un ejército profesional", *El Día*, 22 de junio de 1986.

parados como instructores en contrainsurgencia".[40]

Todo este proceso tiende a demostrar que el mito del "antimilitarismo" se mantiene, a pesar de la evidencia, como un factor más para reforzar el poder y proveer de argumentos al Estado, mostrando que este incremento en las fuerzas de seguridad se debe a una lucha que enfrenta el orden democrático contra el totalitarismo, identificado con Nicaragua, que debe comprometer en su defensa a todo el pueblo costarricense, para evitar una destrucción de los valores, normas y pautas de socialización que conforman la identidad nacional.[41] Nuevamente, el anticomunismo, que fuera un elemento constitutivo de la II República —y que motivó la ilegalización del Partido Comunista—, vuelve a ser empleado como un principio unificador que define la libertad, la democracia, la estabilidad y la paz social del Estado costarricense. De esta manera, la propuesta de paz, la declaración institucional invocando "la neutralidad perpetua, activa y no armada" debe ser incorporada como parte de un proceso de alineación con la administración Reagan, sometiendo el país su propia propuesta a la concepción que Estados Unidos tiene sobre el conflicto centroamericano. La proclama realizada por el presidente L. Monge en 1983, ya señalaba que neutralidad no implicaba imparcialidad "en el campo ideológico-político. En consecuencia Costa Rica reafirma su fe en la concepción política y social que ha compartido y comparte con las democracias occidentales [. . .]. Ello significa que no somos imparciales."[42]

Bajo el estigma de una nueva "cruzada" contra el comunismo, identificado con el régimen político de Nicaragua, se tiene un enemigo externo sobre el cual hacer recaer los males que afectan el orden de dominación imperante en Costa Rica y que tiene como objetivo desestabilizar la paz interna, anular la democracia y acabar con las libertades públicas y privadas. Nuevamente el mito fundante surge como un aglutinador de la conciencia nacional para que el pueblo actúe en defensa de su Estado. Sus enemigos son "fuerzas extrañas al legítimo interés de los centroamericanos", a las cuales hay que combatir, uniéndose en la defensa de los valores democráticos. De esta manera, la neutralidad declarada por Costa Rica debe otorgarle el liderazgo de esta lucha en la región, papel que la propia comunidad internacional ha reforzado tras la concesión a su presidente Óscar Arias del Premio Nobel de la Paz, y que ha servido de revitalizador para seguir manteniendo la imagen de país democrático, neutral y no beligerante, capaz de mantener, a pesar de la agresión comunista, un sistema político estable y representativo.

Sin embargo, internamente, para proyectar esta visión ha recurrido a un procedimiento de integración basado en el miedo, fórmula que asegura a la clase dominante su continuidad en el poder político. Así, sus propios mitos son vaciados de contenido con el fin de acomodarlos a una realidad que se muestra cambiante y dinámica y que

---

[40] Rafael Ugalde, "Costa Rica se decide por más fusiles que libros", *Semanario Universidad*, San José, Costa Rica, 18 de julio de 1986, p. 14.

[41] Para un desarrollo amplio del tema, véase Paez, Rodrigo, "Alcances y limitaciones de una política de gobierno. Los avatares de la política de neutralidad costarricense en el gobierno de Luis A. Monge". Tesis de licenciatura, Universidad Nacional Autónoma de México, Facultad de Ciencias Políticas y Sociales, 1987.

[42] Proclama presidencial sobre la neutralidad perpetua, activa y no armada de Costa Rica.

sólo pretenden administrar. La utopía ha dejado lugar al realismo político, fuente de poder sobre la que se asienta la dominación hegemónica de clase y desde donde se están elaborando las pautas de una cultura política que ha dejado de ser creación renovadora de toda la sociedad costarricense.

LA CULTURA POLÍTICA Y EL PODER EN MÉXICO

JORGE ALONSO,
MANUEL RODRÍGUEZ LAPUENTE

INTRODUCCIÓN

En el segundo lustro de los años ochenta, México se debate en una crisis económica que no logra entender y de la que no acierta salir, crisis que también tiene rasgos en la ideología y en la política. Por una parte crece el desprestigio del partido gobernante, por otra, aumenta un descontento masivo, todavía desarticulado, inorgánico. Son previsibles cambios drásticos en el panorama político nacional, lo que coloca en importante sitio el examen de la cultura política en el México de hoy. Este tema, aunque no de manera abundante, ha sido abordado desde distintas corrientes teóricas. Una síntesis de estos estudios con una primera incursión en lo actual (que requerirá una exhaustiva investigación posterior) permiten apreciar la hondura de las transformaciones presentes.

Conviene aclarar qué entenderemos en este escrito por cultura, cultura popular, cultura política y sus relaciones con el poder. La cultura, en términos muy generales, se refiere a creaciones sociales, al complejo de actividades y de productos intelectuales y manuales del hombre en sociedad, al modo de concebir el mundo y la vida;[1] la cultura como resultado de una sociedad que integra la organización social, la controla y asegura su cohesión contradictoria.[2] En este conjunto social, los sectores populares manifiestan formas propias en sus cantos, bailes, dichos, vestimentas, expresiones de vida cotidiana y organización, insertos en la dinámica productiva en dependencia del desarrollo social, aunque con pervivencias de situaciones correspondientes a estructuras ya superadas.[3]

Lo cultural y lo histórico se encuentran estrechamente vinculados, en tal forma que la cultura no está dada de una vez para siempre, y se encuentra sujeta a múltiples modificaciones. Existen situaciones de sincretismo y de posiciones transicionales. Pese a manifestaciones transclasistas, a elementos que se encuentran tanto en las clases dominantes como en las dominadas, un acercamiento a la cultura a través de una óptica que resalte las relaciones de clase posibilita diferenciar más allá de lo impuesto y asumido, lo propio y alternativo en las clases subordinadas. En sociedades capitalistas dependientes subdesarrolladas como México, los sectores populares presentan rasgos

---

[1] Alberto Mario Cirese, *Ensayos sobre las culturas subalternas*, Cuadernos de la Casa Chata, México, Cisinah, 1979.

[2] Marcos Kaplan, *Aspectos positivos y negativos de la relación cultura y poder* (mimeo.), México, 1981.

[3] C.W., Bigsby, *Examen de la cultura popular*, México, Fondo de Cultura Económica, 1982.

prestados de las clases dominantes (producto de la ideología imperante). No obstante, más allá de lo inculcado al pueblo, éste reinterpreta lo impuesto y logra expresarse con cierta autonomía.

En la concepción no propia del mundo, la cultura subordinada puede ser más visible. Sin embargo, hasta en las manifestaciones espontáneas se pueden captar aspectos de una visión propia. Como destacó Gramsci, aun en el folclor, que no es algo totalmente autónomo de la cultura hegemónica, se puede encontrar cierta contraposición respecto a la interpretación del mundo que difunde la clase dominante. Esta clase crea la cultura masiva a través de los modernos medios de comunicación social, y apuntala su hegemonía. Además, dicha clase reservará para sí núcleos culturales elitistas. La cultura popular estará caracterizada por las contradicciones clasistas. Se podría decir que "las culturas populares son el resultado de una *apropiación desigual* del capital cultural, una elaboración propia de sus condiciones de vida y una interacción *conflictiva* con los sectores hegemónicos".[4]

Así, la cultura popular no es sólo ese complejo contradictorio de propio y de prestado, de impulsos de expresión autónoma y de sujeción ideológica. Y aunque es cierto que en lo subalterno no todo es resistencia cultural,[5] tampoco lo popular es pura y llanamente el campo de un reacomodo de la cultura hegemónica.

Las capas populares, a través de sus luchas de toda índole, pueden ir avanzando en el camino de sus propios intereses y tienen un gran potencial para "elevarse" culturalmente, es decir, de salir de los grados de mayor sujeción, pasar por los espontáneos hasta llegar a la crítica práctica de su situación dominada y dar las peleas definitivas por su emancipación. La cultura y la política van, en esa forma, de la mano. "La reflexión inteligente de algunos primero, y luego de toda una clase sobre las razones de ciertos hechos y sobre los medios mejores para convertirlos de ocasión que eran de vasallaje, en signos de rebelión y de reconstrucción social",[6] es esa superación cultural y política.

Cultura penetrada, pero que logra establecer resistencias, que es capaz de recrear y aun de transformar. Por eso Gramsci enfatizó que la cultura vista desde los trabajadores es organización y disciplina en la lucha por conquistar una conciencia superior. Subrayó que una clase social que era subordinada se convierte en dirigente cuando sabe indicar concretamente la solución a sus problemas, adquiere su propia concepción del mundo y logra unificar a los sectores sociales que se aglutinan en torno suyo. La cultura es tanto instrumento de dominación, expresión de hegemonía como contestación a la explotación, lucha libertaria de parte de las clases subalternas y creación de una nueva hegemonía.

Las prácticas sociales están moldeadas por la cultura. En esta forma, la lucha de los trabajadores por liberarse de la opresión en todos sus niveles está plena de cultura, y modifica el conjunto cultural. Las luchas de los trabajadores van configurando la his-

---

[4] Néstor García Canclini, *Las culturas populares en el capitalismo*, México, Nueva Imagen, 1982.

[5] Néstor García Canclini, "Cultura y organización popular", en *Cuadernos Políticos*, 39, enero-marzo de 1984, pp. 75-82.

[6] Ma. Antonietta Macciocchi, *Gramsci y la Revolución de Occidente*, México, Siglo XXI, 1975, p. 267.

toria llamada nacional. "La cultura mexicana, real, la viva y vigorosa se está haciendo sobre todo en los movimientos sociales en los que la gente construye por sí misma su propio cambio político frente al Estado y la riqueza".[7] Así, la cultura puede ser vista como el proceso que representa la identidad del pueblo en cuanto es el fruto del trabajo y de las luchas de las masas.

El pueblo, como conjunto de sujetos sociales heterogéneos en continua actividad, con múltiples identidades y diferentes niveles de autorreconocimiento, siente y sabe (con matices uniformadores por un lado, y con atisbos diferenciantes por el otro) la realidad social, y en ella el sistema político mexicano. De acuerdo con estos sentires y saberes esos sujetos actuantes se relacionan y luchan por demandas sentidas y aun por proyectos políticos de mayores alcances que atañen al delineamiento de una nación futura. Las conexiones entre esas actitudes subjetivas y la realidad en transformación a través de las acciones de los sujetos populares es un aspecto importante de la cultura política.

El término cultura política ha sido utilizado como el conjunto de valores, creencias, orientaciones, actitudes, expectativas (sobre todo), normas, conductas y prácticas acerca del sistema político. La subordinación, la adhesión, la confianza, la justificación, la ilusión, la participación, la apatía, la resistencia, la contestación, la impugnación y lucha alrededor de las actividades públicas son enmarcadas en este amplio catálogo de lo que se denomina cultura política.

Esta cultura tiene que ver con las tradiciones, hábitos y costumbres políticas de grupos que originan identidades y dan sentido a su actividad. Todo poder político se sustenta en cierta cultura política y al mismo tiempo la moldea y adapta a sus exigencias. La cultura política se relaciona estrechamente con la actividad política. Si el término se reduce a las actitudes y creencias de *individuos* referidas al sistema político y sus reglas servirá realmente poco para entender el comportamiento político de los diversos actores sociales grupales y sus confrontaciones. Si se le aprecia desde sus determinaciones y variaciones históricas ayudará a describir intrincadas situaciones haciendo intervenir ideología y política, su proceso con quiebres y contradicciones, más allá de reducciones individualistas y psicologizantes. Aunque existen elementos dominantes comunes, la cultura política no es algo monolítico.

Hay especificaciones que diferencian a los diversos actores políticos, además, en cada sector hay distintos niveles. Una es la cultura política de las capas analfabetas y otra la de los grupos "educados". Hay susceptibilidad de transitar de niveles inferiores a medios y superiores, y aun de integrarse a la cultura política de otros grupos. Por decirlo de forma análoga, existe cierta movilidad en lo que se refiere a interiorización y conciencia de valores y normas de cultura política. Además de la existencia de lo que se ha denominado analfabetismo político, hay una cultura política que ha sido señalada como restringida; también aparece la calificada de amplia. La cultura política es algo que se aprende en la vida cotidiana, en la familia, en la escuela, en las organizaciones sociales, y sobre todo en las contiendas sociales donde se identifican amigos y

[7] José Joaquín Blanco, "Qué cultura para qué nación", en Rolando Cordera y Carlos Tello (coordinadores), *La desigualdad en México*, México, Siglo XXI, 1984, pp. 125-154.

enemigos y donde se elaboran estrategias y tácticas. Las luchas con sus resultados favorables o aciagos, con derrotas, retrocesos; con victorias, avances y acumulación de fuerzas conjuntan experiencias que van sintetizando una determinada cultura política.

La cultura política propia de las clases subalternas en combate por dejar de serlo se va gestando a través del trabajo político. La experiencia popular enriquece la cultura política nacional desde las trincheras de los trabajadores. La cultura política es una conceptualización que tiene que ver tanto con la ideología como con la política. Estas instancias analíticas no constituyen separaciones tajantes; la noción de cultura política se encuentra a horcajadas en ambas. Las prácticas resultantes de las diversas culturas políticas ofrecen un complejo panorama dado que en una misma cultura política (la autoritaria por ejemplo) se pueden encontrar ideologías aun contrapuestas. También las prácticas permiten apreciar que una ideología determinada (tomemos el caso de la socialista) no produce necesariamente líneas políticas idénticas. Lo intrincado de similitudes, diferencias y sus múltiples combinaciones obligan a una mayor precaución y precisión en la utilización de la noción de cultura política. Ninguna clase social tiene una cultura política propia homogénea. En las prácticas, además, se pueden descubrir las influencias de distintos símbolos políticos que imantan la acción y propician identificación.

La cultura política está estrechamente vinculada al poder, a la hegemonía en cuanto a que el modelo que se propaga (y asumen las clases subalternas) es el de la clase dominante. Ésta impone el conjunto de creencias y actitudes que configuran un consenso que apuntala el proyecto hegemónico, presentado como interés general de la sociedad por lo que el poder real permanece oculto a las mayorías y sus efectos son vistos como algo natural. Pero no es un poder que se ejerza sin resistencias y rupturas de parte de los dominados. Éstos son capaces desde distintos grupos de delinear una política alternativa con visión de futuro, de oponerse a sus dominadores, de innovar, de crear formas que anuncian una nueva sociedad a través de vivir otros valores, adoptar otras actitudes a las impuestas y de desatar acciones por el poder popular. Así existe la lucha por la hegemonía que tiene en la cultura política alternativa un sustento y un arma importante. Se ganan espacios con actitudes y acciones diferentes a las de las capas dirigentes de la sociedad. Se va avanzando en el camino de un poder opuesto, en la consecución de un poder de la mayoría como meta a lograr y que se puede ir construyendo a través de poderes·difusos (en contra del concentrado) que en una dinámica de *convergencias* y de *integración* puedan poner en jaque al poder constituido. Las clases subalternas, por medio de sus luchas, van aprendiendo a hacer su propia política y a luchar por el poder.

UN ACERCAMIENTO GENERALIZADOR

La cultura política mexicana con todas las contradicciones inherentes a una cultura donde predominan los intereses de las clases explotadoras y dirigentes y donde se encuentran manifestaciones propias de los trabajadores, tiene la impronta de las gestas del pueblo mexicano por su independencia nacional, por la liberación imperialista, y está fuertemente marcada por la revolución de 1910-1917. Pese a que dicha cultura ha sido expropiada y reinterpretada por las clases dirigentes, se finca en las luchas que el pueblo ha hecho victoriosas gracias a ese esfuerzo, heroísmo y sangre. Las posteriores luchas de los trabajadores han enriquecido esta cultura. En este acontecer se han ido perfilando básicamente dos proyectos de nación: el de una burguesía acostumbrada a enriquecerse a manos llenas sin esfuerzos ni riesgos, que cabalga al lomo del pueblo, y que tiene su mira y su corazón puestos en el vecino del norte; en contraposición existe también el que a través de una lucha tenaz, terca, a veces con claridades y otras soterradamente, va apuntando a los rasgos propios de los trabajadores mexicanos.

Así, en algunas coyunturas estas culturas se encuentran nítidamente enfrentadas, en no raras ocasiones están mezcladas pero con sorda oposición. La dinámica cultural de la clase dominante intenta usurpar una nación para inmolarla; la del pueblo-nación (donde no tiene cabida la gran burguesía) se va separando cada vez más y distinguiendo de la sumisión cultural a la que ha sido sometida. Si nos adentramos en esa cultura del pueblo-nación que ha esculpido sus rasgos con la dureza de sus luchas, nos encontramos que en ella existen también diversidad de aspectos y hasta oposiciones, pero se atisban las señales constantes de una tendencia de la historia hacia las convergencias.

A través de la historia del país se ha fraguado una cultura de las capas populares, de los trabajadores en su sentido amplio. En ella es posible distinguir una cultura propiamente obrera. Existe una cultura campesina y dentro de ella una específica cultura indígena con su pluralidad y riqueza. Se ha generado una cultura del movimiento urbano popular; se ha fortalecido una cultura de las mujeres populares, de jóvenes y estudiantes con toda su rebeldía y vitalidad. Desde otro ángulo se puede apreciar una cultura de partidos, de frentes y asambleas populares. En sentido contrario a manifestaciones segregacionistas y capillistas también se puede descubrir que va emergiendo una cultura de convergencia unitaria.

Todo este mosaico de cultura popular ha surgido de luchas específicas, ha adquirido formas de expresión que identifican y diferencian, que además de sellar especificidades abren a confluencias y a acumulación de fuerzas. En cada una de estas formas culturales se pueden discernir cualidades distintivas como serían una cultura magonista, cromista, cetemista, lombardista, comunista, etc., que han dependido tanto de organizaciones constituidas como de las demandas levantadas, alianzas, liderazgos, derrotas y victorias. Así, se entrelazan necesidades y lealtades, organizaciones y símbolos conglutinantes para generar características nuevas en este conglomerado cultural que surge de las luchas del pueblo mexicano.

Los extremos de esos dos proyectos de nación tienen su expresión en grupos concretos dentro de la sociedad mexicana, como se verá más adelante. No obstante, la cultura política predominante ha sabido mezclar lo oligárquico con lo popular. Como bien lo asienta Pablo González Casanova, ''México es un país en que la lógica del poder es parte de la cultura nacional. La integración de las clases gobernantes por núcleos sociales que vienen de los sectores medios, urbanos y rurales, e incluso de las organizaciones obreras, ha forjado una cultura política que une lo oligárquico con lo popular''.[8] Esto perdura con tensiones; ya se notan indicios de resquebrajamientos agudizados por la crisis. La cultura política dominante ha tenido una característica globalizadora, envolvente, en el nacionalismo proveniente de la Revolución mexicana de 1910. El nacionalismo oficial ha sido sustento de la clase gobernante. Los héroes, las fiestas nacionales, los monumentos, los nombres de ciudades y calles, las referencias rituales continuas en los discursos mantienen y recrean este nacionalismo, que, a su vez, ha engendrado otro rasgo cultural básico: el antimperialismo en todas sus vertientes. Nacionalismo centralista con tensiones regionalistas que exigen mayor espacio de reconocimiento.

Otro elemento propio de la cultura política oficial, pero que ha teñido prácticamente todo comportamiento político ha sido el autoritarismo. Su expresión más acabada está en el presidencialismo. El caciquismo, el patronazgo y los rasgos corporativizantes que estructuran el poder en México están ligados tanto al presidencialismo como a los moldes autoritarios de la cultura política mexicana. Un correlato de esto lo constituye la práctica de la negociación desde sus formas sutiles, pasando por la presión, "la transa" por un lado, y la exigencia airada popular por el otro. Autoritarismo que ha obligado a que lo legal vaya por un carril y sus violaciones sistemáticas por el paralelo. Esto ha propiciado una cultura que ha hecho acopio de saber en "transar", en corromperse y corromper, en el ocultamiento y aun en el cinismo. De él abrevan la prepotencia, la falta de sensibilidad y la violencia de todo tipo: la que masacra, sobre todo campesinos; reprime, encarcela y desaparece opositores. Autoritarismo que levanta esperanzas en las bases en un juego de promesas a medio cumplir con lo que ha afianzado a través de prácticas clientelares y populistas el apoyo de bases campesinas, obreras y de sectores urbanos. Esto ha ido sufriendo desgastes y cambios. El discurso nacionalista, autoritario, prometedor se ha mantenido. Las restricciones impuestas por la crisis, que conllevan el sacrificio de las mayorías exacerbado por la política antipopular del régimen, el resquebrajamiento de la médula del nacionalismo pese a discursos defensivos en esta materia, el deterioro del prestigio presidencialista empujan al gobierno a refugiarse en el autoritarismo y a buscar combinar formas nuevas (la llamada reconversión industrial, por ejemplo), y el recurso de la antigua y eficaz represión, todavía selectiva.

La burguesía mexicana, protegida, mimada en lo económico, no ha aceptado de buen grado ciertos rasgos de la cultura política oficial. Al antimperialismo le ha opuesto la admiración por el estilo de vida norteamericano. Ante los ribetes anticlericales de ese nacionalismo revolucionario la burguesía ha levantado la defensa de la jerarquía eclesiástica. Ha impugnado los avances en lo relativo a la educación popular. Se ha opuesto sistemáticamente a las conquistas obreras y campesinas. La burguesía mexicana ha ido delineando una cultura política alternativa dominante. Lo oligárquico lo quiere despojado de las mixturas populares.

Ante todo esto han hecho su aparición dos tendencias: una heterogénea, que incluye sectores desplazados de la burocracia política y algunos elementos populares que se re-

[8] Pablo González Casanova, *El Estado y los partidos políticos en México*, segunda edición ampliada, México, Era, 1985, p. 62.

sisten a que los rasgos fundamentales de la cultura política predominante se dejen de lado; parecieran abrigar la ilusión de reeditar un neocardenismo, un gobierno que tenga que responder a las bases populares de apoyo. La otra tendencia apunta a la creación de una nueva cultura popular que se enfrenta tanto a la burguesía como a la política antipopular del gobierno. Esta tendencia es débil; pero en medio del recrudecimiento de la crisis ha tenido la ventaja de que ha sabido mantener ciertos niveles de organización. La cultura política prevaleciente acusa importantes fisuras. Al parecer, se establecerá una nueva cultura. La lucha por modelarla ya ha comenzado. México está viviendo un importante momento de transición.

Esta transición implicará, entre otras cosas, una redefinición de la cultura nacional distinguida de la cultura del Estado; una nueva formulación de la relación entre las culturas políticas regionales y la cultura nacional por una parte, y entre las culturas y la central o estatal por otra. Ha predominado una cultura nacional que se confunde con la estatal. Una cultura que se ha apropiado de los símbolos patrios, de los héroes nacionales, de la historia (Independencia, Reforma, Revolución), que se dice portadora de un futuro, de un progreso, de una modernidad, que se presenta como la garante de una (no cumplida) justicia social, y se ufana de una (real) estabilidad y paz social. Esta cultura llega a identificar a la nación con el partido gobernante, en su totalidad y en sus especificidades locales. Se llega hasta a insinuar que lo que queda fuera de dicho partido es en cierta medida antinacional.

La oposición de derecha apela a la tradición católica; lo nacional es lo católico. Se hace referencia sólo a algunos héroes, como es el caso de Madero; se dice portador de la moralidad y de la democracia; se acusa al gobierno (y a la oposición de izquierda) de totalitaristas y de atentar en contra de la libertad. La libertad se cifra en libertad de empresa y de educación, principalmente. Entre la izquierda hay dos grandes vertientes: una que se inclina hacia el discurso oficial estatal. El problema se ubica en las traiciones a la Revolución. Se reclaman como propios ciertos héroes con arraigo popular (Zapata, Villa, Cárdenas). Se apela a los valores igualitarios. Otra vertiente considera acabada la Revolución mexicana; con la justicia se enarbolan también demandas democráticas, y sin dejar como símbolo el color identificante rojo, se reivindican también los colores de la bandera nacional.

En los rasgos de la cultura política regional hay dos binomios tensionados: el de región-nación por un lado, y el de región-Estado, por el otro. Aunque por la cultura política dominante, que ha pretendido identificar lo estatal con lo nacional, hay expresiones culturales donde los términos también se confunden desde la sociedad civil. Pese a la tradición histórica centralista, el desarrollo de identidades regionales ha permitido el que éstas logren expresarse sobre todo en coyunturas conflictivas. La consolidación y modernización del país implicó una mayor concentración del poder en el gobierno federal. Los espacios regionales de decisión se fueron debilitando. Además, la macrocefalia de la capital fue imponiendo a las diversas regiones una onerosa extracción de recursos.

Durante un largo periodo las oligarquías regionales se fueron resignando, sin abandonar negociaciones. La combinación de la crisis económica con el desgaste político del presidencialismo y la necesidad de racionalizar la administración central a través de una tímida descentralización, propició que fracciones de las oligarquías regionales poderosas y que se sintieron ofendidas por decisiones centrales que consideraron traiciones del Ejecutivo, como fue el caso de la nacionalización de la banca en 1982, despertaron airados reclamos regionales opositores al centro. Sobre todo en el norte de la República se exacerbaron los sentimientos regionales que fueron encabezados por oligarquías en pugnas interburguesas a las que fueron supeditadas aun contradicciones clasistas provenientes de las bases, que se diluyeron y distensionaron el campo regional para cargar simbólicamente el repudio a todo y a todos los que provenían de la capital. Al centro se le acusa de sangrar recursos, imponer decisiones, castigar políticamente a las regiones que se defienden. Se expresa que ya no es tolerable que desde el centro, y de arriba hacia abajo, se decidan gobernantes y políticas. En el interior de los grupos regionales mediadores sobrevienen fracturas, y esto posibilita el que se susciten enfrentamientos.

Cuando en la región subsisten (por su atraso) como base de poder, mecanismos corporativistas, al centro le es relativamente fácil desactivar la confrontación; pero cuando debido a los procesos de urbanización y modernización la protesta regional se centra en grupos civiles ya no susceptibles del control corporativista, la contradicción región-centro tiende a perdurar más (como ha sido el caso de Chihuahua). En contrapartida en el sur del territorio nacional se presenta un caso de demanda regional de otra naturaleza: ahí la organización popular en contradicción con las prácticas subordinantes de los caciques tradicionales ha levantado demandas con sello regional que al autoritarismo del centro ha opuesto un proyecto de autogestión popular (como es el caso de la COCEI en el itsmo). La cultura política regional-popular de esta organización se inscribe en una tendencia de conformación de una original cultura política que va transitando desde la cultura política impuesta por la dominación (vieja y renovada) hacia una cultura totalmente otra, de base, con aspiraciones libertarias.

LA NORMATIVIDAD PARALELA

En varias ocasiones el Partido Revolucionario Institucional ha declarado que su programa es la Constitución. Si se atiende a la realidad de la vida política de México, se puede constatar que tal declaración no es puramente retórica, sino que encierra una gran parte de verdad. En efecto, al hacer tal aseveración se están aceptando implícita, pero positivamente como corolario, que varios de los preceptos constitucionales no se aplican. Lo cual se justifica porque las condiciones actuales del país no lo permiten. Tales preceptos constituyen, por lo mismo, puntos programáticos que podrán adquirir aplicabilidad en el futuro en la medida en que la evolución de tales condiciones hagan posible la aceptación de esos preceptos como imperativos legales.

Sin embargo, como esos preceptos se refieren a muchos aspectos fundamentales para el funcionamiento del Estado, tales como la elección de los gobernantes, el régimen federal, la separación de poderes, etc., se plantea el problema de cuál es el orden normativo que rige efectivamente en esos campos.

Una respuesta que suele darse con frecuencia es que, puesto que la Constitución no se obedece, en esos aspectos reine la anarquía. Pero dicha respuesta no puede ser satisfactoria, porque la anarquía, que significa la ausencia de toda regla, no permite mantener ningún orden y conduce rápidamente a la disolución. Si se tiene en cuenta que este sistema político ha podido sostenerse y reproducirse durante más de medio siglo, en el cual se ha mantenido una convivencia ordenada que sólo se ha visto alterada de modo muy esporádico y en sectores muy localizados, se tiene que aceptar que debe existir algún sistema de reglas, aunque éstas no coincidan con las que establece la Constitución.

Tampoco es admisible la tesis según la cual, a falta de un orden jurídico, el sistema político se sostiene solamente por el uso de la fuerza, porque ninguna organización social o política puede apoyarse exclusivamente en la fuerza. Los miembros del Estado y de la sociedad en general deben conocer cuáles son sus pautas de conducta y no es posible que los agentes de la fuerza les indiquen constantemente cuál es la actuación que deben seguir. Pero además, la experiencia mexicana demuestra claramente que el sistema sólo ha recurrido al uso de la fuerza en casos extremos, aislados y poco frecuentes. Por lo demás, la fuerza para mantener el orden debe estar también sujeto a determinadas reglas.

En estas condiciones, parece necesario admitir para explicar la permanencia y continuidad del sistema político mexicano, que existe un orden normativo no escrito, un conjunto de reglas que han dado en llamarse "las reglas del juego" y que en la medida en que son efectivamente impuestas y acatadas, pueden considerarse que constituyen un orden jurídico de carácter consuetudinario.[9]

Cualquier sociedad, por más estricto que sea su sistema de derecho escrito, siempre genera al margen de él algunas costumbres no reconocidas oficialmente, pero que se consideran obligatorias, del mismo modo que algunas leyes, aunque no hayan sido formalmente derogadas, entran en desuso. La peculiaridad del sistema mexicano estriba en que las leyes que no se aplican son muchas y, sobre todo, pertenecen a la esfera más alta dentro de la jerarquía jurídica.

Este fenómeno tiene una explicación sociológica e histórica que no es posible desarrollar aquí; basta recordar que durante la época de la colonia se legislaba desde España y, por lo mismo, con un gran desconocimiento de la realidad social que se pretendía regular, lo cual ocasionaba que en muchos casos no fuera conveniente o imposible la ejecución de las leyes y frecuentemente, por otra parte, iban en contra de los propósitos de dominación y explotación de los colonos españoles sobre los indios.

Estas circunstancias dieron origen al uso y abuso del recurso de "obedézcase, pero no se cumpla".

Después de la Independencia se pretendió seguir el modelo de organización política

---

[9] Para citar solamente una de las declaraciones más recientes y autorizadas sobre este punto, nos remitimos al discurso pronunciado por el presidente del Comité Ejecutivo Nacional del PRI, licenciado Jorge de la Vega Domínguez, en la XIII Asamblea Nacional del partido, en el que afirma: "En casi cuatro décadas de militancia en nuestro partido, he podido aprender las reglas de nuestra política: las escritas y las no escritas" (revista *Proceso*, núm. 540, del 8 de marzo de 1987).

que había sido diseñado en Europa y Estados Unidos por las revoluciones burguesas: la república democrática, representativa, federal, con división de poderes, etc., pero las condiciones económicas, sociales y culturales del país hicieron imposible su vigencia lo cual ocasionó nuevamente que la Constitución y otras leyes no se aplicaran. La Constitución de 1917 modificó importantes aspectos de la organización socioeconómica del país y con un sentido más realista amplió las funciones del Estado, del gobierno federal y del Poder Ejecutivo, pero a pesar de ello, la forma en que reestructuró el Estado después del movimiento revolucionario, impidió la cabal aplicación de las garantías sociales introducidas por la propia Constitución y el funcionamiento de la estructura orgánica consagrada por ella.

En estas condiciones era inevitable que surgieran y se consolidaran reglas consuetudinarias que permitieran mantener el orden y la operatividad fáctica del Estado y el control de las clases dominantes. El derecho, como es sabido, constituye un instrumento indispensable para el ejercicio del poder.

Este sistema de reglas consuetudinarias fue desarrollado e impuesto por los grupos oligárquicos —nuevos y viejos— para mantener su hegemonía, cosa que la aplicación estricta del modelo consagrado en la Constitución hubiera puesto en peligro. Pero la vigencia de tales reglas distintas y en muchos casos contrarias a la ley escrita, ha sido posible porque fueron aceptadas por la población. Tal aceptación, sin embargo, no supone necesariamente una adhesión interna a ella por motivaciones de carácter ideológico o moral, sino la existencia de una coacción externa, es decir de un sistema objetivo y eficaz de recompensas y sanciones, que es lo que les confiere su carácter jurídico.

Hasta donde es posible, se procura disimular la existencia de estos sistemas paralelos guardando las formas, haciendo que las leyes pasen por el Congreso o que las elecciones se realicen puntualmente, aunque ya se sabe que la aprobación del Congreso y las elecciones son un requisito puramente formal, pues las decisiones han sido ya tomadas previamente por el Ejecutivo federal o en su caso los ejecutivos estatales.

En otros casos, la costumbre viene a llenar lagunas que, por inercia o deliberadamente, ha dejado la ley. Éste es el caso de algunas libertades constitucionales que no han sido debidamente reguladas por una ley reglamentaria, como el derecho de reunión o de petición, que quedan al arbitrio de una autoridad administrativa. Pero en este punto el caso más notorio por su trascendencia es el de la libertad de expresión, en el que se ha dejado subsistir una ley obsoleta que no tiene ninguna aplicabilidad, y por lo mismo la libertad de prensa o de expresión en la radio o la televisión queda sujeta de hecho, a diversos métodos de control como el suministro de papel, el pago de publicidad oficial, la concesión de espacios para la radio y la televisión o la necesidad de una "licencia" para los locutores.

En otros casos, una interpretación aviesa de la ley permite adecuarla a los objetivos políticos que se persiguen. La mejor ilustración de esta peculiar hermenéutica, la ofrece la fracción v del artículo 76 de la Constitución que faculta al Senado o, en su caso, a la Comisión Permanente del Congreso, para "Declarar, cuando hayan desaparecido todos los poderes constitucionales de un Estado [. . .]" Esta disposición se interpreta, en contra de su sentido obvio, como una autorización para que tales organismos del Congreso puedan deponer a las autoridades de un Estado, asegurando así la centralización del poder en el presidente de la República, a cuyo partido, como sabemos, pertenecen la totalidad de los senadores y una abrumadora mayoría de los miembros de la Comisión Permanente.

Otra forma frecuente, que es muy notoria sobre todo en materia electoral, es la de promulgar las conocidas en derecho como ''leyes imperfectas'', leyes en las que no se establece ninguna sanción para quien las viole, lo cual nulifica totalmente su eficacia coactiva.

En el sentido inverso, es decir, que lo que tiene fuerza jurídica como costumbre y por lo mismo podría dar origen a una ley escrita y formalmente promulgada, sería difícil encontrar algún ejemplo, ya que, para guardar las formas y apariencias democráticas se tiene la precaución de no consagrar explícitamente como ley, ninguna costumbre viciosa que pueda desdecir del más puro sistema democrático.

EL PARTIDO DEL GOBIERNO

En estas condiciones, la forma más elemental y rudimentaria de mantener el poder y la dominación sobre la sociedad es mediante la mayor concentración de la autoridad. Por ello, la norma fundamental del sistema político mexicano es la centralización del poder en un solo punto: la Presidencia de la República. Esto sólo puede verificarse, naturalmente, mediante la supresión de la cuota de poder que, según el derecho escrito, correspondería a otras instancias como son los otros poderes de la Unión, los estados de la Federación, los municipios y aun los organismos sociales. De este modo, las atribuciones que la ley otorga a estos órganos, la costumbre las transfiere al presidente de la República.[10]

Pero esta transferencia, que implica la dominación efectiva del Ejecutivo federal sobre toda la estructura estatal, requiere necesariamente de complejos mecanismos estrictamente regulados y que difieren en las relaciones del centro de poder con cada uno de ellos.

Sin embargo, el órgano que cumple las más amplias funciones en esta mecánica de control es el partido que, por lo tanto, se gobierna por normas muy distintas de las que la ley establece.

En primer término, el partido no designa a los candidatos que propone, pues tal

---

[10] Aunque sobre este punto existe unánime acuerdo entre todos los observadores, últimamente, ante el debilitamiento del sistema, se han multiplicado las manifestaciones del grupo gobernante en defensa del presidencialismo. Entre ellas vale la pena citar nuevamente el discurso del presidente del CEN del PRI, licenciado de la Vega Domínguez, en la XIII Asamblea Nacional. ''Quienes consideran que la democracia exige restar facultades al Ejecutivo federal, ignoran que éste es una institución producto de nuestra experiencia histórica y un instrumento poderoso de nuestra voluntad colectiva. El régimen presidencial es una expresión moderna de la democracia representativa. Es nuestra historia, es la encarnación indudable de la legitimidad nacional [. . .] Jefe del Estado, jefe del gobierno, el presidente de la República es también el líder nacional de nuestra organización política mayoritaria. Sus orientaciones nos dan cohesión interna [. . .] (*Proceso*, núm. 540, del 9 de marzo de 1987).

designación la hace, cuando se trata de puestos importantes —gobernadores, diputados federales, senadores e incluso algunos presidentes municipales— el presidente de la República, aunque para hacerlo realice alguna forma de negociación.

Pero más importante es la función que desempeña el partido como instancia encargada de organizar el proceso electoral. Esto implica el manejo del padrón electoral, la distribución de una parte de las credenciales electorales, la designación de los funcionarios de las casillas y el control de la votación. Pero además, al partido corresponde la calificación de las elecciones a través de sus representantes, que siempre constituyen abrumadora mayoría en los organismos electorales.[11]

Sin embargo, la principal tarea que cumple el partido es la de imponer y mantener la disciplina política fijando las reglas, transmitiendo o generando las órdenes y aplicando las sanciones. La sanción normal consiste en cancelar la carrera política a los miembros del partido que no acaten la disciplina. Sólo en casos extremos se llega a la destitución de algunos gobernadores o ayuntamientos y en más raras ocasiones a desaforar a un diputado. Pero no debe desestimarse que la sanción opera por el solo hecho de estar establecida, aunque rara vez se la haga efectiva.

Estas normas disciplinarias y sus correspondientes sanciones explican que los candidatos del partido siempre sean proclamados por aclamación en las convenciones, que las iniciativas presidenciales siempre sean aprobadas por los representantes del partido en las cámaras legislativas, lo mismo que las de los gobernadores en los congresos locales y, en general, que la política marcada por el Ejecutivo federal sea apoyada monolíticamente por todos los componentes del gobierno en todos los niveles. Dentro de la esfera local, los gobernadores reproducen el modelo de centralización presidencial, aunque siempre supeditados a éste.

En cuanto a los procedimientos de control y disciplina sobre los integrantes de la administración pública, son éstos mucho más sencillos y expeditos pues, no existiendo de hecho una carrera del servicio civil ni forma alguna de escalafón ni garantías efectivas de estabilidad en el empleo, el despido o al menos el estancamiento son medidas de coacción suficientemente eficaces.

La dominación autoritaria no se reduce solamente a los cuerpos políticos y administrativos, sino que se extiende a sectores muy amplios de la sociedad civil. El PRI afirma que es un partido pluriclasista porque se integra con tres sectores: el campesino, el obrero y la Confederación Nacional de Organizaciones Populares en la cual figuran grupos de capas medias e incluso elementos de la alta burguesía; pero en su constitución real pueden distinguirse netamente dos estratos: el que componen los cuadros directivos, los líderes y dirigentes, los políticos profesionales, que son los militantes del partido propiamente dichos, y las bases, cuya afiliación se realiza grupalmente sin solicitar su consentimiento personal.

Los derechos que la ley otorga a los campesinos, como son el derecho a la parcela o a la seguridad de la pequeña propiedad, al crédito, a la comercialización de sus pro-

---

[11] Así lo ratifica el nuevo *Código Federal Electoral* en los artículos 165, 178 y 190 que regulan la integración de la Comisión Electoral, las comisiones locales y los comités distritales, asegurando al PRI mayoría absoluta.

ductos, etc., han sido modificados por la práctica, condicionándolos a la disciplina política, de tal modo que pueden perderse cuando ésta se viola. Los dirigentes de las organizaciones campesinas —sociedades ejidales, de crédito agrícola, ligas de comunidades agrarias, etc.— son los encargados de vigilar el cumplimiento de esa disciplina y quienes se incorporan al aparato político y gubernamental.

En el sector obrero, por ser más homogéneo, la disciplina es todavía más rígida y corre a cargo de las organizaciones sindicales. Los dirigentes de éstas poseen una amplia gama de recursos para presionar a los trabajadores cuyo ejemplo más representativo es la "cláusula de exclusión", aunque muy rara vez se la aplique. Al igual que los dirigentes campesinos, los líderes obreros forman parte de la organización política. Así, el caciquismo rural o urbano y el "charrismo" sindical adquieren la jerarquía de verdaderas instituciones políticas.

El tercer sector del partido lo es la Confederación Nacional de Organizaciones Populares. A diferencia de los obreros y campesinos, los sectores urbanos y populares son sumamente heterogéneos y por lo mismo los organismos y las medidas para eliminarlos son mucho más variadas y menos eficaces. Sin embargo, las múltiples carencias y necesidades que padecen ofrecen la posibilidad de agruparlos a fin de poder disciplinarlos. La falta de servicios públicos y de títulos de propiedad en los barrios suburbanos da lugar a la formación de las "uniones de colonos"; la necesidad de un local y de una licencia para los pequeños comerciantes propicia las "uniones de los locatarios de los mercados" o "asociaciones de pequeños comerciantes"; los múltiples requisitos de "licencias", "permisos", "autorizaciones", inspecciones fiscales, de salubridad, etc., conducen a la agrupación necesaria de prestadores de servicios —peluqueros, limpiabotas, taxistas, comerciantes ambulantes, etc., o de los artesanos. Si los trámites ante las autoridades correspondientes no se realizan a través de las agrupaciones afiliadas a la CNOP es muy difícil obtener lo que se pretende, por más que de acuerdo con la ley se pueda tener perfecto derecho a ello.

Los dirigentes y líderes de las organizaciones campesinas, obreras y populares son integrados a los cuadros del partido, se les concede una "cuota" en los cuerpos representativos —cámaras de diputados y senadores, congresos locales y ayuntamientos— y gozan de una delegación de poder, de ventajas, beneficios y oportunidades de enriquecimiento.

Pero no debe menospreciarse el hecho de que este conjunto de órganos y reglas que imponen la disciplina política y permiten por ende la explotación económica, gozan de un cierto grado de aceptación por parte de los sujetos sometidos, ya que líderes y agrupaciones constituyen los únicos canales reconocidos por el gobierno para transmitir sus demandas y sólo a través de ellos pueden lograr que se respeten sus derechos o se les conceda algún beneficio. Este sistema, que tiene raíces seculares en el país, ha creado una mentalidad colectiva, una verdadera cultura de la impotencia personal, de la invalidez propia y, por lo mismo, de la dependencia, de la súplica y de la dádiva, y por ello de la sumisión a las reglas no escritas y a sus ejecutores. Es posible que no estén internamente conformes con este sistema, pero lo acatan por la fuerza coactiva que lo respalda. La aceptación de estas reglas hace posible la movilidad social de algunos sectores. El sistema, por otra parte, ha sido suficientemente dúctil para otorgar recompensas y fortalecerse al mismo tiempo, mediante la cooptación de los líderes naturales o movimientos espontáneos más dinámicos.

En conclusión, el partido se sirve de estas amplias capas sociales para perpetuarse en el poder, pero también es cierto que el pueblo ha aprendido a servirse del partido —y en menor medida naturalmente, también de los partidos de oposición— para conseguir algunas ventajas.

Vale la pena hacer notar aquí que estos sectores populares, que son los que componen la gran mayoría de la ciudadanía, son los votantes potenciales de los partidos de izquierda, pero que no pueden elegir esas opciones electorales en virtud del sistema de control establecido. Esto constituye un elemento fundamental para explicar la debilidad de tales partidos, su carencia de bases proletarias y populares y su misma dispersión.

En cambio, por lo que se refiere a las capas medias, los órganos y sistemas de control políticos son considerablemente más débiles y limitados, simplemente porque su grado de dependencia del gobierno es mucho menor. Y, por otra parte, el control efectivo del voto en las casillas en los distritos urbanos se hace más difícil.

Algunos pequeños grupos de profesionistas —principalmente abogados, arquitectos e ingenieros, o profesiones con muy escasa demanda, como los economistas— forman las "ligas revolucionarias" de alguna profesión, que se adhieren a la CNOP en busca de empleo, contratos del gobierno, relaciones para hacer negocios, etc. Pero la gran mayoría de los integrantes de esta clase son empleados de empresas privadas o del gobierno, medianos propietarios, comerciantes o industriales, profesionistas independientes, etc., y no se encuentran encuadrados en ninguna organización.

Aunque una teórica convicción democrática lleva a estas capas a criticar los métodos de gobierno, como éste respeta hasta cierto punto su independencia y durante las últimas décadas han podido mejorar sus condiciones de vida, el resultado político de estos factores ha sido la apoliticidad y el abstencionismo electoral, cosa que en todo caso es favorable al régimen. Sin embargo, en estas capas radica la clientela potencial de los partidos de derecha, clientela que es fácil movilizar precisamente por la ausencia de mecanismos de control.

De acuerdo con las "reglas del juego" que exigen mantener la imagen "revolucionaria" del gobierno, la alta burguesía, formada por los grandes empresarios y sus organizaciones no participan en política, lo cual significa que no figuran en el partido, pero su alianza directa con el gobierno es manifiesta.

Sus elementos de presión sobre éste son muy fuertes —la inversión, la fuga de capitales, la creación de fuentes de trabajo, la corrupción, etc.— y los beneficios que recibe del régimen son muy grandes. Las reglas de esta relación entre gobierno y empresarios implican un verdadero pacto en el que a cambio del apoyo que le brindan obtienen considerables ventajas, que van desde subsidios y créditos hasta la represión de movimientos obreros. Para ellos, el sistema centralista, presidencialista, autoritario, de partido único y de firme disciplina social es el que mejor garantiza sus intereses y su posición hegemónica de clase.

Bien puede afirmarse que en México no existe una clase capitalista autónoma. Siempre la alta burguesía ha vivido y se ha desarrollado en estrecha simbiosis con el grupo en el poder.

OTROS SISTEMAS DE CONTROL

Otro factor de primer orden en la vida política de México lo constituye la Iglesia, porque la religiosidad sigue siendo, a pesar de que ha perdido terreno en las últimas décadas, un elemento muy importante de la cultura nacional. Las relaciones entre la Iglesia y el Estado ofrecen un ejemplo muy relevante de cómo las reglas no escritas han sustituido al derecho escrito. Estas relaciones se establecieron por los "arreglos" —al igual que son "arreglos" los que rigen, como hemos visto, en el campo empresarial, sindical, etc.— que en el caso de la Iglesia fueron formulados expresamente por un acuerdo entre los obispos y el presidente de la República en 1929. En virtud de ellos el gobierno se comprometió a no aplicar los artículos constitucionales que la lesionaban, como son el 3o., varias disposiciones del 27o. y el 130o., aunque éstos se mantuvieron en la Constitución como parte del programa de la Revolución, fueron a sustituirlos en la práctica por lo que se denominó, a falta de otra designación más estricta, el *modus vivendi*. A cambio de esta derogación tácita de las normas constitucionales, la Iglesia se comprometió a no impugnar la política gubernamental, lo cual derivó en un apoyo mutuo que no por implícito es menos efectivo. De cualquier modo, el hecho de mantener formalmente vigente tal legislación religiosa, obra como una forma coactiva sobre la Iglesia para asegurar su colaboración.

Por último, un recurso que ha sido utilizado ampliamente como factor de gobierno es la corrupción. No se trata de señalar aquí la existencia, como puede ocurrir en cualquier país, de un número más o menos grande de funcionarios deshonestos, sino de una corrupción estructural, que forma parte de los sistemas de control y regulación del aparato ideológico y administrativo. Verticalmente, la corrupción forma cadenas de supeditación, lealtad y clientela y horizontalmente establece una red de complicidades, de solidaridad y de cohesión. Naturalmente que en esta materia no es posible hablar de reglas que regulen la corrupción y por ello en esta materia sí reina la anarquía: cada quien roba lo que puede y como puede. Pero sí es un hecho que la costumbre ha derogado las figuras delictivas establecidas por la ley, como son el cohecho, el peculado, el abuso de confianza, el fraude y el robo. No sería exacto afirmar que la sociedad aprueba esta situación, pero sí que debe tolerarla. En este sentido se presenta de modo muy definido una cultura de la corrupción, como elemento conformador de la cultura política en México.

Un aspecto central de la corrupción radica en la conformación de una cultura política basada en la falsedad, en la mentira, ya que sostiene la reiterada afirmación de que el derecho escrito y formalmente promulgado es el único existente y que tiene plena vigencia negando así las realidades más evidentes.

Naturalmente en México, como en cualquier parte, detrás del derecho escrito o consuetudinario está la fuerza física policiaca o militar. Pero lo que distingue al sistema mexicano de otros regímenes autoritarios es que recurre a la fuerza de modo muy discriminado y sólo en última instancia, es decir, solamente cuando los otros métodos de control han fallado.

Entre los múltiples mecanismos que implica el sistema y que aquí no es posible describir con más detalles, sí es necesario señalar por la importancia que tiene en un régimen tan acentuadamente presidencialista, el de la sucesión presidencial.

En los orígenes del sistema, el presidente de la República, que por ser el centro del poder es también el foco de todas las presiones, era quien debía medir las fuerzas, los intereses e, incluso, las corrientes ideológicas actuantes en el país y conciliarlas en un candidato más o menos aceptable para todas ellas. Sin embargo, a medida que este poder de arbitraje, por la concentración del poder, se fue independizando de las fuerzas arbitradas, la designación del futuro presidente se fue convirtiendo en una decisión cada vez más personal. Esta forma de proceder es una consecuencia de la dinámica misma del proceso de concentración del poder en la Presidencia. En consecuencia, la mejor forma de preservar esta decisión de cualquier presión e, incluso, de cualquier influencia, es mantenerla en el más riguroso secreto. Exhibir públicamente las precandidaturas permitiría que los diferentes grupos y sectores y, en último término, el pueblo, tratara de intervenir en favor de alguna de ellas, y esto es precisamente lo que se trata de evitar. Por esto también, los presidentes no son seleccionados ya de entre quienes han hecho carrera política a través de puestos de elección popular, sino que han ascendido por una oscura trayectoria administrativa.

Una ventaja adicional de este método, que sirve para mejorar y preservar el autoritarismo presidencial, consiste en que quien resulta designado no se encuentra comprometido con nadie, sino con su antecesor, que, por lo mismo, de acuerdo con las reglas impuestas en los últimos sexenios debe desaparecer de la vida política. Sin embargo, esta forma de designación ha propiciado un efecto secundario que ha venido a debilitar, por razones personales, la institución presidencial, y es que quien designa pretende, casi instintivamente escoger a alguien que además de serle leal sea personalmente más débil. Esta tendencia repetida a lo largo de varios sexenios ha conducido inevitablemente a personalidades carentes de capacidad de liderazgo y de carisma popular.

Este sistema para la designación de presidentes de la República se reproduce puntualmente en la designación de gobernadores de los estados, con la tendencia adicional de que los designados no tengan un notorio arraigo regional, ya que esto podría conferirles algún grado de autonomía.

En cambio, para la designación de senadores y principalmente diputados, se mantiene el sistema de negociación con jefes políticos, líderes, organizaciones corporativas, etc., pero siempre dentro de reglas determinadas ya que estos puestos son considerados dentro de las reglas del juego, como contraposiciones que el gobierno les ofrece y como canales para que expresen sus demandas. Por ello, para los diputados y senadores, es mucho más importante su función de gestoría que su labor legislativa.

Esta cultura política, se proyecta en símbolos que idealizan la realidad a la par que la legitiman. De este modo, un símbolo central en este nivel es el de la Presidencia de la República, concebida como centro del que irradia todo el poder y fuente de la que procede todos los beneficios y también las carencias del pueblo. La Revolución, comprendida no como historia sino como mito según el cual los campesinos y obreros asumieron el poder, proporciona una justificación dogmática a todo el sistema político que no es, según esta visión, sino la institucionalización del movimiento armado iniciado en 1910.

EL SISTEMA POLÍTICO ANTE LA CRISIS ECONÓMICA

Al contrario de lo que suele creerse, un sistema consuetudinario resulta frecuentemente más rígido y permanente que un sistema de leyes escritas; es más fácil derogar una ley a través de los mecanismos institucionales establecidos para ello, que cambiar una costumbre. Así se explica que en México mientras las condiciones sociales, políticas y culturales del país han ido cambiando con el transcurso del tiempo, el sistema político, en cambio, se ha mantenido prácticamente intacto. A partir de 1981, en que la crisis económica se precipita, estos cambios de las condiciones generales del país se aceleran, pero la organización política se mantiene intocable, como lo confirma la designación de Carlos Salinas de Gortari para la sucesión presidencial de 1988.

Es cierto que desde principios de la década de los setenta se han realizado varias "aperturas" o "reformas" políticas, pero en el nivel en que aquí se plantea la cuestión, tales modificaciones son irrelevantes. En efecto, si lo que se trata de describir es cómo se gobierna al país, el registro de nuevos partidos políticos o el aumento del número de diputados de oposición, que siempre son minoría, no tiene mayor importancia puesto que la oposición no tiene ninguna influencia en la toma de decisiones.

Sin embargo, el sistema político ha experimentado algunas modificaciones en lo que se refiere al cuadro de los partidos políticos y a las expresiones electorales. Ante los brotes de rebeldía que venían dándose, cuya más grave manifestación fue el movimiento estudiantil de 1968, y que electoralmente se traducían en un creciente abstencionismo de la ciudadanía, que reflejaba claramente la deslegitimación del régimen, ya el gobierno del licenciado Echeverría puso en práctica una "apertura política" que se tradujo en mayor tolerancia para los grupos disidentes, mayor libertad de prensa y, en general, una política más populista.

Pero tales medidas, tan limitadas y sobre todo poco consistentes, fueron incapaces de revertir tal proceso de deslegitimación a tal extremo que el licenciado López Portillo figuró como candidato único a la Presidencia de la República, revelando con ello el colapso de los partidos de oposición. Por eso el nuevo presidente hizo promulgar la Ley de organizaciones políticas y procesos electorales en virtud de la cual se hizo posible el registro oficial de nuevos partidos políticos, entre ellos el Partido Comunista, que había estado proscrito. Poco después aparecieron nuevos partidos de izquierda e, incluso, uno más en la derecha.

Estas reformas vinieron a vitalizar el sistema de representación proporcional limitada para integrar la Cámara de Diputados, ya introducido anteriormente, y lo hicieron extensivo a los congresos estatales y a los ayuntamientos. Estas posibilidades de acceso a esos órganos gubernamentales por parte de los partidos de oposición, les han proporcionado a éstos una mayor vitalidad interna y, además, una proyección más clara en los resultados electorales que, en términos generales, ha reflejado una disminución del porcentaje de votos obtenidos por el PRI, a pesar de la votación falsa que sistemáticamente se concede asimismo un crecimiento apreciable de la votación en favor del PAN y una presencia consistente de la izquierda a pesar de sus múltiples divisiones. Debe añadirse, no obstante, que la presencia de la izquierda es mucho más notable en la vida política del país de lo que manifiestan sus porcentajes electorales.

El nuevo Código Federal Electoral, promulgado en 1987 que ha venido a sustituir la legislación de López Portillo, no introdujo ningún cambio de fondo. Por el contrario, reforzó la mayoría del PRI en los organismos que rigen el proceso electoral.

A pesar de todo esto, el abstencionismo y la apoliticidad de vastos grupos de la sociedad no ha variado perceptiblemente ya que todas estas reformas sólo afectan a la vida de los partidos, pero no han modificado el sistema de gobierno en lo más mínimo. Y es precisamente esta situación la que percibe de modo más directo la población, por lo cual puede afirmarse que los cambios solamente se han producido en el nivel más elevado, pero por lo mismo, más superficial de la vida política y que poco o nada han influido en la cultura política de la población.

Por esto a pesar de tales reformas la divergencia entre la realidad social y la estructura política es cada vez más amplia, y para sostener ésta el régimen tiene que cerrarse más sobre sí mismo y ejercer el poder con un mayor grado de autoritarismo.

Entre los cambios sociales más generales que pueden señalarse en las últimas décadas figura una creciente urbanización de la población, con lo cual disminuye el margen de ventaja electoral asegurada que tenía el PRI. Del mismo modo han crecido proporcionalmente las capas medias que, como hemos visto, son las más difíciles de controlar para fines electorales. A esto debe agregarse el descontento producido por el deterioro de los niveles de vida que implica la política económica impuesta para afrontar la crisis. Tal vez la más sacrificada ha sido la clase obrera y en estas condiciones los sindicatos han ido perdiendo su papel de intermediarios para alcanzar del gobierno algunos beneficios, conservando solamente su función de instrumentos de control que, naturalmente, tiene que ser cada vez más rígido; otro tanto ocurre con las organizaciones campesinas y populares. Así la negociación va siendo sustituida por la escueta imposición, como puede observarse con toda claridad en la Comisión de Salarios.

En cambio, la política económica ha fortalecido considerablemente a los grandes empresarios que han aprovechado la situación en su favor y han aumentado su capacidad de presión sobre el gobierno. De este modo el equilibrio alcanzado entre las distintas clases sociales a partir de la década de los cuarenta se viene inclinando cada vez más hacia los grupos capitalistas.

Principalmente en los estados del norte, en donde el desarrollo económico de las décadas anteriores fue más notable y, por lo tanto, las transformaciones sociales antes señaladas más acentuadas, este conjunto de circunstancias se ha manifestado en una rebelión electoral que sólo el incremento del fraude ha podido superar.

En el caso de estos estados debe señalarse también que por obra del propio desarrollo se fortalecieron en ellos algunos grupos capitalistas que ven entorpecidas sus expectativas por el centralismo impuesto desde la capital de la República. Esto, unido a los otros factores económicos de los últimos años, explicaría la participación cada vez más decidida de los empresarios norteños en la actividad política a través de la oposición de derecha, el PAN.

Pero al margen de los partidos políticos y de la lucha electoral también se están dando movimientos sociales como las huelgas y manifestaciones de obreros o el cierre de carreteras por campesinos para exigir mejoras a su situación económica. Estas movilizaciones pudieran significar los primeros síntomas del paso de una cultura de la súplica a una de la exigencia, circunstancia que alteraría por completo el panorama político del país.

Incluso en el caso de la Iglesia es posible advertir algunos cambios, por una parte el surgimiento de organizaciones católicas populares que rebasan su función religiosa, pero por otra parte, ante la coyuntura económica y política, una mayor presión por parte de la jerarquía eclesiástica en busca de un reconocimiento formal del *modus vivendi*, lo que implicaría, en última instancia, la derogación de los artículos constitucionales que considera que le son lesivos convirtiendo de este modo la situación de hecho en una de derecho.

En medio de todas estas nuevas actitudes, que presentan un panorama todavía muy confuso, es posible advertir, sin embargo, un reclamo cada día más generalizado para la instauración de un sistema democrático, incluso dentro de las filas del propio partido oficial. Mientras el país crecía económicamente, la mayoría de la población toleraba, por lo menos, la divergencia entre la ley y la práctica política, la falta de democracia y hasta la corrupción, pero ante las duras condiciones de vida que le impone la política económica del régimen, se rebela no solamente contra ésta, sino contra el sistema político en general y apela al "programa" establecido por la Constitución. Aunque las normas escritas no hayan tenido vigencia nunca, la Constitución es considerada como un paradigma a cuya realización efectiva es necesario aspirar. Quienes se manifiestan en contra del sistema, ya sea mediante movimientos sociales o rompiendo la disciplina del voto por el gobierno, piensan indudablemente que el sistema que ha vivido el país en las últimas décadas es responsable en buena medida de la crisis económica y, en último caso, que las medidas adoptadas para enfrentarla son inadecuadas. Por ello, la población inconforme exige que el modelo político consagrado formalmente por la ley sea llevado a la práctica y que las "reglas del juego" se ajusten a la prescripción legal y no la sustituyan como ocurre en el sistema actual.

Por otra parte, la industrialización, el crecimiento de la población urbana, el fortalecimiento de las capas medias, la expansión de los medios de comunicación y otros factores, han introducido en la sociedad mexicana una creciente necesidad de modernizar y racionalizar los procesos económicos y sociales y, por lo mismo, también los políticos, en detrimento de los métodos tradicionales de dominación. De este modo son cuestionadas o abiertamente rechazadas muchas formas consuetudinarias de ejercicio del poder, tales como el caciquismo, el paternalismo y el clientelismo, y la propia autoridad discrecional del presidente de la República. La modernización del país y la racionalidad en la toma de decisiones que afectan a la colectividad hacen necesario, sobre todo para afrontar los graves problemas planteados por la crisis, el funcionamiento de sistemas de control de las autoridades y el acatamiento por parte de éstas de reglas establecidas formalmente. En este sentido, se han producido en los últimos tiempos reclamos cada vez más enérgicos y frecuentes que encierran un manifiesto potencial de cambio.

LA CULTURA POLÍTICA DE LOS EMPRESARIOS, DE LA JERARQUÍA ECLESIÁSTICA,
DE LAS CAPAS MEDIAS Y DE LOS PARTIDOS POLÍTICOS DE DERECHA

Los empresarios mexicanos durante el periodo del desarrollo estabilizador, época de sustitución de importaciones y apoyo gubernamental a la industrialización, aprendieron que presionando a través de sus agrupaciones (cámaras industriales y de comercio, asociaciones de banqueros, organismos patronales) y por medio de nexos personales con los encargados de las decisiones en la burocracia política lograban que la política económica del régimen se realizara en beneficio de sus intereses. Algunos personeros de los empresarios llegaron a ocupar puestos políticos importantes. Los integrantes de la iniciativa privada supieron hacer negocios, no siempre limpios, tanto con el gobierno como con los nuevos ricos formados al calor de los puestos públicos que cada sexenio engrosaban las filas de los empresarios mexicanos.

En los años setenta los tonos populistas del echeverriismo irritaron a lo más intransigente del empresariado. Las lealtades del llamado sector nacionalista integrado en las cámaras de la industria de la transformación se quebraron; fueron abandonadas las actitudes de apoyo y este tipo de industriales se sumó al concierto de las críticas al gobierno. Los empresarios crearon un organismo cúpula, el Consejo Coordinador Empresarial, que resucitó un discurso librecambista, y que empezó a buscar espacios políticos propios bajo la bandera de libertad de empresa. Se criticó la intervención del Estado en la economía, las restricciones fiscales y se demandó la privatización de la economía. Una de las características de los empresarios es que han chantajeado con la no inversión y la fuga de capitales ante cualquier medida (o anuncio de ella) que restrinja un poco sus altas ganancias o que intente cerrar un poco la brecha de la injusta distribución de la riqueza.

A partir de la nacionalización de la banca, a finales del sexenio de López Portillo, pese a que pronto se dio marcha atrás respecto a los puntos más avanzados de ésta, la clase empresarial se tornó decididamente política. Desconfió de la burocracia política. Vendió cara una vuelta a la confianza, que desde entonces siempre es parcial. Los empresarios mexicanos decidieron utilizar dos cartas: las presiones acostumbradas al gobierno y la inyección de agresividad política a un partido opositor de derecha: el Partido Acción Nacional (PAN). Así, en el contexto de una cultura política contrapuesta a las conquistas populares de la Revolución mexicana han ido fraguando una cultura de complicidad con el gobierno, por una parte, y de chantaje y presión por la otra.

La jerarquía eclesiástica está marcada políticamente por el enfrentamiento que se dio entre el Estado y la Iglesia en los años veinte. Poco a poco se encontró una convivencia, como se ha enfatizado, fuera de los términos legales. En no raras ocasiones se desembocó hasta en cordialidad. La relación del arzobispo de México con los presidentes en turno fue buena. En su conjunto, muchos obispos y la mayoría del clero (fuera de las zonas donde el conflicto había sido agudo y todavía perduraban resentimientos) han apoyado al partido gobernante. No obstante, el Episcopado dista de actuar en esta materia de una manera uniforme. En su mayoría los obispos mexicanos se han caracterizado por coincidir con los métodos autoritarios de la cultura política reinante. Si en determinado lugar algún clérigo resulta un problema político basta un llamado de las autoridades gubernamentales a los jefes eclesiásticos para que éstos procedan a imponer el orden.

Sin embargo, hay puntos que periódicamente han reavivado rescoldos: uno muy sensible es el relativo a la educación laica. En cuanto movimiento de repudio se ha levantado a acciones gubernamentales en torno a la educación (libro de texto gratuito, vigilancia, restricciones a normales, etc.), ha habido apoyo decidido del Episcopado.

Con los aires renovadores del Concilio Vaticano II y las propuestas progresistas de la Iglesia latinoamericana que tuvieron influencia en grupos de sacerdotes, el panorama cambió. El compromiso de clérigos con movimientos populares empezó a darse. Desde la declaración pública de un grupo de sacerdotes que defendieron el movimiento estudiantil de 1968 hasta la inserción de sacerdotes en movimientos sociales y políticos, este tipo de hechos ha sido constante preocupación de la jerarquía y del gobierno. Políticamente la mayoría del Episcopado está por la estabilidad del país, por la tranquilidad, y se muestra partidaria del control y de la mano dura. Su cultura política es autoritaria, vertical, dogmática y anticomunista. Es capaz de negociaciones con el gobierno a espaldas de sus bases. Hay una pequeña parte del Episcopado comprometida con las causas populares que ha sufrido el hostigamiento tanto de sus colegas como del gobierno. Otra parte ha manifestado sus preferencias militantes en favor de la emergencia combativa del PAN, aunque se ha cuidado de cierto escolasticismo para intentar ocultar esta evidencia práctica. La cultura política de este grupo es contestataria y antiestatista de derecha.

En general el grueso del Episcopado se manifiesta enemigo del marxismo, de los partidos de izquierda, y en favor del gobierno con tal de que respete la situación actual y aun pueda ampliarla a través del establecimiento de relaciones oficiales con el Vaticano. También hay signos que muestran una inclinación por la participación eclesial en el debate y decisiones políticas y en no pocos obispos es manifiesta su simpatía en favor de los partidos de la derecha mexicana. Hay un pequeño grupo de obispos, sobre todo entre los de la región del Pacífico sur, zona donde se enclava la mayoría de las comunidades indígenas del país, que han defendido las causas populares y que han mostrado una cultura política progresista y dialogal.

Las capas medias, tradicionalmente individualistas, fincaron al amparo del modelo de desarrollo estabilizador sus aspiraciones de ascenso social, que en parte lograron. Políticamente han sido apáticas, apolíticas y acomodaticias. Una parte de ellas hizo su aparición política en 1968 en la coyuntura de la rebelión estudiantil. Pronto el descontento de estas capas se mitigó al encontrar reacomodo en el ensanchamiento del aparato burocrático del Estado durante los años setenta. Cuando la crisis obligó al Estado a una dieta drástica, parte importante de estas capas fue afectada. Muchas sufrieron desempleo, y sobre todo disminución sensible de sus niveles de vida. La educación que había sido vista como vía de ascenso, se contrajo también, y con ello el camino temporal de alivio a la falta de empleo. El descontento empezó a aparecer de nuevo con tintes antigobiernistas. Estas capas ajenas a los moldes del corporativismo por el cual el Estado ha mantenido en prácticas políticas supeditantes tanto a sectores obreros como campesinos, han sido caldo de cultivo de oposición sobre todo panista.

El PAN nació como alternativa política al cardenismo a finales de los años treinta.

Nutrido de dos corrientes, una proveniente del vasconcelismo y otra de militantes católicos, ofreció una oposición de derecha al régimen. Este partido, basado en tesis que sustentan el humanismo cristiano, el solidarismo, propugna como elementos ideológicos básicos el respeto a la dignidad humana y la prosecución del bien común. Ha combatido los artículos 3, 27 y 123 principalmente en los que se basan los postulados de la educación popular, de reforma agraria y de derechos obreros.

El PAN ha levantado la bandera de libertad de educación y ha propagandizado la consigna "cristianismo sí, comunismo no". Se ha opuesto a la práctica electoral del PRI a la que ha calificado de dictadura y se ha presentado como defensor de la democracia entendida ésta sobre todo como el respeto al voto. Oposición larga y consistente, ha sufrido conflictos internos. Se ha nutrido de una manera importante de capas medias, pero también ha logrado influencia entre grupos campesinos y hasta en núcleos obreros. No obstante, la dirección del partido, y esto de manera especial en los últimos tiempos, ha estado en manos empresariales. Con un discurso derechista renovado y agresivo el PAN ha experimentado importantes avances electorales que lo coloca como la segunda fuerza política del país. Su influencia no es uniforme en todas las regiones de la República. Mientras no tiene presencia significativa en el sureste, en el norte ha disputado el poder local de varias entidades federativas, cosa que ha configurado en esa zona una realidad de bipartidismo. Esto ha tenido trascendencia en tal forma que el panorama político del país se ha visto conmocionado por la confrontación entre el neopanismo y el priismo dominante; ambos con proyectos económicos de derecha.

El PAN, con su política oposicionista ha ganado a su causa a muchos de los que se encuentran descontentos con el partido gobernante, a los que opinan que el origen de los males que trajo la crisis se debe a la corrupción de los funcionarios públicos y ven en el PAN la alternativa de la honradez. Los fraudes electorales por parte del gobierno en contra del PAN en el estado de Chihuahua durante las elecciones locales de 1986 propiciaron un movimiento cívico combativo, innovador y duradero de protesta.

La política antipopular del régimen no es criticada por el PAN. Es más, en algunos puntos desearía extremarla. Sólo pone en cuestión la falta de democracia y la falta de honestidad en la gestión de los gobernantes. Si antes se cuidaba de mostrarse nacionalista, ahora concuerda abiertamente con la política norteamericana reaganiana. Si durante mucho tiempo el PAN negociaba con facilidad los problemas electorales, si entonces no se atrevía ir más allá de lo estrictamente legal, ahora ha adoptado tácticas antigubernamentales anteriormente sólo utilizadas por la izquierda.

Los panistas han ganado las calles en marchas, manifestaciones, plantones; ha hecho tomas de edificios públicos; han realizado lo que denominan con un dejo religioso ayunos públicos de protesta; han cerrado el acceso a las vías de comunicación (carreteras, puentes internacionales. . .). Han innovado adaptando formas de desobediencia civil, y han llevado sus querellas a foros extranjeros. Su influencia ha crecido a tal punto que llegó a establecer una alianza derecha-izquierda en torno a la defensa del voto. Esto también constituye otra innovación en la cultura política oposicionista del PAN, puesto que ha superado tácticamente su anticomunismo principista (sólo en este punto) para acumular fuerzas en contra de la política fraudulenta electoral del régimen. En todo este movimiento el PAN ha construido un liderazgo y ha aglutinado también a grupos de ultraderecha en los reclamos de la defensa del voto.

También persiste una cultura política de la ultraderecha alimentada en antisemitismo, anticomunismo y en antigobiernismo (cada reforma favorable a intereses populares iniciada por el gobierno la han calificado de procomunista). Muchos de sus discursos y acciones manifiestan una cultura política fascista. Se han adherido a los movimientos en contra de la educación popular y laica, y han levantado la voz en contra de las medidas que consideran lesivas a la libertad de empresa. Han encauzado acciones para hostilizar movimientos religiosos de jóvenes acusándolos de estar infiltrados por el marxismo, y se alían a organizaciones ultraderechistas latinoamericanas y aun mundiales con el apoyo norteamericano. Se han atrincherado en polos importantes educativos de la iniciativa privada, avanzando en control de medios de comunicación social en la región del occidente. Han infiltrado elementos del gobierno y se han propuesto influir en mandos del ejército. En el movimiento de defensa del voto han pretendido extremar los tonos y ganarle la dirección al panismo.

Otra vertiente de la derecha mexicana es la que se ha manifestado a través del Partido Demócrata Mexicano (PDM). Proveniente del sinarquismo, sobre todo de su rama política renovada, es en cierta medida un movimiento confesional que levanta los postulados de la doctrina social de la Iglesia católica. Agrupa algunos sectores de capas medias y populares en el centro y el occidente de la República. Su cultura política puede ser caracterizada como un populismo conservador. De ideología anticomunista ha levantado también importantes movimientos cívicos en la lucha por las presidencias municipales en la región donde tiene mayor influencia. En su insurgencia electoral ha aprendido del partido del Estado. Así ha hecho uso de la infiltración de las filas priistas, y no ha tenido empacho en utilizar métodos priistas para mantener el poder de los ayuntamientos ganados. Le ha añadido lo suyo propio como encabezar procesiones religiosas mezclando en esto lo político local. Una de sus demandas fundamentales ha sido la de la entrega de las parcelas ejidales en propiedad privada a los campesinos. Los pedemistas coinciden con el PAN en el reclamo en contra de la legislación educativa revolucionaria. Ha tenido importante apoyo eclesiástico en las regiones donde tiene presencia. A diferencia del panismo, los pedemistas no sólo luchan electoralmente, y logran mantener por largos periodos movimientos cívicos de protesta, sino que han privilegiado también el trabajo de organización con lo que integran permanentemente a su militancia, la adoctrinan y le dan esa mística de combate heredera de la época cristera.

LA CULTURA POLÍTICA DE LA IZQUIERDA MEXICANA

Los trabajadores del campo y de la ciudad en sus luchas partidarias han dejado huella en los partidos políticos en los que participan y han contribuido a establecer trazos de cultura política en cada uno de ellos. A su vez, las tradiciones partidarias los han ido moldeando según su propia ideología. Los partidos políticos de izquierda no sólo tienen que ver con la cultura por los planteamientos programáticos acerca de ella, sino que producen una realidad cultural, una cultura política que depende de la relación entre dirigentes y dirigidos y donde las luchas populares que aglutinan les van dando rostro. Así, cuando todavía persiste fuertemente enraizada una cultura del "señorpresidencialismo", esperanzada en lo que el presidente pueda hacer en favor del pueblo en contra de los abusos de sus funcionarios, hay una cultura que se ha ido perfilando a través de movilizaciones propias de trabajadores al amparo de diversas siglas partidarias.

Los modos de llevar a cabo reuniones, el grito de consignas aprendidas, inventadas, preferidas, los cantos e himnos, la manera de comunicar las demandas a través de volantes y pintas, las formas de negociación y presión, las modalidades que adquieren las protestas y las luchas teñidas de las matices partidarios de las diversas organizaciones de izquierda, van constituyendo elementos imprescindibles de la cultura política. Hay en este contexto una cultura política electoral a la que últimamente se han ido acogiendo las agrupaciones de izquierda, con lo que la mayoría de las organizaciones izquierdistas abandonan su actitud de rechazo a las prácticas electorales. No obstante, lo más rico de la cultura política de la izquierda está en la lucha por las demandas sentidas de una parte de grupos populares que han acudido a cobijarse y ampararse en la diversidad de siglas que ofrece la izquierda del país.

La izquierda mexicana nació al impulso del anarquismo. Marcada por la Revolución mexicana vivió a su sombra prácticamente la mitad del siglo. Después hubo dos tendencias: la que prosiguió con ese impulso y la que rompió con él. En la primera época prevaleció una cultura política signada por el estalinismo, el dogmatismo y las expulsiones de los disidentes. Como otra cara de la misma moneda, estuvo presente el trosquismo histórico.

En los años cincuenta tres partidos influyen en la vida política nacional: el lombardista Partido Popular, el Partido Comunista Mexicano y el Partido Obrero Campesino Mexicano. Este último era fruto de varias escisiones que había sufrido en los años cuarenta el Partido Comunista. Intentos de unidad de acción mezclados con divergencias y enemistades internas dan la pauta para nuevos acercamientos y rupturas entre estas tres formaciones de la izquierda.

En los años sesenta se abre una nueva etapa. El Partido Comunista abandona las tesis (que siguen defendiendo los lombardistas que convirtieron su partido en socialista y al que acorazaron de un doctrinario marxismo-leninismo) de que el socialismo mexicano llegaría con la profundización y ampliación de los postulados de la Revolución mexicana. El sectarismo característico de esa época ocasiona que pulule un gran número de grupos izquierdistas. Cada uno se presenta como el portador de la verdad, se proclama la vanguardia del movimiento revolucionario y ve en los demás acérrimos adversarios.

Con la llegada de la explosión estudiantil de 1968, muchas de estas agrupaciones estudiantiles avivaron este tipo de grupos o los formaron nuevos. La dispersión de la izquierda se multiplicó, y los ismos y las pugnas entre ellos abundaron: hubo quienes al calor de la Revolución cubana se proclamaron castristas; otros preferían adoptar lo que denominaban guevarismo. La pugna chino-soviética también tuvo repercusiones y al amparo de éstas se formaban bandos. Por otra parte, hubo grupos estudiantiles que se fundieron con movimientos populares bajo el influjo del maoísmo.

Lo irreconciliable de las posiciones aumentaba la confusión cuando todos se decían portadores de la misión socialista. La referencia ortodoxa a los grandes maestros y la controversia en el campo socialista influía en la configuración de estos grupos y en sus pugnas. Entre los rasgos de cultura política de estas agrupaciones se podía apreciar la impaciencia generadora de aventurismos. La confianza en el triunfo más allá de las palpables derrotas, un culto a un martirologio de caídos, el sectarismo, el vanguardismo, el autoritarismo coloró la práctica de esta izquierda mexicana de los años sesenta y parte de los setenta. Algunos de los núcleos más radicalizados proclamando que la vía democrática estaba cerrada defendieron la vía armada como único acceso a una revolución que veían muy cercana. Opinaban que el ejemplo de los diversos focos guerrilleros cundiría en el pueblo con lo que se levantaría la nueva ola revolucionaria. Para estos grupos la izquierda tradicional no constituía ninguna alternativa.

Después de fracasos, de intentos de unión y de descomposición, iniciaron un penoso proceso de rectificación, para finalmente integrarse a la izquierda legal. Había una convicción entre todos: era indispensable el trabajo entre las masas populares, entre los trabajadores. También con la influencia de 1968 se generó otra corriente que intentó innovar en el trabajo de la izquierda. Se veía que anteriormente la izquierda se había encerrado, se había dividido; que la revolución no la harían los grupos doctrinarios que peleaban por quien tenía la razón, sino los grandes sectores del pueblo mexicano que requería organización y un nuevo y vigoroso partido de izquierda con un lenguaje directo, que se abocara al rescate de los héroes patrios y que propiciara nuevos aires en la lucha popular.

De inspiración nacionalista este agrupamiento se dedicó a recorrer la República para llamar al pueblo a organizarse. Pronto se dividió en dos, uno con postulados neo-lombardistas, que veía la necesidad de empujar al régimen a adoptar medidas que beneficiaran el avance de los trabajadores, y que utilizó la práctica de apoyar la figura presidencial en turno: éste fue el Partido Socialista de los Trabajadores. Otro desgajamiento se constituyó como el Partido Mexicano de los Trabajadores. Resaltó los tonos nacionalistas y prefirió dejar para después las aclaraciones en torno al socialismo alegando que el pueblo se asustaba con motes y signos socialistas debido a la gran campaña anticomunista que había desatado durante largo tiempo la burguesía mexicana apoyada en la Iglesia y en las organizaciones de derecha. Esta agrupación nueva se manifestaba abiertamente oposicionista al gobierno.

La reforma política del sexenio de López Portillo propició el que el Partido Comunista volviera a la legalidad. Fue reconocido el PST, y posteriormente el PMT. Los trosquistas, que contrariamente a su anterior tradición de múltiples fracciones y divisiones lograron una confluencia en el Partido Revolucionario de los Trabajadores (PRT), fue finalmente aceptado en la contienda electoral. En su primera incursión, en 1979, el Partido Comunista obtuvo una copiosa votación. No obstante, tres y seis años después la izquierda mexicana en su conjunto fue experimentando una sensible disminución de su influencia electoral.

En contrapartida la derecha ha ido creciendo. La fusión de cinco agrupaciones de izquierda encabezadas por el Partido Comunista dieron origen al Partido Socialista

Unificado de México (PSUM) a principios de los años ochenta. Este partido se ha presentado como defensor de la democracia, requisito indispensable para construir el socialismo mexicano. En su seno se han enfrentado viejas tradiciones leninistas con posiciones eurocomunistas. Las pugnas por la dirección han sido otra de las características de la izquierda mexicana, lo que ha provocado que en las fusiones haya mermas, y que los intentos de coincidencias a veces no vayan más allá de las declaraciones.

Últimamente, al impacto de la crisis, una gran parte de las agrupaciones de izquierda han estado buscando fórmulas de unidad, ya sea por medio de nuevas fusiones, ya a través de federaciones de partidos con el fin de que la izquierda salga de la dispersión y debilidad en que se encuentra, que ha sido la causa de su incapacidad de convocar al pueblo a organizarse y luchar en contra de una crisis que tiene arrinconados a los trabajadores. En el afán de hacerse creíble para capas amplias de la población, con la obsesión de no dejar que la defensa de la democracia quedara sólo en las manos de la derecha, los partidos de la izquierda opositora con registro legal (PSUM. PMT y PRT) concertaron la alianza derecha-izquierda en el Foro pro Defensa del Sufragio en septiembre de 1986.

Según algunos observadores esto sólo beneficiaría electoralmente a la derecha y crearía confusión entre las masas populares. Además, el hecho modificó rasgos de la cultura política de esta gran parte de la izquierda: su oposición al gobierno, la alianza con la derecha empresarial y aun con grupos ultraderechistas no resultaba tabú. Para otros sectores de izquierda esto resultaba preocupante. Finalmente, el escandaloso romance de verano de 1986 pronto se enfrió y la aventura no redituó beneficios palpables a la izquierda opositora.

Pese a los intentos democratizadores internos, en la izquierda todavía perviven actitudes autoritarias, decisiones cupulares. En los intentos de unidad de acción asoman a veces actitudes hegemonistas: los grupos mayores tratan de imponerse a los más pequeños. En no pocas organizaciones es visible el caudillismo. Hay núcleos internos en los partidos mayores o grupos pequeños autónomos que manifiestan actitudes de intolerancia ante una realidad indiscutible: el pluralismo de la izquierda. El autoritarismo no está desterrado. En las convergencias todavía es perceptible el membretismo: pequeños grupos que adoptan siglas y que se erigen en corrientes o pretenden constituirse en agrupaciones con derechos de vetar, votar o hasta imponer orientaciones al conjunto. Las tendencias renovadoras tienen que afrontar estas pesadas herencias culturales.

La izquierda mexicana fue expulsada por el gobierno de los sindicatos más importantes, entre los cuales obtuvo influencia en la primera mitad del siglo. No obstante, la izquierda ha ido ganando espacios, sobre todo aquellos que el partido gobernante no ha podido cubrir o ha perdido por su desgaste y por la crisis. Amplios sectores campesinos, importantes grupos de pobladores urbanos, sindicatos independientes, sectores universitarios y estudiantiles ostentan la influencia de la izquierda. Militantes de distintas agrupaciones de la izquierda mexicana tienen ya alguna presencia en núcleos obreros de sindicatos oficiales.

El mérito indiscutible de esta izquierda ha sido que ha influido en la cultura política de la búsqueda del socialismo mexicano, y pese a vicios y debilidades, ha contribuido a crear una rica cultura política. Sacrificio, heroísmo, entrega de militantes que han sabido entender y comprometerse con la lucha del pueblo mexicano y han podido encabezar acciones legales y extralegales, han combinado la presión, negociación con la movilización popular para obtener victorias populares significativas. La izquierda ha sido también espacio de educación política, de solidaridad combativa entre diversas luchas populares, de solidaridad con la lucha libertaria de pueblos hermanos que combaten en contra del imperialismo y las oligarquías nativas. Se han ido dejando viejas fórmulas.

En la necesidad de convergencia de las fuerzas progresistas para encontrar el camino que propicie que el pueblo se vaya liberando de sus peores cargas para que pueda encontrar la manera de construir un socialismo acorde con las necesidades, aspiraciones y cultura política del pueblo mexicano, existe una rica veta de nueva cultura política. La mayoría de las agrupaciones de la izquierda mexicana reconocen que cada una no es portadora de la verdad entera, que solas no podrán influir en el cambio revolucionario del país. Ven como indispensable la convergencia, la discusión fraternal, la unidad de acción y hasta la posibilidad de construir un organismo unitario de la izquierda.

Dada la amarga experiencia de fragmentación se entrevé que la convergencia es fundamental con la fórmula que logre encontrarse donde se pueda hacer confluir esta variedad de grupos y de posiciones de la izquierda. Nueva cultura que obliga a identificar los problemas de la crisis y a ensayar caminos salvaguardando la organización popular. Los sectarismos tienen cada vez menos terreno fértil. Con dificultad, pero se ha aprendido a fraguar consenso. Aquí es donde se pone a prueba el autoritarismo, el economicismo, la radicalización estéril. Aquí se encuentra el antídoto a la debilidad y a la fragmentación.

Hay instancias orgánicas que han fracasado como lugar de convergencias. Han desaparecido. Pero la necesidad de tal convergencia hace surgir otras con nuevas modalidades, más flexibles y ágiles en lo que a toma de decisiones comunes concierne. La crisis ha dado pie a abandonar muchos vicios. El reto de la izquierda de lograr constituirse como alternativa, persiste; y una parte de ella, la más numerosa, se ha propuesto formar un partido que luche por el socialismo sobre la base de la democracia, propugnando la propiedad de los medios de producción en manos de los trabajadores cooperativizados y no en las del Estado.

Su meta socialista la desvincula de una identificación marxista y se proclama que el nuevo partido en formación abrirá sus puertas no sólo a trabajadores, sino a capas medias y aun pequeños industriales y comerciantes. Con esto se intenta abarcar a las masas afectadas por la crisis y caminar por nuevos derroteros privilegiando la propiedad social ante un Estado que pese haber concentrado grandes medios de producción (de los cuales ha procurado últimamente desembarazarse en una política de privatización) no ha beneficiado a las mayorías trabajadoras.[12]

---

[12] En la coyuntura de la sucesión presidencial de 1988, el PSUM (Partido Socialista Unificado de México), el PMT (Partido Mexicano de los Trabajadores) —ambos con registro como partidos legales—, la UIC (Unión de Izquierda Comunista), el PPR (Partido Patriótico Revolucionario), el MRP (Movimiento Revolu-

CULTURA POLÍTICA Y MOVIMIENTOS SOCIALES

Lo nuevo y lo viejo se entrelazan y dan fisonomías que reconocen raíces que están suje-
tas a modificaciones. Una constante que caracteriza tanto al sindicalismo oficial como
a una parte importante del sindicalismo independiente es la tradición de su cultura política, fruto de la lucha obrera. Según anota Sergio de la Peña, ''el sindicalismo oficial
se origina en el cromismo de la década 1920-1930. Forma el cuerpo principal del movimiento obrero y sus identidades son directamente con el Estado. En esta medida comparte y genera elementos de una cultura proletaria como es la preservación de componentes socializantes desde la época cardenista''.[13]

Desde los años cuarenta se ha ido reforzando una cultura de la supeditación más
que de alianza del movimiento obrero y el Estado, que repercute en que las nuevas
generaciones de obreros que llegan al sindicalismo oficial se mantengan inhibidas en
sus necesidades de lucha, esperanzadas en las mediaciones paternalistas de la burocracia sindical. No carentes de ímpetu rebelde, y con la presencia latente de corrientes
que aspiran a la democratización, sindicatos importantes han dado combates históricos. Pese a sus derrotas y brutales sujeciones el espíritu de lucha no ha desaparecido
del todo.

Últimamente, cuando la crisis todo lo remueve, los antiguos moldes de negociación
van perdiendo eficacia. Se preven modificaciones importantes, no tanto de las burocracias sindicales supeditantes que no aciertan a convocar a la lucha a unas bases a
las que han controlado; sino precisamente cambios en la cultura política de esas bases
atormentadas por los impactos de la crisis.

Estamos en el umbral de un reacomodo que trastocará el componente cultural del
movimiento obrero oficial. Sin embargo, pese a que el Estado ha ido cambiando sus
bases reales de apoyo, el remanente de la cultura circunscrita al llamado nacionalismo
revolucionario todavía muestra fuerza y alguna operancia. Una parte importante del
sindicalismo independiente tiene sus raíces en el anarco-sindicalismo y en el esfuerzo
de autonomía de grandes sindicatos de industria que se refuerzan con el cardenismo,

cionario del Pueblo), y una fracción del PST (Partido Socialista de los Trabajadores), en el verano de 1987
se fusionaron para dar nacimiento al PMS (Partido Mexicano Socialista). A su vez, el otro partido de izquierda opositora con registro, el PRT (Partido Revolucionario de los Trabajadores) encabezó una federación de partidos de izquierda con la OIR-LM (Organización de Izquierda Revolucionaria-Línea de Masas),
la ACNR (Asociación Cívica Nacional Revolucionaria), la ULR (Unión de Lucha Revolucionaria), el MLP
(Movimiento de Lucha Popular) y la ORP (Organización Revolucionaria del Pueblo), que se denominó UNI-
DAD POPULAR. En agosto de 1987 el PRS (Partido de la Revolución Socialista) decidió ponerse en contacto
con la UP para consultar la posibilidad de poder participar en la federación de partidos sin formar parte de
la alianza electoral. Cabe destacar que en esta federación de partidos se encuentran organizaciones que anteriormente se habían proclamado ajenas a la lucha electoral. En la actual coyuntura, considerando que
habría que detener tanto el avance de la derecha opositora como el de la política antipopular del partido
oficial, juzgaron oportuno entrar a la trinchera electoral, dado que ya tenían un largo trabajo entre las masas. Con esto, la división de la antigua cultura política entre la izquierda mexicana que ponía una parte
del lado electoral y otra en el movimiento de masas empezó a perder fuerza, y se empezaron a abrir espacios
de futuras convergencias.

[13] Sergio de la Peña, *Trabajadores y sociedad en el siglo XX*, México, Siglo XXI, 1984, p. 165.

comparten la ideología del nacionalismo revolucionario, punto en el que se conectan con el sindicalismo oficial.[14] En sus esfuerzos de autonomía, el sindicalismo independiente apunta hacia las posiciones "que incluyen inicios de identidad propiamente proletaria".[15]

Entre todo el conjunto de luchas sindicales es posible identificar unos aspectos de cultura política común y otros diversificantes, no tanto por la naturaleza de la lucha sino por las modalidades que se van fraguando dependiendo de las situaciones de organización y la inserción al tipo y tamaño de la empresa a la que pertenezcan los obreros combativos. "Pese a la disciplina política de los líderes y bases; la desinformación sindical y televisiva; las represalias y presiones a los grupos más rebeldes",[16] los castigos ejemplares propinados por el Estado a los insoburdinados a través de la diversidad confluyente, los trabajadores tanto como realidad y más como proyecto van creando y modificando una cultura específica que aporta características a la cultura del pueblo-nación.

La crudeza de la actual crisis, los cambios que ha tenido que introducir el gobierno y el capital como la llamada reconversión industrial que atenta no sólo contra los niveles salariales reales sino que pone en peligro el empleo para los más, disminuye los avances de los contratos colectivos, echa atrás prestaciones y reduce la capacidad sindical de negociación, impone modificaciones drásticas en la cultura política de los obreros mexicanos, tanto del lado del sindicalismo oficial como en las filas de los independientes.

Una veta importante de cultura política entre sectores de obreros mexicanos lo ha constituido desde los años setenta la intensificación de la demanda por la independencia y democracia sindical. La llamada lucha "anticharra" en contra de la sujeción de las bases obreras por parte de las burocracias sindicales oficiales se ha profundizado, ha conseguido arrebatar sindicatos al control de las camarillas acostumbradas a mediatizar las luchas obreras, a negociarlas, a chantajear con ellas, a conseguir prebendas para los dirigentes a costa de las bases.

No obstante, la auténtica democratización lejos está de alcanzarse. La carga impuesta por la tradición paternalista corporativizante pesa, y una vez que por medio de un largo y penoso combate se ha conseguido la independencia sindical, la participación de las bases obreras decae; las nuevas cúpulas dirigentes tienden a actuar al margen de ellas, cosa que en no raras ocasiones ha propiciado que el gobierno vuelva a imponer su control en sindicatos que habían sido independizados. Más allá de estas dificultades el anhelo de independencia y democracia sindical ha calado y es uno de los rasgos de la cultura política entre sectores de obreros mexicanos. A través de su lucha, núcleos de obreros como los mineros han innovado tácticas que han entrado al arsenal del proletariado. Una de ellas ha sido el acto de desnudarse colectivamente y en público como presión por los bajos salarios y la falta de prestaciones que no logran responder a la necesidad básica de cubrirse.

[14] *Ibidem.*
[15] *Ibidem.*
[16] Pablo González Casanova, *Los trabajadores y la política económica nacional* (mimeo.), México, 1984, p. 21.

En los últimos años la agudización de la crisis ha llevado a coincidencias de luchas obreras con las de otros sectores. Desde el inicio de los años ochenta se han realizado foros y se han creado organismos convergentes amplios donde se han debatido los problemas obreros, campesinos, de pobladores depauperados y de otros sectores populares. Se han concertado acciones conjuntas (marchas, plantones, etc.), lo que ha ido consolidando una solidaridad entre diversos sectores del pueblo mexicano. En esta forma, aun en las convergencias específicamente obreras como ha sido la lograda por la Mesa de Concertación Sindical durante 1985, 1986 y 1987, se han levantado demandas tanto que atañen a toda la población como la de dejar de pagar la onerosa e injusta deuda externa, como las que pertenecen a otros sectores (por ejemplo la exigencia de solución a los problemas de los damnificados por los sismos de 1985).

Otro elemento importante de cultura política en el movimiento obrero mexicano es el abandono del sectarismo por parte de numerosos sindicatos independientes que han buscado coincidir en luchas con sindicatos del sector obrero oficial; que han intentado introducirse en ese sector con la intención de influir en él para empujar hacia acciones que consigan defender a los trabajadores en una época en que la clase hegemónica les ha impuesto enormes sacrificios. En gran parte de los sindicatos movilizados hay conciencia no sólo en torno a las demandas inmediatas, sino en plantear una lucha mayor anticapitalista y por la creación de una nueva sociedad y para los trabajadores.

La cultura política en el agro mexicano también es heterogénea. Existe la cultura de los terratenientes, ganaderos y latifundistas, que fincados en antiguos y nuevos cacicazgos defienden su riqueza, sus usurpaciones, y mantienen un férreo control de sus territorios con ayuda del poder de los gobiernos locales, del ejército, y apoyados en propios grupos armados. Muestran paternalismo hacia sus protegidos, y violencia impune y sin límites hacia su impugnadores. Las transnacionales por su parte van avanzando en el control de la industria alimentaria e influyen en las decisiones en torno a los cultivos predominantes, haciendo que la dependencia alimentaria crezca.

La lucha política por parte de los campesinos y trabajadores agrícolas gira en torno a la demanda de la tierra, en defensa de los luchadores por ella que han sido encarcelados y reprimidos, por créditos, por insumos, por precios costeables. Todavía hay mucha dispersión. Pero a partir de la crisis agrícola que se instaló en el campo mexicano desde mediados de la década de los sesenta las luchas agrarias han cobrado permanencia. El partido gobernante ha agrupado a los campesinos en varias centrales oficiales que han ido perdiendo control, y la efervescencia agraria ha ido en ascenso, sobre todo en la década de los setenta. Ante el privilegio gubernamental a transnacionales y latifundistas la lucha de los campesinos se ha hecho más intensa: ha habido avances orgánicos, se han logrado difíciles convergencias entre organizaciones regionales.

Se han constituido instancias orgánicas en que convergen importantes movimientos campesinos (como ha sido por ejemplo, la Coordinadora Nacional Plan de Ayala). Los campesinos han recibido y dado solidaridad a luchas obreras y de colonos, se han interesado por los acontecimientos en Centroamérica y han hecho actos de apoyo a los pueblos que combaten por su liberación, lo cual ha transformado una cultura política localista en una nacional y aun internacionalista. Han pugnado por rescatar del manoseo oficial a los héroes de las luchas agrarias revolucionarias (principalmente Zapata y Villa); han mantenido sus consignas y las han reinterpretado según las modificaciones económicas.

Así, se ha ido fraguando y consolidando un movimiento campesino que se ha nutrido de la cultura política de la búsqueda de independencia respecto del control oficial y del burocratismo. Han combinado las negociaciones agrarias con la presión y movilización de todo tipo que han llevado hasta la capital del país. Las tácticas se han enriquecido a través de su propia experiencia y aprendiendo de las luchas de los otros sectores (obrero y popular) con los que han tenido contacto. De la toma de tierras se ha pasado también a la ocupación de bodegas, al cierre de carreteras.

La CNPA ha tenido que enfrentar limitaciones impuestas por una cultura política tradicional, como de sectarismos localistas. Han defendido la democracia, a pesar de los problemas que implica la dificultad de comunicación entre los movimientos. Ideológicamente se ha pasado del solo reclamo airado por la tierra al planteamiento de que la lucha argraria en convergencia con la de los otros sectores populares constituye una lucha por el poder. En el movimiento campesino destaca el movimiento propiamente indígena que además de reclamar la tierra, de defender su producción, ha puesto en lugar especial la defensa de su propia cultura (costumbres, hábitos, lengua, etc.). Últimamente un movimiento indígena (todavía con cierta dispersión) ha privilegiado una forma externa de lucha: largas huelgas de hambre instaladas en el atrio de la Catedral Metropolitana.

El movimiento campesino ha ido adquiriendo presencia nacional y ha avanzado al salir de lo propio del sector para confluir con otros sectores populares, politizando en grado sumo su propia vida cotidiana.

En el ámbito urbano popular también hay eclosión de formas nuevas de lucha y de organización, como modalidades de articulación que enriquecen la cultura del pueblo-nación, luchas que en un primer momento fueron inorgánicas y espontáneas, pero que por su persistencia han ido encontrando cauces de permanencia orgánica, de ampliación de sus demandas y de los alcances de éstas. Cultura que pasa de los planteamientos puramente económicos a las expresiones políticas: ruptura de infantilismos políticos, superación de sectarismos, readaptación de tradiciones de lucha, corrientes que encuentran convergencias y una tendencia de unidad coordinada. Y aunque se redoblan los mensajes y las prácticas políticas represivas por parte del Estado que intenta obstaculizar y detener formas incipientes, hay una vitalidad y una sabiduría política en el ámbito urbano popular que prefiguran elementos de una cultura alternativa.

En los años sesenta cuando las grandes ciudades de la República crecieron enormemente, los pobladores urbanos depauperados fueron controlados por medio de intermediarios urbanos (que en ocasiones fueron denominados también caciques). Este tipo de pobladores, que requerían un pedazo de tierra donde vivir y construir su casa, fueron incorporados al PRI a través de su llamado sector popular. El clientelismo y el patronazgo funcionó.

Esa política entra en crisis en los años sesenta y muchos núcleos urbanos diseñan maneras alternativas de defender los intereses de este tipo de pobladores, tal es el surgimiento de un movimiento que pugnó primero por su independencia. En muchos puntos del país aparecieron asentamientos combativos que defendieron su espacio, y así se fue formando una cultura política del movimiento urbano popular independiente donde confluyeron todas las tendencias de la izquierda mexicana, sobre todo el maoísmo, que prendió en muchos de estos núcleos. En algunos la contestación llegó a tal punto que por un tiempo lograron crear espacios paralelos de poder: en los asuntos de los poblamientos mandaba la asamblea, ella decidía sobre ubicación de lotes, sobre uso de servicios, sobre escuelas propias y aun tribunales propios. La policía no entraba a estos asentamientos. El afán democrático devino democratismo y el control colectivo a veces se extremó.

Las autoridades intentaron políticas de división de los grupos para privilegiar a una parte de ellos e intentar de nuevo el control, pero el aprendizaje que habían hecho los movimientos locales permitió una defensa de sus espacios y de sus agrupaciones. Se avanzó en organización y en convergencias regionales, hubo ascenso del movimiento independiente, y después se vieron obligados a adoptar medidas de repliegue ante la presión del gobierno.

Luego vino la crisis que desmanteló muchos grupos no consolidados, pero en el movimiento urbano popular se logró mantener el nivel de organización y de coordinación. De las demandas desvinculadas y economicistas, del populismo y aun aventurerismo, a principios de los ochenta se había llegado a la generalización de las demandas y a lograr importantes instrumentos orgánicos, como ha sido la Coordinadora Nacional del Movimiento Urbano Popular (Conamup), la cual logró ser foro de discusión y de análisis, por una parte, y de toma de decisiones colectivas en el nivel nacional en torno a los problemas del movimiento urbano popular, por otra. Propició el que se generara también la solidaridad con luchas obreras y campesinas, que se hicieran acciones solidarias con los pueblos centroamericanos en lucha por su liberación o en defensa de su emancipación. Hubo avances en la acumulación de fuerzas en este sector. Se fue construyendo un frente de masas autónomo que aprendió a utilizar movilizaciones, marchas, tomas de predios, huelgas de pagos, huelgas de hambre, etc., conjuntándolo con una negociación que las autoridades intentaban negar y que una y otra vez los colonos organizados lograban abrir. De lo concreto, de la politización de la vida cotidiana, se pasó a planteamientos que tenían que ver con la estrategia de la toma del poder por parte del pueblo. Los problemas de estrategia y táctica estaban siempre presentes en sus reuniones y diseño de acciones.

Entre los vicios heredados de la antigua cultura política se siente el caudillismo todavía presente en algunas organizaciones que participan en el movimiento urbano popular independiente; no obstante, se perciben los avances en la conciencia de una política clasista propia. Ha habido repliegues por la represión, pero la organización se ha consolidado por medio de un amplio trabajo de educación política a través de congresos, foros y reuniones. El movimiento urbano popular ha ido forjando una cultura propia; se ha hecho trabajo entre jóvenes, entre bandas juveniles que pese a su violencia como modo de vida diario han manifestado capacidad de solidaridad heroica como lo demostraron en los trabajos de rescate de los primeros días después del terremoto de 1985.

En la Conamup la lucha de las mujeres ha conseguido un lugar privilegiado de expresión y de reflexión. La Conamup ha sabido salir bien librada del problema de la relación de los partidos y los movimientos, ha salvaguardado un espacio amplio de convergencia, discusión y acción colectiva, más allá de las disputas de las organizaciones políticas que participan en su seno. Si los límites del movimiento urbano popular han sido los marcados por el atraso, la Conamup ha ido politizando poco a poco a sus integrantes. No sólo ha logrado constituirse en un frente de masas sino que ha sabido ser un miembro activo de frentes más amplios como han sido el Frente Nacional de Defensa del Salario y contra la Austeridad y la Asamblea Nacional Obrera, Campesina y Popular.

Sobre todo en el movimiento campesino y urbano popular hay que destacar la actuación de las comunidades eclesiales de base que han contribuido a innovar el panorama de la cultura política popular. Estos grupos, a través de una reflexión de fe se han planteado los problemas de dominación y de liberación. En su opción liberadora estas organizaciones populares o se han incorporado a las luchas de los movimientos sociales o han constituido el germen de movimientos ahí donde las organizaciones de lucha popular independiente no han llegado. Su dinámica de reflexión ha llevado a situar la lucha concreta del lugar en un contexto nacional, fraguando una cultura de solidaridad y propiciando que grupos populares pasen de una conciencia ingenua a un análisis de la realidad que los ha instalado en la lucha popular sin que pierdan su especificidad de comunidades cristianas de base, que posibilitan la síntesis de su fe con su compromiso político. Conscientes de que por sí mismas no pueden generar un programa político, se incorporan al movimiento más general, actuando en él con seriedad, convicción y responsabilidad.

La presencia e influencia de comunidades cristianas de base en muchos movimientos populares ha logrado tener en ellos una influencia que ha consistido en el nacimiento de esa cultura política que sabe apreciar la acción de los cristianos comprometidos con las causas populares, lo que rompe esquematismos y pone a prueba dogmatismos inoperantes entre los grupos de izquierda que tienen contacto con estas comunidades.

Finalmente es conveniente aludir a un movimiento que habiendo marcado la política nacional en 1968, se había ido desdibujando en el escenario nacional: el estudiantil. A finales de 1986 y principios de 1987 en ocasión de unas reformas académicas promovidas por las autoridades de la Universidad Nacional Autónoma de México prendió un movimiento de estudiantes en el que aparecieron rasgos de una cultura política tradicional contestataria, pero que pronto sufrió modificaciones culturales importantes, pues pese a contradicciones de autoritarismos, intransigencias, totalismos, se dio cabida a aspiraciones democratizadoras y dialogales en un contexto de convergencias con sectores obreros en lucha, en el horizonte de combatir la crisis desde propuestas populares, lo que dio pie a que se reflexionara sobre la nueva cultura política que se había generado en el reclamo de democratización de la universidad y del país.

El apretado recorrido por las diversas modalidades y combinaciones de las culturas políticas de los más importantes actores sociales (caracterizadas más por sus actitudes políticas) apenas si ha apuntado algunas modalidades de este mosaico cultural donde lo autoritario y lo democrático cruza grupos y clases. Se han señalado rasgos de interacción como son el que los partidos políticos han usado al pueblo para constituirse y sobrevivir por un lado, y el que el pueblo ha aprendido también a hacer uso de los partidos para resolver muchos de sus apremiantes problemas.

El saber político que se ha ido profundizando en los movimientos populares les posibilita hacer uso combinadamente de la negociación y de la política de fuerza. Se ha ido incrementando un reclamo por la democracia, pero los distintos grupos van poniendo en esta exigencia su propia concepción, que desde los grupos populares con mayor conciencia e identidad apunta hacia una participación con poder, con capacidad de negociación y fuera de los controles clientelistas tradicionales ya en quiebra.

La cultura política entre los grupos y movimientos populares se presenta como un proceso acumulativo de experiencias que permiten incursionar en formas nuevas con iniciativa de base, en rompimiento con el juego anterior de hacer política impuesto desde el esquema gobernante. Pese a los elementos residuales de viejas culturas políticas persistentes entre grupos populares hay fuertes elementos de una cultura emergente distinta y contrapuesta a la dominante. En esta forma aunque existen rasgos culturales que pervaden clases y grupos (como son los pertenencientes al autoritarismo), a pesar de las diferencias culturales aun en una misma corriente ideológica, y no obstante similitudes transclasistas en los reclamos democráticos, lo emergente popular va constituyendo una nueva cultura con identificaciones clasistas.

EL PODER Y EL FUTURO

Ciertamente, en muchas de las luchas sindicales, campesinas y urbano-populares queda algo de clientelismo. La dominación y aun la hegemonía, pese a la acción corrosiva de la crisis, la conserva el partido gobernante. No obstante, grupos más combativos desde hace mucho tiempo, y recientemente la irrupción de nuevas organizaciones hacen ver que la inventiva popular para crear modos de protesta, de defensa todavía poco consistente, es abundante y anuncia cambios más profundos en la cultura del pueblo-nación. Por hoy es una cultura acostumbrada a la correlación de fuerzas desfavorable; una cultura más a la defensiva y que ha probado los golpes de la represión. Pero cultura de hondas raíces en la lucha popular, cultura a veces difusa contra la opresión, cultura que se gesta en lo cotidiano, que de lo personal como refugio va acumulando rebeldía urgida de organización.

En la convivencia se hacen presentes exigencias puntuales que orientan hacia modelaciones democráticas. Los altos costos sociales de la crisis, pese a que el gobierno mexicano ha apostado a un elemento de la cultura política mexicana, el aguante del pueblo esperanzado en un mañana que mejore su condición, han incidido en pérdida de legitimidad por parte del régimen. Esto ha ido incrementando el caudal electoral panista. Aun así, la inmensa mayoría de la población se encuentra al margen de lo electoral.

La burguesía mexicana a través del PRI y del PAN ha sabido medrar a la crisis, y la izquierda no ha logrado todavía organizar el descontento popular. El movimiento obrero ante la reconversión industrial, pese a su actual desconcierto, está en la posibilidad de reactivar viejas reivindicaciones y de encontrar los reclamos del momento; el movimiento campesino y el urbano popular han resistido y tienen la posibilidad de buscar acumular fuerzas y salvaguardar sus organizaciones, y hay indicios de que el movimiento estudiantil renovado pueda sumarse a convergencias populares.

Los avances han implicado largas y tenaces luchas. Todavía hay muchos rasgos pertenecientes a la cultura de la clase dominante, pero por pequeños que parezcan, los indicios de una cultura alternativa en formación han hecho su aparición y buscan mayores manifestaciones. No hay que olvidar que la "cultura política mexicana expresa ante todo a un pueblo orgulloso y mutilado".[17] A pesar de que parte de este pueblo encuentra cauces a su descontento en el nuevo engaño de una derecha con aspiraciones anexiostas, la semilla antiimperialista propia de la cultura popular, aunada al fortalecimiento de la solidaridad sobre todo con los pueblos centroamericanos, será un baluarte contra la falsa salida del neopanismo.

A las luchas del pueblo-nación les falta todavía mucho para conquistar la hegemonía, para librarse de las ataduras. Una garantía de que no quedará sometido este pueblo por largo tiempo es ese impulso histórico, esa experiencia condensada de luchas que van formando una cultura auténticamente popular y nacional. Uno de los elementos innovadores presente en importantes movimientos del pueblo mexicano es esa pulsión de convergencias, lo cual abre una veta para su cultura política y eleva su potencial para el cambio político.

Hay otro elemento común nada desdeñable: la búsqueda de independencia respecto del gobierno y la burguesía. Los movimientos han ido pasando, además, de lo particular a una visión general que los pone en contacto y que obliga a la reflexión colectiva en torno a la consecución del poder. Más allá de esa cultura política que sirve de nexo entre los poderes y las masas, existen rasgos culturales que propugnan lo propio en convergencia. La creación de formas orgánicas, de instancias capaces de convocatoria para todos los sectores en lucha (FNDSCAC, ANOCP), no obstante que sólo han funcionado por breve tiempo, han mostrado que es factible examinar las coyunturas y enfrentarlas con acciones comunes. Se ha fortalecido el imperativo de la búsqueda de coincidencias.

Ha ido madurando una cultura socialista con reclamos de mexicanidad que se fue incubando en todos los movimientos populares en lucha; hay tensiones entre el peso del individualismo y la vitalidad de las exigencias comunitarias. La presencia de muchas mujeres comprometidas, decidida y eficazmente con los movimientos sociales, que exigen atención a la situación específica de las mujeres, ha dado tinte a los movimientos populares; los reclamos y la actuación de las mujeres han dejado su impronta en la cultura popular nueva. La vida cotidiana se ha traducido en demandas políticas y en diseño de una sociedad por construir. En este momento de transición hay señales fundadas de la existencia de un embrión que desenvolverá una nueva cultura política. Cada día son más patentes los signos de que en los movimientos populares y en las agrupaciones de izquierda existe una dinámica hacia difíciles pero necesarias coincidencias entre partidos, entre movimientos, y entre estos dos tipos de manifestaciones populares. Sobre todo a partir de los años ochenta se han generado protestas y contra-

---

[17] Pablo González Casanova, *La cultura política en México* (mimeo.), México, s/f, p. 30.

propuestas que van constituyendo un movimiento general alternativo frente al manejo oficial de la crisis. Hay indicios de que el nuevo potencial de cambio se generará a partir de la *convergencia plural* de los movimientos sociales y políticos progresistas.[18]

BIBLIOGRAFÍA

Aguilar, Alonso y otros, *Cultura, historia y lucha del pueblo mexicano*, México, Editorial Nuestro Tiempo, 1985.

Ai Camp, Roderic, *La formación de un gobernante*, México, Fondo de Cultura Económica, 1981.

_____, *Los líderes políticos de México: su educación y reclutamiento*, México, Fondo de Cultura Económica, 1983.

Almond, G. y S. Verba, *The civic culture*, Boston, Little Brown and Company, 1965.

Estrada, Fernando, "Procesos educativos y cultura política", en *Revista del Centro de Estudios Educativos*, vol. III, tercer trimestre de 1973, 3:47-89.

Galindo, Jesús, *Movimiento urbano popular y cultura política*, tesis de doctorado, México, Universidad Iberoamericana, 1985.

González Casanova, Pablo, *La democracia en México*, México, Ediciones Era, 1965.

_____, "La cultura política en México", en *Nexos*, núm. 45, septiembre de 1981.

_____. *El Estado y los partidos políticos en México*, segunda edición ampliada, México, Ediciones Era, 1985.

González Pineda, Francisco y Antonio Delhumau, *Los mexicanos frente al poder*, México, Instituto Mexicano de Estudios Políticos, 1973.

Hernández Medina, Alberto *et al.*, *Cómo somos los mexicanos*, México, CEE-CREA, 1987.

Hirales, Gustavo, "Notas sobre la cultura política de la izquierda", en *La cultura en México*, suplemento de *Siempre!*, núm. 1726, julio de 1986, 23:41-47.

Roth, David y Frank L. Wilson, *Estudio comparativo de la política*, México, FCE, 1983.

[18] A partir de una encuesta realizada en México en 1982 se hicieron anotaciones acerca de la cultura política del mexicano. (Cf. Alberto Hernández Medina *et al.*, *Cómo somos los mexicanos*, México, CEE-CREA, 1987.) Los datos de esta investigación, además de un gran apoliticismo en la mayoría de los encuestados, muestran en esa misma mayoría posiciones derechistas. Hay una clara inclinación hacia el individualismo y poca disposición a asociarse. No obstante, también hay un porcentaje minoritario definido por la izquierda y dispuesto a luchar políticamente. Si la crisis en sus primeros impactos produce desmovilización y enconchamiento, al perdurar mucho tiempo sus efectos lacerantes en los niveles de vida de las mayorías da pie a nuevos comportamientos. Se presentan situaciones de estallidos sociales. Ante acontecimientos masivos, no pocos de los que ante un cuestionario individual se mostraban reacios a organizarse, reaccionan colectivamente de otra forma. El auge de la masa incorpora a los anteriormente tibios o contrarios a protestar. El papel de los núcleos combativos es el de asegurar que se pueda generar un ambiente de politización de la base que arranque a las mayorías de la subordinación ideológica y cultural en que se encuentran respecto de las clases dominantes. Éste es precisamente el movimiento de avance de la hegemonía popular, lugar de creación de la nueva cultura política de base.

BIBLIOGRAFÍA SELECCIONADA

Agosti, Héctor, *Sociología y cultura*, México, Ed. Cartago, 1981.

Bayón, Damián (relator), *América Latina en sus Artes*, México, Unesco-Siglo XXI, 1980, Serie América Latina en su Cultura.

Bonfil, Guillermo, *Pluralismo cultural, cultura popular y cultura nacional*, México, Museo de las Culturas Populares, SEP, 1981.

Cabral, Amílcar, "La cultura nacional y la liberación", en Varela Hilda (compiladora), *Cultura y resistencia cultural. Una lectura política*, México, SEP-El Caballito, 1985.

Cirese, Mario Alberto, *Ensayos sobre las culturas subalternas*, México, Cuadernos de la Casa Chata, CISINAH, 1979.

Colombres, Adolfo (compilador), *La cultura popular*, México, Ed. Premià, 1982.

Franco, Jean, *La cultura moderna en América Latina*, México, Ed. Grijalbo, 1986.

García Canclini, Néstor, *Las culturas populares en el capitalismo*, México, Ed. Nueva Imagen, 1982.

González Casanova, Pablo (coordinador), *Cultura y creación intelectual en América Latina*, México, Siglo XXI, 1979.

Mattelart, Armand, *La cultura como empresa multinacional*, México, Ed. Era, 1974.

Memoria del Primer Encuentro Nacional México, UAM-Xochimilco, "Sociedad y Culturas Populares", 5-9 de julio de 1982.

Ribeiro, Darcy, *El proceso civilizatorio: de la revolución agrícola a la termonuclear*, B.A., Centro Editor de América Latina, 1971.

Ricaurte, Soler, *Idea y cuestión nacional latinoamericanas: de la Independencia a la emergencia del imperialismo*, México, Siglo XXI, 1980.

Varios autores, *La teoría y el análisis de la cultura*, México, COMECSO-SEP, 1987.

Villegas, Abelardo, *Cultura y política en Latinoamérica*, México, Extemporáneos, 1978.

texto compuesto en baskerville 10/12
por carlos palleiro
impreso en editorial melo s.a.
año de juárez 226, local d - col. granjas san antonio
del. iztapalapa - 09070 méxico, d.f.
tres mil ejemplares más sobrantes
12 de noviembre de 1990

Biblioteca América Latina:
actualidad y perspectivas

AMÉRICA LATINA, HOY
Pedro Vusković, Pablo González Casanova,
Daniel Camacho, Hugo Zemelman,
Eduardo Ruiz Contardo, Raúl Benítez
Manaut y Ricardo Córdova Macías

América Latina, hoy es el resultado de una investigación realizada por numerosos científicos sociales de la región. Auspiciada por la Universidad de las Naciones Unidas y por la Universidad Nacional Autónoma de México, corresponde a un proyecto sobre la situación actual y las perspectivas del llamado Tercer Mundo. Investigaciones semejantes se realizaron en África, el Medio Oriente, el sur de Asia y el Extremo Oriente. En América Latina se organizó un equipo de trabajo en cada país de la región. En todos se han publicado o se van a publicar monografías y síntesis nacionales. Además, cada gran tema de estudio ha derivado en un libro que corresponde a toda la región, como los que Siglo XXI Editores ha publicado y va a publicar sobre: *La crisis en América Latina* (Pedro Vusković); *El Estado en América Latina. Teoría y práctica* (coordinador: Pablo González Casanova); *Los movimientos populares en América Latina* (coordinadores: Daniel Camacho y Rafael Menjívar); *Los sistemas políticos en América Latina* (coordinadores: Lorenzo Meyer y José Luis Reyna), y *De la historia a la política: la experiencia de América Latina* (Hugo Zemelman).

    América Latina, hoy busca sintetizar todo este esfuerzo y proporcionar al lector una imagen de la situación actual y de las perspectivas de la región en el campo de la economía y la crisis, del Estado y la política, de los movimientos sociales y populares, de la cultura y el poder, de los conflictos y las luchas internas e internacionales. Esta síntesis ha sido elaborada en un seminario de autores y tiene una unidad narrativa que coincide con una unidad de criterios en los enfoques e interpretaciones. Los lectores que deseen profundizar en cada tema disponen de los libros complementarios de la colección y de los que el propio proyecto publica en cada país latinoamericano.

    La obra es fundamental para comprender a México en Latinoamérica, y a cualquier país de la región en la región como conjunto. Constituye un esfuerzo excepcional para estudiar la unidad y la diversidad de nuestra América.

EL ESTADO EN AMÉRICA LATINA
Teoría y práctica
Coordinador Pablo González Casanova

El Estado ha sido objeto habitual de gran cantidad de estudios y enfoques: desde la filosofía y la lógica jurídica hasta el pensamiento marxista de los sesenta y setenta pasando por los planteamientos estructural-funcionalista, neoliberal y panamericanista. El pensamiento revolucionario de los sesenta hizo a un lado toda teoría que concibiera un Estado popular, con alianzas y coaliciones en las que la burguesía ocupara un papel significativo; se limitó en general a repetir y adaptar el pensamiento marxista-leninista sobre el Estado en sus versiones soviética y europeas. Sólo la construcción del Estado socialista en Cuba dio pie a novedosos planteamientos teórico-prácticos, la mayoría de ellos encaminados a la construcción del Estado en países de origen colonial y neocolonial. Pero también, con las dictaduras que se iniciaron en ese período como contrapropuesta a la Revolución cubana, y con la imposición de políticas monetaristas que buscaron articular y funcionalizar más la dependencia, surgen nuevas teorizaciones acerca del Estado militar y transnacional. Al mismo tiempo se inicia una construcción teórica y política de los procesos latinoamericanos a cargo de los más diversos intelectuales y especialistas. Toda esta proliferación de búsquedas concluye por fin en la apreciación de la sociedad civil como sujeto que define el carácter del Estado. Son dos los descubrimientos de este pensamiento: el de la *lucha por las mediaciones* y el de la manera como las clases tratan de apoderarse de estas mediaciones. Surgió así un nuevo pensamiento de izquierda que no es ni stalinista, ni neoliberal, ni marcusiano o contestatario, sino resuelto a comprender las mediaciones formales e informales de un bloque de poder alternativo, emergente.

Ahora, de todas las polémicas y divergencias sobre el Estado y la sociedad, las que privilegian o dejan de lado la lucha de clases en el contexto colonial o transnacional resultan las más ricas y emotivas. Pero aparte de esto, el análisis mediante todos aquellos elementos que no corresponden a una lucha de clases simple constituye tal vez una de las aportaciones más importantes de las ciencias sociales latinoamericanas al estudio del Estado y la sociedad. Ésa es precisamente la tesitura que asume este libro. Los estudiosos aquí reunidos son algunos de los responsables de tal aportación. Sus ensayos corresponden al rico pensamiento político y social que hoy vive América Latina, tal vez pionero en el Tercer Mundo, y aun en el orbe. Su objetivo es analizar no sólo la teoría sino la práctica de la teoría de la democracia, del Estado y de la revolución en países que tienen casi dos siglos de haber alcanzado su independencia política y de haberse propuesto ser verdaderos estados-nación.

DE LA HISTORIA A LA POLÍTICA
La experiencia de América Latina
Hugo Zemelman

No es común que en América Latina se trabaje en la construcción de soluciones metodológicas rigurosas para analizar la realidad histórica desde la perspectiva de lo político. Zemelman lo hace mediante una doble discusión.

Polemiza con las concepciones evolucionistas de la historia y con las que la conciben como un orden dado, en el que las determinaciones predominarían sobre las "voluntades sociales". Frente a ellas, defiende una concepción dinámica de los procesos históricos, cuyo desenvolvimiento constante no implica necesariamente progreso. "Las transformaciones sociales —dice— son el producto de luchas coyunturales entre fuerzas con concepciones antagónicas sobre el futuro." Su resultado no puede ser anticipado por las ciencias sociales mediante un simple conocimiento de las determinaciones objetivas que van configurando el paso del presente al porvenir.

Propone revisar las teorías de lo político que lo restringen a la esfera del poder. Trata de entender la política como conciencia de la historia, proceso de construcción de proyectos en el contexto de las contradicciones sociales. Lo político es definido entonces como la "articulación dinámica entre sujetos, prácticas sociales y proyectos, cuyo contenido específico es la lucha por dar una dirección a la realidad en el marco de opciones viables".

Con el objeto de facilitar una mejor comprensión de la perspectiva epistemológica planteada se ha dividido este trabajo en dos partes: una primera que contiene los supuestos epistemológicos y metodológicos en los que se ha basado esta reflexión política sobre la historia; y una segunda que destaca la importancia del ensayo y del discurso político y su función para el conocimiento social. En esta segunda parte se analizan escritos de autores latinoamericanos pertenecientes a diversas épocas y países, de tal manera que su análisis nos permita comprender los distintos modos de concreción de la realidad histórica, de forma que posibilite ampliar la capacidad de diagnóstico de las ciencias sociales sobre lo virtual o potencial en situaciones históricas, esto es, que conduzca a producir un nuevo tipo de conocimiento.

LA CRISIS EN AMÉRICA LATINA
Un desafío continental
Pedro Vusković Bravo

Las modalidades específicas asumidas por el desarrollo del capitalismo en América Latina terminan por encontrar, en la fase actual de su historia, unos límites aparentemente infranqueables, que se expresan en una crisis generalizada de extraordinaria profundidad. Por ello es que se hace necesario retomar el objetivo de la integración económica de América Latina, de unificación de las economías de la región, sobreponiéndose a las frustraciones de empeños anteriores, recuperándolos como parte de un proyecto más autónomo, sin subordinarlo a los intereses de las grandes corporaciones transnacionales.

Este desafío no es de todos modos suficiente. Es preciso encarar igualmente otro no menor: el de corregir la concentración y la desigualdad, que han llegado a constituirse en un freno insalvable para la continuidad del desarrollo económico.

A esas tareas, tanto en sus contenidos de diagnóstico como de exploración de futuro, aspira a contribuir este *informe sobre la crisis*.